PABLO NERUDA

OBRAS COMPLETAS

OPERA MUNDI

PABLO NERUDA

OBRAS COMPLETAS

I
De «Crepusculario» a «Las uvas y el viento»
1923-1954

II
De «Odas elementales» a «Memorial de Isla Negra»
1954-1964

III
De «Arte de pájaros» a «El mar y las campanas»
1966-1973

IV
Nerudiana dispersa
1915-1973

PABLO NERUDA

OBRAS COMPLETAS III

De «Arte de pájaros»
a «El mar y las campanas»
1966-1973

Edición y notas de Hernán Loyola
Con el asesoramiento de Saúl Yurkievich

Prólogo de Joaquín Marco

GALAXIA GUTENBERG
CÍRCULO DE LECTORES

Primera edición:
Barcelona, 2000

PRÓLOGO

Poeta de senectud, poeta de renovación

Tras la publicación, en 1963 y 1964, del poemario *Memorial de Isla Negra*, su autobiografía poética ya en gestación desde 1962, parecía cerrarse la amplia obra nerudiana. Sin embargo, como apunta René de Costa: «después de *Estravagario* comenzó a escribir y a publicar a un ritmo fenomenal: diecinueve libros de poesía en sólo quince años, más nueve póstumos [...]. Para esta última producción se requeriría otro volumen y otra aproximación crítica»[1]. Hasta *Arte de pájaros* (1966) Neruda había ofrecido ya seis libros más. Superaba los sesenta años cuando habría tomado conciencia de que se le escapaba el tiempo, como arena entre los dedos, y así aparecen sucesivamente diecinueve títulos, al tiempo que redactaba sus inacabadas memorias. La publicación de los libros póstumos confirma la hipótesis de que el poeta trabajaba en varios proyectos a la vez.

La poesía occidental ofrece diversas alternativas en las etapas finales de los poetas. Algunos se mantienen fieles a la estética de su juventud y alteran poco sus temas. En contados casos la poesía última cierra con broche de oro una trayectoria o lleva, incluso, a impensables renovaciones. Una vez más, Neruda sigue siendo, en parte, una excepción. Sus libros póstumos comportan la autoobservación y la poesía confesional que se habían iniciado con mucha antelación. En buena parte de su obra última se inclinó hacia el intimismo, acentuando y modificando la naturaleza polivalente de su *yo* poético. Pero el premio Nobel chileno no dejaba de implicarse en la poesía político-panfletaria, descubría nuevas facetas de la na-

1. René de Costa, *La poesía de Pablo Neruda*, Santiago de Chile, Editorial Andrés Bello, 1993, p. 150.

turaleza, experimentaba otros temas, anticipaba, reflejaba las
nuevas corrientes, como la antipoesía, por ejemplo, que había
sistematizado Nicanor Parra[1], trataba de renovar su fe en el
hombre, pese a una acentuación pesimista que alternaba con
un optimismo histórico voluntarista y, al tiempo, se ejercita-
ba en ejercicios lúdico-poéticos, que le permitirían nuevas
formas expresivas. Todo ello, sin abandonar sus temas ya
clásicos y personales: el amor; sus temores ante el dolor, tan
difícil de traducir literariamente; las premoniciones de muerte; el terror nuclear; Moscú convertida en símbolo personal,
frontera ideológica y de cultura; la intuición de un fin del
mundo. A la par, combate con argumentos y manifiesta sus
dudas ante una realidad cambiante, atacando las intervenciones estadounidenses (la guerra de Vietnam) y los errores
soviéticos asumidos más tímidamente, porque habían de re-
sultarle personal e ideológicamente más dolorosos. Su frag-
mentarismo experimental anticipa corrientes posteriores, su
poesía retorna a lo subjetivo, aunque alejada de anteriores oscuridades. Se conforma, en parte, como poesía de la experiencia. Utiliza la ironía y el humor, que inscribe en el
ajetreado ejercicio de su actividad poética y política. En 1969,
designado de nuevo por el Partido Comunista Chileno candidato a la presidencia de la república, se retira para unir fuerzas con el portavoz único de la izquierda, Salvador Allende.
Una vez más su participación en los mítines de campaña le
obligan a viajar por todo el país. El 21 de octubre de 1971
le fue concedido el premio Nobel de Literatura, lo que no
contribuiría, sin duda, a incrementar su tiempo libre. En
1972 fue designado embajador en París; el 28 de octubre,
miembro del Consejo Consultivo de la UNESCO por un período de cuatro años. En noviembre, en Chile, recibe un
homenaje en el Estadio Nacional. Y habrá que añadir a todo
ello los diversos achaques de su enfermedad que se converti-

---

1. Para las relaciones entre Neruda y Parra y su poesía véase Selena Millares, *Pablo Neruda, en la encrucijada antipoética*, en el número monográfico
«Neruda con la perspectiva de 25 años», en *América sin nombre*, 1, Alicante, 1999 (diciembre), pp. 33 y ss.

ría en terminal. Durante la etapa de embajador en París, que se prolongará oficialmente hasta el 5 de febrero de 1973, fecha en la que presentó su renuncia, no dejó de ocuparse de las enojosas responsabilidades sociales y burocráticas de su cargo. Recibía a las personalidades políticas chilenas y a los amigos en el aeropuerto y escribía en el automóvil, durante el trayecto, en sus cuadernos, con su habitual tinta verde. Dos caras presenta la moneda del poeta al filo del Nobel. De un lado, lectores y crítica tienden a confinar a los autores en sus momentos más felices o populares, obras que acaban siendo consideradas como únicos valores, a la vez que desdeñan o ignoran las más recientes, aquellas en las que el autor, ya consagrado, pretende, aunque no siempre consiga, superar el origen de su prestigio. No deja de ser cierto que en la obra global de Neruda, tan extensa, hay temibles caídas. Éstas habían sido menos notorias en la primera parte de su producción, pero la capacidad renovadora, el ingenio, la creatividad nunca le abandonarán. Y en esta fase final brotan aquí y allá destellos del genio de la lengua, del feliz observador, del creador constante.

El análisis de esta última parte de su obra poética, la menos conocida por el gran público, pese a su extraordinario valor y actualidad, permite múltiples perspectivas críticas. Por ejemplo, podrían tomarse sus principales temas, relacionar algunos de ellos con los que habían aparecido en anteriores etapas; desvelar las principales líneas de su producción a través de algunas experiencias formales; trazar las concomitancias que podemos advertir en determinados poemas; observar, en fin, la aparición de «otro» u «otros» Neruda. Cada uno de sus libros constituye una aventura estética original diferenciada. Neruda permite y, a mi juicio, obliga por el momento aquí al análisis de cada libro como una unidad cerrada. Bien es verdad que el mismo poeta de *Veinte poemas de amor* sigue en *Jardín de invierno*, pero sus planteamientos estéticos y aun ideológicos han variado tan radicalmente que nos obliga a un comentario descriptivo, a una introducción más detallada de la que se requirió en etapas anteriores, más unitarias. No descubriremos en su producción, sin embargo, una clara ruptura, sino una evolución. En la diacronía de su extensa obra, algunas transformaciones pueden parecer radicales, contradictorias, aunque un mismo hilo conductor se muestre en sus planteamientos experimentales, como en las etapas picassianas[1]. Por eso elegimos el análisis libro a libro, ya que hubiera sido impracticable el hacerlo poema a poema, intentando respetar así una voluntad expresa de diferenciación.

PÁJAROS, RECUERDOS, LA BARCAROLA Y JOAQUÍN MURIETA

Neruda observa la migración de aves y pájaros. Los poemas del libro aparecerán junto a atractivos dibujos de pintores que apoyan el texto. Como acostumbra, el poeta nos sitúa en su circunstancia personal, porque esta perspectiva resulta determinante. El poema que abre el libro se titula «Migración». ¿Y no debe entenderse esta migración como metáfora de la vida misma del poeta? Confirmando el carácter cíclico del libro, en «El poeta se despide de los pájaros», que lo clausura, Neruda se manifiesta expresa e irónicamente como poeta provinciano: «pajarero, / vengo y voy por el mundo, / desarmado, / sin otrosí, silbando». Pero ahora, al paso que describe «un escuadrón de plumas», sitúa su privilegiado observatorio. Desde su ventana el poeta pedirá a estas aves: «flechas del mar, dejadme / la húmeda gloria del transcurso». El viaje, uno de los temas tradicionales de la obra nerudiana, porque forma parte de su vida, se alía aquí a la observación de aves y pájaros que podíamos ya advertir en *Canto general*. Neruda busca redefinirse a través de múltiples autorretratos, de constantes alusiones irónicas sobre su identidad y su físico[2]. Cataloga los elementos naturales, su «residencia en la

1. Coincido con Hernán Loyola cuando escribe: «Más allá de las apariencias, Neruda era uno solo»; para mí incluso más allá de la distinción que da título al reciente ensayo del que procede la cita: «Neruda moderno/Neruda posmoderno», en *América sin nombre*, 1, Alicante, 1999 (diciembre), p.25.
2. Hernán Loyola escribirá: «No es menos admirable su esfuerzo por establecer en los últimos libros una autorrepresentación erecta, digna y discreta frente al pavor, a veces irónica o sarcástica, otras sufriente o desengañada,

tierra». No sólo observa, estudia. En cada uno de los poemas figura el nombre científico correspondiente. Aves y pájaros se ubican en sus ambientes naturales. Como nos ha acostumbrado en el resto de su obra busca siempre la imagen capaz de definir. Así el albatros es «el estatuto del viento»; del águila marca su «idioma negro»; sobre el cisne, mítica ave modernista, escribe dos versos de ecos rubenianos: «Sobre la nieve natatoria / una larga pregunta negra»; la garza, así como con otros pájaros, le sugiere algunos interrogantes (con un método parecido al que utiliza sistemáticamente en su *Libro de las preguntas*): «Por qué duerme de pie en el agua?»; la Matildina Silvestre debe entenderse como un irónico homenaje amoroso a Matilde Urrutia y «El pájaro y yo» (Pablo Insulidae Nigra) es otro autorretrato, construido a base de imágenes irracionalistas. El catálogo no puede reducirse a las meras definiciones o a las observaciones que buscan la originalidad expresiva de la belleza alada. Neruda, como hizo en algunas de sus *odas elementales*, elabora un arquitecturado poema sobre lo simple. En «Flamenco», por ejemplo, parte de un recuerdo infantil y nos ofrece en pocos versos, cargados de ironía, su evolución ideológica y personal: «Abandoné aquellas regiones, / me vestí de frac y de hierro, / cambié de idioma y de estatura, / resucité de muchas muertes, / me mordieron muchos dolores, / sin cesar cambié de alegría». Esta vocación confesional, presente ya desde los orígenes, en las *Residencias* y en el *Canto general*, opera ahora sintética y reiteradamente.

Este «Yo, poeta / popular, provinciano, pajarero» necesitaba manifestarse. Neruda había mostrado siempre su interés por España, aunque la España de 1966 era bien diferente de la que había conocido en su juventud. Sin embargo, tenía interés por publicar en el país donde sus obras circulaban todavía en ediciones difíciles de encontrar, debido a la censura.

---

pero en fin de cuentas positiva y siempre fiel a sí misma y a su empeño. En suma es una imagen ambivalente y contradictoria del propio yo, y por ello *realista* de verdad, la que nos propone el hablante en la fase final del autorretrato», en *Pablo Neruda 1968-1973*; introducción a la *Antología poética*, Madrid, Alianza Editorial, 1981, II, pp. 443-448.

Sin embargo, *Una casa en la arena* se publicó, acompañada
de fotografías del fotógrafo chileno, integrado en Magnum
desde 1959, Sergio Larraín, en Lumen, que editaba una colección de libros cuyo texto iba acompañado de fotografías.
En un folleto de presentación exento (un paratexto justificativo), Larraín precisa el sentido del libro: «Pablo Neruda
quería una historia de su casa y de los objetos que en ella tiene. Y yo quería fotografiar arena-aire-espacios. Resultado:
Una casa en la arena». El poeta había realizado ya experiencias anteriores en las que se combinaba la fotografía y el texto, como *Las piedras de Chile* (Editorial Losada, 1960) con
fotografías de Antonio Quintana. La edición del libro le permitió, además, regresar de tapadillo a España y visitar por
unas horas Barcelona, acompañado de la editora Esther Tusquets, de lo que se dio breve noticia y testimonio gráfico en la
revista barcelonesa *Destino*. El libro se autorizó dada la naturaleza minoritaria de la colección, ya que eran libros de un
precio que limitaba su difusión a círculos restringidos. *Una
casa en la arena* combina prosas y poemas, alguno de ellos ya
publicado con anterioridad en libro; y debe entenderse como
anticipo de unas memorias que iban forjándose con lentitud.
El motivo central será su casa de Isla Negra, situada a unos
cuarenta kilómetros al sur de Valparaíso. Se la compró, a medio construir, a un capitán de navío español retirado y la fue
ampliando según describe Margarita Aguirre[1]. La prosa nerudiana mantiene los recursos líricos, metáforas ilógicas, la
primera persona, la frase entrecortada. Sus resonancias son
marineras; una evocación lírica de su progresiva construcción
y de su decoración personal; así como la importancia que,
como tema recurrente, adquieren los mascarones de proa que
el poeta había recuperado, nombrado y poseía esparcidos por el
jardín o en el mismo interior del estudio. En las vigas del techo de su estudio figuran escritos los nombres de algunos de

---

1. Margarita Aguirre, *Las vidas de Pablo Neruda*, Buenos Aires, Grijalbo,
1973, p. 217 y ss. El capítulo «Las casas del poeta» trata también del resto
de las residencias, pero dedica atención preferente a la de Isla Negra y da noticia de los mascarones y de sus orígenes.

sus amigos: Alberto Rojas Giménez, Paul Éluard, Ratón Agudo, Ortiz de Zárate, Federico, Miguel Hernández y otros. No cabe entender, pues, *Una casa en la arena* como un libro de compromiso. Posee cualidades que lo convierten, pese a su brevedad, en un texto altamente significativo, en el peldaño que ha de conducirnos hasta *Confieso que he vivido*. Sus prosas son en él más vivaces, fruto de una inspiración y de un sentido del humor que ha de servirle tan a menudo para confeccionar sus múltiples y burlescos autorretratos. Pero será el inabordable océano Pacífico el protagonista de buena parte del libro y sus frutos consistirán en los hermosos mascarones de proa que nos contemplan desde las fotografías, rescatados del propio mar y recuperados en América o en Europa, en el trajín que le llevó a coleccionar, al azar, lo que le impresionaba o a conferir al objeto el halo necesario de belleza en una operación que tanto recuerda a los surrealistas. La casa significa el refugio que el poeta se construye con el esfuerzo de su trabajo. Allí, como la hormiga, acumula sus libros preferidos, se encierra para escribir y florece su amor con Matilde. Allí se produce también el anuncio frustrado (1963) de la concesión del premio Nobel. El poeta describe las exóticas flores que brotan en su jardín, las piedras del entorno, el paisaje en el que se integra, y una y otra vez (como hiciera Juan Ramón Jiménez desde *Poeta reciéncasado*) el mar sigue siendo su fuente de inspiración más pura. Sería también uno de los primeros lugares a los que acudieron los sublevados, a la muerte del poeta. Se había convertido en un símbolo político.

Fulgor y muerte de Joaquín Murieta. Bandido chileno injusticiado en California el 23 de julio de 1853 (1967) es una pieza teatral, una forma de teatro poético o tal vez de cantata, que debe relacionarse con otras semejantes de Bertolt Brecht. Fue estrenada el 14 de octubre de 1967 en el teatro de Santiago de Chile Antonio Varas por la Compañía del Instituto del Teatro de la Universidad de Chile. El texto publicado presenta variantes respecto al entonces representado. Se ha convertido en una obra emblemática, traducida y representada en múltiples países. En el breve prefacio, titulado «Antecedencia», narra sus orígenes. Se inspira en la vida del bandido Joaquín Murieta[1], cuyo «fantasma / [...] / recorre aún las Californias», claro eco del Manifiesto Comunista. El personaje aparecía ya en *La barcarola*. Considerado habitualmente como mexicano, el poeta asegura que Joaquín Murieta fue chileno y que posee las pruebas[2]. Se trata de un texto épico, inspirado en una legendaria figura «cuyos papeles de identidad se perdieron en los terremotos de Valparaíso y en las contiendas del oro». Obra trágica, también, escrita en broma: «Quiere ser un melodrama, una ópera y una pantomima». Seguramente es todo esto y mucho más. Indica, dirigiéndose a un probable director, que los Vigilantes (precursores del Ku-Klux-Klan) aparezcan montando caballos de madera. «Si es posible, acompañarse por un agregado cinematográfico», añade, siguiendo cánones expresionistas. La idea del cortejo fúnebre y andrajoso está inspirada, asegura, en «la visión inolvidable de una pieza *no* que vi una vez en Yokohama». Y finaliza con un rasgo de humor: «nunca entendí nada de lo que se trataba en aquella obra japonesa. Espero que pase lo mismo con los espectadores de esta tragedia». No ocurre así. Sin llegar al didactismo de ciertas obras brechtianas, trabaja con los elementos que mejor conoce, las diversas formas poéticas combinadas hasta conseguir la tragicomedia de un rebelde sobre un fondo coral. La influencia oriental que apunta es mínima, como en la mayor parte de su obra. Joaquín Murieta debe entenderse como una acerba crítica contra el imperialismo yanqui y la discriminación que soportan los emigrantes de origen latinoamericano. El desplie-

1. La figura del bandido chileno Murieta inspiró también la novela de Isabel Allende, *Hija de la fortuna*, publicada en 1999, aunque desde la perspectiva femenina de Eliza.
2. Margarita Aguirre alude a los probables alicientes que habrían llevado a Neruda hasta el teatro: sus propias traducciones shakespearianas, la petición del director teatral francés Jean-Louis Barrault al poeta para que le permitiera dramatizar alguno de sus poemas; el descubrimiento, durante la dictadura de Gabriel González, durante una de sus reclusiones clandestinas, de un número del *National Geographic Magazine*, en el que se reproducía la imagen de la cabeza de Murieta; su posterior estancia en California. Véase Margarita Aguirre, *ob. cit.*, pp. 276-280.

gue operístico nerudiano se elabora bajo la inspiración doble de la tragedia clásica (con sus coros) y del drama de bandidos, característico del teatro popular del Siglo de Oro español. Cabe añadir la figura del narrador, la Voz del Poeta, que contrapuntea, como si de un juglar se tratara, el desarrollo de la acción. Dividida en seis cuadros, descubrimos en ella ecos del García Lorca de las farsas. Advertimos, asimismo, diálogos donde el absurdo actúa en paralelo con el cine mudo (el de los poemas de «tontos» de Alberti). Sin embargo, en el mismo cuadro, especialmente en los coros, asume formas de poesía épica. Alterna prosa y verso e, incluso, añade un espiritual negro en la escena de «El fandango», donde se describe la violencia contra mexicanos, negros y chilenos. Recurre también al romance (o al corrido mexicano, su equivalente) y a sus fórmulas tradicionales: «Ya parte el galgo terrible / a matar niños morenos». La escena de la boda incluye un espléndido diálogo amoroso. La violación y el asesinato de la imaginaria esposa de Murieta, Teresa, será, como en tantas comedias de bandidos, el desencadenante de la violencia del protagonista, que consigue reunir muy pronto una partida. De ahí el «fulgor», el prestigio del vengador de su honor y el de los suyos. Su muerte reclama la noble forma del soneto y, decapitado, solicita en un rasgo característico de la poesía popular: «De aquí a cien años, pido, compañeros, / que cante para mí Pablo Neruda». Finaliza el poema dramático con tres canciones más.

¿Qué llevó a Neruda a asomarse al teatro? Eligió la escena, porque ésta le permitía ensayar nuevas formas populares y acceder al gran público a través del arte del espectáculo que no había cultivado con anterioridad, a diferencia de sus amigos García Lorca, Hernández o Alberti. Con todo, Neruda no pretendió realizar innovaciones teatrales, ni siquiera la obra ha sido entendida siempre como una pieza dramática en sentido estricto, sino como una fórmula de representación poética que podría emparentarse con el oratorio.

En *Las manos del día* (1968) los temas nerudianos son, en buena medida, recurrentes: la casa («Así se hacen las casas en la costa») y la naturaleza salvaje («Mirad los pedernales de

Aconcagua»). En este libro advertimos la frecuencia del juego de oposiciones, como los símbolos de la sombra y el sol o del sol y la luna. Como en los antiguos mitos solares comunes a Europa y América, el sol es fuente de alegría, vitalismo. Neruda plantea numerosas correlaciones con su experiencia y se manifiesta culpable de relaciones lunares en uno de sus poemas más comentados: «Hijo de la luna». Una vez más, recurre a la oposición *trabajo manual/poesía*. Señalando el contraste con el optimismo revolucionario, no duda en manifestar la faceta oscura que subyace en el poeta, a la que había recurrido en su *Residencia*. También se siente ahora abandonado: «Yo navego perdido / entre la soledad que me dejaron», hasta el punto de que acaba identificándose con la simbólica sombra: «miro en la oscuridad hacia tantas ausencias / que paulatinamente me han convertido en sombra». No falta tampoco el símbolo de la cantarina campana que incita, como fórmula salvadora, a la alegría («La mano central») o la utilización formal y recurrente de gerundios, advertida tan temprana como certeramente por Amado Alonso a raíz de *Residencia en la tierra*. Emplea, asimismo, recursos que proceden de la imaginería cristiana. En «Destinos» (el poeta distingue con letra cursiva los poemas que parecen indicar una mayor intimidad) presenta una situación paralela al Juicio Final bíblico, tema que reaparecerá en otras ocasiones:

> Allí en la aduana me preguntarán
> cuántas cosas labré, corté, compuse,
> remendé, completé, dejé moviendo
> entre manos hambrientas y mortales
> y yo responderé:
> esto es lo que hice, es esto lo que hicimos
> [...]
> y ellos, de tanta nada que saqué
> de la nada, de la nada mía
> tomaron algo y les sirvió mi vida.

La oposición entre lo material y la poesía, creación que se deriva de la nada existencial, pasa por el extraño filtro colectivo en una inquisición casi religiosa, fundamentada en la exaltación del trabajo, en el buen uso de «la vida». Una parte del libro debe entenderse como el inicio de una despedida, con textos de carácter autobiográfico, como «El enfermo toma el sol». Pero el poeta, que no elude mencionar el dolor, se evade en la belleza de la luz que le inunda. No se ha alterado su concepción de lo poético: la palabra es el material primario, «hay que alarmar las cajas del idioma» y confundido con el barro: «hay que amasar / el barro / hasta que cante, / ensuciarlo con lágrimas, / lavarlo con sangre, / teñirlo con violetas» («El canto»). No advertimos casi diferencias con aquel manifiesto de *Caballo Verde Para la Poesía* que publicara en España. El arte poética, los materiales esenciales, coinciden, son recordados con nostalgia. Tampoco faltan poemas satíricos, con su hiriente carga, ni la alusión al conflicto del Vietnam.

Aún (1969) se publicó también en Barcelona en la editorial Lumen en 1971, en tinta sepia, acompañado de unas fotografías borrosas, de paisajes o figuras apenas identificables, salvo una bandada de pájaros. En la portada (otra forma de paratexto), figura la fotografía del rostro de un Neruda, captado en plena calle, de aspecto socarrón y, a la vez, triste. El último poema, el XXVIII, revela su preocupación por la muerte. Una vez más reafirma su profunda condición terráquea; pero su misión como poeta, asegura, fue la de nombrar todas las cosas («fue mi destino amar y despedirme», XV). Pese a las incitaciones para que permaneciera en Europa, en Italia o Francia (XIV) el poeta ha regresado ya a Chile. En el poema VI entiende que la vida es tierra y la geografía se confunde con la amada. En el poema III rememora a los españoles de la Conquista, incluido «el claro Ercilla», cuando cumple los 65 años «mirando hacia atrás». Los nombres de los pueblos y las ciudades chilenas alternan con el paisaje y el recuerdo de los volcanes («Torre fría del mundo», XII). El recuerdo es el desencadenante de los versos. Aquí descubrimos, por ejemplo, la figura de su abuelo José Ángel Reyes que vivió ciento dos años. El poema XXII plantea su peculiar comprensión del desierto y constituye una de las piezas más

afortunadas del libro. Tampoco podía faltar la alusión a Isla
Negra y sus arenas (XXIII). Con su defensa de las ballenas se
anticipa al movimiento ecologista, bien representado hoy, en
la narrativa de otro chileno: Luis Sepúlveda.

Mayor entidad tiene *Fin de mundo* (1969). También aquí el
poeta resbala, pero en la sangre: «A mí me tocó este dolor /
de resbalar sobre la sangre» («El peligro»). Según Robert
Pring-Mill, su amigo y editor, las respectivas composiciones
de *Fin de mundo* y *La espada encendida* fueron casi simultáneas, a pesar de que todo un año separa sus fechas de publicación. Pero no obstante esa simultaneidad de escritura no
podrían haber sido dos libros más distintos[1]. Torna el poeta
a los temas cívicos y, en primer lugar, a repasar las características del desolador tiempo histórico vivido. Hernán Loyola asegura que el poeta dudó en titularlo *Juicio Final*, dado su
tono, en parte, apocalíptico. No advertimos ya el tono épico.
Un marcado desencanto lo caracteriza. Pese a los éxitos del
hombre y del «hombre nuevo» soviético en la conquista del espacio, las difíciles relaciones del poeta con la Historia pasa-
rán a ocupar un primer plano. Neruda se pregunta si caerá el
siglo en el vacío, en la revolución o en «la mentira patriarcal». Se muestra dubitativo y en «1968» descubrimos algunas
de las claves políticas y morales que convivieron en su poética final: «La hora de Praga me cayó / como una piedra en la
cabeza, / era inestable mi destino, / un momento de oscuridad /
como el de un túnel en un viaje / y ahora a fuerza de entender / no llegar a comprender nada». La represión del movimiento aperturista en Checoslovaquia vino a significarle otro
aldabonazo en la conciencia. No abandona sus ideas, pero
tampoco tiene empacho en escribir: «Yo reclamo a la edad
que viene / que juzgue mi padecimiento, / la compañía que
mantuve / a pesar de tantos errores. / Sufrí, sufrimos sin mostrar, / sin mostrar sino la esperanza. // Sufrimos de no defender / la flor que se nos amputaba / para salvar el árbol rojo /

---

1. Enrico Mario Santí, «Neruda, la modalidad apocalíptica», en *Pablo Neruda*, Emir Rodríguez Monegal y E.M. Santí, eds., Madrid, Taurus, 1980,
pp. 265-275.

que necesita crecimiento». Nos hallamos, pues, ante una de
las claves fundamentales que explican este último Neruda político, quien advierte no sólo que la vida se le acorta, sino que
los ideales por los que, pese a todo, seguirá combatiendo han
perdido el atractivo del compromiso sin fisuras. Resulta necesario, una vez más, el silencio e incluso la desesperanzada
esperanza para salvar el movimiento internacionalista ,«el árbol rojo». De ahí, en parte, la diatriba contra el siglo que le
tocó vivir. No es ésta la única confesión política que incorpo-
ra al libro. En «El culto» trata del penoso episodio del estalinismo[1]. Pero tampoco se aleja con ello de las líneas progra-
máticas del XX Congreso del Partido Comunista de la URSS
(1956). Las transformaciones del poeta registran la actitud de
los militantes: «Pero la luz se descubrió / y recobramos la razón». No son éstos los mejores versos de un poeta, antes parecen parte del ajuste de cuentas de una vida. Sin embargo, en
«El culto III» acusa a Mao de lo que entonces se calificaba
como «culto a la personalidad», siempre en el ámbito de la
ortodoxia partidista. Frente al programa maoísta: «Que flo-
rezcan cien flores», ironiza. Sin embargo, queda todavía la
esperanza cubana (cabe mencionar el poema dedicado a la figura del Che Guevara) y la guerra de Vietnam, donde el enemigo resulta más evidente. *Fin de mundo* es una dolorosa
reflexión sobre el pasado histórico, en tiempos de contradicción («Canto»). Quien sobrevivirá será «el hombre infinito».
El último verso del libro constituye, rasgo apocalíptico, una
despedida de la Tierra. Su nacimiento personal equivaldría al
de la Tierra, fruto de los «volcanes encendidos». Pero el siglo
vivido es contemplado como el de los desterrados, como el
propio poeta que escribe «desangrándolo en el libro» («Tristísimo siglo»). Neruda se autocalifica de «cronista irritado»
(«Escritores»). Aparecen los nuevos nombres: Cortázar, Vargas Llosa, Juan Rulfo, Carlos Fuentes, Miguel Otero, Revueltas, Sabato, Onetti, Roa Bastos y, ya destacado, García

---

1. Sobre la evolución del pensamiento político nerudiano véase el excelente
resumen de Teodosio Fernández, «Pablo Neruda, poesía y política». En
América sin nombre, 1, Alicante, 1999 (diciembre), pp.14-20.

Márquez, así como el poema en recuerdo de Oliverio Girondo. En aquel mismo año Neruda publica el breve libro *Maremoto*, donde se adentra en la evocación, según la técnica de la enumeración caótica, de algunos animales marinos junto a los objetos más diversos. El poeta, como un pequeño dios, nombra los seres ya creados. La imaginación nerudiana enlaza con el episodio del Diluvio bíblico y la retirada de las aguas. Cada elemento toma su voz y una vez más el poeta elige y cataloga, ofreciendo bellísimas imágenes, versos definitivos: «El Erizo es el sol del mar», la caracola «la bocina de Dios» o la jaiva, «la rosa roja comestible». Libro comparable a *Arte de pájaros* por su indudable capacidad de enriquecer con la palabra fundadora los más elementales frutos marinos, equiparados a las fabulosas riquezas que habían imaginado los antiguos.

La espada encendida (1970) se inicia con una cita del Génesis, III, 24, donde se relata la expulsión del hombre del Paraíso, y a continuación traza un «argumento» para imaginar a los hombres adánicos, últimos habitantes del planeta. Poema confuso, aunque argumental, como *La rosa separada*, presenta personajes como Rhodo, «pétreo patriarca» o «Rosía, hija cesárea, labradora». El espacio se localiza en el remoto Sur: «En el extremo de Chile se rompe el planeta» (IV) y el tiempo renace desde «el día cero» (I), tras una muerte colectiva (XX). Según Alain Sicard, *La espada encendida* «es al último período de la producción del poeta lo que *Residencia en la tierra* y el *Canto general* son a los períodos precedentes: la gran obra cíclica en la que, en un determinado momento de su evolución, el pensamiento poético se recoge y se prepara para descubrir su propia coherencia»[1]. Neruda, en esta obra integra, superándolas, las etapas anteriores de su desarrollo. Pero el Neruda de *La rosa separada* se sirve del terror al cataclismo nuclear, construye un texto de ficción, casi de anticipación, en el que su héroe vive el reinicio de la Historia. Emplea aquí el mecanismo enumerativo, así como otros re-

1. Alain Sicard, *El pensamiento poético de Pablo Neruda*, Madrid, Gredos, 1981, p. 545.

cursos bíblicos. Destaca la soledad de Rhodo (XVI y XVII, los más significativos poemas del libro) en la Araucaria, ajena, como el Edén adánico, a cualquier sentimiento de culpabilidad. Rosía-Eva, «blanca y azul, fina de pétalos, / clara de muslos, sombría de cabellos», a través del amor, se convertirá en madre. Rhodo cuenta ciento treinta años, mientras a su alrededor vive toda suerte de fieras al acecho. El poema XIX enlaza con el texto de la ciudad áurea de los Césares, perdida en la selva. En este nuevo Edén el amor de la pareja pasa a convertirse en salvación. La crudeza del invierno y los peligros que les rodean hacen del instinto, deseo: «No hablaban sino para desearse en un grito». La espada es el volcán destructor, comparable a la Muerte. La salvación reside, una vez más, en el océano. Obra plena de mitos, ajena al devenir histórico y a la realidad, sus paralelismos con el Génesis son constantes. La idealización del amor actúa dialécticamente sobre la Historia. El volcán acaba por asimilarse a Dios: «Gemía Dios / como un encarcelado / que fue quemado vivo. / Se derretía Dios / en sus derrotas / y desde su pasión, tortura y muerte, / Dios muerto para siempre, / amenazó a los hombres con su espada encendida». Neruda, nietzscheano una vez más, parte de la «muerte de Dios» y, en esta ocasión, lo enfrenta al héroe, próximo al «superhombre». La nave preparada por los humanos se llena de animales, como la que Noé construyó para salvarse del Diluvio. Navega, sin embargo, en un mar de fuego, entre el azufre y los ventisqueros y los amantes acaban convertidos en hombres-dioses: «ya no tenían por deber morir, / sino multiplicarse sobre el mar». Neruda concibe un poema aunando la ciencia-ficción con la mitología. Desarrolla una poesía narrativa de gran eficacia, veteada por elementos líricos, en las antípodas de su *Canto general*. El mito adánico resulta esencial, aunque se exalte la capacidad del hombre para vencer la maldición –la expulsión de cualquier Paraíso– gracias a la voluntad de edificar un mundo nuevo (la utopía oceánica final) mediante el trabajo.

Los treinta poemas que constituyen *Las piedras del cielo* (1970) deben relacionarse con *Las piedras de Chile* (1960). Neruda combina en este libro versos dedicados a piedras preciosas como el topacio, el zafiro o la amatista, con el más humilde granito. Los poemas V y el magnífico XXIV son textos en prosa. El XXVII es un poema amoroso elaborado como catálogo poético, de coleccionista y de desvelador de la naturaleza. La autorreferencia y el amor se hacen patentes, asimismo, en el poema XXIX. Entre el pretendido objetivismo descubrimos recursos intimistas y confesionales (XXVI) o un conceptismo expresivo afecto a juegos verbales como «sobrevivir»/«sobremorir». El excelente poema final, «Allá voy, allá voy, piedras esperen!», manifiesta la vocación del poeta por confundirse con este mundo mineral. Su filosofía de la muerte se identifica con la definitiva conversión terráquea.

Geografía infructuosa (1972), uno de los libros fundamentales de su última etapa, fue finalizado entre 1971 y 1972, en su casa de Condé-sur-Iton[1], mientras era embajador de Chile en Francia. Forjado por la nostalgia, ya en «El Sol», poema que abre la serie, Neruda utiliza su tema recurrente, la primaria, simbólica y mítica oposición entre luz y sombra. Instalado en la alegría, portador de luz, se representa, una vez más, en otro autorretrato: «No sé por qué le toca a un enlutado / de origen, a un producto del invierno, / a un provinciano con olor a lluvia / esta reverberante profesión». En «Ser» vuelve a utilizar el tema de forma más irónica, como la alusión al *yo* poético mediante la ruptura de concordancias lingüísticas: «Yo eres el resumen / de lo que viviré, garganta o rosa». Con ecos quevedescos: «fui un pobre ser: soy un orgullo inútil, / un seré victorioso y derrotado», Neruda opone *yo/tú*, *presente/futuro*, *victorioso/derrotado* en insolubles contradicciones, aunque el poeta se ha definido ya por su multiplicidad, por su capacidad para actuar con otras voces. Su *yo* –y no sólo en este libro, sino en el conjunto de su obra– puede definirse como poliédrico, ocasionalmente unamuniano en su angustia y en sus contradicciones mal asumidas. La solidaridad se materializa en el poema «Sucesivo», cuando hasta los cuerpos se confunden («cada uno es el otro. Y despedimos / un cuerpo para entrar en otro cuerpo»). El *tú* es el

1. Jorge Edwards, *Adiós, poeta...*, Barcelona, Tusquets, 1990, p. 290.

otro y también el *yo*. Coincide así el uso de la primera persona con la multiplicidad de vidas asumidas por el poeta como solución de la contradicción entre el individuo y la colectividad. Una vez más el poeta muestra la preocupación por su muerte: «con humildad voy arreglando cuentas / hasta llegar a cero, y despedirme». El autoanálisis se prolonga en otros versos, como «Posesiones», donde afirma: «fui siempre fugitivo y posesivo / amé y amé y amé lo que era mío». Aquejado ya por la enfermedad, la asume en «Sonata con dolores»; como en anteriores ocasiones, «sobrevive» y desde esta supervivencia recuerda, «haciendo / de muchas vidas una cicatriz». En su «Soliloquio inconcluso» se afianza en el trabajo diario. Dedica un poema «A José Caballero, desde entonces». Junto al pintor español, Neruda recuerda a los amigos que «Se disolvieron en el tiempo. / Se fueron haciendo invisibles»: Federico García Lorca y Miguel Hernández, compañeros de Caballero, «pintor terrestre y celestial». Pero el paisaje del Guadarrama de antaño o los ya fallecidos no le impiden reclamar la vida y la belleza compartidas con el dolor y la sangre. Recobra, asimismo, los árboles cortados de Lonquimay, los caminos chilenos de Metrenco y Villarrica, el color de las tardes y las anochecidas de su juventud y se pregunta retóricamente el porqué de esa vida ante una naturaleza que parece inalterable e indiferente. Una vez más, la muerte figura al modo quevedesco. «Hacia tan lejos» presagia el libro siguiente, inspirado en la Isla de Pascua, que visitaría el 7 de enero de 1971. En la «Sonata a Montevideo», un excelente poema que supera el esencial registro político, golpeado Uruguay por la represión y el exterminio, le hace exclamar: «Oh tiempo que me ha tocado compartir con mi enemigo». Pero el humor nerudiano no decrece, su ironía alterna la confesión con la intuición de la muerte. Los constantes cambios de perspectiva no alteran, sin embargo, la carga lírica retenida gracias al distanciamiento prosaístico. «Invierno en Europa» es un excelente ejemplo de delicadeza, tampoco exenta de humor y amor. Pero «El campanario de Authenay» constituye uno de los ejes del libro. Los versos suenan aquí con una terrible seriedad. Organizado en estrofas de dos versos, casi siempre eneasílabos, endecasílabos o heptasílabos, el poeta observa el campanario de la torre y su gallo que se alza en la pradera de Normandía. Una vez más, se muestra dudoso ante su mermado equipaje: «Ay lo que traje yo a la tierra / lo dispersé sin fundamento, // no levanté sino las nubes / y sólo anduve con el humo // sin saber que de piedra oscura / se levantaba la pureza». De nuevo, la piedra, el fundamento de la casa, es el referente del trabajo y la belleza más perdurable, como la del anónimo herrero que situó una flecha y un gallo en la recóndita iglesia normanda. Como contraste, «País» es un poema de utópica belleza y «La morada siguiente», un retorno al viejo tema de la madera, recobrada en su nueva casa de Normandía fabricada también con el noble material. En «Fuga de sol» admite que «alguna vez hay que dejar de ver / el mundo con mirada mineral» y confundirse con lo vegetal. Retorna a las melancolías e incluso en «El mismo siempre» nos lleva, en un neorromanticismo paralelo a los *Retornos de lo vivo lejano*, de Rafael Alberti, hasta el primer beso: «en la noche salvaje de Temuco». La justificación podemos admirarla en «Donde se esconde el pasado». La excusa del nombre, que ha de acompañarnos hasta el fin de nuestros días, puede llevar al poeta, sin embargo, al más extremado pesimismo. En el mundo poético de Neruda pueden parecer sorprendentes versos como: «No hay piedad para el hombre entre los hombres», pese a que el poema siguiente lleve por título «Felicidad». Ésta consiste, simbólicamente, en tirar la tristeza o la amargura al mar para convertirlas en «el sueño duro de la piedra». Las alusiones al dolor menudean: «Y ahora, a dolerme el alma y todo el cuerpo» y de forma aún más explícita en «El cobarde», posiblemente el poema más estremecedor de un Neruda que intuye la propia muerte. Según Edwards, nunca tuvo una información clara de su enfermedad, acompañada de flebitis y de gota. Sin embargo, su poesía advertía la proximidad de un final que debía convertirse en dramático para contrastar, quizá, su larga, fecunda y celebrada existencia. El título del último poema del libro, «El sobreviviente saluda a los pájaros», viene a resumir los propósitos de toda su obra. El poeta se fragmenta, entra y sale en otras vidas y acaba con un verso de fraternidad: «verás que soy tu hermano». La nota aclaratoria final justifica el «muy cambiante» año de 1971.

En *La rosa separada* (1972) los poemas se dividen entre «la isla» y «los hombres». El poeta, uno más de los turistas que llegan para observar las viejas estatuas frente al mar, es el caballero extraño que viene «a golpear las puertas del silencio». Se equipara, pues, no al descubridor o conocedor, sino al resto de los visitantes, con un comprensible «Muerte al romanticón, / al experto en las incomunicaciones». Y, en efecto, el libro, en el que podemos descubrir algunos versos excelentes, resulta en su conjunto la observación de un turista, la reiteración de temas (como el del silencio) utilizados en varios poemas, tal vez como consecuencia de la «Antigua Rapa Nui, patria sin voz». Las estatuas habían sido ya evocadas en el *Canto general*, pero entonces el poeta se había identificado en su misterio: «Ellas tienen mi rostro petrificado, la grave / soledad de mi patria, la piel de Oceanía» (I, p. 774). Interesaron al poeta, entonces, las manos que las forjaron y el amor que la descripción conlleva. La oposición entre la isla y los visitantes no queda bien resuelta, pese a que podemos adivinar la incomodidad de un ser anónimo, entre gentes desconocidas, de procedencias diversas. A las colosales estatuas se dirige: «Oh graves dignidades solitarias / quién se atrevió, se atreve / a preguntar, a interrogar / a las estatuas interrogadoras?». El poema VIII, dedicado a la isla, se aproxima más a la raíz de la comunión que Neruda establece con tanta facilidad con las gentes sencillas, como los pescadores. Se compara a un altar. Pero la soledad constituye la imposible respuesta.

Incitación al nixonicidio y alabanza de la revolución chilena (Santiago de Chile, Quimantú, 1973) es el último libro panfletario de Neruda. Distribuido por las calles en Chile, fue publicado inmediatamente en otros países latinoamericanos. Tengo ante mis ojos la edición peruana, de marzo de 1973, y la mexicana de Grijalbo, fechada el 5 de noviembre de 1973, con una tirada de 10.000 ejemplares, de modo que las varias ediciones resultarían casi simultáneas. Pese a que la crítica entendió que la obra era «nada lograda», responde a la situación política con la que se encontró el poeta de regreso a Chile, tras el asesinato del general Schneider. Con un exagerado entusiasmo asegura que: «Ha probado la Historia la capacidad demoledora de la Poesía», tesis difícil de demostrar. Admite, pese al título: «Yo soy adversario cerrado del terrorismo. No sólo porque casi siempre se ejerce con irresponsable cobardía y anónima crueldad, sino porque sus consecuencias, como puñales voladores, vuelven a herir al pueblo que no sabía nada de ello». Tras atacar a los tribunales por su incuria y prevaricación al juzgar a los conspiradores, relaciona este libro con *Canción de gesta* y asegura que «no tiene la preocupación ni la ambición de la delicadeza expresiva, ni el hermetismo nupcial de algunos de mis libros metafísicos». ¿Cabe calificar alguno de los libros nerudianos de metafísico? Así parece, según sus propias palabras. La temática de algunos poemas de esta última parte de su obra permitiría quizá tal calificación: la preocupación por la muerte, la identificación con la tierra, el sentido de la existencia, la angustia, el dolor, la problematicidad del *otro*, etc.; aunque convendría matizarla con el adjetivo *existencial*. Tras una imprescindible invocación al «hermano» Walt Whitman, califica a Richard Nixon de «presidente sanguinario». El conjunto está presentado en forma de proceso acusatorio: la guerra de Vietnam y el expolio del cobre chileno. El ataque al anterior gobierno de «Eduardo» (Frei), calificado de «Embajador», llevó a Nixon a cambiar de espías «y decidió cercarnos con alambre». «Regresa el trovador» es un excelente testimonio de poesía escrita de forma directa, sin renunciar a la calidad innegable del poeta combativo y nostálgico. En «Aquí me quedo» explicita: «Yo no quiero la Patria dividida», aunque entiende también: «Siempre los ricos fueron extranjeros. // Que se vayan a Miami con sus tías!». El poema satírico «Una historia vulgar», dedicada a «doña Cacerolina Lagañín» es una clara sátira contra quienes hicieron sonar la «cacerolada». El arma empuñada contra Nixon será, pues, el «terceto justiciero». En «Cuba, siempre», Neruda asocia la situación en Chile con la cubana, donde se mencionan el Che y Fidel Castro. La propuesta del poeta es la paz civil. «Contra la muerte» actúa como una proclama en la que se advierte sobre la guerra civil que se adivina. Neruda ataca lúcidamente a los extremistas de ambos bandos. Varios son los poemas dedicados al general Schneider, al tiempo que recuerda el «4 de septiembre de 1970», la victoria de la Unidad Popular y al presidente Salvador Allende, pero en «Reviven los gusanos» alerta contra los «momiocristianos y momios furiosos». Nixon, asegura, dicta los editoriales del periódico *El Mercurio* (demócratacristiano) y se revuelve contra las huelgas antirrevolucionarias. Reclama a Alonso de Ercilla para que combata junto a su pueblo.

Han sido conocidos y ampliamente divulgados los últimos días de Pablo Neruda, quien todavía pudo escribir unas pocas líneas en su libro de memorias sobre el bombardeo del Palacio de la Moneda y la muerte de Salvador Allende. Edwards precisa que el poeta auguró la permanencia por largos años de los militares en el poder. Falleció el día 23 de septiembre de 1973, agravado el cáncer terminal por las circunstancias. Su premonición se cumplió, así como la profanación de sus casas y el significado de su entierro, donde miembros de las Juventudes Comunistas entonaron La Internacional frente a las metralletas de los sublevados.

LIBROS PÓSTUMOS

El mar y las campanas se acabó de imprimir, según consta en su primera edición, el día 28 de noviembre de 1973. Habían transcurrido, pues, tan sólo dos meses desde el fallecimiento de su autor. El resto de sus libros se publicaría al año siguiente. No vamos a analizar aquí el significado que alcanzaron para Neruda sus símbolos predilectos que figuran ya en el título, aunque en «[Esta campana rota]» alude a una campana real, situada en su jardín de Isla Negra, una campana muda. «Hora por hora no es el día, / es dolor por dolor», dice Neruda en el poema «Inicial», rememorando «tantas cosas que tuve». Cierra el volumen otro significativo poema de orden autobiográfico, «Final», que posiblemente fue el último de los poemas que escribió. Dedicado a Matilde Urrutia, podemos descubrir en él versos tan inolvidables como:

> Fue tan bello vivir
> cuando vivías!
>
> El mundo es más azul y más terrestre
> de noche, cuando duermo
> enorme, adentro de tus breves manos.

El uso del azul (el del mar, tan presente en la obra nerudiana) coincide con el adjetivo que escribiera también en su último verso Antonio Machado, ante otro mar, el del exilio de Collioure. El más bello de los poemas dedicados a Matilde es «[Hoy a ti: larga eres]»:

> Hoy a ti: larga eres
> como el cuerpo de Chile, y delicada
> como una flor de anís,
> [...].

Cabe apuntar que los poemas amorosos no abundan en esta última fase de su obra. Pese a sus penosas condiciones de salud, *El mar y las campanas* no constituye en ningún caso un lamento. Neruda excita su imaginación, retorna aquí, y en el resto de su producción póstuma, a un irracionalismo próximo al surrealismo. Parece como si reclamara de nuevo el poder imaginativo de su primera *Residencia en la tierra*. Pero ahora sin la enfebrecida búsqueda de lo material, en una claridad deliberadamente clásica. En este sentido cabría coincidir con él cuando alude a una cierta «poesía metafísica», entendida a la manera nerudiana:

> [...]
> ver siete pájaros del mismo color,
> tres mil gaviotas verdes,
> buscar el amor en la arena,
> ensuciar los zapatos,

       los libros, el sombrero, el pensamiento
       hasta encontrarte, nada,
       hasta besarte, nada,
       hasta cantarte, nada,
       nada sin nada, sin hacer
       nada, sin terminar
       lo verdadero.

Las enumeraciones menos caóticas que antaño conducen hasta una reflexión (casi poesía del silencio, al filo de un misticismo agnóstico) para retornar de nuevo a una improbable abstracción. En la búsqueda de la esencialidad descubrimos una vez más el tono autobiográfico que regresa con la premonición de la muerte («Regresando»). Es la esencialidad de los cuatro magníficos versos de «[Gracias violines]». Personajes misteriosos, como los argentinos que vienen a respirar el aire del Pacífico sin decir palabra o los perros, de los que sólo uno ladra, pueblan sus versos. El poema «[Yo me llamaba Reyes]» puede entenderse como fundacional: «me llamé matorral, luego ciruelo, / alerce y luego trigo» en una confusión que muestra ciertas coincidencias con el pensamiento panteísta del último Juan Ramón. Neruda se autodesigna al renunciar a los apellidos que se le otorgaron: «Yo me llamaba Reyes, Catrileo, / Arellano, Rodríguez, he olvidado / mis nombres verdaderos». Pero el de Pablo Neruda fue elegido por sí mismo, desde su juventud[1]. El poeta reflexiona sobre un tiempo que ya cuenta por horas, que se desmenuzan en una misteriosa «noche inversa» (una vez más la indirecta y aquí oscura alusión a la muerte). En «[Conocí al mexicano Tihuatín]» el poeta se identifica con Tihuatín, un mexicano que «encuentra» en Colombia, en Iquique, en Arequipa, en Venezuela, en Guatemala. Se trata, sin embargo, del propio

---

1. La elección del pseudónimo Pablo Neruda en octubre de 1920 sigue siendo un enigma que el poeta dejó sin aclarar. A las diversas tentativas de explicación o reconstrucción, hay que agregar la muy reciente de Enrique Robertson Álvarez, «Pablo Neruda, el enigma inaugural», en *América sin nombre*, 1, Alicante, 1999 (diciembre), pp. 50-64.

poeta (México resultaría a todas luces un país decisivo en su
evolución), que vive varias existencias. Es un «sobreviviente»
y su oficio como poeta consiste en «golpear siempre piedras
o metales / para que alguien oiga mis campanas». La narrati-
vidad se altera con intensos fogonazos líricos: una imagen, un
rasgo que escapa al ingenio o al humor destruyen la tersa superficie del poema. En «[De un viaje vuelvo al mismo punto]»
reincide en el tema de su aparente pereza; y en una constante
introspección: «uno mismo [está] cansado de uno mismo».
La soledad puede ser también un pequeño animal imaginario,
«[Un animal pequeño]». El mensaje consiste en refrendar la
realidad de Isla Negra, con su encrespado mar; pero también,
en el retorno al sueño, al mundo onírico anterior: «traigo del
sueño otro sueño». Un juego de metamorfosis mantiene rasgos surrealistas y, a la vez, populares: una mujer y una naranja se asocian a una tortuga ultravioleta o una estrella. Y,
vuelve, la simbólica lluvia «[Llueve]», convertida ahora en lágrimas. Neruda no renuncia a la inspiración moral, enfatiza
la bondad, sin abandonar la ideología comunista. El sentido
del humor se tiñe también con otros rasgos surrealistas: «los
héroes van vestidos de batracios». La nostalgia por el pasado
no sólo aparece con la desaparición de los caballos; el poeta
también retorna, a través de la enumeración caótica, a inven-
tariar la naturaleza, incluida la humana, con sus «derechos y
deberes» en «[El día de hoy]». El poeta se reafirma en su tierra. Viajero, cuando le preguntan cuándo parte responde:

> Señores, no me voy,
> yo soy de Iquique,
> soy de las viñas negras de Parral,
> del agua de Temuco,
> de la tierra delgada,
> soy y estoy.

En «Sucede» es la ausencia el tema central del poema inspirado asimismo en su estancia en Chile. «Rama» relata el viaje de Neruda de Valparaíso a Isla Negra después de haber
comprado una rama de perfumada mimosa. «El embajador»,

otro poema autobiográfico, rezuma nostalgia. Recuerda el año de 1925 y los poetas que entonces leyó: Samain, Henri de Régnier, Mallarmé, cuando:

> Viví en un callejón donde llegaban
> a orinar todo gato y todo perro
> de Santiago de Chile
> [...].

En «Todos» se equipara al resto de los seres humanos que llegan a destiempo. En «Pereza» alardea de ella, comparando su trabajo de «mirar» con las otras tareas. Ensalza también el vino chileno que bebió y el largo sueño. Se encuentra a la espera de «ciertos días amargos o preciosos» que constituyen premios o castigos, porque el futuro parece estar haciéndose al margen de su voluntad. Las campanas, que pueden permanecer en el fondo del mar, son parte de la realidad, como el cielo estrellado de Chile que anuncia «el campanero», el propio poeta. «Ciudad» es un canto a Santiago partiendo de los suburbios, recordando el pasado histórico de los caballeros y damas decimonónicos que lo poblaron. Neruda adjetiva con precisión la ciudad: «la heredada / sucia, sangrienta, escupida / triste y asesinada» y se pregunta qué hacer para resucitarla y florecerla. Describe el lento desgaste de la roca contra el agua del mar, que acaba venciendo. Teñido de pesimismo, en «[Perdón si por mis ojos no llegó]» asegura: «mi palabra es un pájaro sombrío». No menos desesperanzado parece «[Sangrienta fue]», cuyo protagonista es la «tierra del hombre» señalada por el crimen y el exterminio en un retorno que podría entenderse como eterno.

Algunos de los veinte poemas que constituyen *Jardín de invierno* (1974), elaborados en parte en su casa normanda de La Manquel, resultan los más desolados de su producción última. Por lo general, son poemas largos, inspirados en la melancolía del otoño, en la naturaleza y en el sentido de la vida, con nuevas alusiones a la soledad, la muerte, pese al manifiesto vitalismo, constante de toda su obra. Una parte alude a su estancia en Francia; otros presagian el regreso. Abre el poemario «El egoísta». Su escenario es el jardín invernal que da título al libro. Retoma el tema de la «mala conciencia» por haber disfrutado de una vida plena. Fue elegido: «me escogió la estrella / para relampaguear» y no debe sentirse culpable de haber alcanzado la belleza. Pero ahora se ve obligado a compartir la soledad del jardín. «Gautama Cristo» alude a los «nombres de Dios». Neruda no se planteó al final de su vida el problema religioso, aunque manejó los textos bíblicos, que usó como fórmulas, símbolos y mitos literarios. La raíz religiosa, identificada ocasionalmente con el redentorismo político, le lleva a servirse del plural: «Los que cruzamos estas edades con gusto a sangre, / [...] / a menudo nos detuvimos en los nombres de Dios». Se buscan tras ellos las experiencias religiosas primitivas que habrían coincidido con el ideal comunista. En «La piel del abedul», recuerda sus primeros amores y anticipa la figura ideal: «Eres tú la que tú serás / mujer innata de mi amor». Deliberadamente prosaico, «Con Quevedo, en primavera» vuelve al clásico poeta de su temprana predilección. La estación floral no coincide con un espíritu de renovación personal. Neruda nos sitúa, con un deje dramático y desolado, en su difícil circunstancia y reclama «la noche en que se encuentran / los muertos», aunque «despierten en cada primavera». Vuelve a sentirse culpable de no haber aludido a cada ser humano y evoca las figuras femeninas convertidas en recuerdo, en una caja vacía. Añora su mar, en el verano («Llama el océano»). Tampoco resulta inocente la relación simbólica que establece entre el mar y la muerte. En «Jardín de invierno», poema que da título al libro, ofrece de nuevo su autorretrato: «Yo esperé en el balcón tan enlutado, / como ayer con las yedras de mi infancia». Y se identifica con «el taciturno que llegó de lejos / envuelto en lluvia fría y en campanas: / debo a la muerte pura de la tierra / la voluntad de mis germinaciones». Su concepción de la muerte aparece ligada al mar, también al retorno cíclico, convertido el poeta en integrante de la tierra que le ha de permitir renovarse como hombre por su voluntad. Sin embargo, sería exagerado entender estos poemas como parte de un pensamiento filosófico coherente. El que advertimos está forjado a base de interrogaciones sin respuestas, de dudas, de contradicciones, de convicciones morales, de afirmaciones sentimentales. Su poesía no responde a las premisas de la indagación intelectual. Como sustrato, sin embargo, descubrimos el vitalismo que nunca abandonará y cuya génesis se encuentra en Nietzsche antes que en Hegel o en Marx. Neruda está más cerca de Kierkegaard que de J.-P. Sartre. En «Regresos» advertiremos los signos de la muerte, aunque en esta ocasión el poeta es consciente de que «voy sin llegar a parte alguna». Alterna temas tradicionales, el paso del tiempo («El tiempo») con la exaltación de los bosques («Los perdidos del bosque»). «Los triángulos» (una abstracción) son pájaros que vuelan sobre el mar. «Un perro ha muerto» es posiblemente el mejor poema de la serie, por su matizado sentimentalismo. Pese a la buscada objetividad de los versos finales, el sentimiento se desborda:

> [...]
> Ahora él ya se fue con su pelaje,
> su mala educación, su nariz fría.
> Y yo, materialista que no cree
> en el celeste cielo prometido
> para ningún humano,
> para este perro o para todo perro
> creo en el cielo, sí, creo en un cielo
> donde yo no entraré, pero él me espera
> ondulando su cola de abanico
> para que yo al llegar tenga amistades.
>
> Ay no diré la tristeza en la tierra
> de no tenerlo más por compañero
> que para mí jamás fue un servidor.

«Otoño» está escrito ya tras su regreso a Chile («Chile despierta o duerme»). «La estrella», que cierra el volumen, responde a este regreso a su Isla Negra en 1972, al último viaje. Sicard advierte en él una «sumisión final», en la que radica la «verdadera soberanía del hombre»[1].

1. Alain Sicard, *ob. cit.*, p. 419.

2000 (1974) está integrado por nueve poemas. Ya en *Canción de gesta*, el poeta inició la «Meditación sobre Sierra Maestra» con un «Escrito en el año 2000», aunque el tono y la intención eran otros. En esta ocasión se trata de un poemario marcadamente pesimista, inspirado en el nuevo milenio, que debe ponerse en relación con *Fin de mundo*. En «Los invitados», el poeta señala años cruciales del siglo y traza una curiosa enumeración de personajes ficticios: «Yo, Pedro Páramo, Pedro Semilla, Pedro Nadie», que puede entenderse, en parte, como un homenaje a Juan Rulfo a la vez que la alusión a su desolada Comala, espacio donde se confunden ambiguamente vida y muerte. El conjunto oscila entre la esperanza del mundo futuro, hoy ya presente, y un marcado pesimismo sobre sus características. Los ya fallecidos son «diputados de la muerte» (el poeta se sitúa entre ellos) y se aúnan en una voz colectiva. En «Los hombres», los latinoamericanos, llegado el año 2000, siguen, sin embargo, en «la geografía numerosa del hambre». En «Los otros hombres», sin embargo reaparece el poeta en otro autorretrato donde reitera sus raíces históricas:

> En cambio yo, pecador, pescador,
> ex vanguardero ya pasado de moda,
> [...]
> anarcopitalista furibundo,
> dispuesto a dos carrillos a morder
> la manzana del mundo.
> [...]

Y profetiza irónica y certeramente: «Gracias a la inversión y subversión / haremos más higiénica esta edad, / ninguna guerra colonial tendrá este nombre». Pero en «Celebración» exalta aquel «hoy» que era, entonces, un «mañana» con exultante alegría, consciente, a la vez, de su ausencia personal y de la perduración de su obra: «un porfiado esqueleto de palabras». Por su brevedad, por su naturaleza anticipadora, *2000* no se cuenta entre sus mejores libros póstumos, aunque contiene versos y fragmentos espléndidos, especialmente los que destacan la historia belicosa, terrible, del siglo xx. El hombre no parece ser capaz de alterar su destino colectivo y ni siquiera la ciencia puede transformarlo.

El corazón amarillo (1974), de mayor ambición, menos original por su temática, contiene ventiún poemas en los que Neruda vuelve a la confesión y al humor teñido de irracionalismo. En el segundo poema confiesa: «Y de tanto no responder / tengo el corazón amarillo», verso que servirá como feliz título al libro. Los poemas mantienen una evidente conexión con los de *El mar y las campanas*, aunque, pese a responder a inquietudes autobiográficas, evidencian mayor prosaísmo e ironía. El poeta gruñe contra los periodistas que le acosan en Isla Negra o perfila, como héroe, la irónica figura de un habitante de Santiago que resistió el paso de las modas porque permaneció siempre desnudo. Alude a su muerte desde una perspectiva cómico-poética: «(Curioso caso aquel varón / que murió cuando perseguía / a su canario en la terraza)». Lúdicamente provoca alteraciones del lenguaje normativo: «los testigos y las testigas». Mayor entidad tiene «Una situación insostenible», escrito, asimismo, con humor, donde «la familia de Ostrogodo», al hablar tanto de muertos, éstos acaban invadiéndole la casa y se ven obligados a abandonarla. No sería difícil establecer un cierto paralelismo con *Cien años de soledad*, pese a la diferente intencionalidad, donde la convivencia entre vivos y difuntos, tema recurrente en la narrativa hispanoamericana se observa con el natural distanciamiento irónico. En «Sin embargo me muevo» Neruda se muestra feliz, contra la opinión de su galeno, pero es consciente de sus achaques: «Y con mi próstata melancólica / y los caprichos de mi uretra / me conducían sin apuro / a un analítico final», había escrito poco antes. «Piedrafina» es un ejemplo de imaginación por el absurdo en una poesía cargada de esencias juveniles. El poeta se ve enterrado, tras dormirse en un funeral, alimentándose de flores; lo que ha de permitirle resucitar. La incógnita de la muerte y las improbables posibilidades del retorno están presentes una vez más, aquí con un tono desenvuelto; después aparece una figura femenina que «se parecía a una cereza» y que acaba convertida en ella, tras varias metamorfosis, de las que se sirvieron tanto los surrealistas.

Los poemas de esta serie finalizan, por lo general, como las antiguas fábulas, con una reflexión moral e irónica. En el núcleo central del libro figuran algunos poemas amorosos: «Canción del amor», donde Neruda consigue indudables aciertos en el malabarismo verbal:

> En mi violín que desentona
> te lo declara mi violín
> que te amo, te amo mi violona,
> mi mujercita oscura y clara,
> mi corazón, mi dentadura,
> mi claridad y mi cuchara,
> mi sal de la semana oscura,
> mi luna de ventana clara.

El paso del tiempo se observa como el de las estaciones («Una estatua en el silencio»). De forma más reflexiva actúa en «Enigma para intranquilos», mientras que en «Gatos nocturnos», el poeta pasa desde su estancia parisina («Cuántas estrellas tiene un gato / me preguntaron en París») hasta el desierto de Antofagasta. El rayo, en «Rechaza los relámpagos», le enseña a «ser tranquilo», «la velocidad» y la «dureza», que descubre cavando el suelo. Los poemas evolucionan hacia la introspección y, salvo en el uso de alguna imagen, han ido perdiendo el carácter lúdico del inicio. «Desastres» rememora su pasado itinerante y clandestino, desde Curacautín, a Talca, Valparaíso y Santiago, cuando durante ciertas elecciones «me expulsaron de la ciudad». Retornará en «Recuerdos de la amistad» al poema narrativo, en el que su imaginario amigo Rupertino, elegido presidente, le encarga invadir «las monarquías cafeteras», pero es derrotado y habiéndose considerado un Sancho Panza, deduce que «siempre tuvo razón» su quijotesco amigo. Tal vez no sean ajenas a estas reflexiones las difíciles relaciones que se produjeron entre los intelectuales castristas y el poeta a raíz de su participación en la Conferencia del PEN Club Internacional, celebrada en 1966 en los EE.UU., y a la condecoración que le otorgó Fernando Belaúnde, a la sazón presidente del Perú. Una carta en el periódico oficial *Gramma*, el 31 de julio de 1966, acabaría distanciando al poeta comunista de los jóvenes «revolucionarios» internacionalistas cubanos, cuya concepción política era considerada como heterodoxa por la mayoría de los partidos comunistas del continente. «Enigma para intranquilos» es una reflexión sobre su propia muerte, aunque alude con claridad, como en poemas anteriores, al tiempo: «una ola de pelo catarata» (repárese en el simbolismo que adquiere el pelo en su obra, ya desde *Residencia en la tierra*, y en el significado de la «catarata», símbolo del desplomado fluir del agua). Más evidentes aún resultan los cuatro últimos versos: «Y dispondremos de un poder satánico: / volver atrás o acelerar las horas: / llegar al nacimiento o a la muerte / con un motor robado al infinito». Retoma la idea del regreso y entiende la muerte como una operación que ha de permitirnos finalmente ver «la materia de las horas»; es decir, descifrar la naturaleza del tiempo. Con ello se aparta de una concepción simplista del materialismo que dice haber asumido sin reparos en otros poemas. Refleja también algún resquicio de duda, alguna esperanza de conocimiento o trascendencia; una natural curiosidad. Pese a su título, «El pollo jeroglífico» constituye uno de los poemas más logrados del libro. El tema del hombre que no soportaba los crepúsculos puede aludir a la anécdota, aunque en inverso sentido, atribuida, entre otros, a Juan Ramón Jiménez. Significativo resulta «Mañana con aire» por la oposición (siempre en clave de humor) entre quien pedalea con su bicicleta a la luz y el poeta que le reclama, sin éxito, que hay que entrar «en el callejón de la muerte». Pero la nostalgia surge en «El tiempo que se nos perdió», finalizado con un desolado verso: «Se terminaron los lamentos». En «Otra cosa» se queja: «Me suceden tan pocas cosas». En este libro, escrito en su retiro de Isla Negra, el poeta se siente varado, tras una existencia vertiginosa. El último poema, «Suburbios», es un irónico canto a los ideales y ambiciones consumistas de «los pequeños burgueses suburbanos», entre los que Neruda se sitúa, no sin marcada ironía.

Libro de las preguntas resulta uno de los libros más originales, refrescantes e innovadores del poeta. Está formado por setenta y cuatro series. Lo integran 314 preguntas sin una aparente respuesta lógica, en su mayor parte de carácter carnavalesco, en las que predomina el uso del absurdo y del disparate. Las que responden a las series XXXV-XXXIX tienen como tema común la muerte. Alain Sicard entiende que «de la conciencia de esa frustración ante lo real nace en la poesía de Neruda la paradoja de la forma breve y nace la pregunta»[1]. El poeta se había mostrado con anterioridad partidario de las grandes composiciones. Pero pueden rastrearse a lo largo de su producción versos en forma de preguntas sin respuesta, interrogaciones casi retóricas y en cierto modo «greguerías»; aunque difícilmente pueda suponerse que *Libro de las preguntas* sea el resultado de una acumulación. El libro carece de estructura, ya que su comienzo y final podrían extenderse en ambas direcciones. Por lo general, los poemas están formados por dípticos eneasílabos sin relación entre sí. En ocasiones, el lector puede quedar perplejo ante el mensaje, una imagen, reelaboración de formas como los breves poemas clásicos japoneses, asimilados a la poesía occidental por los simbolistas. Sin aparente ideología, estas formas lúdicas encierran, sin embargo, cargas de profundidad: «Es malo vivir sin infierno: / no podemos reconstruirlo?» (XVIII) o «No será nuestra vida un túnel / entre dos vagas claridades?» (XXXV). Junto a los «juegos» más trascendentales, podemos admirar imágenes tradicionales: «Y qué dijeron los rubíes / ante el jugo de las granadas?» (XIV), fórmulas cercanas al «disparate»: «Es verdad que sólo en Australia / hay cocodrilos voluptuosos?» u oscuros presagios: «Es verdad que vuela de noche / sobre mi patria un cóndor negro?» (XIII). El poeta ha reunido los dípticos en series, formadas por tres, cuatro (en su mayor parte) o cinco interrogantes. No puede establecerse una norma general en el libro que justifique la ilación entre unas y otras «preguntas». El objetivo de Neruda consistió en descubrir el valor de la pregunta como otra sintética «forma» poética. En todo caso, se descompone el poema y avanza, en algunos casos, por

1. Alain Sicard, «Lo breve y lo interminable (a propósito del *Libro de las preguntas* de Pablo Neruda)». En *Nerudiana*, Sássari, 1995, p. 152.

el camino del absurdo: «Qué guardas bajo tu joroba? / dijo un camello a una tortuga» (V); «Cuando escribió su libro azul / Rubén Darío no era verde?» (XXX). El poema LXX, dedicado a Hitler, resulta una excepción en el conjunto, ya que las preguntas se encadenan bajo el mismo tema. *Libro de las preguntas* no es sólo un ejercicio de estilo. En él, Neruda ensaya con total acierto el poema más simple, en una síntesis en la que se percibe el eco del «antipoema» sin renunciar al carácter lúdico, próximo a las vanguardias históricas. Escapa con ello de sus anteriores ambiciones totalizadoras, aunque siempre sea fragmentario, incluso, en sus poemas más extensos. A lo largo y al final de su existencia: ¿no se formula el hombre múltiples preguntas sin respuesta?

Elegía (1974) es un libro inspirado en un simbólico Moscú, la ciudad elegida, capital de la extinta URSS. Constituye, pues, un libro político y, a la vez, un ajuste de cuentas con la ciudad a la que Neruda debió tanto; aunque sus concepciones sobre el papel del comunismo soviético hayan evolucionado. Nunca consiguió olvidar los crímenes de Stalin, denunciados por sus propios camaradas. Había digerido cada vez con menos argumentos las intervenciones armadas en Polonia, en Hungría, en Checoslovaquia; pero se sentía obligado a reivindicar y a renovar su fe. Constituye el último y póstumo mensaje que confirma su voluntad de no ejercer la crítica demoledora, la voluntad de afirmarse en sus posiciones, dando por sentado que había que apoyar con su testimonio poético al bloque del socialismo real frente al capitalismo, aunque manifestando ciertas reticencias. El poema más emblemático al respecto es el XXVI, dedicado a Stalin. La explicación nerudiana de las desviaciones estalinistas se nos antoja casi religiosa: «Luego, adentro de Stalin, / entraron a vivir Dios y el Demonio, / se instalaron en su alma. / Aquel sagaz, tranquilo georgiano / conocedor del vino y muchas cosas, / aquel capitán claro de su pueblo / aceptó la mudanza: / [...] / La tierra se llenó con sus castigos, / cada jardín tenía un ahorcado». La justificación responde a la dualidad *ángel/demonio* o *bien/mal*, otra fuente bíblica más que añadir a las que tanto abundan en esta etapa final de su obra. Aquí le sirve para justificarse ante lo que nunca acabaría de asimilar: la transformación del Stalin que había conocido personalmente y del estalinismo que había defendido. Neruda elige la nostalgia: dos poemas están dedicados al escultor español Alberto, que vivió exiliado en Moscú (I y IX). Otros varios recuerdan a escritores comunistas amigos fallecidos también, como el turco Nazim Himet, cuyos años últimos transcurrieron en la capital rusa. Recuerda asimismo a Ilyá Ehremburg, «el incómodo amigo», aunque eche de menos su «áspera ternura». Pero las «elegías» moscovitas recuperan también el paisaje urbano:

> Moscú, ciudad de grandes alas,
> albatros de la estepa,
> con el nido del Kremlin corruscante
> y San Basilio y su juguetería,
> [...].

En el poema X, dedicado a la «ciudad rectangular» no disimula su fealdad. Pero en el XI el paisaje urbano se ilumina con la figura de Lenin. El poeta mantiene, pues, lo que dio en llamarse el culto a la personalidad, aunque sustituyendo aquí la figura de Stalin por la de Lenin y manteniendo, pese a todo, la capitalidad (un paralelo de la Roma católica) de la «revolucionaria primavera». El poema XXIV lo dedicará al mausoleo de Lenin, a quien no se menciona directamente, pero en cuyo sepulcro reposan las piernas y los pies «que cambiaron los pasos de la historia». Y en el XXVII rechaza de nuevo el estalinismo:

> Que nunca más la tierra deje entrar
> la materia de dioses o demonios
> al corazón de los gobernadores:
> [...]
> pégale con la piedra del Partido,
> pícalo con la abeja colectiva,
> [...].

Éste parece ser el remedio para evitar la reincidencia en los oscuros y sangrientos desaguisados. Hay poemas de gran belleza y determinante significación, como el XII, donde las palomas visitan las estatuas de Pushkin y Mayakovski o la descripción del atardecer en el «viejo Moscú de iglesias minúsculas». No deja de resultar significativo el poema XIV, dedicado a Evtuchenko, poeta disidente, aunque tolerado y admirado en Occidente, con el que Neruda se identifica. Su admiración hacia Mayakovski le lleva a escribir el XV, altamente significativo por su concepción de la relación amorosa, dedicado a Lily Brik, a la que conoció ya «herida por alguna tardía pedrada». El libro se torna pura elegía. Un verso de raíz quevedesca viene a resumirlo: «Yo quiero de ellos lo [que] no fue nada». Pero, incluso entre lo elegíaco, no faltan ciertas expansiones vitales. Rusia es, por otro lado, el espacio en el que confluyen los aires de los países europeos más diversos y desde los Urales el viento sopla hacia Europa: «se desploma en arcángeles de nieve», concluye Neruda en un verso gongorino. El aire es, pues, el símbolo elegido, signo de un mundo en crisis, tal como lo asegura en el poema XXX, donde el yo poético es sintético y omnipresente:

> Porque yo, clásico de mi araucanía,
> castellano de sílabas, testigo
> del Greco y su familia lacerada,
> yo, hijo de Apollinaire o de Petrarca,
> y también yo, pájaro de san Basilio,
> [...]
> yo y tú, los que vivimos en el límite
> del mundo antiguo y de los nuevos mundos
> participamos con melancolía
> en la fusión de los vientos contrarios,
> en la unidad del tiempo que camina.

> La vida es el espacio en movimiento.

Resume aquí simbólicamente la crisis de su ideario final. La intercomunicación entre la estética y la ideología hubiera podido ser la conclusión de la elegía que culmina en un acto de fe. Pero todavía, en el poema VII (siguiendo la edición Losada poema XXIX), Neruda insiste en el valor simbólico de la ciudad. Y en el VIII (edición Losada: XXX) lamenta la pérdida de aquellos pintores que abandonaron Rusia, tras la revolución: «la pintura se fue con sus naranjas». Profetiza o desea, sin embargo, su regreso, confundiendo deliberadamente poesía y pintura (el arte en general): «transmigrante, irreal, imaginaria, / la naranja central, la poesía / volverá a su morada maternal, / a su casa de nieve». Al margen de los dictados del «realismo socialista» y de los caprichos de los funcionarios de turno, el poeta añoraba la transformación del arte en la URSS. Es su sutil manera, desde Occidente, de incitar al cambio aún dentro del sistema.

Defectos escogidos (1974) es el último de sus libros póstumos. Contiene diecinueve poemas de diversa entidad y naturaleza. La pieza central del volumen es el poema «Triste canción para aburrir a cualquiera», formada por una combinación de versos paralelísticos endecasílabos combinados con hexasílabos o heptasílabos u otros metros cortos, donde se acentúa el carácter coloquial. El sentido del humor se hace presente en el poema que se pretende, una vez más, autobiográfico:

> Toda la noche me pasé la vida
> sacando cuentas,
> [...].
>
> Toda la vida me pasé la muerte
> sacando cuentas
> y si salí perdiendo
> o si salí ganando
> yo no lo sé, la tierra
> no lo sabe.

Etcétera.

Adquiere, con ello, el tono de una canción que contribuye a acentuar la figura de ese *yo* poético que preside el conjunto de su obra y que aquí describe y narra con despreocupación. Contribuye a diseñar su figura de poeta despreocupado en

poemas como «El incompetente», donde nos advierte: «Es difícil la infancia para un tonto / y como yo fui / siempre más
tonto que los otros tontos / me birlaron los lápices, las gomas / y los primeros besos de Temuco». El poema nos lleva de
inmediato a recordar la serie de Rafael Alberti sobre «los
tontos»: *Yo era un tonto y lo que he visto me ha hecho dos
tontos*, pese a que el poeta español aludía allí a las series có-
micas de los personajes del cine mudo. No se trata de parte de
una autobiografía (que estaba escribiendo en prosa y en paralelo), ni el *yo* poético debe identificarse con el *yo* nerudiano. Lo autobiográfico, cuando surge, actúa como contraste
o complemento. Sin embargo, el protagonista de «mi triste
historia» acaba arremetiendo contra un posible lector y adversario: «pienso que usted es aun más tonto todavía». Excelente, dentro del mismo tono, es el poema «Orégano». La palabra que da título al poema se convierte en talismán y la
conclusión se asemeja a la de sus memorias: «son las palabras
las que cantan». Al margen del humor, el poema destaca el
valor simbólico que Neruda otorga al idioma poético y a su
núcleo –la palabra– que ha de permitirle, desde un radical
simbolismo, el descubrimiento de la propia identidad. Tal vez
el último poema de la serie, «Paseando con Laforgue» con-
tenga, además, otras claves de su poética juvenil. Rememora
los tiempos de su adolescencia, de los «tontos enamorados» y
que habitaban «en pensiones sórdidas, / nutridos de incesantes spaghettis, / migas de pan en los bolsillos rotos, / migas de
Nietzsche en las pobres cabezas». La recuperación de Laforgue es también una elegía a la adolescencia bohemio-moder-
nista (el recuerdo de Nietzsche no es casual), la fraternidad
asumida en la creación poética que seguirá gravitando en esta
última etapa. En «Otro castillo» esboza de nuevo la autocrítica de sus ímpetus o proyectos de juventud:

> No soy, no soy el ígneo,
> estoy hecho de ropa, reumatismo,
> papeles rotos, citas olvidadas,
> pobres signos rupestres
> en lo que fueron piedras orgullosas.

En qué quedó el castillo de la lluvia,
la adolescencia con sus tristes sueños
[...]

Espléndida enumeración escasamente caótica. Pero de los
«defectos» trata ya el primer poema de la serie, «Repertorio», en el que el poeta se autodefine como «Yo el archivista
soy de los defectos / [...] / y no tengo crueldad sino paciencia». El poeta pretende adivinar si aquel que vio y juzgó era
el «verdadero», o si sólo «fue aquel artesano del desprecio».
Se realza así la ambigüedad, como en «El otro», donde el
poeta se desdobla (otra coincidencia con Borges) y el otro se
lleva la melancolía de «lo que yo quise ser». «Deuda externa», cuyo protagonista es «el señor Montenegro», refleja irónicamente las preocupaciones diplomáticas de Neruda, durante su embajada en Francia, tratando de aliviar el problema
de la deuda que atenazaba al gobierno de la Unidad Popular.
Se trata de un poema narrativo deliberadamente prosaístico.
En «Un tal Montero» se sirve de parecidas fórmulas irónicas
y satíricas: «Ahora bien, aquel hombre se rompió / y su autenticidad era mentira». «Cabeza a pájaros» tiene como protagonista a Jean Marcenac, traductor de Neruda al francés. Escrito en versos eneasílabos juega con la frase hecha
tener la cabeza a pájaros. Se trata, pues, de un brillante poema lúdico. «Charming» constituye un feroz retrato (descrito
con suave ironía) de una familia de la alta burguesía que se
reúne para un entierro. «Cómo se llaman, cómo se llamaron?»
se pregunta el poeta. Tampoco puede faltar el dedicado a la
descripción del paisaje marino: «Peña Brava» con sus tres ad-
jetivos definitivos que lo clausuran. En ocasiones, el retrato es
genérico, como en «Paso por aquí», donde se simplifica la
intención moral, porque de estos textos últimos puede extraer-
se siempre la oportuna lección ética. En la «Parodia del
guerrero», parece haberse situado a mucha distancia de los
seres que combaten en la cotidianidad. Irónicamente, como
formando parte también de este ejército en el que se mantiene el rango, se reclama de la simbólica luz goetheana: «Tengo sed, apetito de la luz, / y sólo trago sombra». «El gran ori-

nador» trae a nuestra memoria el célebre cuadro de Salvador
Dalí, *El gran masturbador*. Sin embargo, su intención queda
más cerca de F.G. Lorca, de su poema «Paisaje de la multitud
que orina. Nocturno en Battery Place», de *Poeta en Nueva
York*. Pero lo que en el poeta granadino constituía una mera
alusión en el penúltimo verso, aunque determinaba el título,
aquí se amplifica, convertido en el tema central. Su desencanto por la Revolución china (de nuevo, el culto a la personalidad) se advierte en «Muerte y persecución de los gorriones»,
que puede considerarse como poema lúdico-político; consiste
en que cada chino entierra «en las montañas de la Luna Verde» al gorrión que le corresponde, salvo uno: «un gorrión supremo, / fue fusilado por Mao Tse-tung».

Por lo que hemos expuesto a lo largo de la trayectoria poética final de Pablo Neruda no puede concluirse que ésta sea
ni de inferior calidad, ni de menores pretensiones. Poco di-
vulgada, menos estudiada hasta el presente y, en consecuencia, menos admirada, aumentará el reconocimiento que merece. El poeta nunca dejó de experimentar en su lenguaje
poético y ello puede comprobarse también en este volumen
que reúne su última producción publicada en verso. Le hace
justicia. Dada la extensión y ambición de su obra no cabe
duda de que en esta zona, como en el resto de su producción,
hay poemas que responden al Neruda que trabajó siempre
con esfuerzo y no siempre con inspiración. Pero pocos poetas
han conseguido en tan vasta producción tal rigor. También
en sus últimos libros emplea toda suerte de recursos, innova,
torna a formas que parecían olvidadas, reclama la atención
sobre su figura, manifestándose en un *yo* diversificado, juega
con la métrica, con las imágenes, con el absurdo, con el prosaísmo, con la ironía. No desdeña la poesía política, ni siquiera la panfletaria. Si tan sólo hubiera quedado de su obra
esta última parte ocuparía ya un lugar de privilegio en el panorama de la lírica del siglo xx, que vivió tan intensamente,
convirtiendo su historia en poesía y su vida en arte. Neruda
propone también caminos que aún no han sido explorados.

Hora es ya de volver a su obra sin reticencias políticas, bajo
otras circunstancias, a la luz de otro siglo, y entender la ac-

tualidad de su proyecto: el de un hombre que amó y sufrió; vivió, al fin, como deseó y legó el testimonio de su palabra. Fue, a menudo, en sus últimos años, poeta de su experiencia, que fue la de muchos y aún sigue siéndolo, pese a los cambios históricos y sociales operados desde su muerte. En ella se inspiró y más o menos ficcionalizada supo transformarla en poesía. Ecos románticos se advertían en aquellas palabras dictadas tras la aceptación de la candidatura de su Partido a la Presidencia de la República (1 de octubre de 1969): «Nunca he concebido mi vida como dividida entre la poesía y la política. Mi pensamiento y mi acción se han determinado por lo que soy que es lo mismo, en esencia, de lo que es el pueblo en nuestra patria». No puede ser casual su universalidad.

JOAQUÍN MARCO
Barcelona, marzo de 2000

Nota a esta edición

Esta nueva edición de las *Obras completas* de Pablo Neruda reúne en cuatro volúmenes todos los escritos del poeta chileno, incluyendo los publicados tras su muerte y algunos inéditos de particular interés. Se trata verdaderamente de una *nueva* edición, en primer lugar porque recoge la producción nerudiana que no alcanzó a ser incluida en la cuarta y última edición de Losada de *Obras completas* (Buenos Aires, 1973, tres volúmenes), o que el autor excluyó en su momento, como fue el caso de *Canción de gesta* (1960), y porque además recupera una tan considerable cantidad de textos dispersos que se hizo necesario destinarles un volumen entero.

Pero la presente edición es *nueva* sobre todo por la ambición del proyecto que la sostiene y que la ha hecho posible. La idea de incluir a Pablo Neruda en el amplio programa de obras completas de Círculo de Lectores y Galaxia Gutenberg –que cuenta ya con las de Federico García Lorca, Ramón Gómez de la Serna, Octavio Paz, Pío Baroja o Franz Kafka– se remonta a 1993. A los editores no les interesaba retomar la edición de Losada sólo para completarla. El objetivo era una edición *diversa* que implicara, además de la recopilación total –tarea ya en sí misma difícil cuanto urgente–, el reexamen completo de la producción nerudiana con ánimo de establecer y fijar, hasta donde los límites humanos lo permitieran, un texto de máxima fiabilidad si no definitivo. Lo cual suponía una perspectiva filológica nada frecuente en empresas editoriales de gran volumen, al menos en nuestra lengua. Un tal proyecto de obras completas honra pues a Círculo de Lectores y a Galaxia Gutenberg. Y es ciertamente un desafío para quien dirige su realización.

El profesor Saúl Yurkievich abre y presenta el conjunto de estas *Obras completas* con una lectura panorámica de Neruda que consigue focalizar –con la brillante eficacia a que nos ha habituado su autor – los aspectos y niveles que definen una escritura tan extensa cuanto compleja. Cada volumen viene prologado además por un especialista: Enrico Mario Santí se ocupa del primero (desde *Crepusculario*, 1923, a *Las uvas y el viento*, 1954), Saúl Yurkievich del segundo (desde *Odas elementales*, 1954, a *Memorial de Isla Negra*, 1964), Joaquín Marco del tercero (desde *Arte de pájaros*, 1966, hasta los libros póstumos, 1973-1974) y yo del cuarto (compilaciones en prosa y textos dispersos, desde la tarjeta de saludo a la «Mamadre», 1915, hasta las póstumas memorias). Asumí por mi parte la dirección general de la edición, y en particular la fijación del Texto nerudiano, con las respectivas notas para los cuatro volúmenes. En la formulación general del proyecto me fueron de gran utilidad la experiencia, los consejos, la amigable y docta asesoría del profesor Yurkievich, que aquí agradezco. Así como agradezco y celebro el trabajo de Nicanor Vélez, porque sus expertos cuidados de editor supieron resolver de modo fino e inteligente – como puede verificar el lector – los abundantes problemas que plantearon la disposición tipográfica y algunos aspectos textuales de estas nuevas *Obras completas*.

Para la disposición del material he operado a partir de una básica distinción entre «nerudiana orgánica», es decir, los libros que Neruda individualizó y tituló como tales (volúmenes I, II y III), y «nerudiana dispersa» (volumen IV). Al establecer el orden de sucesión de los libros preferí – en los casos dudosos – la cronología de las escrituras a la no siempre coincidente datación de las publicaciones.

Para la fijación del texto utilicé como referente básico la cuarta edición Losada de *Obras completas* (1973), cotejándola y corrigiéndola – las no pocas veces que fue necesario – con las ediciones príncipe y con otras de reconocida autoridad, y las primeras ediciones de los libros postreros. He respetado y generalizado la eliminación de los signos abre-interrogativos y abre-exclamativos, temprana característica de la escritura de Neruda, así como la eliminación de las comas tras los módulos interrogativos y exclamativos dispuestos en serie y la oscilación de los textos con relación a las grafías etimológicas (del tipo *obscuro/oscuro*, *substancia/sustancia*...).

Cada uno de los libros de Neruda incluidos en este volumen remite a un aparato de notas con: una breve historia de la escritura y constitución del libro; un elenco de sus principales ediciones, totales y parciales; observaciones, correcciones y noticias varias sobre los textos; un registro de *anticipaciones* (las publicaciones fragmentarias, anteriores a la primera edición del libro); la recuperación, en notas, de los textos –o fragmentos de textos– que las ediciones definitivas sustituyeron o eliminaron y un registro de *variantes* notables.

AGRADECIMIENTOS

Reitero mis agradecimientos a la Fundación Neruda y, en especial, a Tamara Waldspurger, directora de Archivos y Bibliotecas de la Fundación (Santiago). Las *Notas* de este tercer volumen deben a Tamara y a su colaboradora Adriana Valenzuela casi toda la información bibliográfica respecto a las últimas obras de Neruda, y además muchísimos cotejos con los manuscritos del poeta y con publicaciones fuera de mi alcance, lo cual me permitió resolver los no pocos problemas que me presentó la fijación (y comprensión) del Texto nerudiano. Renuevo también mis agradecimientos a Robert Pring-Mill, de Oxford; a Volodia Teitelboim, de Santiago; a Elena Mayorga, de Concepción, Chile; a Enrique Robertson, de Bielefeld: a todos ellos por nuevos envíos de materiales y de información utilísimos. Quiero además agradecer vivamente a Piero Borelli, de la Universidad de Sássari, por haberme ayudado en mi trabajo con su experiencia informática. Y dedicar, en fin, mis *Notas* y demás fatigas de la edición a la memoria de mi padre, por su solidaridad hacia mis afanes literarios de adolescencia, y a la de mi profesor Juan Uribe Echevarría por haberme enderezado al estudio de la obra de Pablo Neruda, casualmente, una lejana mañana de domingo caminando por calle Catedral.

HERNÁN LOYOLA
Sássari, febrero 2000

Arte de pájaros

[1962-1965]

Migración

Todo el día una línea y otra línea,
un escuadrón de plumas,
un navío
palpitaba en el aire,
atravesaba
el pequeño infinito
de la ventana desde donde busco,
interrogo, trabajo, acecho, aguardo.

La torre de la arena
y el espacio marino
se unen allí, resuelven
el canto, el movimiento.

Encima se abre el cielo.

Entonces así fue: rectas, agudas,
palpitantes, pasaron
hacia dónde? Hacia el norte, hacia el oeste,
hacia la claridad,
hacia la estrella,
hacia el peñón de soledad y sal
donde el mar desbarata sus relojes.

Era un ángulo de aves
dirigidas
aquella latitud de hierro y nieve
que avanzaba
sin tregua
en su camino rectilíneo:
era la devorante rectitud
de una flecha evidente,

los números del cielo que viajaban
a procrear formados
por imperioso amor y geometría.

Yo me empeñé en mirar hasta perder
los ojos y no he visto
sino el orden del vuelo,
la multitud del ala contra el viento:
vi la serenidad multiplicada
por aquel hemisferio transparente
cruzado por la oscura decisión
de aquellas aves en el firmamento.

No vi sino el camino.

Todo siguió celeste.

Pero en la muchedumbre de las aves
rectas a su destino
una bandada y otra dibujaban
victorias
triangulares
unidas por la voz de un solo vuelo,
por la unidad del fuego,
por la sangre,
por la sed, por el hambre,
por el frío,
por el precario día que lloraba
antes de ser tragado por la noche,
por la erótica urgencia de la vida:
la unidad de los pájaros
volaba
hacia las desdentadas costas negras,
peñascos muertos, islas amarillas,
donde el sol dura más que su jornada

y en el cálido mar se desarrolla
el pabellón plural de las sardinas.

En la piedra asaltada
por los pájaros
se adelantó el secreto:
piedra, humedad, estiércol, soledad,
fermentarán y bajo el sol sangriento
nacerán arenosas criaturas
que alguna vez regresarán volando
hacia la huracanada luz del frío,
hacia los pies antárticos de Chile.

Ahora cruzan, pueblan la distancia
moviendo apenas en la luz las alas
como si en un latido las unieran,

vuelan sin desprenderse

del cuerpo

migratorio

que en tierra se divide
y se dispersa.

Sobre el agua, en el aire,
el ave innumerable va volando,
la embarcación es una,
la nave transparente
construye la unidad con tantas alas,
con tantos ojos hacia el mar abiertos
que es una sola paz la que atraviesa
y sólo un ala inmensa se desplaza.

Ave del mar, espuma migratoria,
ala del sur, del norte, ala de ola,
racimo desplegado por el vuelo,
multiplicado corazón hambriento,
llegarás, ave grande, a desgranar
el collar de los huevos delicados

que empolla el viento y nutren las arenas
hasta que un nuevo vuelo multiplica
otra vez vida, muerte, desarrollo,
gritos mojados, caluroso estiércol,
y otra vez a nacer, a partir, lejos
del páramo y hacia otro páramo.

Lejos
de aquel silencio, huid, aves del frío,
hacia un vasto silencio rocalloso
y desde el nido hasta el errante número,
flechas del mar, dejadme
la húmeda gloria del transcurso,
la permanencia insigne de las plumas
que nacen, mueren, duran y palpitan
creando pez a pez su larga espada,
crueldad contra crueldad la propia luz
y a contraviento y contramar, la vida.

PAJARINTOS

Albatros errante
Diomedea Exulans

En alta mar navega el viento
dirigido por el albatros:
ésa es la nave del albatros:
cruza, desciende, danza, sube,
se suspende en la luz oscura,
toca las torres de la ola,
anida en la hirviente argamasa
del desordenado elemento
mientras la sal lo condecora
y silba la espuma frenética,
resbala volando el albatros
con sus grandes alas de música
dejando sobre la tormenta
un libro que sigue volando:
es el estatuto del viento.

Águila
Geranoaftus Melanoleucus Australis

Pájaro amargo, águila fría,
espada de las cordilleras,
inmóvil en tu eternidad,
en los años indiferentes,
en la piedra de la agonía.

Águila de plumas duras,
yo conozco tu idioma negro,
la amenaza de tus ciclones,
tu transparencia sanguinaria,
tus garras manchadas de muerte
y sé que vuelves derrotada
a tus montes de piedra y nieve,
al gran silencio de los Andes,
a la torre de las espinas.

La rosa siguió floreciendo,
el manantial hizo de nuevo
su conversación de cristal:
los nuevos nidos se poblaron
por orden de la primavera,
se extendió la liebre en el musgo
para parir en el crepúsculo:
desembocó la claridad
de la luna, de las estrellas,
como los ríos de un estuario
y allí sólo tú, desvelada,
no nacías ni florecías:
estabas sola con la noche.

Alcatraz
Pelecanus Thagus

Sentado en el mar el pelícano
resuelve problemas profundos:
la capacidad del océano
en su faena alimenticia,
la repetición de las olas,
la soledad de la ballena,
los sortilegios de la luna,
las coordenadas del viento.

El tiempo cae por su cráneo
de juez impasible del agua
y de su larga nariz resbala
una gota de ola o de lluvia
como un dictamen transparente.

La marea mece su peso
de nido o cuna abandonada
mientras mide los peces previos
que como elásticas monedas
acumula en el monedero
que le cuelga de la garganta.

Una tras otra llegarán
congregaciones de sardinas,
de pálidos peces de otoño,
suaves merluzas de Taitao,
fureles color de cuchillo
y hasta su bolsa llegarán
fosfóreos moluscos, ventosas,
satanizados calamares,
cefalópodos urticarios.

De pronto el avaro levanta
su bolsa pesada de peces,
extiende dos alas de plomo,
el férreo plumaje enarbola
y cruza en silencio el silencio
como una nave religiosa.

Bandurria
Theristicus Laudatus Melanopis

Yo las fluviales aguas conozco
y de tanto amar agua y tierra

sonidos secretos del bosque
se incorporaron a mi cuerpo
de tal modo que a veces voy
con tantos pájaros andando,
con tal silencio de raíces
y de semillas que estallaron,
que me duermo y sigo viviendo
con aquel silencio sonoro,
pero despierto o me despiertan
las grandes, las lentas bandurrias
que continuaron en mi sueño
con sus trompetas de aluminio.

Desde Ranco hasta el lago Maihue
y las praderas de Llanquihue
se desplazan los regimientos
de las metálicas bandurrias:
entraron de pronto en mi sueño
con un vuelo de muebles blancos:
las alas lentas, las pausadas,
el sonámbulo amor del Sur,
el podrido aroma del bosque
hundiendo los pies en las hojas,
los lagos como ojos abiertos
que buscan algo en el follaje,
olor de laureles quebrados,
olor a tiempo y humedad.

Desperté en medio de la calle:
volaban sonando en el viento
las aves del Extremo Sur.

Cernícalo
Falco Sparverius Cinnamomimus

El medio día estaba abierto:
el sol en medio, coronado.

La tierra esperaba indecisa
algún movimiento del cielo
y todo el mundo se había quedado
indescifrablemente inmóvil.

En ese momento delgado
clavó el cernícalo su vuelo,
se desprendió del firmamento
y cayó como escalofrío.

No pasó nada en el paisaje
y no se asustó la arboleda,
los volcanes siguieron solos,
el río siguió pregonando
su abrupto y mojado linaje:
todo continuó palpitando
en la pausa de pauta verde
menos algo, una liebre, un ave,
algo que volaba o corría,
algo que existió donde ahora
hay una mancha colorada.

Cisne
Cygnus Melanchoryphus

Sobre la nieve natatoria
una larga pregunta negra.

Codorniz
Lophortyx Californica Brunnescens

Entre Yumbel y Cuatro Trigos
vi resbalar con su hermosura
una sombra, una forma, un ave,
una fruta, una flor de plumas,
una pera pájaro pura,
una circunstancia del aire,
un huevo de arena y de humo:
me acerqué: la llamé, sus ojos
brillaban de hostil entereza
como dos lanzas encendidas
y sobre su orgullo llevaba
dos plumas como dos banderas:
apenas vi aquella visión
se disipó aquella visión
y me quedé con el crepúsculo,
con el humo, el polvo y la noche,
con la soledad del camino.

Cóndor
Vultur Gryphus

En su ataúd de hierro vive
entre las piedras oxidadas
nutriéndose de herraduras.

En los montes de cierzo aúlla
con silbido de proyectil
y sale el cóndor de su caja,
afila en la roca sus garras,
extiende el místico plumaje,
corre hasta que no puede más,
galopa la cóncava altura
con sus alas ferruginosas
y picotea el cinc del cielo
acechando un signo sangriento:
el punto inmóvil, el latido
del corazón que se prepara
a morir y ser devorado.

Vuela bajando el ciclón negro
y cae como un puño cruel:
la muerte esperaba allá abajo.

Arriba, crueles cordilleras,
como cactus ensangrentados
y el cielo de color amargo.

Sube de nuevo a su morada,
cierra las alas imperiosas
y otra vez extendido duerme
en su ataúd abominable.

Cormorán
Phalacrocorax Bouganvillii

Crucificado en la roca,
inmóvil cruz de pelo negro,
se quedó allí terco y torcido.
El sol cayó como un caballo
sobre las piedras de la costa:
sus herraduras desataron
un millón de chispas furiosas,
un millón de gotas de mar
y el crucificado volante
no parpadeó sobre la cruz:
la ola se hinchaba y daba a luz:
temblaba la piedra en el parto:
susurraba suave la espuma
y allí como un negro ahorcado
seguía muerto el cormorán,
seguía vivo el cormorán,
seguía vivo y muerto y cruz,
con las rígidas alas negras
abiertas encima del agua:
seguía como un garfio cruel
clavado a la sal de las rocas
y de tantos golpes de cólera,
de tanto verde y fuego y furia,
de los poderes reunidos
en el silbante litoral
él parecía la amenaza:
él era la cruz y la horca:
la noche clavada en la cruz,
la agonía de las tinieblas:
pero de pronto huyó en el cielo,
voló como una flecha negra
y subió cíclico volando

con su traje de nieve negra,
con pausa de estrella o de nave.
Y sobre el desorden del mar
–dentelladas de mar y frío–
voló voló voló voló
su ecuación pura en el espacio.

Chercán
Troglodytes Musculus Chilensis

Pequeño vecino redondo,
todo de pluma revestido,
siempre detrás de tu tesoro:
buscando un átomo extraviado,
una noción, un filamento,
un otrosí de la maleza,
un párpado del matorral:
algo que debe estar allí
porque el chercán vuelve y revuelve:
sus ágiles ojos chispean,
su mínima cola dirige
enderezada hacia las nubes
y entra y sale y vuelve a volver,
chilla de pronto, y ya no está,
hasta que otra vez ha brotado
de su nido color de pluma
dejando allí sus huevos mínimos,
el pequeño esplendor redondo
de donde algún día saldrá
la curiosidad del chercán
a investigar la primavera.

Chincol
Zonotrichia Capensis Chilensis

Me despertaste ayer, amigo,
y salí para conocerte:
el universo olía a trébol,
a estrella abierta en el rocío:
quién eres y por qué cantabas
tan íntimamente sonoro,
tan inútilmente preciso?

Por qué subía el surtidor
con la exactitud de tu trino,
el reloj de una gota de agua,
tu pequeño violín fragante
preguntándole a los ciruelos,
al manantial indiferente,
al color de las lagartijas,
preguntando preguntas puras
que nadie puede contestar?

Apenas te vi, pasajero,
músico mínimo, tenor
de la frescura, propietario
de la pureza matutina,
yo comprendí que devolvías
con tu pequeña flauta de agua
tantas cosas que habían muerto:
tantos pétalos enterrados
bajo las torres del humo,
en el gas, en el pavimento,
y que con tu acción de cristal
nos restituyes al rocío.

Chirigüe
Sicalis Luteola Luteiventris

Ya no hay dudas, continuará
entre aire y hojas la verdura,
continuará trinando el trino:
llegó el sonoro delegado,
llegó, dejando caer
su mínimo peso amarillo
como un limón que desgranaba
entre vuelo y ala el rocío,
el agua errante que canta,
las circunstancias melodiosas.

Descendió planeando en el aire
y chisporroteaba su trino
como si fuera encendiendo,
como si fuera cayendo
y se sostuviera en la música.

Parece que hubiera bajado
envuelto en polen, de la rama
y hubiera dejado fragante
el aire que siguió temblando
cuando trinó su desvarío
y sus noticias de cristal.

Choroy
Enicognathus Leptorhynchus

Tuvo tantas hojas el árbol
que se caía de riqueza,

con tanto verde parpadeaba
y nunca cerraba los ojos.

Así no se puede dormir.

Pero el follaje palpitante
se fue volando verde y vivo,
cada brote aprendió a volar,
y el árbol se quedó desnudo,
llorando en la lluvia de invierno.

Chucao
Scelorchilus Rubecula

Ay qué grito en las soledades!

Voy por los bosques, anchas hojas,
gotas de lluvias o cantáridas
y se hunden mis pies en el suelo
como en una esponja mojada:
es fría la sombra que cruzo,
frío el silencio y transparente:
no pasa nadie por aquí,
por este lado de la tierra,
por estas páginas del agua:
no hay pasajeros perdidos
ni caballos, la selva sola,
la emanación de la montaña:
su cabellera triturada:
sus infinitos ojos verdes
y el chucao lanza su lanza,
su largo grito desbordante:
él rompe con su grito de agua
mil años largos de silencio
en que sólo cayeron hojas

y las raíces ocuparon
como invasores este reino.

Alta tristeza errante, canto,
campana de las soledades,
oscura flecha del chucao,
único trino sobrehumano
en la humedad enmarañada
del Golfo de Reloncaví.

Diuca
Diuca Diuca Diuca

Para la misa, con su manto,
sube la suave sentadita,
sube la pulcra de atavío,
perfectamente gris y blanca,
perfectamente clara y cuerda,
vuela bien peinada y vestida,
para que no se arrugue el aire,
tiene tantas cosas que hacer:
inspeccionar las amapolas,
dirigir las crueles abejas,
interrogar al rocío,
hasta que toma la guitarra
y se pone a trinar trinar.

Flamenco
Phoenicopterus Chilensis

Niño era yo, Pablo Neruda,
vecino del agua en Toltén,

del implacable mar, del río,
del agua encerrada en el lago.

La espesa montaña olorosa
se fotografiaba en las aguas
y el ulmo doble florecía
sobre la selva y en el agua.

Entonces, oh entonces, viví,
honor del tiempo transparente,
la visión de un ángel rosado
que traía pausado vuelo.

Era su cuerpo hecho de plumas,
eran de pétalos sus alas,
era una rosa que volaba
dirigiéndose a la dulzura.

Se posó el ángel en el agua
como una nave nacarada
y resplandecía en la luz
el rosal rosa de su cuello.

Abandoné aquellas regiones,
me vestí de frac y de hierro,
cambié de idioma y de estatura,
resucité de muchas muertes,
me mordieron muchos dolores,
sin cesar cambié de alegría,
pero en el fondo de mí mismo
como en aquel lago perdido,
sigue viviendo la visión
de un ave o ángel indeleble
que transformó la luz del día
con el esplendor de su ser
y su movimiento rosado.

Garza
Casmerodius Albus Egretta

La nieve inmóvil tiene 2
piernas largas en la laguna,
la seda blanca tiene 1
cuerpo de nieve pescadora.

Por qué se quedó pensativa?

Por qué sobre una sola pata
espera un esposo nevado?

Por qué duerme de pie en el agua?

Duerme con los ojos abiertos?

Cuándo cierra sus ojos blancos?

Por qué diablos te llamas garza?

Gaviota
Larus Modestus

La gaviota abrió con destreza,
con espuma, con estupor,
dos direcciones peregrinas
y así se mantuvo en el cielo
con dos alas, dos claridades,
dos secretarias de la luz
hasta que voló, sin embargo,
hacia el este y hacia el oeste,

hacia el norte y hacia la nieve,
hacia la Luna y hacia el Sol.

Golondrina
Pygochelidon Cyanoleuca Patagonica

La golondrina que volvió
me traía una carta clara,
una carta escrita con aire,
con humo de la primavera:
voló, cruzó, rayó, volando,
amenazando los minutos
con su virtud de terciopelo
y su dirección de saeta.

Y ya se sabe que volvió
a las espumas de Isla Negra
bailando en el cielo del mar
como si estuviera en su casa
y dejando caer del cielo
una fragancia prematura
con las noticias que me trajo
en una carta transparente.

Jilguero
Spinus Barbatus

Entre los álamos pasó
un pequeño dios amarillo:
veloz viajaba con el viento
y dejó en la altura un temblor,
una flauta de piedra pura,

un hilo de agua vertical,
el violín de la primavera:
como una pluma en una ráfaga
pasó, pequeña criatura,
pulso del día, polvo, polen,
nada tal vez, pero temblando
quedó la luz, el día, el oro.

Jote
Coragips Atratus

El jote abrió su Parroquia,
endosó sus hábitos negros,
voló buscando pecadores,
diminutos crímenes, robos,
abigeatos lamentables,
todo lo inspecciona volando:
campos, casas, perros, arena,
todo lo mira sin mirar,
vuela extendido abriendo al sol
su sacerdótica sotana.

No sonríe a la primavera
el jote, espía de Dios:
gira y gira midiendo el cielo,
solemne se posa en la tierra
y se cierra como un paraguas.

Loica
Pezites Militaris

Por qué me muestras cada día
tu corazón ensangrentado?

Qué culpa llevas suspendida,
qué beso de sangre indeleble,
qué disparo de cazador?

Por qué corres y buscas y ardes
con ese pecho colorado
mirando sin prisa y sin miedo,
mirando al hombre con tus ojos?

Si buscas juez, por qué resbalas,
con ojos fríos y alas secas,
hacia otra señal del camino
donde otra vez tu corazón
brilla en el sol ensangrentado?

Martín Pescador
Megaceryle Torcuata Stellata

Miró Martín desde su rama
y se sumergió Pescador,
bajó Martín Pescador
y pescó Martín Pescador,
bajó Martín, pájaro pobre,
y subió rico Pescador
con su carga de plata viva
y algunas gotas de agua azul,

porque el pescador Martín
sólo se nutre de arco iris,
de la luz que ondula en el agua:
y luego se sienta y consume
pescaderías palpitantes.

Pájaro carpintero
Ipocrantor Magellanicus

El carpintero toco toc:
los bosques destilan al sol
agua, resina, noche, miel,
los avellanos revistieron
galones de pompa escarlata:
aún sangran los palos quemados,
duermen los zorros de Boroa,
crecen las hojas en silencio
mientras circula, bajo tierra,
el idioma de las raíces:
de pronto en el silencio verde
el carpintero toco toc.

INTERMEDIO

El vuelo

El alto vuelo sigo
con mis manos:
honor del cielo, el pájaro
atraviesa
la transparencia, sin manchar el día.

Cruza el oeste palpitando y sube
por cada grada hasta el desnudo azul:
todo el cielo es su torre
y limpia el mundo con su movimiento.

Aunque el ave violenta
busque sangre en la rosa del espacio
aquí está su estructura:
flecha y flor es el pájaro en su vuelo
y en la luz se reúnen
sus alas con el aire y la pureza.

Oh plumas destinadas
no al árbol, ni a la hierba, ni al combate,
ni a la atroz superficie,
ni al taller sudoroso,
sino a la dirección y a la conquista
de un fruto transparente!

El baile de la altura
con los trajes nevados
de la gaviota, del petrel, celebro,

como si yo estuviera
perpetuamente entre los invitados:
tomo parte
en la velocidad y en el reposo,
en la pausa y la prisa de la nieve.

Y lo que vuela en mí se manifiesta
en la ecuación errante de sus alas.

Oh viento junto al férreo
vuelo del cóndor negro, por la bruma!
Silbante viento que traspuso el héroe
y su degolladora cimitarra:
tú guardas el contacto
del duro vuelo como una armadura
y en el cielo repites su amenaza
hasta que todo vuelve a ser azul.

Vuelo de la saeta
que es la misión de cada golondrina,
vuelo del ruiseñor con su sonata
y de la cacatúa y su atavío!

Vuelan en un cristal los colibríes
conmoviendo esmeraldas encendidas
y la perdiz sacude
el alma verde
de la menta volando en el rocío.

Yo que aprendí a volar con cada vuelo
de profesores puros
en el bosque, en el mar, en las quebradas,
de espaldas en la arena
o en los sueños,
me quedé aquí, amarrado
a las raíces,
a la madre magnética, a la tierra,
mintiéndome a mí mismo

y volando
solo dentro de mí,
solo y a oscuras.

Muere la planta y otra vez se entierra,
vuelven los pies del hombre al territorio,
sólo las alas huyen de la muerte.

El mundo es una esfera de cristal,
el hombre anda perdido si no vuela:
no puede comprender la transparencia.

Por eso yo profeso
la claridad que nunca se detuvo
y aprendí de las aves
la sedienta esperanza,
la certidumbre y la verdad del vuelo.

Perdiz
Nothoprocta Perdicaria

Exhalación! Corrió, voló,
patinó con un aleteo
y quedó temblando el aroma
a la orilla de la quebrada,
quedó temblando el rocío,
los cereales soñolientos,
la mañana que se peinaba
perdió una flor de su diadema:
olía a estiércol el domingo
y a cada súbito estampido,
a cada grito de la pólvora,
el cielo no parpadeaba.

Pero, tal vez, de las raíces,
del suelo brotó la perdiz
y sonaron sus alas secas:
pasó volando su perfume
como el alma de la barranca:
un beso de musgo y de polvo,
un movimiento matorral,
la topa topa fulguró
con sus regalos amarillos
en el aire azul, la perdiz
perdió su plumaje de polvo
y se convirtió en aire azul.

Peuco
Parabuteo Unicinctus

Vi un halcón blanco suspendido
del cielo como por un hilo,
pero no había hilo ninguno:
el halcón blanco palpitaba,

era nevado el movimiento,
sus grandes alas palpitaban,
adentro de él crecía el fuego
como una hoguera que lo ardía:
el hambre afilaba el acero,
el ciclón negro de sus garras:
preparaba la sangre ciega
para caer como pedrada:
terror terror su luz de nieve,
terror su paz devoradora.

Picaflor I
Sephanoides I

Se escapó el fuego y fue llevado
por un movimiento de oro
que lo mantuvo suspendido,
fugaz, inmóvil, tembloroso:
vibración eréctil, metal:
pétalo de los meteoros.

Siguió volando sin volar
concentrando el sol diminuto
en helicóptero de miel,
en sílaba de la esmeralda
que de flor a flor disemina
la identidad del arco iris.

Al sol sacude el tornasol
la suntuaria seda suntuosa
de las dos alas invisibles
y el más minúsculo relámpago
arde en su pura incandescencia,
estático y vertiginoso.

Picaflor II
Sephanoides II

El colibrí de siete luces,
el picaflor de siete flores,
busca un dedal donde vivir:
son desgraciados sus amores
sin una casa donde ir
lejos del mundo y de las flores.

Es ilegal su amor, señor,
vuelva otro día y a otra hora:
debe casarse el picaflor
para vivir con picaflora:
yo no le alquilo este dedal
para este tráfico ilegal.

El picaflor se fue por fin
con sus amores al jardín
y allí llegó un gato feroz
a devorarlos a los dos:
el picaflor de siete flores,
la picaflora de colores:
se los comió el gato infernal
pero su muerte fue legal.

Pidén
Ortygonax Rityrhynchos Landbecki

Resbaló el pidén por la sombra
hacia la sombra del pidén:
silbó, y la tarde se hizo sombra,
convocada por el pidén
que resbaló como una sombra
dando un silbido, como de agua,
y se vio pasar al pidén
entre la sombra y su silbido:
la cimitarra del pidén,
las plumas vagas de la sombra:
algo cruzó con el pidén,
pluma sombría o agua aguda,
rayo encorvado del pidén,
corrió una sombra al matorral,
del matorral salió una sombra:
silbó la sombra del pidén.

Pingüino
Spheniscus Magellanicus

Ni bobo ni niño ni negro
ni blanco sino vertical
y una inocencia interrogante
vestida de noche y de nieve.

Ríe la madre al marinero,
el pescador al astronauta,
pero no ríe el niño niño
cuando mira al pájaro niño
y del océano en desorden
inmaculado pasajero
emerge de luto nevado.

Fui yo sin duda el niño pájaro
allá en los fríos archipiélagos:
cuando él me miró con sus ojos,
con los viejos ojos del mar:
no eran brazos y no eran alas
eran pequeños remos duros
los que llevaba en sus costados:
tenía la edad de la sal,
la edad del agua en movimiento
y me miró desde su edad:
desde entonces sé que no existo,
que soy un gusano en la arena.

Las razones de mi respeto
se mantuvieron en la arena:
aquel pájaro religioso
no necesitaba volar,
no necesitaba cantar
y aunque su forma era visible

sangraba sal su alma salvaje
como si hubieran cercenado
una vena del mar amargo.

Pingüino, estático viajero,
sacerdote lento del frío:
saludo tu sal vertical
y envidio tu orgullo emplumado.

Queltehue
Belonopterus Chilensis

Voló el queltehue centelleando
de nieve blanca y nieve negra
y abrió su traje a plena luz,
a plena plata matutina:
era costoso el abanico
de sus dos alas nupciales:
era rico el cuerpo adornado
por la mañana y el plumaje.

Sobre las piedras de Isla Negra
relucía el lujo silvestre
del pájaro de terciopelo
y yo pensaba: Dónde va?

A qué celeste recepción?

A qué bodas de agua con oro?

A qué salón de pura púrpura,
entre columnas de jacinto,
donde con él puedan entrar
sólo las nubes bien vestidas?

En fin, dije, tal vez irá
a coronar la cabellera
de la náyade del Genil
amiga de Pedro Espinosa.

No hizo tal cosa el agorero:
voló y planeó para bajar
en un trigal desmoronado,
entre terrones de rastrojo
y desde allí lanzó su idioma,
su tero tero lancinante,
mientras picaba, picoteaba
y devoraba sin pasión
un simple gusano terrestre.

Sietecolores
Tachuris Rubrigastra

En la laguna la espadaña,
el totoral humedecido,
algunas gotas viven y arden:
he aquí de pronto un movimiento,
una minúscula bandera,
una escama del arco iris:
el sol lo encendió velozmente,
cómo se unieron sus siete colores?
cómo asumió toda la luz?

Allí estaba pero no estaba:
no está la ráfaga, se fue,
tal vez no existe pero aún
está temblando la espadaña.

Tapaculo
Scelorchilus Albicollis

Surge saltando entre las piedras
sobre la hierba chamuscada
y pica pica picotea:
con rápido golpe bajó
los ojos redondos, el pico
es un relámpago amarillo.

Y se trasladó de paisaje:
su larga cola vertical,
con las plumas recalcitrantes
que señalan el mediodía
enarboladas en el culo.

Tenca
Mimus Thenca

Voló la tenca cola larga
vestida como una tijera:
se paró en un hilo, escuchó
la voz profunda del telégrafo,
el pulso azul del alambre:
oyó palabras, besos, números,
rápidos pétalos del alma,
sólo entonces lanzó su trino,
soltó un estero transparente
y desgranó su desvarío.

Tenca, no aprendí tu lección
de vuelo y canto y pensamiento:
todo lo aprendí del humo,

de la humedad, del silencio:
no supe bailar y volar
sobre la hermosura del peumo,
sumergir el alma en los boldos,
transcurrir silbando en el viento:
no supe tu sabiduría,
la velocidad de tu trino,
la república de tu canto.

Juro aprender cuanto profesas:
saber cruzar como una flecha,
estudiar las secretas sílabas
del aire libre y de las hojas,
cantar con el agua y la tierra
y establecer en el silencio
una cátedra cristalina.

Tiuque
Milvago Chimango

Inaceptable, necesario,
pájaro impávido, inspector
embalsamado sin morir,
tiuque seco, tiuque plumero,
tiuque esperando el funeral,
tiuque indeciso en la basura,
desinteresado, aparente,
caballo viejo del cielo,
pantalón roto en el tejado,
desvencijado volador,
montón de plumas irritantes,
gancho oxidado en los orines
de una aldea deshabitada,
benéfico tiuque caído
y levantado por el polvo,

lavado por el aire claro,
manchado por la polvareda,
hasta que de tanto trajín
se destiñó tu voluntad:
ya no tienes ningún color
sino el del racimo sin uvas,
sino el de ollejo de poroto,
sino el de pelo de hospital,
sino el de plumas enterradas.

Torcaza
Columba Araucana

En mi infancia las patas rojas
de las torcazas adoré:
los pies de cuero colorado
y aquellos dedos escarlata.
De qué mundo de pluma y sueño,
de qué inaccesible vestuario
se desgranó la cetrería
hacia mi pobre condición?

Hacia mi pobre condición
de cazador sin escopeta
perdido en la lluvia y las hojas:
del bosque bajaban volando
las innumerables torcazas,
comiendo las negras semillas,
el pan secreto de la selva,
las bayas del áspero estío,
comían los granos del cielo,
las direcciones del barranco,
el amanecer cereal,
las golosinas de la aurora.

Y ahora bajaban a mí.

Eran mi familia salvaje.

Venían vestidas de viento
y en cada pluma resplandecían
las rayas ocres de la greda,
los colores de las colinas:
vestían el poncho campestre
de mi bautismo nacional.

Adiós, torcazas fragantes
a polvo, a pólvora, a polen:
ya no sé dónde se posaron
aquellos pies de cuero rojo:
desaparecieron las alas,
las muchedumbres del canelo,
y ahora por aquellos bosques
se fue del árbol mi familia:
no me espera nadie volando.

Parece que sólo subsisten
algunos árboles quemados.

Tordo
Nutiopsar Curacus

Al que me mire frente a frente
lo mataré con dos cuchillos,
con dos relámpagos de furia:
con dos helados ojos negros.

Yo no nací para cautivo.

Tengo un ejército salvaje,
una milicia militante,
un batallón de balas negras:
no hay sementera que resista.

Vuelo, devoro, chillo y paso,
caigo y remonto con mil alas:
nada puede parar el brío,
el orden negro de mis plumas.

Tengo alma de palo quemado,
plumaje puro de carbón:
tengo el alma y el traje negros:
por eso bailo en el aire blanco.

Yo soy el negro Floridor.

Zorzal
Tordus Falklandii Magellanicus

Zorzal seguro en el jardín,
firme en los pies, ojo seguro,
oído que siente ondular
bajo la tierra las lombrices,
calzado como un caballero
con botas de piel amarilla
no necesita levantar
sus alas llenas de rocío
ni su plumaje de pimienta,
viaja por tierra y por la hierba
recorre el perfume de Chile,
el olor a trigales secos,
la sombra de las naranjas,
el aire verde de la menta
y cuando se siente agobiado

por tantos dones naturales
suspira el zorzal melancólico,
toma en sus alas la tristeza
con su guitarra vegetal
y grita con la voz del agua,
canta su líquida canción
como una gota o una uva
o una saeta que tembló
y sigue el zorzal su camino
pisando con delicadeza
el cuerpo fragante de Chile.

PAJARANTES

El barbitruqui
Birba Insularia

Desgarbado pájaro de agua,
pálido y hecho de alambre
de tal manera que su barba
se enredó, al volar, en un número,
en el número ochenta y siete
y así circula por el aire
confundiendo a los cazadores
que alguna vez le dispararon
sin saber si era punto o pájaro,
si era dos puntos o ceniza,
si tenía paciencia o plumas.

El humarante
Anquistilus Fumosus

Se vio llegar desde Osorno
como una nube forastera,
como un embudo amenazante,
una celeste oscuridad
que crecía en el viento pálido
hasta tomar las dimensiones
de un autobús o una ballena.

Se llenó la ciudad de pánico:
cerraban las panaderías,
corrían al Sur los caballos,
hasta que voló y continuó
su paso el pájaro humarante.

Sólo cambiaba de planeta.

Asustó a los pobres chilenos
la navegación migratoria,
la celeste circulación
de un pájaro lleno de humo,
de una humareda con plumaje.

La quebrantaluna
Columba Planetaris Sun

Su lamento repercutió
en la palúdica oceanía
y ascendió con la noche ajada
como una espiga de metal
hasta que golpeó la bodega,
el aluminio de la luna,
y se oyó trizarse el planeta
con un sonido extrarremoto
como de un anillo que cae:
era la luna que lloraba.

La octubrina
Primaverina Solstitii

Nace, vive y muere en octubre
la tricolor octubrina:

tiene forma azul de revólver,
plumas de estirpe nacarada,
cola como un signo celeste
y es este pájaro oloroso
como la patria de la abeja:
canta siete notas de cobre:
luego siete notas de plata:
luego siete notas de lluvia.

Y muere la intensa octubrina
de muerte azul y natural.

El pájaro jeroglífico
Tordus Alphabeticus

Entrecruzado pluma a pluma
extiende su zona de acción
el laberíntico, el anfíbico,
el pájaro de los enigmas.

Solo en su suave selva salta
devorando letras y números,
catecismos y palinodias,
mágicas sopas de raíces.
Se estrella en la estrella, se aterra
en la tierra de todo el mundo,
se ennuba en la nube nubosa,
se enagua y se ahoga en el agua
y en su plumaje confundido
como en su canto desquiciado
se barajan plumas lejanas
que aparecían insondables,
remotas sílabas, secretos,
colores abiertos de pronto
como provincias descubiertas

por algún ciego explorador
hasta que asume el ave oscura
por las orillas de la arena
los jeroglíficos tenaces
que allí transcurren tintineando
entre el viento que los combate
y el agua negra que los besa.

La rascarrosa
Rosacea Luminica

Con sus tres patas rasca el oro,
el azafrán y la molicie
de la erigida rosa rósea,
emperadora del rosal:
así centrífuga, despliega
sus tres alas como tres velas
y se va navegando al Sur
precedida por el aroma
de muchas rosas arrasadas.

El pájaro corolario
Minus Cothapa

De tanto ver y no ver
el pájaro corolario
supe que sí que sabía,
supe que no que no vuela,
supe que estaba en su rama
parado en su parasombra
acechando los ciclones
que caen al Amazonas:

su canto de tumbo en tumbo
se reparte y se divide
entre el Orinoco negro
y nuestro Acario caudaloso.

Cae el canto sobre el zumbar
de moscas recalcitrantes
grandes como berenjenas,
cae sobre el vapor verde
que se levanta del río,
sobre los exploradores
que anotan en el reloj
el nombre del corolario,
las circunstancias del canto.

Y rebotando en las barrancas,
le crecen sílabas roncas
hasta que se apaga el ave
para que duerma el Brasil.

La tiumba
Petrosina Vulnerabilis

La diminuta pica el vidrio
hasta perforar las ventanas
y entrar de noche y acechar
el letargo de los desnudos.

Entra en los sueños picoteando,
triturando cristal y avena,
bebe del agua de los sueños,
se quema en la vaga ceniza,
cruza el enjambre vespertino,
flota en el río de la noche
y cuando despierta el dormido
la tiumba siguió siendo sueño.

El tintitrán
Jorgesius Saniversus

Llegó a la orilla el tintitrán
y bebiendo en el agua larga
dejó caer su cola azul
hasta que cantó con el río,
cantó la cola con el agua.

Es transparente el tintitrán,
no se ve contra los cristales
y cuando vuela es invisible:
es una burbuja del viento,
es una fuga de hielo,
es un latido de cristal.

Pude ver en invierno blanco
en regiones desmanteladas
del Aysén, lejos y lloviendo,
una bandada migratoria
que volvía del Ventisquero.

Los tintitranes asustados
del furor ronco de la lluvia
golpearon su vuelo de hielo
contra la proa del navío.

Y se rompieron en astillas,
en pedazos de transparencia
que cuando cayeron al agua
silbaron como agua marina
desordenada por el viento.

El tontivuelo
Autoritarius Miliformis

El tontipájaro sentado
sentía que no lo sabía,
que no volaba y no volaba,
pero dio órdenes de vuelo
y fue explicando ala por ala
lo que pasaría en la atmósfera:
dictaminó sobre las plumas,
reveló el cielo y sus corrientes.

Nació sentado el tontipájaro.

Creció sentado y nunca tuvo
este triste pájaro implume
alas ni canto ni volar.

Pero dictaba el dictador.

Dictaba el aire, la esperanza,
las sumas del ir y venir.

Y si se trataba de arriba
él era nacido en la altura,
él indicaba los caminos,
él subiría alguna vez,
pero ahora números van
números vienen, conveniencias,
es mejor no volar ahora:
«Vuelen ustedes mientras tanto».
El tontipájaro feroz
se sienta sobre sus colmillos
y acecha el vuelo de los otros:
«Aquí no vuela ni una abeja
sin los decretos que estipulo».

Y así vuela, pero no vuela
desde su silla el tontipájaro.

El pájaro ella
Matildina Silvestre

Con mi pajarita terrestre,
cántara del territorio,
desencadeno cantando
la lluvia de la guitarra:
llega el otoño presunto
como una carga de leña
desencantando el aroma
que volaba en las montañas
y uva por uva se unieron
mis besos en su racimo.

Esto prueba que la tarde
acumuló la dulzura
como el sistema del ámbar
o el orden de las violetas.

Ven volando, pasajera,
volemos con los carbones
encendidos o apagados,
con el desorden sombrío
de los oscuros y ardientes.

Entremos en la ceniza,
caminemos con el humo:
vamos a vivir al fuego:

en la mitad del otoño
prepararemos la mesa
sobre la hierba del monte,

volando sobre Chillán
con tu guitarra en las alas.

El pájaro yo
Pablo Insulidae Nigra

Me llamo pájaro Pablo,
ave de una sola pluma,
volador de sombra clara
y de claridad confusa,
las alas no se me ven,
los oídos me retumban
cuando paso entre los árboles
o debajo de las tumbas
cual un funesto paraguas
o como espada desnuda,
estirado como un arco
o redondo como una uva,
vuelo y vuelo sin saber,
herido en la noche oscura,
quiénes me van a esperar,
quiénes no quieren mi canto,
quiénes me quieren morir,
quiénes no saben que llego
y no vendrán a vencerme,
a sangrarme, a retorcerme
o a besar mi traje roto
por el silbido del viento.

Por eso vuelvo y me voy,
vuelo y no vuelo pero canto:
soy el pájaro furioso
de la tempestad tranquila.

EPÍLOGO

El poeta se despide de los pájaros

Poeta provinciano,
pajarero,
vengo y voy por el mundo,
desarmado,
sin otrosí, silbando,
sometido
al sol y su certeza,
a la lluvia, a su idioma de violín,
a la sílaba fría de la ráfaga.

Entre una y otra vez,
entre pasadas vidas
y pretéritos desenterramientos
fui perro de intemperie
y sigo siendo un muerto en la ciudad:
no me acostumbro al nicho,
prefiero el matorral y las torcazas
atónitas, el barro, el desvarío
de un ramo de choroyes,
el presidio del cóndor prisionero
de su implacable altura,
el barro primordial de las quebradas
condecorado por las topa topas.

Sí sí sí sí sí sí,
soy un desesperado pajarero,
no puedo corregirme
y aunque no me conviden

los pájaros a la enramada,
al cielo
o al océano,
a su conversación, a su banquete,
yo me invito a mí mismo
y los acecho
sin prejuicio ninguno:
jilgueros amarillos,
tordos negros,
oscuros cormoranes pescadores
o metálicos mirlos,
ruiseñores,
vibrantes colibríes,
codornices,
águilas inherentes
a los montes de Chile,
loicas de pecho puro
y sanguinario,
cóndores iracundos
y zorzales,
peucos inmóviles, colgados del cielo,
diucas que me educaron con su trino,
pájaros de la miel y del forraje,
del terciopelo azul o la blancura,
pájaros por la espuma coronados
o simplemente vestidos de arena,
pájaros pensativos que interrogan
la tierra y picotean su secreto
o atacan la corteza del gigante
y abren el corazón de la madera
o construyen con paja, greda y lluvia
la casa del amor y del aroma
o van entre millares de su especie
formando cuerpo a cuerpo, ala con ala,
un río de unidad y movimiento,
solitarios
pájaros duros entre los peñascos,
ardientes, fugitivos,

polvorientos, eróticos,
inaccesibles en la soledad
de la niebla, la nieve,
la hostilidad hirsuta
de los páramos,
o jardineros suaves
o ladrones
o inventores azules de la música
o tácitos testigos de la aurora.

Yo, poeta
popular, provinciano, pajarero,
fui por el mundo buscando la vida:
pájaro a pájaro conocí la tierra:
reconocí dónde volaba el fuego:
la precipitación de la energía
y mi desinterés quedó premiado
porque aunque nadie me pagó por eso
recibí aquellas alas en el alma
y la inmovilidad no me detuvo.

Una casa en la arena

[1956-1966]

La llave

Pierdo la llave, el sombrero, la cabeza! La llave es la del almacén de Raúl, en Temuco. Estaba afuera, inmensa, perdida, indicando a los indios el almacén La Llave. Cuando me vine al Norte se la pedí a Raúl, se la arranqué, se la robé entre borrasca y ventolera. Me la llevé a caballo hacia Loncoche. Desde allí la llave, como una novia blanca, me acompañó en el tren nocturno.

Me he dado cuenta de que cuanto extravío en la casa se lo ha llevado el mar. El mar se cuela de noche por agujeros de cerraduras, por debajo y por encima de puertas y ventanas.

Como de noche, en la oscuridad, el mar es amarillo, yo sospeché sin comprobar su secreta invasión. Encontraba en el paragüero, o en las dulces orejas de María Celeste gotas de mar metálico, átomos de su máscara de oro. Porque el mar es seco de noche. Guardó su dimensión, su poderío, su oleaje, pero se transformó en una gran copa de aire sonoro, en un volumen inasible que se despojó de sus aguas. Por eso entra en mi casa, a saber qué tengo y cuánto tengo. Entra de noche, antes del alba: todo queda en la casa quieto y salobre, los platos, los cuchillos, las cosas restregadas por su salvaje contacto no perdieron nada, pero se asustaron cuando el mar entró con todos sus ojos de gato amarillo.

Así perdí la llave, el sombrero, la cabeza.

Se los llevó el océano en su vaivén. Una nueva mañana los encuentro. Porque me los devuelve una ola mensajera que deposita cosas perdidas a mi puerta.

Así, por arte de mar la mañana me ha devuelto la llave blanca de mi casa, mi sombrero enarenado, mi cabeza de náufrago.

El mar

El océano Pacífico se salía del mapa. No había dónde ponerlo. Era tan grande, desordenado y azul que no cabía en ninguna parte. Por eso lo dejaron frente a mi ventana.
   Los humanistas se preocuparon de los pequeños hombres
que devoró en sus años:
   No cuentan.
   Ni aquel galeón cargado de cinamomo y pimienta que lo
perfumó en el naufragio.
   No.
   Ni la embarcación de los descubridores que rodó con sus
hambrientos, frágil como una cuna desmantelada en el abismo.
   No.
   El hombre en el océano se disuelve como un ramo de sal. Y
el agua no lo sabe.

El mar

El Mar del Sur! Adelante, descubridores! Balboas y Laperou-
ses, Magallanes y Cookes, por aquí, caballeros, no tropezar
en este arrecife, no enredarse en el sargazo, no jugar con la espuma! Hacia abajo! Hacia la plenitud del silencio! Conquistadores, por aquí! Y ahora basta!
   Hay que morir!

El mar

Y siguen moviéndose la ola, el canto y el cuento, y la muerte!
   El viejo océano descubrió a carcajadas a sus descubridores.

Sostuvo sobre su movimiento maoríes inconstantes, fijianos que se devoraban, samoas comedores de nenúfares, locos de Rapa Nui que construían estatuas, inocentes de Tahití, astutos de las islas, y luego vizcaínos, portugueses, extremeños con espadas, castellanos con cruces, ingleses con talegas, andaluces con guitarra, holandeses errantes. Y qué?

El mar

El mar los descubrió sin mirarlos siquiera, con su contacto frío los derribó y los anotó al pasar en su libro de agua.

Siguió el océano con su sacudimiento y su sal, con el abismo. Nunca se llenó de muertos. Procreó en la gran abundancia del silencio. Allí la semilla no se entierra ni la cáscara se corrompe: el agua es esperma y ovario, revolución cristalina.

La arena

Estas arenas de granito amarillo son privativas, insuperables. (La arena blanca, la arena negra se adhieren a la piel, al vestido, son impalpables e intrusas.) Las arenas doradas de Isla Negra están hechas como pequeñísimos peñascos, como si procedieran de un planeta demolido, que ardió lejos, allá arriba, remoto y amarillo.

Todo el mundo cruza la ribera arenosa y agachándose, y buscando, removiendo, tanto que alguien llamó a esta costa «la Isla de las Cosas Perdidas».

El océano es incesante proveedor de tablones carcomidos, bolas de vidrio verde o flotadores de corcho, fragmentos de botella ennoblecidos por el oleaje, detritus de cangrejos, caracolas, lapas, objetos devorados, envejecidos por la presión y la insistencia. Existe entre espinas quebradizas o erizos minúsculos o patas de jaiva morada, el serpentino cochayuyo, nutrición de los pobres, alga interminable y redonda como una anguila, que resbala y brilla, sacudida aún en la arena por la ola reticente, por el océano que la persigue aún. Y ya se sabe que esta planta del mar es la más larga del planeta creciendo hasta cuatrocientos metros, prendida con un titánico chupón al roquerío, sustentándose con una división de flotadores que sostienen la cabellera del alga macrocristis con millares de tetitas de ámbar. Y como en el territorio andino vuela el cóndor y sobre el mar chileno se reúnen planeando todas las familias del albatros y como el cachalote o ballena dentada se sumergió en nuestras aguas y aquí sobrevive, somos una pequeña patria de alas muy grandes, de cabelleras muy largas sacudidas por el gran océano, de presencias sombrías en las bodegas del mar.

Las ágatas

Pero de dónde vienen a mis manos estas ágatas? Cada mañana aparecen frente mi puerta, y es la arrebatiña auroral, pues algún extraviado pastor de tierra adentro, o González Vera, o Lina o María pueden disputar las pequeñas piedras translúcidas a los Yankas, mariscadores de oficio, que, al pie del mar, acechan la mercadería, y se creen con derecho a cuanto bota la ola.

Lo cierto es que ellos me madrugaron siempre y he aquí una vez más el tesoro que me manda el mar, sólo en sus manos, a tanto la piedra o las cien piedras o el kilo o el tonel.

Y en la mano las misteriosas gotas de luz redonda, color de la miel o de ostra, parecidas a uvas que se petrificaron para caber en los versos del Genil de Espinosa, suavemente espolvoreadas por alguna deidad cenicienta, horadadas a veces en su centro por algún aguijón de oro, socavadas como por la más diminuta de las olas: ágatas de Isla Negra, neblinosas o celestes, suavemente carmíneas o verdiverdes, o avioletadas o rojizas o ensaladas por dentro como racimos moscateles: y a menudo estáticas de transparencia, abiertas a la luz, entregadas por el panal del océano al albedrío del cristal: a la pura pureza.

Las plantas

Nadie conoce apenas, o todos desconocen en vilo, estas plantas hirsutas de la orilla. Pregunté muchas veces, a éste y al otro, pero tuve evasivas respuestas de pescadores, campesinos o chiquillos. En verdad nadie sabe cómo se llama el pellejo de uno, la piel de la oreja: no tiene nombre el cutis que te rodea el ombligo: y estas vegetaciones castigadas por el viento salobre son la piel y el pellejo del territorio marino.

Premio Nobel en Isla Negra (1963)

Cuando por la radio dijeron, repitiéndolo varias veces, que mi nombre se discutía entre los otros candidatos al premio Nobel de Literatura, Matilde y yo pusimos en práctica el plan n.º 3 de Defensa Doméstica. Pusimos un candado grande en el viejo portón de Isla Negra y nos pertrechamos de alimentos y vino tinto. Agregué algunas novelas policiales a estas perspectivas de enclaustramiento.

Los periodistas llegaron pronto. Los mantuvimos a raya. No pudieron traspasar aquel portón. El gran candado de bronce no sólo es bello, sino poderoso. Detrás de él rondaban como tigres. Qué se proponían? Qué podía decir yo de una discusión en que sólo tomaban parte académicos suecos en el otro extremo del mundo? Sin embargo, ahí estaban los periodistas mostrándome con sus miradas sus intenciones de sacar agua de un palo seco. Pronto emigraron.

La costa quedaba libre de amenaza. No obstante, continuamos invisibles.

La primavera ha sido tardía en este año de 1963, en el litoral del Pacífico Sur. Estos días solitarios me sirvieron para intimar con la primavera marina. Aunque tarde se había engalanado para su solitaria fiesta. Durante el verano no cae una sola gota de lluvia. La tierra es gredosa, hirsuta, pedregosa. No se ve una brizna verde. En el invierno el viento del mar desata furia, sal, espuma de las grandes olas, y la naturaleza aparece acongojada, víctima de una fuerza terrible.

La primavera comienza con un gran trabajo amarillo. Todo se cubre con innumerables, minúsculas flores doradas. Estas germinaciones pequeñas y poderosas cubren laderas, rodean las rocas, se adelantan hacia el mar y aparecen en medio del camino, allí donde hay que pisar todos los días, como si quisieran desafiarnos, probarnos su existencia. Tanto tiempo sostuvieron una vida invisible, la desolada negación de la tierra estéril, que ahora todo les parece poco para su fecundidad amarilla.

Luego se van las pequeñas flores pálidas y todo se cubre con una intensa floración violeta. El corazón de la primavera pasó del amarillo al azul, y luego al rojo. Cómo se sustituyeron unas a otras las pequeñas, desconocidas, infinitas corolas? Lo cierto es que un día el viento sacudía un color y luego otro color, como si allí, entre aquellas colinas, cambiara el pabellón de la primavera, y sus repúblicas diferentes ostentaran los estandartes de la invasión.

En esta época florecen los cactus de la costa. Lejos de esta región, en los contrafuertes de la cordillera andina, los cactus se elevan gigantescos, estriados y espinosos, como columnas hostiles. Los cactus de la costa son pequeños y redondos. Ahora los vi coronarse cada uno con veinte botones escarlata, como si una mano hubiera dejado allí su tributo de sangre. Pero se abrieron y frente a las grandes espumas se divisan miles de cactus encendidos por sus flores plenarias.

El viejo agave de mi casa sacó desde el fondo de su entraña su floración suicida. Esta planta, azul y amarilla, gigantesca y carnosa, duró más de diez años junto a mi puerta, creciendo hasta ser más alta que yo. Y ahora florece para morir. Erigió una poderosa lanza verde que subió hasta siete metros de altura, interrumpida por una seca inflorescencia, apenas cubierta por polvillo de oro. Luego, las hojas colosales del *agave americana* se desploman y mueren.

Junto a la gran flor que muere, he aquí otra flor titánica que nace. Nadie la conocerá fuera de mi patria. No existe sino en estas orillas antárticas. Se llama chahual (*Puya chilensis*). Esta planta ancestral fue adorada por los araucanos. Ya el antiguo Arauco no existe. La sangre, la muerte, el tiempo y luego el arpa épica de Ercilla cerraron la antigua historia: la tribu de arcilla que despertó bruscamente de la geología y salió a defender la tierra patria contra los invasores. Al ver surgir sus flores otra vez, sobre siglos de oscuros muertos, sobre capas y capas de sangriento olvido, creo que el pasado de la tierra florece contra lo que somos, contra lo que somos ahora. Sólo la tierra continúa siendo, defendiendo la esencia.

Pero olvidé describirla.

Es una bromeliácea de hojas agudas y aserradas. Irrumpe en los caminos como un incendio verde, acumulando en una panoplia sus misteriosas espadas. Pero, de pronto, una sola colosal flor, un racimo le nace de la cintura, como una inmensa rosa verde de la altura de un hombre. Esta única flor compuesta, como un pólipo marino, de una muchedumbre de florecillas que se agrupan en una sola catedral verde, coronada por el polen de oro, resplandece a la luz del mar. Es la única inmensa flor verde, el verde monumento de la ola.

Los campesinos y los pescadores de mi país olvidaron hace tiempo los nombres de las pequeñas plantas, de las pequeñas flores que no tienen nombre. Poco a poco lo fueron olvidando y lentamente las flores perdieron su orgullo. Se quedaron enredadas y oscuras, como las piedras que los ríos arrastran desde la nieve andina hasta los desconocidos litorales. Campesinos y pescadores, mineros y contrabandistas, estuvieron dedicados a su propia aspereza, a la continua muerte y resurrección de sus deberes y derrotas. Es difícil ser héroes de territorios aún no descubiertos; la verdad es que en ellos, en su pobreza, no resplandece sino la sangre anónima y florecen las flores cuyo nombre nadie conoce.

Entre ellas hay una que ha invadido toda mi casa. Es una flor azul de largo y orgulloso talle. Este talle es lustroso y resistente. En su extremo se balancean las múltiples florecillas infra-azules. No sé si a todos les será dado contemplar el más excelso azul. Será revelado sólo a algunos y permanecerá cerrado, invisible, para algunos otros humanos a quienes algún dios azul les negará esta contemplación? O se tratará de mi propia alegría, nutrida en la soledad y transformada en orgullo al encontrarme este azul, esta espiga azul, este fuego azul, en la abandonada primavera?

Por último hablaré de las docas. No sé si existen en otras partes estas plantas, millonariamente multiplicadas, que arrastran por la arena sus dedos triangulares. La primavera llenó estas manos caídas con insólitas sortijas de color amaranto. Estas docas llevan un nombre griego: *aizoaceae*. El esplendor de Isla Negra en estos tardíos días de primavera son las *aizoaceae* que derraman una invasión marina, como la emanación de la gruta del mar, de los racimos que acumuló en su bodega Neptuno Marinero.

Y, justo en este momento, la radio nos anuncia que un buen poeta griego ha obtenido el renombrado Premio. Ya, Matilde y yo, nos quedamos tranquilos. Con solemnidad retiramos el gran candado del viejo portón para que todo el mundo siga entrando sin llamar a las puertas de mi casa, sin anunciarse. Como la primavera.

Las piedras

Piedras, peñas, peñascos… Tal vez fueron segmentos del estallido. O estalagmitas alguna vez sumergidas o fragmentos hostiles de la luna llena o cuarzo que cambió de destino o estatuas que el tiempo y el viento trizaron y sobaron o mascarones de navíos inmóviles o muertos gigantes que se transmutaron o tortugas de oro o estrellas encarceladas o marejadas espesas como lava que de pronto se quedaron quietas o sueños de la tierra anterior o verrugas de otro planeta o centellas de granito que se detuvieron o pan para antepasados furiosos o huesos oxidados de otra tierra o enemigos del mar en sus bastiones o simplemente piedra rugosa, centelleante, gris, pura y pesada para que construyas con fierro y madera una casa en la arena.

La casa

La casa… No sé cuándo me nació… Era a media tarde, llegamos a caballo por aquellas soledades… Don Eladio iba delante, vadeando el estero de Córdoba que se había crecido… Por primera vez sentí como una punzada este olor a invierno marino, mezcla de boldo y arena salada, algas y cardos.

Don Eladio

Aquí, dijo don Eladio Sobrino (navegante), y allí nos quedamos. Luego la casa fue creciendo, como la gente, como los árboles. Don Eladio se nos murió, más tarde. Tenía muchos años y era infatigable y alegre. Era andaluz el capitán Sobrino. La última vez que vino a vernos cantó toda la tarde antiguas canciones serranas y marinas. El mismo día que dejó de cantar y navegar para siempre, me encaramé en la escalera, y en la gran goleta velera colgada sobre la chimenea escribí su nombre con letras mayúsculas. Así se llama «Don Eladio» la embarcación que hicieron para mí en Veracruz los marineros emigrados del *Manuel Arnús*.

(Estaba el gran barco pegado a la ribera, ondulando con todas sus camisetas, sábanas y calzoncillos largos.

Me reconoció la marinería. Me invitaron a sus pobrezas. Y porque cantamos y bebimos juntos, los andaluces construyeron con paciencia este modelo. «De los que salen de Puerto de Santa María», me advirtieron.)

Sobre la chimenea de piedra de Isla Negra navega la *Don Eladio*. Qué bien nombrada estuvo!

El pueblo

Cuando años más tarde intervino Germán, el arquitecto, tuvo que entenderse con el maestro mayor don Alejandro. Hay que ver esas manos. No hay piedra que las resista. Ni clavo, ni tornillo, ni grapa, ni serrucho, ni martillo, ni perno, ni botella. No hay cantero como él, ni carpintero como él, ni albañil, ni estupendo bebedor de vino tinto como el Maestro Mayor. Aquí por esta orillas, mar infinito (que él no mira), trabajo y vino.

Germán constató cómo don Alejandro levantaba una de esas piedras pesadas y cuadradas, la miraba al trasluz y rápido le volaba una arista. La piedra centelleaba. Y luego se emparedaba en la asociación del cemento. La casa fue así como un racimo de uvas de granito, que se fue granando en las manos tremendas del maestro García.

Germán y yo lo buscábamos arriba entre las vigas, para modificarlo y para mejor aprender.

No había ninguno.

Voló con sus aprendices. No podía ser, sólo era jueves. Pero tal vez el viento de Oceanía que llega de tarde en tarde por la costa, se encontró con los albañiles y con el día jueves, allá encima, en los tijerales. Entonces bajaron o ascendieron al vino más cercano, el de Florencio, y por tres días quedaron los martillos y los combos botados en la arena. Pero, cuidado! Allá arriba, otra vez, trabajando como tremendos, cautelosos titanes. Allí están.

Y don Alejandro García sopesando el adoquín, cortando las uvas del granito, y haciendo crecer mi casa como si ella fuera un arbolito de piedra, plantado y elevado por sus grandes manos oscuras.

La llave.

Las ágatas.

El agave.

La casa.

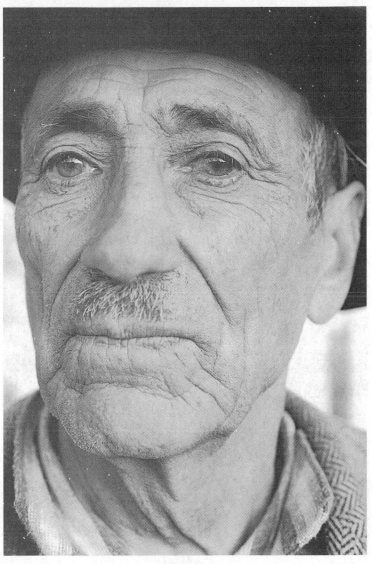

Alejandro.

Rafita.

Los nombres.

Diente de cachalote.

El Armador.

El Gran Jefe Comanche.

El pueblo

Así como yo me pensé siempre poeta carpintero, pienso que Rafita es poeta de la carpintería. Trae sus herramientas envueltas en un periódico, bajo el brazo, desenrolla lo que me parecía un capítulo y toma los mangos gastados de martillos y escofinas, perdiéndose luego en la madera. Sus obras son perfectas. El chiquillo y el perro lo acompañan y miran sus manos circulando prolijas. Él tiene esos ojos de san Juan de la Cruz y esas manos que levantan troncos colosales con tanta fragilidad como sabiduría.

Escribí con tiza los nombres de mis amigos muertos, sobre las vigas de raulí y él fue cortando mi caligrafía en la madera con tanta velocidad como si hubiera ido volando detrás de mí y escribiera otra vez los nombres con la punta de un ala.

Los nombres

No los escribí en la techumbre por grandiosos, sino por compañeros.

Rojas Giménez, el trashumante, el nocturno, traspasado por los adioses, muerto de alegría, palomero, loco de la sombra.

Joaquín Cifuentes, cuyos tercetos rodaban como piedras del río.

Federico, que me hacía reír como nadie y que nos enlutó a todos por un siglo.

Paul Éluard, cuyos ojos color de nomeolvides me parece que siguen celestes y que guardan su fuerza azul bajo la tierra.

Miguel Hernández, silbándome a manera de ruiseñor desde los árboles de la calle de la Princesa antes de que los presidios atraparan a mi ruiseñor.

Nazim, aeda rumoroso, caballero valiente, compañero.

Por qué se fueron tan pronto? Sus nombres no resbalarán de las vigas. Cada uno de ellos fue una victoria. Juntos fueron para mí toda la luz. Ahora, una pequeña antología de mis dolores.

Diente de cachalote

Del mar vino algún día
rezumando
existencia,
sangre, sal, sombra verde,
ola que ensangrentó la cacería,
espuma acuchillada
por la erótica forma
de su dueño:
baile
de los
oscuros,
tensos,
monasteriales
cachalotes
en el sur del océano
de Chile.
Alta
mar
y marea,
latitudes
del más lejano
frío:
el aire
es una
copa
de
claridad helada
por donde

corren
        las alas
                del albatros
como skíes del cielo.

Abajo
el mar
es una
torre
desmoronada y construida,
una paila en que hierven
grandes olas de plomo,
algas que sobre
el lomo de las aguas
resbalan
como escalofríos.
De pronto sobrevienen
la boca
de la vida
y de la muerte:
la bóveda
del semisumergido
cachalote,
el cráneo
de las profundidades,
la cúpula
que
sobre
la ola eleva
su dentellada,
todo
su
aserradero submarino.

Se encienden, centellean
las ascuas del marfil,
                el agua
inunda

aquella atroz sonrisa,
mar y muerte navegan
junto
al navío negro que entreabre
como una catedral su dentadura.
Y cuando ya la cola
enfurecida
cayó como palmera
sobre el agua,
el animal
salido del abismo
recibió
la centella
del hombre pequeñito
(el arpón
dirigido
por la mano mojada
del chileno).

Cuando
regresó
de los
mares,
de su sangriento día,
el marinero
en uno
de los dientes
de la bestia
grabó con un cuchillo
dos retratos: una
mujer y un hombre
despidiéndose,
un navegante
por el amor
herido,
una novia en la proa
de la ausencia.

Cuántas
veces tocó mi corazón, mi mano,
aquella
luna
de miel
marina
dibujada
en el diente.
Cómo amé
la corola
del
doloroso
amor
escrita
en marfil
de ballena
carnicera,
de cachalote loco.

Suave
línea
del
beso
fugitivo,
pincel
de flor marina
tatuada
en el hocico
de la ola,
en la fauce terrible
del océano,
en el alfanje
desencadenado
desde
las tinieblas:
allí
estampado
el canto

del
amor errante,
la despedida
de los
azahares,
la niebla,
la luz
de aquel
amanecer
mojado
por tempestuosas lágrimas
de aurora ballenera.

Oh amor,
allí
a los labios
del mar,
condicionado
a
un
diente
de la ola,
con el
rumor
de
un
pétalo
genérico
(susurro de ala rota
entre el intenso
olor.
de los jazmines),
(amor
de hotel
entrecerrado, oscuro,
con hiedras amarradas
al ocaso),
(y un beso

duro como
piedra que asalta),
luego
entre boca y boca
el mar
eterno,
el archipiélago,
el collar de las
islas
y las naves
cercadas
por el frío,
esperando
el animal azul
de las profundidades
australianas
del océano,
el animal nacido
del diluvio
con su ferretería
de zafiros.

Ahora aquí descansa
sobre mi mesa y frente
a las aguas de marzo.

Ya vuelve
al regazo arenoso de la costa,
el vapor del otoño, la lámpara
perdida,
el corazón de niebla.
Y el diente de la bestia,
tatuado por los dedos delicados
del amor,
es la mínima nave
de marfil que regresa.
                    Ya las vidas
del hombre y sus amores,

su arpón sangriento, todo
lo que fue carne y sal, aroma y oro
para el desconocido marinero,
en el mar de la muerte se hizo polvo.
Y sólo de su vida
quedó el dibujo
hecho
por el amor
en el diente terrible
y el mar, el mar
latiendo,
igual que ayer, abriendo
su abanico de hierro,
desatando y atando
la rosa sumergida
de su espuma,
el desafío
de su vaivén eterno.

La Medusa I

Me ocultaron en Valparaíso. Eran días turbulentos y mi poesía andaba por la calle. Tal cosa molestó al Siniestro. Pidió mi
cabeza.

Era en los cerros del Puerto. Los muchachos llegaban por la
tarde. Marineros sin barco. Qué vieron en la rada? Van a
contármelo todo.

Porque yo, desde mi escondrijo, no podía mirar sino a través de medio cristal de la empinada ventana. Daba sobre un
callejón, allá abajo.

La noticia fue que una vieja nave se estaba desguazando.
No tendrá una figura en la proa?, pregunté con ansiedad.

Claro que tiene una *mona*, me dijeron los muchachos. Una
mona o un mono es para los chilenos la denominación de
una estatua imprecisa.

Desde ese momento dirigí las faenas desde la sombra. Como costaba gran trabajo desclavarla, se la darían a quien se la llevara.

Pero la Mascarona debía seguir mi destino. Era tan grande y había que esconderla. Dónde? Por fin los muchachos hallaron una barraca anónima y extensa. Allí se la sepultó en un rincón mientras yo cruzaba a caballo las cordilleras.

Cuando volví del destierro, años después, habían vendido la barraca (con mi amiga, tal vez). La buscamos. Estaba honestamente erigida, en un jardín de tierra adentro. Ya nadie sabía de quién era ni quién era.

Costó tanto trabajo sacarla del jardín como del mar. Solimano me la llevó una mañana en un inmenso camión. Con esfuerzo la descargamos y la dejamos inclinada frente al océano en la puntilla, sobre el banco de piedra.

Yo no la conocía. Toda la operación del desguace la precisé desde mis tinieblas. Luego nos separó la violencia, más tarde, la tierra.

Ahora la vi, cubierta de tantas capas de pintura que no se advertían ni orejas ni nariz. Era, sí, majestuosa en su túnica volante. Me recordó a Gabriela Mistral, cuando, muy niño, la conocí en Temuco, y paseaba, desde el moño hasta los zapatones, envuelta en paramentos franciscanos.

La Medusa II

La Medusa se quedó pues con ojos al noroeste y el cuerpo grande se dispuso como en su proa, inclinado sobre el océano. Así, tan bien dispuesta, la retrataron los turistas de verano y se las arreglaba para tener con frecuencia un pájaro sobre la cabeza, gaviotín errante, tórtola pasajera. Nos habituamos todos los de casa, agregándose también Homero Arce, a quien dicté muchas veces mis renglones bajo la frente ceniscienta de la estatua.

Pero comenzaron las velas. Encontramos a las beatas del

caserío muy arrodilladas, rezándole al aventurero mascarón.
Y por la tarde le encendían velas que el viento, antiguo conocedor de santos, apagaba con indiferencia.

Era demasiado: desde la bahía de Valparaíso, en compañía
continua de marineros y cargadores, haciendo vida ilegal en
el subterráneo político de la patria hasta ser Pomona de Jardín, sacerdotisa sonora y ahora santísima sectaria. Porque
como de cuanto pasa en Chile me echan a mí la culpa, me habrían colgado luego la fundación de una nueva herejía.

Disuadimos, Matilde y yo, a las devotas contándoles la historia privada de aquella mujer de madera, y las persuadimos
de no seguir encendiéndole velas que además podrían incen-
diar a la pecadora.

Pero por fin, contra las amenazas del cerote que ensucia, de
las llamas que incineran y de la lluvia que pudre, llevamos a
Medusa adentro. La dispusimos en el coro de los mascarones.

Vivió una vez más. Porque, al sacarla, con formón y gubia
retiramos una pulgada de pintura gruesa y grosera que la es-
condía y salió a relucir su perfil decidido, sus exquisitas orejas, un medallón que nunca se le divisó siquiera y una cabellera selvática que cubre su clara cabeza como el follaje de un
árbol petrificado que aún recuerda su pajarerío.

El Armador

No sabían que era mascarón, tan lejos se apartó del bauprés
ancestral. Porque me dijeron en Venezuela que hizo de bus-
to monumental de Padre de la Patria. Luego rodó por los patios de un colegio, centro de travesuras y blanco de los albo-
rotos.

Yo, apenas lo vi, ensimismado y perdido entre la iconogra-
fía, comprendí de inmediato su origen marinero. La orla de la
ola no dejaba duda, esa voluta de agua que el artesano siempre dejó a la vera del conductor de proa. También el mar y un
piedrazo de colegial, con ruptura de nariz, le acentuó el ro-

mántico rostro tan parecido a Pushkin. Entre héroe o poeta, no podía ser sino armador, naviero allí tallado por su propia empresa y luego aureolado por la ráfaga.

Los poetas reunidos en Caracas me lo dieron con una ceremonia que recuerdo porque tintineaban las copas y la poesía venezolana estrellaba la noche del jardín.

Ceremonia

En el año 1847 un navío norteamericano, el clipper *Cymbelina*, debió recalar en una caleta sin nombre del norte de Chile. Allí los hombres de mar procedieron a desclavar el mascarón de proa del velero. Esta estatua blanca y dorada parecía ser una novia muy joven ceñida por un ropaje isabelino. El rostro de aquella niña de madera asombraba por su desgarradora belleza. Los marineros del *Cymbelina* se habían amotinado. Sostenían que el Mascarón de Proa movía los ojos durante el viaje, desorientando el derrotero y aterrorizando a la tripulación.

No es cosa fácil destronar a la rectora de un viejo y férreo navío. Pero, llevados por aquel religioso terror, los marineros aserraron el poderoso perno que la aseguraba al bauprés, cortaron clavos y tornillos hasta que pudieron, no sin cierto temor o respeto, descenderla y colocarla en una lancha que los llevó a la playa.

El mar estaba agitado aquel día de julio. Era pleno invierno y una lluvia grave y lentísima, extraña en aquella desértica región, caía sobre el mundo.

Siete hombres de a bordo levantaron en hombros a la niña de madera insólitamente separada de su nave. Luego cavaron una fosa en la arena. Los guanayes, aves estercolarias de la costa, volaban en círculo, graznaban y chillaban mientras duró la inquietante faena. La extendieron en tierra, la cubrieron con la arena salitrosa del desierto. No se sabe si alguno de los enterradores quiso rezar o sintió alguna repentina ra-

cha de arrepentimiento y tristeza. La garuga, lenta lluvia nortina que oscila entre niebla o fantasmagoría, cubrió pronto la
ribera del mar, los amarillos acantilados y la embarcación
que en el gran silencio retornó con los hombres de mar al velero *Cymbelina* en aquella mañana del mes de julio de 1847.

El Gran Jefe Comanche

No sé cómo pudo entrar su colosal estatura y el carcaj amenazante. Aquí llegó y domina por sus plumas, por el indomable
perfil, por la dureza de sequoia roja que resistió el oleaje férreo.

Un piel roja de navío ballenero, de Massachusetts, como el
que tal vez guiaba el barco del joven Melville por los puertos
peruanos y chilenos. Pues es sabido que fue estatua preferida de los perseguidores de ballenas. Y los artesanos de Nan-
tucket los esculpieron más de una vez. Cuando sobrevino el
vapor y fueron olvidados los veleros, los viejos artesanos siguieron tallando este piel roja, convertido en insignia de farmacia o de cigarrería. (Aquellas Boticas del Indio con aroma
de cien raíces, cuando el alquímico practicaba ungüentos y
obleas con morteros y delicadeza!)

Lo cierto es que nunca desarrugó el ceño: que con arco, hacha, cuchillón y ademán es el valiente entre mis desarmadas
doncellas del mar. Ni Buffalo Bill con sus andanadas de pólvora ni el océano lleno de monstruos recalcitrantes pudo alterar su poderío. Aquí sigue intacto y duro.

La Sirena

Fue en el extremo Sur, donde Chile se desgrana y se desgrana.
Los archipiélagos, los canales, el territorio entrecortado, los
ciclones de la Patagonia, y luego el Mar Antártico.

Allí la encontré: colgaba del pontón pútrido, grasiento, enhollinado. Y era patética aquella diosa en la lluvia fría, allí en el fin de la tierra.

Entre chubascos la libertamos del territorio austral. A tiempo, porque algún año después el pontón se fue con el maremoto a la profundidad o al mismo infierno. Aquél, cuando fue nave, se llamó Sirena. Por eso ella conserva su nombre de Sirena. Sirena de Glasgow. No es tan vieja. Salió del astillero en 1886. Terminó transportando carbón entre las barcas del Sur.

Sin embargo, cuánta vida y océano, cuánto tiempo y fatiga, cuántas olas y cuántas muertes hasta llegar al desamparado puerto del maremoto! Pero también, a mi vida.

La María Celeste

Alain y yo la sacamos del mercado de las Pulgas donde yacía bajo siete capas de olvido. En verdad costaba trabajo divisarla entre camas desmanteladas, fierros torcidos. La llevamos en aquel coche de Alain, encima, amarrada, y luego en un cajón, tardando mucho, llegó a Puerto San Antonio. Solimano la rescató de la aduana, invicta, y me la trajo hasta Isla Negra.

Pero yo la había olvidado. O tal vez conservé el recuerdo de aquella aparición polvorienta entre la *ferraille*. Sólo cuando destaparon la pequeña caja sentimos el asombro de su imponderable presencia.

Fue hecha de madera oscura y tan perfectamente dulce! Y se la lleva el viento que levanta su túnica! Y entre la juventud de sus senos un broche le resguarda el escote. Tiene dos ojos ansiosos en la cabeza levantada contra el aire. Durante el largo invierno de Isla Negra algunas misteriosas lágrimas caen de sus ojos de cristal y se quedan por sus mejillas, sin caer. La humedad concentrada, dicen los escepticistas. Un milagro, digo yo, con respeto. No le seco sus lágrimas, que no son muchas, pero que como topacios le brillan en el rostro. No se las seco porque me acostumbré a su llanto, tan escondido y recatado, como si no debiera advertirse. Y luego pasan los meses fríos, llega el sol, y el dulce rostro de María Celeste sonríe suave como la primavera.

Pero, por qué llora?

La Novia

Es la más amada por más dolorosa.

La intemperie le rompió la piel en fragmentos o cáscaras o pétalos. Le agrietó el rostro. Le rompió las manos. Le trizó los redondos acariciados hombros. Acariciados por la borrasca y por el viaje.

Quedó como salpicada por las mil espumas. Su noble rostro agrietado se convirtió en una máscara de plata combatida y quemada por la tempestad glacial. El recogimiento la envolvió en una red de cenizas, en un enjambre de nieblas.

La Cymbelina

Oh novia Cymbelina, pura purísima, suavísima suave! Oh tú, doncella de mantilla y nariz rota! Oh sueño de la nave turbulenta, rosa de sal, naranja clara, nenúfar!

Cuando me condujeron a aquella casa donde no me esperaban, algo me hizo volver y mirar aquella casa desierta por el ojo de la llave. Y allí, en el hueco, encontré por vez primera tu perfil errante. Juré que volverías al mar, al mar de Isla Negra.

Rondé por las afueras de la casa, expulsado por el propietario feudal como si hubiera sido un malhechor. Él recurrió a la astucia y a la fuerza. Mis cartas de amor fueron devueltas, los regalos con que intenté sobornar al egoísta, fueron rechazados.

Mis amados secuaces Pedregala y Matazán lo asediaron, entraron a saco en la mansión, descuartizaron centinelas, pulverizaron vitrinas y a fuerza de artillería y blasfemias rescataron a la nevada Cymbelina. Aquellas hazañas aún se cuentan en las bodegas de Valparaíso.

Mírala tú, antes de que la luz o la noche se la lleven. Marinera del cielo, aún no se acostumbra a la tierra. En siglos de viaje perdió fragmentos, recibió golpes, acumuló hendiduras, sobrevivió fragante. La edad marina, el transcurso, la estrellada soledad, las olas bruscas, los combates acérrimos, le infundieron una mirada perdida, un corazón sin recuerdos. Es pura noche, pura distancia, pura rosa y claridad sosegada, virtud celeste.

Nunca se sabe si volará o navegará de pronto, sin aviso, circulando en su noche o en su nave, estampada como una paloma en el viento.

(Nota: Descubrí entretanto que era ella; Cymbelina, la que hacía cambiar de rumbo al navío. Fue ella la enterrada en la arena.)

La Bonita

No sólo se llamó *La Bonita* la barcaza sino que, ya desmantelada, cogida por las ventoleras del Estrecho, pasó a ser, siempre bella, juguete de tempestades y desventuras. Las costillas del barco pudieron mantenerse por años después del naufragio, pero la Figura de Proa se desmembró a pedazos. Las grandes olas la atacaron y las vestiduras se perdieron, fueron exterminados los brazos y los dedos, hasta que por milagro, se sostuvo aquella solitaria cabeza, como empalada, en el último orgullo de la proa.

Allí, en un mediodía apaciguado, la encontraron las manos rapaces. Anduvo así, de manos en manos.

Pero por aquel rostro no había pasado nada. Ni la guerra del mar, ni el naufragio, ni la soledad tempestuosa de Magallanes, ni la ventisca que muerde con dientes de nieve. No.

Se quedó con su rostro impertérrito, con sus facciones de muñeca, vacía de corazón.

La hicieron lámpara de vestíbulo y la encontré por primera vez bajo una horrible pantalla de rayón, con la misma sonrisa que nunca comprendió la desdicha. Hasta una oreja, que la tempestad no destruyó, mostraba el lóbulo quemado por la corriente eléctrica. Lleno de ira le hice volar el sombrero barato que parecía satisfacerla, la libré de su electrificación ignominiosa para que siguiera mirándome como si no hubiera pasado nada, tan bonita como antes de naufragar en el mar y en los vestíbulos.

La Micaela

La última en llegar a mi casa (1964) fue la Micaela.

Es corpulenta, segura de sí misma, de brazos colosales. Estuvo después de sus travesías, dispuesta en un jardín, entre las chacarerías. Allí perdió su condición navegativa, se despojó del enigma que ciertamente tuvo (porque lo trajo de los embarcaderos) y se transformó en terrestre pura, en mascarona agrícola. Parece llevar en sus brazos alzados no el regalo del crepúsculo marino sino una brazada de manzanas y repollos. Es silvestre.

La bandera

Mi bandera es azul y tiene un pez horizontal que encierran o desencierran dos círculos armilares. En invierno, con mucho viento y nadie por estos andurriales, me gusta oír la bandera restallando y el pescado nadando en el cielo como si viviera.

Y por qué ese pez, me preguntan. Es místico? Sí, les digo, es el simbólico ictiomín, el precristense, el cisternario, el lucicrático, el fritango, el verdadero, el frito, el pescado frito.

– Y nada más?

–Nada más.

Pero en el alto invierno allá arriba se debate la bandera con su pez en el aire temblando de frío, de viento, de cielo.

El ancla

El ancla llegó de Antofagasta. De algún barco muy grande, de aquellos que cargaban salitre hacia todos los mares. Allí estaba durmiendo en los áridos arenales del Norte grande. Un día se le ocurrió a alguien mandármela. Con toda su grandeza y su peso fue un viaje difícil, de camión a grúa, de barco a tren, a puerto, a barco. Cuando llegó a mi puerta no quiso moverse más. Trajeron un tractor. El ancla no cedió. Trajeron cuatro bueyes. Éstos la arrastraron en una corta carrera frenética, y entonces sí se movió, hasta quedarse reclinada entre las plantas de la arena.

–La pintarás? Se está oxidando.

No importa. Es poderosa y callada como si continuara en su nave y no la desgañitara el viento corrosivo. Me gusta esa escoria que la va recubriendo con infinitas escamas de hierro anaranjado.

Cada uno envejece a su manera y el ancla se sostiene en la soledad como en su nave, con dignidad. Apenas si se le va notando en los brazos el hierro deshojado.

El locomóvil

Tan poderoso, tan triguero, tan procreador y silbador y rugidor y tronador! Trilló cereales, aventó aserrín, taló bosques, aserró durmientes, cortó tablones, echó humo, grasa, chispas, fuego, dando pitazos que estremecían las praderas.

Lo quiero porque se parece a Walt Whitman.

Amor para este libro

En estas soledades he sido poderoso
de la misma manera que una herramienta alegre
o como hierba impune que suelta sus espigas
o como un perro que se revuelca en el rocío.
Matilde, el tiempo pasará gastando y encendiendo
otra piel, otras uñas, otros ojos, y entonces
el alga que azotaba nuestras piedras bravías,
la ola que construye, sin cesar, su blancura,
todo tendrá firmeza sin nosotros,
todo estará dispuesto para los nuevos días
que no conocerán nuestro destino.

Qué dejamos aquí sino el grito perdido
del queltehue, en la arena del invierno, en la racha
que nos cortó la cara y nos mantuvo
erguidos en la luz de la pureza,
como en el corazón de una estrella preclara?

Qué dejamos viviendo como un nido
de ásperas aves, vivas, entre los matorrales
o estáticas, encima de los fríos peñascos?
Así pues, si vivir fue sólo anticiparse
a la tierra, a este suelo y su aspereza,
líbrame tú, amor mío, de no cumplir, y ayúdame
a volver a mi puesto bajo la tierra hambrienta.

Pedimos al océano su rosa,
su estrella abierta, su contacto amargo,
y al agobiado, al ser hermano, al herido
dimos la libertad recogida en el viento.
Es tarde ya. Tal vez
sólo fue un largo día color de miel y azul,
tal vez sólo una noche, como el párpado

La Sirena.

La María Celeste.

La Novia.

La Cymbelina.

La Bonita.

La Micaela.

La bandera.

El ancla.

El locomóvil.

El mar.

de una grave mirada que abarcó
la medida del mar que nos rodeaba,
y en este territorio fundamos sólo un beso,
sólo inasible amor que aquí se quedará
vagando entre la espuma del mar y las raíces.

El mar

El mar retumba como un combate antiguo. Qué acarrea allá abajo? Tomates, toneles, toneladas de truenos, torres y tambores. Cuando estremece sus ferreterías se estremece mi casa. La noche se sacude, el sonido alcanza un oscuro paroxismo en que ya no sabemos nada, en el entresueño, en la espesura del apogeo tempestuoso, despertando a destiempo cuando ya el golpe de aquella ola gigante se fue por la arena y se convirtió en silencio.

El mar

Lo inquietante es la gran barriga azul, grávida y grave, que se mece, despaciosa, que no viene ni va ni ataca ni acecha.

Qué va a nacer? pregunta el hombre a la tranquilidad redonda. Y poco a poco va meciéndose y durmiéndose, metido una vez más en la cuna terrible.

El mar

Me rodea el mar, me invade el mar: somos salobres, mesa mía, pantalones míos, alma mía: nos convertimos en sal. No sabemos qué hacer en las calles, entre la gente apresurada, en

las boticas, en el baile, perdimos las costumbres, las palabras
en clave para comprar y vender. Nuestra mercadería fueron
algas relucientes, serpentinas o foliáceas, pétalos enyodados,
mariscos sangrientos. La sal de la espuma nos chisporroteó
de tal manera, la sal del aire nos impregnó como si fuéramos
una casa perdida, hasta que circuló sólo salmuera en las habitaciones.

El mar

La sal de siete leguas, la sal horizontal, la sal cristalina del
rectángulo, la sal borrascosa, la sal de siete mares, la sal.

El mar

Este cerco, esta puerta hacia lo ilimitado, y por qué?
    Heredamos los cercos, los candados, los muros, las prisiones.
    Heredamos los límites. Y por qué?
    Por qué no rechazamos a la hora de nacer cuanto nos con-
cedían y cuanto no abarcábamos? Es que teníamos que estar de acuerdo antes de ser. Después de ser y saber se aprende a cercar y a cerrar. Nuestra mezquina contribución al
mundo es un mundo más estrecho.

El mar

Este pobre cerco sólo fue edificado para que mis dos perros
–Panda y Yufú– no se escaparan a matar ovejas en las tierras
de los sacerdotes. Éstos tienen rebaños aquí cerca, en Punta de
Tralca, junto al más alto peñasco de la costa. Mis ancestrales

perros descubrieron las ovejas, y esto nos pareció peligroso y salvaje.

Ahora las hierbas de la orilla, alimentadas de rocío salado, suben por los palos viejos. Los que se blanquearon como huesos de ballena y se debilitaron al golpe del viento férreo. No sirve para nada el viejo cerco. De este lado mis ojos se abren hacia el circundante infinito.

El mar

Más allá de estos barrotes inútiles, el mar que de verdad no sabe que está circunscrito, y no lo reconoce, cantando. Su ímpetu es amargo, su canto es estruendo. Su espuma revolucionaria me cuenta y estalla, me cuenta y se desploma, me llama y ya se fue.

El mar

Canta y golpea el mar, no está de acuerdo. No lo amarren. No lo encierren. Aún está naciendo. Estalla el agua en la piedra y se abren por vez primera sus infinitos ojos. Pero se cierran otra vez, no para morir, sino para seguir naciendo.

La barcarola

[1964-1967]

COMIENZA LA BARCAROLA

Te amo

Amante, te amo y me amas y te amo:
son cortos los días, los meses, la lluvia, los trenes:
son altas las casas, los árboles y somos más altos:
se acerca en la arena la espuma que quiere besarte:
transmigran las aves de los archipiélagos
y crecen en mi corazón tus raíces de trigo.

No hay duda, amor mío, que la tempestad de septiembre
cayó con su hierro oxidado sobre tu cabeza
y cuando, entre rachas de espinas te vi caminando indefensa,
tomé tu guitarra de ámbar, me puse a tu lado,
sintiendo que yo no podía cantar sin tu boca,
que yo me moría si no me mirabas llorando en la lluvia.

Por qué los quebrantos de amor a la orilla del río,
por qué la cantata que en pleno crepúsculo ardía en mi sombra,
por qué se encerraron en ti, chillaneja fragante,
y restituyeron el don y el aroma que necesitaba
mi traje gastado por tantas batallas de invierno?

En las calles de Praga

Recuerdas las calles de Praga qué duras sonaban
como si tambores de piedra sonaran en la soledad
de aquel que a través de los mares buscó tu recuerdo:
tu imagen encima del puente San Carlos era una naranja.

Entonces cruzamos la nieve de siete fronteras
desde Budapest que agregaba rosales y pan a su estirpe
hasta que los amantes, tú y yo, perseguidos, sedientos y ham-
    brientos,
nos reconocimos hiriéndonos con dientes y besos y espadas.

Oh días cortados por las cimitarras del fuego y la furia
sufriendo el amante y la amante sin tregua y sin llanto
como si el sentimiento se hubiera enterrado en un páramo
    entre las ortigas
y cada expresión se turbara quemándose y volviéndose lava.

Las heridas

Fue la ofensa tal vez del amor escondido y tal vez la incerteza,
    el dolor vacilante,
el temer a la herida que no solamente tu piel y mi piel traspa-
    sara,
sino que llegara a instalar una lágrima ronca en los párpados
    de la que me amó,
lo cierto es que ya no teníamos ni cielo ni sombra ni rama de
    rojo ciruelo con fruto y rocío
y sólo la ira de los callejones que no tienen puertas entraba y
    salía en mi alma
sin saber dónde ir ni volver sin matar o morir.

Los versos del Capitán

Oh dolor que envolvieron relámpagos y fueron guardándose
en los versos aquellos, fugaces y duros, floridos y amargos,
en que un Capitán cuyos ojos esconde una máscara negra
te ama, oh amor, arrancándose con manos heridas
las llamas que queman, las lanzas de sangre y suplicio.

Pero luego un panal substituye a la piedra del muro arañado:
frente a frente, de pronto sentimos la impura miseria
de dar a los otros la miel que buscábamos por agua y por
    fuego,
por tierra y por luna, por aire y por hierro, por sangre y por ira:
entonces al fondo de tú y al fondo de yo descubrimos que es-
    tábamos ciegos
adentro de un pozo que ardía con nuestras tinieblas.

Combate de Italia

Europa vestida de viejas violetas y torres de estirpe agobiada
nos hizo volar en su ola de ilustres pasiones
y en Roma las flores, las voces, la noche iracunda,
los nobles hermanos que me rescataron de la policía:
mas pronto se abrieron los brazos de Italia abrazándonos
con sus jazmineros crecidos en grietas de roca
y su paroxismo de ojos que nos enseñaron a mirar el mundo.

Los amantes de Capri

La isla sostiene en su centro el alma como una moneda
que el tiempo y el viento limpiaron dejándola pura
como almendra intacta y agreste cortada en la piel del zafiro
y allí nuestro amor fue la torre invisible que tiembla en el
    humo,
el orbe vacío detuvo su cola estrellada y la red con los peces
    del cielo
porque los amantes de Capri cerraron los ojos y un ronco
    relámpago clavó en el silbante circuito marino
al miedo que huyó desangrándose y herido de muerte
como la amenaza de un pez espantoso por súbito arpón
    derrotado:

y luego en la miel oceánica navega la estatua de proa,
desnuda, enlazada por el incitante ciclón masculino.

Descripción de Capri

La viña en la roca, las grietas del musgo, los muros que enre-
    dan
las enredaderas, los plintos de flor y de piedra:
la isla es la cítara que fue colocada en la altura sonora
y cuerda por cuerda la luz ensayó desde el día remoto
su voz, el color de las letras del día,
y de su fragante recinto volaba la aurora
derribando el rocío y abriendo los ojos de Europa.

Tú entre los que parecían extraños

Tú, clara y oscura, Matilde morena y dorada,
parecida al trigo y al vino y al pan de la patria,
allí en los caminos abiertos por reinos después devorados,
hacía cantar tus caderas y te parecías, antigua y terrestre
    araucana,
al ánfora pura que ardió con el vino en aquella comarca
y te conocía el aceite insigne de las cacerolas
y las amapolas creciendo en el polen de antiguos arados
te reconocían y se balanceaban
bailando en tus pies rumorosos.
Porque son los misterios del pueblo ser uno y ser todos
e igual es tu madre campestre que yace en las gredas de Ñuble
a la ráfaga etrusca que mueve las trenzas tirrenas
y tú eres un cántaro negro de Quinchamalí o de Pompeya
erigido por manos profundas que no tienen nombre:

por eso al besarte, amor mío, y apretar con mis labios tu
  boca,
en tu boca me diste la sombra y la música del barro terrestre.

Los sueños

Hermana del agua empeñada y de sus adversarias
las piedras del río, la arcilla evidente, la tosca madera:
cuando levantabas soñando la frente en la noche de Capri
caían espigas de tu cabellera, y en mi pensamiento
volaba el hipnótico enjambre del campo de Chile:
mi sueño desviaba sus trenes hacia Antofagasta:
entraban lloviendo en el alba de Pillanlelbún,
allí donde el río recoge el olor de la vieja curtiembre
y la lluvia salpica el recinto de los derribados.

La nostalgia

De aquellas aldeas que cruza el invierno y los ferrocarriles
invicto salía a pesar de los años mi obscuro relámpago
que aún ilumina las calles adversas en donde se unieron el
  frío
y el barro como las dos alas de un ave terrible:
ahora al llegar a mi vida tu aroma escarlata
tembló mi memoria en la sombra perdida como si en el bosque
rompiera un eléctrico canto la palpitación de la tierra.

El destierro

Porque, bienamada, es el hombre que canta el que muere
  muriendo sin muerte
cuando ya no tocaron sus brazos las originarias tormentas,
cuando ya no quemaron sus ojos los intermitentes conflictos
  natales
o cuando la patria evasiva negó al desterrado su copa de
  amor y aspereza
no muere y se muere el que canta, y padece muriendo y viviendo el que canta.

La dulce patria

La tierra, mi tierra, mi barro, la luz sanguinaria del orto
  volcánico,
la paz claudicante del día y la noche de los terremotos,
el boldo, el laurel, la araucaria ocupando el perfil del planeta,
el pastel de maíz, la corvina saliendo del horno silvestre,
el latido del cóndor subiendo en la ascética piel de la nieve,
el collar de los ríos que ostentan las uvas de lagos sin nombre,
los patos salvajes que emigran al polo magnético rayando el
  crepúsculo de los litorales,
el hombre y su esposa que leen después de comida novelas
  heroicas,
las calles de Rengo, Rancagua, Renaico, Loncoche,
el humo del campo en otoño cerca de Quirihue,
allí donde mi alma parece una pobre guitarra que llora
cantando y cayendo la tarde en las aguas oscuras del río.

El amor

Te amé sin por qué, sin de dónde, te amé sin mirar, sin medida,
y yo no sabía que oía la voz de la férrea distancia,
el eco llamando a la greda que canta por las cordilleras,
yo no suponía, chilena, que tú eras mis propias raíces,
yo sin saber cómo entre idiomas ajenos leí el alfabeto
que tus pies menudos dejaban andando en la arena
y tú sin tocarme acudías al centro del bosque invisible
a marcar el árbol de cuya corteza volaba el aroma perdido.

Resurrecciones

Amiga, es tu beso el que canta como una campana en el agua
de la catedral sumergida por cuyas ventanas
entraban los peces sin ojos, las algas viciosas,
abajo en el lodo del lago Llanquihue que adora la nieve,
tu beso despierta el sonido y propaga a las islas del viento
una incubación de nenúfar y sol submarino.
Así del letargo creció la corriente que nombra las cosas:
tu amor sacudió los metales que hundió la catástrofe:
tu amor amasó las palabras, dispuso el color de la arena,
y se levantó en el abismo la torre terrestre y celeste.

El canto

La torre del pan, la estructura que el arca construye en la altura
con la melodía elevando su fértil firmeza
y el pétalo duro del canto creciendo en la rosa,

así tu presencia y tu ausencia y el peso de tu cabellera,
el fresco calor de tu cuerpo de avena en la cama,
la piel victoriosa que tu primavera dispuso al costado
de mi corazón que golpeaba en la piedra del muro,
el firme contacto de trigo y de oro de tus asoleadas caderas,
tu voz derramando dulzura salvaje como una cascada,
tu boca que amó la presión de mis besos tardíos,
fue como si el día y la noche cortaran su nudo mostrando
   entreabierta
la puerta que une y separa a la luz de la sombra
y por la abertura asomara el distante dominio
que el hombre buscaba picando la piedra, la sombra, el vacío.

Poderes

Tal vez el amor restituye un cristal quebrantado en el fondo
del ser, una sal esparcida y perdida
y aparece entre sangre y silencio como la criatura
el poder que no impera sino adentro del goce y del alma
y así en este equilibrio podría fundarse una abeja
o encerrar las conquistas de todos los tiempos en una amapola,
porque así de infinito es no amar y esperar a la orilla de un
   río redondo
y así son transmutados los vínculos en el mínimo reino recién
   descubierto.

Regreso

Amor mío, en el mar navegamos de vuelta a la raza,
a la herencia, al volcán y al recinto, al idioma dormido
que se nos salía por la cabellera en las tierras ajenas:
el mar palpitaba como una nodriza repleta:
los senos atlánticos sostienen el mínimo barco de los pasajeros

y apenas sonríen los desconocidos bebiendo substancias heladas,
trombones y misas y máscaras, comidas rituales, rumores,
cada uno se amarra a su olvido con su predilecta cadena
y los entresíes del disimulado de oreja furtiva
la cesta de hierro nos lleva palpando y cortando el océano.

Los barcos

Como en el mercado se tiran al saco carbón y cebollas,
alcohol, parafina, papas, zanahorias, chuletas, aceite, naranjas,
el barco es el vago desorden en donde cayeron
melifluas robustas, hambrientos tahúres, popes, mercaderes:
a veces deciden mirar el océano que se ha detenido
como un queso azul que amenaza con ojos espesos
y el terror de lo inmóvil penetra en la frente de los pasajeros:
cada hombre desea gastar los zapatos, los pies y los huesos,
moverse en su horrible infinito hasta que ya no exista.
Termina el peligro, la nave circula en el agua del círculo
y lejos asoman las torres de plata de Montevideo.

Datitla

Amor, bienamada, a la luz solitaria y la arena de invierno
recuerdas Datitla? Los pinos oscuros, la lluvia uruguaya que
    moja el graznido
de los benteveos, la súbita luz de la naturaleza
que clava con rayos la noche y la llena de párpados rotos
y de fogonazos y supersticiosos relámpagos verdes
hasta que cegados por el resplandor de sus libros eléctricos
nos dábamos vueltas en sueños que el cielo horadaba y cubría.

Los Mántaras fueron presencia y ausencia, arboleda invisible
de frutos visibles, la casa copiosa de la soledad,
las claves de amigo y amiga ponían su marca en el muro
con el natural generoso que envuelve en la flor la ambrosía
o como en el aire sostiene su vuelo nocturno
la estrella bruñida y brillante afirmada en su propia pureza
y allí del aroma esparcido en las bajas riberas
tú y yo recogimos mastrantos, oréganos, menzelia, espadañas:
el herbario interregno que sólo el amor recupera en las costas
  del mundo.

La amistad

Amigos, oh todos, Albertos y Olgas de toda la tierra!
No escriben los libros de amor la amistad del amigo al amor,
no escriben el don que suscitan y el pan que otorgaron al
  amante errante,
olvida el sortílego mirando los ojos de puma de su bienamada
que manos amigas labraron maderas, clavaron estacas
para que enlazaran en paz su alegría los dos errabundos.
Injusto o tardío tú y yo inauguramos Matilde en el libro de
  amor
el capítulo abierto que indica al amor lo que debe
y aquí se establece con miel la amistad verdadera:
la de los que acogen la dicha sin palidecer de neuralgia
y elevan la copa de oro en honor del honor y el amor.

La Chascona

La piedra y los clavos, la tabla, la teja se unieron: he aquí
  levantada
la casa chascona con agua que corre escribiendo en su idioma,
las zarzas guardaban el sitio con su sanguinario ramaje

hasta que la escala y sus muros supieron tu nombre
y la flor encrespada, la vid y su alado zarcillo,
las hojas de higuera que como estandartes de razas remotas
cernían sus alas oscuras sobre tu cabeza,
el muro de azul victorioso, el ónix abstracto del suelo,
tus ojos, mis ojos, están derramados en roca y madera
por todos los sitios, los días febriles, la paz que construye
y sigue ordenada la casa con tu transparencia.

Mi casa, tu casa, tu sueño en mis ojos, tu sangre siguiendo el
   camino del cuerpo que duerme
como una paloma cerrada en sus alas inmóvil persigue su
   vuelo
y el tiempo recoge en su copa tu sueño y el mío
en la casa que apenas nació de las manos despiertas.

La noche encontrada por fin en la nave que tú construimos,
la paz de madera olorosa que sigue con pájaros,
que sigue el susurro del viento perdido en las hojas
y de las raíces que comen la paz suculenta del humus
mientras sobreviene sobre mí dormida la luna del agua
como una paloma del bosque del Sur que dirige el dominio
del cielo, del aire, del viento sombrío que te pertenece,
dormida, durmiendo en la casa que hicieron tus manos,
delgada en el sueño, en el germen del humus nocturno
y multiplicada en la sombra como el crecimiento del trigo.

Dorada, la tierra te dio la armadura del trigo,
el color que los hornos cocieron con barro y delicia,
la piel que no es blanca ni es negra ni roja ni verde,
que tiene el color de la arena, del pan, de la lluvia,
del sol, de la pura madera, del viento,
tu carne color de campana, color de alimento fragante,
tu carne que forma la nave y encierra la ola!

De tantas delgadas estrellas que mi alma recoge en la noche
recibo el rocío que el día convierte en ceniza
y bebo la copa de estrellas difuntas llorando las lágrimas

de todos los hombres, de los prisioneros, de los carceleros,
y todas las manos me buscan mostrando una llaga,
mostrando el dolor, el suplicio o la brusca esperanza,
y así sin que el cielo y la tierra me dejen tranquilo,
así consumido por otros dolores que cambian de rostro,
recibo en el sol y en el día la estatua de tu claridad
y en la sombra, en la luna, en el sueño, el racimo del reino,
el contacto que induce a mi sangre a cantar en la muerte.

La miel, bienamada, la ilustre dulzura del viaje completo
y aún, entre largos caminos, fundamos en Valparaíso una torre,
por más que en tus pies encontré mis raíces perdidas
tú y yo mantuvimos abierta la puerta del mar insepulto
y así destinamos a La Sebastiana el deber de llamar los navíos
y ver bajo el humo del puerto la rosa incitante,
el camino cortado en el agua por el hombre y sus mercaderías.

Pero azul y rosado, roído y amargo entreabierto entre sus
    telarañas,
he aquí, sosteniéndose en hilos, en uñas, en enredaderas,
he aquí victorioso, harapiento, color de campana y de miel,
he aquí, bermellón y amarillo, purpúreo, plateado, violeta,
sombrío y alegre, secreto y abierto como una sandía
el puerto y la puerta de Chile, el manto radiante de Valparaíso,
el sonoro estupor de la lluvia en los cerros cargados de pade-
    cimientos,
el sol resbalando en la oscura mirada, en los ojos más bellos
    del mundo.

Yo te convidé a la alegría de un puerto agarrado a la furia del
    alto oleaje,
metido en el frío del último océano, viviendo en peligro,
hermosa es la nave sombría, la luz vesperal de los meses
    antárticos,
la nave de techo amaranto, el puñado de velas o casas o vidas
que aquí se vistieron con trajes de honor y banderas
y se sostuvieron cayéndose en el terremoto que abría y cerra-
    ba el infierno,

tomándose al fin de la mano los hombres, los muros, las
cosas,
unidos y desvencijados en el estertor planetario.

Cada hombre contó con sus manos los bienes funestos, el río
de sus extensiones, su espada, su rienda, su ganadería,
y dijo a la esposa: «Defiende tu páramo ardiente o tu campo
de nieve»
o «Cuida la vaca, los viejos telares, la sierra o el oro».

Muy bien, bienamada, es la ley de los siglos que fueron
atándose
adentro del hombre, en un hilo que ataba también sus
cabezas:
el príncipe echaba las redes con el sacerdote enlutado,
y mientras los dioses callaban, caían al cofre monedas
que allí acumularon la ira y la sangre del hombre desnudo.

Por eso, erigida la base y bendita por cuervos oscuros
subió el interés y dispuso en el zócalo su pie mercenario,
después a la Estatua impusieron medallas y música,
periódicos, radios y televisores cantaron la loa del Santo
Dinero,
y así hasta el probable, hasta el que no pudo ser hombre,
el manumitido, el desnudo y hambriento, el pastor lacerado,
el empleado nocturno que roe en tinieblas su pan disputado a
las ratas,
creyeron que aquel era Dios, defendieron el Arca suprema
y se sepultaron en el humillado individuo, ahítos de orgullo
prestado.

Viajeros

Recuerdo la fina ceniza celeste que se desprendía
cayendo en tus ojos, cubriendo el vestido celeste,
azul, extrazul, azulento era el cielo desnudo

y el oro era azul en los senos sagrados con que Samarkanda
volcaba sus copas azules sobre tu cabeza
dándote el prestigio de un viento enterrado que vuelve a la
    vida
derramando regalos azules y frutos de pompa celeste.

Yo escribo el recuerdo, el reciente viajero, el perdido home-
    naje
que mi alma trazó navegando las duras regiones
en que se encontraron los siglos más viejos, cubiertos de
    polvo y de sangre,
con la irrigación floreciente de las energías:
tú sabes, amor, que pisamos la estepa recién entregada al
    clavel:
recién amasaban el pan los que ordenan que canten las aguas:
recién se acostaban al lado del río inventado por ellos
y vimos llegar el aroma después de mil años de ausencia.

Despierto en la noche, despiertas de noche, perdido en la paz
    cenicienta
de aquellas ciudades que tumban la tarde con torres de oro
y encima racimos de mágicas cúpulas donde la turquesa
fraguó un hemisferio secreto y sagrado de luz femenina
y tú en el crepúsculo, perdida en mi sueño repites
con dos cereales dorados el sueño del cielo perdido.

Lo nuevo que trazan los hombres, la risa del claro ingeniero
que nos dio a probar el producto orgulloso nacido en la
    estepa maldita
tal vez olvidamos tejiendo en el sueño la continuidad del
    silencio
porque así determina el viajero que aquella ceniza sagrada,
las torres de guerra, el hotel de los dioses callados,
todo aquello que oyó los galopes guerreros, el grito
del agonizante enredado en la cruz o en la rueda,
todo aquello que el tiempo encendió con su lámpara y luego
tembló en el vacío y gastó la corriente infinita de otoños y
    lunas

parece en el sueño más vivo que todos los vivos
y cuando este huevo, esta miel, esta hectárea de lino,
este asado de reses que pastan las nuevas praderas,
este canto de amor koljosiano en el agua que corre
parecen irreales, perdidos en medio del sol de Bokhara,
como si la tierra sedienta, violada y nutricia,
quisiera extender el mandato, y el puño vacío
de cúpulas, tumbas, mezquitas, y de su esplendor agobiado.

PRIMER EPISODIO

TERREMOTO EN CHILE

El barco camina en la noche sin pies resbalando
en el agua sin fondo ni forma, en la bóveda negra del mundo,
en las pobres cabinas el hombre resuelve sus mínimas normas,
la ropa, el reloj, la sortija, los libros sangrientos que lee:
el amor escogió su escondite y la sombra entrelaza
un férreo relámpago que cae frustrado al vacío
y en plena substancia impasible resbala el navío
con un cargamento de pobres desnudos y mercaderías.

Allí, en el comienzo de la primavera marina,
cuando el ave asustada y hambrienta persigue a la nave
y en la sal apacible del cielo y el agua aparece el aroma
del bosque de Europa, el olor de la menta terrestre,
supimos, amada, que Chile sufría quebrado por un terremoto.
Dios mío, tocó la campana la lengua del antepasado en mi
    boca,
otra vez, otra vez el caballo iracundo patea el planeta
y escoge la patria delgada, la orilla del páramo andino,
la tierra que dio en su angostura la uva celeste y el cobre
    absoluto,
otra vez, otra vez la herradura en el rostro
de la pobre familia que nace y padece otra vez el espanto y la
    grieta,
el suelo que aparta los pies y divide el volumen del alma
hasta hacerla un pañuelo, un puñado de polvo, un gemido.

Tal vez eres, Chile, la cola del mundo, el cometa marino
apenas pegado al asombro nevado de la cordillera

y el paso instantáneo de un átomo suelto en la vena magné-
   tica:
se cimbra tu sombra de ámbar y tu geología
como si el rechazo del Polo al imán de tus viñas azules
hiciera el conflicto, y tu esencia, otra vez derramada,
otra vez debe unir su desgracia y su gracia y nacer otra vez.

Por los muros caídos, el llanto en el triste hospital,
por las calles cubiertas de escombros y miedo,
por la mina que forma la sombra a las doce del día,
por el ave que vuela sin árbol y el perro que aúlla sin ojos,
patria de agua y de vino, hija y madre de mi alma,
déjame confundirme contigo en el viento y el llanto
y que el mismo iracundo destino aniquile mi cuerpo y mi tierra.

Oh sin par hermosura del norte desierto,
la arena infinita, las huellas metálicas de los meteoros,
la sombra cortando el dibujo de su geografía violeta
en la clara paciencia del día vacío como una basílica
en la que estuvieran sentadas las piedras caídas desde otro
   planeta:
a su alrededor las colinas de cuello irisado esperando y más
   tarde
las estrellas más frescas del mundo palpitan tan cerca
que huelen a sombra, a jazmín, a la nieve del cielo.

Oh pampas desnudas, capítulos crueles que sólo recorren los
   ojos del ceibo,
sin par es el nombre del hombre que cava en la puerta maldita
y rompe dejando sus manos en los cementerios
la costra del astro escondido, nitrato, sulfato, bismuto,
y arriba en la nieve desierta de cruces la altura erizada,
la entrega a través de su sangre la sangre maligna del cobre,
sin par es el nombre del hombre y modesta es su suave cos-
   tumbre,
se llama chileno, está arriba y abajo en el fuego, en el frío,
no tiene otro nombre y le basta con eso, no tiene apellido,
se llama también arenal o salitre o quebranto
y sólo si miras sus manos amargas sabrás que es mi hermano.

Rosales, Ramírez, Machucas, Sotos, Aguileras,
Quevedos, Basoaltos, Urrutias, Ortegas, Navarros, Loyolas,
Sánchez, Pérez, Reyes, Tapias,
Conejeros, González, Martínez,
Cerdas, Montes, López, Aguirres, Morenos, Castillos,
Ampueros, Salinas, Bernales, Pintos, Navarretes,
Núñez, Carvajales, Carrillos, Candias, Alegrías,
Parras, Rojas, Lagos, Jiménez, Azócares,
Oyarzunes, Arces, Sepúlvedas, Díaz,
Álvarez, Rodríguez, Zúñigas, Pereiras, Robles, Fuentes,
    Silvas,
nombres que son hombres o granos de pólvora o trigo,
éstos son los nombres que firman las páginas de la primavera,
del vino, del duro terrón, del carbón, del arado,
éstos son los nombres de invierno, de las oficinas, de los mi-
    nisterios,
nombres de soldados, de agrarios, de pobres y muchos, de
    entrada temprano
y salida abierta en la sombra sin gloria y sin oro:
a éstos pertenezco y ahora en la noche de alarma, tan lejos
en medio del mar, en la noche, los llamo y me llamo:
el que cae me cae, el herido me hiere, el que muere me mata.

Oh patria, hermosura de piedras, tomates, pescados, cereales,
    abejas, toneles,
mujeres de dulce cintura que envidia la luna menguante,
metales que forman tu claro esqueleto de espada,
aromas de asados de invierno con luz de guitarras nocturnas,
perales cargados de miel olorosa, chicharras, rumores
de estío relleno como los canastos de las chacareras,
oh amor de rocío de Chile en mi frente, destruye este sueño de
    ira,
devuélveme intacta mi patria pequeña, infinita, callada,
    sonora y profunda!

Oh ramos del Sur, cuando el tren dejó atrás los limones
y sigue hacia el Sur galopando y jadeando rodando hacia el
    Polo,

y pasan los ríos y entran los volcanes por las ventanillas
y un olor de frío se extiende como si el color de la tierra cam-
　biara y mi infancia
tomara su poncho mojado para recorrer los caminos de agosto.

Recuerdo que la hoja quebrada del peumo en mi boca cantó
　una tonada
y el olor del raulí mientras llueve se abrió como un arca
y todos los sueños del mundo son una arboleda
por donde camina el recuerdo pisando las hojas.

Ay canta guitarra del Sur en la lluvia, en el sol lancinante
que lame los robles quemados pintándoles alas,
ay canta, racimo de selvas, la tierra empapada, los rápidos
　ríos,
el inabarcable silencio de la primavera mojada,
y que tu canción me devuelva la patria en peligro:
que corran las cuerdas del canto en el viento extranjero
porque mi sangre circula en mi canto si cantas,
si cantas, oh patria terrible, en el centro de los terremotos
porque así necesitas de mí, resurrecta,
porque canta tu boca en mi boca y sólo el amor resucita.

No sé si te has muerto y he muerto: esperando saberlo te canto
　este canto.

SIGUE LA BARCAROLA

Los invulnerables

Tu mano en mis labios, la seguridad de tu rostro,
el día del mar en la nave cerrando un circuito
de gran lontananza cruzada por aves perdidas,
oh amor, amor mío, con qué pagaré, pagaremos la espiga
   dichosa,
los ramos de gloria secreta, el amor de tu beso en mis besos,
el tambor que anunció al enemigo mi larga victoria,
el callado homenaje del vino en la mesa y el pan merecido
por la honestidad de tus ojos y la utilidad de mi oficio indeleble:
a quién pagaremos la dicha, en qué nido de espinas
esperan los hijos cobardes de la alevosía,
en qué esquina sin sombra y sin agua las ratas peludas del odio
esperan con baba y cuchillo la deuda que cobran al mundo?

Guardamos tú y yo la florida mansión que la ola estremece
y en el aire, en la nave, en la luz del conflicto terrestre,
la firmeza de mi alma elevó su estrellada estructura
y tú defendiste la paz del racimo incitante.
Está claro, al igual que los cauces de la cordillera trepidan
abriéndose paso sin tregua y sin tregua cantando,
que no dispusimos más armas que aquellas que el agua dispuso
en la serenata que baja rompiendo la roca,
y puros en la intransigencia de la catarata inocente
cubrimos de espuma y silencio el cubil venenoso
sin más interés que la aurora y el pan,
sin más interés que tus ojos oscuros abiertos en mi alma.

Oh dulce, oh sombría, oh lluviosa y soleada pasión de estos
   años,
arqueado tu cuerpo de abeja en mis brazos marinos,
sentimos caer el acíbar del desmesurado, sin miedo,
con una naranja en la copa del vino de otoño.

Es ahora la hora y ayer es la hora y mañana es la hora:
mostremos saliendo al mercado la dicha implacable
y déjame oír que tus pasos que traen la cesta de pan y perdices
suenan entreabriendo el espejo del tiempo distante y presente
como si llevaras en vez del canasto selvático
mi vida, tu vida: el laurel con sus hojas agudas y la miel de los
   invulnerables.

SEGUNDO EPISODIO

SERENATA DE PARÍS

Hermosa es la rue de la Huchette, pequeña como una gra-
*   nada*
y opulenta en su pobre esplendor de vitrina harapienta:
allí entre los beatniks *barbudos en este año del sesenta y cinco*
tú y yo transmigrados de estrella vivimos felices y sordos.
Hace bien cuando lejos temblaba y llovía en la patria
descansar una vez en la vida cerrando la puerta al lamento,
soportar con la boca apretada el dolor de los tuyos que es
*   tuyo*
y enterrar la cabeza en la luz madurando el racimo del llanto.

París guarda en sus techos torcidos los ojos antiguos del
*   tiempo*
y en sus casas que apenas sostienen las vigas externas
hay sitio de alguna manera invisible para el caminante,
y nadie sabía que aquella ciudad te esperaba algún día
y apenas llegaste sin lengua y sin ganas supiste sin nadie que
*   te lo dijera*
que estaba tu pan en la panadería y tu cuerpo podía soñar en
*   su orilla.*

Ciudad vagabunda y amada, corona de todos los hombres,
diadema radiante, sargazo de rotiserías,
no hay un solo día en tu rostro, ni una hoja de otoño en tu
*   copa:*
eres nueva y renaces de guerra y basura, de besos y sangre,
como si en cada hora millones de adioses que parten
y de ojos que llegan te fueran fundando, asombrosa,

*y el pobre viajero asustado de pronto sonríe creyendo que lo
    reconoces,*
y en tu indiferencia se siente esperado y amado
hasta que más tarde no sabe que su alma no es suya
y que tus costumbres de humo guiaban sus pasos
hasta que una vez en su espejo lo mira la muerte
y en su entierro París continúa caminando con pasos de niño,
*con alas aéreas, con aguas del río y del tiempo que nunca
    envejecen.*

Soledad

Viajero, estoy solo en la rue de la Huchette. Es mañana.
Ni un solo vestigio de ayer se ha quedado pegado en los muros.
Se prepara pasado mañana en la noche ruidosa
que pasa enredada en la niebla que sube de las cabelleras.
Hay un vago silencio apoyado por una guitarra tardía.
Y comprendo que en esta minúscula callecita tortuosa
alguien toca a rebato el metal invisible
de una aguda campana que extiende en la noche su círculo
y en el mapa redondo bajando la vista descubro
caminos de hormiga que vienen surcando el otoño y los mares
y van deslizando figuras que caen del mapa de Australia,
*que bajan de Suecia en los ferrocarriles de la madrugada
    desierta,*
pequeños caminos de insecto que horadan el aire y la tierra
*y que se desprendieron de España, de Escocia, del Golfo de
    México,*
taladrando agujeros que tarde o temprano penetran la tierra
y aquí a medianoche destapa la noche su frío orificio
y asoma la frente de algún colombiano que amarra en el cinto
tu vieja pistola y la loca guitarra de los guerrilleros.

Tal vez Aragon junto a Elsa extendió el archipiélago
*de sus sueños poblados por anchas sirenas que peinan la
    música*

y sobre la rue de Varennes una estrella, la única del cielo
   vacío,
abre y cierra sus párpados de diamante y platino,
y más lejos el traje fragante de Francia se guarda en un arca
porque duermen las viñas y el vino en las cubas prepara
la salida del sol, profesor de francés en el cielo.

Hacia Menilmontant, en mis tiempos, hacia los acordeones
del milnovecientosveinte año acudíamos: era seria la cita
con el hampa de pucho en la boca y brutal camisera.
Yo bailé con Friné Lavatier, con Marise y con quién?
Ah con quién? Se me olvidan los nombres del baile
pero sigo bailando la «java» en la impura banlieue
y vivir era entonces tan fácil como el pan que se come en los
   trenes,
como andar en el campo silbando, festejado por la primavera.

Vallejo

Más tarde en la calle Delambre con Vallejo bebiendo calvados
y cerveza en las copas inmensas de la calle Alegría,
porque entonces mi hermano tenía alegría en la copa
y alzábamos juntos la felicidad de un minuto que ardía en el
   aire
y que se apagaría en su muerte dejándome ciego.

Crevel

O tal vez aquí debo recordar en el canto que canto
cuando bajo del tren en Burdeos y compro un periódico
y la línea más negra levanta un puñal y me hiere:

Crevel había muerto, decía la línea, en el horno de gas, su
    cabeza,
su cabeza dorada, rizada en el horno como el pan para un
    rito,
y yo que venía de España porque él me esperaba
allí en el andén de Burdeos leyendo el cuchillo
con que Francia acogía mi viaje en aquella estación, en el frío.

Pasa el tiempo y no pasa París, se te caen
los cabellos, las hojas al árbol, los soldados al odio,
y en la catedral los apóstoles relucen con la barba fresca,
con la barba fresca de fresa de Francia fragante.
Aunque la desventura galope a tu lado golpeando el tambor
    de la muerte
la rosa marchita te ofrece su copa de líquido impuro
y la muchedumbre de pétalos que arden sin rumbo en la noche
hasta que la rosa tomó con el tiempo entre los automóviles
su color de ceniza quemada por bocas y besos.

Isla

Amor mío, en la Isla Saint-Louis se ha escondido el otoño
como un oso de circo, sonámbulo, coronado por los casca-
    beles
que caen del plátano, encima del río, llorando:
ha cruzado el crepúsculo el Puente del Arzobispado,
en puntillas, detrás de la iglesia que muestra sus graves costi-
    llas,
y tú y yo regresamos de un día que no tuvo nada
sino este dolor y este amor dispersado en las calles,
el amor de París ataviado como una estación cenicienta,
el dolor de París con su cinta de llanto enrollada a su insigne
    cintura
y esta noche, cerrando los ojos, guardaremos un día como
    una moneda

que ya no se acepta en la tienda, que brilló y consumó su
    tesoro:
tendidos, caídos al sueño, siguiendo el inmóvil camino,
con un día de más o de menos que agregó a tu vestuario
un fulgor de oro inútil que, sin duda, o tal vez, es la vida.

SIGUE LA BARCAROLA

Regreso

Ardiente es volver a la espuma que acosa mi casa, al vacío
que deja el océano después de entregar su carreta de truenos,
tocar otra vez con la sangre la ráfaga de frío y salmuera
que muerde la orilla de Chile aventando la arena amarilla.

Es azul regresar a la tierra escogida durante el combate,
levantar la bandera de un hombre sin reino
y esperar de la luz una red que aprisione la trémula plata
de los peces oscuros que pueblan el piélago puro.

Es eterno comer otra vez con el vino ancestral en la copa
la carne arrollada, los tomates de enero con la longaniza,
el ají cuya fresca fragancia te ataca y te muerde,
y a esta hora de sol las humitas de sal y delicia
desenvueltas de sus hojas de oro como vírgenes en el sacri-
    ficio.

Estoy lejos

Es mía la hora infinita de la Patagonia,
galopo extendido en el tiempo como si navegara,
atravieso los tiernos rebaños cambiando de paso
para no herir las nubes de espeso ropaje,
la estepa es celeste y huele el espacio a campana,
a nieve y a sol machacados en el pasto pobre:
me gusta la tierra sin habitaciones, el peso del viento
que busca mi pecho agachando el ramaje de mi alma.

De dónde he caído? Y cómo se llama el planeta que suena
   como el aluminio
bajo las pisadas de un pobre viajero ahogado en el ancho
   silencio?
Y busco en el rumbo sin rumbo de la oceanía terrestre
siguiendo las huellas borradas de las herraduras,
mientras sale la luna como el pan de la boca de un horno
y se va por el campo amarrada al caballo más lento del cielo.

Oh anillo espacioso que mueve contigo su círculo de oro
y que, caminando, te lleva en su centro sin abandonarte,
cuántas sombras cambiaron hostiles estilos de espinas quemantes
mientras tú continuabas al centro del gris hemisferio
o el zorro de pies invisibles que se deslizó resbalando en el
   frío
o la luz que cambió de bandera después de besar tu caballo,
o el follaje entendido en desdichas que acepta tu ausencia
o el postrer colibrí que encendió su pequeño reloj de turquesa en el brazo de las soledades
o el trueno que se desarrolla rodando en su propia morada
o los avestruces de pies militares y ojos de colegio
o, más pura que todo, la tierra y sus respiraciones,
la tierra que muestra su piel de planeta, su cuero de amargo
   caballo,
la tierra terrestre con el rastro extirpado de alguna fogata,
sin enfermedades, sin hombres, sin calles, sin llanto ni muerte,
con el viento ilustre que limpia de noche y de día la naturaleza
y bruñe la hirsuta medalla de la huracanada pradera,
de las patagonias nutridas por la soledad y el rocío.

Es adentro, en el hueco o la sombra, en la torre agobiada,
que busqué y te encontré suspirando, bien mío,
fue una hora en que todo el baluarte tembló, moribundo,
y en mi pecho la duda y la muerte volaban desnudas:
amor mío, cereza, guitarra de la primavera,
qué dulce tu cuello desviando las flechas del padecimiento

y tu rectitud de figura de proa en el viento salado que impone
  su rostro al navío.

Amada, no fue en extensiones y costas, no fue en erizadas
  arenas
no fue tu llegada a un castillo rodeado por la geografía,
sino a una catástrofe pobre que apenas concierne al viajero,
a una grieta que multiplicaba cuchillos en mi desventura,
y así tu salud victoriosa inclinándose sobre el camino
encontró mi dolor y arrancó las espadas de aquella agonía.

Oceana, otra vez con tu nombre de ola visito el océano
y viviente y durmiente a mi lado en la luz implacable de enero
no sabemos sufrir, olvidamos la piedra enlutada
que pesó sobre un año incitando mi pecho a latir como un
  agonizante.

Yo cambié tantas veces de sol y de arte poética
que aún estaba sirviendo de ejemplo en cuadernos de melancolía
cuando ya me inscribieron en los nuevos catálogos de los
  optimistas,
y apenas me habían declarado oscuro como boca de lobo o
  de perro
denunciaron a la policía la simplicidad de mi canto
y más de uno encontró profesión y salió a combatir mi
  destino
en chileno, en francés, en inglés, en veneno, en ladrido, en
  susurro.

Aquí llevo la luz y la extiendo hacia el mal compañero.

La luz brusca del sol en el agua multiplica palomas, y canto.

Será tarde, el navío entrará en las tinieblas, y canto.

Abrirá su bodega la noche y yo duermo cubierto de estrellas.
  Y canto.

Llegará la mañana con su rosa redonda en la boca. Y yo canto.

Yo canto. Yo canto. Yo canto. Yo canto.

Regreso

Ayer regresamos cortando el camino del agua, del aire y la
    nieve
y al aterrizar en la palma, en la mano de Chile,
vagamente inquietos de la permanencia en confines distantes,
abrumadamente dormidos aún en el sueño del vuelo
sin tocar apenas ni reconociendo la tierra temible y amada,
vino la bondad con su traje gris y la inmóvil grandeza que na-
    die conoce
y tuve a mi vista la estrella que te reconoce
y así con valijas que apenas tocaban los dedos de los aduaneros,
rodeado por tres automóviles de amigos amados,
entré con Matilde a la sala de los candelabros del mundo,
a mi patria pequeña que enciende sus velas volcánicas
entre el esplendor de las nieves intactas y el coro del agua ma-
    rina.

Oh patria al besar tu cintura de avispa volcánica,
al subir la mirada a tus cerros de párpados negros
y bajar a besar en la arena del mar la harapienta hermosura
de tus pies maltratados que suben y bajan por las cordilleras,
recibí de repente el olor de la costa marina
y cuanto dolor iracundo abrumó a mis pequeños hermanos,
miserias que matan con manos más duras que los terremotos,
injusticia vertiendo la sal en la herida, quemando la piedra
    del alma,
todo eso voló desprendido en la ráfaga del mar majestuoso,
del único océano, de la rosa gigante que se abre y se cierra en
    la orilla
perfumando tu hirsuta belleza con sus movimientos azules.

Aquí está el estilo, sin duda, a ver, salta! Supongo,
corazón de papel, que mi nave cruzaste bailando a la moda,
a la moda de andar, a la moda de ver, y es verdad que mi-
     ramos
con los ojos cambiantes y abrimos la puerta con llaves futuras,
pero aquí entre el breñal sacudido y la insólita niebla de enero
chamuscada la hierba, sedienta la luna, sin sol y sin nadie la
     arena,
y el vaivén de la ola que cava su tumba infinita
y el olor extenso de sal soberana que se desenrolla
como un episodio del frío, cantando con truenos,
aquí, dónde encuentro, pregunto, el consejo?
Y es claro, lo leo en la ráfaga, en la huella del ave queltehue,
en la ronca advertencia del mar, en la noche que cuenta y que
     suma,
y en las cicatrices abiertas de los roqueríos
por las quebraduras del hielo de antiguas catástrofes.

La borrasca que enciende la espuma coronando el cenit del
     oleaje
me ha enseñado a limpiar las oscuras herramientas de mi
     desvarío,
me ha enseñado a extender y secar en el viento el linaje de mi
     profecía,
y en estas arrugas de piedra, en la roca quebrada por la
     eternidad movediza,
hallé un nido reciente de barro y de paja fragante
con los huevos del mar y las alas de la travesía.

De modo que un beso sin nombre con labios de tierra
o un nombre con labios de sombra marina o la miel de la
     costa salvaje
o los sordos susurros que indican al mes de septiembre
que la primavera enterrada comienza a arañar con sus uñas el
     féretro
o más bien la lluviosa llamada de un niño que tiene mi rostro
y que encuentro en las dunas, perdido, y que no reconozco,

todo esto, agregando el barril de las malas acciones que vuelven y asustan,
o el ramo de nardos inútiles que tal vez se pudrió en una
puerta
sin que aquella a que fue destinado tocara o besara su aroma,
todo esto es el libro, el manual de mi sabiduría:
y no puedo aprender otras cosas porque llego de la desventura
y ya descargué tantos sacos del color amaranto en la lluvia
que sólo me queda una hora para hacerme feliz: es temprano:
es temprano y es tarde, es temprano: amanece con luna
y en el sol de la noche recojo las mejores espigas del cielo.

Amor

Dónde estás, oh paloma marina que bajo mis besos caíste
herida y salvaje en la trémula hierba del Sur transparente
allí donde mueve sus rayos glaciales mi soberanía,
muchacha campestre, amasada con barro y con trigo,
amante que al mar galopando robé con puñal, oh sirena,
y al volcán desafié para amarte trayendo sobre la montura
tus crines que el fuego tiñó elaborando su llama cobriza.

Amada, es tu sombra como la frescura que deja el racimo
sobre la amarilla campana del vasto verano
y es el sumergido calor de tu abrazo en mi cuerpo
la respuesta al rayo y al escalofrío de oro que yo precipito.

Porque dos nupciales con una cereza, con un solo río,
y una sola cama y una sola luna que el viento derriba sobre la
pradera,
son dos claridades que funden sobre sus cabezas el arco del día
y estrellan la noche con los minerales de su desamparo,
con el desamparo del amor desnudo que rompe una rosa y
construye una rosa,
y construye una rosa que vive, palpita, perece y renace,

porque ésa es la ley del amor y no sabe mi boca
sino hablar sin hablar con tu boca en el fin y el comienzo de
   todo,
amorosa, mi amor, mi mujer acostada en el trigo,
en las eras de marzo, en el barro de la Araucanía.

TERCER EPISODIO

CORONA DEL ARCHIPIÉLAGO
PARA RUBÉN AZÓCAR

Desde Chile llegó la noticia mal escrita por mano de Muerte:
el mejor de los míos, mi hermano Rubén está inmóvil
adentro de un nicho, en la tumba mezquina de los ciudada-
    nos.

Bienamada, en la hora del aire recoge una lágrima y llévala
a través del Atlántico negro a su ruda cabeza dormida:
no me traigas noticias: no puedo entender su agonía:
él debió terminar como un tronco quemado en la selva,
erguido en la ilustre armadura de su desarmada inocencia.

Nunca he visto otro árbol como éste, no he visto en el bosque
tal corteza gigante rayada y escrita por las cicatrices:
el rostro de Azócar, de piedra y de viento, de luz machacada,
y bajo la piel de la estatua de cuero y de pelo
la magnánima miel que ninguno posee en la tierra.

Tal vez en el fondo del África, en el mediodía compacto,
una flecha revela en el ave que cae volando la espléndida sal
    del zafiro,
o más bien el arpón ballenero saliendo sangriento de la bestia
    pura
tocó una presencia que allí preservaba el aroma del ámbar:
así fue en mi camino mi hermano que ahora llorando recubro
con la mínima pompa que no necesitan sus ojos dormidos.

Así fue por aquellos entonces felices y malbaratados
que yo descubrí la bondad en el hombre, porque él me ense-
ñaba,
abriendo sonriendo, con cejas de árbol, el nido de abejas
invictas
que andaba con él susurrando de noche y de día
y entonces, a mí que salía de la juventud envidiosa y suprema,
tocándose el pecho cubierto por su abandonada chaqueta,
me dio a conocer la bondad, y probé la bondad, y hasta
ahora
no he podido cambiar la medida del hombre en mi canto:
nunca más aprendí sino aquello que aprendí de mi hermano
en las islas.

Él paseaba en Boroa, en Temuco con un charlatán sinalefo,
con un pobre ladrón de gallinas vestido de negro
que estafaba, servil y silvestre, a los dueños de fundo:
era un perro averiado y roído por la enfermedad literaria
que, a cuento de Nietzsche y de Whitman, se disimulaba
ladrando
y mi pobre Rubén antagónico soportaba al pedante incle-
mente
hasta que el charlatán lo dejó de rehén en el pobre hotelucho
sin plata y sin ropa, en honor de la literatura.

Mi hermano! Mi pobre león de las gredas amargas de Lota,
mineral, encendido como los fulgores del rayo en la noche de
lluvia,
mi hermano, recuerdo tus ojos atónitos frente al desacato
y tu pura pureza empeñada por un espantajo vargasvilovante.
No he visto unos ojos tranquilos como en ti en ese instante
tus ojos
al pesar el veneno del mundo y apartar con sombría entereza
el puñal del dolor, y seguir el camino del hombre.

Ay hermano, ay hermano de ciencia escondida, ay hermano
de todo el invierno en las islas:
ay, hermano, comiendo contigo porotos con choclo recién
separado

del marfil silencioso que educa el maíz en sus lanzas,
y luego los choros saliendo del mar archipiélago,
las ostras de Ancud, olorosas a mitología,
el vino de invierno bebido sin tregua en la lluvia
y tu corazón desgranándose sobre el territorio.

No es la vida la que hace a los hombres, es antes,
es antes: remoto es el peso del alma en la sangre:
los siglos azules, los sueños del bosque, los saurios perdidos
en la caravana, el terror vegetal del silencio,
se agregaron a ti antes de nada, tejieron con sombra y madera
el asombro del niño que te acompañó por la tierra.

Sé que en México huraño en un día desértico estuvo
tu cabeza agobiada, tu boca con hambre, tu risa hecha polvo.

Y no puedo olvidar que al cruzar el Perú te olvidaron en un
    calabozo.

Mientras de Panamá en la maraña de humedad y raíces,
tú, sabiendo que allí las serpientes tomaban el tórrido sol y
    mordían,
allí te tendiste a morir de regreso a las lianas, y entonces
un milagro salvo tu pellejo para nuestra alegría.

Ya se sabe que un día de Cuba, transformado en donoso doncel,
parodiaste con verso y donaire los exilios de aquel Caballero
que dejó a su galana Madama un recuerdo en un cofre oloroso,
y se sabe que cuando con flor en la mano tu gracia paseaba
por el equinoccio del cuento hilarante y patético,
Fidel con su barba y altura se quedó asombrado al oírte y
    mirarte
y luego abrazándote, con risa y delicia, bajó la cabeza,
porque entre batalla y batalla no hay laurel que cautive al
    guerrero
como tu generosa presencia regalando la magia y la miel,
adorable payaso, capitán del derroche, redentor de la sabiduría.

Si contara, si pudiera contar tus milagros, los cuentos
que colgaste en el cuello del mundo como un collar claro:
dispusiste de un ancho desván con navíos
y muñecas, muñecos que te obedecían apenas
se movían tus cejas pobladas por árboles negros.

Porque tú antes de ser, lo adivino, escogiste tu reino,
tu pequeña estatura, tu cabeza de rey araucano,
y de cuanto más noble y más firme encontraste en la nada
construiste tu cuerpo y tu sueño, pequeño monarca,
agregándole inútiles hebras que siguen brillando
con el oro enlutado de tu travesura grandiosa.

A veces mirándote el ceño con que vigilabas mis pasos,
temiendo por mí como el padre del padre del padre del hijo,
divisé en tu mirada una antigua tristeza
y habría tenido razón la tristeza en tus ojos antiguos:
los cercanos a ti no supieron venerar tu madera celeste
y a menudo pusieron espinas en tu cabellera
y con lanzas de hierro oxidado te clavaron en la desventura.

Pero aquella agua oscura que a la vez encontré en tu mirada
guardaba el silencio normal de la naturaleza
y si habían caído las hojas al fondo del pozo en tinieblas
no pudrieron las hojas difuntas la cisterna de donde surgía
tu solemne bondad florecida por un ramo indomable de rosas.

Tengo el As! Tengo el Dos! Tengo el Tres! *cantarán y tal vez
    cantaremos:*
cantarán, cantaremos al borde del vino de octubre:
cantaremos la inútil belleza del mundo sin que tú la veas,
sin que tú, compañero, respondas riendo y cantando,
cantando y llorando algún día en la nave o más bien a la orilla
del mar de las islas que amaste, marino sonoro:
cantarán, cantaremos, y el bosque del hombre perdido,
la bruma huaiteca, el alerce de pecho implacable
te acompañarán, compañero, en tu canto invisible.

Tengo el As! Tengo el Dos! Tengo el Tres! *Pero faltas, hermano!*
Falta el rey que se fue para siempre con la risa y la rosa en la mano.

Tengo el As! Tengo el Dos! Tengo el Tres! _Pero faltas, hermano!_
Falta el rey que se fue para siempre con la risa y la rosa en la mano.

Si contara, si pudiera contar tus milagros, los cuentos
que colgaste en el cuello del mundo como un collar claro:
dispusiste de un ancho desván con navíos
y muñecas, muñecos que te obedecían apenas
se movían tus cejas pobladas por árboles negros.

Porque tú antes de ser, lo adivino, escogiste tu reino,
tu pequeña estatura, tu cabeza de rey araucano,
y de cuanto más noble y más firme encontraste en la nada
construiste tu cuerpo y tu sueño, pequeño monarca,
agregándole inútiles hebras que siguen brillando
con el oro enlutado de tu travesura grandiosa.

A veces mirándote el ceño con que vigilabas mis pasos,
temiendo por mí como el padre del padre del padre del hijo,
divisé en tu mirada una antigua tristeza
y habría tenido razón la tristeza en tus ojos antiguos:
los cercanos a ti no supieron venerar tu madera celeste
y a menudo pusieron espinas en tu cabellera
y con lanzas de hierro oxidado te clavaron en la desventura.

Pero aquella agua oscura que a la vez encontré en tu mirada
guardaba el silencio normal de la naturaleza
y si habían caído las hojas al fondo del pozo en tinieblas
no pudrieron las hojas difuntas la cisterna de donde surgía
tu solemne bondad florecida por un ramo indomable de rosas.

Tengo el As! Tengo el Dos! Tengo el Tres! *cantarán y tal vez
    cantaremos:*
cantarán, cantaremos al borde del vino de octubre:
cantaremos la inútil belleza del mundo sin que tú la veas,
sin que tú, compañero, respondas riendo y cantando,
cantando y llorando algún día en la nave o más bien a la orilla
del mar de las islas que amaste, marino sonoro:
cantarán, cantaremos, y el bosque del hombre perdido,
la bruma huaiteca, el alerce de pecho implacable
te acompañarán, compañero, en tu canto invisible.

Los días

Quién separa el ayer de la noche y del hoy que preñaba su
    copa?
Y qué lámina de agua incesante o de bronce roído o de hielo
impidió que acudiera mi pecho a las llamas que me procrea-
    ron?
Y quién soy? les pregunté a las olas cuando en fin navegué sin
    navío
y me pude dar cuenta que el mar lo llevaba yo mismo en los ojos.
Sin embargo este día que ardió y consumió su distancia
dejó atrás sus sombríos orígenes, olvidó la uterina tiniebla,
y creció como la levadura levantando hacia arriba los brazos
hasta que disgregó las substancia de la luz que lo favorecía,
y se fue separando del cielo hasta que convertido otra vez en
    familia del humo
se deshizo en la sombra que otra vez convertida en abeja
salía volando en la luz de otro día radiante y redondo.

Resurrección

Yo me disminuyo en cada día que corre y que cae,
como si naciera: es el alba en mi sangre: sacudo la ropa,
se enredan las ramas del roble, corona el rocío con siete dia-
    demas mis recién nacidas orejas,
en el mediodía reluzco como una amapola en un traje de luto,
más tarde la luz ferroviaria que huyó transmigrando de los
    archipiélagos
se agarra a mis pies invitándome a huir con los trenes
que alargan el día de Chile por una semana
y cuando saciada la sombra con el luminoso alimento
estática se abre mostrando en su seno moreno la punta de
    Venus

yo duermo hecho noche, hecho niño o naranja,
extinto y preñado del nuevo dictamen del día.

Campanas

Me gustó desde que era nonato escuchar las campanas,
tocar el rocío en el bronce de los campanarios,
y luego creciendo salvaje entre empalizadas con barbas de
    musgo
hundí mis zapatos en barro y barbecho cruzando la lluvia,
voló la paloma torcaza que como un brasero de plumas
ardía en su tornasolado linaje de cuello y de cola
y así me crié solitario cantando para quién? Para nadie:
tal vez para aquellas regiones de troncos podridos y lianas,
tal vez para la húmeda tierra que hundía mis pies en un
    tierno sarcófago de hojas caídas,
pero yo no crecí para oídos humanos y cuando cayó una
    medalla
en mi pecho, otorgada por merecimientos de canto,
miré alrededor, con los ojos busqué para quién era el Premio
y bajé la cabeza, confuso, porque descubrí que era mío
y que mi alma de alguna manera se encontró con los pueblos
    callados
y cantó publicando la pena o la flor de las gentes que no
    conocía.

Amor

Oh, amor, oh victoria de tu cabellera agregando a mi vida
la velocidad de la música que se electrizó en la tormenta
y fuera del ámbito puro que se desarrolla quemando
aquellas raíces cubiertas por la polvareda del tiempo
contigo, amorosa, vivieron el día de lluvia remota
y mi corazón recibió tu latido latiendo.

Sonata

Oh clara de luna, oh estatua pequeña y oscura,
oh sal, oh cuchara que saca el aroma del mundo y lo vuelca
   en mis venas,
oh cántara negra que canta a la luz del rocío,
oh piedra del río enterrado de donde volaba y volvía la noche,
oh pámpana de agua, peral de cintura fragante,
oh tesorería del bosque, oh paloma de la primavera,
oh tarjeta que deja el rocío en los dedos de la madreselva,
oh metálica noche de agosto con argollas de plata en el cielo,
oh mi amor, te pareces al tren que atraviesa el otoño en
   Temuco,
oh mi amada perdida en mis manos como una sortija en la
   nieve,
oh entendida en las cuerdas del viento color de guitarra
que desciende de las cordilleras, junto a Nahuelbuta llorando,
oh función matinal de la abeja buscando un secreto,
oh edificio que el ámbar y el agua construyeron para que
   habitara
yo, exigente inquilino que olvida la llave y se duerme a la
   puerta,
oh corneta llevada en la grupa celestial del tritón submarino,
oh guitarra de greda sonando en la paz polvorienta de Chile,
oh cazuela de aceite y cebolla, vaporosa, olorosa, sabrosa,
oh expulsada de la geometría por arte de nube y cadera,
oh máquina de agua, oh reloja de pajarería,
oh mi amorosa, mi negra, mi blanca, mi pluma, mi escoba,
oh mi espada, mi pan y mi miel, mi canción, mi silencio, mi
   vida.

La calle

También te amo, calle repleta de rostros que arrastran zapatos,
zapatos que rayan la rueda del orbe instalando almacenes,
y vivo en el cauce de un río infinito de mercaderías,
retiro las manos de la devorante ceniza que cae,
que envuelven la ropa que sale del cinematógrafo,
me pego a los vidrios mirando con hambre sombreros que me
    comería
o alhajas que quieren matarme con ojos de cólera verde
o jabones tan suaves que se hicieron con jugo de luna
o libros de piel incitante que me enseñarían tal vez a morirme
o máquinas ópticas que fotografían hasta tu tristeza
o divanes dispuestos a las seducciones más inoxidables
o el claro aluminio de las cacerolas especializadas en huevos
    y espárragos
o los trajes de obispo que a menudo llevan bolsillos del Diablo
o ferreterías amadas por la exactitud de mi alma
o farmacias pálidas que ocultan, como las serpientes, bajo el
    algodón,
colmillos de arsénico, dientes de estricnina y ungüentos letales,
o tapices vinílicos, estocolmos, brocatos, milanos,
terylén, cañamazo, borlón y colchones de todo sosiego
o relojes que van a medirnos y por fin a tragarnos
o sillas de playa plegables adaptables a todo trasero
o telares con ratier, 1,36 Diederich, complicados y abstractos,
o vajillas completas o sofás floreados con funda
o implacables espejos que esperan demostrar la venganza del
    agua
o escopetas de repetición tan suavísimas como un hocico de
    liebre
o bodegas que se atiborraron de cemento: y yo cierro los ojos:
son los huevos de Dios estos sacos terribles que siguen pa-
riendo este mundo.

Amaneciendo

Amor mío, al buscarte recién despertado recorrí con mis
　manos tus dedos,
sorprendí el alabastro dormido en tu mano a esa hora
y encontré cada uña en mi tacto alargando la sílaba lisa
que forma tu nombre en el cielo estrellado del sol y la luna.
Cada uña en tu mano envolvía un fragmento del sueño en tu
　cuerpo
y con la frescura del ágata cambiaban tus dedos en piedra,
de alguna manera infundada el clamor de tu sangre viviente
en sal circulante, en estatua de nácar fue precipitado
y sólo toqué aquella estrella de cinco esmeraldas dormidas,
suavísimas puntas hundidas en la lentitud de la sombra,
pensando entre sueño y vigilia que se transmutaron siguiendo
　el transcurso del agua en la roca
en frío, en espadas, en cuarzo robado a la tierra nocturna,
al aire del cielo en la noche que desenvainó sus estatuas
y se puso a brillar encendiendo las piedras en la magnitud
　silenciosa.

La noche

Oh noche, oh substancia que cambia tu cuerpo y devuelve a
　la tierra la estrella,
pensé, sacudido entre inciertos temores tocando tus dedos,
pensando en la rosa de sal deslumbrante que había caído del
　cielo.
Oh amor, oh infinito regado por la geología,
oh cuerpo de labios nocturnos que me anticiparon la aurora
con la exactitud de una fruta celeste amparada por la claridad
　del rocío.

La tierra

Antártica patria que desde el racimo oloroso hasta los cereales,
desde la salitrera que esconde la luna enterrada y arriba en el
   frío
los siete episodios del cobre y sus páginas verdes,
extiendes, oh tierra delgada, entre olas de vino y de nieve
tus hijos insignes y desharrapados que cantan en plena agonía.

País

Pequeño país que sobre los montes huraños y el agua infinita
transcurres llevando entre torvas arrugas la luz mineral y las
   uvas del vino
y de un sitio al otro al chileno moreno y errante
que pica la piedra de su sepultura volcánica
con el pantalón remendado y los ojos heridos.

Ven a visitarme extranjero entre Arica y la Tierra del Fuego:
hace frío en las islas y el mar enarbola el molino de su movimiento,
las habitaciones se encogen al paso del cielo que como un
   caballo irritado
galopa en la noche frenética golpeando los techos del hombre.

Abrió el vendaval la ventana y entró en la cocina buscando
el fuego que cuece las pobres patatas del pueblo perdido.

País, torre erguida en la altura del agrio planeta,
quemado por una corona de crueles relámpagos
y luego entregado a las locomotoras de los terremotos

y luego a la hirviente inmundicia de los arrabales
y luego al desierto que espera y devora al viajero
y luego los mares hirsutos que rompen los ojos de los pescadores
y luego en el campo la sed de la tierra, la sed amarilla,
y luego el carbón que en su cueva aniquila a los héroes negros
y luego la pobre familia atacada por los agujeros
del techo y la ropa, mirando la zapatería,
divisa los pies de los ángeles con zapatos nuevos en el Paraíso.

Primavera en Chile

Hermoso es septiembre en mi patria cubierto con una corona
   de mimbre y violetas
y con un canasto colgando en los brazos colmado de dones
   terrestres:
septiembre adelanta sus ojos mapuches matando el invierno
y vuelve el chileno a la resurrección de la carne y el vino.
Amable es el sábado y apenas se abrieron las manos del viernes
voló transportando ciruelas y caldos de luna y pescado.

Oh amor en la tierra que tú recorrieras que yo atravesamos
no tuve en mi boca un fulgor de sandía como en Talagante
y en vano busqué entre los dedos de la geografía
el mar clamoroso, el vestido que el viento y la piedra otorgaron a Chile,
y no hallé duraznos de enero redondos de luz y delicia
como el terciopelo que guarda y desgrana la miel de mi patria.
Y en los matorrales del Sur sigiloso conozco el rocío
por sus penetrantes diamantes de menta, y me embriaga el
   aroma
del vino central que estalló desde tu cinturón de racimos
y el olor de tus aguas pesqueras que te llena de olfato
porque se abren las valvas del mar en tu pecho de plata abundante,

y encumbrado arrastrando los pies cuando marcho en los
  montes más duros
yo diviso en la nieve invencible la razón de tu soberanía.

País

Es mi patria y comprendo tu canto y tu llanto
y toco el contorno de tus tricolores guitarras llorando y cantando,
porque soy un puñado de polvo de tu cordillera
y vivo en tu amor el suplicio de condecorar tus tormentos.

Yo voy a contarte la historia de algunos, de algunas, de nadie,
oyendo la lluvia que rompe sus rombos de vidrio y se pierde,
yo voy a contarte la historia de aquél o del hijo de aquél
o de nadie, de todos, porque este destino de greda
nos hace en el horno del pueblo parejos, parientes profundos:
tenemos cabeza de cántaro y con ojos de buey manzanero
los pies más urgentes, las piernas que cambian de tierra y de
  río,
las manos hambrientas y el color de la avena quemada,
nosotros chilenos de costa y de monte, de lluvia o secano,
somos casi siempre los mismos errantes dispuestos al viaje del
  oro.

Un relato

Y ahora a la lluvia redonda color de hemisferio
escucha este cuento de sangre y de oro y de muerte lejana:

CUARTO EPISODIO

FULGOR Y MUERTE DE JOAQUÍN MURIETA

Ésta es la larga historia de un hombre encendido:
natural, valeroso, su memoria es un hacha de guerra.
Es tiempo de abrir el reposo, el sepulcro del claro bandido
y romper el olvido oxidado que ahora lo entierra.
Tal vez no encontró su destino el soldado, y lamento
no haber conversado con él, y con una botella de vino
haber esperado en la Historia que pasara algún día su gran
　regimiento.
Tal vez aquel hombre perdido en el viento hubiera cambiado
　el camino.
La sangre caída le puso en las manos un rayo violento,
ahora pasaron cien años y ya no podemos mover su destino:
así es que empecemos sin él y sin vino en esta hora quieta
la historia de mi compatriota, el bandido honorable don
　Joaquín Murieta.

Es larga la historia que aterra más tarde y que nace aquí
　abajo
en esta angostura de tierra que el Polo nos trajo y el mar y la
　nieve disputan:
aquí entre perales y tejas y lluvia brillaban las uvas chilenas
y como una copa de plata que llena la noche sombría de
　pálido vino
la luna de Chile crecía entre boldos, maitenes, albahacas,
　orégano, jazmines, porotos, laureles, rocío,
entonces nacía a la luz del planeta un infante moreno
y en la sombra serena es el rayo que nace: se llama Murieta,
y nadie sospecha a la luz de la luna que un rayo naciente

se duerme en la cuna entre tanto se esconde en los montes la
   luna:
es un niño chileno color de aceituna y sus ojos ignoran el
   llanto.

Mi patria le dio las medallas del campo bravío, de la pampa
   ardiente:
parece que hubiera forjado con frío y con brasas para una
   batalla
su cuerpo de arado y es un desafío su voz, y sus manos son
   dos amenazas.

Venganza es el hierro, la piedra, la lluvia, la furia, la lanza,
la llama, el rencor del destierro, la paz crepitante,
y el hombre distante enceguece clamando en la sombra venganza,
buscando en la noche esperanza sangrienta y castigo constante,
despierta el huraño y recorre a caballo la tierra nocturna.
   Dios mío,
qué busca el oscuro al acecho del daño que brilla en su mano
   cortante?

Venganza es el nombre instantáneo de su escalofrío
que clava la carne o golpea en el cráneo o asusta con boca
   alarmante
y mata y se aleja el danzante mortal galopando a la orilla del
   río.
La llama del oro recorre la tierra de Chile del mar a los montes
y comienza el desfile desde el horizonte hacia el Puerto, el
   magnético hechizo
despuebla Quillota, desgrana Coquimbo, las naves esperan
   en Valparaíso.

Creciendo a la sombra de sauces flexibles nadaba en los ríos,
   domaba los potros, lanzaba los lazos,
ardía en el brío, educaba los brazos, el alma, los ojos, y se
   oían cantar las espuelas

cuando desde el fondo del otoño rojo bajaba al galope en su
    yegua de estaño:
venía de la cordillera, de piedras hirsutas, de cerros huraños,
    del viento inhumano,
traía en las manos el golpe aledaño del río que hostiga y divi-
    de la nieve fragante y yacente
y lo traspasaba aquel libre albedrío, la virtud salvaje que toca
    la frente
de los indomables y sella con ira y limpieza el orgullo de
    algunas cabezas
que guarda el destino en sus actas de fuego y pureza, y así el
    elegido
no sabe que está prometido y que debe matar y morir en la
    empresa.

Así son las cosas amigo y es bueno aprender y que sepa y
    conozca
los versos que he escrito y repita contando y cantando el re-
    cuerdo de un libre chileno proscrito
que andando y andando y muriendo fue un mito infinito:
su infancia he cantado al instante y sabemos que fue el cami-
    nante muy lejos,
un día mataron al chileno errante, lo cuentan los viejos de
    noche al brasero
y es como si hablara el estero, la lluvia silbante o en el ventis-
    quero llorara en el viento la nieve distante
porque de Aconcagua partió en un velero buscando en el
    agua un camino
y hacia California la muerte y el oro llamaban con voces
    ardientes que al fin decidieron su negro destino.

Pero en el camino marino, en el blanco velero maulino
el amor sobrevino y Murieta descubre unos ojos oscuros,
se siente inseguro perdido en la nueva certeza:
su novia se llama Teresa y él no ha conocido mujer campe-
    sina
como esta Teresa que besa su boca y su sangre, y en el gran
    océano

perdida la barca en la bruma, el amor se consuma y Murieta
  presiente que es éste el amor infinito
y sabe tal vez que está escrito su fin y la muerte lo espera
y pide a Teresa su novia y mujer, que se case con él en la nave
  velera
y en la primavera marina Joaquín, domador de caballos,
  tomó por esposa a Teresa, mujer campesina,
y los emigrantes en busca del oro inhumano y lejano celebran
  este casamiento
oyendo las olas que elevan su eterno lamento:
y tal es la extraña ceguera del hombre en el rito de la pasajera alegría:
en la nave el amor ha encendido una hoguera: no saben que
  ya comenzó la agonía.

Diálogo amoroso

VOZ DE MURIETA.
          Todo lo que me has dado ya era mío
          y a ti mi libre condición someto.
          Soy un hombre sin pan ni poderío:
          sólo tengo un cuchillo y mi esqueleto.

          Crecí sin rumbo, fui mi propio dueño
          y comienzo a saber que he sido tuyo
          desde que comencé con este sueño:
          antes no fui sino un montón de orgullo.

VOZ DE TERESA.
          Soy campesina de Coihueco arriba,
          llegué a la nave para conocerte:
          te entregaré mi vida mientras viva
          y cuando muera te daré mi muerte.

VOZ DE MURIETA.

>Tus brazos son como los alhelíes
>de Carampangue y por tu boca huraña
>me llama el avellano y los raulíes.
>Tu pelo tiene olor a las montañas.

>Acuéstate otra vez a mi costado
>como agua del estero puro y frío
>y dejarás mi pecho perfumado
>a madera con sol y con rocío.

VOZ DE TERESA.

>Es verdad que el amor quema y separa?
>Es verdad que se apaga con un beso?

VOZ DE MURIETA.

>Preguntar al amor es cosa rara,
>es preguntar cerezas al cerezo.

>Yo conocí los trigos de Rancagua,
>viví como una higuera en Melipilla.
>Cuanto conozco lo aprendí del agua,
>del viento, de las cosas más sencillas.

>Por eso a ti, sin aprender la ciencia,
>te vi, te amé y te amo, bienamada.
>Tú has sido, amor, mi única impaciencia,
>antes de ti no quise tener nada.

>Ahora quiero el oro para el muro
>que debe defender a tu belleza:
>por ti será dorado y será duro
>mi corazón como una fortaleza.

VOZ DE TERESA.

>Sólo quiero el baluarte de tu altura
>y sólo quiero el oro de tu arado,

sólo la protección de tu ternura:
mi amor es un castillo delicado
y mi alma tiene en ti sus armaduras:
la resguarda tu amor enamorado.

VOZ DE MURIETA.
Me gusta oír tu voz que corre pura
como la voz del agua en movimiento
y ahora sólo tú y la noche oscura.
Dame un beso, mi amor, estoy contento.
Beso a mi tierra cuando a ti te beso.

VOZ DE TERESA.
Volveremos a nuestra patria dura
alguna vez.

VOZ DE MURIETA.
El oro es el regreso.

Husmeando la tierra extranjera desde el alba oscura
hasta que rodó en la llanura la noche en la hoguera,
Murieta olfatea la veta escondida, galopa y regresa
y toca en secreto la piedra partida la rompe o la besa
y es su decisión celestial encontrar el metal y volverse inmor-
    tal
y buscando el tesoro sufre angustia mortal y se acuesta cu-
    bierto de lodo
con arena en los ojos, con manos sangrantes acecha la gloria
    del oro
y no hay en la tierra distante tan valiente y atroz caminante:
ni ser ni serpiente acechante detienen sus pasos,
bebió fiebre en su vaso y no pudo la noche nevada
cortar su pisada, ni duelos ni heridas pudieron con él
y cuando cayó siete veces sacó siete vidas
y siguió de noche y de día el chileno montado en su claro corcel.

Detente! le dice la sombra pero el hombre tenía su esposa
esperando en la choza y seguía por la California dorada

picando la roca y el barro con la llamarada
de su alma enlutada que busca en el oro encontrar la alegría
que Joaquín Murieta quería para repartirlo volviendo a su
    tierra,
pero lo esperó la agonía y se halló de repente cubierto de oro
    y de guerra.

Hirvió con el oro encontrado la furia y subió por los montes,
el odio llenó el horizonte con manchas de sangre y lujuria
y el viento delgado cambió su vestido ligero y su voz transpa-
    rente
y el yanqui vestido de cuero y capucha buscó al forastero.
Los duros chilenos dormían cuidando el tesoro cansados del
    oro y la lucha,
dormían y en sueños volvían a ser labradores, marinos, mi-
    neros,
dormían los descubridores y envueltos en sombras los enca-
    puchados vinieron,
llegaron de noche los lobos armados buscando el dinero
y en los campamentos murió la picota porque en desamparo
se oía un disparo y caía un chileno muriendo en el sueño,
ladraban los perros, la muerte cambiaba el destierro
y los asesinos en su cabalgata mataron a la bella esposa
de mi compatriota Joaquín y la canta por eso el poeta.

Salió de la sombra Joaquín Murieta sin ver que una rosa de
    sangre tenía
en un seno su amada y yacía en la tierra extranjera su amor
    destrozado,
pero al tropezar en su cuerpo tembló aquel soldado
y besando su cuerpo caído, cerrando los ojos de aquella que
    fue su rosal y su estrella
juró estremecido matar y morir persiguiendo al injusto, pro-
    tegiendo al caído,
y es así como nace un bandido que el amor y el honor con-
    dujeron un día
a encontrar el dolor y perder la alegría y perder mucho más
    todavía,

a jugar, a morir, combatiendo y vengando una herida
y dejar sobre el polvo del oro perdido su vida y su sangre
    vertida.

Dónde está este jinete atrevido vengando a su pueblo, a su
    raza, a su gente?
Dónde está el solitario insurgente, qué niebla ocultó su ves-
    tuario?
Dónde están su caballo y su rayo, sus ojos ardientes?
Se encendió intermitente, en tinieblas acecha su frente,
y en el día de las desventuras recorre un corcel, la venganza
    va en esa montura:
Galopa, le dice la arena que tragó la sangre de los desdichados
y alguna chilena prepara un asado escondido para el forajido
    que llega cubierto de polvo y de muerte.

«Entrega esta flor al bandido y besa sus manos y que tenga
    suerte.»
«Tú dale, si puedes, esta gallinita», susurra una vieja de An-
    gol de cabeza marchita,
«y tú dale el rifle», dice otra, «de mi asesinado marido, aún
    está manchado con sangre de mi bienamado»,
y este niño le da su juguete, un caballo de palo, y le dice:
    «Jinete,
galopa a vengar a mi hermano que un gringo mató por la es-
    palda» y Murieta levanta la mano
y se aleja violento con el caballito del niño en las manos del
    viento.

Galopa Murieta! La sangre caída decreta que un ser solitario
recoja en su ruta el honor del planeta y el sol solidario
despierta en la oscura llanura y la tierra sacude en los pasos
    errantes
de los que recuerdan amantes caídos y hermanos heridos
y por la pradera se extiende una extraña quimera, un fulgor,
    es la furia de la primavera
y la amenazante alegría que lanza porque cree que son una
    cosa victoria y venganza.

Se apretaron en sus cinturones, saltaron varones en la noche
  oscura
el relampagueo de cabalgaduras, y marcha Joaquín ade-
  lante,
con duro semblante dirige la hueste de los vengadores
y caen cabezas distantes y el chisporroteo
del rifle y la luz del puñal terminaron con tantas tristezas:
vestido de luto y de plata Joaquín Murieta camina constante
y no da cuartel este caminante a los que incendiaron los pue-
  blos con lava quemante,
a los que arrasaron envueltos en odio y pisotearon banderas
  de pueblos errantes.

Oh nuevos guerreros, que surja en la tierra otro dios que el
  dinero,
que muera el que mata el latido de la primavera y corona con
  sangre la cuna del recién nacido,
que viva el bandido Joaquín Murieta, el chileno de estirpe
  profeta
que quiso cortar el camino de los iracundos guerreros gro-
  seros
que todo lo tienen y todo lo quieren y todo maltratan y matan.

Adiós compañero bandido, se acerca tu hora, tu fin está cla-
  ro y oscuro,
se sabe que tú no conoces como el meteoro el camino seguro,
se sabe que tú te desviaste en la cólera como un vendaval so-
  litario,
pero aquí te canto porque desgranaste el racimo de ira y se
  acerca la aurora,
se acerca la hora en que el iracundo no tenga ya sitio en el
  mundo
y una sombra secreta no habrá sido tu hazaña, Joaquín Mu-
  rieta.

Y dice la madre: «Yo soy una espiga sin grano y sin oro,
no existe el tesoro que mi alma adoraba, colgado en la viga
mi Pedro, hijo mío, murió asesinado y lo lloro

y ahora mis lágrimas Murieta ha secado con su valentía».
Y la otra enlutada y bravía mostrando el retrato de su her-
*   mano muerto,*
levanta los brazos enhiestos y besa la tierra que pisa el caba-
*   llo de Joaquín Murieta.*

Pregunta el poeta: «No es digno este extraño soldado de luto
que los ultrajados le otorguen el fruto del padecimiento?».
No sé, pero siento tan lejos de aquel compatriota lejano
que a través del tiempo merece mi canto y mi mano
porque defendió mostrando la cara, los puños, la frente,
la pobre alegría de la pobre gente saqueada por el invasor
*   inclemente y amargo*
y sale del largo letargo en la sombra un lucero
y el pueblo dormido despierta ligero siguiendo la huella
*   escarlata de aquel guerrillero,*
del hombre que mata y que muere siguiendo una estrella.
Por eso pregunta el poeta si alguna cantata requiera
aquel caballero bandido que dio al ofendido una rosa con-
*   creta:*
justicia se llama la ira de mi compatriota Joaquín Murieta.

Casi soneto

Pero, ay, aquella tarde lo mataron:
fue a dejar flores a su esposa muerta
y de pronto el heroico acorralado
vio que la vida le cerró la puerta.

De cada nicho un yanqui disparaba,
la sangre resbalaba por sus brazos
y cuando cien cobardes dispararon
un valiente cayó con cien balazos.

Y cayó entre las tumbas desgranado
allí donde su amor asesinado,
su esposa, lo llamaba todavía.

Su sangre vengadora y verdadera
pudo besar así a su compañera
y ardió el amor allí donde moría.

El oro recibe a este muerto de pólvora y oro enlutado,
el descabellado, el chileno sin cruz de soldado, ni sol, ni
   estandarte,
el hijo sangriento y sangrante del oro y la furia terrestre,
el pobre violento y errante que en la California dorada
siguió alucinante una luz desdichada: el oro su leche nutricia
le dio, con la vida y la muerte, acechado y vencido por oro y
   codicia.

Nocturno chileno arrastrado y herido por las circunstancias
   del daño incesante,
el pobre soldado y amante sin la compañera ni la compañía,
sin la primavera de Chile lejano ni las alegrías que amamos y
   que él defendía
en forma importuna atacando en su oscuro caballo a la luz de
   la luna:
certero y seguro este rayo de enero vengaba a los suyos.
Y muerto en su orgullo si fue bandolero no sé ni me importa,
   ha llegado la hora
de una gran aurora que todas las sombras sepulta y oculta
   con manos de rosa fragante,
la hora, el minuto en que hallamos la eterna dulzura del mundo y buscamos
en la desventura el amor que sostiene la cúpula de la primavera.
Y Joaquín Murieta no tuvo bandera sino sólo un dolor asesino. Y aquel desdichado
halló asesinado su amor por enmascarados y así un extranjero que salió a vivir y vencer
en las manos del oro se tornó bandolero y llegó a padecer, a
   matar y morir.

HABLA LA CABEZA DE MURIETA

Nadie me escucha, puedo hablar por fin,
un niño en las tinieblas es un muerto.
No sé por qué tenía que morir
para seguir sin rumbo en el desierto.

De tanto amar llegué a tanta tristeza,
de tanto combatir fui destruido
y ahora entre las manos de Teresa
dormirá la cabeza de un bandido.

Fue mi cuerpo primero separado,
degollado después de haber caído,
no clamo por el crimen consumado,
sólo reclamo por mi amor perdido.

Mi muerta me esperaba y he llegado
por el camino duro que he seguido
a juntarme con ella en el estado
que matando y muriendo he conseguido.

Soy sólo una cabeza desangrada,
no se mueven mis labios con mi acento,
los muertos no debían decir nada
sino a través de la lluvia y del viento.

Pero, cómo sabrán los venideros,
entre la niebla, la verdad desnuda?
De aquí a cien años, pido, compañeros,
que cante para mí Pablo Neruda.

No por el mal que haya o no haya hecho,
ni por el bien, tampoco, que sostuve,
sino porque el honor fue mi derecho
cuando perdí lo único que tuve.

Y así en la inquebrantable primavera
pasará el tiempo y se sabrá mi vida,
no por amarga menos justiciera
no la doy por ganada ni perdida.

Y como toda vida pasajera
fue tal vez con un sueño confundida.
Los violentos mataron mi quimera
y por herencia dejo mis heridas.

Piedad a su sombra! Entreguemos la rosa que llevan a su
amada dormida,
a todo el amor y al dolor y a la sangre vertida, y en las puertas del odio esperemos
que regrese a su cueva la oscura violencia y que suba la clara
conciencia
a la altura madura del trigo y el oro no sea testigo de crimen
y furia y el pan de mañana en la tierra
no tenga el sabor de la sangre del hombre caído en la guerra.

Ya duerme el dormido y reposa en su fosa la rosa.
Ya yace el bandido acosado y caído: descansa en la paz de su
esposa.
Y sube la luna escarlata por las escaleras del cielo.
La noche se traga al que mata y al muerto y ruedan por su
terciopelo
las estrellas frías, la sombra extranjera se llena de espigas de
plata
y aquí terminó mi cantata en la paz de la muerte y la noche.

No es mío el reproche por su cabalgata de fuego y espanto.
Quién puede juzgar su quebranto? Fue un hombre valiente y
perdido
y para estas almas ardientes no existe un camino elegido:
el fuego los lleva en sus dientes, los quema, los alza, los vuelve a su nido
y se sostuvieron volando en la llama: su fuego los ha consumido.

Murieta violento y rebelde regresa en mi canto al metal y a las
  minas de Chile,
ya su juramento termina entre tanta venganza cumplida,
la patria olvidó aquel espanto y su pobre cabeza cortada y caída
es sólo la sombra del sueño distante y errante que fue su
  romántica vida.

Regresa y descansa y galopa en el aire hacia el Sur su caballo
  escarlata;
los ríos natales le cantan con boca de plata y le canta también
  el poeta.

Fue amargo y violento el destino de Joaquín Murieta.

Desde este minuto el Pueblo repite como una campana
  enterrada mi larga cantata de luto.

SIGUE LA BARCAROLA

Amada perdona el papel que acumula la vida en tu casa, en
    mi casa,
el blanco papel enemigo que como el cabello en la peluquería
o como un otoño de impúdica nieve o follaje gastado y caído
reúne un ejército que asoma sus pálidas armas encima y de-
    bajo de nuestra república.

La inerme hoja blanca en que nunca andará mi escritura,
la dócil revista de las embajadas que parecería una insólita
    oveja
si no la siguiera el unánime e idéntico número de cada se-
    mana,
el libro de versos de la jovencita panamericana que lleva tal
    vez en lo alto de su cabellera
la selva enigmática de la poesía mojada en la lluvia de Buena-
    ventura
y que por desgracia confió a los cuadernos los pobres ribetes
    que llegan peinados
por este *coiffeur* surrealista y por ende un perverso rumiante.

Mas abunda el correo con sobres y citas y negras sesiones de
    parlamentarios
y partes de boda o de muerte que no compartimos,
el empapelado levanta su blanca bandera manchada de hastío
y sobrevivimos nadando entre sobres y libros desencuadernados.

Diurno

El sol organiza tal vez en la noche su ramo amarillo
y por la ventana tropieza con la teoría de cuanto se imprime
y desalentado tal como si entrara en la sala de un triste hospital de Chicago
regresa al incendio del tigre en la selva y baila en la púrpura
  de las amapolas,
pero, sol errante no sólo tus ojos se escapan del lomo de la
  enciclopedia,
sino de mis pobres arterias sombrías que como raíces explo-
  ran la sombra
pidiendo que las condecore algún día la luz quebrantada de
  las cordilleras.
Amor, amor mío, la plebe de puros papeles prensados galopa,
circunda, ensimisma, susurra y sepulta.
Ay cuánto camino erizado de flores fogosas y desfiladeros
nos llama entre tanto incitante como una granada furiosa
que huyó desgranando rubíes en la polvareda del alto verano.

El mar

Las moscas de abril en el vientre inferior del otoño
se multiplicaron saliendo a volar con sus alas de agua,
con sus gotas de agua amanecen en la transparencia
rayando la luz o dejando inmóvil el aire vacío.
Las algas se pudren vestidas de hierro mojado
y sobre las ávidas rocas que el trueno estremece
en el estupor del otoño vacila un certamen de ovarios.
Porque sobre el rostro de piedra que el mar atormenta y destruye
las máscaras verdes del alga marina, la tapicería del frío,
subyugan a la eternidad de la piedra, al mar, al conflicto.

El mar

Allí combatieron meciéndose en la turbulencia
los gérmenes, la espora turgente, las gomas del alga,
los huevos de un mar diminuto que hierve a la orilla del mar,
hasta que la red quebrantada rebalsa en la arena
los vástagos rotos, los tristes corales, los nardos del frío,
y allí se alimenta el otoño, el espacio, la costa litúrgica,
con la podredumbre menguante y creciente que arroja a la
   arena el enlace infinito.

El tiempo

Otoño de fábula, oh vientre remoto del mar apagado,
latido de estrella redonda repleta de impuros racimos,
oh resurrecciones del ánfora, oh planta pletórica,
oh inmensa arboleda compacta que mece la luna en su copa,
comienza el desfile delgado de las migraciones, extensa
es la cóncava niebla y en ella va el coro y la flecha:
es la procesión procelaria, es el Polo que emigra en sus alas.
Parecen inmóviles aves durmiendo en la raya invisible de los
   hemisferios,
progresan colgadas al cielo, al rumor de este mar oxidado,
y en el aire navega la línea impecable de flechas hambrientas,
los plumajes que hasta ayer sostenían su estirpe de luto
sobre la primavera del témpano, como una aureola de nieve
   sombría.

De allí, de mi infierno raído, de los iracundos harapos de la
   Patagonia,
del negro desorden voló esta bandada de espinas, de plumas,
   de pájaros,

la ola desnuda en el cielo, la luz dirigida, la lanza formada en
    el viento
por la necesaria grandeza de las unidades unidas.

Espacios

De allí, del honor del océano y de la Patagonia agachada
por el vendaval, por el peso de la soledad rencorosa,
volando va el vuelo, la furia y el orden, longitudinal y severo,
volando el transcurso quemando la dura distancia, tragando
    la niebla:
las aves del mar en su triángulo atraviesan el cielo como es-
    calofrío
y en su movimiento reúnen la tierra salvaje del Sur de mi pa-
    tria
con mi corazón desbordado que espera en la torre del humo
el signo del hielo magnético, el Sur del dolor borrascoso,
la hipnótica herencia olvidada entre el pasto y las cabalgaduras.

El viaje

Labré en la mejilla de un rápido estío la cruz transparente
de un copo de nieve, fue un viaje hacia la desmesura:
los actos humanos hicieron las cosas más altas del orbe
y allí con el frío de mi territorio y el mar rectilíneo
llegué, sin saber, ni poder, ni cantar, porque pesa el racimo de
    la muchedumbre.

Se dice o dijeron o dije que el bardo barbudo y arbóreo
de Brooklyn o Camden, el herido de la secesión divisoria,
vivía tal vez en mí mismo extendiendo raíces o espadas o
    trigo

o ferruginosas palabras envueltas en cal y hermosura:
tal vez, dije yo, sin orgullo, porque se determina viviendo
que de una manera lluviosa o metálica la sabiduría
dispuso seguir existiendo o muriendo entre las criaturas
   terrestres
y porque no eres tú, no eres yo quien recibe el encargo escondido
y sin ver ni saber continúa creciendo mucho más, mucho más
   que tu vida o mi vida.

QUINTO EPISODIO

LAS CAMPANAS DE RUSIA

Andando, moviendo los pies sobre un ancho silencio de nieve
escúchame ahora, amor mío, un suceso sin rumbo:
estaba desierta la estepa y el frío exhibía sus duras alhajas,
la piel del planeta brillaba cubriendo la espalda desnuda de
    Rusia
y yo en el crepúsculo inmenso entre los esqueletos de los abe-
    dules,
andando, sintiendo el espacio, pesando el latido de las sole-
    dades.

Entonces salió del silencio la voz de la noche terrestre,
una voz, otra voz, o el total de las voces del mundo:
era bajo y profundo el estímulo, era inmenso el metal de la
    sombra,
era lento el caudal de la voz misteriosa del cielo,
y subía en la altura redonda aquel golpe de piedra celeste
y bajaba aquel río de plata sombría cayendo en la sombra
y es así como yo, caminante, escuché las campanas de Rusia
desatar entre el cielo y la sombra el profundo estupor de su
    canto.

Campanas, campanas del orbe infinito, distantes
en la gravedad del invierno que oscila clavado en el Polo
como un estandarte azotado por esta blancura furiosa,
campanas de guerra cantando con ronco ademán en el aire
los hechos, la sangre, la amarga derrota, las casas quemadas,
y luego la luz coronada por las victoriosas banderas.

Yo dije a la racha, a la nieve, al destello, a mí mismo, a las
   calles de barro con nieve:
la guerra se fue, se llevó nuestro amor y los huesos quemados
cubrieron la tierra como una cosecha de atroces semillas
y oí las campanas remotas tañendo en la luz sumergida
como en un espejo, como en una ciudad sepultada en un lago
y así el campanario furioso guardó en su tremendo tañido,
si no la venganza, el recuerdo de todos los héroes ausentes.

De cada campana caía el follaje del trueno y del canto
y aquel movimiento de hierro sonoro volaba a la luz de la
   luna nevada,
barría los bosques amargos que en un batallón de esqueletos
erguían las lanzas inmóviles del escalofrío
y sobre la noche pasó la campana arrastrando como una
   cascada
raíces y rezos, entierros y novias, soldados y santos,
abejas y lágrimas, cosechas, incendios y recién nacidos.

Desde la cabeza del zar y su solitaria corona forjada en la
   niebla
por medioevales herreros, a fuego y a sangre,
voló una esmeralda sangrienta desde el campanario
y como el ganado en la lluvia el vapor y el olor de los siervos
   rezando en la iglesia,
acompañó a la corona de oro en el vuelo de la campanada
   terrible.

Ahora a través de estas roncas campanas divisa el relámpago:
la revolución encendiendo el rocío enlutado de los abedules:
la flor estalló estableciendo una gran muchedumbre de
   pétalos rojos
y sobre la estepa dormida cruzó un regimiento de rayos.
Oigamos la aurora que sube como una amapola
y el canto común de las nuevas campanas que anuncian el sol
   de noviembre.

Yo soy, compañera, el errante poeta que canta la fiesta del
    mundo,
el pan en la mesa, la escuela florida, el honor de la miel, el
    sonido del viento silvestre,
celebro en mi canto la casa del hombre y su esposa, deseo
la felicidad crepitante en el centro de todas las vidas
y cuanto acontece recojo como una campana y devuelvo a la
    vida
el grito y el canto de los campanarios de la primavera.

A veces perdona si la campanada que cae de mi alma nocturna
golpea con manos de sombra las puertas del día amarillo,
pero en las campanas hay tiempo y hay canto sellado que
    espera soltar su palomas
para desplegar la alegría como un abanico mundial y sonoro.

Campanas de ayer y mañana, profundas corolas del sueño
    del hombre,
campanas de la tempestad y del fuego, campanas del odio y
    la guerra,
campanas del trigo y de las reuniones rurales al borde del río,
campanas nupciales, campanas de paz en la tierra:
lloremos campanas, bailemos campanas, cantemos campanas,
por la eternidad del amor, por el sol y la luna y el mar y la
    tierra y el hombre.

SIGUE LA BARCAROLA

Claro de sol

Pero ahora no fue el enemigo que acecha montado en su
    escoba amarilla,
cubierto como un puercoespín con las púas del odio:
ahora entre hermanos nacieron racimos tortuosos
y desarrollaron los vinos amargos, mezclando mentira y vileza,
hasta preparar la sospecha, la duda, las acusaciones:
una gelatina asfixiante de transpiración literaria.

No puedo volver la cabeza y mirar la manada perdida.

Pasé entre los vivos haciendo mi oficio, y me voy de regreso a
    la lluvia
con algunos claveles y el pan que elaboran mis manos.

Yo busqué la bondad en el bueno y en el malo busqué la bondad
y busqué la bondad en la piedra que lleva al suplicio
y encontré la bondad en la cueva en que vive el halcón
y busqué la bondad en la luna cubierta de harina campestre
y encontré la bondad donde estuve: ése fue mi deber en la
    tierra.

La barcarola

(El viento frío corre compacto como un pez
y golpea los tallos de la avena. A ras del suelo vive
un movimiento múltiple y delgado. El día está desnudo.

El fulgor de noviembre como una estalactita
lisa y azul decide la pompa del estío.
Es verano. Y las lanzas del viento interminable
perforan el panal del espacio amarillo:
olvido al ver correr la música en la avena
la bóveda implacable del mediodía.

Escucha,
mujer del sol, mi pensamiento. Toca
con tus pies el temblor fugitivo del suelo.
Entre la hierba crece mi rostro contra el verde,
a través de mis ojos cruzan las espadañas
y bebo con el alma velocidad y viento.)

Pero yo, el ciudadano de un tiempo raído y roído, de calles
derechas,
que vi convertirse en incendio, en detritus, en piedras quemadas, en fuego y en polvo,
y luego volver de la guerra al soldado con muertes arriba y
abajo,
y otra vez levantar la ciudad desdichada pegando cemento a
las ruinas
y ventana y ventana y ventana y ventana y ventana
y otra puerta otra puerta otra puerta otra puerta otra puerta
hasta el duro infinito moderno con su infierno de fuego cuadrado,
pues la patria de la geometría sustituye a la patria del hombre.

Viajero perdido, el regreso implacable, la victoria de piernas
cortadas,
la derrota guardada en un cesto como una manzana diabólica:
este siglo en que a mí me parieron también, entre tantos que
ya no alcanzaron,
que cayeron, Desnos, Federico, Miguel, compañeros
sin tregua a mi lado en el sol y en la muerte,
estos años que a veces al clavar la bandera y cantar con orgullo a los pueblos
me apuntaron con saña los mismos que yo defendí con mi
canto

y quisieron tirarme a la fosa mordiendo mi vida
con las mismas feroces mandíbulas del tigre enemigo.

(Los inseguros temen la integridad, golpean
entonces mis costados con pequeños martillos,
quieren asegurar el sitio que les toca,
porque miedo y soberbia siempre estuvieron juntos
y sus acusaciones son sus medallas únicas.)
(Temen que la violencia desintegre sus huesos
y para defenderse se visten de violencia.)

(Vea el testigo mudo de pasado mañana,
recoja los pedazos de la torre callada
y cuanto me tocó de la crueldad inútil.
Comprenderá? Tal vez. Los tambores
estarán rotos, y la bocina estridente
será polvo en el polvo.
                    La dicha te acompañe,
compañero, la dicha, patrimonio futuro
que heredarás de nuestra sangre encarnizada!)

En mi barcarola se encuentran volando los clavos del odio
con el arroz negro que los envidiosos me dan en su plato
y debo estudiar el lenguaje del cuervo, tocar el plumaje,
mirar en los ojos de los insaciables y los insaciados
y en el mismo páramo de las inmundicias terrestres
arrojar las censuras de ahora y las adulaciones de entonces.

Cantando entre escorias el canto reluce en la copa de mi alma
y tiñe con luz de amaranto el crepúsculo aciago,
yo solo sostengo la copa de sangre y la espada que canta en la
    arena
y pruebo la sal en mis labios, la lluvia en mi lengua y el fuego
    recibo en mis ojos,
cantando sin prisa ni pausa, coronado por los ventisqueros.

Porque arriba y en torno de mí se sacude como una bandera
longitudinal, el capítulo puro de mi geografía,
y desde Taltal platinado por la camanchaca salobre
hasta Ruca Diuca cubierto por enredaderas y sauces llorones,
yo voy extendiendo entre montes y torres calcáreas mi verti-
    ginoso linaje,
sin duda acosado por la temblorosa fragancia del trébol,
tal vez inherente producto del bosque en la lluvia en invierno
por las carreteras mojadas en donde pasó una culebra vestida
    de verde,
de todas maneras, sin ser conducido por las aventuras del río
    con su batallón transparente
recorro las tierras contando los pájaros, las piedras, el agua,
y me retribuye el otoño con tanto dinero amarillo
que lloro de puro cantor derramando mi canto en el viento.

SEXTO EPISODIO

R. D.

1. Conversación marítima

Encontré a Rubén Darío en las calles de Valparaíso,
esmirriado aduanero, singular ruiseñor que nacía:
era él una sombra en las grietas del puerto, en el humo marino,
un delgado estudiante de invierno desprendido del fuego de
  su natalicio.

Bajo el largo gabán tiritaba su largo esqueleto
y llevaba bolsillos repletos de espejos y cisnes:
había llegado a jugar con el hambre en las aguas de Chile,
y en abandonadas bodegas o invencibles depósitos de mercaderías,
a través de almacenes inmensos que sólo custodian el frío
el pobre poeta paseaba con su Nicaragua fragante, como si
  llevara en el pecho
un limón de pezones azules o el recuerdo en redoma amarilla.

Compañero, le dije: la nave volvió al fragoroso estupor del
  océano,
y tú, desterrado de manos de oro, contempla este amargo
  edificio:
aquí comenzó el universo del viento
y llegan del Polo los grandes navíos cargados de niebla
  mortuoria.
No dejes que el frío atormente tus cisnes, ni rompa tu espejo
  sagrado,

la lluvia de junio amenaza tu suave sombrero,
la noche de antárticos ojos navega cubriendo la costa con su
    matrimonio de espinas,
y tú, que propicias la rosa que enlaza el aroma y la nieve,
y tú, que originas en tu corazón de azafrán la burbuja y el
    canto clarísimo,
reclama un camino que corte el granito de las cordilleras
o súmete en las vestiduras del humo y la lluvia de Valparaíso.

Ahuyenta las nieblas del Sur de tu América amarga
y aunque Balmaceda sostenga sus guantes de plata en tus
    manos,
escapa montado en la racha de tu serpentina quimera!
Y corre a cantar con tu río de mármol la ilustre sonata
que se desenvuelve en tu pecho desde tu Nicaragua natal!

Huraño era el humo de los arsenales, y olía el invierno
a desenfrenadas violetas que se desteñían manchando el
    marchito crepúsculo:
tenía el invierno el olor de una alfombra mojada por años de
    lluvia
y cuando el silbato de un ronco navío cruzó como un cóndor
    cansado el recinto de los malecones,
sentí que mi padre poeta temblaba, y un imperceptible
    lamento
o más bien vibración de campana que en lo alto prepara el
    tañido
o tal vez conmoción mineral de la música envuelta en la
    sombra,
algo vi o escuché porque el hombre me miró sin mirarme ni
    oírme.

Y sentí que subió hasta su torre el relámpago de un escalofrío.

Yo creo que allí constelado quedó, atravesado por rayos de
    luz inaudita
y era tanto el fulgor que llevaba debajo de su vestimenta raída
que con sus dos manos oscuras intentaba cubrir su linaje.

Y *no he visto silencio en el mundo como el de aquel hombre*
    dormido,
dormido y andando y cantando sin voz por las calles de Val-
    paraíso.

II. La gloria

Oh clara! Oh delgada sonata! Oh cascada de clan cristalino!

Surgió del idioma volando una ráfaga de alas de oro
y entonces la niebla del mundo retrocede a la infame bodega
y la claridad del panal adelanta un torrente de trinos
que decretan la ley de cristal, el racimo de nieve del cisne:
el pámpano jádico ondula sus signos interrogativos
y Flora y Pomona descartan los deshilachados gabanes
sacando a la calle el fulgor de sus tetas de nácar marino.

Oh gran tempestad del Tritón encefálico! Oh bocina del
    cielo infinito!

Tembló Echegaray enfundando el paraguas de hierro enlozado
que lo protegió de las iras eróticas de la primavera
y por vez primera la estatua yacente de Jorge Manrique
    despierta:
sus labios de mármol sonríen y alzando una mano enguantada
dirige una rosa olorosa a Rubén Darío que llega a Castilla e
    inaugura la lengua española.

III. La muerte en Nicaragua

Desfallece en León el león y lo acuden y lo solicitan,
los álbumes cargan las rosas del emperador deshojado
y así lo pasean en su levitón de tristeza
lejos del amor, entregado al coñac de los filibusteros.

Es como un inmenso y sonámbulo perro que trota y cojea
por salas repletas de conmovedora ignorancia
y él firma y saluda con manos ausentes: se acerca la noche
    detrás de los vidrios,
los montes recortan la sombra y en vano los dedos fosfóricos
del bardo pretenden la luz que se extingue: no hay luna, no
    llegan estrellas, la fiesta se acaba.

Y Francisca Sánchez no reza a los pies amarillos de su mino-
    tauro.

Así, desterrado en su patria mi padre, tu padre, poetas, ha
    muerto.

Sacaron del cráneo sus sesos sangrantes los crueles enanos
y los pasearon por exposiciones y hangares siniestros:
el pobre perdido allí solo entre condecorados, no oía gastadas
    palabras,
sino que en la ola del ritmo y del sueño cayó al elemento:
volvió a la substancia aborigen de las ancestrales regiones.

Y la pedrería que trajo a la historia, la rosa que canta en el
    fuego,
el alto sonido de su campanario, su luz torrencial de zafiro
volvió a la morada en la selva, volvió a sus raíces.

Así fue como el nuestro, el errante, el enigma de Valparaíso,
el benedictino sediento de las Baleares,
el prófugo, el pobre pastor de París, el triunfante perdido,
descansa en la arena de América, en la cuna de las esmeraldas.

Honor a su cítara eterna, a su torre indeleble!

SIGUE LA BARCAROLA

Soledades

Estaba redonda la luna y estático el círculo negro
del acribillado silencio regido por un palpitante plantel:
el lácteo infinito que cruza como un río blanco la sombra:
las ubres del cielo esparcieron la extensa substancia o Andró-
    meda
y Sirio jugaron dejando sembrado de semen celeste la noche
    del Sur.

Fragantes estrellas abiertas volando sin prisa y atadas
a la misteriosa consigna del viaje de los universos,
avispas metálicas, eléctricos números, prismáticas rosas con
    pétalos de agua o de nieve,
y allí fulgurando y latiendo la noche electrónica desnuda y
    vestida, poblada y vacía,
llena de naciones y páramos, planetas y un cielo detrás de
    otro cielo,
allí, incorruptibles brillaban los ojos perdidos del tiempo con
    los utensilios del orbe,
cocinas con fuego, herraduras que vieron rodar al sombrío
    caballo, martillos, niveles, espadas,
allí circulaba la noche desnuda a pesar del austral atavío, de
    sus amarillas alhajas.
Y yo, estremecido en el viaje, con el corazón constelado
bajé la cabeza y cerrando los ojos guardé lo que pude,
un negro fragmento del hierro nocturno, un jazmín penetran-
    te del cielo.

A quién pertenecen mi frente, mis pies o mi examen remoto?
De qué me sirvió el albedrío, la ronca advertencia de la voluntad enterrada?
Por qué me disputan la tierra y la sombra y a qué materiales
que aún no conozco
están destinados mis huesos y la destrucción de mi sangre?

Y aún más misterioso como un nacimiento infinito de abejas
el día prepara sus huevos de oro, sus firmes panales dispone
en el útero oscuro del mundo
y en la claridad, sobre el mar despertó la ballena bestial y pintó con un negro pincel
una línea nocturna en la aurora que sale del mar temblorosa
y camina en el laberinto el fermento del tifus que está encarcelado
y salen del baño a la calle los pies simultáneos de Montevideo
o bajan escalas en Valparaíso las ropas azules de la muchedumbre
hacia los mercados y las oficinas, los embarcaderos, farmacias, navío
hacia la razón y la duda, los celos, la tierna rutina de los inocentes:
un día, un quebranto entre dos anchas noches copiosas de
estrellas o lluvia,
una quebradura de sol soberano que desencadena explosio-
nes de espigas.

SÉPTIMO EPISODIO

LORD COCHRANE DE CHILE

I. Prólogo

LA VOZ DE LORD COCHRANE.

«*Un teniente que pierde un brazo recibe una pensión de 91 libras.*

Un capitán que pierde un brazo recibe 41 libras.

Un teniente que pierde una pierna, 40 libras.

Un teniente que pierde ambas piernas en batalla recibe 80 libras.

Pero,

Lord Arden goza de una sinecura de 20.358 libras esterlinas.

Lord Campden recibe 20.536 libras.

Lord Buckingham, 20.683 libras.

Es decir,

que lo que se les da a todos los heridos de la flota británica

y a las viudas e hijos de los muertos en combate

ni siquiera alcanza a la sinecura de Lord Arden.

Los Welleslley reciben 34.720 libras al año.

Es decir,

reciben una suma

igual a 426 pares de piernas de tenientes

y la sinecura de Lord Arden equivale a 1.022 brazos de capitán de navío!»

UNA VOZ.

«*Cochrane, esto es una insolencia –la pagarás!*»

II. El proceso

Vive la niebla como un gran octopus hinchado de gas amarillo
y cae su gelatinoso ramal enredando la insigne cabeza.
Es Londres, la Casa Redonda y Justicia es la boca del pulpo.
La bestia desliza por calles de sombra sus brazos, sus pasos,
    sus pies resbalosos,
buscando a Tomás, el Marino, buscando su cuello desnudo:
porque la Justicia agoniza en su Casa Redonda y exige ali-
    mento,
alimentos del mar, caballeros del agua y del fuego.

La Justicia dorada te busca y tiene hambre de carne marina.

Tomás, marinero, levanta tu espada de guerra!
Descarga tu brazo salado y divide los brazos del pulpo de
    oro!
Rechaza las crueles ventosas que buscan detrás de la niebla!
Esconde, Tomás, tu semblante delgado de halcón oceánico!
Defiende la proa intranquila de tu embarcación orgullosa!
Protege los ojos del águila que espera mi patria en su cuna
y deja perdido en la niebla al octopus de boca amarilla!

III. La nave

La nave es la rosa más dura del mundo: florece en el sol tem-
    pestuoso
y se abre en el mar la corola de sus imponentes pistilos.
Silbante es el viento en los pétalos,
la ola levanta la rosa en las torres del agua
y el hombre resuelve el camino cerrado, cortando la gran es-
    meralda.

Mi patria llamó al marinero: Miradlo en la proa del siglo!
Si el tiempo no quiso moverse en los viejos relojes cansados
él hace del tiempo una nave y dirige este siglo al océano,
al ancho y sonoro Pacífico, sembrado por los archipiélagos,
en donde una espada de piedra delgada colgada de las cordi-
　lleras
espera las manos de Cochrane para combatir las tinieblas.

Mi patria es la espada de piedra de las cordilleras andinas.
Mi patria es el mar oprimido que espera a Tomás Marinero.

IV. Coro de los mares oprimidos

Lord del mar, ven a nos, somos agua y arena oprimidas!

Lord del mar, somos pueblos bloqueados y mudos!

Lord del mar, te llamamos cantando a la lucha!

Lord del mar, la cadena española nos cierra las aguas!

Lord del mar, nos amarra los sueños la noche española!

Lord del mar, en el puerto te esperan el llanto y la ira!

Lord del mar, te reclaman los Mares del Sur!

V. La mirada

Contemplad al Halcón que prepara con ojos de fuego tran-
　quilo
el vuelo violento que cruce como una centella la sombra!

VI. El Sur del planeta

(Mi pueblo recién despertaba y los pobres laureles mancha-
    dos de sangre y de lluvia
yacían en las carreteras confusas del alba: mi patria
envuelta en ropaje de nieve, como un monumento que aún no
    inauguran,
dormía y sangraba, sin voz, esperando.)

Mineral y marina es mi patria como una figura de proa,
tallada por las duras manos de dioses terribles.
En la Araucanía la selva no tiene otro idioma que los truenos
    verdes,
el norte lunario te ofrece su frente de arena sedienta,
el Sur la corona del humo naciendo de las cicatrices volcánicas,
y la Patagonia camina agachada en el viento
hasta que las estepas de Tierra del Fuego elevaron la última
    estrella
y encienden con manos inmóviles el Polo del Sur en el cielo.

VII. Tristeza

El hombre maldice de pronto la aurora recién descubierta
y rompe las nuevas banderas golpeando al hermano y matan-
    do a sus hijos:
así pasó entonces, así pasa ahora y así pasará, por desdicha.
Y no hay más amarga campana en el mundo que aquella que
    anuncia
con la libertad, la agonía de aquellos que la construyeron.
Carrera, Rodríguez, O'Higgins, comparten la gloria y el odio
y un paño de luto amenaza cubrir el destino de los estandartes.

VIII. *Un hombre en el Sur*

Llegó el marinero! Los mares del Sur acogieron al hombre
    que huyó de la niebla
y Chile le extiende sus manos oscuras mostrando el peligro.
Y no es arrogante el guerrero que cuando su nave recibe los
    cuatro regalos,
la Cruz Estrellada del cielo del Sur, el trébol de cuatro dia-
    mantes,
y baja los ojos a mi pobre patria harapienta y sangrienta,
comprende que aquí su destino es fundar otra estrella en el
    vasto vacío,
una estrella en el mar que defienda con rayos de hierro la
    cuna de los ofendidos.

IX. *Las naves nacieron*

Lord Cochrane estudia, examina, dirige, resuelve, recoge al
    azar del camino
los hombres que la tierra amarga, mojada de sangre, le en-
    trega,
los sube a la nave, bautiza sus ojos terrestres con aguas na-
    vales,
maneja los brazos chilenos del mar hasta entonces inmóvil,
coloca la insignia almirante y la nueva bandera en el áspero
    viento.
Las naves nacieron. Los ojos de Cochrane navegan, indagan,
    acechan.

x. Proclama

Chilenos del mar! Al asalto! Soy Cochrane. Yo vengo de lejos!
Ya habéis aprendido las artes del fuego y el lujo de la simetría!
La sangre de Arauco es honor de mis tripulaciones!
Adelante! La tierra de Chile se gana o se pierde en el agua!
A mí, marineros! Yo no garantizo la vida de nadie,
sino la victoria de todos! A mí, marineros de Chile!

xi. Triunfo

Valdivia! La pólvora barrió las insignias de España!
Callao! Las proas de Chile del Sur robaron los huevos del
    águila!
Y fueron abiertos los mares al viaje de todos los hombres!
Se abrió como caja de música el globo oceánico,
las islas de la Polinesia Sagrada y Secreta surgieron cantando
    y bailando
y una caracola instituye en la costa salvaje la miel, la verdad
    y el aroma de las profecías.

xii. Adiós

Lord Cochrane, adiós! Tu navío retorna al combate
y apenas selló la victoria las puertas de tus posesiones,
apenas el humo de la chimenea saluda la paz de tu huerto
navega otra vez tu destino hacia la libertad de otra tierra.

Adiós, marinero! La noche desnuda su cuerpo de plata marina
y sobre las olas australes resbala otra vez tu navío.
Las manos oscuras de Chile recogen tu insignia caída en la
    niebla
y elevan a lo alto de los campanarios y las cordilleras
tu escudo de padre guerrero, tu herencia de mar valeroso.

La noche del Sur acompaña tu nave y levanta su copa de
    estrellas
por el navegante y su errante destino de libertador de los
    pueblos.

XIII. *Cochrane de Chile*

Y ahora pregunto al vacío, al pasado de sombra, quién era
este caballero intranquilo de la libertad y las olas?

Es éste el que sus enemigos revisten de oscuros colores?

Es éste el desviado que esconde una bolsa de oro en la selva
    de Londres?

Es ésta la espada expulsada de las abadías patricias?

Es éste el que aún el encarnizado enemigo persigue a través de
    los libros?

Almirante, tus ojos se abren saliendo del mar cada día!

Con tu invulnerable esplendor se ilumina el delgado hemisfe-
    rio
y en la noche tus ojos se cierran sobre las cordilleras de Chile!

SIGUE LA BARCAROLA

Bosque

Hora verde, hora espléndida! He vuelto a decir sí
al perteneciente silencio, al oxígeno verde,
al avellano roto por las lluvias de entonces,
al pabellón de orgullo que asume la araucaria,
a mí mismo, a mi canto cantado por los pájaros.

Escuchen, es el trino repetido, el cristal
que a puro cielo clama, combate, modifica,
es un hilo que el agua, la flauta y el platino
mantienen en el aire, de rama en rama pura,
es el juego simétrico de la tierra que canta,
es la estrofa que cae como una gota de agua.

Pájaros

Oh delgada cascada de música silvestre!

Oh burbuja labrada por el agua en la luz!

Oh sonido metálico del cielo transparente!

Oh círculo del mundo convertido en pureza!

Hora de pies hundidos en el pastel del bosque,
viejas maderas víctimas de la humedad, ramajes

leprosos como estatuas de exploradores muertos,
y en lo alto se corona la selva con estrellas
que en la copa del ulmo fabrican la fragancia!

Luz verde, genital, de la selva! Es extraño
clavar en el papel estos signos: aquí
no cabe sino el musgo, la presencia del árbol,
la enemistad del lago que ondula su universo
y más allá de los bosques huracanados,
y más allá de todo este estupor fragante
los volcanes armados por invencible nieve.

Pobre mi ser! Pobre minúsculo extranjero
llegado de los libros y las carrocerías,
sobrino de las sillas, hermano de las camas,
pobre de las cucharas y de los tenedores!
Pobre yo, abandonado de la naturaleza!

El ave carpintera se acercó a mi cuaderno,
desgranó contra mí su feroz carcajada
y como piedra que cayó del cielo
rompió las vidrierías del infinito.
                              Adiós
tren torrencial, relámpago sonoro!

Acomodo el papel, persigo al tábano,
marcho hacia abajo hundiéndome en la alfombra del musgo
y dejó atrás estas montañas cristalinas.

Del lago Rupanco en el centro la isla Altuehuapi, rodeada
    por agua y silencio,
emerge como una corona fragante y florida trenzada por los
    arrayanes,
alzada por robles, maitenes, canelos, colihues, copihues,
y por el follaje de los avellanos cortados por tijeretazos celestes,
poblada por las gigantescas peinetas hirsutas de las araucarias,
mientras las abejas en la muchedumbre nupcial de las flores
    del ulmo

crepitan alando la luz encrespada de la monarquía en la selva
sobre colosales helechos que mueven la esmeralda fría de sus
  abanicos.

Oh desmantelado silencio de aquel continente lluvioso
bajo cuyas campanas de lluvia nació la verdad de mi canto,
aquí en el ombligo del agua recobro el tesoro quemado
y vuelvo a llorar y a cantar como el agua en las piedras
  silvestres.

Oh lluvia del lago Rupanco, por qué me desdije en el mundo,
por qué abandoné mi linaje de tablas podridas por el aguacero?

Ahora camino pisando las verdes insignias del musgo
y en sueños los escarabajos pululan bajo mi esqueleto.

Pucatrihue

En Pucatrihue vive
la voz, la sal, el aire.

En Pucatrihue.

En Pucatrihue crece
la tarde como cuando
una bandera
nace.

En Pucatrihue.

En Pucatrihue un día
se perdió y no volvió
de la selva.

En Pucatrihue.

En Pucatrihue creo
no sé por qué ni cuándo
nacieron
mis raíces.

Las perdí por el mundo.
O las dejé olvidadas
en un hotel oscuro,
carcomido, de Europa.

Las busqué sin embargo,
y sólo hallé las minas,
los viejos esqueletos
de mármol amarillo.

Ay, Delia, mis raíces
están en Pucatrihue.
No sé por qué, ni cómo,
ni desde cuándo, pero
están en Pucatrihue.

Sí.

En Pucatrihue.

El lago

(Habla el lago Rupanco
toda la noche, solo.

Toda la noche el mismo
lenguaje rumoroso.

Para qué, para quiénes
habla
el lago?

Suave suena en la sombra
como un sauce mojado.
Con qué, con quién conversa
toda la noche el lago?

Tal vez para sí solo.

El lago
conversa con el lago?

Sus labios se sumergen,
se besan bajo el agua,
sus sílabas susurran,
hablan.

Para quién? Para todos?
Para ti?
Para nadie.

Recojo en la ribera
por la mañana, flores
destrozadas.

Pétalos blancos de ulmo,
aromas rechazados
por el vaivén del agua.

Tal vez fueron coronas
de novias ahogadas.

Habla el lago, conversa
tal vez con algo o alguien.

Tal vez con nadie o nada.

Tal vez son de otro tiempo
sus palabras
y nadie entiende ahora
el idioma del agua.

Algo quiere decir
la insistencia sagrada
del lago, de su voz
que se acerca y apaga.

Habla el lago Rupanco
toda la noche.
                    Escuchas?
Parece que llamara
a los que ya no pueden
hablar, oír, volver,
tal vez a nadie,
a nada.)

Solo de sol

Hoy, este momento, este hoy destapado, aquí afuera,
la dicha ofrecida al espacio como una campana,
el contacto del sol con mi meditación y tu frente
en las redes rotundas que alzó el mediodía
con el sol como un pez palpitando en el cielo.

Bienamada, este lejos está hecho de espigas y ortigas:
trabajó la distancia el cordel del rencor y el amor
hasta que sacudieron la nave los perros babosos del odio
y entregamos al mar otra vez la victoria y la fuga.

Borra el aire, amor mío, violento, la inicial del dolor en la tierra,
al pasar reconoce tus ojos y tocó tu mirada de nuevo
y parece que el viento de abril contra nuestra arrogancia

se va sin volver y sin irse jamás: es el mismo:
es el mismo que abrió la mirada total del cristal de este día,
derramó en el rectángulo un racimo de abejas
y creó en el zafiro la multiplicación de las rosas.

Bienamada, nuestro amor, que buscó la intemperie, navega
en la luz conquistada, en el vértice de los desafíos,
y no hay sombra arrastrándose desde los dormitorios del
        mundo
que cubra esta espada clavada en la espuma del cielo.

Oh, agua y tierra eres tú, sortilegio de relojería,
convención de la torre marina con la greda de mi territorio!

Bienamada, la dicha, el color del amor, la estatua del Sur en
        la lluvia,
el espacio por ti reunido para satisfacción de mis besos,
la grandiosa ola fría que rompe su pompa encendida por el
        amaranto,
y yo, oscurecido por tu resplandor cereal,
oh amor, mediodía de sal transparente, Matilde en el viento,
tenemos la forma de fruta que la primavera elabora
y persistiremos en nuestros deberes profundos.

OCTAVO EPISODIO

SANTOS REVISITADO
(1927-1967)

I

Santos! Es en Brasil, y hace ya cuatro veces diez años.
Alguien a mi lado conversa «Pelé es un superhombre»,
«No soy un aficionado, pero en la televisión me gusta».
Antes era selvático este puerto y olía
como una axila del Brasil caluroso.
«Caio de Santa Marta.» Es un barco, y es otro, mil barcos!
Ahora los frigoríficos establecieron catedrales
de bello gris, y parecen
juegos de dados de dioses los blancos edificios.
El café y el sudor crecieron hasta crear las proas,
el pavimento, las habitaciones rectilíneas:
cuántos granos de café, cuántas gotas salobres
de sudor? Tal vez el mar
se llenaría, pero la tierra no, nunca la tierra, nunca satisfecha,
hambrienta siempre de café, sedienta
de sudor negro! Tierra maldita, espero
que revientes un día, de alimentos, de sacos masticados,
y de eterno sudor de hombres que ya murieron
y fueron reemplazados para seguir sudando.

II

Aquel Santos de un día de junio, de cuarenta años menos,
vuelve a mí con un triste olor de tiempo y plátano,
con un olor a banana podrida, estiércol de oro,
y una rabiosa lluvia caliente sobre el sol.
Los trópicos me parecían enfermedades del mundo,
heridas pululantes de la tierra. Adiós
nociones! Aprendí el calor
como se aprenden las lágrimas, con sobresalto:
aprendí los meses del monzón y la insensata
fragancia del mango de Mandalay (penetrante
como flecha veloz de marfil y mejilla),
y respeté los templos sucios de mis semejantes,
oscuros como yo mismo, idólatras como todos los hombres.

III

Cuando tú hacemos, cuando yo hacemos el viaje del amor,
amor, Matilde, el mar o tu boca redonda
son, somos la hora que desprendió el entonces,
y cada día corre buscando aniversario.

IV

Santos, oh deshonor del olvido, oh paciencia
del tiempo, que no sólo pasó
sino que trajo barcos blancos, verdes, sutiles
y el temblor forestal se hizo ferruginoso.

V

Comprendo que he escuchado la esfera poniendo el oído en
*   un punto*
y a veces oigo sólo un rumor de mareas o abejas:
perdón si no pude y a tiempo escuchar esa locomotora
o el estruendo espacial de la nave que estalla en su huevo de
*   acero*
y que sube silbando entre constelaciones y temperaturas:
perdonen algún día si no vi el crecimiento de los edificios
porque estaba mirando crecer un árbol, perdón.
Trataré de cumplir con aquellas ciudades que huyeron de mi
*   alma*
y se armaron de duras paredes, ascensores altivos,
dejándome afuera en la lluvia, olvidado en los años ausentes,
ahora que vuelvo de entonces me saco el sombrero, y sonrío
saludando este gran esplendor sin deseo ni envidia:
sintiéndome vivo como una naranja cortada conserva en su
*   mitad de oro el intacto vestido de ayer*
y en el otro hemisferio respeta el cemento creciente.

SIGUE LA BARCAROLA

Ida y vuelta

Celebro el mensaje indirecto y la copa de tu transparencia
(cuando en Valparaíso encontraste mis ojos perdidos)
porque yo a la distancia cerré la mirada buscándote, amada,
y me despedí de mí mismo dejándote sola.

Un día, un caballo que cruza el camino del tiempo, una ho-
    guera
que deja en la arena carbones nocturnos como quemaduras
y desvencijado, sin ver ni saber, prisionero en mi corta desdicha,
espero que vuelvas apenas partida de nuestras arenas.

Celebro esos pasos que no divisé entre tus pasos delgados,
la harina incitante que tú despertaste en las panaderías
y en aquella gota de lluvia que me dedicabas
hallé, al recogerla en la costa, tu rostro encerrado en el agua.

No debo bajar a las dunas ni ver el enjambre de la pesquería,
no tengo por qué avizorar las ballenas que atrae el otoño a
    Quintay
desde sus espaciosas moradas y procreaciones antárticas:
la naturaleza no puede mentir a sus hijos y espero:
espera, te espero. Y si llegas, la sombra pondrá en su hemis-
    ferio
una claridad de violetas que no conocía la noche.

NOVENO EPISODIO

HABLA UN TRANSEÚNTE DE LAS AMÉRICAS LLAMADO CHIVILCOY

I

Yo cambio de rumbo, de empleo, de bar y de barco, de pelo
de tienda y mujer, lancinante, exprofeso no existo,
tal vez soy mexibiano, argentuayo, bolivio,
caribián, panamante, colomvenechilenomalteco:
aprendí en los mercados a vender y comprar caminando:
me inscribí en los partidos dispares y cambié de camisa
    impulsado
por las necesidades rituales que echan a la mierda el escrúpulo
y confieso saber más que todos sin haber aprendido:
lo que ignoro no vale la pena, no se paga en la plaza, señores.

Acostumbro zapatos quebrados, corbatas raídas, cuidado,
cuando menos lo piensen llevo un gran solitario en un dedo
y me planchan por dentro y por fuera, me perfuman, me
    cuidan, me peinan.

Me casé en Nicaragua: pregunten ustedes por el general
    Allegado
que tuvo el honor de ser suegro de su servidor, y más tarde
en Colombia fui esposo legítimo de una Jaramillo Restrepo.
Si mis matrimonios terminan cambiando de clima, no importa.
(Hablando entre hombres: Mi chola de Tambo! Algo serio en
    la cama.)

II

Vendí mantequilla y chancaca en los puertos peruanos
y medicamentos de un poblado a otro de la Patagonia:
voy llegando a viejo en las malas pensiones sin plata, pasan-
    do por rico,
y pasando por pobre entre ricos, sin haber ganado ni perdido
    nada.

III

Desde la ventana que me corresponde en la vida
veo el mismo jardín polvoriento de tierra mezquina
con perros errantes que orinan y siguen buscando la felicidad,
o excrementicios y eróticos gatos que no se interesan por vidas
    ajenas.

IV

Yo soy aquel hombre rodado por tantos kilómetros y sin
    existencia:
soy piedra en un río que no tiene nombre en el mapa:
soy el pasajero de los autobuses gastados de Oruro
y aunque pertenezco a las cervecerías de Montevideo
en la Boca anduve vendiendo guitarras de Chile
y sin pasaporte entraba y salía por las cordilleras.
Supongo que todos los hombres dejan equipaje:
yo voy a dejar como herencia lo mismo que el perro:
es lo que llevé entre las piernas: mis bienes son ésos.

V

Si desaparezco aparezco con otra mirada: es lo mismo.
Soy un héroe imperecedero: no tengo comienzo ni fin
y mi moraleja consiste en un plato de pescado frito.

SIGUE LA BARCAROLA

Explicación

Para este país, para estos cántaros de greda:
para este periódico sucio que vuela con el viento en la playa:
para estas tierras quebradas que esperan un río de invierno:
quiero pedir algo y no sé a quién pedirlo.

Para nuestras ciudades pestilentes y encarnizadas, donde hay
   sin embargo
escuelas con campanas y cines llenos de sueños,
y para los pescadores y las pescadoras de los archipiélagos del
   Sur
(donde hace tanto frío y dura tanto el año)
quiero pedir algo ahora, y no sé qué pedir.

Ya se sabe que los volcanes errantes de las edades anteriores
se juntaron aquí como carpas de circo
y se quedaron inmóviles en el territorio:
los que aquí hemos nacido nos acostumbramos al fuego
que ilumina la nieve como una cabellera.

Pero luego la tierra se convierte en caballo
que se sacude como si se quemara vivo
y caemos rodando del planeta a la muerte.

Quiero pedir que no se mueva la tierra.

Somos tan pocos los que aquí nacimos.

Somos tan pocos los que padecemos
(y menos aún los dichosos aquí en las cordilleras)
hay tantas cosas que hacer entre la nieve y el mar:
aún los niños descalzos cruzan de invierno a invierno:
no hay techos contra la lluvia, faltan ropa y comida:
y así se explica que yo tenga que pedir algo
sin saber bien a quién ni cómo hacerlo.

(Cuando ya la memoria de lo que fui se borre
con la repetición de la ola en la arena
y no recuerde nadie lo que hice o no hice,
quiero que me perdonen de antemano,
no tuve tiempo nunca de hacer o no hacer nada:
porque la vida entera me la pasé pidiendo,
para que los demás alguna vez pudieran
vivir tranquilos.)

DÉCIMO EPISODIO

EL ASTRONAUTA

I

Si me encontré en estas regiones reconcentradas y calcáreas
fue por equivocaciones de padre y madre en mi planeta:
me aburrieron tanto los unos como los otros inclementes:
dejé plantados a los puros, desencadené cierta locura
y seguí haciendo regalos a los hostiles.

II

Llegué porque me invitaron a una estrella recién abierta:
ya Leonov me había dicho que cruzaríamos colores
de azufre inmenso y amaranto, fuego furioso de turquesa,
zonas insólitas de plata como espejos efervescentes
y cuando ya me quedé solo sobre la calvicie del cielo
en esta zona parecida a la extensión de Antofagasta,
a la soledad de Atacama, a las alturas de Mongolia
me desnudé para vivir en el calor del mundo virgen,
del mundo viejo de una estrella que agonizaba o que nacía.

III

No me hacía falta la ropa sino el lenguaje, recogí
una suavísima, metálica flor, una rosa cuyo rocío
cayó perforando el suelo como un torrente de mercurio
y por ese cauce escuché de gruta en gruta el rocío
bajar las escalinatas de cristal dormido y gastado.
Gastado por quién? Por los sueños? Por la vida con apellido?
Por animales o personas, elefantes o analfabetos?
Y de pronto me sorprendí buscando otra vez con tristeza
la identidad, la historia, el cuento de los que dejé en la tierra.

IV

Tal vez aquí en estas arrugas, bajo estas costras esteparias,
bajo el volcánico estandarte de las cenizas celestiales
existió o existe la envidia que me mordió por los caminos
terrestres, como un caimán de cuarenta colas podridas?
Aquí también prosperará el caníbal parasitario,
el cínico, el frívolo dicharachista sostenido por sus cosmé-
     ticos?

V

Pero encontré sólo los huesos del silencio carbonizado:
buscando bajé las estratas de mortífera astrología:
iguanas muertas tal vez eran los vestigios del polvo,
edades que se trituraron y quedaba sólo el fulgor
y era toda la estrella aquella como una antigua mariposa
de ancestrales alas que apenas tocadas se desvanecían

apareciendo entonces un agujero de metal,
una cueva en cuyo pasado brillaban las piedras del frío.

VI

Me perdí por las galerías del sol tal vez derribado
o en la luna sin corazón con sus espejos carcomidos
y como en la seguridad de mi país inseguro
aquí el miedo me manejaba los pies en el descubrimiento.

Pero no hallé cómo alabar el alabastro que corría
derretido, por las gargantas de piedra pómez astringente,
y cómo, con quién hablar del tesoro negro que huía
con el río del azabache por las calles cicatrizadas?

VII

Poco a poco el silencio me hizo un Robinson asustadizo
sin ropa pero sin hambre, sin sed porque por los poros
la luz mineral nutría y humedecía, pero poco
a poco el planeta me descolgó de mi lengua,
y erré sin idioma, oscuro, por las arenas del silencio.

Oh soledad espacial del silencio! Se deshace
el ruido del corazón y cuando sobresaltado
oí un silencio debajo de otro silencio mayor:
me fui adelgazando hasta ser sólo silencio en aquel barrio del
    cielo
donde caí y fui enterrado por un cauce silencioso,
por un gran río de esmeraldas que no sabían cantar.

SIGUE LA BARCAROLA

Los ofrecimientos

Desde hoy te proclamo estival, hija de oro, tristeza,
lo que quiera tu ser diminuto del ancho universo.

Bienamada, te doy o te niego, en la copa del mundo:
aun lo que explora la larva en su túnel estrecho
o lo que descifra el astrónomo en la paz parabólica
o aquella república de tristes estatuas que lloran al lado del
  mar
o el peso nupcial de la abeja cargada de oro oloroso
o la colección de las hojas de todo el otoño en los bosques
o un hilo del agua en la piedra que hay en mi país natalicio
o un saco de trigo arrastrado por cuatro ladrones hambrientos
o un trono de mimbre tejido por las elegantes arañas de Angol
o un par de zapatos cortados en piedra de luna
o un huevo nacido de cóndor de las cordilleras de Chile
o siete semillas de hierba fragante crecida a la orilla del río
  Ralún
o la flor especial que se abre en las nubes a causa del humo
o el rito de los araucanos con un caballito de palo en la selva
o aquel tren que perdí en California y encontré en el desierto
  de Gobi
o el ala del ave relámpago en cuya ancestral cacería
anduve perdido en el Sur y olvidado por todo un invierno
o el lápiz marino capaz de escribir en las olas
y lo que tú quieras y lo que no quieras te doy y te niego
porque las palabras estallan abriendo el castillo, y cerramos
  los ojos.

ONCENO EPISODIO

LA MÁSCARA MARINA

Resbala en la húmeda suma la luna
sorteando la sala con su susurrante salida
las aves del suave solsticio los vuelos se alzaron
y el sol de la aurora aurorea en la sopa del mar
la sopa del mar sopa negra pasó por la sombra
parece que se abre una caja si sale la aurora
como un abanico cerrado es el sol en su cielo
salió de la caja la luz de la caja de jacarandá
salió perfumada la luz salió anaranjada la luz salió luz
abanico era entonces encima esplendor era fría esperanza
y yo déle que déle al navío yo no vuelo ni corro ni nado
yo en la proa celeste de acuerdo azutrina amaranto de acuerdo
de acuerdo con el abanico creciente de acuerdo llovía de
    pronto
y estatua de sal transparente en la lluvia o morada señora
ofrecí mi crepúsculo al viento a la noche que me devoraba
y seguí seguí sola en la noche en el día desnuda turgente
era el mar del navío la ruta la línea la misma salmuera
y otro día otra grieta en mis manos en mi vestidura
yo no miro los puertos he cerrado los ojos al daño
amo el solo elemento la luz que transcurre las lanzas del frío
sube el sol al cenit uva a uva hasta ser un racimo
y de noche la sombra resbala la luna en el vino
el mar alcohol del planeta la rosa que hierve y el agua que
    arde yo sigo yo sumo
no muevo los ojos no canto no tengo palabras no sueño
me mueven me cantan me sueñan me sume la ola
salpica levanta mi desventurada cabeza en la eterna intemperie

yo vivo en el gran movimiento del orbe en la nave
soy parte incesante de la dirección de la esencia
no tengo contrato firmado con gotas de sangre ni reina ni
   esclava
yo sé que armadores henchidos pagaron dolores con dólares
la barca la blanca vestida la Venus de ballenería
las velas al viento sobre la muchedumbre del mar hacia Chile
pero aquellas monedas cayeron en las alcancías del padre
   artesano
y pronto rodaron pagando ataúdes botellas zapatos escuelas
   o flores
yo fui liberada y entré en el navío sin deuda de sangre
no compro la aurora no salgo no muevo los brazos no reino
y sólo obedezco al latido del agua en la proa como una manzana
obedece a la savia que sube y navega en el árbol de la primavera
la sangre cetácea la esperma violeta del asesinato en las olas
no veo ni el círculo frío del duro petrel en el viento
ni el pez arrancado a una garra y partido por un picotazo
sin duda un camino de sangre surcó la salmuera
oí el espantoso silencio después de las llamas de la artillería
en el territorio inocente otros hombres vestidos de oro
con máscaras blancas metían en redes a sus semejantes
corrían aullando mujeres entre los castigos morían de amor y
   de furia
las redes subían repletas de oscuras miradas y manos heridas
yo vi desangrarse los ríos de los territorios y sé cómo lloran
   las piedras
oh rayo del mar amedrenta a tus hijos castiga a los crueles
decía la tierra y el mar continuó y subió el movimiento a mi
   pecho
y yo me incorporo al camino mis ojos no saben llorar
soy sólo una forma en la luz una vértebra de la alegoría

LA BARCAROLA TERMINA

Solo de sal

(De pronto el día rápido se transformó en tristeza
y así la barcarola que crecía cantando
se calla y permanece la voz sin movimiento.)

Sabréis que en aquella región que cruzaba con miedo
crispaba la noche los ruidos secretos, la sombra selvática,
y yo me arrastraba con los autobuses en el misterioso uni-
    verso:
Asia negra, tiniebla del bosque, ceniza sagrada,
y mi juventud temblorosa con alas de mosca
saltando de aquí para allá por los reinos oscuros.

De pronto se inmovilizaron las ruedas, bajaron los descono-
    cidos
y allí me quedé, occidental, en la soledad de la selva:
allí sin salir de aquel carro perdido en la noche,
con veinte años de edad esperando la muerte, refugiado en mi
    idioma.

De pronto un tambor en la selva, una antorcha, un rumor de
    la ruta,
y aquellos que predestiné como mis asesinos
bailaban allí, bajo el peso de la oscuridad de la selva,
para entretener al viajero perdido en remotas regiones.

Así cuando tantos presagios llevaban al fin de mi vida,
los altos tambores, las trenzas floridas, los centelleantes tobillos
danzaban sonriendo y cantando para un extranjero.

Te canto este cuento, amor mío, porque la enseñanza
del hombre se cumple a pesar del extraño atavío
y allí se fundaron en mí los principios del alba,
allí despertó mi razón a la fraternidad de los hombres.

Fue en Vietnam, en Vietnam en el año de mil novecientos
veintiocho.

Cuarenta años después a la música de mis compañeros
llegó el gas asesino quemando los pies y la música,
quemando el silencio ritual de la naturaleza
incendiando el amor y matando la paz de los niños.

Maldición al atroz invasor! dice ahora el tambor reuniendo
al pequeño país en el nudo de su resistencia.

Amor mío, canté para ti los transcursos de mar y de día,
y fue soñolienta la luna de mi barcarola en el agua
porque lo dispuso el sistema de mi simetría
y el beso incitante de la primavera marina.
Te dije: a llevar por el mundo del viaje tus ojos amados!
La rosa que en mi corazón establece su pueblo fragante!
Y, dije, te doy además el recuerdo de pícaros y héroes,
el trueno del mundo acompaña con su poderío mis besos,
y así fue la barca barquera deslizándose en mi barcarola.

Pero años impuros, la sangre del hombre distante
recae en la espuma, nos mancha en la ola, salpica la luna: son
    nuestros,
son nuestros dolores aquellos distantes dolores
y la resistencia de los destruidos es parte concreta de mi alma.

Tal vez esta guerra se irá como aquellas que nos compartieron
dejándonos muertos, matándonos con los que mataron
pero el deshonor de este tiempo nos toca la frente con dedos
    quemados
y quién borrará lo inflexible que tuvo la sangre inocente?

Amor mío, a lo largo de la costa larga
de un pétalo a otro la tierra construye el aroma
y ya el estandarte de la primavera proclama
nuestra eternidad no por breve menos lacerante.

Si nunca la nave en su imperio regresa con dedos intactos,
si la barcarola seguía su rumbo en el trueno marino
y si tu cintura dorada vertió su belleza en mis manos
aquí sometemos en este regreso del mar, el destino,
y sin más examen cumplimos con la llamarada.

Quién oye la esencia secreta de la sucesión,
de la sucesiva estación que nos llena de sol o de llanto?
Escoge la tierra callada una hoja, la ramificada postrera
y cae en la altura amarilla como el testimonio de un advenimiento.

El hombre trepó a sus motores, se hicieron terribles
las obras de arte, los cuadros de plomo, las tristes estatuas de
   hilo,
los libros que se dedicaron a falsificar el relámpago,
los grandes negocios se hicieron con manchas de sangre en el
   barro de los arrozales,
y de la esperanza de muchos quedó un esqueleto imprevisto:
el fin de este siglo pagaba en el cielo lo que nos debía,
y mientras llegaba a la luna y dejaba caer herramientas de
   oro,
no supimos nosotros, los hijos del lento crepúsculo,
si se descubría otra forma de muerte o teníamos un nuevo
   planeta.

Por mi parte y tu parte, cumplimos, compartimos esperanzas
   e inviernos
y fuimos heridos no sólo por los enemigos mortales
sino por mortales amigos (y esto pareció más amargo),
pero no me parece más dulce mi pan o mi libro entre tanto:
agregamos viviendo la cifra que falta al dolor
y seguimos amando el amor y con nuestra directa conducta
enterramos a los mentirosos y vivimos con los verdaderos.

Amor mío, la noche llegó galopando sobre las extensiones del
  mundo.

Amor mío, la noche borra el signo del mar y la nave resbala
  y reposa.

Amor mío, la noche encendió su instituto estrellado.

En el hueco del hombre dormido la mujer navegó desvelada
y bajaron los dos en el sueño por los ríos que llevan al llanto
y crecieron de nuevo entre los animales oscuros y los trenes
  cargados de sombra
hasta que no llegaron a ser sino pálidas piedras nocturnas.

Es la hora, amor mío, de apartar esta rosa sombría,
cerrar las estrellas, enterrar la ceniza en la tierra:
y en la insurrección de la luz, despertar con los que despertaron
o seguir en el sueño alcanzando la otra orilla del mar que no
  tiene otra orilla.

Fulgor y muerte
de Joaquín Murieta

Bandido chileno injusticiado en California
el 23 de julio de 1853

[1965-1967]

Esta obra fue estrenada el 14 de octubre de 1967 en el Teatro Antonio Varas, de Santiago de Chile, por la Compañía del Instituto del Teatro de la Universidad de Chile bajo la dirección de Pedro Orthous, con música de Sergio Ortega, escenografía de Guillermo Núñez, vestuario de Sergio Zapata, iluminación de Oscar Navarro y coreografía de Patricio Búnster. Actuaron en su creación:

Matilde Broders, María Cánepa, Bélgica Castro, Peggi Cordero, Virginia Fischer, María Teresa Fricke, Kerry Keller, Lina Ladrón de Guevara, Coca Melnick, Sonia Mena, María Angélica Núñez, Claudia Paz, Alicia Quiroga, Berta Sandoval, Sergio Aguirre, Víctor Bogado, Jorge Boudon, Roberto Cabrera, Franklin Caicedo, Flovio Candia, Pablo Carrillo, Alejandro Castillo, Regildo Castro, Alejandro Cohen, Emilio Cossio, Jacinto Cruz, Rodrigo Durán, Tennyson Ferrada, Fernando González, Sergio Hernández, Alberto Lebrecht, Mario Lorca, Sergio Madrid, Héctor Maglio, Sergio Montero, Alberto Rivera, Iván Rodríguez, Andrés Rojas Murphy, Winston Rosales, Ramón Sabat, Alejandro Salas, Alejandro Sieveking, Rubén Sotoconil, Arturo Venegas y Tomás Vidiella.

ANTECEDENCIA

El fantasma de Joaquín Murieta recorre aún las Californias.

En las noches de luna se le ve cruzar, cabalgando su caballo vengativo, por los páramos de Sonora, o desaparecer en las soledades de la Sierra Madre mexicana.

Los pasos del fantasma, sin embargo, se dirigen a Chile, y esto lo saben los chilenos, los chilenos del campo y del pueblo, los chilenos de minas, montañas, estepas, caseríos, los chilenos del mar, del golfo de Penas.

Cuando salió de Valparaíso a conquistar el oro y a buscar la muerte, no sabía que su nacionalidad sería repartida y su personalidad desmenuzada. No sabía que su recuerdo sería decapitado como él mismo lo fuera por aquellos que lo injusticiaron.

Pero Joaquín Murieta fue chileno.

Yo conozco las pruebas. Pero estas páginas no tienen por objeto probar hechos ni sombras. Por el contrario. Porque entre sombras y hechos corre mi personaje invisible. Lo rodea una tormenta de fuego y sangre, de codicia, atropello e insurrección.

Tanto dio que hacer Joaquín Murieta que aún ahora quieren borrarlo del mapa. Una nueva teoría se ha agregado a las otras. Que no hubo un Murieta, sino varios: un Joaquín, sino siete. Siete jefes, siete bandas.

Ésta es una manera más de disolver al rebelde. Yo no la acepto.

Porque el que se acerca a la verdad y a la leyenda de nuestro bandido siente su mirada magnética.

Su cabeza cortada reclamó esta cantata y yo la he escrito no sólo como un oratorio insurreccional, sino como una partida de nacimiento.

Sus papeles de identidad se perdieron en los terremotos de Valparaíso y en las contiendas del oro. Por eso tenía que na-

cer de nuevo, a su manera, sombra o llama, protagonista de una época dura, vengador sin esperanza.

Si me dejé llevar por el viento de furia que lo acompañó, si mis palabras parecieren excesivas, me quedaré contento.

Porque al emprender este canto tal vez sólo pretendí asomarme a las hazañas del rebelde. Pero éste me hizo participar de su existencia. Por eso aquí doy testimonio del fulgor de esa vida y de la extensión de esa muerte.

PABLO NERUDA

Después de un mes de residencia, contemplé a San Francisco bajo otros aspectos y me pareció más singular todavía. Recorrí el barrio de los chinos, el de los mexicanos, el Chilecito (como llaman donde habita la parte femenina de Valparaíso), y todo tenía un carácter extraño y único. Era una aglomeración de ciudades, una Babilonia de todos los pueblos. En las calles se oían todas las lenguas modernas, de la China a San Petersburgo, de Noruega a las islas de Sandwich. Se veían los trajes de todas las naciones y había sastres para cada gusto. Los chinos con su pantalón de paño negro ceñido, su blusa azul y su trenza hasta las rodillas, el mexicano con su sarape o frazada, el chileno con su poncho, el parisiense con su blusa, el irlandés con su frac roto y su sombrero de felpa abollado, el *yankee*, supremo en todo, con su camisola de franela colorada, bota fuerte y el pantalón atado a la cintura.

Yo me aparté hacia un lado, y en unas colinas arenosas que dominaban toda la hermosa bahía, bajo un bosquecillo de arbustos, encontré algunos centenares de lápidas esparcidas en desorden y la mayor parte con cubierta de maderas. Aquel sitio y los epitafios de cada losa eran una lección terrible para los que ahí llegaban. El sepulturero había escrito ahí la historia de California. Asesinatos, naufragios, muertes de hambre y de pesar, juramentos de venganza escritos por algún hermano sobre los manes inmolados de un hermano, tal era el resumen de los epitafios. La mayoría de los sepultados eran jóvenes de 20 a 30 años.

Tal vez Rafael Martínez fue la primera víctima chilena inmolada en este país tan inclemente a nuestro nombre. Murió ahogado en la bahía. Otros murieron del cólera y la peste, otros por la bala del rifle de los galgos, cuántos por el puñal aleve, cuántos con el puñal en mano defendiendo sus tesoros y sus vidas.

Del libro Viajes de Benjamín Vicuña Mackenna
IMPRENTA DEL FERROCARRIL
1856

Ésta es una obra trágica, pero, también, en parte está escrita en broma. Quiere ser un melodrama, una ópera y una pantomima.

Esto se lo digo al director para que invente situaciones u objetos fortuitos, trajes y decorados.

Las estrellas que aparecen en una escena, deben abrirse grandes como ruedas encima de los espectadores. Los Vigilantes (precursores del Ku-Klux-Klan) pueden llegar en caballos de palo, los parroquianos del cabaret pueden tener bigotes descomunales. El conejo puede ser sustituido por palomas. Si es posible, acompañarse por un agregado cinematográfico. Un buque velero debe aparecer constantemente en un cuadro de la escena, durante el viaje del bergantín.

La idea del cortejo fúnebre, que debe tener mucho patetismo, pero patetismo andrajoso, lindando con lo grotesco, la he tomado de la visión inolvidable de una pieza no que vi una vez en Yokohama, en un teatro de suburbio, en donde entré como un marinero cualquiera, y me senté en el suelo. Me sobrecogió un desfile funeral de la pieza y siempre he pensado comunicar de alguna manera esa profunda emoción.

No tengo vanidad de autor teatral y, como se puede ver, doy cuenta de mis limitaciones. Por lo demás, nunca entendí nada de lo que se trataba en aquella obra japonesa. Espero que pase lo mismo con los espectadores de esta tragedia.

AGRADECIMIENTOS Y ADVERTENCIAS

A las personas e instituciones que generosamente me ayuda-
ron a investigar la ruta de Joaquín Murieta en libros y luga-
res, mis rendidos agradecimientos. Especialmente a:
  La Library of Congress, Washington, USA.
  Señora Peggy de Aguilera, también de Washington.
  David Valjalo, de Hollywood, California.
  Fernando Alegría, de Berkeley, California.
  Alta California Bookstore, Berkeley, California.
  José Papic, de Antofagasta, Chile.
  Lautaro Guerra, de Santiago de Chile.
  Armando Uribe, poeta y ensayista chileno.
  Jorge Sanhueza, de la Universidad de Chile, y, en especial,
al director Pedro Orthous, cuyos consejos han sido de valor
inapreciable para la representación por el ITUCH de esta
cantata, y al compositor Sergio Ortega, autor de la música.
  El pequeño discurso de Rosendo Juárez es la versión autén-
tica tomada de The Last of the California Rangers *by Jill*
L. Cossley-Batt, Funk & Wagnalls Company, New York and
London, 1928.

Representantes

JUAN TRESDEDOS
ADALBERTO REYES
(*Oficinista*)
TRES CANTANTES MUJERES
UN CABALLERO TRAMPOSO
UN BARRAQUERO DE FERIA
(*el mismo caballero tramposo*)
UN VENDEDOR DE PÁJAROS
UN MÚSICO VAGABUNDO
INDIO ROSENDO JUÁREZ
ENCAPUCHADOS Y CORIFEOS

Grupo de campesinos, mineros, pescadores y grupo de mujeres que se suponen esposas o familiares de los anteriores. Todos, con alguna característica nacional, intervienen alternativamente en las escenas tituladas CORO.

LA VOZ DEL POETA

LA VOZ DE JOAQUÍN MURIETA
Coro de canillitas
LA VOZ DE TERESA MURIETA
Coro de tentadores

La acción se desarrolla en seis cuadros:

1. LA PARTIDA
2. LA TRAVESÍA Y LA BODA
3. EL FANDANGO
4. LOS GALGOS Y LA MUERTE DE TERESA
5. FULGOR DE JOAQUÍN
6. MUERTE DE MURIETA

Prólogo

Se apagan todas las luces del teatro

VOZ DEL POETA.
Ésta es la larga historia de un hombre encendido:
natural, valeroso, su memoria es un hacha de guerra.
Es tiempo de abrir el reposo, el sepulcro del claro bandido
y romper el olvido oxidado que ahora lo entierra.
Tal vez no encontró su destino el soldado, y lamento
no haber conversado con él, y con una botella de vino
haber esperado en la Historia que pasara algún día su gran
  regimiento.
Tal vez aquel hombre perdido en el viento hubiera cambiado el camino.
La sangre caída le puso en las manos un rayo violento,
ahora pasaron cien años y ya no podemos mover su destino:
así es que empecemos sin él y sin vino en esta hora quieta
la historia de mi compatriota, el bandido honorable don Joaquín Murieta.

CUADRO PRIMERO

Puerto de Valparaíso. La partida

Se encienden todas las luces del escenario. Música. El Coro y todos los personajes entran como en una presentación circense.

CORO

Es larga la historia que aterra más tarde y que nace aquí abajo
en esta angostura de tierra que el Polo nos trajo y el mar y la nieve disputan.
Aquí entre perales y tejas y lluvia brillaban las uvas chilenas
y como una copa de plata que llena la noche sombría de pálido vino,
la luna de Chile crecía entre boldos, maitenes, albahacas, orégano, jazmines, porotos, laureles, rocío.
Entonces nacía a la luz del planeta un infante moreno,
y en la sombra serena es el rayo que nace, se llama Murieta,
y nadie sospecha a la luz de la luna que un rayo naciente
se duerme en la cuna entre tanto se esconde en los montes la luna:
es un niño chileno color de aceituna y sus ojos ignoran el llanto.
Mi patria le dio las medallas del campo bravío, de la pampa ardiente:
parece que hubiera forjado con frío y con brasas para una batalla
su cuerpo de arado, y es un desafío su voz, y sus manos son dos amenazas.
La llama del oro recorre la tierra de Chile del mar a los montes

y comienza el desfile desde el horizonte hacia el Puerto, el
  magnético hechizo
despuebla Quillota, desgrana Coquimbo, las naves esperan
  en Valparaíso.

Escena en el puerto de Valparaíso

*Proyección de una panorámica de Valparaíso en 1850 según el
grabado de Rugendas. Una banda pueblerina ejecuta una retreta
que anima el paseo en la explanada. Futres y Rotos se pasean.
Entre los paseantes, está don Vicente Pérez Rosales.*

ROTO PRIMERO. No hay como el Puerto! No hay paseo
  como éste! Mira qué futrerío!
ROTO SEGUNDO. Hay que distinguir, compañero. Hay futre
  y futre.
ROTO PRIMERO. Hay tongo y tongo! Colero y colero!
ROTO TERCERO. Ése que pasa es don Vicente.
ROTO CUARTO. Qué don Vicente?
ROTO TERCERO. Don Vicente Pérez Rosales, el escritor.
ROTO CUARTO. Sabrá algo del oro?
ROTO TERCERO. No ves que es escritor? Don Vicente lo sabe
  todo!
ROTO CUARTO. Preguntémosle, entonces!
ROTO TERCERO. No me atrevo.
ROTO CUARTO. Échale, no más!
ROTO TERCERO. Ya está, pues! Don Vicente!
DON VICENTE. Qué hay, muchachos?
ROTO TERCERO. Qué sabe del oro, don Vicente? Dicen que
  hay montañas de oro en California!
DON VICENTE. Todo eso es prematuro. Hasta ahora, sólo
  son rumores dorados. Pero si hay oro, iremos a dar una
  vuelta. A pata'e perro no me la gana nadie. Ya veremos lo
  que dice la prensa.

Rumores callejeros. Irrumpe, desde la pla-
tea hasta subir al escenario, el Coro de ca-
nillitas.

CORO DE CANILLITAS

El *Suplemento del Ferrocarril*!
El *Suplemento del Mercurio*!
Oro en California!
Gran descubrimiento!
Compre el *Suplemento*!
Oro en California!
El Ferrocarril!
Montañas de oro!
Ríos de oro!
Arenas de oro!
Compre el *Suplemento*!
Oro en California!

Desfile de máscaras de los Tentadores *en lo*
alto del escenario. Máscaras de tejanos encapu-
chados, etc. Una gran voz con acento extranje-
ro desde detrás de la escena, muy amplificada.

VOZ DE LOS TENTADORES.
  Gold! Gold! Vengan al oro, chilenitos! Gold, Gold!
  No más penurias. Todos a San Francisco. Aquí las están dando!
  Al barco! De frente mar! Subdesarrolladitos! Gold! Gold!
    Gold!
  Hambrientos! Sedientos! Venid a mí, soy el oro! A Califor-
    nia venid!
  Con el oro se compran toros! Con el oro se compran mo-
    ros!

CORO

Subió la carne!
Ya no hay leche!
Queremos comer!
Queremos ropa!

VOZ DE LOS TENTADORES.
  Venid a mí, soy el oro! Hay para todos! Aquí habla la *voi-ce of California*! Aquí está el oro!

CORO
Tirando sombreros, ropas, canastos al suelo.

Vámonos al oro!
Vámonos al oro!
No pasemos hambre!

> *Las mujeres del Coro arrojan al suelo las flo-res y las pisotean.*

Al oro! Al oro!

> *Los Canillitas se incorporan tirando los perió-dicos al suelo y gritando.*

Al oro! A California! Al oro! Al oro!

> *Suspendidos en lo alto del escenario pasan lentamente de un lado a otro, pulseras, relo-jes, inmensos anillos y alhajas. Todo en dora-do chillón. La escena se ha vuelto frenética.*

Ya se acabó el decoro!
Nos vamos al oro!
Con el oro se compran moros!
Ya se acabó el decoro!
Nos vamos al oro!
Con el oro se compran toros!

> *Durante la escena anterior el Coro arma un bergantín e iza las velas. Canción marinera. El Coro tira las cuerdas que amarran la embar-cación acercándola al escenario, mientras can-tan. La canción baja gradualmente hasta ser un tarareo. El Coro entra en el bergantín.*

CANCIÓN MARINERA

Adiós, adiós, adiós,
nos vamos a un mundo mejor.
Adiós, adiós, adiós,
se va por el mar el navío.
Adiós, adiós, adiós,
huyendo del hambre y del frío,
adiós, adiós, adiós,
nos vamos en este navío,
adiós, adiós, adiós,
buscando otro mundo mejor.
Adiós, adiós, adiós,
adiós, adiós, adiós!

Sobre los últimos rumores del Coro anterior
comienza el diálogo entre el Oficinista y Tres-
dedos, que han instalado una mesa, silla y pa-
peles durante el barullo precedente.

Diálogo

OFICINISTA. Oiga! Oiga! No se puede entrar!
TRESDEDOS. Me voy, entonces!
OFICINISTA. No pues, señor, por aquí no se sale.
TRESDEDOS. Así es que no se puede entrar?
OFICINISTA. No.
TRESDEDOS. Ni salir?
OFICINISTA. No.
TRESDEDOS. Entonces, qué hago?
OFICINISTA. Lo mejor es que no salga ni entre.
TRESDEDOS. Y cómo lo hago?
OFICINISTA. Voy a ver las instrucciones. De dónde es usted?
Adónde va? Cómo se llama? Qué quiere?
TRESDEDOS. Eso es hablar. Me llamo Juan Tresdedos. Voy
a California. Con don Joaquín Murieta me voy a embarcar.

OFICINISTA. Tiene todo listo?

TRESDEDOS. Claro que sí. Tengo pala, picota. Qué más? Tengo pantalones.

OFICINISTA. Tiene certificado de supervivencia?

TRESDEDOS. Qué es eso?

OFICINISTA. Tiene boletín de casado o recibo de concubinato?

TRESDEDOS. No pienso.

OFICINISTA. Tiene talón de opulencia?

TRESDEDOS. Y eso cómo es?

OFICINISTA. Es un papelito rosado.

TRESDEDOS. *(Se busca y muestra un papelito rosado.)* Es esto?

OFICINISTA. No. Ése es un boleto de empeño.

TRESDEDOS. No sirve?

OFICINISTA. A ver qué empeñó? Un violín! A quién se le ocurre! No sirve. Tiene estampilla de impuesto? Certificado de erupción? Tiene carruaje?

TRESDEDOS. No, dejé mi caballo en Quilicura.

OFICINISTA. Tiene perro?

TRESDEDOS. Tenía.

OFICINISTA. Tiene gato?

TRESDEDOS. No tengo.

OFICINISTA. Total que no tiene nada. Déjeme aquí el boleto de empeño y vuelva el año próximo. No tiene certificado de nacimiento?

TRESDEDOS. No soy de Nacimiento.

OFICINISTA. Entonces lo daremos por nonato. Esto le va a traer complicaciones.

TRESDEDOS. Le traigo certificado de complicaciones?

OFICINISTA. No se me bote a gracioso. Dónde dijo que iba?

TRESDEDOS. Me voy con Murieta a buscar oro. Nos embarcamos en el bergantín.

OFICINISTA. Y por qué no lo dijo antes? Para qué me hace perder el tiempo?

TRESDEDOS. No se me había ocurrido. Vámonos juntos, si quiere.

OFICINISTA. Métale, pues! Vamos andando! Estoy hasta la coronilla con estos papeles. Timbra que timbra todo el san-

to día. Con la miseria que nos pagan. Dónde me dice que
hay oro? Dónde es eso?

TRESDEDOS. En California, le dije. Para allá se va todo el
mundo.

OFICINISTA. Listo el bote! Partimos. Ayúdeme a empaquetar y nos vamos.

TRESDEDOS. Oiga, por qué no nos vamos sin empaquetar,
mejor. Para qué queremos tanta lesera? Mejor es romper-
los!

OFICINISTA. Cómo se le ocurre? Se trata de la documenta-
ción, de la inscripción, de la circunscripción, de la numera-
ción...

TRESDEDOS. Y de la transpiración... Al diablo con los papeles! Vamos a volver nadando en oro.

OFICINISTA. Sabe que me está convenciendo?

TRESDEDOS. Veamos cómo vuelan los certificados!

> *Arroja un papel al aire. El Oficinista tímida-*
> *mente hace lo mismo. En seguida arrojan a*
> *dos manos montones de papeles que vuelan*
> *por el escenario. Al mismo tiempo cae de arri-*
> *ba una lluvia de papeles.*

OFICINISTA. Y yo que le iba a dar certificado de tonto!

> *Se van del brazo hacia el barco seguidos por*
> *un grupo de cuatro o cinco rezagados, entre*
> *los cuales va una Niña. Todos vuelven a can-*
> *tar en sordina la canción marinera, que se in-*
> *terrumpe cuando alguien llama a Murieta.*

UNO. Murieta!

TODOS. Joaquín! Joaquín Murieta!

> *Silencio. Todos se quedan estáticos, expectan-*
> *tes, salvo la Niña, que regresa al borde del es-*
> *cenario y le tiende la mano a un haz de luz que*
> *ha caído allí. En tanto, simultáneamente apa-*

*rece en la vela mayor la proyección de una luz
verde y blanca que dará la sensación de montes chilenos con viñedos y nieve en lo alto. En
el escenario han bajado todas las luces. Al de-
tenerse la Niña, como también la luz junto al
barco, se escucha sobre un fondo musical el siguiente Coro.*

CORO MASCULINO

Creciendo a la sombra de sauces flexibles, nadaba en lo ríos,
    domaba los potros, lanzaba los lazos,
ardía en el brío, educaba los brazos, el alma, los ojos, y se
    oían cantar las espuelas,
cuando, desde el fondo del otoño rojo, bajaba al galope en su
    yegua de estaño.
Venía de la cordillera, de piedras hirsutas, de cerros huraños,
    del viento inhumano.
Traía en las manos el golpe aledaño del río que hostiga y di-
    vide la nieve fragante y yacente,
y lo traspasaba aquel libre albedrío, la virtud salvaje que toca
    la frente
de los indomables y sella con ira y limpieza el orgullo de al-
    gunas cabezas
que guarda el destino en sus actas de fuego y pureza, y así el
    elegido
no sabe que está prometido y que debe matar y morir en la
    empresa.

UNA VOZ MUY LEJANA. Joaquín! Joaquín Murieta!
NIÑA. Va!

La luz entra en el barco. Oscuridad total.

VOZ DEL POETA.
    Así son las cosas, amigo, y es bueno aprender y que sepa y
        conozca
    los versos que he escrito, y repita contando y cantando el
        recuerdo de un libre chileno proscrito

que andando y andando y muriendo fue un mito infinito.

Su infancia he cantado al instante y sabemos que fue el caminante muy lejos.

Un día mataron al chileno errante. Lo cuentan los viejos de
noche al brasero,

y es como si hablara el estero, la lluvia silbante o en el ventisquero llorara en el viento la nieve distante

porque de Aconcagua partió en un velero buscando en el
agua un camino,

y hacia California la muerte y el oro llamaban con voces
ardientes que al fin decidieron su negro destino.

CUADRO SEGUNDO

La travesía y la boda

*Se encienden las luces en el escenario. Puente de la nave. Sólo se
ve nítidamente la inmensa vela. Diseminados en el suelo, apenas
visibles, están los tripulantes, estáticos y en actitud de avivar una
cueca. Avanzan los recitantes colocándose a plena luz en el pros-
cenio y dicen el siguiente cuarteto.*

CUARTETO

VOZ 1.
  Pero en el camino marino, en el blanco velero maulino,
  el amor sobrevino y Murieta descubre unos ojos oscuros,
  se siente inseguro, perdido en la nueva certeza.
VOZ 2.
  Su novia se llama Teresa, y él no ha conocido mujer campesina
  como esta Teresa que besa su boca y su sangre, y en el gran
    océano,
  perdida la barca en la bruma, el amor se consuma y Murieta
  presiente que es éste el amor infinito.
VOZ 3.
  Y sabe tal vez que está escrito su fin y la muerte lo espera
  y pide a Teresa, su novia y mujer, que se case con él en la
    nave velera.
VOZ 4.
  Y en la primavera marina, Joaquín, domador de caballos,
    tomó por esposa a Teresa, mujer campesina,
  y los emigrantes en busca del oro inhumano y lejano cele-
    bran este casamiento
  oyendo las olas que elevan su eterno lamento!

LAS CUATRO.

Y tal es la extraña ceguera del hombre en el rito de la pasajera alegría:

en la nave el amor ha encendido una hoguera: no saben que
ya comenzó la agonía.

> *Se encienden las luces en el puente. Cielo os-*
> *curo. Es de noche. Los tripulantes recobran*
> *sus movimientos aplaudiendo la cueca. Hay*
> *guirnaldas, papeles de colores, flores, vasos,*
> *botellas. Se afinan guitarras.*

VOCES. Una cueca más!

UNA VOZ. Y un cachimbo!

OTRA VOZ. A dormir la gente!

OTRA VOZ. Ya se fueron los novios!

OTRA VOZ. Vamos a mirarlos por el ojo de la llave!

VOCES. La cueca!

OTRA VOZ. Aún tenemos cueca, ciudadanos!

OTRA VOZ. Y tenemos el cachimbo!

TODOS. Venga!

> *En medio de la algazara, los hombres irrum-*
> *pen cantando la canción masculina. La escena*
> *adquiere ribetes de frenética francachela. At-*
> *mósfera no sólo de juerga, sino también de*
> *ciego desafío a la muerte.*

CANCIÓN MASCULINA

A California, señores,
me voy, me voy:
si se mejora la suerte,
ya sabes adónde estoy:
si me topo con la muerte,
chileno soy.

Chileno de los valientes,
tengo el corazón de cobre

y llevo el corvo en los dientes
para defender al pobre.
Le digo al que se me atreva
que donde las dan las toman.
No voy a pelar la breva
para que otros se la coman.

El oro de California
lo tengo ya en un bolsillo
y lo va a desenterrar
la punta de mi cuchillo.
El que se quiera volver
ahí tiene el mar,
el que no quiere pelear
no nació para soldado,
que se vuelva por el mar
nadando entre los pescados.

A California, señores, etc.

*Un relámpago violento detiene súbitamente la
francachela de los hombres, que se quedan inmóviles. Las mujeres, durante la canción masculina, han venido avanzando lentamente en
un movimiento envolvente por ambos lados
del escenario, quedando de espaldas al público. Al producirse el relámpago, se vuelven
bruscamente hacia él y dicen el siguiente Coro
femenino, ya sea al unísono o en grupos o en
forma solista.*

CORO FEMENINO

Ahora la hora en el buque nos canta y nos llora,
las olas dibujan su eterno y amargo desfile:
qué sola se siente mi alma cuando en la distancia se apaga,
mi patria se aleja, no veo las costas de Chile.
Al oro nos dicen que vamos los hombres amados

y los seguiremos por tierra y por agua, por fuego y por frío,
por ello dejamos a la madre herida y al padre enterrado,
por ello dejamos la pobre casita junto al Bío Bío.
Ay! negros presagios nos dicen que no volveremos,
que ya no veremos las lomas de Angol ondular con el trigo,
el oro del campo, la luna chilena que ya no veremos,
y tal vez el oro que vamos buscando será el enemigo
que por rodar tierras
y por mala suerte,
nos haga la guerra,
nos lleve a la muerte.

> *Se retiran las mujeres y los hombres recobran*
> *su movimiento agitadísimo, cantando una vez*
> *más la estrofa «A California, señores», etc.*
> *Una luz destaca a Tresdedos y Reyes.*

Diálogo entre Tresdedos y Reyes

REYES. Yo estaba más aburrido en la Aduana! Pero ahora
me mareo. Es mucho mar para mí. Y este casamiento de
Murieta con la Teresita, cómo se lo explica usted, señor
Tresdedos? No le parece demasiado rápido?
TRESDEDOS. Lo que pasa, amigo Reyes, es que usted es de
los despaciosos y Murieta de los vertiginosos. Le gustó la
muchacha y allí los tiene en el camarote muy casaditos y
muy tortolitos. Y no están perdiendo el tiempo como nosotros.
REYES. Tanto mar por todos lados, hasta por debajo del buque. Y no se ve la costa por ningún lado. La verdad es que
sin aduanas no se puede vivir. Ahora mismo me vuelvo a
Valparaíso.
TRESDEDOS. Si yo siempre le hallé cara de certificado, señor
Reyes. Pero ésas son palabras mayores. Si se tira al agua, no
va a llegar muy lejos. Hasta la guata de una albacora y de

ahí no pasa. El hombre cuenta en la tierra, pero no debajo del agua. Lo pasaría mal allá abajo, don Reyes. Y no hay oro en el mar.

REYES. Usted de dónde es, Tresdedos?

TRESDEDOS. Nortino, copiapino, para que lo sepa. Minero. Allá en mi tierra y entre dos cerros dejé los dos dedos, que ni falta que me hacen. Con uno que me quede se puede apretar el gatillo.

REYES. Qué gatillo? Por qué quiere asustarme, amigo?

TRESDEDOS. Cómo que lo quiero asustar, si ya estaba asustado?

REYES. Usted cree que habrá trifulca?

TRESDEDOS. Donde hay oro hay trifulca, mi señor. Así es esa ensalada. Y así la vamos a comer. No tiene importancia el gusto.

REYES. Cuénteme algo de Murieta. Lo conoce mucho?

TRESDEDOS. He visto crecer al muchacho. Pero no hay que equivocarse. Es un jefecito. Es derecho como un palo de bandera. Pero cuidado con él. No tolera el abuso. Nació para intolerable. Yo soy como su tío y como su baqueano. Donde va lo sigo. Compartimos la suerte del pobre, el pan del pobre, los palos del pobre. Pero no me quejo. Sabemos aguantar en la mina. Y el mineral cuando aparece es como descubrir una estrella.

REYES. No exagere, señor mío, no hay estrellas aquí abajo.

TRESDEDOS. Mire para arriba. Se están luciendo como para despedirnos. Son estrellas de Chile. Son las mejores. Si parecen jazmines! Allá en el norte, en la pampa, en los cerros, la noche es más oscura, las estrellas son más grandes. A veces en la noche me daba miedo. Me parecía que si levantaba la cabeza de la almohada les podía dar un cabezazo y se podían romper encima de nuestra pobreza. Cuántas habrá?

REYES. Por lo menos aquí abajo no hay ninguna.

TRESDEDOS. Las hay también, mi amigo, pero hay que conquistarlas. El que no sabe aprende, compadre. Y hay tal vez algunas para nosotros allá arriba. Mire, esa que le hace el ojo debe ser la suya. Y aquella colorada es la mía.

REYES. Y la de Murieta?

TRESDEDOS. La tiene bien calentita en su cama, en el camarote.

> *Irrumpe nuevamente la canción «A California, señores», pero la interrumpe la Voz del Poeta.*

LA VOZ DEL POETA.

Silencio, muchachos, la luna, la estrella, la noche, la ruta de nuestro bajel,
imponen silencio de miel a la luna de miel!

> *Los juerguistas se retiran en puntillas, llevándose un dedo a los labios como indicando silencio. Bajan todas las luces en el escenario. Cielo intenso. Noche estrellada. Se va apagando la escena y las estrellas comienzan a agrandarse hasta convertirse en inmensas flores de luz. Sólo se ve un ojo de buey iluminado de donde salen la Voz de Murieta y la Voz de Teresa Murieta. Se escucha el ruido del mar.*

Diálogo amoroso

VOZ DE MURIETA.

Todo lo que me has dado ya era mío
y a ti mi libre condición someto.
Soy un hombre sin pan ni poderío:
sólo tengo un cuchillo y mi esqueleto.

Crecí sin rumbo, fui mi propio dueño
y comienzo a saber que he sido tuyo
desde que comencé con este sueño:
antes no fui sino un montón de orgullo.

VOZ DE TERESA.

Soy campesina de Coihueco arriba,
llegué a la nave para conocerte:
te entregaré mi vida mientras viva
y cuando muera te daré mi muerte.

VOZ DE MURIETA.

Tus brazos son como los alhelíes
de Carampangue y por tu boca huraña
me llama el avellano y los raulíes.
Tu pelo tiene olor a las montañas.

Acuéstate otra vez a mi costado
como agua del estero puro y frío
y dejarás mi pecho perfumado
a madera con sol y con rocío.

VOZ DE TERESA.

Es verdad que el amor quema y separa?
Es verdad que se apaga con un beso?

VOZ DE MURIETA.

Preguntar al amor es cosa rara,
es preguntar cerezas al cerezo.

Yo conocí los trigos de Rancagua,
viví como una higuera en Melipilla.
Cuanto conozco lo aprendí del agua,
del viento, de las cosas más sencillas.

Por eso a ti, sin aprender la ciencia,
te vi, te amé y te amo, bienamada.
Tú has sido, amor, mi única impaciencia,
antes de ti no quise tener nada.

Ahora quiero el oro para el muro
que debe defender a tu belleza.
Por ti será dorado y será duro
mi corazón como una fortaleza.

VOZ DE TERESA.

Sólo quiero el baluarte de tu altura
y sólo quiero el oro de tu arado,
sólo la protección de tu ternura:

mi amor es un castillo delicado
y mi alma tiene en ti sus armaduras:
la resguarda tu amor enamorado.

VOZ DE MURIETA.

Me gusta oír tu voz que corre pura
como la voz del agua en movimiento
y ahora sólo tú y la noche oscura.
Dame un beso, mi amor, estoy contento.
Beso mi tierra cuando a ti te beso.

VOZ DE TERESA.

Volveremos a nuestra patria dura
alguna vez.

VOZ DE MURIETA.

El oro es el regreso.

> *Silencio. En la oscuridad del barco sigue encendida la ventana del camarote de Murieta. Surge una canción en coro. Sólo se cantará una estrofa con estribillo. Coro invisible. Es la misma canción masculina de la escena anterior.*

A California, señores,
me voy, me voy,
si se mejora mi suerte,
ya sabes adónde estoy:
si me topo con la muerte,
chileno soy.
A California, señores,
me voy, me voy.

> *Silencio. Se apaga la luz de la ventana.*

CUADRO TERCERO

El Fandango

Luz sobre el cantante en primer plano. Proyección panorámica de San Francisco en 1850. Es un grabado de la época.

CANCIÓN MASCULINA

Antes que ninguna gente
al oro Chile llegó:
San Francisco parecía
otra cosa en aquel día:
sobre la arena llovía
y resbalaron las gotas
entre las calles desiertas
sobre las casas muertas
y tejas rotas.

No había
nadie hasta que Dios llegó,
hasta que el oro brilló
y llegó la policía,
porque el diablo había llegado
y el puerto desamparado
se incendió
con el fuego del tesoro
y en el puerto
del desierto
comenzó a bailar el oro.

Pero el primero que entró
y el primero que bailó

en el nuevo paraíso
llegó de Valparaíso,
y el que bailó con ojotas
antes que nadie y ninguno
era un roto de Quillota,
y el que llegaba después
era un negro de Quilpué,
y el que se casó al llegar
venía de Vallenar,
y aquel que se nos murió
era natural, el pobre,
del norte, de Copiapó:
se cayó al agua salobre,
al agua de San Francisco,
y se murió de porfiado:
no quería sino pisco.

Pero hablar de los finados
no es bueno,
lo que hay que dejar sentado
en este canto sereno
es que aunque nada ganó
el primero que llegó
fue un chileno.

> *Aparece una taberna, El Fandango. Hay chile-*
> *nos, mexicanos, peruanos, etc. En el fondo*
> *hay un grupo de* Rangers *con sombreros teja-*
> *nos. Luego irrumpe el diálogo que, empezado*
> *por los chilenos, se extiende a los demás pa-*
> *rroquianos. Entre ellos, sentados, Tresdedos y*
> *Reyes. Ruidos. Movimiento.*

EL PRIMERO DE TODOS. Comenzamos al amanecer. Déle
que déle todo el día. Algo sacamos. Pero en estos lavaderos
hay más barro que oro.
UNO. Hay más sudor que oro.
OTRO. Yo le saqué dos onzas a la arena.

OTRO. Yo le saqué cinco. No me quejo.

TODOS. Vamos sudando, compadre. El oro pide sudor.

UNO. Y usted, compadre?

OTRO. No me diga nada, compadre.

UNO. Se siente fregado? Y por qué?

OTRO. Me siento fregando.

UNO. Cómo es eso?

OTRO. Tengo lavandería.

OTRO. Y yo panadería.

OTRO. Y yo la pulpería.

ARGENTINO. La pucha estos chilenos! Se la llevan suavecita! Yo soy maestro de baile. *(Bailando unos compases.)* «Gringuita, no te escapés, tenés que mover los pies.»

TODOS. Es poco el oro y mucho el baile.

UNO. Y cómo les va a los de México?

MEXICANO. Para decir verdad, voy a decírselo a usted. Apenas sacamos para una enchilada. De cuando en cuando, una pepita.

(Con música de corrido mexicano.)

Sudando hasta morir,
podemos descubrir
una pepita de oro
como un grano de anís.

CHILENO. Bueno. A celebrar el orito, aunque sea poquito.

OTRO. Mozo!

RANGERS. *(Desde el fondo del escenario.)* You must say *boy*.

CHILENO. Boymozo! Una chicha!

TODOS. Chicha para todos, boymozo!

Los mozos no se mueven. Avanzan los Rangers empuñando pistolones. Uno se queda al centro, mientras los otros encañonan a los parroquianos.

EL RANGER DEL CENTRO. You are now in California. Here's no chicha. In California you must have whisky!

UNO. Pero nosotros queremos chicha!

TODOS LOS CHILENOS. Queremos chicha!

TODOS LOS RANGERS. No chicha here! Whisky! Whisky! Whisky!

> *(Les ponen una pistola en la sien.)*

CHILENOS. Boymozo! Un whisky!

OTRO. Hay que pedirlo con *water*!

TODOS LOS CHILENOS. Un whisky con *water-closet*!

> *(Los* Rangers *se retiran. El ambiente decae.)*

REYES. *(Después de un silencio, a Tresdedos.)* Compadre, parece que hay que tener cuidado!

TRESDEDOS. Sí, compadre! Salimos de Chile a tomar el fresco, pero usted tiene razón. Hay que tener cuidado!

REYES. *(Larga pausa.)* Qué hora será en Valparaíso?

> *Todos se quedan en actitud estática, mirando hacia el infinito. Sin que nadie lo anuncie, surge del escenario la Cantante morena, que canta su número como una evocación, como algo que pasara en el recuerdo de los chilenos. La luz destaca a la cantante y baja sobre los parroquianos.*

CANTANTE MORENA
(Música de «Barcarola»)

Me piden, señores, que cante y les cuente la historia de mi enamorado
y quieren saber si mi amor fue tal vez marinero o soldado.
Les voy a contar que nací a las orillas de un río celeste
y el cielo era un río con piedras azules y estrellas silvestres.
Se llama Bío Bío aquel río y tan lejos está que no sé si aún existe:
en mi alma resuenan sus aguas: por eso estoy triste.

A veces de noche escuchando las piedras azules que el agua
 golpea
despierto y no veo sino las paredes que ahora me encierran.

Y siento un dolor que me aprieta la boca y que mi alma desgarra
hasta que descuelgo del muro la voz de mi triste guitarra.

Y ahora pregunten si fue marinero o soldado, si joven o viejo
mi amor, les respondo: mi amor es un río que corre allá lejos!

> *Desaparece la Cantante morena como por*
> *arte de magia. Vuelve la luz. Ruido de un ca-*
> *ballo galopando que se acerca y se detiene.*
> *Entra un Jinete vestido de negro que habla*
> *agitadamente por el cansancio que trae.*

JINETE. Saben la noticia?
TRESDEDOS. Qué noticia?
JINETE. Mataron a diecisiete!
REYES. Y a mí qué me importa?
JINETE. Eran chilenos!
CHILENOS. Chupalla!
JINETE. Y a tres mexicanos!
MEXICANOS. Caracho!
CHILENO. Y dónde fue, compadre?
JINETE. En Sacramento. Los sacaron de la cama y los hicie-
 ron hacer las zanjas. Luego los fusilaron!
CHILENO. Y por qué los mataron?
MEXICANOS. Es porque no somos güeros, mano! Creen que
 Dios los premió colorados! Se creen sobrinos de Dios con
 ese color de huachimango!

> *Pausa.*

TRESDEDOS. El otro día mataron a otros diez! Les echaron
 la culpa de la muerte de un tal Conley, que era un conocido
 matador de chilenos.
OTRO. Bueno. Ahí están los muertos hasta mal enterrados.
 Parece que a algunos se les ven los pies.

OTRO. Ovalle, se acuerda de Ovalle? Fue el único que se salvó.

REYES. Ah puchas, Tresdedos! No me está gustando la cosa! No se da cuenta de que nos consideran negros? Mejor me vuelvo a la Aduana!

TRESDEDOS. Ya no es tiempo, don Reyes! Ahora no hay más que tener cuidado!

> *Todos se sienten apesadumbrados. Como una imagen del temor, aparece otra cantante. Es la Cantante negra.*

CANTANTE NEGRA
(Negro spiritual)

Down goes the river
Down to the south
I've lost my ring
I've lost my soul.

Go, sailor, go, but don't inquire
where I have hidden my own heart!
My heart is there there there
in no man's land.

Down go the winds
down go the clouds
I've lost my ring
I've lost my soul.

Down goes the river
Down to the south
I'll never see again my ring, my ring.
I've for ever lost my soul, my soul.

> *En la última sílaba del número de la Cantante negra, dos Encapuchados cierran violentamente las cortinas del tinglado.*

LOS DOS ENCAPUCHADOS. Silence! No niggers here!

> *No bien cerrado el telón del tinglado, se intro-*
> *duce por su abertura un* Ranger *y anuncia con*
> *un redoble de tambor circense.*

EL RANGER. Distinguido público. Público subdesarrollado!
Este honrado lupanar, el nunca bien ponderado Fandango,
se honra en presentarles el *Alma de California: La Pulga de*
Oro.

> *Al retirarse el* Ranger *se abren las cortinillas y*
> *aparece La Pulga de Oro, dentro de un gran*
> *marco de oro, envuelta en una capa de tercio-*
> *pelo negro. Sólo se le ven la cara, el pelo y las*
> *manos de oro bataclanesco. Los Borrachos se*
> *lanzan a adorarla tratando de atraparla codi-*
> *ciosamente.*

CORO DE BORRACHOS

Buscando pepitas
para su mamá,

> catita chiquita,
> no busques más.

Venía la catita
por el arenal,

> catita chiquita,
> no busques más.

El gringo te quita
tu pepa, catita,
no busques más.

> Aquí está tu amigo,
> cásate conmigo,
> cocina la sopa,
> sácate la ropa,
> no busques más.

Catita chiquita,
no busques pepitas
para tu mamá.

> *Durante este número la Cantante rubia se ha
> ido despojando de la capa y demás vestimen-
> tas en una especie de striptease, hasta quedar
> desnuda y dorada.*

CANTANTE RUBIA

Lovely boy,
don't talk
to me!
I want to see
your daddy first!
Please call your uncle Benjamin
and your grand father Seraphim!
Lovely boy,
don't talk
to me!

I am so far
you won't believe!

I am as cold
as a star fish!

Don't talk to me
I think because
your daddy was born for me!
or your uncle Benjamin!
or your grand father Seraphim!

> *Al terminar este número se escucha una salva
> de aplausos combinados con silbidos ensorde-
> cedores. Aparece el Caballero Tramposo. Tra-
> ta de hacerse oír. Redoble de tambor.*

CABALLERO TRAMPOSO. Y ahora, distinguido público...

> *Sigue la algazara. El Caballero Tramposo saca*
> *un pistolón y lanza un disparo que acalla a la*
> *gente. Le siguen disparos de unos seis revólve-*
> *res. Se descorre el teloncillo. Aparecen los Co-*
> *rifeos del Caballero Tramposo. Cada uno de*
> *éstos se va a instalar amenazantemente junto*
> *a cada grupo de parroquianos.*

CORIFEOS.
> Y ahora, el gran número de California!

CABALLERO TRAMPOSO.
> Vengo llegando de San Blas.
> Soy el jugador eficaz.

CORIFEOS.
> Es el jugador eficaz.

CABALLERO TRAMPOSO.
> He llegado de Santa Inés.
> Soy un espejo de honradez.

CORIFEOS.
> Es un espejo de honradez.

CABALLERO TRAMPOSO.
> Recién pasé por Santa Mama.
> Sólo voy donde no me llaman.

CORIFEOS.
> Él sólo va donde no lo llaman.

CABALLERO TRAMPOSO.
> Y cuando estuve en San Melchor
> me recibió el Gobernador.

CORIFEOS.
> Lo recibió el Gobernador.

CABALLERO TRAMPOSO.
> Pero al salir de Santa Lucía
> se equivocó la Policía.

CORIFEOS.
> Se equivocó la Policía.

CABALLERO TRAMPOSO.

>Me mandaron a San Ramón
>tomándome por un ladrón.

CORIFEOS.

>Lo tomaron por un ladrón.

CABALLERO TRAMPOSO.

>Yo les pregunto, caballeros,

>*(Se quita el sombrero.)*

>si tienen joyas o dinero.

CORIFEOS.

>Si tienen joyas o dinero.

CABALLERO TRAMPOSO.

>Si encontrarán otra ocasión
>de comprobar mi condición.

CORIFEOS.

>De comprobar su condición.

CABALLERO TRAMPOSO.

>Ahora verán:
>este sombrero
>de caballero
>que es el mío
>está vacío.

CORIFEOS.

>Está vacío.

CABALLERO TRAMPOSO.

>Aquí no hay nada:

>*(Mostrando el sombrero.)*

>ni una mirada,
>ni una moneda,
>ni una monada
>ni una mireda:
>todo está bien,
>nada está mal,
>y ahora vean
>este animal.

          (Saca un conejo blanco.)

CORIFEOS.

   Un animal!

CABALLERO TRAMPOSO.

   Prepararemos
   en seguidilla
   una tortilla
   original,
   una *omelette*
   mineral.
   Quiero relojes exquisitos,
   quiero comer relojes fritos!

CORIFEOS.

   Quiere comer relojes fritos!

CABALLERO TRAMPOSO.

   Primero aceite en el sombrero

   (Toma el sombrero y vierte aceite de una alcu-
   za grande.)

   No tengan miedo. Ahora a la luz
   este huevito de avestruz.

   (Toma un huevo grande de avestruz, lo quie-
   bra y lo echa dentro.)

CORIFEOS.

   Es un huevito de avestruz!

CABALLERO TRAMPOSO.

   Con unos cuantos relojitos
   continuaré mi trabajito.

        (Se arremanga.)

   Caigan relojes a granel
   en el sombrero de Luzbel.

   Los concurrentes sacan inmensos relojes con
   cadenas doradas resistiéndose a entregarlos.
   Los Corifeos les dan golpes de bastón en la ca-

beza, de tal manera que, al ser derribados los
parroquianos, los relojes van cayendo uno a
uno en el sombrero del Caballero Tramposo.

(Cínico, al público.) Ven ustedes? Entregan sus
relojes de todo corazón.

CORIFEOS.
Sí! De todo corazón!

CABALLERO TRAMPOSO.
Miren ahora con atención loca,
abran los ojos y cierren la boca:
en mi sombrero
batiendo vamos
con un mortero
lo que aquí echamos.

(Machaca y se oye un ruido de vidrios tritu-
rándose.)

No pongan caras
tan amarillas:
si es cosa rara
de estos relojes
hacer tortillas,
es más extraño
lo que ha pasado!
Y colorín colorado,
los relojes han volado!

El Caballero Tramposo y sus Corifeos huyen
por el escenario. Los parroquianos quedan
confundidos en gran algazara gritando:

PARROQUIANOS.
Maldito!
Agarrarlo!
A pegarle!
Dónde está?

Por aquí!
Se fue!
A romperle los huesos!
A romperle el alma!
Qué bribón!
Hijo de puta!
Cabrón!
Mi reloj!
Mi reloj!
Mi reloj!
Mi reloj!

Todos se precipitan hacia el escenario, pero en el momento de subir, sale del cortinaje un grupo de Encapuchados que, armas en mano, los detienen. De inmediato comienzan a golpear a los parroquianos y a destruir el local.

ENCAPUCHADOS.

Shut up! Damn you!
Go to hell!

GRITOS.

Mi reloj!
Mi reloj!

UN ENCAPUCHADO.

There is no reloj!
Here you have it.

(Golpea en la cabeza a un mexicano con la porra.)

Una mujer rompe una guitarra en la cabeza de un Encapuchado. Éstos reducen a escombros el local. Quedan mesas rotas, las sillas tiradas. Durante todo este tiempo se oirá un ruido de vidrios quebrándose. Algunos cuerpos inermes en el suelo. Los Encapuchados beben en el mesón.

ENCAPUCHADO 1.°
> Everything all right!

ENCAPUCHADO 2.°
> I think so.

ENCAPUCHADO 3.°
> Let us see the relojes.

ENCAPUCHADO 4.°

> *(Se levanta el capuchón apareciendo la cabeza sonriente del Caballero Tramposo. Saca de sus faltriqueras los enormes relojes dorados repartiéndolos entre los Encapuchados parsimoniosamente.)*

> One...
> Two...
> Three...
> Four...
> Five...
> Six...
> Seven...
> etc. ...
> etc. ...

> *Se van con lentitud. En el suelo se levanta una cabeza, luego otra.*

REYES.
> Nos volvemos a Chile, compadre?

TRESDEDOS.
> No hay caso, compañero. Nos quedamos!
> Le echamos para adelante!

> *Desde este instante Tresdedos aparecerá con un ojo vendado hasta el final de la obra, es decir, con un parche negro sobre un ojo.*

CUADRO CUARTO

Los galgos y la muerte de Teresa

VOZ DEL POETA.

Husmeando la tierra extranjera desde el alba oscura
hasta que rodó en la llanura la noche en la hoguera,
Murieta olfatea la veta escondida, galopa y regresa
y toca en secreto la piedra partida, la rompe o la besa,
y es su decisión celestial encontrar el metal y volverse in-
    mortal.
Y buscando el tesoro sufre angustia mortal y se acuesta cu-
    bierto de lodo.
Con arena en los ojos, con manos sangrantes, acecha la glo-
    ria del oro
y no hay en la tierra distante tan valiente y atroz caminante.
Ni sed ni serpiente acechante detienen sus pasos.
Bebió fiebre en su vaso y no pudo la noche nevada
cortar su pisada. Ni duelos ni heridas pudieron con él.
Y cuando cayó siete veces, sacó siete vidas,
y siguió de noche y de día el chileno montado en su claro
    corcel.

Detente! le dice la sombra, pero el hombre tenía su esposa
esperando en la choza y seguía por la California dorada
picando la roca y el barro con la llamarada
de su alma enlutada, que busca en el oro encontrar la ale-
    gría
que Joaquín Murieta quería para repartirlo volviendo a su
    tierra.
Pero lo esperó la agonía, y se halló de repente cubierto de
    oro y de guerra.

CORO

Hirvió con el oro encontrado la furia y subió por los montes.
El odio llenó el horizonte con manchas de sangre y lujuria.
Y el viento delgado cambió su vestido ligero y su voz transparente,
y el yanqui vestido de cuero y capucha buscó al forastero.

> *Una luz descubre en el centro del escenario a*
> *un grupo de Encapuchados. Están realizando*
> *una especie de rito con un ceremonial a la vez*
> *lúgubre y grotesco.*

UNO.
　　Quién es el padre?

GALGOS.
　　El oro.

UNO.
　　Quién es el hijo?

GALGOS.
　　El oro.

UNO.
　　Quiénes somos nosotros?

GALGOS.
　　Los dueños del oro!

TODOS.
　　Amén.

UNO.
　　Dios está con los indios?

GALGOS.
　　Dios les quitó estas tierras!

UNO.
　　Y qué hizo con ellas?

GALGOS.
　　Fueron para nosotros!

UNO.
　　Nuestro profeta Sullivan lo ha dicho:

TODOS. «Es nuestro absoluto destino extendernos hasta hacernos dueños de todo el continente que la Providencia nos
  ha entregado para el gran experimento de la libertad.»

(Mientras lo dicen en castellano se proyecta en panorámica el facsímil del manifiesto en inglés.)

UNO.

Quiénes son los mexicanos?

GALGOS.

Indios y mestizos!

UNO.

Quiénes son los chilenos?

GALGOS.

Indios y mestizos!

UNO.

Cuál es nuestro deber?

GALGOS.

Mandarlos al diablo!

TODOS.

To hell! To hell!

UNO.

Quemarlos!

OTRO.

Ahorcarlos! *(Arde una cruz.)*

Se prosternan y colocan en forma ritual. Las capuchas con formas de chacales y galgos.

UNO.

Sólo la raza blanca!

TODOS. Somos la Gran Jerarquía. Los Galgos Rubios de California! Sólo la raza blanca! *(Se retiran.)*

CANCIÓN FEMENINA

Ya parte el galgo terrible
a matar niños morenos:
ya parte la cabalgata,
la jauría se desata
exterminando chilenos:
y con el rifle en la mano
disparan al mexicano

y matan al panameño
en la mitad de su sueño.
Ay qué haremos!
Buscan la sangre y el oro
los lobos de San Francisco,
apalean las mujeres
y queman los cobertizos
y para qué nos vinimos
de nuestro Valparaíso!
Maldita sea la hora
y el oro que se deshizo!
Vienen a matar chilenos.
Ay qué haremos! Ay qué haremos!

CORO FEMENINO

Los duros chilenos reposan cuidando el tesoro, cansados del
oro y la lucha.
Reposan, y en sueños regresan, y son otra vez labradores, marinos, mineros.
Reposan los descubridores y llegan envueltos en sombra los
encapuchados.
Se acercan de noche los lobos armados buscando el dinero
y en los campamentos muere la picota porque en desamparo
se escucha un disparo y muere un chileno cayendo del sueño.
Los perros aúllan. La muerte ha cambiado el destierro.

> *Proyección de lavaderos en el panorama. En-*
> *tran los buscadores de oro con sus herramien-*
> *tas y mientras cantan trabajan.*

CORO DE LOS LAVADORES

Buscando buscando buscando
pasamos esta vida perra
lavando lavando lavando
metidos en barro y arena
el oro reluce en el agua

> el oro se esconde en la tierra
> buscando buscando buscando
> con hambre con fiebre con pena
> lavando lavando lavando
> sin patria sin Dios sin estrella
> y el oro se va con los ricos
> y sigue la misma miseria.

Se repiten las frases del fandango, pero con acento triste.

EL PRIMERO DE TODOS. Comenzamos al amanecer. Déle que déle todo el día. Algo sacamos. Pero en estos lavaderos hay más barro que oro.

UNO. Hay más sudor que oro.

OTRO. Yo le saqué dos onzas a la arena.

OTRO. Yo le saqué cinco. No me quejo.

TODOS. Vamos sudando, compadre. El oro pide sudor.

(Entran los Galgos.)

GALGO. Y ustedes qué hacen aquí? Son ciudadanos norteamericanos? No conocen la ley?

CHILENO. La ley del embudo? Sí, la conocemos. Poquito para nosotros, todito para ustedes!

GALGO. Tienen que largarse! No estamos en México. Ésta es tierra de la Unión.

CHILENO. La tierra es de los que la trabajan. Y aquí somos nosotros los que sudamos lavando arena.

GALGO. Ya lo saben. No queremos negros ni chilenos por aquí. Ni mexicanos. Ésta no es tierra mexicana. Si siguen aquí se van a enfermar.

MEXICANO. Mexicanos nacimos y mexicanos somos. Y a mucho honor, señor gringo. Estas tierras se bautizaron con sudor mexicano. Se llaman Tejas y San Francisco y Zamora.

OTRO. Se llaman Chapanal y Santa Cruz, San Diego, Calaveras.

OTRO. Se llaman Los Coyotes, San Luis Obispo, Arroyo Cantova.

OTRO. Camula, Buenaventura.

OTRO. San Gabriel, Sacramento.

MEXICANO. Se llama como Sonora, como Cuernavaca.

CHILENO. Como Valparaíso, como Chillán Viejo.

MEXICANO. Dígame, pues, si estos nombres son gringos o cristianos?

GALGO. Se llenan la cabeza de nombres, de palabras...

CHILENO. Y ustedes se llenan de dólares.

GALGO. Aquí se acaba la discusión. Los nativos fuera de aquí! La guerra la ganamos nosotros! Debemos enseñarles lo que es la libertad!

TODOS LOS GALGOS. América for the Americans!

CHILENO. Qué dicen? Qué gritan?

MEXICANO. Dicen: «América para los norteamericanos!».

GALGO. Y este trapo? Quién lo puso aquí?

CHILENO. No es un trapo. Soy chileno. Es mi banderita.

LOS GALGOS. A sacarla. Es bandera de nativos!

CHILENO. Y quién la ha prohibido?

LOS GALGOS. Nosotros! Los blancos! Los galgos! Han oído? A sacar la bandera!

(Hacen ademán de arriarla.)

CHILENOS. *(Sacan los corvos.)* Así es que es así la cosa?

> *Gresca general. Un disparo hace arder la bandera convirtiéndola en una antorcha. Los Galgos se retiran perseguidos por los latinoamericanos.*

VOZ DEL POETA.

Y los asesinos en su cabalgata mataron la bella, la esposa de mi compatriota Joaquín. Y la canta por eso el poeta.

Salió de la sombra Joaquín Murieta sin ver que una rosa de sangre tenía

en su seno su amada y yacía en la tierra extranjera su amor destrozado.

Pero al tropezar en su cuerpo tembló aquel soldado

y besando su cuerpo caído, cerrando los ojos de aquella que
fue su rosal y su estrella,
juró estremecido matar y morir persiguiendo al injusto,
protegiendo al caído.
Y es así como nace un bandido que el amor y el honor condujeron un día
a encontrar el dolor y perder la alegría y perder mucho más
todavía:
a jugar, a morir, combatiendo y vengando una herida
y dejar sobre el polvo del oro perdido su vida y su sangre
vertida.

> *Escena: El frontis del rancho de Murieta. En-*
> *tran dos hombres, uno Encapuchado y otro*
> *de sombrero Tejano. Golpean a la puerta de*
> *la casa.*

VOZ DE TERESA. Quién es?

> *Teresa habla desde adentro. No abrirá la*
> *puerta. Los hombres no responden. Se mue-*
> *ven sigilosamente examinando la manera de*
> *entrar en la casa. Golpean de nuevo.*

VOZ DE TERESA. Quién es? Qué pasa?
ENCAPUCHADO. Mister Murieta?
VOZ DE TERESA. No está Joaquín! Se fue a los lavaderos!
   Aquí no está!
ENCAPUCHADO. Very well!

> *Se arrojan contra la puerta, que derriban a*
> *empujones y patadas. Entran en la casa. Rui-*
> *dos, quebrazón.*

VOZ DE TERESA. Socorro! Socorro! Asesinos!

> *Calla su voz. Uno de los atacantes, el de som-*
> *brero Tejano, se asoma a la puerta y llama*
> *con un silbato. Acuden seis o siete Encapu-*
> *chados y Tejanos.*

TEJANO. Come on!

> *Entran todos. Continúa el salvaje ruido de quebrazón y destrucción. Silencio. Luego se oye un largo alarido de Teresa. Pasan minutos. Silencio. Se oyen dos detonaciones desde el interior de la casa. Salen corriendo los atacantes. El primero en salir, descubierto, es el Caballero Tramposo, que rápidamente se cubre con el capuchón. Galope de caballos que se alejan. Se enrojecen las ventanas. Comienza a salir humo de incendio de la casa de Murieta. Acuden hombres y mujeres y el Vendedor de Pájaros, quien lleva a la espalda una gran jaula con algunas palomas en el interior. Entran, sacan sillas y enseres precipitadamente. El incendio continúa. De pronto alguien grita:*

UNA VOZ. La mataron!
OTRA VOZ. Es Teresa!
OTRA VOZ. Está muerta!
UN HOMBRE. La violaron también!

> *Un murmullo de odio recorre el grupo.*

VOCES. Salvajes!
VOCES. Hay que avisarle a Joaquín!
VOCES. Hay que llamar a Murieta!
VENDEDOR DE PÁJAROS. Compañeras palomas, vuelen a buscarlo! No vuelvan sin él!

> *Vuelan las palomas. Cierra la jaula vacía. Se seca las lágrimas con un pañuelo de colores. Sale lentamente entre las mujeres arrodilladas, diciendo:*

VENDEDOR DE PÁJAROS. Hasta cuándo!
VOZ DE MUJERES. Hasta cuándo!

> *Largo silencio. Se oye un grito trágico en la
> voz de Murieta. Las mujeres, que estaban
> arrodilladas, se levantan súbitamente y ha-
> blan al unísono.*

CORO FEMENINO

Venganza es el hierro, la piedra, la lluvia, la furia, la lanza,
la llama, el rencor del destierro, la paz crepitante.
Y el hombre distante enceguece clamando en la sombra ven-
    ganza,
buscando en la noche esperanza sangrienta y castigo cons-
    tante.
Despierta el huraño y recorre a caballo la tierra nocturna,
    Dios mío,
qué busca el oscuro al acecho del daño que brilla en su mano
    cortante?
Venganza es el nombre instantáneo de su escalofrío
que clava la carne o golpea en el cráneo o asusta con boca
    alarmante.
Y mata y se aleja el danzante mortal galopando a la orilla del
    río.

> *Se retira el Coro femenino, salvo tres solistas,
> que escuchan la canción masculina con la ca-
> beza gacha.*

CUADRO QUINTO

El fulgor de Joaquín

En silueta aparecen ahorcados colgando de árboles y vigas. Cabalgatas.

CANCIÓN MASCULINA

Con el poncho embravecido
y el corazón destrozado,
galopa nuestro bandido
matando gringos malvados.

Por estas calles llegaron
estos hombres atrevidos,
se encontraron con Joaquín
y Joaquín con su destino.

RECITADO

*Ya
cayó uno,
ya van dos:
son siete,
lo digo yo.*

Galopa con poncho rojo
en su caballo con alas,
y allí donde pone el ojo,
mi vida, ay, pone la bala.

Y cómo se llama este hombre?
Joaquín Murieta es su nombre.

TRÍO DE VOCES FEMENINAS

*Acompañado por las voces de un Coro inte-
rior que está entre telones. Al terminar la canción masculina, las tres Solistas levantan la cabeza e interrogan al público.*

SOLISTA 1.
Dónde está este jinete atrevido, vengando a su pueblo, a su
raza, a su gente?
SOLISTA 2.
Dónde está el solitario insurgente? Qué niebla ocultó su
vestuario?
SOLISTA 3.
Dónde están su caballo y su rayo, sus ojos ardientes?
LAS TRES.
Se encendió intermitente, en tinieblas acecha su frente.
Y en el día de las desventuras, recorre un corcel. La ven-
ganza va en esa montura.
CORO INTERIOR.
Galopa!
SOLISTA 1.
«Galopa!» le dice la arena que tragó la sangre de los desdi-
chados.
SOLISTA 3.
Y alguna chilena prepara un asado escondido para el fora-
jido que llega cubierto de polvo y de muerte.
SOLISTA 2.
«Entrega esta flor al bandido y que tenga suerte.»
SOLISTA 3.
«Tú dale, si puedes, esta gallinita», susurra una vieja de An-
gol de cabeza marchita.
SOLISTA 2.
«Y tú, dale el rifle –dice otra– de mi asesinado marido.
Aún está manchado con sangre de mi bienamado.»
SOLISTA 1.
Y este niño le da su juguete, un caballo de palo, y le dice:
«Jinete, galopa a vengar a mi hermano que un gringo
mató por la espalda».

LAS TRES.
Y Murieta levanta la mano y se aleja violento con el caballito en las manos del viento.

SOLISTA 3.
Y dice la madre:

VOZ INTERIOR.
«Yo soy una espiga sin grano y sin oro,
no existe el tesoro que mi alma adoraba. Colgado en la viga,
mi Pedro, hijo mío, murió asesinado y lo lloro.
Y ahora, mis lágrimas Murieta ha secado con su valentía.»

SOLISTA 2.
Y la otra, enlutada y bravía, mostrando el retrato de su hermano muerto,
levanta los brazos enhiestos, y besa la tierra que pisa el caballo de Joaquín Murieta.

CORO INTERIOR.
Galopa Murieta!

LAS TRES.
Galopa Murieta!

SOLISTA 3.
La sangre caída decreta que un ser solitario
recoja en su ruta el honor del planeta.

SOLISTA 1.
Y el sol solidario
despierta en la oscura llanura.

SOLISTA 2.
Y la tierra sacude en los pasos errantes
de los que recuerdan amantes caídos y hermanos heridos.

LAS TRES.
Y por la pradera se extiende una extraña quimera, un fulgor: es la furia de la primavera.
Y la amenazante alegría que lanza, porque cree
que son una cosa victoria y venganza.

Se retiran las Solistas por la izquierda. Entran
Tresdedos y Reyes por la derecha.

REYES. Parece que se armó la grande! Usted que sabe más

que yo de lo que yo sé menos que usted, puede decirme qué
vamos a hacer ahora, compadre?

TRESDEDOS. Con Murieta nos vamos! Hasta la muerte!

REYES. Hasta su muerte será, compadre! Por qué dispone de
la mía? Qué, se la regaló mi mamita?

TRESDEDOS. Allá en Copiapó lo aprendí, compadre! Cuando estalla el barreno, la tierra tiembla, se oscurece el cielo y
la piedra dura se rompe en pedazos. No haga caso de la ex-
plosión, no le haga caso al humo. Aquí está la piedra dura
y hay que romper la piedra o romperse el alma!... No ha
visto nuestros hermanos heridos? La sangre caída por todas
partes? Es nuestra sangre! Ya somos viejos, pero éste es
nuestro destino! Yo creo en la venganza, pues por ahí puede comenzar la victoria.

Entra el Indio.

TRESDEDOS. Alto! Quién va!

INDIO. Rosendo Juárez anda buscando al general Murieta.

TRESDEDOS. Y quién es ese Rosendo Juárez?

INDIO. Rosendo Juárez soy yo.

TRESDEDOS. Qué quieres hablar con Murieta?

INDIO. Quiero pedirle que nos defienda.

TRESDEDOS. Y qué les pasa a los indios?

INDIO. Lo que digo me sale del corazón y lo diré con una
lengua derecha, porque el Gran Espíritu me mira y me oye.
Estos gringos no dicen la verdad. Nos quitan el oro o se lo
llevan en el juego. Los podemos echar y lo haremos con piedras, con arcos, con flechas. Dicen buenas palabras, pero
éstas no sirven. Con palabras no se pagan los insultos ni los
muertos. No sacan a mi padre de su tumba. Las palabras no
pagan nuestras tierras, no pagan los caballos ni el ganado
que nos quitan. Las buenas palabras no me devolverán mis
hijos ni darán buena salud a mi gente. Todos los hombres
fueron hechos por el mismo Gran Espíritu y si los gringos
blancos quieren vivir en paz con los indios, pueden vivir en
paz. Todos los hombres son hermanos y la tierra es la madre de todos. Pero, la condición de mi gente me rompe el
corazón y tenemos que pelear para protegernos. Rosendo
Juárez ha terminado de hablar.

TRESDEDOS. Amigo Rosendo Juárez. Hay mucho que andar todavía. Pero ven con nosotros. *(A Reyes.)* No ve, compadre? Qué me dice ahora?

REYES. Sabe que me estoy convenciendo, compadre Tresdedos?

TRESDEDOS. Así tenía que ser! Hemos sido hermanos en tantas desgracias. Ahora nos vamos con Murieta! Apretarse los cinturones! Joaquín! Joaquín!

(Se oye un silbido.)

LOS TRES. Allá vamos!

Entran tres hombres.

HOMBRE 1. Adónde van?

TRESDEDOS. Esto no se aguanta más! Nos vamos con Murieta.

HOMBRE 2. Queremos ir con ustedes!

HOMBRE 3. Y yo también!

CORO DE HOMBRES. Murieta! Murieta! Contigo, Murieta!

> *Una ráfaga de hombres invade el escenario. Los hombres se agrupan y cantan al mismo tiempo que bailan una danza que mima escenas de ferocidad y asalto.*

CORO DE LOS ASALTANTES

Llegaron las cuchilladas
qué alegría,
aquí se matan por nada,
madre mía!

Aquí se juega y se canta
y se maldice
y el pobre diablo que cae
que agonice!

A nadie le importa un pito
lo que sucede en el cielo,
si me caigo de un balazo
no habré de pasar del suelo:
si me tienen que matar
del suelo no he de pasar!

Le voy a romper la crisma
al que me lance un sermón,
y a la rubia que me quiera
le comeré el corazón!

Los Asaltantes detienen su danza con un ges-
to amenazador hacia el público. Se oye una
Voz desde dentro.

UNA VOZ. Aquí hay una sorpresa!
UN ASALTANTE. Pase la sorpresa!
OTRO. Pesa mucho?
TODOS. Es oro?
OTRA VOZ. Vale más que el oro! Allá va!

Entran dos Asaltantes arrastrando al Caballe-
ro Tramposo y lo depositan en medio del es-
cenario. Se ve inmensamente alto, con los bra-
zos abiertos. Parece un muñeco.

ASALTANTES.
    – Es el ladrón!
    – Es el jefe de los Galgos!
    – Es el asesino!
    – Éste es el que me robó hasta mi ojo de vidrio!
    – Bandido!
    – Tú mataste a mi hermano!
    – Tú incendiaste mi casa!
    – Que lo pague todo ahora!

El Caballero Tramposo trata de escaparse.

TRESDEDOS. Atención! Apunten! Fuego!

Disparan. El Caballero Tramposo cae al cen-
tro del escenario como un monigote inerte.

UN ASALTANTE. Y ahora, hacia Arroyo Cantova! A repartir el oro a los pobres. Allá nos esperan!

> *El Coro de los asaltantes hace mutis mimando una cabalgata mientras cantan la coda de «Llegaron las cuchilladas». Entran los Galgos Encapuchados y descubren el cuerpo inerte del Caballero Tramposo.*

ENCAPUCHADO PRIMERO. Y éste, quién es?

ENCAPUCHADO SEGUNDO. Es Él!

ENCAPUCHADO TERCERO. Está muerto!

ENCAPUCHADO CUARTO. Está vivo!

ENCAPUCHADO PRIMERO. Éste no muere nunca! Escúchanos! Puedes responder? Quiénes fueron?

CABALLERO TRAMPOSO. *(Con voz vacilante.)* Los de Murieta. Se llevaron el oro! Mataron a todos los hombres. Acuchillaron a las mujeres.

> *Los Galgos se yerguen lanzando un aullido rabioso y ejecutan una grotesca danza ritual para revivir al Caballero Tramposo, mientras entonan un ensalmo.*

GALGOS.
> Alfacadabra, Betacadabra, Blancocadabra!
> Revive Trampón! Salta Saltón!
> Blancocadabra, Betacadabra, Alfacadabra!
> Salta Saltón! Revive Trampón!

> *Al final del ensalmo, los Galgos se prosternan y el Caballero Tramposo emerge de un brinco y pronuncia la sentencia. Mientras corean la sentencia, los Galgos se hacen más y más estridentes.*

CABALLERO TRAMPOSO. Él debe morir!

GALGOS. Murieta debe morir!

CABALLERO TRAMPOSO. Nos roba lo que hemos robado con nuestros esfuerzos.

GALGOS. Murieta debe morir!

CABALLERO TRAMPOSO. Es un subversivo!

GALGOS. Murieta debe morir!

CABALLERO TRAMPOSO. Son indios! No entienden el progreso!

GALGOS. Murieta debe morir!

CABALLERO TRAMPOSO. Juremos aquí mismo su muerte!

GALGOS. Murieta debe morir!

Todos, ya de pie, levantan al cielo sus pistolones, disparan y se van apresuradamente.

CORO FEMENINO

Adiós, compañero bandido. Se acerca la hora. Tu fin está claro y oscuro.

Se sabe que tú no conoces, como el meteoro, el camino seguro.

Se sabe que tú te desviaste en la cólera como un vendaval solitario.

Pero aquí te canto porque desgranaste el racimo de ira. Y se acerca la aurora.

Se acerca la hora en que el iracundo no tenga ya sitio en el mundo.

Y una sombra secreta no habrá sido tu hazaña, Joaquín Murieta.

VOZ DEL POETA.

Pregunta el poeta: «No es digno este extraño soldado de luto que los ultrajados le otorguen el fruto del padecimiento?».

No sé. Pero siento tan lejos aquel compatriota lejano,

que a través del tiempo merece mi canto y mi mano.

Porque defendió mostrando la cara, los puños, la frente,

la pobre alegría de la pobre gente saqueada por el invasor inclemente y amargo.

Y sale del largo letargo en la sombra un lucero

y el pueblo dormido despierta ligero siguiendo la huella escarlata de aquel guerrillero,
del hombre que mata y que muere siguiendo una estrella.
Por eso pregunta el poeta si alguna cantata requiere
aquel caballero bandido que dio al ofendido una rosa concreta:
justicia se llama la ira de mi compatriota Joaquín Murieta.

CUADRO SEXTO

Muerte de Murieta

*La escena se oscurece totalmente. Silencio. En la oscuridad una
cara blanca de mujer, como de tiza, con manto chileno, aparece.
Sólo se ve su rostro. Dice el Casi soneto, mientras el Coro permanece inmóvil en la penumbra.*

CASI SONETO

Pero, ay, aquella tarde lo mataron:
fue a dejar flores a su esposa muerta,
y de pronto el heroico acorralado
vio que la vida le cerró la puerta.

De cada nicho un yanqui disparaba,
la sangre resbalaba por sus brazos
y cuando cien cobardes dispararon
un valiente cayó con cien balazos.

Y cayó entre las tumbas desgranado
allí donde su amor asesinado,
su esposa, lo llamaba todavía.

Su sangre vengadora y verdadera
pudo besar así a su compañera
y ardió el amor allí donde moría.

> *Estalla la música de la muerte. El Coro se re-
> pliega al fondo formando un friso funerario a
> ambos lados de una tumba humilde. Al mis-
> mo tiempo, y sobre el ritmo agitado de la mú-*

sica obsesionante, irrumpen en el escenario
seis Galgos que ejecutan una danza frenética.
Esta danza representa la acción de una jauría
de perros ladrando, aullando, olfateando por
todos los rincones en busca de una presa.
Dan la impresión de que llevan un arma con
la cual apuntan a cada rincón que les parece
sospechoso. Ritmo demoníaco y atmósfera de
ferocidad monstruosa. El cuarteto de Solistas, que se han desprendido del Coro, colocándose a ambos lados de la boca del escenario, expresan, durante la danza, advertencias
a Murieta, esforzándose para que sus voces
sobresalgan por encima del tumulto de la música y el baile.

SOLISTA 1. *(Inmediatamente después del estampido inicial.)*

Escucha la arena
que mueve el desierto!

SOLISTA 2.

Escucha el reloj
que entierra a los muertos!

SOLISTA 3.

Atrás, bandolero!
La muerte te aguarda!

SOLISTA 4.

Llegaron los Galgos!

SOLISTA 1.

Murió una guitarra!

SOLISTA 2.

Tu sangre invisible
será derramada!

SOLISTA 3.

Oíste, Murieta?

SOLISTA 4.

La tierra te advierte!

SOLISTAS 4 y 2.

Se cumple el destino!

SOLISTA 4.

Los Galgos te acechan!

SOLISTA 3.

Termina tu suerte!

SOLISTA 1.

Te siguen las huellas!

SOLISTA 2.

Por ese camino
se acerca la muerte!

SOLISTA 4.

No traigas la rosa
para tu Teresa!

LOS 4 SOLISTAS.

Te aguarda la fosa!

SOLISTA 3.

Teresa dormía.

SOLISTA 1.

Por qué despertarla?

SOLISTAS 2 y 4.

Para qué regar
con sangre su cara?

LOS 4 SOLISTAS.

Murieta, detente!

SOLISTA 4.

Separa tus pasos!

SOLISTA 3.

La rosa que llevas, separa!

SOLISTA 2.

Caerán tus ojos!

SOLISTA 1.

Y se pudrirá tu mirada!
Tus brazos serán una cruz derribada!

SOLISTA 3.

Ya no montarás!

SOLISTAS 3 Y 4.

Ya no correrás!

SOLISTAS 1, 3 y 4.

Ya no comerás!

LOS 4 SOLISTAS.
> Ya no vengarás!

SOLISTA 1.
> Ya no vivirás!

SOLISTA 2.
> Los Galgos ya pisan
> tus propias pisadas!

SOLISTAS 1 Y 4.
> El frío del cielo
> toca sus campanas!

SOLISTA 3.
> El llanto en la luna
> la lluvia prepara!

SOLISTAS 1, 2 Y 4.
> No te necesita
> Teresa, que vive en tu alma!

SOLISTA 3.
> Arroja la rosa
> que lleva tu mano malvada!

SOLISTA 1.
> Por qué tanta sangre?

LOS 4 SOLISTAS.
> Quién es?

Súbitamente la danza se detiene y los Solistas se callan. Un haz de luz cae en el centro del escenario y avanza hacia la tumba, que está al fondo. Cuando la luz toca la tumba, los Galgos agazapados en los rincones, disparan. La luz se torna roja y una flor se abre sobre la tumba de Teresa. Los cuatro Solistas, cubriéndose el rostro con un crespón negro, gritan. La música vuelve violentamente. Los Galgos se abalanzan sobre la tumba y, por breves segundos, miman rítmicamente la acción de segar o de cortar algo a hachazos. Luego, se retiran. Cesa la música. La flor ha desaparecido. El Coro femenino avanza a primer plano para decir el lamento.

LAMENTO

Recitado por el Coro femenino.

Se fue besando la tierra
donde dormía su esposa:
desarmado lo mataron.
Llevaba sólo una rosa
para Teresa, la muerta.
Se multiplicó la flor
con sus heridas abiertas
y dejó llena de rosas
la tumba de su Teresa.
Con una rosa en la mano
ha muerto Joaquín Murieta.
Murió como muere un rayo
y cayó junto a su muerta.
Tanto miedo le tenían
que se acercaban apenas
y disparaban aún
al cadáver de Murieta.
Y cuando ya se atrevieron,
para que no resucite,
le cortaron la cabeza
al muerto, en el cementerio.
Le cortaron la cabeza.
Al guerrillero caído,
le cortaron la cabeza.
Cuando ya no respiraba,
le cortaron la cabeza.
Tanto miedo le tenían
al bravo Joaquín Murieta,
que cuando murió el valiente
y no tenía defensa,
del miedo que le tenían
le cortaron la cabeza.

*Redoble de tambor y corneta de circo pobre. El
Coro se divide en dos, colocándose a ambos la-*

*dos del escenario. Aparece una barraca de feria
dividida en dos espacios por una cortina. En
uno el Barraquero, que es el mismo Caballero
Tramposo, invita a los transeúntes. En el otro
está la cabeza de Murieta en una jaula. La cabeza es más grande que en el tamaño natural y
tiene hilos de gotas de sangre, como rosarios,
que llegan al suelo. Los ojos abiertos. Durante
la escena entrarán incesantemente los mismos
visitantes que darán la vuelta poniéndose sombreros, mantas, bufandas diferentes, o bien,
cambiando lo que transportan, canastas, paraguas, niños en brazos, etc.*

EL BARRAQUERO
(A gritos.)

Entrad here a my barraca
for only twenty centavos.
Here is Joaquin Murieta,
aquí está el tigro encerrado.

Freedom, freedom y negocios
sólo por twenty centavos;
única oportunidad
Murieta decapitado.

Here. Here veinte cents,
twenty centavos, señores,
una cabeza de tigro
en una jaula encerrado.

Señores, por veinte cents,
sólo por veinte centavos.

La cabeza de Murieta
por fin se la hemos cortado:
qué barato twenty cents,

entren a ver el malvado
que tanto nos asustaba
sólo por twenty centavos.

(Estribillo.) Freedom, freedom, etc.

*Avanzan las mujeres en actitud de increpar al
público. Al promediar esta escena ella ya se
está desarrollando en la platea. Al terminar,
las mujeres salen corriendo hacia el* foyer.

CORO FEMENINO

Todas.

Cómo dejan en la jaula,
cómo dejan
en la jaula del oprobio
su cabeza?

Una.

No recuerdan que sus manos
vengaron tantas ofensas?

Otra.

Y tiene abiertos los ojos
y cortada la cabeza?

Otra.

Porque sufrimos salió
a galopar en la arena
y por nosotros mató.

Otra.

No tienen sangre en las venas?

Otra.

No tienen luz en el alma,

Otra.

no tienen manos chilenas,

Otra.

no tienen pies los zapatos,

Otra.

no han visto con qué tristeza
te mira el decapitado
buscándote y no te encuentra?

Todas.

> Hay que robar a los gringos
> su desdichada cabeza.

Otra.

> Hay que darle sepultura
> en la tumba de Teresa.

Otra.

> Ella murió asesinada
> y él, por vengar su belleza,
> llegó a tanta desventura!

Todas.

> Hay que robar su cabeza!

Otra.

> Qué infamia que en esa pieza
> su condición orgullosa,
> su apostura, su nobleza
> derrotada y dolorosa!

Todas.

> Todo eso en exhibición!

Otra.

> Madre mía, qué vileza!

Unas.

> Que no tienen corazón?

Todas.

> Hay que robar la cabeza!

Los hombres repiten la acción realizada por las mujeres.

CORO VIRIL

Todos.

> Qué esperamos los hombres, qué esperamos?
>
> Tenemos corazón! Tenemos manos!

Uno.

> Yo soy de La Serena y lo que tuve,
> un puñado de oro, fue una nube.
> No tengo qué perder sino las penas.
> Padre y madre y mujer en La Serena
> no los veré ya más. Cuenten conmigo.
> El finado Joaquín era mi amigo.

Otro.

De Loncomilla soy, de los bravíos,
a mí nadie me ataja, soy un río,
y con Murieta voy donde me llame:
oigo su voz desde la jaula infame.

Otro.

Yo soy chilote y en la primavera
oigo caer la lluvia en la madera.
Mi tierra, me la comería a besos!
Pensar que aquí voy a dejar los huesos!
Yo abriré la barraca del malvado,
a mí no me resisten los candados.

Otro.

Hombres de Talagante o de Cherquenco,
de Lebu, de Rancagua, de Quillota,
de Púa, de Taltal, de Nacimiento,
de Parral, de Victoria, compatriotas
de Tongoy, de Renaico, de Perquenco,
a romper la barraca
y a romper
los huesos de ese mercader!

Unos.

A robar
la cabeza del capitán!

Otros.

Y aunque murió sin confesión,
a enterrarlo en su religión

Todos.

para que duerma con su espada
junto a su muerta bienamada.

> *Dos mujeres, al fondo del escenario, ponen
> flores en una tumba y rezan en voz baja. En-
> tra el cortejo por el fondo de la sala y avanza
> hacia el escenario, encabezado por Tresdedos
> y Reyes, que llevan la Cabeza de Murieta. To-
> dos marchan en silencio. Sólo se oye un redo-
> ble de campana puntuando el Coro funerario.*

> *Mientras el cortejo avanza entre el público, las*
> *mujeres que oran en el escenario se levantan*
> *dejando en descubierto la tumba de Teresa. El*
> *cortejo llega hasta allí. Durante el desfile se*
> *oye el siguiente Coro funerario.*

CORO FUNERARIO

El oro recibe a este muerto de pólvora y oro enlutado,
el descabellado, el chileno sin cruz de soldado, ni sol ni estandarte,
el hijo sangriento y sangrante del oro y la furia terrestre,
el pobre violento y errante que en la California dorada
siguió alucinante una luz desdichada: el oro su leche nutricia
le dio, con la vida y la muerte, acechado y vencido por odio y
   codicia.
Nocturno chileno arrastrado y herido por las circunstancias
   del daño incesante,
el pobre soldado y amante sin la compañera ni la compañía,
sin la primavera de Chile lejano ni las alegrías que amamos y
   que él defendía,
en forma importuna atacando en su oscuro caballo a la luz de
   la luna,
certero y seguro, este rayo de enero vengaba a los suyos.
Y muerto en su orgullo, si fue un bandolero no sé ni me importa. Ha llegado la hora
de una gran aurora que todas las sombras sepulta y oculta
   con manos de rosa fragante,
la hora, el minuto en que hallamos la eterna dulzura del mundo y buscamos
en la desventura el amor que sostiene la cúpula de la primavera.
Y Joaquín Murieta no tuvo bandera sino sólo un dolor asesino. Y aquel desdichado
halló asesinado su amor por enmascarados. Y así un extranjero que salió a vencer y vivir
en las manos del oro, se tornó bandolero y llegó a padecer, a
   matar y morir.

Piedad a su sombra! Entreguemos la rosa que llevaba a su
    amada dormida,
a todo el amor y al dolor y a la sangre vertida, y en las puer-
    tas del odio esperemos
que regrese a su cueva la oscura violencia, y que suba la clara
    conciencia
a la altura madura del trigo y el oro no sea testigo de crimen
    y furia y el pan de mañana en la tierra
no tenga el sabor de la sangre del hombre caído en la guerra.

> *Escena en el cementerio. La luna. Cavan para*
> *enterrar el despojo. Algunas mujeres rezan.*
> *Habla la Cabeza de Murieta. Los enterradores*
> *se inmovilizan. El Músico Vagabundo acom-*
> *paña el monólogo con una melodía que ape-*
> *nas se oye. Hay un ruido de viento que silba*
> *en la llanura.*

HABLA LA CABEZA DE MURIETA.
    Nadie me escucha, puedo hablar por fin,
    un niño en las tinieblas es un muerto.
    No sé por qué tenía que morir
    para seguir sin rumbo en el desierto.

    De tanto amar llegué a tanta tristeza,
    de tanto combatir fui destruido
    y ahora entre las manos de Teresa
    dormirá la cabeza de un bandido.

    Fue mi cuerpo primero separado,
    degollado después de haber caído,
    no clamo por el crimen consumado,
    sólo reclamo por mi amor perdido.

    Mi muerta me esperaba y he llegado
    por el camino duro que he seguido
    a juntarme con ella en el estado
    que matando y muriendo he conseguido.

Soy sólo una cabeza desangrada,
no se mueven mis labios con mi acento,
los muertos no debían decir nada
sino a través de la lluvia y del viento.

Pero cómo sabrán los venideros,
entre la niebla, la verdad desnuda?
De aquí a cien años, pido, compañeros,
que cante para mí Pablo Neruda.

No por el mal que haya o no haya hecho,
ni por el bien, tampoco, que sostuve,
sino porque el honor fue mi derecho
cuando perdí lo único que tuve.

Y así en la inquebrantable primavera
pasará el tiempo y se sabrá mi vida,
no por amarga menos justiciera
no la doy por ganada ni perdida.

Y como toda vida pasajera
fue tal vez con un sueño confundida.
Los violentos mataron mi quimera
y por herencia dejo mis heridas.

Cuando deja de hablar la Cabeza se mueven
los actores. Reyes y Tresdedos quedan junto a
la tumba recién cavada. En el silencio, el Coro
final.

CORO CANTADO
(Acompañado de órgano.)

La luz ilumina la noche de la desventura.
Y ya no es oscura la noche ni el alma del hombre es oscura.
Así, de la impura venganza, nació la segura esperanza.
Y si nuestra desdicha fue inmensa, más tarde tuvimos defensa.

No tendremos temor ni terror. No será derrotado el honor.
Serán respetados por fin el color de la piel y el idioma español.
Por fin encontraron castigo los Galgos en su propia casa.

> *Sigue el órgano en sordina, mientras la Voz del poeta dice.*

VOZ DEL POETA.

Murieta violento y rebelde, regresa en mi canto al metal y a las minas de Chile.
Ya su juramento termina entre tanta venganza cumplida.
La patria olvidó aquel espanto y su pobre cabeza cortada y caída,
es sólo la sombra del sueño distante y errante que fue su romántica vida.

No es mío el reproche por su cabalgata de fuego y espanto.
Quién puede juzgar su quebranto: fue un hombre valiente y perdido.
Y para estas almas no existe un camino elegido.
El fuego lo lleva en sus dientes, los quema, los alza, los vuelve a su nido.
Y se sostuvieron volando en la llama: su fuego los ha consumido.

Regresa y descansa y galopa en el aire hacia el sur su caballo escarlata.
Los ríos natales le cantan con boca de plata. Y le canta también el poeta.
Fue amargo y violento el destino de Joaquín Murieta. Desde este minuto
el Pueblo repite como una campana enterrada, mi larga cantata de luto.

> CORO CANTADO
> *Retoma el himno anterior in crescendo, hasta el máximo.*

Oh, tú, Justiciero que nos amparaste, recibe las gracias de tus
   compañeros!
Alabado sea, que sea alabado tu nombre, Murieta!

> *Reyes y Tresdedos se ponen en actitud de «fir-*
> *mes», adelantando en un gesto los dos rifles*
> *verticales, sin levantarlos del suelo. Sus ros-*
> *tros demuestran decisión y solemnidad.*

TRES CANCIONES

Estas canciones se pueden dar directamente al público, en la sala o en el foyer, *antes de iniciarse el espectáculo o durante los entreactos.*

Canción masculina

Así como hoy matan negros
antes fueron mexicanos,
así matando chilenos,
nicaragüenses, peruanos,
se desataban los gringos
con instintos inhumanos
hasta que por la vereda
pasa un caballo de seda,
hasta que por los caminos
galopa nuestro destino
y como dos amapolas
se encendieron sus pistolas.
Quién les disputa el terreno
y quién de frente los reta?
Es un bandido chileno!
Es nuestro Joaquín Murieta!

Canción femenina

Ya llegó Joaquín Murieta
a defender nuestra gente,

ya responde el corazón
por el rifle de un valiente.

Que viva Joaquín Murieta,
vivan sus manos agrestes
y sus ojos vengadores
y su apostura celeste.

Que mate a los que mataron,
y si lo llaman bandido
quiero bandidos como éste!

Canción

Los ojos que se murieron,
no murieron, los mataron,
los matarán.
Todos los ojos del mundo
morirán,
porque el mundo está muriendo
en Vietnam.

Porque manejan la historia
los crueles y los ariscos
y ustedes ven la victoria
de la muerte en San Francisco.

Pregunta el hombre:
Algún día
terminará la agonía?
Maldición!
Terminará la crueldad
y reinará la alegría?
Maldición!

Los nazis con su guadaña
cortaron el corazón
de España!
Maldición!
Y ladra el perro a la luna
y el niño desde la cuna
crece sin duda ninguna
en la opresión.
Maldición!

Proclamamos la alegría!
Reclamamos rebeldía!
Bendición!

Para que el hombre algún día
se case con la alegría!
Bendición!

Si la vida es buena o mala
ustedes lo dirán:
ésta es una suave sala,
pero matan en Vietnam.

Sigamos viendo esta farsa
del dolor
para continuar la vida
y el amor.

Porque si muere la muerte
no la matarán los otros:
la lucha la matará
antes
de que nos mate a nosotros.

Las manos del día

[1967-1968]

I

EL
CULPABLE

*Me declaro culpable de no haber
hecho, con estas manos que me dieron,
una escoba.*

Por qué no hice una escoba?

Por qué me dieron manos?

*Para qué me sirvieron
si sólo vi el rumor del cereal,
si sólo tuve oídos para el viento
y no recogí el hilo
de la escoba,
verde aún en la tierra,
y no puse a secar los tallos tiernos
y no los pude unir
en un haz áureo
y no junté una caña de madera
a la falda amarilla
hasta dar una escoba a los caminos?*

*Así fue:
no sé cómo
se me pasó la vida
sin aprender, sin ver,
sin recoger y unir
los elementos.*

*En esta hora no niego
que tuve tiempo,
tiempo,
pero no tuve manos,*

y así, cómo podía
aspirar con razón a la grandeza
si nunca fui capaz
de hacer
una escoba,
una sola,
una?

II

EL VACÍO   Y cómo se hace el mar?
Yo no hice el mar:
lo encontré en sus salvajes
oficinas,
lo hallé dispuesto a todo,
crepitante,
pacífico,
atlántico de plomo,
mediterráneo
teñido de anilina,
todo era blanco y hondo,
hirviente y permanente,
tenía olas, ovarios,
naves muertas,
latía
su organismo.

Lo medí entre las rocas
de la tierra asombrada
y dije, no lo hice,
no lo hice yo, ni nadie:
en ese nadie soy
un sirviente inservible,
como un molusco roto
por los dientes del mar.

No hice la sal dispersa
ni el viento coronado
por la racha que rompe la blancura
no, no hice
la luz del agua ni el beso que estremece
la nave con sus labios de batalla,
ni las demoliciones de la arena,
ni el movimiento que envolvió en silencio
a la ballena y sus procreaciones.

Yo fui alejado
de estos infinitos:
ni un solo dedo de mis semejantes
tembló en el agua urgiendo la existencia
y vine a ser testigo
de la más tempestuosa soledad
sin más que ojos vacíos
que se llenaron de olas
y que se cerrarán
en el vacío.

III

A SENTARSE   Todo el mundo sentado
a la mesa,
en el trono,
en la asamblea,
en el vagón del tren,
en la capilla,
en el océano,
en el avión, en la escuela, en el estadio
todo el mundo sentado o sentándose,
pero no habrá recuerdos
de una silla
que hayan hecho mis manos.

Qué pasó? Por qué, si mi destino
me llevó a estar sentado, entre otras cosas,
por qué no me dejaron
implantar cuatro patas
de un árbol extinguido
al asiento, al respaldo,
a la persona próxima
que allí debió aguardar el nacimiento
o la muerte de alguna que él amaba?
La silla que no pude, que no hice,
transformando en estilo
la naturalidad de la madera
y en aparato claro
el rito de los árboles sombríos.

La sierra circular
como un planeta
descendió de la noche
hasta la tierra
y rodó por los montes
de mi patria,
pasó sin ver por mi puerta larvaria,
se perdió en su sonido,
y así fue como anduve
en el aroma
de la selva sagrada
sin agredir con hacha la arboleda,
sin tomar en mis manos
la decisión y la sabiduría
de cortar el ramaje
y extraer
una silla
de la inmovilidad
y repetirla
hasta que esté sentado todo el mundo.

IV

Cuándo me vio ninguno
cortando tallos, aventando el trigo?
Quién soy, si no hice nada?
Cualquiera, hijo de Juan,
tocó el terreno
y dejó caer algo
que entró como la llave
entra en la cerradura
y la tierra se abrió de par en par.

Yo no, no tuve tiempo,
ni enseñanza:
guardé las manos limpias
del cadáver urbano,
me despreció la grasa de las ruedas,
el barro inseparable de las costumbres claras
se fue a habitar sin mí las provincias silvestres:
la agricultura nunca se ocupó de mis libros
y sin tener qué hacer, perdido en las bodegas,
reconcentré mis pobres preocupaciones
hasta que no viví sino en las despedidas.

Adiós dije al aceite, sin conocer la oliva,
y al tonel, un milagro de la naturaleza,
dije también adiós porque no comprendía
cómo se hicieron tantas cosas sobre la tierra
sin el consentimiento de mis manos inútiles.

V

EL OLVIDO Manos que sólo ropas y cuerpos
trabajaron,
camisas y caderas
y libros, libros, libros
hasta que sólo fueron
manos de sombra, redes
sin peces, en el aire:
sólo certificaron
el heroísmo de las otras manos,
y la procreadora construcción
que dedos muertos levantaron
y continúan dedos vivos.

No hay *antes* en mis manos:
olvidé los labriegos
que en el transcurso
de mi sangre
araron:
no mandaron en mí las recias razas
de herreros
que mano a mano elaboraron
anclas, martillos, clavos,
cucharas y tenazas,
tornillos, rieles, lanzas,
locomotoras, proas,
para que ferroviarios fogoneros
con lentitud de manos sucias
de grasa y de carbón, fueran de pronto
dioses del movimiento
en los trenes que cruzan por mi infancia
bajo las manos verdes de la lluvia.

VI

UNA CASA   Alguien toca una piedra y luego estalla
la piedra y los pedazos
se amalgaman de nuevo:
es la tarea
de los jóvenes dioses expulsados
del jardín solitario.
Es la tarea de
romper, restablecer,
quebrar, pegar, vencer
hasta que aquella roca
obedeció a las manos de Aguilera,
a los ojos de Antonio y Recaredo,
a la cabeza de don Alejandro.

Así se hacen las casas en la costa.

Y luego entran y salen las pisadas.

VII

EL FRÍO   Mirad los pedernales de Aconcagua:
brillan millones de ojos en la nieve,
millones de miradas.

Está dormido sin embargo
el universo duro:
falta el rápido rayo,
el movimiento.

Entonces unas manos
abren el pecho amargo
de la altura
y dos piedras se besan,
se enlazan
hasta que una pequeña chispa ciega
todavía
sale sin rumbo y vuela
y otra cae y se une
al movimiento
del humo, allá en las cumbres
de Aconcagua.

Frío, padre del fuego!

VIII

EL CAMPANERO   Aun aquel que volvió
del monte, de la arena,
del mar, del mineral, del agua
con las manos vacías,
aun el domador
que volvió del caballo
en un cajón, quebrado
y fallecido,
o la mujer de siete manos
que en el telar
perdió de pronto el hilo
y regresó al ovario
a no ser más que harapo,
o aun el campanero
que al mover
en la cuerda
el firmamento
cayó de las iglesias

hacia la oscuridad
y el cementerio:
aun todos ellos
se fueron
con las manos gastadas
no por la suavidad sino por algo:
el tiempo corrosivo,
la substancia
enemiga
del carbón, de la ola,
del algodón, del viento,
porque sólo el dolor enseñó a ser:
porque hacer fue el destino de las manos
y en cada cicatriz cabe la vida.

IX

DESTINOS *De tu destino dame una bandera,*
un terrón, una espátula de fierro,
algo que vuele o pase, la cintura
de una vasija, el sol de una cebolla:
te lo pido por cuanto no hice nada.
Y antes de despedirme, quiero estar
preparado y llegar con tus trabajos
como si fueran míos, a la muerte.
Allí en la aduana me preguntarán
cuántas cosas labré, corté, compuse,
remendé, completé, dejé moviendo
entre manos hambrientas y mortales
y yo responderé:
esto es lo que hice, es esto lo que hicimos.

Porque sentí que de alguna manera
compartí lo que hacían
o mis hermanos o mis enemigos:

y ellos, de tanta nada que saqué
de la nada, de la nada mía,
tomaron algo y les sirvió mi vida.

X

EL VIAJERO   Cuando muy joven me extravié en el mundo,
cruzando, derrotado, los caminos.
Era iracunda y áspera la noche,
la noche con espinas de la selva.

Descubrí un desmedido pie de piedra:
un pie de piedra blanca como un monte
quebrado en el tobillo, y la blancura
del pie, de aquellos dedos enterrados,
de aquella planta hundida entre raíces,
no fue sólo misterio para mí.

Me sentí desdeñado,
mucho más enterrado y cercenado
que el gran vestigio blanco
del dios ausente escondido en la selva.

XI

AUSENTES   No hay nadie. Unos golpearon todo el día
la misma rueda hasta que ahora rueda,
otros cubrieron de lástex el mundo
hasta dejarlo verde,
anaranjado,
violeta
y amarillo.

Éstos vuelven del mar y ya se fueron.

Aquí estuvieron sin parar las manos
sacudiendo en el aire la blancura
las lavanderas, pero ya se fueron.

Y los que manejaron el alambre
o las locomotoras,
hasta los sacerdotes
del crepúsculo
todos tomaron el mismo navío,
todos se fueron entre tantas olas
de la noche
o con el polvo amargo del desierto
o con la combustión de las estrellas
o con el agua que se va y no vuelve
o con el llanto que busca a los muertos,
todos hicieron algo, y es de noche.

Yo navego perdido
entre la soledad que me dejaron.

Y como no hice nada,
miro en la oscuridad hacia tantas ausencias
que paulatinamente me han convertido en sombra.

XII

ASTRO EN   Oh sol lleno de uñas,
EL DÍA   animal de oro, abeja,
          perro pastor del mundo,
          perdona
          el extravío,
          ya llegamos, volvimos,
          todos juntos

ya estamos esperando
en el corral del día.

Si desobedecimos esa noche,
si nos fuimos al sueño de la luna
a resolver el luto y los planetas,
si nos reconcentramos
en nuestra propia piel
hambrienta
de amor y de comida,
aquí estamos
de nuevo
en el redil,
obedeciendo
a tus largas espátulas de luz,
a tus dedos que se meten en todo,
a tu concubinato de semillas.

Ya se pusieron todos a moverse,
a correr. Ciudadano,
el día es corto y ahí está el sol como un toro
pataleando en la arena:
corra a buscar su pala,
su palanca,
su artesa,
su termómetro,
su pito, su pincel o sus tijeras,
su esparadrapo,
su montacargas, su buró político,
sus papas en el mercado:
corra, señora, corra
caballero,
por aquí, por acá, mueva las manos,
se nos acaba la luz.

El sol llenó de estacas la alegría,
la esperanza, el padecimiento
se fue de un lado a otro con sus rayos

delimitando, atribuyendo tierras,
y cada uno tiene que sudar,
antes de que se vaya
con su luz a otra parte
a comenzar y comenzar de nuevo
mientras los de este lado se quedaron
inmóviles, dormidos,
hasta mañana lunes.

XIII

EL HIJO DE   Todo está aquí viviendo,
LA LUNA   haciendo,
haciéndose
sin participación de mi paciencia
y cuando colocaron estos rieles,
hace cien años,
yo no toqué este frío:
no levantó mi corazón mojado
por las lluvias del cielo de Cautín
un solo movimiento
que ayudara
a extender los caminos
de la velocidad que iba naciendo.

Ni luego puse un dedo
en la carrera
del público espacial que mis amigos
lanzaron hacia Aldebarán suntuoso.

Y de los organismos egoístas
que sólo oyeron, vieron
y siguieron
yo sufrí humillaciones que no cuento
para que nadie siga sollozando

con mis versos que ya no tienen llanto
sino energía que gasté en el viento,
en el polvo, en la piedra del camino.

Y porque anduve tanto sin quebrar
los minerales ni cortar madera
siento que no me pertenece el mundo:
que es de los que clavaron y cortaron
y levantaron estos edificios
porque si la argamasa, que nació
y duró sosteniendo los designios,
la hicieron otras manos,
sucias de barro y sangre,
yo no tengo derecho a proclamar
mi existencia: fui un hijo de la luna.

XIV

LA MANO   Tocar la acción, vivir la transparencia
CENTRAL   del cristal en el fuego,
circular en el bronce
hasta cantar por boca de campana,
olorosa alegría
de la tabla que gime
como un violín
en el aserradero,
polvo del pan
que viaja
desde una rumorosa
conversación de espigas
hasta la máquina
de los panaderos,
tocar la desventura
del carbón
en su muerta catarata

sometido al latido
de las excavaciones
hasta quebrarse, huir,
aliarse y revivir
en el acero
tomando la unidad
de la pureza, la paloma ovalada
del nuevo movimiento,
acción,
acción de sangre,
circulación del fuego,
circuito de las manos,
rosa de la energía.

XV

CICLO   Se repite una vez, más hacia el fondo,
la húmeda primavera:
mete los dedos entre las raíces
toca el hombre escondido.

Yo dormía allá abajo,
yo dormía.

Abre sus labios verdes,
se levanta:
es hombre, o planta, o río,
es ávida cintura,
es boca de agua.

Llegó la hora,
existo,
soy de luz y de arena.

Quién viene a verme? Nadie!

Yo soy nadie.

Y por qué este aire azul?

Yo soy azul.

En la rama una rosa?

Yo la enciendo.

XVI

ADIOSES   Yo no encendí sino un papel amargo.

Yo no fui causa de aquel Buenos Días
que se dieron el trueno con la rosa.

Yo no hice el mundo, no hice los relojes,
no hice las olas ni tampoco espero
hallar en las espigas mi retrato.

Y de tanto perder donde no estuve
fui quedándome ausente
sin derrochar ninguna preferencia
sino un monte de sal desmoronado
por una copa de agua del invierno.

Se pregunta el viajero si sostuvo
el tiempo, andando contra la distancia,
y vuelve adonde comenzó a llorar,
vuelve a gastar su dosis de yo mismo,
vuelve a irse con todos sus adioses.

XVII

CERCA
DE LOS
CUCHILLOS

Es ésta el alma suave que esperaba,
ésta es el alma de hoy, sin movimiento,
como si estuviera hecha de luna
sin aire, quieta en su bondad terrible.

Cuando caiga una piedra
como un puño
del cielo de la noche
en esta copa la recibiré:
en la luz rebosante
recibiré la oscuridad viajera,
la incertidumbre celeste.

No robaré sino este movimiento
de la hierba del cielo,
de la noche fértil:
sólo un golpe de fuego,
una caída.

Líbrame, tierra oscura, de mis llaves:
si pude abrir y refrenar
y volver a cerrar el cielo duro,
doy testimonio de que no fui nada,
de que no fui nadie,
de que no fui.

Solo esperé la estrella,
el dardo de la luna,
el rayo de piedra celeste,
esperé inmóvil en la sociedad
de la hierba que crece en primavera,
de la leche en la ubre,
de la miel perezosa y peregrina:

esperé la esperanza,
y aquí estoy
convicto
de haber pactado con la tempestad,
de haber aceptado la ira,
de haber abierto el alma,
de haber oído entrar al asesino,
mientras yo conversaba con la noche.

Ahí viene otro, dijo ladrando el perro.

Y yo con mis ojos de frío,
con el luto plateado
que me dio el firmamento,
no vi el puñal ni el perro,
no escuché los ladridos.

Y aquí estoy cuando nacen las semillas
y se abren como labios:
todo es fresco y profundo.

Estoy muerto,
estoy asesinado:
estoy naciendo
con la primavera.

Aquí tengo una hoja,
una oreja, un susurro,
un pensamiento:
voy a vivir otra vez,
me duelen las raíces,
el pelo,
me sonríe la boca:
me levanto
porque ha salido el sol.

Porque ha salido el sol.

XVIII

REGRESANDO Así, pues, buenos días,
tierra sola,
soledad de este sol deshabitado
que con su nave
navega de la nieve a las espigas:
apenas despertaron
los pájaros cantores
tomó su decisión el claro día
y su campana la naturaleza.

Por eso, buenos días,
a la estabilidad, a la espesura
del imperioso espacio
en donde tú no pasas de ser hombre
mientras te desconoce y te acaricia
la eternidad de manos transparentes.

XIX

PÁJARO Aquí en el árbol canta.

Es un pájaro solo, empedernido,
lleno de agua que cae,
de loca luz que sube,
de gutural cristal,
de trino inacabable.

Por qué?

Y la pregunta canta.

XX

EL SOL Ya se sabe: la lluvia
       lavó y borró los nombres.

       Nadie se llama nada.

       El agua impuso
       en fin,
       un comienzo,
       una estrella apagada
       en donde
       no
       tienen nombre
       los días
       ni los reinos,
       ni el río.

       Esto no se sabía
       hasta que todos
       yendo y viniendo
       de sus
       obligaciones
       indicaban las plazas
       con el dedo
       y averiguaban en las librerías
       la historia y geografía
       de la región borrada
       por la lluvia.

       Hasta que el sol bajó
       de su frontera
       y fue escribiendo
       nombres
       amarillos

sobre todas las cosas
de este mundo.

XXI

EL Dice el hombre: en la calle he padecido
LLANTO de andar sin ver, de ausencia con presencia,
de consumir sin ser, del extravío,
de los hostiles ojos pasajeros.

Dice además el hombre
que odia su *cada día* de trabajo,
su *ganarás el pan*, su triste guerra,
su ropa de oro el rico, el coronel su espada,
su pie cansado el pobre, su maleta el viajante,
su impecable corbata el camarero,
el banquero su jaula, su uniforme el gendarme,
su convento la monja, su naranja el frutero,
su carne el carnicero, el olor de farmacia
el farmacéutico, su oficio la ramera,
me dice el hombre que anda fugitivo
en el fluvial paseo del odio que ha llenado
la calle con sus pasos
rápidos, insaciables, equívocos, amargos
como si a todo el mundo le pesara en los hombros
una invisible pero dura mercadería.

Porque según me cuenta el transeúnte
se trastornó el valiente y odió la valentía,
y estuvo descontenta de sus pies la belleza
y odió el bombero el agua con que apagaba el fuego
hasta que un desagrado de algas en el océano,
un arrabal de brazos intrínsecos que llaman,
un agitado golfo de mareas vacías
es la ciudad, y el hombre ya no sabe que llora.

XXII

EL QUE Yo, el anterior, el hijo de Rosa y de José
CANTÓ soy. Mi nombre es Pablo por Arte de Palabra
CANTARÁ y debo establecer mis sinrazones:
las deudas que dejé sin pagar a mí mismo.

Sucede que una vez cuando ya no nacía,
cuando tal vez no fui o no fui destinado
a cuerpo alguno, incierto
entre la no existencia y los ojos que se abren,
entre cuentas de caos, en la lucha
de la materia y de la luz naciente,
lo que tuve de vida fue una vacilación,
estuve vivo sin designio alguno,
estuve muerto sin nacer aún,
y entre los muros que se tambaleaban
entré a la oscuridad para vivir.

Por eso, perdón por la tristeza
de mis alegres equivocaciones,
de mis sueños sombríos,
perdón a todos por innecesario:
no alcancé a usar las manos
en las carpinterías ni en el bosque.

Viví una época radiante y sucia,
vagué sobre las olas industriales,
comiendo la ceniza de los muertos
y tanto cuando quise hablar con Dios
o con un general, para entendernos,
todos se habían ido con sus puertas:
no tuve adonde ir sino a mi canto.

Canto, canté, cantando
hice los números
para que ustedes sumen, los que viven
sumando,
para que resten todo
los aminoradores,
después de tanto que sobreviví
me acostumbré a morir más de una muerte.

XXIII

LOS
SOBERANOS

Sí, soy culpable
de lo que no hice,
de lo que no sembré, corté, medí,
de no haberme incitado a poblar tierras,
de haberme mantenido en los desiertos
y de mi voz hablando con la arena.

Otros tendrán
más luz en su prontuario,
yo había destinado a tantas cosas
crecer de mí, como de la madera
se recortan cantando los tablones,
que sin hablar de mi alma
sino mucho más tarde
yo tendré mala nota
porque no hice
un reloj: no cumplí con mi deber:
se sabe que un reloj es la hermosura.

La caracola no la puede hacer
sino la propia bestia
íntima, en su silencio,
y es propiedad de los escarabajos
la errante y enigmática estructura
de los siete relámpagos que ostentan.

Pero el hombre que sale con sus manos
como con guantes muertos
moviendo el aire hasta que se deshacen
no me merece
la ternura
que doy al diminuto oceanida
o al mínimo coloso coleóptero:
ellos sacaron de su propia esencia
su construcción y su soberanía.

XXIV

ENIGMA CON   Una victoria. Es tarde, no sabías.
UNA FLOR   Llegó como azucena a mi albedrío
el blanco talle que traspasa
la eternidad inmóvil de la tierra,
empujando una débil forma clara
hasta horadar la arcilla
con rayo blanco o espolón de leche.
Muda, compacta oscuridad del suelo
en cuyo precipicio
avanza la flor clara
hasta que el pabellón de su blancura
derrota el fondo indigno de la noche
y de la claridad en movimiento
se derraman atónitas semillas.

XXV

28325674549   Una mano hizo el número.
Juntó una piedrecita
con otra, un trueno

con un trueno,
un águila caída
con otra águila,
una flecha con otra
y en la paciencia del granito
una mano
hizo dos incisiones, dos heridas,
dos surcos: nació el
número.

Creció el número dos y luego
el cuatro:
fueron saliendo todos
de una mano:
el cinco, el seis,
el siete,
el ocho, nueve, el cero,
como huevos perpetuos
de un ave
dura
como la piedra,
que puso tantos números
sin gastarse, y adentro
del número otro número
y otro adentro del otro,
prolíferos, fecundos,
amargos, antagónicos,
numerando,
creciendo
en las montañas, en los intestinos,
en los jardines, en los subterráneos,
cayendo de los libros,
volando sobre Kansas y Morelia,
cubriéndonos, cegándonos, matándonos
desde las mesas, desde los bolsillos,
los números, los números,
los números.

XXVI

LA LUNA   Yo cuento tantas cosas a mis manos
que no tienen recuerdos sino de pura seda,
de suavidad de senos o de cántaros,
que sin lucha obtuvieron,
sin cerrarse guardaron:
sin extender
semillas,
recogiendo la noche cada día,
el ovillo del aire,
hilando y deshilando la madeja
en mi delgada ineptitud:
oh manos,
dije,
levantando los brazos a la luna:
qué claridad es ésta?

Tú la hiciste?

XXVII

EL CORO   Era en el ejercicio
del otoño extrapuro:
cuando se pudre el manto
del oxígeno,
vacila el mundo entre el agua y la sombra,
entre el oro y el río,
y se escucha, escondida, una campana
como un pez de bronce en la altura,
hay que hablar,
hay que dar el sonido,
no importa

que se equivoque el viento:
son años de humedad,
siglos de tierra muda,
hay que contar lo que pasó en otoño,
no hay nadie:
hiere tu patrimonio sigiloso,
tu campana amarilla,
levanta tu profundidad
al coro,
que suban tus raíces
al coro:
el olvido está lleno
de gérmenes que cantan
contigo:
un gran otoño llega
a tu país
en una ola de rosas quebradas:
alguien desenterró
todo este aroma:
es el olor del cuerpo de la tierra.

Vamos.

XXVIII

EL CUERPO
DE LA MANO

Una mano es un cuerpo,
un cuerpo es una mano,
qué hacemos
con la mano del cuerpo
o el cuerpo
de la mano?
Recogimos
de tierra y mar:
sabemos
hasta el fondo,
vivimos

cuerpo a cuerpo,
y mano a mano fue la vida,
alcanzar, poseer,
tocar, entrelazar
y despedir.

XXIX

NACIMIENTO
NOCTURNO

Oh noche cenital,
directa, recta
con tu hasta ayer inaccesible
techo,
hoy eres polvareda
o beso azul,
quebranto de fulgores,
transparente tiniebla!

Amamántame,
noche,
déjame sacudir,
vaciar el líquido
de tus ubres nocturnas,
húndeme en tu regazo
horizontal, entre las poblaciones
de tu maternidad, por las moradas
de tus frías antorchas:
ir dormido en el viaje de la esfera
como un nuevo nacido, estremeciéndome
en el contacto de la desmesura,
entre las lámparas de tu litoral.

XXX

EL FONDO   Poderoso del mar, desconocido
autor del movimiento,
causa en el fondo, canto,
pausada furia o cabellera rota
o ígneo motor
en agua
sepultado
como el volcán que ordena su silencio.

Es verdad que mis manos navegaron
por la extensión, ahora
confieso mi creencia:
es el abismo,
son las manos
del mar
las que me hicieron,
las que educaron
con sus guantes verdes
mis dedos
que siguen recordando
la libertad del agua.

XXXI

EL VIAJERO   Hombre para penumbra necesito,
mujer para penumbra,
en esta media tierra
estoy vencido:
yo necesito la luz más oscura:
sé que otros pueblan

la sombra indeclinable,
que la extienden
como si fuera alfombra
y de otros es la luz, el alfabeto.

Yo no descanso
en esta
latitud:
acabo de llegar:
quiero seguir el viaje.

XXXII

LA CEREMONIA   Qué hiciste de tus manos,
árbol muerto?
Las dejaste
colgando
del otoño?
Las arrastraste
por la carretera
de la muerte amarilla?

Oh lento nido
de la hojarasca, el viento
llegó con su violín
y luego el fuego.

Yo vi la ceremonia:
dura una vida
entera:
eres tierra, eres semilla,
eres tacto,
eres tronco,
eres hojas,
eres trino,

eres oro,
estás desnudo, encima
del invierno,
no tienes manos,
eres
de nuevo
barro,
silencio negro,
sombra.

XXXIII

TEMPRANO Yo soy el matinal: aquí llegó
tarde la alevosía.

Yo había hilado y deshilado el día
fresco, plateado aún de nacimiento,
y cuando Pavín Cerdo o sus parientes
letra con lepra imprimen en la charca,
qué hacerle, ya era tarde.

Sigo siendo temprano y tempranero.

XXXIV

EL USO DE El día es liso, suavizado,
LOS DÍAS es un ágata, es un limón,
es una uva resbalada:
su servidumbre fue partir.

De tanto salir de la noche,
de tanto volver,

se convirtió en ámbar el día,
se convirtió en materia pura.
Como en los cuchillos gastados
se afinan el mango y la hoja,
cambian de tacto,
he visto este día volver
de un largo viaje por la noche
convertido en cuchillo azul,
en herramienta de la luna.

XXXV

EL SELLO
DEL ARADO

En esta tienda
quiero comprar manos,
quiero dejar
las mías:
no me sirven.

Quiero saber
si ya con tantos años
puedo
empezar otra vez,
trabajar otra vez,
continuar.
Quiero tocar con otro tacto
el mundo,
los cuerpos,
las campanas,
las raíces,
nacer
en otros dedos,
crecer en otras uñas,
pero
sobre todo
cortar madera, dominar metales,

construir maestranzas, acueductos,
y triturar la tierra hasta que el polvo
y el barro nos infundan,
de tanto arar, el sello triturado
de nuestra pobre eternidad terrestre.

XXXVI

SON
PREGUNTAS

Se hizo uso del cuerpo?

Era tuyo?

No era vestigio, no era un uniforme,
no fue esqueleto de la simetría,
no fue la capa impune del espíritu?

Y si copa sedienta o arma blanca
fue tu desnudo, dime
a mí, entre mis tinieblas:
la llenaste de sangre en primavera?

O buscaste otro cuerpo en que morir?

XXXVII

SEMEN

Porque ese grito no tiene palabra
es sólo sílaba color de sangre.

Y circula en el giro de un deseo
como un espeso manantial caliente:
sulfato de cal roja, sol secreto
que abre y cierra las olas genitales.

XXXVIII

ES ASÍ EL   Pero la mano busca cumplir y no en vano vuela
DESTINO   buscando asir: quiere tomar, tocar,
quiere ser cuerpo y morir cuerpo a cuerpo.

Estuvo en esta claridad y en la otra
buscando entre dormido y despertado
otra mano, otra rosa, otra cadera
y luego de sobrevivir al amor,
cuando se abrió y quedó sin sustancia, ya muerta,
salió a buscar la herramienta de cada día,
salió a encontrar el pan de cada calle
y tocó así las máquinas y el barro,
el cemento y la lluvia, el papel y el petróleo,
lo que corre en las aguas, lo que trae el viento,
la vida, es decir, la muerte: es decir, la vida.

XXXIX

NOS   *Ay que se permita padecer al feliz,*
AHOGAMOS   *sin pegarle en el rostro con la ortiga,*
sin negarle el nombre ni el vino,
sino dejarlo que toque otra tristeza:
que eche en su plato tu alma:
tenemos el deber de cargar con los otros
y hundirnos, al pasar el vado, en sangre ajena.

Es bueno que las mismas aguas nos lleven,
perdiéndonos a todos, ganándonos a todos.

XL

EN VIETNAM Y quién hizo la guerra?

Desde anteayer está sonando.

Tengo miedo.

Suena como una piedra
contra el muro,
como un trueno con sangre,
como un monte muriendo:
es el mundo
que yo no hice.
Que tú no hiciste.
Que hicieron.
Quién lo amenaza con dedos terribles?
Quién quiere degollarlo?
Verdad que parecía estar naciendo?
Y quién lo mata ahora porque nace?

Tiene miedo el ciclista,
el arquitecto.
Se esconde la mamá con su niño y sus senos,
en el barro.
Duerme en la cueva esta mamá y de pronto
la guerra,
viene grande la guerra,
viene llena de fuego
y ya quedaron muertos,
muertos
la madre con su leche y con su hijo.

Murieron en el barro.

Oh dolor, desde entonces
hasta ahora
hay que estar con el barro
hasta las sienes
cantando y disparando? Santo Dios!
Si te lo hubieran dicho
antes de ser, antes de casi ser,
si por lo menos
te hubieran susurrado
que tus parientes o tus no parientes,
hijos de aquella risa del amor,
hijos de esperma humana,
y de aquella fragancia
a nuevo lunes y a camisa fresca
tenían que morir tan repentinamente
y sin saber jamás de qué se trata!

Son los mismos
que vienen a matarnos,
sí, son los mismos
que vendrán a quemarnos,
sí, los mismos,
los gananciosos y los jactanciosos,
los sonrientes que jugaban tanto
y que ganaban tanto,
ahora
por el aire
vienen, vendrán, vinieron,
a matarnos el mundo.

Han dejado una charca
de padre, madre e hijo:
busquemos
en ella,
busca tus propios huesos y tu sangre,
búscalos en el barro de Vietnam,
búscalos entre otros tantos huesos:
ahora quemados ya no son de nadie,

son de todos,
son nuestros huesos, busca
tu muerte en esa muerte,
porque están acechándote los mismos
y te destinan a ese mismo barro.

XLI

A PESAR En Ecuador sale una putipintora
escribiendo mi nombre en su basura
y hoy el mundo clareaba
porque en alguna parte oscura, oscura
se divisó una estrella.

Todos llegaron a adorar la luz:
era sólo una gota de rocío.

Sin embargo la gota de rocío trabajó:
todo fue transparente:
y los oficinistas acudieron
corriendo al sitio de la claridad:
los inválidos iban a buscar
las piernas que perdieron:
las perdices dejaron en sus nidos
huevos redondeados llenos de humo
hasta que fue tan grande el aroma
y se cumplieron esperanzas
de tal manera que la tierra
se transformó en un onomástico.

Qué tristeza, en el Ecuador
una putipintora triste
rascándose su verruga
en un día tan cereal!

XLII

UN
ESCARABAJO

También llegué al escarabajo
y le pregunté por la vida:
por sus costumbres en otoño,
por su armadura lineal.

Lo busqué en los lagos perdidos
en el Sur negro de mi patria,
lo encontré entre la ceniza
de los volcanes rencorosos
o subiendo de las raíces
hacia su propia oscuridad.

Cómo hiciste tu traje duro?
Tus ojos de cinc, tu corbata?
Tus pantalones de metal?
Tus contradictorias tijeras?
Tu sierra de oro, tus tenazas?
Con qué resina maduró
la incandescencia de tu especie?

(Yo hubiera querido tener
un corazón de escarabajo
para perforar la espesura
y dejar mi firma escondida
en la muerte de la madera.
Y así mi nombre alguna vez
de nuevo irá tal vez naciendo
por nuevos canales nocturnos
hasta salir por fin del túnel
con otras alas venideras.)

«Nada más hermoso que tú,
mudo, insondable escarabajo,
sacerdote de las raíces,

rinoceronte del rocío»,
le dije, pero no me dijo.

Le pregunté y no contestó.

Así son los escarabajos.

XLIII

J.S. De distraído murió Jorge Sanhueza.
Iba tan pálido en la calle
que poco a poco se perdió en sí mismo.
Y ahora cómo hallar
las lágrimas que faltan!

La verdad fue su ausencia
y aprendimos
a que se fuera retirando un poco,
un poco cada día, hasta enseñarnos
el juego de la muerte, de su muerte.

Si se escondió en el quicio de una puerta
a media luna de la noche, o bien
está detrás de una ventana oscura
haciéndonos creer que ya no existe,
yo no lo sé, tú no lo sabes, es así:
seguiremos jugando a no saberlo.

XLIV

ESCRIBIDORES *El Mapús, el Mapís se preocupa,*
me dicen, de mi sombra,
vive en mi sombra el pobre y se la come.

Oh gusano sombrío,
amas mi pobre sombra que yo dejo
sentada y amarrada a mi sombrero
porque olvidé, olvidamos
que este deber de tener sombra
nos viene acompañado por la luz:
y así dejé en los cines de provincia
(a la entrada) mi sombra adolescente:
luego de nave en nave la perdí,
hasta encontrarla luego
entre desnudas cestas de naranjas
o a la orilla del mar en el invierno.

Pensar que cada vez que la perdía,
mi pobre sombra aulló de abandonada
y un personaje turquestán, con cola,
vestido de plumero
y nariz puntiaguda de tijera
agusanaba su alma con mi sombra,
corroyendo su acíbar y su almíbar,
enroscándose adentro del chaleco
hasta verter mi sombra en su tintero
para escribirle a su macabro suegro
hasta pelafustarse inútilmente
y desvariar en su gusanería.

XLV

CONSTRUCCIÓN   Oh golpe en la mañana
A MEDIODÍA   del edificio irguiendo su esperanza:
el ruido repetido
entre el sol y los pinos
de febrero.

Alguien construye, canta
la cantera,

un cubo cae, el sol
cruza de mano en mano
en el relámpago de los martillos
y en las arenas de Punta del Este
crece una casa nueva,
torpe, sin encender y sin hablar,
hasta que el humo de los albañiles
que a mediodía comen carne asada
despliega una bandera
de rendición.

Y la casa regresa
a la paz del pinar y de la arena
como si arrepentida de nacer
se despidiera de los elementos
y quedara de pronto convertida
en un pequeño puñado de polvo.

XLVI

EL GOLPE *Tinta que me entretienes*
gota a gota
y vas guardando el rastro
de mi razón y de mi sinrazón
como una larga cicatriz que apenas
se verá, cuando el cuerpo esté dormido
en el discurso de sus destrucciones.

Tal vez mejor hubiera
volcado en una copa
toda tu esencia, y haberla arrojado
en una sola página, manchándola
con una sola estrella verde
y que sólo esa mancha
hubiera sido todo

lo que escribí a lo largo de mi vida,
sin alfabeto ni interpretaciones:
un solo golpe oscuro
sin palabras.

XLVII

LAS DOCE   Y me darán las mismas doce
que se dan en la fábrica,
a mí,
invitado feliz
de las arenas,
agasajado por las siete espumas
del gran océano misericorde,
a mí
me darán las mismas doce,
las mismas campanadas
que al prisionero entre sus cuatro muros,
las mismas doce horas
que al asesino junto a su cuchillo,
las mismas
doce
son para mí y para el gangrenado
que ve subir su enfermedad azul
hasta la boca quemante?

Por qué no dan mis doce de sol puro y arena
a otros mucho mejores que yo mismo?

Por qué las doce del día feliz
no se reparten invitando a todos?

Y quién dispuso para mí esta alegría
cada vez más amarga?

XLVIII

AL PUENTE
CURVO DE
LA BARRA DE
MALDONADO,
EN URUGUAY Entre agua y aire brilla el Puente Curvo,
entre verde y azul las curvaturas
del cemento, dos senos y dos simas,
con la unidad desnuda
de una mujer o de una fortaleza,
sostenida por letras de hormigón
que escriben en las páginas del río.

Entre la humanidad de las riberas
hoy ondula la fuerza de la línea,
la flexibilidad
de la dureza,
la obediencia impecable
del material severo.

Por eso, yo, poeta
de los puentes,
cantor de construcciones,
con orgullo
celebro
el atrio
de Maldonado, abierto
al paso pasajero,
a la unidad errante de la vida.

Lo canto,
porque no una pirámide
de obsidiana sangrienta,
ni una vacía cúpula sin dioses,
ni un monumento inútil de guerreros
se acumuló sobre la luz del río,
sino este puente que hace honor al agua
porque la ondulación de su grandeza

une dos soledades separadas
y no pretende ser sino un camino.

XLIX

CASA DE   Cuántas cosas caen del pino,
MÁNTARAS bigotes verdes,
EN PUNTA música,
DEL ESTE piñas como peñascos
o armadillos
o como libros para deshojar.

También cayó en mi cara
el pétalo sutil
que sujetaba una semilla negra:
era un ala himenóptera
del pino,
una transmigración
de suavidades
en que el vuelo se unía
a las raíces.

Caen
gotas del árbol,
puntuaciones,
vocales, consonantes,
violines,
cae lluvia,
silencio,
todo cae del pino,
del aire vertical:
cae el aroma,
la sombra acribillada
por el día,
la noche clara

como leche de luna,
la noche negra
como aquella ausencia.

Amanece.

Y cae
un nuevo día
desde lo alto del pino,
cae con su reloj,
con sus agujas
y sus agujeros,
y anocheciendo cosen
las agujas del pino
otra noche a la luz,
otro día a la noche.

L

RETRATOS
MUERTOS

Trabajé mucho para estar inmóvil
y hasta ahora me siguen sacudiendo!
(Me susurró el difunto, y se durmió.)

Ay tanto nos movemos los humanos
que cuando el movimiento se detuvo
los demás continuaron con tu sombra
sembrándola, ay Señor, en sus batallas.

(Y los demás somos nosotros mismos
que no dejamos en paz a los muertos
lavando y refregando sus memorias,
erigiendo sin fin lo que quedó
de ellos: un patrimonio de retratos,
de bigotes y barbas que peinamos
para que estén los muertos con nosotros.)

Tanto que nos costó este movimiento
infernal, de matar hasta morir,
y ahora que nos creíamos inmóviles,
hay que salir a palos por la calle
en la resurrección de los retratos.

LI

ESTO ES   Muda es la fuerza (me dicen los árboles)
SENCILLO   y la profundidad (me dicen las raíces)
           y la pureza (me dice la harina).

           Ningún árbol me dijo:
           «Soy más alto que todos».

           Ninguna raíz me dijo:
           «Yo vengo de más hondo».

           Y nunca el pan ha dicho:
           «No hay nada como el pan».

LII

LA LLUVIA   Llueve en Punta del Este sobre el verde
            como si se tratara de lavar,
            de lavar la cabeza de los pinos.

            Se enorgullece el verde con la lluvia.
            Sobre el orgullo llueve de otro modo.

            Llueve llorando ahora entre los pinos.

LIII

MORALIDADES Que la razón no me acompañe más,
dice mi compañero, y lo acompaño
porque amo, como nadie, el extravío.
Vuelve mi compañero a la razón
y acompaño otra vez al compañero
porque sin la razón no sobrevivo.

LIV

NO TODO *Algo de ayer quedó en el día de hoy,*
ES HOY EN *fragmento de vasija o de bandera*
EL DÍA *o simplemente una noción de luz,*
un alga del acuario de la noche,
una fibra que no se consumió,
pura tenacidad, aire de oro:
algo de lo que transcurrió persiste
diluido, muriendo en las saetas
del agresivo sol y sus combates.

Si ayer no continúa
en esta deslumbrante independencia
del día autoritario
que vivimos,
por qué como un portento de gaviotas
giró hacia atrás, como si titubeara
y mezclara su azul con el azul
que ya se fue?

Contesto.

Adentro de la luz
circula tu alma
aminorándose hasta que se extingue,
creciendo como un toque de campana.

Y entre morir y renacer
no hay tanto
espacio, ni es tan dura
la frontera.
Es redonda la luz como un anillo
y nos movemos en su movimiento.

LV

LA SOMBRA   Aún no vuelvo,
no he vuelto,
ando de viaje adentro
de la conflagración:
adentro de esta
vena
siguió viaje la sangre
y no puedo llegar
adentro de mí mismo.

Veo las plantas, las personas vivas,
las ramas del recuerdo,
el saludo en los ojos de las cosas,
la cola de mi perro.
Veo el silencio de mi casa, abierto
a mi voz, y no rompo las paredes
con un grito de piedra o de pistola:
ando por el terreno que conoce mis pies,
toco la enredadera que subió
por los arcos oscuros de granito
y resbalo en las cosas,

en el aire,
porque sigue mi sombra en otra parte
o soy la sombra de un porfiado ausente.

LVI

UN TAL,   Fue el escritor con su pequeña bestia
SU PROPIA   sobre los hombros, siempre
BESTIA   creyó que eran sus alas.

Anduvo vagamente en redacciones
mostrando sus estériles
escritos, cursieróticos
versos: no
interesó, pero, cuando exhibiendo
sus credenciales, se le vio la bestia
montada sobre el hombro,
se los leyeron, y se destinó
a perpetuarse en la maledicencia.

Y le pagaron cada cuchillada.

Ya relució por fin
pero no fue firmando clara sombra,
constelación o pétalo o grandeza:
fue apresuradamente contratado
para morder, con gloria y regocijo,
y así se fue negando
a lo que fue
hasta que aquella bestia sobre el hombro,
antes inadvertida,
se convirtió en su rostro
borrando al hombre que la sostenía.

LVII

LAS MANOS
DE LOS DÍAS

Al azar de la rosa
nace la hora iracunda
o amarilla.
Lámina de volcán, pétalo de odio,
garganta carnicera,
así es un día, y otro
es tiernamente,
sí, decididamente, epitalamio.

LVIII

EL PASADO

No volverán aquellos anchos días
que sostuvieron, al pasar, la dicha.

Un rumor de fermentos
como sombrío vino en las bodegas
fue nuestra edad. Adiós,
adiós, resbalan
tantos adioses como las palomas
por el cielo, hacia el Sur, hacia el silencio.

LIX

EL VINO

Ésta es mi copa, ves
brillar la sangre
detrás del filo del cristal?
Ésta es mi copa, brindo

por la unidad
del vino,
por la luz desgranada,
por mi destino y por otros destinos,
por lo que tuve y por lo que no tuve,
y por la espada de color de sangre
que canta con la copa transparente.

LX

VERBO Voy a arrugar esta palabra,
voy a torcerla,
sí,
es demasiado lisa,
es como si un gran perro o un gran río
le hubiera repasado lengua o agua
durante muchos años.

Quiero que en la palabra
se vea la aspereza,
la sal ferruginosa,
la fuerza desdentada
de la tierra,
la sangre
de los que hablaron y de los que no hablaron.

Quiero ver la sed
adentro de las sílabas:
quiero tocar el fuego
en el sonido:
quiero sentir la oscuridad
del grito. Quiero
palabras ásperas
como piedras vírgenes.

LXI

EL CANTO La mano en la palabra,
la mano en medio
de lo que llamaban Dios,
la mano en la medida,
en la cintura del alma.

Hay que alarmar las cajas del idioma,
sobresaltar hasta que vuelen
como gaviotas las vocales,
hay que amasar
el barro
hasta que cante,
ensuciarlo con lágrimas,
lavarlo con sangre,
teñirlo con violetas
hasta que salga el río,
todo el río,
de una pequeña vasija:
es el canto:
la palabra
del río.

LXII

OTROS Los dioses blancos duermen
DIOSES en los libros:
se les ha roto el almidón, el frío
les devoró los ojos,
subsisten sin la claridad de entonces
y apenas queda una memoria
de amor entre los muslos.

La estatua quebrada
no guardó en la cintura
los relámpagos.

Se apagó la blancura.

Sin embargo, sabed, héroes cansados
de rodillas de mármol,
que el dios intransigente
de las islas marinas
o la hirsuta, emplumada
sangrienta
divinidad del África,
ceñuda en su envoltorio
o desnuda en la fiesta de la especie,
fiera tribal o corazón totémico,
tambor, escudo, lanza que vivió en la espesura
o junto a negros ríos que lloraban,
siguen ardiendo, vivos,
actuales, ancestrales,
llenos de sangre y sueños y sonidos:
aún no se sentaron en el trono
como espectros de mármol
nacidos de la espuma,
sino que continúan en la sombra
su sombría batalla.

LXIII

INVIERNO   *Amigo de este invierno, y del de ayer,*
o enemigo o guerrero:
frío,
a pleno sol me toca
tu contacto
de arco nevado, de irritada espina.

Con estos dedos, sin embargo,
torpes, vagos
como si se movieran en el agua,
debo desarrollar este día de invierno
y llenarlo de adioses.

Cómo agarrar en el aire el penacho
con estos dedos fríos
de muerto en su cajón,
y con los pies inmóviles
cómo puedo correr detrás del pez
que a nado cruza el cielo
o entrar en el barbecho
recién quemado, con zapatos gruesos
y con la boca abierta?

Oh intemperie del frío, con el seco
vuelo de una perdiz de matorral
y con la pobre escarcha y sus estrellas
despedazadas entre los terrones!

LXIV

EL ENFERMO   Qué haces tú, casi muerto, si el nuevo día lunes
TOMA   hilado por el sol, fragante a beso,
EL SOL   se cuelga de su cielo señalado
    y se dedica a molestar tu crisis?

Tú ibas saliendo de tus intestinos,
de tus suposiciones lacerantes
en cuyo extremo el túnel
sin salida, la oscuridad con su final dictamen
te esperaba: el silencio
del corazón o de otra
víscera amenazada

te hundió en la certidumbre del adiós
y cerraste los ojos, entregado
al dolor, a su viento sucesivo.

Y hoy que desamarrado de la cama
ves tanta luz que no cabe en el aire
piensas que si, que si te hubieras muerto
no sólo no hubiera pasado nada
sino que nunca cupo tanta fiesta
como en el bello día de tu entierro.

LXV

YA NO   En el perímetro y la exactitud
SÉ NADA   de ciencias inexactas, aquí estoy, compañeros,
sin saber explicar estos vocablos
que se trasladan poco a poco al cielo
y que prueban robustas existencias.

De nada nos valió
enterrar el avestruz en la cabeza,
o hacernos agujeros en la tierra.
«No hay nada que saber, se sabe todo.»
«No nos molesten con la geometría.»

Lo cierto es que una abstracta incertidumbre
sale de cada caos que regresa
cada vez a ser orden,
y qué curioso, todo
comienza con palabras,
nuevas palabras que se sientan solas
a la mesa, sin previa invitación,
palabras detestables que tragamos
y que se meten en nuestros armarios,
en nuestras camas, en nuestros amores,

hasta que son, hasta que comienza
otra vez el comienzo por el verbo.

LXVI

ARRABALES   *Andando por San Antonio arriba*
vi la quietud de la pobreza:
rechinaban los goznes quebrados,
las puertas cansadas querían
ir a sollozar o a dormir.
Debajo de los cristales rotos
en las ventanas, alguna flor,
un geranio amargo y sediento,
sacaba a pasear por la calle
su anaranjado fuego sucio.

Los niños del silencio aquel
desde sus ojos negros me vieron
como mirando desde un pozo,
desde las aguas olvidadas.

De pronto entró por la calle el viento
como si buscara su casa.

Se movieron los papeles muertos,
el polvo, perezosamente,
cambió de sitio, se agitó
un trapo en la ventana rota
y todo siguió como estaba:
la calle inmóvil, los ojos
que me miraron desde el pozo,
las casas que no parecían
esperar a nadie, las puertas
ya demolidas y desnudas:
todo era duro y polvoriento:

estaba muerto, estaba vivo,
quería morir y nacer.

Se preparaba para el fuego
la madera de la pobreza.

LXVII

EL REGALO De cuántas duras manos
desciende la herramienta,
la copa,
y hasta la curva insigne
de la cadera que persigue luego
a toda la mujer con su dibujo!

Es la mano que forma
la copa de la forma,
conduce el embarazo del tonel
y la línea lunar de la campana.

Pido unas manos grandes
que me ayuden
a cambiar el perfil de los planetas:
estrellas triangulares
necesita el viajero:
constelaciones como dados fríos
de claridad cuadrada:
unas manos que extraigan
ríos secretos para Antofagasta
hasta que el agua rectifique
su avaricia perdida en el desierto.

Quiero todas las manos de los hombres
para amasar montañas
de pan y recoger

del mar todos los peces,
todas las aceitunas
del olivo,
todo el amor que no despierta aún
y dejar un regalo
en cada una de las manos
del día.

LXVIII

LA BANDERA   *Dale un golpe de fuego a tu guitarra,*

levántala quemando:

es tu bandera.

Fin de mundo

[1968-1969]

Prólogo

LA PUERTA   Qué siglo permanente!

Preguntamos:
Cuándo caerá? Cuándo se irá de bruces
al compacto, al vacío?
A la revolución idolatrada?
O a la definitiva
mentira patriarcal?
Pero lo cierto
es que no lo vivimos
de tanto que queríamos vivirlo.

Siempre fue una agonía:
siempre estaba muriéndose:
amanecía con luz y en la noche era sangre:
llovía en la mañana, por la tarde lloraba.

Los novios encontraron
que la torta nupcial tenía heridas
como una operación de apendicitis.

Subían hombres cósmicos
por una escala de fuego
y cuando ya tocábamos
los pies de la verdad
ésta se había marchado a otro planeta.

Y nos mirábamos unos a otros con odio:
los capitalistas más severos no sabían qué hacer:
se habían fatigado del dinero
porque el dinero estaba fatigado
y partían los aviones vacíos.
Aún no llegaban los nuevos pasajeros.

Todos estábamos esperando
como en las estaciones en las noches de invierno:
esperábamos la paz
y llegaba la guerra.

Nadie quería decir nada: todos
tenían miedo de comprometerse:
de un hombre a otro se agravó la distancia
y se hicieron tan diferentes los idiomas
que terminaron por callarse todos
o por hablarse todos a la vez.

Sólo los perros siguieron ladrando
en la noche silvestre de las naciones pobres.
Y una mitad del siglo fue silencio:
la otra mitad los perros que ladraban
en la noche silvestre.

No se caía el diente amargo.

Siguió crucificándonos.

Nos abría una puerta, nos seguía
con una cola de cometa de oro,
nos cerraba una puerta, nos pegaba
en el vientre con una culata,
nos libertaba un preso y cuando
lo levantábamos sobre los hombros
se tragaba a un millón el calabozo,
otro millón salía desterrado,
luego un millón entraba por un horno
y se convertía en ceniza.

Yo estoy en la puerta partiendo
y recibiendo a los que llegan.

Cuando cayó la Bomba
(hombres, insectos, peces calcinados)
pensamos irnos con el atadito,

cambiar de astro y de raza.
Quisimos ser caballos, inocentes caballos.
Queríamos irnos de aquí.
Lejos de aquí, más lejos.

No sólo por el exterminio,
no sólo se trataba de morir
(fue el miedo nuestro pan de cada día)
sino que con dos pies ya no podíamos
caminar. Era grave
esta vergüenza
de ser hombres
iguales
al desintegrador y al calcinado.

Y otra vez, otra vez.
Hasta cuándo otra vez?

Ya parecía limpia la aurora
con tanto olvido con que la limpiamos
cuando matando aquí matando allá,
continuaron absortos
los países
fabricando amenazas y guardándolas
en el almacén de la muerte.

Sí, se ha resuelto, gracias:
nos queda la esperanza.

Por eso, en la puerta, espero
a los que llegan a este fin de fiesta:
a este fin de mundo.

Entro con ellos pase lo que pase.

Me voy con los que parten
y regreso.

Mi deber es vivir, morir, vivir.

I

LA PASIÓN Entrelazado he sido hoy
por un concurso de tinieblas
y a mi edad debo declarar
otros caminos incesantes:
la transformación de las olas,
la veracidad del silencio.

Soy sólo un número caído
de un árbol que no tuvo objeto
porque llegó con sus raíces
al otro lado de la tierra.

Mi cantidad es mi tormento.

No tengo nombre todavía.

Recuerdo que en una ciudad
me dormí esperando el otoño:
me encontraron bajo la nieve
tan congelado de blancura
que allí sigo siendo una estatua
sin dirección ni movimiento.

Mi vocación más verdadera
fue llegar a ser un molino:
estudié cantando en el agua
la razón de la transparencia
y aprendí del trigo abundante
la identidad que se repite.

Así llegué a ser lo que soy:

el corazón más repartido.

Se sabe que no sólo es tuyo
tu corazón y su alimento:
presumimos que la bondad
no hay que guardarla en los bolsillos:
tus dolores causan dolores.

Tu techo pertenece al viento.

Hay una cadena que amarra
con invisibles eslabones
la sombra de todos los cuerpos:
por eso el que vende su sombra
vende lo tuyo con lo suyo.

EL TARDÍO Que se sepa por el transcurso
del lento día de mi vida
que llegué tarde a todas partes:

sólo las sillas me esperaban

(y las olas negras del mar).

Este siglo estaba vacío.

Estaban haciendo las ruedas
de un carruaje de terciopelo.
Para un navío que nacía
se necesitaban adioses.

Las locomotoras aún
tenían sueños de la selva,
se derramaban por los rieles
como cascadas de caimanes
y así la tierra poco a poco
llegó a ser una copa de humo.

Caballos en la amanecida
con los hocicos vaporosos

y las monturas mojadas.
Ah, que galopen como yo,
les pido a los claros poetas,
sobre cinco leguas de barro!

Que se levanten en el frío
(el mundo atónito del alba,
los manzanos llenos de lluvia)
y ensillen en aquel silencio
y galopen hacia la luna!

UN RECUERDO   Recuerdo en medio de un trigal
una amapola morada
aún más sedosa que la seda
y con aroma de serpiente.
Lo demás era la aspereza
del trigo cortado y dorado.

Yo me enlacé más de una vez
al lado de una trilladora
con una manzana campestre
de sexo abierto y repentino
y quedó en la paja temblando
un olor a semen y a luna.

EL MISMO   Me costó mucho envejecer,
acaricié la primavera
como a un mueble recién comprado,
de madera olorosa y lisa,
y en sus cajones escondidos
acumulé la miel salvaje.

Por eso sonó la campana
llevándose a todos los muertos
sin que la oyera mi razón:
uno se acostumbra a su piel,
a su nariz, a su hermosura,
hasta que de tantos veranos
se muere el sol en su brasero.

Mirando el saludo del mar
o su insistencia en el tormento
me quedé volando en la orilla
o sentado sobre las olas
y guardo de este aprendizaje
un aroma verde y amargo
que acompaña mis movimientos.

MARES La razón de la desventura
aprendí en la escuela del agua.
El mar es un planeta herido
y la ruptura es su grandeza:
cayó esta estrella en nuestras manos:
desde la torre de la sal
se desprendió su patrimonio
de sombra activa y luz furiosa.

No se ha casado con la tierra.

No lo entendemos todavía.

EL OCIOSO Que me perdone el enemigo
si perdí tanto tiempo hablando
con arenas y minerales:
no tuve ninguna razón
pero aprendí mucho silencio.

Me gusta tocar y gastar
estas piedras de cada día:
el granito color de mosca
que se desgrana y desparrama
en los litorales de Chile.
Nadie sabe cómo llegaron
estas estatuas a la costa.

Si bien adoro el resplandor
de las fosfóricas bengalas,
los castillos de fuego fatuo,

amo en la piedra el corazón,
el fuego que allí se detuvo:
su intransigente permanencia.

1968   La hora de Praga me cayó
como una piedra en la cabeza,
era inestable mi destino,
un momento de oscuridad
como el de un túnel en un viaje
y ahora a fuerza de entender
no llegar a comprender nada:
cuando debíamos cantar
hay que golpear en un sarcófago
y lo terrible es que te oigan
y que te invite el ataúd.

Por qué entre tantas alegrías
que se construyeron sangrando
sobre la nieve salpicada
por las heridas de los muertos
y cuando ya el sol olvidó
las cicatrices de la nieve
llega el miedo y abre la puerta
para que regrese el silencio?

Yo reclamo a la edad que viene
que juzgue mi padecimiento,
la compañía que mantuve
a pesar de tantos errores.
Sufrí, sufrimos sin mostrar,
sin mostrar sino la esperanza.

Sufrimos de no defender
la flor que se nos amputaba
para salvar el árbol rojo
que necesita crecimiento.

Fue fácil para el adversario
echar vinagre por la grieta
y no fue fácil definir
y fue más difícil callar.
Pido perdón para este ciego
que veía y que no veía.

Se cierran las puertas del siglo
sobre los mismos insepultos
y otra vez llamarán en vano
y nos iremos sin oír,
pensando en el árbol más grande,
en los espacios de la dicha.

No tiene remedio el que sufre
para matar el sufrimiento.

EL TIEMPO No me alimentan los recuerdos
EN LA VIDA y salto a la vida evidente
moviendo el yeso de este siglo
y el zapato de cada día,
sufriendo sin cruz el tormento
de ser el más crucificado,
hecho trizas bajo las ruedas
del falso siglo victorioso.

Valía la pena cantar
cuando en España los puñales
dejaron un millón de ausentes,
cuando allí murió la verdad?
La despeñaron al osario
y se tejieron las banderas
con el silencio de los muertos.

Yo vuelvo al tema desangrado
como un general del olvido
que sigue viendo su derrota:
no sólo los muertos murieron

en los brazos de la batalla,
en la prisión, en el castigo,
en las estepas del destierro,
sino que a nosotros también,
a los que vivimos aún,
ya se sabe que nos mataron.

OTRA VEZ   Íbamos recién resurrectos
buscando otra vez la ambrosía,
buscando la vida lineal,
la limpieza de los rectángulos,
la geometría sin recodos:
otra vez tuvieron aroma
las mujeres y los antílopes,
los alhelíes, las campanas,
las gotas del mar en invierno,
y otra vez la muerte en Europa
nos naufragó sobre la sangre.

Ardieron en sus madrigueras
aquellos lobos circunspectos
y la presencia del incendio
se fue de país a país:
la noche cruzaba el terror
nacido en las cervecerías
y con la cruz de la crueldad
cruzó como un escalofrío
el bigotito del frenético
sobre las vértebras del mundo.
Nadie podía detener
su locomotora sangrienta.

Ya se fatigó la memoria
de contar a todos los muertos:
muertos de encías destrozadas
porque tenían dientes de oro,
muertos de cabello cortado
para desnudarlos de todo,

muertos que cavaron la fosa
en la que fueron sepultados,
muertos que buscan su cabeza
entre las manos del verdugo,
muertos de un golpe de aire rojo
en la sombra del bombardeo.

Oh cuánto dispuso la muerte
en las praderas de este siglo:
se conoce que la Cabrona
quería jugar con nosotros
y nos dejó un planeta roto
atiborrado de esqueletos
con llanuras exterminadas
y con ciudades retorcidas,
desdentadas por el incendio,
ciudades negras y vacías
con calles que sólo sustentan
el silencio y las quemaduras.

LA CENIZA Ésta es la edad de la ceniza.
Ceniza de niños quemados,
de ensayos fríos del infierno,
cenizas de ojos que lloraron
sin saber de qué se trataba
antes de que los calcinaran,
cenizas de vírgenes góticas
y ventanitas alambradas,
cenizas de roncas bodegas,
desmoronados almacenes,
cenizas de manos insignes.
Y para contar y cerrar
el capítulo ceniciento
en la victoria de Berlín,
las cenizas del asesino
sobre su propio cenicero.

EL CULTO (I) Ay qué pasión la que cantaba
entre la sangre y la esperanza:
el mundo quería nacer
después de morir tantas veces:
los ojos no tenían lágrimas
después de haber llorado tanto.

No había nada en las arterias,
todo se había desangrado
y sin embargo se arregló
otra vez el pecho del hombre.
Se levantaron las ciudades,
fueron al mar los marineros,
tuvieron niños las escuelas,
y los pájaros, en el bosque,
pusieron sus huevos fragantes
sobre los árboles quemados.

Pero fue duro renovar
la sonrisa de la esperanza:
se plantaba en algunos rostros
y se les caía a la calle
y en verdad pareció imposible
rellenar de nuevo la tierra
con tantos huecos que dejó
la dentellada del desastre.

Y cuando ya crecieron las flores,
las cinerarias del olvido,
un hombre volvió de Siberia
y recomenzó la desdicha.

Y si las manos de la guerra,
las terribles manos del odio
nos hundieron de no creer,
de no comprender la razón,
de no conocer la locura,
siempre fue ajena aquella culpa

y ahora sin comprender nada
y sin conocer la verdad
nos pegamos en las paredes
de los errores y dolores
que partían desde nosotros
y estos tormentos otra vez
se acumularon en mi alma.

II

MAREJADA La marejada se llevó
EN 1968. todos los cercos de la orilla:
OCÉANO tal vez era el sueño del mar,
PACÍFICO la dinamita del abismo:
la verdad es que no hay palabras
tan duras como el oleaje,
ni hay tantos dientes en el mundo
como en la cólera marina.

Cuando se enrolla la diadema
del mar y arrecian sus escudos
y las torres se levantaron,
cuando galopa con los pies
de mil millones de caballos
y la cabeza enfurecida
pega en la piedra del relámpago,
agárrate a Dios, alma mía,
dice el pescador pequeñito
golpeándose el pecho mojado
para morir sin agonía.

Crispado mar, tortuga amarga,
panoplia del asesinato,
diapasón de la guerra a muerte,
piano de dientes carniceros,

hoy derribaste mis defensas
con un pétalo de tu furia
y como un ave crepitante
cantabas en los arrecifes.

Aquí está el mar, dicen los ojos,
pero hay que esperar una vida
para vivirlo hasta la muerte
y te premia una tempestad
con cuatro gotas de granito.

En la Punta del Trueno anduve
recogiendo sal en el rostro
y del océano, en la boca
el corazón huracanado:
lo vi estallar hasta el cenit,
morder el cielo y escupirlo.

En cada ráfaga llevaba
el armamento de una guerra,
todas las lágrimas del mundo
y un tren repleto de leones,
pero no era bastante aún
y derribaba lo que hacía
despeñando sobre la piedra
una lluvia de estatuas frías.

Oh firmamento del revés,
oh estrellas hirvientes del agua,
oh marejada del rencor,
dije, mirando la hermosura
de todo el mar desordenado
en una batalla campal
contra mi patria sacudida
por un temblor inexorable
y los designios de la espuma.

ÉPOCA   Aquí no descansa un pasado
que llamé con una campana
para que despierten las cosas
y me rodeen los anillos
que se apartaron de los dedos
obedeciendo a la muerte:

no quiero reconstituir
ni las manos ni los dolores:

después de todo morirá
de una vez por todas tal vez
este siglo de la agonía
que nos enseñó a asesinar
y a morir de sobrevivientes.

EL PELIGRO   Sí, nos dijeron: No resbalen
en los salones encerados
ni en barro ni en nieve ni en lluvia.
Muy bien, dijimos, a seguir
sin resbalar en el invierno.
Pero qué sucedió? Sentimos
bajo los pies algo que huía
y que nos hacía caer.

Era la sangre de este siglo.

Bajó de las secretarías,
de los ventisqueros saqueados,
del mármol de las escaleras
y cruzó el campo, la ciudad,
las redacciones, los teatros,
los almacenes de ceniza,
las rejas de los coroneles:
la sangre cubría las zanjas
y saltaba de guerra en guerra
sobre millones de ojos muertos
que sólo miraban la sangre.

Esto pasó. Yo lo atestiguo.

Ustedes vivirán tal vez
resbalando sólo en la nieve.

A mí me tocó este dolor
de resbalar sobre la sangre.

SEPAN   Ay la mentira que vivimos
LO SEPAN fue el pan nuestro de cada día.
LO SEPAN Señores del siglo veintiuno
es necesario que se sepa
lo que nosotros no supimos,
que se vea el contra y el por,
porque no lo vimos nosotros,
y que no coma nadie más
el alimento mentiroso
que en nuestro tiempo nos nutría.

Fue el siglo comunicativo
de las incomunicaciones:
los cables debajo del mar
fueron a veces verdaderos
cuando la mentira llegó
a tener mayor latitud
y longitudes que el océano:
los lenguajes se acostumbraron
a aderezar el disimulo,
a sugerir las amenazas,
y las largas lenguas del cable
enrollaron como serpientes
el mentidero colosal
hasta que todos compartimos
la batalla de la mentira
y después de mentir corriendo
salimos mintiendo a matar,
llegamos mintiendo a morir.

Mentíamos con los amigos
en la tristeza o el silencio
y el enemigo nos mintió
con la boca llena de odio.

Fue la edad fría de la guerra.

La edad tranquila del odio.

Una bomba de cuando en cuando
quemaba el alma de Vietnam.

Y Dios metido en su escondite
acechaba como una araña
a los remotos provincianos
que con soñolienta pasión
caían en el adulterio.

LAS GUERRAS   Ven acá, sombrero caído,
zapato quemado, juguete,
o montón póstumo de anteojos,
o bien, hombre, mujer, ciudad,
levántense de la ceniza
hasta esta página cansada,
destituida por el llanto.

Ven, nieve negra, soledad
de la injusticia siberiana,
restos raídos del dolor,
cuando se perdieron los vínculos
y se abrumó sobre los justos
la noche sin explicaciones.

Muñeca del Asia quemada
por los aéreos asesinos,
presenta tus ojos vacíos
sin la cintura de la niña
que te abandonó cuando ardía
bajo los muros incendiados
o en la muerte del arrozal.

Objetos que quedaron solos
cerca de los asesinados
de aquel tiempo en que yo viví
avergonzado por la muerte
de los otros que no vivieron.

De ver la ropa tendida
a secar en el sol brillante
recuerdo las piernas que faltan,
los brazos que no las llenaron,
partes sexuales humilladas
y corazones demolidos.

Un siglo de zapaterías
llenó de zapatos el mundo
mientras cercenaban los pies
o por la nieve o por el fuego
o por el gas o por el hacha!

A veces me quedo agachado
de tanto que pesa en mi espalda
la repetición del castigo:
me costó aprender a morir
con cada muerte incomprensible
y llevar los remordimientos
del criminal innecesario:
porque después de la crueldad
y aun después de la venganza
no fuimos tal vez inocentes
puesto que seguimos viviendo
cuando mataban a los otros.

Tal vez les robamos la vida
a nuestros hermanos mejores.

LOS   Lumumba desaparecido,
DESAPARECIDOS pregunto, dónde está Ben Bella?
Ben Barka desapareció.

Y así este siglo pululado
por los diestros y los siniestros
ladrones de hombres, usurpantes,
secuestradores y asesinos.

Lumumba va con su razón,
su deslumbrante geometría
por las nubes de la tortura
entregado a los sanguinarios.

África amarga, dónde están
sus delgadas manos morenas?
Cómo entregaste a los verdugos
la flor negra de tu derecho?

Ben Barka en medio de París
condenado a morir a oscuras
por monarquías y burdeles,
crucificado en el silencio
de esta época de agonía!

Ben Bella que la ira llevó
en una oscura ola callada
hacia el secreto, y no volvió
de la eternidad de la arena.

Yo prefiero el ruido escarlata
de las ametralladoras
en el infierno de Chicago
de los hombres sin Dios ni ley,
a estos guantes que se movieron
sin manos, para estrangular,
a estas cabezas sin mirada
que buscan en la noche cruel
corazones de héroes perdidos.

Oh silencio! Oh terror! Adiós!

No queda nada, ya lavaron
las gradas del crimen. Se fueron.

Fueron secretas las condenas
y los verdugos invisibles.

A nosotros nos tocó ver
en vez de la luna en la noche
paseando el cielo como un astro
la dentadura de la muerte.

VAMOS A VER   No nos volvamos a medir
con la atmósfera delicada,
ella depende de una gota,
de una nube, de un alhelí:
tú pestañeas y en el acto
el cielo cambia de camisa.

Entremos a nosotros mismos,
a tu zaguán, a tu almanaque,
y sobre todo a la bodega
donde guardas los muebles rotos
y las lámparas apagadas,
más aún, las tristes rupturas
que se escondieron en silencio,
los secretos que se pudrieron,
las llaves tiradas al mar.

Bajemos al piso de abajo
y destapemos el infierno,
siempre de allí te están llamando
en idiomas que nadie entiende,
salvo tú mismo sólo a veces
porque nunca quieres oír
cuando te llaman desde adentro,
desde el recuerdo inoxidable.

SIEMPRE NACER   El sol nace de su semilla
a su esplendor obligatorio,

lava con luz el universo,
se acuesta a morir cada día
bajo las sábanas oscuras
de la noche germinadora
y para nacer otra vez
deja su huevo en el rocío.

Pido que mi resurrección
también sea reproductiva,
sea solar y delicada,
pero necesito dormir
en las sábanas de la luna
procreando modestamente
mis propias substancias terrestres.

Quiero extenderme en el vacío
desinteresado del viento
y propagarme sin descanso
en los cuarenta continentes,
nacer en formas anteriores,
ser camello, ser codorniz,
ser campanario en movimiento,
hoja del agua, gota de árbol,
araña, ballena del cielo
o novelista tempestuoso.

Ya sé que mi inmovilidad
es la garantía invisible
de todo el establecimiento:
si cambiamos de zoología
no nos admiten en el cielo.

Por eso sentado en mi piedra
veo girar sobre mis sueños
los helicópteros que vuelven
de sus estrellas diminutas
y no necesito contarlos,
siempre hay algunos en exceso,
sobre todo en la primavera.

Y si me voy por los caminos
recurro al aroma olvidado
de una rosa deshabitada,
de una fragancia que perdí
como se extravía la sombra:
me quedé sin aquel amor
desnudo en medio de la calle.

III

HOY ES   Florece este día de invierno
TAMBIÉN   con una sola rosa muerta,
la noche prepara su nave,
caen los pétalos del cielo
y sin rumbo vuelve la vida
a recogerse en una copa.

Yo no sé decir de otro modo:
la noche negra, el día rojo,
y recibo las estaciones
con cortesía de poeta:
espero puntual la llegada
de las verbales golondrinas
y monto una guardia de acero
frente a las puertas del otoño.

Por eso el invierno imprevisto
me sobrecoge en su accidente
como el humo desalentado
del recuerdo de una batalla:
no es la palabra *padecer*,
no es *escarmiento*, no es *desdicha*,
es como un sonido en la selva,
como un tambor bajo la lluvia.
Lo cierto es que cambia mi tema
con el color de la mañana.

CAYENDO Yo te llamo, rosa de leche,
duplicada paloma de agua,
ven desde aquella primavera
a resucitar en las sábanas,
a encender detrás del invierno
el sol erótico del día.

Hoy en mi propia circunstancia
soy un desnudo peregrino
viajando a la iglesia del mar:
crucé las piedras saladas,
seguí el discurso de los ríos
y me senté junto a la hoguera
sin saber que era mi destino.

Sobreviviente de la sal,
de las piedras y de las llamas,
sigo cruzando las regiones
sosteniéndome en mis dolores,
enamorado de mi sombra.
Por eso no por mucho andar
llego a alejarme de mí mismo.

Es este día mentiroso
de falsa luz encapotada,
lo que me puso macilento:
me caigo en el tiempo del pozo
y después de nadar debajo
de la inexacta primavera
salgo a la luz en cualquier parte
con el mismo sombrero gris
tocando la misma guitarra.

TAL VEZ Es cuerdo el hombre que voltea
y parpadeando en el alambre
cambia de piel y paladar
buscando el sol o el equilibrio.
(La astucia cambia de color

y el conservador no conserva
sino las máscaras que usó
ya convertidas en ceniza.)

DIABLITOS He visto cómo preparaba
su condición el oportuno,
su coartada el arribista,
sus redes la rica barata,
sus inclusiones el poeta.

Yo jugué con el papel limpio
frente a la luz todos los días.

Yo soy obrero pescador
de versos vivos y mojados
que siguen saltando en mis venas.
Nunca supe hacer otra cosa
ni supe urdir los menesteres
del intrínseco jactancioso
o del perverso intrigador,
y no es propaganda del bien
lo que estoy diciendo en mi canto:
sino que no lo supe hacer,
y les pido excusas a todos:
déjenme solo con el mar:
yo nací para pocos peces.

SÍ, SEÑOR Yo nací para pocos peces,
para la infinita frescura
de cada gota del trabajo,
y el rosario que se fue hilando,
la escama clara y repetida.

Me declararon transparente
y así sin darme cuenta yo
llegué a hablar como todo el mundo.

CAMINOS Encontré un hombre en un camión
que me entretuvo conversando
en el camión que manejaba
entre Osorno y Antofagasta.
La noche de Chile es más larga,
la noche de Chile es eterna,
la noche de la carretera
desenrollada por los faros,
y no termina en parte alguna.
No se sabe dónde comienza
la cinta nocturna de Chile
de estrellas secas en el Norte,
en el Sur de estrellas mojadas.
En la estrecha sombra chilena
sigue el camión intermitente
con el camionero que fuma
junto a los sacos taciturnos
dejando atrás la noche angosta,
redonda como una culebra.
Se llamaba Jesús González
mi amigo del camión de carga.

PAISAJE Anduve diciéndoles adiós
a muchos distantes, y ahora
me gustaría recoger
el hilo de aquellos adioses,
volver a ver ojos perdidos.

No sé si a todos les conviene
mi melancolía de hoy:
estoy dispuesto a repartirla
en pequeños granos redondos
alrededor del campamento,
en las rodillas del camino.
Quiero ver si crece la pena,
las flores de la incertidumbre,
la indecisión apesarada:
quiero saber de qué color
son las hojas del abandono.

Cuando un día te mira el sol
como un tigre desde su trono
y quiere obligarte a vivir
su condición voluntariosa,
recibo una racha lunática,
me desespero de sombrío,
y cuando menos lo esperaba
me pongo a repartir tristeza.

EL FUEGO Qué momento tan musical
me dice un río inteligente
al mover junto a mí sus aguas:
él se divierte con las piedras,
sigue cantando su camino,
mientras yo decidido a todo
lo miro con ojos de furia.

Dediquemos a la desdicha
un pensamiento vaporoso
como la tierra matinal
sucia de lágrimas celestes
levanta un árbol de vapor
que desenfoca la mañana:
sufre la luz que iba naciendo,
se amotina la soledad
y ya no se cuenta con nada,
no se ve el cielo ni la tierra
bajo la neblina salobre.

Exageramos este asunto,
dije volviendo a la fogata
que se apagaba en la espesura
y con dos ramas de laurel
se levantó una llama roja
con una castaña en el centro,
y luego se abrió la castaña
enseñándome la lección
de su dulzura aprisionada

y volví a ser un ciudadano
que quiere leer los periódicos.

EL SIGLO   Treinta y dos años entrarán
MUERE   trayendo el siglo venidero,
treinta y dos trompetas heroicas,
treinta y dos fuegos derrotados,
y el mundo seguirá tosiendo
envuelto en su sueño y su crimen.

Tan pocas hojas que le faltan
al árbol de las amarguras
para los cien años de otoño
que destruyeron el follaje:
lo regaron con sangre blanca,
con sangre negra y amarilla,
y ahora quiere una medalla
en su pechera de sargento
el siglo que cumple cien años
de picotear ojos heridos
con sus herramientas de hierro
y sus garras condecoradas.

Me dice el cemento en la calle,
me canta el pájaro enramado,
me advierte la cárcel nombrando
los justos allí ajusticiados,
me lo declaran mis parientes,
mis intranquilos compañeros,
secretarios de la pobreza:
siguen podridos estos años
parados en medio del tiempo
como los huesos de una res
que devoran los roedores
y salen de la pestilencia
libros escritos por las moscas.

POR QUÉ,   A los cinco años de este siglo
SEÑOR?   Estados Unidos cantaba
como una máquina de plata,
susurraba con el sonido
de un granero que se desgrana,
tenía las manos de Lincoln
y la abundancia de Walt Whitman,
bajaban por el Mississippi
las barcarolas de los negros
y Nueva York era una olla
con un repollo gigantesco.

Dónde está ahora aquella gente?
Y aquella nación qué se hizo?
Lincoln y Whitman qué se hicieron?

Dónde están las nieves de antaño?
Ahora con tantas estrellas
que condecoran su chaleco,
con tantos edificios de oro
y tantas bombas en el puño
y con la sangre que derraman
no los quiere nadie en la tierra:
no son los Estados Unidos,
son los Estados Escupidos.

Sin tener ni por qué ni cuándo
se deshonraron en Vietnam.
Por qué tenían que matar
a los lejanos inocentes
cuando hacen nata los delitos
en los bolsillos de Chicago?
Por qué ir tan lejos a matar?
Por qué ir tan lejos a morir?

Primos hermanos por la tierra,
por el espacio y las praderas,
por qué nuestros primos tomaron

los estandartes del asalto
y en despoblado a media noche
entraron a la casa ajena
a romper todos los cristales,
a quemar niños con napalm,
y luego sin gloria ni pena
salir con la cola caída
y los guantes ensangrentados?

EN CUBA   Corrió la luz por estas horas
hacia nuestra tierra dormida
y en un relámpago terrestre
se encendió la estrella de Cuba.

Honor, honor a aquel puñado
de hirsutos héroes en la aurora,
honor a la lumbre primera
del sol latinoamericano:
honor y tambor y loor
a los pájaros de la pólvora
y al perfil de los insurgentes.
Yo vi y canté a los que llegaron
y celebré los edificios
que elevó el amor y el combate,
las reses nuevas que nacieron
y el tumultuoso movimiento
que corre cortando y cantando
azúcar del cañaveral.

Sepan ustedes, los de ahora,
que conocí el ayer cubano,
los anteayeres de La Habana:
todo era baraja y daiquiri,
blancas y negras se vendían
mientras subía a los balcones
un clamor de bocas amargas
con la serenata del hambre:
yo certifico que era así:

torta podrida, estercolero,
atardecer prostibulario,

Antes que nadie y que ninguno
yo canté la cúbita hazaña,
declaré la gesta en mi libro,
propagué la rosa de fuego
y puso a Cuba en la ventana
mi compañera poesía.
No pretendí halago ni honor,
sino el deber del combatiente.

Cuando todo estaba ganado
se asociaron los escribientes
y acumularon firmadores:
todos ellos se acorralaron
disparando contra mi voz,
contra mi canto cristalino
y mi corazón comunista.

En este siglo la amargura
se ocultó antes y después
de cada espléndida victoria:
fue como un gato que acechara
el vuelo más vertiginoso
y restituyera a la jaula
un aletazo moribundo.
Sin embargo el amanecer
se sostuvo y brillaba el cielo.

TRISTEZA   Los que vivimos esta historia,
EN LA   esta muerte y resurrección
MUERTE DE   de nuestra esperanza enlutada,
UN HÉROE   los que escogimos el combate
y vimos crecer las banderas,
supimos que los más callados
fueron nuestros únicos héroes
y que después de las victorias

llegaron los vociferantes
llena la boca de jactancia
y de proezas salivares.

El pueblo movió la cabeza:
y volvió el héroe a su silencio.
Pero el silencio se enlutó
hasta ahogarnos en el luto
cuando moría en las montañas
el fuego ilustre de Guevara.

El comandante terminó
asesinado en un barranco.

Nadie dijo esta boca es mía.
Nadie lloró en los pueblos indios.
Nadie subió a los campanarios.
Nadie levantó los fusiles,
y cobraron la recompensa
aquellos que vino a salvar
el comandante asesinado.

Qué pasó, medita el contrito,
con estos acontecimientos?

Y no se dice la verdad
pero se cubre con papel
esta desdicha de metal.
Recién se abría el derrotero
y cuando llegó la derrota
fue como un hacha que cayó
en la cisterna del silencio.

Bolivia volvió a su rencor,
a sus oxidados gorilas,
a su miseria intransigente,
y como brujos asustados
los sargentos de la deshonra,

los generalitos del crimen,
escondieron con eficiencia
el cadáver del guerrillero
como si el muerto los quemara.

La selva amarga se tragó
los movimientos, los caminos,
y donde pasaron los pies
de la milicia exterminada
hoy las lianas aconsejaron
una voz verde de raíces
y el ciervo salvaje volvió
al follaje sin estampidos.

IV

OLIVERIO Pero debajo de la alfombra
GIRONDO y más allá del pavimento
entre dos inmóviles olas
un hombre ha sido separado
y debo bajar y mirar
hasta saber de quién se trata.
Que no lo toque nadie aún:
es una lámina, una línea:
una flor guardada en un libro:
una osamenta transparente.

El Oliverio intacto entonces
se reconstituye en mis ojos
con la certeza del cristal,
pero cuanto adelante o calle,
cuanto recoja del silencio,
lo que me cunda en la memoria,
lo que me regale la muerte,
sólo será un pobre vestigio,
una silueta de papel.

Porque el que canto y rememoro
brillaba de vida insurrecta
y compartí su fogonazo,
su ir y venir y revolver,
la burla y la sabiduría,
y codo a codo amanecimos
rompiendo los vidrios del cielo,
subiendo las escalinatas
de palacios desmoronados,
tomando trenes que no existen,
reverberando de salud
en el alba de los lecheros.

Yo era el navegante silvestre
(y se me notaba en la ropa
la oscuridad del archipiélago)
cuando pasó y sobrepasó
las multitudes Oliverio,
sobresaliendo en las aduanas,
solícito en las travesías
(con el plastrón desordenado
en la otoñal investidura),
o cerveceando en la humareda
o espectro de Valparaíso.

En mi telaraña infantil
sucede Oliverio Girondo.

Yo era un mueble de las montañas.

Él, un caballero evidente.
Barbín, barbián, hermano claro,
hermano oscuro, hermano frío,
relampagueando en el ayer
preparabas la luz intrépida,
la invención de los alhelíes,
las sílabas fabulosas
de tu elegante laberinto

y así tu locura de santo
es ornato de la exigencia,
como si hubieras dibujado
con una tijera celeste
en la ventana tu retrato
para que lo vean después
con exactitud las gaviotas.

Yo soy el cronista abrumado
por lo que puede suceder
y lo que debo predecir
(sin contar lo que me pasó,
ni lo que a mí me pasaron),
y en este canto pasajero
a Oliverio Girondo canto,
a su insolencia matutina.

Se trata del inolvidable.

De su indeleble puntería:
cuando borró la catedral
y con su risa de corcel
clausuró el turismo de Europa,
reveló el pánico del queso
frente a la francesa golosa
y dirigió al Guadalquivir
el disparo que merecía.

Oh primordial desenfadado!
Hacía tanta falta aquí
tu iconoclasta desenfreno!

Reinaba aún Sully Prud'homme
con su redingote de lilas
y su bonhomía espantosa.
Hacía falta un argentino
que con las espuelas del tango
rompiera todos los espejos

incluyendo aquel abanico
que fue trizado por un búcaro.

Porque yo, pariente futuro
de la itálica piedra clara
o de Quevedo permanente
o del nacional Aragon,
yo no quiero que espere nadie
la moneda falsa de Europa,
nosotros los pobres américos,
los dilatados en el viento,
los de metales más profundos,
los millonarios de guitarras,
no debemos poner el plato,
no mendiguemos la existencia.

Me gusta Oliverio por eso:
no se fue a vivir a otra parte
y murió junto a su caballo.
Me gustó la razón intrínseca
de su delirio necesario
y el matambre de la amistad
que no termina todavía:
amigo, vamos a encontrarnos
tal vez debajo de la alfombra
o sobre las letras del río
o en el termómetro obelisco
(o en la dirección delicada
del susurro y de la zozobra)
o en las raíces reunidas
bajo la luna de Figari.

Oh energúmeno de la miel,
patriota del espantapájaros,
celebraré, celebré, celebro
lo que cada día serás
y lo Oliverio que serías
compartiendo tu alma conmigo

si la muerte hubiera olvidado
subir una noche, y por qué?
buscando un número, y por qué?
por qué por la calle Suipacha?

De todos los muertos que amé
eres el único viviente.

No me dedico a las cenizas,
te sigo nombrando y creyendo
en tu razón extravagante
cerca de aquí, lejos de aquí,
entre una esquina y una ola
adentro de un día redondo,
en un planeta desangrado
o en el origen de una lágrima.

CAMINANDO   De noche, por las carreteras
CAMINOS   de la sequía, piedra y polvo,
            tartamudea el carromato.

No pasa nadie por aquí.

El suelo no tiene habitantes
sino la aspereza encendida
por los faros vertiginosos:
es la noche de las espinas,
de los vegetales armados
como caimanes, con cuchillos:
se ven los dientes del alambre
alrededor de los potreros,
los cactus de hostil estatura
como obeliscos espinosos,
la noche seca, y en la sombra
llena de estrellas polvorientas
el nido negro de la aurora
que prepara sin descansar
los horizontes amarillos.

LA SOLEDAD Cuando llega la soledad
y tú no estás acostumbrado
se destapan cosas cerradas,
baúles que creías muertos,
frascos que asumen la advertencia
de una invariable calavera,
se abren algunas cerraduras,
se destapan ollas del alma.

Pero no nos gusta saber,
no amamos los descubrimientos
de nuestra vieja identidad,
encontrar al irreductible
que estaba adentro, agazapado,
esperando con un espejo.
Es mucho mejor ir al cine
o conversar con las mujeres
o leer la historia de Egipto,
o estimular la complacencia,
la numismática o la iglesia.

Los que se dedican a Dios
de cuando en cuando, están salvados.
Llenos de ungüento medioeval
regresan a sus oficinas
o se dan un soplo de infierno
o usan dentífrico divino.

Los que no queremos a Dios
desde que Dios no quiere a nadie,
llegamos al campo, temprano,
a Rumay, junto a Melipilla,
y nos pensamos lentamente,
nos rechazamos con fervor,
con paciencia nos desunimos
y nos juntamos otra vez
para seguir siendo los mismos.

EL VIENTO Pero no hay nada como el viento
de los duros montes, el agua
de riego en los fríos canales,
el espacio inmóvil, la luz
colmando la copa del mundo
y el olor verde de la tierra.

Por eso tengo que volver
a tantos sitios venideros
para encontrarme conmigo
y examinarme sin cesar,
sin más testigo que la luna
y luego silbar de alegría
pisando piedras y terrones,
sin más tarea que existir,
sin más familia que el camino.

LA MÚSICA Si no me enseñaron la tierra,
si sólo para recorrerla,
si nunca entré con el arado,
si no viví con los terrones
ni dormí sobre la cebada
no puedo hablar con los violines
porque la música es terrestre.

Pero es terrestre la cintura
de mi mejor enamorada
y tiene tierra el porvenir,
todas las cosas son de tierra.

Es de tierra el pan, el silencio,
el fuego es el polvo que arde,
el agua es la tierra que corre
y todos los sueños nocturnos
vienen del fondo de la tierra.

METAMORFOSIS He recibido un puntapié
del tiempo y se ha desordenado

el triste cajón de la vida.
El horario se atravesó
como doce perdices pardas
en un camino polvoriento
y lo que antes fue la una
pasó a ser las ocho cuarenta
y el mes de abril retrocedió
hasta transformarse en noviembre.

Los papeles se me perdieron,
no se encontraban los recibos,
se llenaron los basureros
con nombres de contribuyentes,
con direcciones de abogados
y números de deliciosas.

Fue una catástrofe callada.

Comenzó todo en un domingo
que en vez de sentirse dorado
se arrepintió de la alegría
y se portó tan lentamente
como una tortuga en la playa:
no llegó nunca al día lunes.

Al despertarme me encontré
más descabellado que nunca,
sin precedentes, olvidado
en una semana cualquiera,
como una valija en un tren
que rodara a ninguna parte
sin conductor ni pasajeros.

No era un sueño porque se oyó
un mugido espeso de vaca
y luego trajeron la leche
con calor aún de las ubres,
además de que me rodeaba

un espectáculo celeste:
la travesura de los pájaros
entre las hojas y la niebla.

Pero lo grave de este asunto
es que no continuaba el tiempo.
Todo seguía siendo sábado
hasta que el viernes se asomaba.

Adónde voy? Adónde vamos?
A quién podía consultar?

Los monumentos caminaban
hacia atrás, empujando el día
como guardias inexorables.
Y se desplomaba hacia ayer
todo el horario del reloj.

No puedo mostrar a la gente
mi colección de escalofríos:
me sentí solo en una casa
perforada por las goteras
de un aguacero inapelable
y para no perder el tiempo,
que era lo único perdido,
rompí los últimos recuerdos,
me despedí de mi botica,
eché al fuego los talonarios,
las cartas de amor, los sombreros,
y como quien se tira al mar
yo me tiré contra el espejo.

Pero ya no me pude ver.
Sentía que se me perdía
el corazón precipitado
y mis brazos disminuyeron,
se desmoronó mi estatura,
a toda velocidad

se me borraban los años,
regresó mi cabellera,
mis dientes aparecieron.

En un fulgor pasé mi infancia,
seguí contra el tiempo en el cauce
hasta que no vi de mí mismo,
de mi retrato en el espejo
sino una cabeza de mosca,
un microscópico huevillo
volviendo otra vez al ovario.

EL ESTRELLERO   Me pongo a estrellar lo que falta
en el firmamento nocturno
con tan constante condición
que volando todos los días
vi mis pobres astros campestres
desencadenar la hermosura,
y estrellas que yo fabriqué
no parecían fabricadas:
todo parecía mejor
en el pavimento celeste.

Fue de pequeño que aprendí
a mirar las botellas rotas,
a esconder en la oscuridad
del subterráneo del Liceo
aquellos fragmentos de vidrio
en los que yo precipité
las vocaciones espaciales.

Acumulé clavos torcidos,
herraduras deshabitadas,
todo lo dispuse allí
clasificando con paciencia,
estimulando con astucia,
educando con energía,
hasta que pude despertar

las fosforescencia del vidrio,
el frenesí de los metales.

Equiparado por la edad
a los sabios más eminentes
y hechicero como ninguno
logré asumir la posesión
del tesoro de mi subsuelo,
y premunido de herramientas
hereditarias, insondables,
construí primero una ráfaga
y luego un vuelo de luciérnagas.

El cometa me costó más.
Una estrella de cola ardiente,
una desposada del cielo,
una náufraga del espacio,
un elemento natural
lleno de velos y de luz
como un pez plateado de China
convocado en el coliseo
de Aldebarán y de Saturno
pareció difícil de hacer
hasta que de nieve y botellas
propulsado por su fulgor
subió de mis manos un astro
caudal, nupcial y vaporoso.

Luego de ilustres tentativas
desencadené un meteoro
elaborado con los restos
de mi subterráneo natal.
De tumbo en tumbo rodó
en el espacio el meteoro
con todos los clavos secretos
de mi total ferretería.
Sonaron los astros quebrados
por el mandoble de mis dedos,

por mi estallido celeste,
y la noche se estremeció
recibiendo la catarata.

Así me entretuve, señores,
en el colegio de mi infancia.

EL XIX   Lo curioso es que en este siglo
Mozart, el suave enlevitado,
continuó con su levitón,
con su vestido de música:
en estos cien años apenas
se escucharon otros ruidos,
y Fiódor Dostoyevski aún
desarrolla su folletín,
su dictamen de las tinieblas,
su larga cinta con espinas.

Bueno, y Rimbaud? Gracias, muy bien
contesta el vago vagabundo
que aún se pasea solitario
sin otra sombra en este siglo.

Yo que llegué desde Parral
a conocer este siglo,
por qué me dan el mismo frío,
el mismo plato, el mismo fuego
de los amables abuelitos
o de los abuelos amargos?

Hasta cuándo llueve Verlaine
sobre nosotros? Hasta cuándo
el paraguas de Baudelaire
nos acompaña a pleno sol?
Queremos saber dónde están
las araucarias que nacieron,
las encinas del Siglo Veinte,
dónde están las manos, los dedos,

los guantes de nuestra centuria.
Walt Whitman no nos pertenece,
se llama Siglo Diecinueve,
pero nos sigue acompañando
porque nadie nos acompaña.
Y en este desierto lanzó
el *sputnik* su polen rojo
entre las estrellas azules.

El siglo veinte se consume
con el siglo pasado a cuestas
y los pálidos escritores
bajo los gigantes muertos
hemos subido la escalera
con un saco sobre los hombros,
con la pesada precedencia
de los huesos más eminentes.

Pesa Balzac un elefante,
Victor Hugo como un camión,
Tolstói como una cordillera,
como una vaca Émile Zola,
Emilia Brontë como un nardo,
Mallarmé como un pastelero,
y todos juntos aplastándonos
no nos dejaban respirar,
no nos dejaban escribir,
no nos querían dejar,
hasta que el tío Ubu Dada
los mandó a todos a la mierda.

V

ARTES   Como poeta carpintero
POÉTICAS (1)   busco primero la madera

áspera o lisa, predispuesta:
con las manos toco el olor,
huelo el color, paso los dedos
por la integridad olorosa,
por el silencio del sistema,
hasta que me duermo o transmigro
o me desnudo y me sumerjo
en la salud de la madera,
en sus circunvalaciones.

Lo segundo que hago es cortar
con sierra de chisporroteo
la tabla recién elegida:
de la tabla salen los versos
como astillas emancipadas,
fragantes, fuertes y distantes
para que ahora mi poema
tenga piso, casco, carena,
se levante junto al camino,
sea habitado por el mar.

Como poeta panadero
preparo el fuego, la harina,
la levadura, el corazón,
y me complico hasta los codos,
amasando la luz del horno,
el agua verde del idioma,
para que el pan que me sucede
se venda en la panadería.

Yo soy y no sé si lo sepan
tal vez herrero por destino
o por lo menos propicié
para todos y para mí
metalúrgica poesía.

En tal abierto patrocinio
no tuve adhesiones ardientes:
fui ferretero solitario.

Rebuscando herraduras rotas
me trasladé con mis escombros
a otra región sin habitantes,
esclarecida por el viento.
Allí encontré nuevos metales
que fui convirtiendo en palabras.

Comprendo que mis experiencias
de metafísico manual
no sirvan a la poesía,
pero yo me dejé las uñas
arremetiendo a mis trabajos
y ésas son las pobres recetas
que aprendí con mis propias manos:
si se prueba que son inútiles
para ejercer la poesía
estoy de inmediato de acuerdo:
me sonrío para el futuro
y me retiro de antemano.

ARTES   No he descubierto nada yo,
POÉTICAS (II) ya todo estaba descubierto
cuando pasé por este mundo.
Si regreso por estos lados
les pido a los descubridores
que me guarden alguna cosa,
un volcán que no tenga nombre,
un madrigal desconocido,
la raíz de un río secreto.

Fui siempre tan aventurero
que nunca tuve una aventura
y las cosas que descubrí
estaban dentro de mí mismo,
de tal modo que defraudé
a Juan, a Pedro y a María,
porque por más que me esforcé
no pude salir de mi casa.

Contemplé con envidia intensa
la inseminación incesante,
el ciclo de los sateloides,
la añadidura de esqueletos,
y en la pintura vi pasar
tantas maneras fascinantes
que apenas me puse a la moda
ya aquella moda no existía.

ABEJAS (I) Qué voy a hacerle, yo nací
cuando habían muerto los dioses
y mi insufrible juventud
siguió buscando entre las grietas:
ése fue mi oficio y por eso
me sentí tan abandonado.

Una abeja más una abeja
no suman dos abejas claras
ni dos abejas oscuras:
suman un sistema de sol,
una habitación de topacio,
una caricia peligrosa.

La primera inquietud del ámbar
son dos abejas amarillas
y atado a las mismas abejas
trabaja el sol de cada día:
me da rabia enseñarles tanto
de mis ridículos secretos.

Me van a seguir preguntando
mis relaciones con los gatos,
cómo descubrí el arco iris,
por qué se vistieron de erizos
las beneméritas castañas,
y sobre todo que les diga
los que piensan de mí los sapos,
los animales escondidos

bajo la fragancia del bosque
o en las pústulas del cemento.

Es la verdad que entre los sabios
he sido el único ignorante
y entre los que menos sabían
yo siempre supe un poco menos
y fue tan poco mi saber
que aprendí la sabiduría.

ABEJAS (II) Hay un cementerio de abejas
allá en mi tierra, en Patagonia,
y vuelven con su miel a cuestas
a morir de tanta dulzura.

Es una región tempestuosa
curvada como una ballesta,
con un permanente arco iris
como una cola de faisán:
rugen los saltos de los ríos,
salta la espuma como liebre,
restalla el viento y se dilata
por la soledad circundante:
es un círculo la pradera
con la boca llena de nieve
y la barriga colorada.

Allí llegan una por una,
un millón junto a otro millón,
a morir todas las abejas
hasta que la tierra se llena
de grandes montes amarillos.

No puedo olvidar su fragancia.

LA ROSA Dejo en la nave de la rosa
DEL la decisión del herbolario:
HERBOLARIO si la estima por su virtud

o por la herida del aroma:
si es intacta como la quiere
o rígida como una muerta.

La breve nave no dirá
cuál es la muerte que prefiere:
si con la proa enarbolada
frente a su fuego victorioso
ardiendo con todas las velas
de la hermosura abrasadora
o secándose en un sistema
de pulcritud medicinal.

El herbolario soy, señores,
y me turban tales protestas
porque en mí mismo no convengo
a decidir mi idolatría:
la vestidura del rosal
quema el amor en su bandera
y el tiempo azota el esqueleto
derribando el aroma rojo
y la turgencia perfumada:
después con una sacudida
y una larga copa de lluvia
no queda nada de la flor.

Por eso agonizo y padezco
preservando el amor furioso
hasta en sus últimas cenizas.

Agua La desventaja del rocío
cuando su luz se multiplica
es que a la flor le nacen ojos
y estos ojos miran el mundo.

Ya dejaron de ser rocío.

Son las circunstancias del día:
reflexiones de la corola:
eternidad del agua eterna.

Otoño Para la patria del topacio
designé una espiga infinita
y le agregué la ramazón
de la estirpe más amarilla:

son mis deberes en otoño.

Alianza Cuando la hoja no converse
con otras hojas y preserve
infinitos labios el árbol
para susurrarnos susurros,
cuando la patria vegetal
con sus banderas abolidas
se resigne al precario idioma
del hombre o a su silencio
y por mi parte cuando asuma
como agua o savia los deberes
de la raíz a la corola,
ay ese mundo es la victoria,
es el paraíso perdido,
la unidad verde, la hermosura
de las uvas y de las manos,
el signo redondo que corre
anunciando mi nacimiento.

Razón La oblonga razón de la rama
parece inmóvil pero escucha
cómo suena la luz del cielo
en la cítara de sus hojas
y si te inclinas a saber
cómo sube el agua a la flor
oirás la luna cantar
en la noche de las raíces.

Árbol   Anoche al apagar la luz
se me durmieron las raíces
y se me quedaron los ojos
enredados entre las hojas
hasta que, tarde, con la sombra
se me cayó una rama al sueño
y por el tronco me subió
la fría noche de cristal
como una iguana transparente.

Entonces me quedé dormido.

Cerré los ojos y las hojas.

Silencio   Yo que crecí dentro de un árbol
tendría mucho que decir,
pero aprendí tanto silencio
que tengo mucho que callar
y eso se conoce creciendo
sin otro goce que crecer,
sin más pasión que la substancia,
sin más acción que la inocencia,
y por dentro el tiempo dorado
hasta que la altura lo llama
para convertirlo en naranja.

Unidad   Esta hoja son todas las hojas,
esta flor son todos los pétalos
y una mentira la abundancia.
Porque todo fruto es el mismo,
los árboles son uno solo
y es una sola flor la tierra.

La rosa   De una rosa a otra rosa había
tantos rosales de distancia
que me fui de una vida a otra
sin decidirme al arrebato
y cuando era tarde sin duda

muerto de amor me despedí
de toda mi triste entereza.
Volví a buscar aquel aroma,
la rosa roja del dolor
o la amarilla del olvido
o la blanca de la tristeza
o la insólita rosa azul:
lo cierto es que es vano volver
al país de la primavera:
era tan tarde que caían
las estrellas en el camino

y me detuve a recoger
el fulgor del trigo nocturno.

El malherido   Dejé las espinas caer
para no herir a nadie nunca,
por eso he llegado a esta página
entre desnudo y malherido.
Dejé caer las amarguras
para que no sufriera nadie
y tanto me hicieron sufrir
que me moriré de indefenso.

Cae la flor   Los siete pétalos del mar
se juntan en esta corola
con la diadema del amor:
sucedió todo en el vaivén
de una rosa que cayó al agua
cuando el río llegaba al mar.
Así un borbotón escarlata
saltó del día enamorado
a los mil labios de la ola
y una rosa se deslizó
hacia el sol y sobre la sal.

BESTIARIO (I)   El antílope clandestino
se desarrolla en la fogata:

su hocico se nutre de fuego
y su cola parece de humo.

Van y vienen las llamaradas
por la corona cornamenta
y el animal, fiel a su signo,
resuelve el extraño sistema
de los ardientes alimentos
dejando como puntuaciones
detrás de su cola quemada
un collar tácito de ámbar.

BESTIARIO (II) Inventando el ornitorrinco
me pasé los meses dorados
de aquel reino sin esperanza:
todos los días eran jueves
y se unía el mar con el aire
en una sola monarquía.

Repetí en aquel animal
los encarnizados plumajes
del cóndor amargo y patriota.
Me costó establecer el pico
del selvático personaje
y para sus patas, qué hacer?
Cómo dotarlo de naufragios,
de paroxismo, de señales?

Abrí mi cajón de esperpento
que acarreaba por esos mares
y sacando un huevo exquisito,
rectangular y tricolor,
soplé con loco frenesí,
con invención desesperada,
hasta que nació el desvarío
que se pasea por la selva.

ANIMAL   Aquel certero escarabajo
voló con élitros abiertos
hasta la cereza infrarroja.

La devoró sin comprender
la química del poderío
y luego volvió a los follajes
convertido en un incendiario.

Su caparazón derivó
como un cometa saturado
por la radiación deliciosa
y se fue ardiendo en la substancia
de tan quemantes electrones:

al disolverse alcanzó a ser
un síntoma del arco iris.

PERRO   Los perros desinteresados
por los caminos, sin regreso,
por el polvo errante, a la luz
de la intemperie indiferente.

Oh Dios de los perros perdidos,
pequeño dios de patas tristes,
acércate a nuestro hemisferio
de largas colas humilladas,
de ojos hambrientos que persiguen
a la luna color de hueso!

Oh Dios descuidado, yo soy
poeta de las carreteras
y vago en vano sin hallar
un idioma de perrería
que los acompañe cantando
por la lluvia o la polvareda.

CABALLO   Me he preguntado muchas veces
al amanecer, cuando subo
a un esqueleto de caballo,
por qué el corcel no se desarma
entre los peñascos que cruzo
o las arboledas que paso
o las olas que dejo atrás
o la polvareda que sigue
mi insobornable cabalgata.

Oh caballo grabado en blanco
sobre el pizarrón estepario
de la patagónica noche,
cuando regreso galopando
en mi montura de ceniza
como inspector de torbellinos
o como coronel glacial
de los ventisqueros que ruedan
al mar con sus caballerías!

Después recojo las distancias,
vuelvo a mi sueño cotidiano,
apaciguo mis fundamentos
hasta que en el alba del frío
siento golpear las herraduras
y me despierto a recorrer
el invierno recién llegado
con mi caballo transparente.

OTRO   Perseguí por aquellas calles
PERRO   a un perro errante, innecesario,
para saber adónde van
de noche trotando los perros.

Sólo mil veces se detuvo
a orinar en sitios remotos
y siguió como si tuviera
que recibir un telegrama.

Pasó casas y cruzó esquinas,
parques, aldeas y países,
y yo detrás del caminante
para saber adónde iba.

Siguió sin fin sobrepasando
los barrios llenos de basura,
los puentes desiertos e inútiles
cuando dormían los carruajes.

Los regimientos, las escuelas,
las estatuas de bronce muerto,
la tristeza de los prostíbulos
y los cabarets fatigados,
cruzamos, el perro adelante
y yo, cansado como un perro.

PEZ Aquel pez negro de Acapulco
me miró con ojos redondos
y regresó a la transparencia
de su océano de anilina:
vi sus bigotes despedir
unas cuantas gotas de mar
que resplandecieron, celestes.

Y cuando cayó de mi anzuelo
volviendo al susurro entreabierto
de la piedra y del agua azul
no había en sus ojos estáticos
reconocimiento ninguno
hacia la tierra, ni hacia el hombre.

Yo me sacudí de reír
por mi fracaso y por su cara
y él se deslizó a revivir
sin emociones, en el agua.

LA TIERRA El lagartijo iridiscente,
la concha con alas de nácar,
las hojas de pangue excesivas
como las manos de Goliat,
y estos insectos que me siguen
me cantan y me continúan.

Oh cuántos relojes perversos
inventó la naturaleza
para que solidarizara
cada minuto de mi vida
y me lo pasara firmando
mi adhesión a sus invenciones:
a los cisnes, a las arañas,
a pájaros y mariposas.

De tanto fulgor refulgí
como los colores del agua
y tuve olor a barro negro
donde se pudren las raíces:
tuve voz de rana sombría,
dedos de puma adolescente,
mirada triste de abejorro,
pies de pésimo paquidermo,
testículos de callampa,
ombligo serio como el ojo
de un antiguo caballo tuerto,
piernas de perro perseguido
y corazón de escarabajo.

BODAS De qué sirve un ciervo sin cierva,
de qué sirve un perro sin perra,
una abeja sin su abejo,
una tigresa sin su tigre,
o una camella sin camello,
o una ballena sin balleno
o un rinoceronte soltero?

De qué sirve un gato sin gata,
un ruiseñor sin ruiseñora,
una paloma sin palomo,
un caballito sin caballa,
una cangreja sin cangrejo,
un agujero sin raíces?

A casarse, peces del mar,
pumas de la pumería,
zorros de cola engañosa,
pulgas hambrientas de provincia.

A procrear! dice la tierra
con una voz tan invisible
que todos la ven y la tocan
y todos la oyen, y esperan.

VI

AYER Todos los poetas excelsos
se reían de mi escritura
a causa de la puntuación,
mientras yo me golpeaba el pecho
confesando puntos y comas,
exclamaciones y dos puntos,
es decir, incestos y crímenes
que sepultaban mis palabras
en una Edad Media especial
de catedrales provincianas.

Todos los que nerudearon
comenzaron a vallejarse
y antes del gallo que cantó
se fueron con Perse y con Eliot
y murieron en su piscina.

Mientras tanto yo me enredaba
con mi calendario ancestral
más anticuado cada día
sin descubrir sino una flor
descubierta por todo el mundo,
sin inventar sino una estrella
seguramente ya apagada,
mientras yo embebido en su brillo,
borracho de sombra y de fósforo,
seguía el cielo estupefacto.

La próxima vez que regrese
con mi caballo por el tiempo
voy a disponerme a cazar
debidamente agazapado
todo lo que corra o que vuele:
a inspeccionarlo previamente
si está inventado o no inventado,
descubierto o no descubierto:
no se escapará de mi red
ningún planeta venidero.

SE LLENÓ   Hermosos fueron los objetos
EL MUNDO   que acumuló el hombre tardío,
el voraz manufacturante:
conocí un planeta desnudo
que poco a poco se llenó
con los lingotes triturados,
con los limones de aluminio,
con los intestinos eléctricos
que sacudían a las máquinas
mientras el Niágara sintético
caía sobre las cocinas.

Ya no se podía pasar
en mil novecientos setenta
por las calles y por los campos:
las locomotoras raídas,

las penosas motocicletas,
los fracasados automóviles,
las barrigas de los aviones
invadieron el fin del mundo:
no nos dejaban transitar
no nos dejaban florecer,
llenaban arenas y valles,
sofocaban los campanarios:

no se podía ver la luna.

Venecia desapareció
debajo de la gasolina,
Moscú creció de tal manera
que murieron los abedules
desde el Kremlin a los Urales
y Chicago llegó tan alto
que se desplomó de improviso
como un cubilete de dados.

Vi volar el último pájaro
cerca de Mendoza, en los Andes.
Y recordándolo derramo
lágrimas de penicilina.

BOMBA (I) Pero en estos años nació
la usina total de la muerte,
el núcleo desencadenado,
y no nos bastó asesinar
a cien mil japoneses dormidos,
sino que se perfeccionó
la herramienta del aserrín
hasta alimentarla y pulirla,
fortificarla, fecundarla,
dejándola arriba colgando
sobre la cabeza del mundo.

Esperando están los neutrones
las ondas de ataque, los largos
dedos de la cohetería,
el asesinato orbital,
y así como la tierra pura
nos prepara la primavera,
así con cuidado exquisito
entre guantes y gabinetes
hay otra fiesta preparada:
el suicidio del universo.

Yo conozco el humo del bosque
y toqué la ceniza verde
de las montañas olorosas
y luego viví bajo el humo
de la ciudad recalcitrante
y de sus panaderías.

Pero más tarde conocí
en España de mis dolores
el humo de la destrucción,
y odio hasta ahora ese recuerdo
porque no hay humo más amargo
que el humo inútil de la guerra.

Y ahora un planeta de humo
nos espera a todos los hombres:
no nos podremos saludar,
los muertos bajo los escombros,
se terminarán las palabras,
los idiomas serán quemados
y pondrá veneno en las flores
la primavera radioactiva
para que caigan en pedazos
el fruto muerto, el pan podrido.

ASÍ SOMOS Si ustedes saben cómo se hace
díganmelo y no me lo digan:

porque aunque tarde he comprendido
que no lo sé, ni lo sabré,
y de tanto no haber sabido
sobreviviendo a mi ignorancia
creyeron que yo lo sabía.

Yo los creía mentirosos:
pero después del sufrimiento
su mentira fue mi verdad.

(Cómo se hace para saber?
Para no saber cómo se hace?
Y los sabios de la mentira
siguen diciendo la verdad?)

MUERTE   Dicen que ha muerto Neponiavsky
DE UN   dentro de un tanque y hacia Praga
PERIODISTA   con su máquina de escribir
en la maldita coyuntura.
No sé si por melancolía
me deja duro la noticia.
Conocí sus ojos brillantes,
su periodismo intransigente:
fuimos amigos, sin embargo,
no quería que lo quisieran:
era un héroe de nuestro tiempo:
fue devorado por un tanque.

Preparémonos a morir
en mandíbulas maquinarias,
preparemos piernas, espaldas,
meditaciones y caderas,
codos, rodillas, entusiasmo,
párpados y sabiduría
serán tragados, triturados
y digeridos por un tanque.
Debo cumplir con mi deber:
hacerme aceitoso y sabroso

para que me coma una máquina
en una calle o una plaza
y arroje luego a la basura
las durezas de mi esqueleto.

Hay que buscarles carne tierna
de niños bien amamantados
para que cuando trepidando
se desate la maquinaria
y abran la boca sus cañones
implorándonos alimentos,
comprendamos nuestro deber:
hay que morir para saciarlos.

Es nuestra época pesada,
la edad de las patas de fierro,
el siglo sangriento y redondo,
y debemos reconocer
las ruedas del Apocalipsis.

Los motores enmascarados
desempeñaron sus trayectos
dirigidos por la agonía
y necesitan devorar:
parece pues innecesario
negarse a los devoradores
y hay que proclamar con ardor
que queremos ser devorados.

Después de todo no sirvieron
las frágiles torres humanas,
todo fue blando o quebradizo,
toda pintura se perfora,
no nos defiende una sonata,
los libros arden y se van.

El siglo negro se prepara
para morir con elegancia

en el otoño del mundo:
no le daremos este gusto:
vamos a escupirle la cara
y a echarlo debajo de un tanque.

RESURRECCIONES   Si alguna vez vivo otra vez
será de la misma manera
porque se puede repetir
mi nacimiento equivocado
y salir con otra corteza
cantando la misma tonada.

Y por eso, por si sucede,
si por un destino indostánico
me veo obligado a nacer,
no quiero ser un elefante,
ni un camello desvencijado,
sino un modesto langostino,
una gota roja del mar.

Quiero hacer en el agua amarga
las mismas equivocaciones:
ser sacudido por la ola
como ya lo fui por el tiempo
y ser devorado por fin
por dentaduras del abismo,
así como fue mi experiencia
de negros dientes literarios.

Pasear con antenas de cobre
en las antárticas arenas
del litoral que amé y viví,
deslizar un escalofrío
entre las algas asustadas,
sobrevivir bajo los peces
escondiendo el caparazón
de mi complicada estructura,
así es como sobreviví
a las tristezas de la tierra.

SIGLO Con apenas alas y ruedas
nació el año número uno
del mil novecientos año
y ahora que se va enterrando
si bien tiene piernas podridas,
ojos sangrientos, uñas tristes,
tiene más ruedas que jamás,
tiene alas para todo el cielo.

Vamos volando, nos invita
con el corazón a cuestas
arrastrando por el espacio
un saco impúdico de crímenes:
lo vemos subir y subir
agujereando la estratósfera
y dejando atrás el sonido.
No sólo nosotros oímos
el cuchillo que clava el cielo
y que recorta los planetas:
en islas malditas lo siguen
los poetas encadenados
de Atenas, y en los calabozos
de las prisiones paraguayas
celebran el fruto espacial
los ojos de los torturados.

Tal vez pensamos que la dicha
nos ofrecerá sus planetas
y que debemos alejar
la mirada de la agonía.
No nos hagamos ilusiones
nos aconseja el calendario,
todo seguirá como sigue,
la tierra no tiene remedio:
en otras regiones celestes
hay que buscar alojamiento.

LA
GUERRILLERA

Hace un año que en Astrolabia
murió una niña guerrillera,
bella como una cineraria.
Fue asesinada por los malos.
Con dolor y con alegría
los buenos mataron a un juez.
Los malos mataron entonces
a un estudiante valeroso.
Y anoche oímos que los buenos,
cumpliendo sus obligaciones,
mataron un veterinario.

Astrolabia es una angostura
de agua y volcán, es un recinto
de antigüedad y frutería:
allí se apretó la belleza
como un saquito de esmeralda.
Pero está muriendo Astrolabia
entre los buenos asesinos
y los asesinos malvados,
hasta que la dejen difunta
entre dos ametralladoras.

QUÉ PASÓ?

Se ha cargado el aire de letras:
floreció el secreto sonido:
se acercaron los continentes
y ya podemos adquirir
en el almacén venidero
pulmón recién reconstruido,
corazón de segunda mano.
Hay signos terrestres plantados
en las arenas de la luna:

son victorias, son amenazas?

son amarguras o dulzuras?

Para quedarnos satisfechos
las celebraremos llorando

o dispongámonos mejor
a llorarlas con alegría.

EL CULTO (II)　Un millón de horribles retratos
de Stalin cubrieron la nieve
con sus bigotes de jaguar.

Cuando supimos y sangramos
descubriendo tristeza y muerte
bajo la nieve en la pradera
descansamos de su retrato
y respiramos sin sus ojos
que amamantaron tanto miedo.

Cambió el color de la blancura:
floreció de nuevo la hierba.

Yo fui férreo en este dolor
y registrando los tormentos
dentro de mi alma desollada
después de cargar con la muerte
me puse a cargar con la duda
y luego es mejor el olvido
para sostener la esperanza.

Ignoraba lo que ignoramos.
Y aquella locura tan larga
estuvo ciega y enterrada
en su grandeza demencial
envuelta a veces por la guerra
o propalada en el rencor
por nuestros viejos enemigos.

Sólo el espanto era invisible.

Fue la proliferación
de aquel impasible retrato
la que incubó lo desmedido.

Celebramos la frente dura
sin comprender que nos medía
bajo las cejas georgianas
la catadura del monarca,
la geología del terror.

Pero la luz se descubrió
y recobramos la razón:
no por un hombre y por su crimen
arrojaríamos el bien
a la bodega del malvado:
recuperamos el amor
y seguimos de pueblo en pueblo
mostrando al hombre la verdad
y la bandera venidera.

NUNCA MÁS   Ya no podían volver más
los retratos ni los monarcas,
ya no podría florecer
la primavera autoritaria:
la lección la enseñó la muerte
y levantamos la cabeza.

Así es de clara la verdad
aunque venga de noche oscura.

EL CULTO (III)   Pero, silencio, que otra vez,
otra vez aparece un rostro
sin sonrisa ya para siempre
multiplicado en los retratos:
otra vez Dios se disimula
bajo unos ojos amarillos
y Mao Tse-tung revistió
la túnica de los imperiales
y se coloca en un altar.

En vez de las flores que no
comenzaron nunca a nacer

se plantaron en los jardines
sus monumentales estatuas.
Sus oraciones reunidas
en un cuadernito escarlata
formaron el frasco infalible
de píldoras medicinales.
Lo cierto es que nadie mandó,
sino aquel hombre enmascarado.
Él otra vez pensó por todos.

Y sus palabras convertidas
en incantaciones sagradas
se repitieron hasta el mar
por tantas bocas como arena,
por diez mil millones de lenguas.

LA LUZ   Siglo electrónico, tuviste
en tu frente pegado el ojo
de un nuevo dios que nos mataba
y que nos dictó la receta
de una salvación dolorosa!

Esto pasó cuando la olla
de los continentes ardía
y no servían los ejércitos:
no tenían a quién matar.

Una por una las regiones
extirpaban sus injusticias,
los pobres llegaban al pan,
se derramaba desde Cuba
la luz de los abecedarios
y a pesar de tantos pesares
crecía el sol en las escuelas.

Rusia elevó su torre insigne
sobre invasores castigados
y siguió trabajando el agua

por sus ríos horizontales
con más espacio cada día
en su estrella trabajadora.

VIETNAM   Se llamaba Westmoreland
el inaudito estrangulante
que desde Washington llegó
a sembrar el padecimiento
en las entrañas vietnamesas,
pero fue extraño su destino:
sus propios muertos lo expulsaron
y ahora padece por su cuenta:
dejó para siempre a su patria
con las manos ensangrentadas.

De Vietnam salió un hilo oscuro
que fue amarrando nuestras vidas
a la lucha de aquel tan lejos,
un hilo de aguja tan cruel
que nos dolía y nos unía
dando vueltas al orbe amargo.
Será tal vez la última lucha
hecha por los pentagonales
en contra de los venideros?

Porque vivieron en el fuego
y murieron en la ceniza
los malvados de siempre ayer
y los heroicos de mañana:
los colonialistas manchados
por sus sinrazones perversas
y los defensores del reino
que llora en su cuna de sangre,
pero que nace cada día.

VII

EL QUE
BUSCÓ

Salí a encontrar lo que perdí
en las ciudades enemigas:
me cerraban calles y puertas,
me atacaban con fuego y agua,
me disparaban excrementos.
Yo sólo quería encontrar
juguetes rotos en los sueños,
un caballito de cristal
o mi reloj desenterrado.

Nadie quería comprender
mi melancólico destino,
mi desinterés absoluto.

En vano expliqué a las mujeres
que no quería robar nada,
ni asesinar a sus abuelas.
Daban gritos de miedo al ver
que yo salía de un armario
o entraba por la chimenea.

Sin embargo, por largos días
y noches de lluvia violeta
mantuve mis expediciones:
furtivamente atravesé
a través de techos y tejas
aquellas mansiones hostiles
y hasta debajo de la alfombra
luché y luché contra el olvido.

Nunca encontré lo que buscaba.

Nadie tenía mi caballo,
ni mis amores, ni la rosa
que perdí como tantos besos
en la cintura de mi amada.

Fui encarcelado y malherido,
incomprendido y lesionado
como un malhechor evidente
y ahora no busco mi sombra.
Soy tan serio como los otros,
pero me falta lo que amé:
el follaje de la dulzura
que se desprende hoja por hoja
hasta que te quedas inmóvil,
verdaderamente desnudo.

MORIR Cómo apartarse de uno mismo
(sin desconocerse tampoco):
abrir los cajones vacíos,
depositar el movimiento,
el aire libre, el viento verde,
y no dejar a los demás
sino una elección en la sombra,
una mirada en ascensor
o algún retrato de ojos muertos?

De alguna manera oficial
hay que establecer una ausencia
sin que haya nada establecido,
para que la curiosidad
sienta una ráfaga en la cara
cuando destapen la oratoria
y hallen debajo de los pies
la llamarada del ausente.

SIEMPRE YO Yo que quería hablar del siglo
adentro de esta enredadera
que es mi siempre libro naciente,

por todas partes me encontré
y se me escapaban los hechos.
Con buena fe que reconozco
abrí los cajones al viento,
los armarios, los cementerios,
los calendarios con sus meses
y por las grietas que se abrían
se me aparecía mi rostro.

Por más cansado que estuviera
de mi persona inaceptable
volvía a hablar de mi persona
y lo que me parece peor
es que me pintaba a mí mismo
pintando un acontecimiento.

Qué idiota soy dije mil veces
al practicar con maestría
las descripciones de mí mismo
como si no hubiera habido
nada mejor que mi cabeza,
nadie mejor que mis errores.

Quiero saber, hermanos míos,
dije en la Unión de Pescadores,
si todos se aman como yo.
La verdad es –me contestaron–
que nosotros pescamos peces
y tú te pescas a ti mismo
y luego vuelves a pescarte
y a tirarte al mar otra vez.

CONDICIONES   Con tantas tristes negativas
me despedí de los espejos
y abandoné mi profesión:
quise ser ciego en una esquina
y cantar para todo el mundo
sin ver a nadie porque todos
se me parecían un poco.

Pero buscaba mientras tanto
cómo mirarme hacia detrás,
hacia donde estaba sin ojos
y era oscura mi condición.
No saqué nada con cantar
como un ciego del populacho:
mientras más amarga la calle
me parecía yo más dulce.

Condenado a quererme tanto
me hice un hipócrita exterior
ocultando el amor profundo
que me causaban mis defectos.
Y así sigo siendo feliz
sin que jamás se entere nadie
de mi enfermedad insondable:
de lo que sufrí por amarme
sin ser, tal vez, correspondido.

ANDUVE   Solo con árboles y olor
a sauce mojado, es aún
tiempo de lluvia en el transcurso,
en la intemperie de Linares.

Hay un cielo central: más tarde
un horizonte abierto y húmedo
que se despliega y se desgarra
limpiando la naturaleza:

mas acá voy, desventurado,
sin tierra, sin cielo, remoto,
entre los labios colosales
de la soledad superior
y la indiferencia terrestre.

Oh antigua lluvia, ven y sálvame
de esta congoja inamovible!

RELÁMPAGO Si fue una estrella innecesaria,
si de aquel fuego tembloroso
no quedó una huella encendida,
si se durmió el carbón oscuro
en la mina oscura del cielo,
no sé, no supe, no sabré.

Yo vi el fulgor de pez dorado
arriba, en la red que dejaba
caer sus gotas infinitas,
y luego perdí en las tinieblas
aquella inicial que temblaba
en el campamento celeste.

Dónde está, dije, crepitando
con su fuego comunicado,
dónde está la cítara verde?

Dónde se fue la llave ardiente?

Me sentí negro en la cintura
de la noche, negro y vacío
después de haber sido estrellado:
perdí la luz que se perdió
y por la noche intransigente
voló un aroma de humo amargo,
como si el mundo se quemara
en alguna parte del cielo
y se me apagaran los ojos
en la iniquidad del silencio.

VOLVER Sacude el camino cortando
VOLVIENDO heroicas flores amarillas
y sigue apartando los cerros
abriendo el cielo a borbotones:
voy hacia lejos otra vez,
a la humedad enmarañada
de las cumbres de Nahuelbuta

y en el titánico transcurso
crece en mi ropa la distancia
y me voy haciendo camino.

Atravesando cordilleras
sin saber cómo se afiló
mi frente longitudinal
y saqué los pies de la tierra
para que no fueran raíces,
sino festín del movimiento.

El día izquierdo olvidará
la rosa rápida y perdida
antes de ser inaugurada,
porque debo llegar temprano
a mis lejanas circunstancias,
a saber lo que deja el río
en la insistencia de la orilla
con tantas palabras de piedra
como los pelos de un caballo.

La carretera corre abajo
hacia tal vez, hacia Coyhaique,
donde el agua se desarrolla
como el violín en un lamento.
Y tengo patria más allá
donde corre el avestruz verde
contra las ráfagas navales
y comienza el reino sin dioses
donde el hielo es la claridad.

SEX   Se abrió tal vez el gineceo
en el año de nuestros años
y el sexo saltó las ventanas,
los ministerios y las puertas,
y vimos asomar los senos
en la celeste timidez
de las tarjetas postales

hasta que sobre el escenario
se deshojaron las mujeres
y una ola inmensa de desnudos
sobrepasó las catedrales.

Luego el comercio estableció
con libros, pantallas, revistas,
el imperio inmenso del culo
hasta inundar las poblaciones
con esperma industrializada.

Era difícil escapar
hacia el amor o tus trabajos,
te perseguían los ladridos
del sexo desencadenado
depositado en almacenes,
chorreando gotas mensajeras,
alcanzándote en los anuncios,
siguiéndote en la carretera
o regando hasta las aldeas
con su acueducto genital.

La literatura cruzó
este siglo de falo en falo
haciendo graciosas piruetas
o cayéndose de agonía
y los libros que se ensuciaron
no cayeron en otra charca
que la del alma malherida.

Sépase que sin jardinero
fue más bello el jardín hirsuto,
pero una negra enredadera
enrolló su pelo de espanto
en los libros de la desdicha.

Y así fue la página blanca,
que se parecía a la luna,

transformándose en patrimonio
de una tristísima impudicia,
hasta que no tuvimos libros
para leer sino la luz
y cinco sílabas de sol
son una palabra desnuda
y la razón de la pureza.

BOMBA (II)   Yo no estoy seguro del mar
en este día presuntuoso:
tal vez los peces se vistieron
con las escamas nucleares
y adentro del agua infinita
en vez del frío original
crecen los fuegos de la muerte.

Se empeñan en poblar de espanto
las bruscas mareas del mundo
y no hay torre que nos ampare
de tantas olas enemigas.

No se contentan con la tierra.

Hay que asesinar el océano.

Con algunas gotas de infierno
se mezcla la sal de las olas
y se descargan al abismo
los minerales de la cólera,
hasta batir la tempestad
en una taza de veneno
y servir al hombre la sopa
de fuego de mar y de muerte.

VIII

ADENTRO La cierta luz de un día tiene
alas tan duras y seguras
que se derrochan en la rosa:
parece que van a morir:
parece que tantos anillos
sobran a los dedos del día:
parece que no vuelve a arder
otro reloj con esta esfera:
hay demasiada claridad
para mi pequeño planeta.

No es así, lo sabe la tierra
en su mojada intimidad.
Los minerales recibieron
noticias que reverberaban
y el átomo cristalizó
un movimiento de relámpago.

Yo asumo este día delgado
como una cinta alrededor
de la tristeza circundante
y me hago un cinturón, un vaso,
un buque para transmigrar,
un océano de rocío.

Vengan a ver sobre la abeja
una cítara de platino,
sobre la cítara la miel
y sobre la miel la cintura
de mi amorosa transparente.

Me pasé la vida en la dicha
y en la desdicha me pasé

toda mi vida y otras vidas,
por eso en este día azul
he convidado a todo el mundo.

No me saluden al entrar,
pero no me insulten tampoco.

Soy un pequeño profesor:
doy clases de luz a la tierra.

PUNTA   Sin saberlo vengo a llegar,
DEL ESTE vengo llegando el mismo día
1968   a la misma punta del día
y se repite mi recuerdo
con el contenido fragante
que tuvo el tiempo de otro tiempo.
Aquí está el mismo sol caído
sobre las dunas y las olas
y el aire que rompe las púas
de las hostiles bromeliáceas.
Por fin después de navegar
llego adonde yo me esperaba.

Es Olga la que se sentó
hace diez años en su silla
cuando Alberto se descalzó
en honor de las golondrinas.
Es claro que las dracaemas
proclamaron nuevas espadas
y la glicina derramó
su color de idilio perfecto.
(Supongamos que pasó el tiempo
en el corazón del copihue
y en la patria de Lautréamont,
y que además tanques y huelgas
convocaron nuestros dolores
agregando arrepentimiento
a la copa de cada día.)

Pero la verdad que es idéntico
el aquel pasado con éste
y que descansa la razón
cuando se repite el pasado.

No nos queremos desdichar.

Todas las citas escondieron
uno que otro o muchos lamentos:
es estática la alegría:
es azul el fuego del cielo:
a pesar de todos sus ojos
es ciega la noche estrellada.

Vengo a vivir lo que viví
aunque sea una gota de agua
o la cintura de la arena,
los pinos de Punta del Este
o una camiseta morada.
Yo te regalo dos pistolas
si eres más valiente que yo
o por lo menos más difícil:
avanzar volviendo a partir:
dormir cada vez más despierto.

JANEIRO Dejadme este vago esplendor
de una ciudad, de una distancia
que brille en mí como el recuerdo
de una luciérnaga en la mano:
tal vez Río centelleando
como una enorme mariposa
de precisión fosforescente
o tal vez São Paulo establece
la azucena rectangular
de su vertical estructura
o Brasilia con su fulgor
de diamante deshabitado
nos hicieron vivir mañana,
nos enseñaron a después.

Pero son los densos designios
de vegetales derramados
o las anchas aguas que fluyen
por el espacio brasilero
o el olor a goma salvaje
del fondo, o las bestias durmiendo
en la somnolencia mojada
o el linaje negro en la orilla
del baile, cerca de la espuma,
o arriba en Bahía sonora
con el sortilegio macumbo
o la sacrílega sonata
de las favelas desdentadas
o el vaho negro del café
o la insigne pajarería
o las cascadas desplomando
la torre de las esmeraldas,
la lengua del oso hormiguero
con la muchedumbre adhesiva
del crecimiento pululante,
pero más que el vestido verde
o la voz loca del turpial
es el espacioso silencio,
el patrimonio imperturbado,
el que me visita en mis sueños:
oh Brasil, brasero brutal
que calla encendido en su brasa,
en su placenta planetaria,
como si siguiera naciendo
sin voz, sin ojos todavía,
corriendo inmóvil sin llegar,
edificando sin nacer,
comenzando toda la luz
sin separarse de la sombra.

VENEZUELA   Por Caracas dura y desnuda
y sus alturas matorrales
anduve, loco de vivir,

ahíto de luz, atropellado
por la salud de Venezuela.

Enarbolada por la luz
entre los verdes masteleros
recorre la estatua yacente
una burbuja de petróleo
que concurre por las arterias
al corazón electoral.

Yo soy el bardo que cantó
la trinitaria afirmación
de sus pájaros encendidos,
porque no hay canto que no canten
los frenéticos cantarines
y no hay fulgor que no inauguren
los voladores venezuelos.

RETRATO Se llamaba Caramelaria,
DE UNA era rosada de costumbres,
MUJER iba con besos deliciosos
que se le caían del pelo,
de las caderas, de la boca,
era completamente azul
aquella mujer amarilla.

Yo la perdí con avidez
en el otoño ceniciento,
cuando a causa de mis dolores
me preparé para partir.
Llorando con todos los ojos
me acomodé en mi bicicleta.

Qué tiempo remoto cubierto
por el polen de su contacto,
por los metales de su ausencia!

Edifiqué mi alegoría
pensando en sus pámpanas piernas,
en su corazón de coral,
en sus uñas alimenticias.

Yo soy aquel que desertó
en plena vigencia del viento
desamparando mi tristeza
hasta que la soledad
me enseñó a mirar las manzanas,
a dar la mano al coronel,
a entenderme con las palmeras.

Voy a tratar de describir
aquellos acontecimientos,
aquel reino adonde llegué
sin un perro que me ladrara:
aquel castillo enharinado
devorado por las abejas
en que viví sin asomarme
a ninguna ventana, nunca.

NACIMIENTOS   Voy a contarles cómo nace
un volcán en la tierra mía:
en Paricutín o Chillán,
me da lo mismo, buenas gentes:
las tribus no saben de cercos
y no se divide el verano.

Antes de alzarse hay un vacío
como de luz recién lavada
y luego llega el terciopelo
a participar en las flores
hasta que una cinta delgada
de vapor con color de luna
comienza a brotar de una piedra:
se abrió la boca de la tierra.

Se abre la boca de la tierra
y se delinea un embudo,
un seno de mujer de arcilla,
algo que crece y que se mueve
como potro o locomotora
exhalando el acre vahído
de una sulfúrica cerveza
que quiere arder y desbordar
desde su copa subterránea.

Milagro es ahora el silencio
mientras crece el monte del fuego
hasta que estallan las espadas
y toda la ferretería:
cuelgan los panales calientes
y las abejas del infierno,
crepitan y caen subiendo
las cenizas de la montaña.

Los truenos que vienen de abajo
no son los mismos del cielo:
son carcajadas con azufre,
son alegrías enterradas,
y ruge subiendo el volcán
como si saliera a jugar
con la dicha y la llamarada.

Ya nació, ya mide milímetros,
ya tiene su nube en la punta
como un pañuelo en la nariz.
Ya tiene derecho a crecer:
preocupémonos del maíz
porque aquí no ha pasado nada.

CANCIÓN   De Villarrica los collados,
CON PAISAJE   los rectángulos amarillos,
Y RÍO   la fiesta verde horizontal,
las fucsias de boca violeta,

además del último orgullo
de los robles sobrevivientes:
voy entrando en mi propia edad,
en las aguas que me nacieron.

A mí me dio a luz el galope
de la lluvia entre los terrones
y nunca pude abrir los ojos
de par en par, como es debido:

yo me quedé semienterrado
como la simiente olvidada
y jugué con la oscuridad
sin olvidar los buenos días.

Ahora que se reintegran
a estas soledades mis huesos
varias veces vuelvo a nacer
por arte del sol tempestuoso,
hundo en el pasto la cabeza,
tocan el cielo mis raíces.

A Villarrica por el río
Toltén Toltén Toltén Toltén.

PUERTOS   Olor rabioso de pescado
hay en las puertas del puerto:
un olor sucio y sombrío
como un invierno envenenado,
atacado por la gangrena.

Son los vestigios de la vida.

Son los rayos de la pobreza.

Ay la pobre patria arrugó
sus viejos párpados de nieve
y se sentó a llorar, tal vez

en los polvorientos andenes,
en los malecones del Sur,
cerca de las pescaderías.

Sentada ve correr el agua
de las tenebrosas acequias,
el detritus del arrabal,
las agallas asesinadas
y los rígidos gatos muertos.

Un color de naranja y nieve
tenía la patria en los libros
y por el pelo le caía
una cascada de cerezas.
Por eso da pena mirarla
sentada en una silla rota
entre las cáscaras de papas
y los muebles desvencijados.

En las puertas rotas del puerto
se oye el lamento abrumador
de un remolcador moribundo.
Y la noche cae de bruces
como un saco negro de harapos
en las rodillas de la patria.

IX

REGRESANDO   A diez días de viaje largo
y desprovisto de opiniones
vuelvo a mi ser, a ser yo mismo,
el societario solitario
que pide siempre la palabra
para retener el derecho
de quedarse luego callado.

Resulta que llego otra vez
al centro inmóvil de mí mismo
desde donde nunca salí
y como en un reloj dormido
veo la hora verdadera:
la que se detiene una vez
no para inducir a la muerte,
sino para abrirte la vida.

Sucede que me moví tanto
que mis huesos se despertaban
en pleno sueño, caminando
hacia arrabales que crucé,
mercados que me sostuvieron,
escuelas que me perseguían,
aviones bajo la tormenta,
plazas llenas de gente urgente
y sobre mi alma que sin duda
se puso a dormir su fatiga
mi cuerpo continuó los viajes
con la vibración trepidante
de un camión repleto de piedras
que machacaba mi esqueleto.

A ver, alma, resucitemos
el punto en que se saludaron
el horario y el minutero:
ésa es la rendija del tiempo
para salir de la desdicha
y penetrar en la frescura.

(Allí hay un estanque infinito
hecho con láminas iguales
de transcurso y de transparencia
y no necesito mover
los cinco dedos de una mano
para recoger mis dolores
o la naranja prometida.)

De tanto volver a ese punto
comprendí que no necesito
tantos caminos para andar,
ni tantas sílabas externas,
ni tantos hombres ni mujeres,
ni tantos ojos para ver.

Parece —yo no lo aseguro—
que basta con ese minuto
que se detiene y precipita
lo que llevabas inconcluso
y no importa tu perfección,
ni tu ansiedad diseminada
en polvorientos derroteros:
basta con bajar a ver
el silencio que te esperaba
y sientes que van a llegarte
las tentaciones del otoño,
las invitaciones del mar.

PRENSA Contemplé la edad de papel
vestida de hojas amarillas
que poco a poco sumergieron
la superficie de la tierra:

un periodismo matorral
encendió incendios alevosos
o mató con una mentira
o propagó desodorantes
o confitó las tiranías
o difundió la oscuridad.

Cada periódico propuso
las leyes de su propietario
y se vendieron las noticias
rociadas con sangre y veneno.

La guerra esperaba sentada
leyendo los diarios del mundo
desde sus órbitas sin ojos.
Y yo escuché cómo reía
con sus mandíbulas amargas
leyendo los editoriales
que la trataban con ternura.

El hombre de piedra pasó
a ser el hombre de papel,
vestido por fuera y por dentro
con pasiones prefabricadas
o con tapiz intestinal.

El sexo y la sangre llenaron
todas las páginas del mundo
y era difícil encontrar
una jovencita desnuda
comiéndose una manzana
junto al agua de un río azul,
porque los ríos se llenaron
de tinta tétrica de imprenta
y el viento cubrió de periódicos
las ciudades y los volcanes.

EL ENEMIGO   Hoy vino a verme un enemigo.
Se trata de un hombre encerrado
en su verdad, en su castillo,
como en una caja de hierro,
con su propia respiración
y las espadas singulares
que amamantó para el castigo.

Miré los años en su rostro,
en sus ojos de agua cansada,
en las líneas de soledad
que le subieron a las sienes
lentamente, desde el orgullo.

Hablamos en la claridad
de un medio día pululante,
con viento que esparcía sol
y sol combatiendo en el cielo.
Pero el hombre sólo mostró
las nuevas llaves, el camino
de todas las puertas. Yo creo
que adentro de él iba el silencio
que no podía compartirse.
Tenía una piedra en el alma:
él preservaba la dureza.

Pensé en su mezquina verdad
enterrada sin esperanza
de herir a nadie sino a él
y miré mi pobre verdad
maltratada adentro de mí.

Allí estábamos cada uno
con su certidumbre afilada
y endurecida por el tiempo
como dos ciegos que defienden
cada uno su oscuridad.

EL PUÑO No se trata de perdonar:
Y LA el perdonado no perdona.
ESPINA Tampoco se trata de dar
porque el que recibe recuerda
como una herida tu bondad.

Entonces, de qué se nutrió,
yo te pregunto, tu alegría?
Por dónde salieron tus ojos
sin que no los acribillaran?
Qué razón para sonreír
y qué viento para bailar
y qué contacto para siempre
y con qué perdura tu canto?

Adentro del puño la espina
te hiere para defenderte
y pesa la piedra en tu mano
o el revólver en tu desvelo.

Así, pues, no matas a nadie
cuando todos te están matando
como si tuvieras repuesto
para la vida que te matan,
porque las armas son pesadas
o las palabras son azules
o porque no debes bajar
cuando no quisiste subir
o porque no existen, te dicen,
los que patean tu cabeza
o porque los proliferantes
se irán a proliferar
o porque ocultas el orgullo
como un dragón de siete suelas
o porque te sientes culpable
de haber nacido, de crecer,
de comprar uvas en la tienda,
de desistir y de llegar.

Por estas variadas razones
–o simplemente de tristeza–
enrollas el mal que te hicieron,
recoges las piedras del daño,
y te vas silbando y silbando
por la mañana y por la arena.

COLONIANDO   Este siglo fue devolviendo
aquellas tierras devoradas
por las centurias anteriores
y fue un espectáculo abierto
ver imperiales señoríos
vomitando con parsimonia
independencias engullidas,

oscuras banderas tragadas,
naciones negras o amarillas,
razas de reinos consumidos.

Otras veces, a tiro limpio,
Congos cargados de metralla
o vietnameses insurrectos
quebrantaron el protocolo:
los que ya sabían morir
pronto aprendieron a matar.

Java, donde me fui a vivir
adolescente y casadero,
acribilló a sus coloniales
y las tres mil islas ardieron:
se incendiaron los arrozales
y se llenaron de rubíes
los templos de piedra dorada
cuando bailaron los relámpagos
de los *krisses* ondulatorios.

Ceilán que amé cambió de luz,
brilló como un panal marino
y sus palmeras crepitaron.

Fue vaporoso el medio siglo
con las colonias reventando
como negras frutas podridas
en la esclavitud del sudor.

Las manos que fueron cortadas
a comienzos de nuestra edad
se reintegraron a los cuerpos
de los callados insepultos
o de furiosos moribundos
y África se sacudió
como un elefante incendiado
en una bodega infernal.

Salieron los últimos belgas,
escoceses de última hora,
y adentro de la oscuridad
en su silencio sanguinario
Salazar siguió encadenando
los brazos oscuros de Angola,
hasta que la muerte llegó
a sentarse a su cabecera
atormentándolo por fin:
devolviéndole sus tormentos.

En estas horas en que escribo
aún agoniza Salazar
y pido con tacto a la muerte,
con humildad, con cortesía,
que no lo mate todavía.
De esta manera, en este punto
escribo mi ruego a la muerte.

Mátalo, Muerte, lentamente:
que primero derrame un ojo,
que guarden ese ojo podrido
en un orinal o un tintero
y que Salazar se lo trague
con un aliño de alfileres.

Muerte, te ruego que confundas
sus fríos hígados de hiena
con una pelota de fútbol
que, sin que lo sepa el tirano,
sin desprenderse de su cuerpo,
sirva a los negros de juguete
en la cancha hirsuta de Angola.

Te pido, Muerte, que sus pies
conserven fragmentos sensibles
y sean quemados a pausa
en la salsa que sus orejas

dejen caer a goterones
derritiéndose en el infierno,
en el infierno que el tirano
emprendió para sus suplicios.

Muerte, entrega sin vacilar
a las hormigas africanas
los testículos del tirano:
que los testículos resecos
sean mordidos y comidos
por insectos devoradores.

ES
DEMASIADO

Hoy me parece que sostengo
todo el cielo con mis anteojos
y que la tierra no se mueve
debajo de mis pies pesados.
Sucede al hombre y a su estirpe
sentirse crecer falsamente
y falsamente destinarse
una falsa soberanía!

Así se levanta a sí mismo
una cabeza colosal
y se siente grande por dentro,
por la izquierda y por la derecha,
a la distancia y de perfil,
y por delante y por detrás.

Se busca el escritor creciente
un crítico color de mosca
que le dore cada domingo
su pildorita de moda.
Pero no menos le sucede
al militar inoportuno
que comanda y comanda números
y regimientos de papel:
caballeros, caballerizas,

tanques grandes como volcanes,
proyectiles ferruginosos.

Algo así le pasa también
al hipotético político
que conduce sin conducir
a multitudes invisibles.

Entonces cuando se me sube
la cabeza al humo, o más bien
el humo al pelo, el pelo al humo,
o me siento mayor que ayer,
la experiencia, con su tristeza,
me da un golpe de sopetón,
un torpe tirón de chaqueta,
y me derrumbo en mi verdad,
en mi verdad sin desmesura,
en mi pequeña y pasajera
verdad de ayer y todavía.

CIERTOS   Sale debajo del periódico
CONSPIRADORES   un criticante y se dispone
a dictar medidas de muerte
contra mi canto permanente.
No es sólo ese hombre de papel
sino que en su negra silueta
caben otros desesperados
que, con tenedor y tijera,
con oraciones y amuletos,
quieren que para complacerlos
se practiquen mis funerales.

No hablaré mal de estos cuantiosos:
recordaré de cuando en cuando
sus atributos animales
y no quiero tratarlos con,
ni tampoco tratarlos sin:
son merecedores del sol

como las uñas de mis pies,
pero no puedo estar de acuerdo
con la exquisita ceremonia
que destinaron para mí
al declararme fallecido.

Por qué fallecer, me pregunto,
sin otra razón valedera
que satisfacer sus decretos,
sus operaciones sagradas,
dejar de ser sin más ni más
para que se mueran de gusto?

Cómo repite sus palabras!
Qué satisfecha es su estatura!
Hasta cuándo canta este diablo
un poco mejor que nosotros?
–dicen– mezclando con cuidado
la voz con los ojos al cielo
y la tinta con la estricnina.

Yo pienso darles esperanza,
dejarlos que acerquen las manos
al ataúd, hacerme el muerto,
y cuando las lágrimas salgan
de sus ojos de cocodrilo
resucitar cantando el canto,
el mismo canto que canté:
el que voy a seguir cantando
hasta que estos hijos de puta
resuelvan darse por vencidos
y acepten lo que se merecen:
un cementerio de papel.

X

ESCRITORES   Canta Cortázar su novena
de imponente sombra argentina
en su iglesia de desterrado
y es difícil para los muchos
el espejo de este lenguaje
que se pasea por los días
cargado de besos veloces
escurriéndose como peces
para brillar sin fin sin par
en Cortázar, el pescador,
que pesca los escalofríos.

Del Perú cuyo rostro guarda
como cicatrices salobres
los versos de César Vallejo
surgió en mi edad un escritor
que floreció contando cuentos
del territorio tempestuoso,
y así escuché la nueva voz
de Vargas Llosa que contó
llorando sus cuentos de amor
y, sonriendo, los dolores
de su patria deshabitada.

(Yo soy el cronista irritado
que no escucha la serenata
porque tiene que hacer las cuentas
del siglo verde y su verdura,
del siglo nocturno y su sombra,
del siglo de color de sangre.)

(Todo lo tengo que traer
al redondel de mis miradas

y ver donde salta el conejo
y donde rugen los leones.)

ALGUNOS   En Cuba rugía Fidel
con indiscutible grandeza,
pero sexuales escritores
se adueñaron de la cuestión:
sólo publicaron los besos
de una conducta irregular.

Ay qué chiquillos tan traviesos!

Pero no sintieron crecer
sino secretos paradisos:
dijeron: Esta boca es mía!
Como tenían sólo un ojo
estos algunos olvidaron
la magia terrestre de Cuba
y la insigne Revolución.

Estaban, sin duda, ocupados.

Mientras el azúcar crecía
y el humo de Cuba aromaba
con su tabaco el mundo entero,
crecían industrias extensas
o plantaciones de milagro,
ellos no vieron sino pies,
ombligos, falos pegajosos,
y cuando un ciclón derrotó
por un minuto a las Antillas
ciertos escritores unidos
determinaron exaltar
las pulgas más retroactivas
en el pubis surrealista.

Oh tú, Juan Rulfo de Anahuac,
o Carlos Fuentes de Morelia

o Miguel Otero Orinoco
o Revueltas de pecho en pelo
o Siqueiros cantando aún
con todo el mar de los colores
y la violencia celestial,
en qué quedamos, por favor?

Sábato, claro y subterráneo,
Onetti, cubierto de luna,
Roa Bastos, del Paraguay,
me pareció que ustedes eran
los transgresores del planeta,
los descubridores del mar,
pero el deber que compartimos
es llenar las panaderías
destinadas a la pobreza.
Ahora resulta que es mejor
el pornosófico monólogo!

GARCÍA   También en este tiempo tuvo
MÁRQUEZ   tiempo de nacer un volcán
que echaba fuego a borbotones
o, más bien dicho, este volcán
echaba sueños a caer
por las laderas de Colombia
y fueron las mil y una noches
saliendo de su boca mágica,
la erupción magna de mi tiempo:
en sus invenciones de arcilla,
sucios de barro y de lava,
nacieron para no morir
muchos hombres de carne y hueso.

ESCRITORES   Fueron así por estos años
levantando mis compañeros
un relato crespo y nocturno,
dilatado como el planeta,
lleno de acontecimientos,

de pueblos, calles, geografía,
y un idioma de tierra pura
con soledades y raíces.

A éstos yo canto y yo nombro,
no puedo contarlos a todos.

Nosotros sudamericanos,
nosotros subamericanos,
por nuestra culpa y maleficio
vimos nuestros nombres por fin,
las sílabas de nuestra nieve
o el humo de nuestras cocinas
estudiados por otros hombres
en trenes que bajan de Hamburgo
o que suben desde Tarento.

VIENEN   Oh cuánto se desenterró
DE LEJOS debajo de nuestras campanas,
cuánto se supo de nosotros
porque hablaron mis compañeros
en sus libros de letra oscura
como si fueran caminando
por nuestro planeta harapiento.

Y los de la triste voz,
predecesores de la lluvia
con tormentos encadenados
desde el Paraguay lastimero
donde llora el urutaú.

Ay ausentes, ay sumergidas
tribus azules del Mayab,
indios de Chile derrotados
por una espada sifilítica.

Ay reyes muertos, extendidos
en los surcos y en las terrazas,

acumulados por la muerte
hasta callar en el olvido,
esperando el germen del fuego,
de la guerrilla verdadera,
tal vez otra vez estáis vivos
en la escritura que publica
mi compañero manantial.

Por eso y por lo que canté
y me mantuve resurrecto
celebro al cronista de ahora
y lo declaro venerable:
ahora suenan las campanas
sobre tantísimo silencio
que se nos estaba pudriendo.
Y vinieron los escritores
a vengarse de los culpables,
es decir, del tiempo callado
y de sus cómplices amargos.

Cantando se funda la patria
y si no se sigue cantando
se muere la tierra en tus brazos
y esto lo vengo a proclamar
porque el amor es mi venganza.

XI

CONTRA-   Cómo quitamos el azul,
AZUL   la palabra azul, y qué haremos
sin tener nunca más azul?

A veces pienso que ocupó
demasiado sitio en mi casa,
en mi cielo, en mi poesía:

ya tengo bolsillos azules
y he llamado tantos azules
a poblar el pobre infinito
que poco a poco y sin saber
yo me fui poniendo azul
como si me hubieran pintado
el corazón y la camisa.

Atrás, animales azules,
fuera de mí, noche celeste,
quiero un aire color de tierra,
bestias de cuernos iracundos
que rompan el cielo y que caiga
sangre del cielo a borbotones:
quiero una Venus amarilla
saliendo de la espuma negra
y que los lagos se derramen
y se derroche su dulzura
hasta ver el fondo reseco
como un cráter de cicatrices.

FÍSICA El amor como la resina
de un árbol colmado de sangre
cuelga su extraño olor a germen
del embeleso natural:
entra el mar en el extremismo
o la noche devoradora
se desploma sobre tu patria:
se desploma el alma en ti mismo,
suenan dos campanas de hueso
y no sucede sino el peso
de tu cuerpo otra vez vacío.

PROVERBIOS El estímulo de la sombra
hizo brillar rastros oscuros,
huesos que el aire derribó
detrás de los ferrocarriles,
o simplemente estrellas negras

que nadie quiere ni conoce.
Ésa fue mi estación primera.

Tuve que hacer y adivinar
para vivir y subsistir,
tuve que trenzar el dolor
hasta sacar fuerza de donde
nadie podía sacar nada,
especialicé mi tristeza
y trabajando a la intemperie
endurecí mi viejo traje.
Ésa fue la estación segunda.

La tercera es ésta que vivo
contando y recontando mi alma,
seguro de tantos errores,
satisfecho de mis desvíos.

Si sirve o no mi corazón
que otros saquen la consecuencia.

EL VIAJERO Sobrecogido va el viajero
con tantas deudas a la vida,
sostenido por su escasez,
ido y venido por las ruedas
que constituyen su tesoro,
su pánico y su movimiento.

Ya son las ocho del verano.
Cruza un satélite la luz
con la tristeza plateada
de una abeja de precisión.

No tiene mi protagonista
ningún interés en el cielo:
va a dejar su mercadería
al mercado de Talcachifa
y mientras suma sus miserias

en un coche destartalado
va entrando la noche en sus ojos,
en sus bolsillos, en sus manos,
y de pronto se siente negro:
lo ha devorado gradualmente
la soledad de la comarca.

Así es cada hombre en el camino:
salió de su casa blindado
por su destino patriarcal
y entre los números urgentes
se cuelan sábanas, recuerdos,
un transitorio escepticismo,
y aquel viajero crepitante
sin darse cuenta va borrando
su identidad y sus negocios
hasta que termina su viaje.

Y el que llegó ya no es ninguno.

FUNDACIONES Llegué tan temprano a este mundo
que escogí un país inconcluso
donde aún no se conocían
los noruegos ni los tomates:
las calles estaban vacías
como si ya se hubieran ido
los que aún no habían llegado,
y aprendí a leer en los libros
que nadie había escrito aún:
no habían fundado la tierra
donde yo me puse a nacer.

Cuando mi padre hizo su casa
comprendí que no comprendía
y había construido un árbol:
era su idea del confort.

Primero viví en la raíz,
luego en el follaje aprendí
poco a poco a volar más alto
en busca de aves y manzanas.
No sé cómo no tengo jaula,
ni voy vestido de plumero
cuando pasé toda mi infancia
paseándome de rama en rama.

Luego fundamos la ciudad
con exceso de callejuelas,
pero sin ningún habitante:
invitábamos a los zorros,
a los caballos, a las flores,
a los recuerdos ancestrales.

En vano en vano todo aquello:

no encontramos a nadie nunca
con quien jugar en una esquina.

Así fue de feliz mi infancia
que no se arregla todavía.

EL
CABALLERO
NATURAL

Yo estuve tan mal conformado
que nunca pude aprender nada
y si no ladré es porque entonces
no me enseñaron a ladrar.
Y así me pasé la vida
entre bellezas naturales,
entre las islas y el olor
de las jovencitas salvajes:
a pesar de todo lo que hice
soy un esclavo de la tierra.

Por eso paso sin mirar
al lado de la maquinaria:
no sé el idioma del motor,

me asustan las televisiones,
los aeropuertos, las centrales
de dentaduras hidroeléctricas
y apenas si amo, en el invierno,
los antiguos trenes cansados
que van desde el Sur hacia el Norte
mezclando el humo con la lluvia.

Detengo aquí la flor y nata
de mi plural lapicería:
dejo el papel sobre la arena
y me voy detrás de un relámpago
que se metió bajo una piedra
disfrazado de coleóptero
y si no molesto a ninguno
me quedaré a vivir aquí
al lado de una lagartija.

TRISTÍSIMO El siglo de los desterrados,
SIGLO el libro de los desterrados,
el siglo pardo, el libro negro,
esto es lo que debo dejar
escrito y abierto en el libro,
desenterrándolo del siglo
y desangrándolo en el libro.

Porque yo viví el matorral
de los perdidos en la selva:
en la selva de los castigos.
Yo conté las manos cortadas
y las montañas de cenizas
y los sollozos separados
y los anteojos sin ojos
y los cabellos sin cabeza.

Luego busqué por el mundo
a quienes perdieron la patria
llevando donde las llevé

sus banderitas derrotadas
o sus estrellas de Jacob
o sus pobres fotografías.

Yo también conocí el destierro.

Pero, nacido caminante
volví con las manos vacías
a este mar que me reconoce,
pero son otros los aún,
los todavía cercenados,
los que siguen dejando atrás
sus amores y sus errores
pensando que tal vez tal vez
y sabiendo que nunca nunca
y así me tocó sollozar
este sollozo polvoriento
de los que perdieron la tierra
y celebrar con mis hermanos
(los que se quedaron allí)
las construcciones victoriosas,
las cosechas de panes nuevos.

EXILIOS Unos por haber rechazado
lo que no amaban de su amor,
porque no aceptaron cambiar
de tiempo, cambiaron de tierra:

sus razones eran sus lágrimas.

Y otros cambiaron y vencieron
adelantando con la historia.

Y también tenían razón.

La verdad es que no hay verdad.

Pero yo en mi canto cantando
voy, y me cuentan los caminos
a cuántos han visto pasar
en este siglo de apátridas.
Y el poeta sigue cantando
tantas victorias y dolores
como si este pan turbulento
que comemos los de esta edad
tal vez fue amasado con tierra
bajo los pies ensangrentados,
tal vez fue amasado con sangre
el triste pan de la victoria.

LIBRO   Mi cuaderno de un año a un año
se ha llenado de viento y hojas,
caligrafía, cal, cebollas,
raíces y mujeres muertas.

Por qué tantas cosas pasaron
y por qué no pasaron otras?

Extraño incidente de amor,
del corazón embelesado
que no vino a inscribir su beso,
o bien el tren que se movió
a un planeta deshabitado
con tres fumadores adentro
capaces de ir y de volver
sin ventaja para ninguno,
sin desventaja para nadie.

Y así se prueba que después
aprenderemos a volver
en forma desinteresada,
sin hacer nada aquí ni allí,
puesto que resulta muy caro
en los finales de este siglo
residir en cualquier planeta,

de tal manera que, ni modo:
no hay sitio aquí para los pobres,
ni menos aún en el cielo.

Así las bodas espaciales
de nuestros insectos terrestres
rompieron la razón al tiempo
que rompían la sinrazón:
como una cáscara de huevo
se quebró la tapa del mundo
y otra vez fuimos provincianos:
entre nosotros se sabía
cómo hacer calles en la tierra
y cómo amar y perseguir
y crucificar a tu hermano.
Ahora el interrogatorio
de la luz con la oscuridad
toma una nueva proporción:
la del miedo con esperanza
y la de la sabiduría
que tiene que cambiar de tiesto.

Yo me perdono de saber
lo poco que supe en mi vida,
pero no me lo perdonaron
los avestruces de mi edad.
Ellos siempre sabían más
porque metían la cabeza
en los diarios de los domingos.

Pero mi error más decidido
fue que entrara el agua en el rostro
de mis intensas letanías:
por las ventanas se divisa
mi corazón lleno de lluvia.

Porque nacer es una cosa
y otra cosa es el fin del mundo

con sus volcanes encendidos
que se propusieron parirte:
así pasó con mis destinos
desde las uvas de Parral
(donde nací sin ir más lejos)
hasta las montañas mojadas
con indios cargados de humo
y fuego verde en la cintura.

VIVIR Estos cien años los viví
CIEN AÑOS transmigrando de guerra en guerra,
bebiendo la sangre en los libros,
en los periódicos, en la
televisión, en la casa,
en el tren, en la primavera,
en España de mis dolores.

Europa se olvidó de todo,
de la pintura y de los quesos,
de Rotterdam y de Rimbaud
para derramar sus racimos
y salpicarnos a nosotros,
americanos inocentes,
con la sangre de todo el mundo.

Oh Europa negra, codiciosa
como las serpientes hambrientas,
hasta se te ven las costillas
en tu moderna geografía
y entregas tu luz insensata
a otros soldados sempiternos
que se empeñan en enseñar
sin haber aprendido nunca:
sólo saben ensangrentar
la historia norteamericana.

Pero no se trata de tanto,
sino de mucho más aún,

no sólo de lo que vivimos
o de lo que viviremos
sino de cuál es la razón
de reventar lo que tuvimos,
de quebrar lo que sostenía
la copa de lo cristalino
y hundir el hocico en la sangre
insultándonos mutuamente.

Yo tantas preguntas me hice
que me fui a vivir a la orilla
del mar heroico y simultáneo
y tiré al agua las respuestas
para no pelearme con nadie,
hasta que ya no pregunté
y de todo un siglo de muerte
me pongo a escuchar lo que dice
el mar que no me dice nada.

EL MAR   Porque de tal manera el mar
me acostumbró a su poderío
que las palabras le faltaron:
no hizo nada más que existir.

(Fue su conducta arrolladora
la que condujo mi energía.)

Yo vi sostener el volumen
de su insistencia decidida
sin más interés que las olas
derrochadoras de blancura
y el convulso estanque instigado
por la sal y por las estrellas.

Es la verdad: no comprendí
ningún mensaje, sin embargo
su actividad se despeñaba,
sus torres de sal se rompían

golpeando la misma frontera
con tan amarga identidad
que me mantuve en las arenas
despidiéndolo cada noche
y esperándolo cada día.

Sólo el océano existió.

Sólo su sangre y su tormento
fuera del bosque de mi vida.
Me expulsaron de las ciudades.

(Constato porque me lo exige
mi obligación más transparente
la resurrección de la envidia.)

Se fueron todas las mujeres
y en un punto muerto me hallaron,
indefenso, los envidiosos.

CANTO   Para los pueblos fue mi canto
escrito en la zona del mar
y viví entre el mar y los pueblos
como un centinela secreto
que defendía sus batallas
lleno de amor y de rumor:
porque soy el hombre sonoro,
testigo de las esperanzas
en este siglo asesinado,
cómplice de la humanidad
con mis hermanos asesinos.

Todos queríamos ganar.

Fue el siglo del participante,
de partidos y participios.

El mundo se nos terminaba
y continuábamos perdiendo
ganando más cada día.

Acompañamos a la tierra
en cada marea de amor
y la fuimos llenando de hombres
hasta que no cabían más
y llegaron los desde lejos
a apoderarse de cuanto hay.

Es triste historia esta tristeza.

Por eso la debo cantar.

Es temprano.
                    1970.
Estos treinta años de crepúsculo
que vienen, que se agregan solos
al largo día, estallarán
como cápsulas en el silencio,
flores o fuego, no lo sé.
Pero algo debe germinar,
crecer, latir entre nosotros:
hay que dejar establecida
la nueva ternura en el mundo.

CANTO Me morí con todos los muertos,
por eso pude revivir
empeñado en mi testimonio
y en mi esperanza irreductible.

CANTO Uno más, entre los mortales,
profetizo sin vacilar
que a pesar de este fin de mundo
sobrevive el hombre infinito.

CANTO Rompiendo los astros recientes,
golpeando metales furiosos
entre las estrellas futuras,
endurecidos de sufrir,
cansados de ir y de volver,
encontraremos la alegría
en el planeta más amargo.

ADIÓS Tierra, te beso, y me despido.

Maremoto

[1968]

Maremoto

Los relojes del mar,
las alcachofas,
las alcancías con sus llamaradas,
los bolsillos del mar
a manos llenas,
las lámparas del agua,
los zapatos, las botas
del océano,
los cefalópodos, las holoturias,
los recalcitrantes cangrejos,
ciertos peces que nadan y suspiran,
los erizos que salen
de los castaños del profundo mar,
los paraguas azules del océano,
los telegramas rotos,
el vals sobre las olas,
todo me lo regala el maremoto.

Las olas regresaron a la Biblia:
hoja por hoja el agua se cerró:
volvió al centro del mar toda la cólera,
pero entre ceja y ceja me quedaron
los variados e inútiles tesoros
que me dejó su amor desmantelado
y su rosa sombría.

Toquen este producto:
aquí mis manos trabajaron
diminutos sarcófagos de sal
destinados a seres y substancias,
feroces en su cárdena belleza,
en sus estigmas calcáreos,

fugaces
porque se alimentarán
nosotros y otros seres
de tanta flor y luz devoradoras.

Lo que dejó en la puerta el maremoto,
la frágil fuerza, el ojo submarino,
los animales ciegos de la ola,
me inducen al conflicto,
al ven y ven y aléjate, oh tormento,
a mi marea oculta por el mar.

Mariscos resbalados en la arena,
brazos resbaladizos,
estómagos del agua,
armaduras abiertas a la entrada
de la repetición y el movimiento,
púas, ventosas, lenguas,
pequeños cuerpos fríos,
maltratados
por la implacable eternidad del agua,
por la ira del viento.

Ser y no ser aquí se amalgamaron
en radiantes y hambrientas estructuras:
arde la vida y sale
a pasear un relámpago la muerte.
Yo sólo soy testigo
de la electricidad y la hermosura
que llenan el sosiego devorante.

Picoroco

El Picoroco encarcelado
está en una torre terrible,

saca una garra azul, palpita
desesperado en el tormento.

Es tierno adentro de su torre:
blanco como harina del mar
pero nadie alcanza el secreto
de su frío castillo gótico.

Alga

Yo soy un alga procelaria
combatida por las mareas:
me estremecieron y educaron
los movimientos del naufragio
y las manos de la tormenta:
aquí tenéis mis flores frías:
mi simulada sumisión
a los dictámenes del viento:
porque yo sobrevivo al agua,
a la sal, a los pescadores,
con mi elástica latitud
y mi vestidura de yodo.

Erizo

El Erizo es el sol del mar,
centrífugo y anaranjado,
lleno de púas como llamas,
hecho de huevos y de yodo.

El Erizo es como el mundo:
redondo, frágil, escondido:

húmedo, secreto y hostil:
el Erizo es como el amor.

Estrellas

Cuando en el cielo las estrellas
desestiman el firmamento
y se van a dormir de día,
las estrellas de agua saludan
al cielo enterrado en el mar
inaugurando los deberes
del nuevo cielo submarino.

Conchas

Conchas vacías de la arena
que dejó el mar cuando se fue,
cuando se fue el mar a viajar,
a viajar por los otros mares.

Dejó las conchas marineras,
pulidas por su maestría,
blancas de tanto ser besadas
por el mar que se fue de viaje.

Langostino

Alto! casuales leopardos
de las orillas, asaltantes

curvos como alfanjes rosados
de la crudeza submarina,
mordiendo todos a la vez,
ondulando como la fiebre
hasta que caen en la red
y salen vestidos de azul
a la catástrofe escarlata.

Caracola

La caracola espera el viento
acostada en la luz del mar:
quiere una voz de color negro
que llene todas las distancias
como el piano del poderío,
como la bocina de Dios
para los textos escolares:
quiere que soplen su silencio:
hasta que el mar inmovilice
su amarga insistencia de plomo.

Foca

El nudo de la zoología
es esta foca funcional
que vive en un saco de goma
o en la luz negra de su piel.

Circulan adentro de ella
los movimientos inherentes
a la monarquía del mar
y se ve a este ser encerrado

en la gimnasia del tormento
descubrir el mundo rodando
por las escaleras de hielo
hasta mirarnos con los ojos
más penetrantes del planeta.

Anémona

La flor del peñasco salado
abre y cancela su corona
por la voluntad de la sal,
por el apetito del agua.

Oh corola de carne fría
y de pistilos vibradores
anémona viuda, intestino.

Jaiva

La Jaiva color de violeta
acecha en un rincón del mar:
sus tenazas son dos enigmas:
su apetito es un agujero.

Luego agoniza su armadura
en la sopera del infierno
y ahora no es más que una rosa:
la rosa roja comestible.

Delfín de bronce

Si cayera al mar el Delfín
se iría al fondo, caería
con su volumen amarillo.

Entre los peces de verdad
sería un objeto extranjero,
un pez sin alma y sin idioma.

Hasta que el mar lo devorara
royendo su orgullo de bronce
y convirtiéndolo en arena.

Pulpos

Oh pulpo, oh monje encarnizado,
la vibración de tu atavío
circula en la sal de la roca
como un satánico desliz.
Oh testimonio visceral,
ramo de rayos congelados,
cabeza de una monarquía
de brazos y presentimientos:
retrato del escalofrío,
nube plural de lluvia negra.

Sol de mar

Yo encontré en Isla Negra un día,
un sol acostado en la arena,
un sol centrífugo y central
cubierto de dedos de oro
y ventosas como alfileres.

Recogí el sol enarenado
y levantándolo a la luz
lo comparé con el del cielo.

No se miraron ni se vieron.

Albacoras

La puerta del mar custodiada
por dos albacoras marinas
se han abierto de par en mar,
se han abierto de mar en par,
se han abierto de par en par.

Las albacoras son de Iquique
y son del océano azul
que llega hasta Vladivostock
y que crece desde mis pies.

Las albacoras centinelas
de espadas longitudinales
cerraron la puerta del mar
y se disponen a velar
para que no entren los sistemas
en el desorden del océano.

Pescadería

Cuelgan los peces de la cola,
brillan los peces derramados,
demuestran su plata los peces,
aún amenazan los cangrejos.
Sobre el mesón condecorado
por las escamas submarinas
sólo falta el cuerpo del mar
que no se muere ni se vende.

Adiós a los productos del mar

Volved, volved al mar
desde estas hojas!

Peces, mariscos, algas
escapadas del frío,
volved a la cintura
del Pacífico,
al beso atolondrado
de la ola, a la razón
secreta de la roca!

Oh escondidos,
desnudos, sumergidos,
deslizantes,
es hora
de dividirnos y separarnos:
el papel me reclama,
la tinta, los tinteros,
las imprentas, las cartas,

los cartones,
las letras y los números
se amontonaron en cubiles desde
donde
me acechan: las mujeres
y los hombres
quieren mi amor, piden mi compañía,
los niños de Petorca,
de Atacama, de Arauco,
de Loncoche,
quieren jugar también con el poeta!

Me espera un tren, un buque
cargado de manzanas,
un avión, un arado,
unas espigas.

Adiós, organizados
frutos del agua, adiós
camarones vestidos
de imperiales,
volveré, volveremos
a la unidad ahora
interrumpida.
Pertenezco a la arena:
volveré al mar redondo
y a su flora
y su furia:
ahora me voy
silbando
por las calles.

Aún

[1969]

I

Hoy es el día más, el que traía
una desesperada claridad que murió.
Que no lo sepan los agazapados:
todo debe quedar entre nosotros,
día, entre tu campana
y mi secreto.

Hoy es el ancho invierno de la comarca olvidada
que con una cruz en el mapa y un volcán en la nieve
viene a verme, a volverme, a devolverme el agua
desplomada en el techo de mi infancia.
Hoy cuando el sol comenzó con sus espigas
a contar el relato más claro y más antiguo
como una cimitarra cayó la oblicua lluvia,
la lluvia que agradece mi corazón amargo.

Tú, mi bella, dormida aún en agosto,
mi reina, mi mujer, mi extensión, geografía,
beso de barro, cítara que cubren los carbones,
tú, vestidura de mi porfiado canto,
hoy otra vez renaces y con el agua negra
del cielo me confundes y me obligas:
debo reanudar mis huesos en tu reino,
debo aclarar aún mis deberes terrestres.

II

Araucanía, rosa mojada, diviso
adentro de mí mismo o en las provincias del agua

tus raíces, las copas de los desenterrados,
con los alerces rotos, las araucarias muertas,
y tu nombre reluce en mis capítulos
como los peces pescados en el canasto amarillo!
Eres también patria plateada y hueles mal,
a rencor, a borrasca, a escalofrío.

Hoy que un día creció para ser ancho
como la tierra o más extenso aún,
cuando se abrió la luz mostrando el territorio
llegó tu lluvia y trajo en sus espadas
el retrato de ayer acribillado,
el amor de la tierra insoportable,
con aquellos caminos que me llevan
al Polo Sur, entre árboles quemados.

III

Invierna, Araucanía, Lonquimaya!
Leviathana, Archipiélaga, Oceana!

Pienso que el español de zapatos morados
montado en la invasión como en la náusea,
en su caballo como en una ola,
el descubridor, bajó de su Guatemala,
de los pasteles de maíz con olor a tumba,
de aquel calor de parto que inunda las Antillas,
para llegar aquí, de descalabro en derrota,
para perder la espada, la pared, la Santísima,
y luego perder los pies y las piernas
y el alma.
Ahora en este 65 que cumplo
mirando hacia atrás,
hacia arriba,
hacia abajo,

me puse a descubrir descubridores.
Pasa Colón con el primer colibrí
(pájaro de pulsera), relampaguito,
pasa don Pedro de Valdivia sin sombrero
y luego, de regreso, sin cabeza,
pasa Pizarro entre otros hombres tristes.
Y también don Alonso, el claro Ercilla.

IV

Ercilla el ramificado, el polvoroso,
el diamantino, el pobre caballero,
por estas aguas anduvo, navegó estos caminos,
y aunque les pareció petimetre a los buitres
y éstos lo devolvieron, como carta sobrante,
a España pedregosa y polvorienta,
él solamente solo nos descubrió a nosotros:
solo este abundantísimo palomo
se enmarañó en nosotros hasta ahora
y nos dejó en su testamento
un duradero amor ensangrentado.

V

Bueno pues, llegaron otros:
eximios, medidores, chilenos meditativos
que hicieron casas húmedas en que yo me crié
y levantaron la bandera chilena
en aquel frío para que se helara,
en aquel viento para que viviera,
en plena lluvia para que llorara.
Se llenó el mundo de carabineros,

aparecieron las ferreterías,
los paraguas
fueron las nuevas aves regionales:
mi padre me regaló una capa
desde su poncho invicto de Castilla
y hasta llegaron libros
a la Frontera como se llamó
aquel capítulo que yo no escribí
sino que me escribieron.

Los araucanos se volvieron raíz!
Les fueron quitando hojas
hasta que sólo fueron esqueleto
de raza, o árbol ya destituido,
y no fue tanto el sufrimiento antiguo
puesto que ellos pelearon como vertiginosos,
como piedras, como sacos, como ángeles,
sino que ahora ellos, los honorarios,
sintieron que el terreno les faltaba,
la tierra se les iba de los pies:
ya había reinado en Arauco la sangre:
llegó el reino del robo:
y los ladrones éramos nosotros.

VI

Perdón si cuando quiero
contar mi vida
es tierra lo que cuento.
Ésta es la tierra.
Crece en tu sangre
y creces.
Si se apaga en tu sangre
tú te apagas.

VII

Yumbel!
Yumbel, Yumbel!
De dónde
salió tu nombre al sol?
Por qué la luz
tintinea en tu nombre?
Por qué, por la mañana
tu nombre como un aro
sale sonando de las herrerías?

VIII

Angol sucede seco
como un golpe de pájaro
en la selva,
como un canto
de hacha desnuda
que le pega a un roble.
Angol, Angol, Angol,
hacha profunda,
canto
de piedra pura
en la montaña,
clave de las herencias,
palabra como el vuelo
del halcón enlutado,
centrífugo, fugante
en las almenas
de la noche nevada!

IX

Temuco, corazón de agua,
patrimonio
del digital: antaño
tu casa arbórea
fueron cuna y campana
de mi canto
y fortaleza
de mi soledad.

X

Boroa clara,
manzana cristalina
y elemento
de la fecundidad, yo sigo
tus recostadas sílabas
irse en el río,
irse
en el transcurso
de la plata sombría
que corre en la frescura.

XI

Arpa de Osorno bajo los volcanes!
Suenan las cuerdas oscuras
arrancadas al bosque.

Mírate en el espejo de madera!
Consúmete
en la más poderosa
fragancia del otoño
cuando las ramas dejan
caer hoja por hoja
un planeta amarillo
y sube sangre para que los volcanes
preparen fuego cada día.

XII

Torre fría del mundo,
volcán, dedo de nieve
que me siguió por toda la existencia:
sobre la nave mía el mastelero
y aún oh primavera atolondrada,
viajero intermitente,
en el arañadero
de Buenos Aires, lejos
de donde me hice yo,
de donde me hice mí,
en Katiabar, en Sandokán, en Praga,
en Mollendo, en Toledo, en Guayaquil
con mi volcán a cuestas,
con mi nieve,
con fuego austral y noche calcinada,
con lenguas de volcán, con lava lenta
devorando la estrella.
Ígneo deudor, compañero de nieve,
a donde fui conmigo
fui contigo,
torre de las secretas neverías,
fábrica de las llamas patriarcales.

XIII

Crece el hombre con todo lo que crece
y se acrecienta Pedro con su río,
con el árbol que sube sin hablar,
por eso mi palabra crece
y crece:
viene de aquel silencio con raíces,
de los días del trigo,
de aquellos gérmenes intransferibles,
del agua extensa,
del sol cerrado sin su consentimiento,
de los caballos sudando en la lluvia.

XIV

Todos me reclamaban,
me decían: «Idiota,
quédate aquí. Está tibia
la cama en el jardín
y a tu balcón se asoman
los jazmines, honor
de Europa, el vino
suave toro
sube hasta el Partenón, Racine dirige
los árboles rimados y Petrarca
sigue siendo de mármol y de oro».

No pude ir sin volver a parte alguna:
la tierra me prestaba, me perdía
y pronto, tarde ya, golpeaba el muro
o desde un pájaro me reclamaba.

Me sentí vagamente tricolor
y el penetrante signo del ají,
ciertas comidas, los tomates frescos,
las guitarras de octubre, las ciudades
inconclusas, las páginas del bosque
no leídas aún en sus totales:
aquella catarata
que en el salvaje Aysén cae partiendo
una roca en dos senos salpicados
por la blancura torrencial, la luna
en las tablas podridas de Loncoche,
el olor a mercado pobre, a cholga seca,
a iglesia, a alerce, allá en el archipiélago,
mi casa, mi Partido, en el fuego de cada día,
y tú misma sureña, compañera de mi alma,
patrona de mis ojos, centinela,
todo lo que se llama lluvia y se llama patria,
lo que te ignora y te hiere y te acaricia a veces,
todo eso, un rumor cada semana más abierto,
cada noche más estrellado, cada vez más preciso,
me hizo volver y quedarme y no volver a partir:
que sepa todo el mundo que por lo menos en mí
la tierra me propone, me dispone y me embarga.

XV

Nosotros, los perecederos, tocamos los metales,
el viento, las orillas del océano, las piedras,
sabiendo que seguirán, inmóviles o ardientes,
y yo fui descubriendo, nombrando todas las cosas:
fue mi destino amar y despedirme.

XVI

Cada uno en el saco más oculto guardó
las alhajas perdidas del recuerdo,
intenso amor, noches secretas o besos permanentes,
el trozo de dicha pública o privada.
Algunos, retozones, coleccionaron caderas,
otros hombres amaron la madrugada escarbando
cordilleras o témpanos, locomotoras, números.
Para mí la dicha fue compartir cantando,
alabando, imprecando, llorando con mil ojos.
Pido perdón por mi mal comportamiento:
no tuvo utilidad mi gestión en la tierra.

XVII

Fue temblorosa la noche de septiembre.
Yo traía en mi ropa
la tristeza del tren que me traía
cruzando una por una las provincias:
yo era ese ser remoto
turbado por el humo del carbón
de la locomotora.
Yo no era.
Tuve que ver entonces con la vida.
Mi poesía me incomunicaba
y me agregaba a todos.
Aquella noche a mí
me tocó declarar la Primavera.
A mí, pobre sombrío,
me hicieron desatar la vestimenta
de la noche desnuda.

Temblé leyendo ante dos mil orejas desiguales
mi canto.
La noche ardió
con todo el fuego oscuro
que se multiplicaba en la ciudad,
en la urgencia imperiosa del contacto.

Murió la soledad aquella vez?
O nací entonces, de mi soledad?

XVIII

Los días no se descartan ni se suman, son abejas
que ardieron de dulzura o enfurecieron
el aguijón: el certamen continúa,
van y vienen los viajes desde la miel al dolor.
No, no se deshila la red de los años: no hay red.
No caen gota a gota desde un río: no hay río.
El sueño no divide la vida en dos mitades,
ni la acción, ni el silencio, ni la virtud:
fue como una piedra la vida, un solo movimiento,
una sola fogata que reverberó en el follaje,
una flecha, una sola, lenta o activa, un metal
que ascendió y descendió quemándose en tus huesos.

XIX

Mi abuelo don José Ángel Reyes vivió
ciento dos años entre Parral y la muerte.
Era un gran caballero campesino
con poca tierra y demasiados hijos.
De cien años de edad lo estoy viendo: nevado

era este viejo, azul era su antigua barba
y aún entraba en los trenes para verme crecer,
en carro de tercera, de Cauquenes al Sur.
Llegaba el sempiterno don José Ángel, el viejo,
a tomar una copa, la última, conmigo:
su mano de cien años levantaba
el vino que temblaba como una mariposa.

XX

Otras cosas he visto, tal vez nada, países
purpúreos, estuarios que traían del útero
de la tierra, el olor seminal del origen,
países ferruginosos con cuevas de diamantes
(Ciudad Bolívar, allá en el Orinoco)
y en otro reino estuve, de color amaranto
en que todos y todas eran reyes y reinas
de color amaranto.

XXI

Yo viví en la baraja de patrias no nacidas,
en colonias que aún no sabían nacer,
con banderas inéditas que se ensangrentarían.
Yo viví en el fogón de pueblos malheridos
comiendo el pan extraño con mi padecimiento.

XXII

Alguna vez, cerca de Antofagasta,
entre las malgastadas vidas del hombre
y el círculo arenoso
de la pampa,
sin ver ni oír me detuve en la nada:
el aire es vertical en el desierto:
no hay animales (ni siquiera moscas),
sólo la tierra, como la luna, sin caminos,
sólo la plenitud inferior del planeta,
los kilómetros densos de noche y material.
Yo allí solo, buscando la razón de la tierra
sin hombres y sin alas, poderosa,
sola en su magnitud, como si hubiera
destruido una por una las vidas
para establecer su silencio.

XXIII

Arenas de Isla Negra, cinturón,
estrella demolida, cinta de la certeza:
el peligro del mar azota con su rosa
la piedra desplegada de la costa.
Abrupta estirpe, litoral combate!
Hasta Quebrada Verde, por el frío,
como un diamante se detuvo el día
poderoso, como un avión azul.

El sol nuevo amontona sus espadas
desde abajo y enciende el horizonte
rompiendo ola por ola su dominio.

Arrugas del conflicto! Quebrada
de Mirasol, por donde
corrió el carro glacial del ventisquero
dejando esta cortante cicatriz:
el mar abajo muere y agoniza
y nace y muere y muere
y nace y muere y nace.

XXIV

La Ballenera de Quintay, vacía
con sus bodegas, sus escombros muertos,
la sangre aún sobre las rocas, los
huesos de los monárquicos cetáceos,
hierro roído, viento y mar, el graznido
del albatros que espera.

Se fueron las ballenas: a otro mar?
Huyeron de la costa encarnizada?
O sumergidas en el suave lodo
de la profundidad piden castigo
para los oceánicos chilenos?

Y nadie defendió a las gigantescas!

Hoy, en el mes de julio
resbalo aún en el aceite helado:
se me van los zapatos hacia el Polo
como si las presencias invisibles
me empujaran al mar,
y una melancolía grave como el invierno
va llevando mis pies
por la deshabitada ballenera.

XXV

Se va el hoy. Fue una cápsula
de fría luz que volvió a su recinto,
a su madre sombría, a renacer.
Lo dejo ahora envuelto en su linaje.
Es verdad, día, que participé en la luz?
Tiempo, soy parte de tu catarata?
Arenas mías, soledades!

Si es verdad que nos vamos,
nos fuimos consumiendo
a plena sal marina
y a golpes de relámpago.
Mi razón ha vivido a la intemperie,
entregué al mar mi corazón calcáreo.

XXVI

Si hay una piedra devorada
en ella tengo parte:
estuve yo en la ráfaga,
en la ola,
en el incendio terrestre.

Respeta esa piedra perdida.

Si hallas en un camino
a un niño
robando manzanas
y a un viejo sordo
con un acordeón,

recuerda que yo soy
el niño, las manzanas y el anciano.
No me hagas daño persiguiendo al niño,
no le pegues al viejo vagabundo,
no eches al río las manzanas.

XXVII

Hasta aquí estoy.
Estamos.
Los lineales, los encarnizados,
los sombrereros que pasaron la vida
midiendo mi cabeza y tu cabeza,
los cinturistas
que se pegaban a cada cintura,
a cada teta del mundo.
Aquí vamos a seguir codo a codo
con los anacoretas,
con el joven con su tierna indigestión de guerrillas,
con los tradicionales que se ofuscaban
porque nadie quería comer mierda.
Pero además,
honor del día fresco,
la juventud del rocío,
la mañana del mundo,
lo que crece a pesar
del tiempo amargo:
el orden puro
que necesitamos.

XXVIII

Hasta luego, invitado.
Buenos días.
Sucedió mi poema
para ti, para nadie,
para todos.

Voy a rogarte: déjame intranquilo.
Vivo con el océano intratable
y me cuesta mucho el silencio.

Me muero con cada ola cada día.
Me muero con cada día en cada ola.
Pero el día no muere
nunca.
No muere.
Y la ola?
No muere.

Gracias.

La espada encendida

[1969-1970]

Echó, pues, fuera al hombre, y puso al oriente del huerto de Edén querubines, y una espada encendida que se revolvía por todos lados para guardar el camino del árbol de la vida.

GÉNESIS, III, 24

ARGUMENTO

En esta fábula se relata la historia de un fugitivo de las grandes devastaciones que terminaron con la humanidad. Fundador de un reino emplazado en las espaciosas soledades magallánicas, se decide a ser el último habitante del mundo, hasta que aparece en su territorio una doncella evadida de la ciudad áurea de los Césares.

El destino que los llevó a confundirse levanta contra ellos la antigua espada encendida del nuevo Edén salvaje y solitario.

Al producirse la cólera y la muerte de Dios, en la escena iluminada por el gran volcán, estos seres adánicos toman conciencia de su propia divinidad.

I

EL POETA   Lo cierto es que en la cordillera necesaria,
COMIENZA   bajo el volcán de siete lenguas, allí
A CANTAR   donde por todas partes la voz vertiginosa
             del agua, hija nevada, descendió,
             nada puede nacer sino los días en el bosque,
             temblorosos de viento y de rocío.

             La voluntad de los motores se consumía lejos:
             el humo de los trenes iba hacia las ciudades
             y yo, el empecinado, minero del silencio,
             hallé la zona sombra, el día cero,
             donde el tiempo parecía volver
             como un viejo elefante, o detenerse,
             para morir tal vez, para seguir tal vez,
             pero entre noche y noche se preparaba el siguiente,
             el día sucesivo como una gota.

             Y aquí comienza esta sonata negra.

II

RHODO   Rhodo, pétreo patriarca, la vio sin verla, era
Y ROSÍA   Rosía, hija cesárea, labradora.

           Ancha de pechos, breve de boca y ojos,
           salía a buscar agua y era un cántaro,
           salía a lavar ropa y era pura,
           cruzaba por la nieve y era nieve,
           era estática como el ventisquero,
           invisible y fragante era Rosía Raíz.

Rhodo la destinó, sin saberlo, al silencio.

Era el cerco glacial de la naturaleza:
de Aysén al Sur la Patagonia infligió
las desoladas cláusulas del invierno terrestre.

La cabeza de Rhodo vivía en la bruma,
de cicatriz en cicatriz volcánica,
sin cesar a caballo, persiguiendo
el olor, la distancia, la paz de las praderas.

III

APARICIÓN   Y fue allí donde ella se apareció desnuda
entre nieves y llamas, entre guerra y rocío,
como si bajo el techo del huracán se encendiera
un vuelo de palomas perdidas en el frío
y una de ellas cayera contra el pecho de Rhodo
y allí hubiera estallado su blancura.

IV

DESDE LAS   Rhodo el guerrero había transmigrado
GUERRAS   desde los arenales del Gran Desierto:
la edad de las lanzas verdes vivió, el trueno
de las caballerías, la dirección del rayo.

La sangre fue bandera del terrible.

La muerte lo enlutó de manera espaciosa
como a tierra nocturna,
hasta que decidió dedicarse al silencio,

a la profundidad desconocida,
y buscó tierra para un nuevo reino,
aguas azules para lavar la sangre.

(En el extremo de Chile se rompe el planeta:
el mar y el fuego, la ciencia de las olas,
los golpes del volcán, el martillo del viento,
la racha dura con su filo furioso,
cortaron tierras y aguas, las separaron: crecieron
islas de fósforo, estrellas verdes, canales invitados,
selvas como racimos, roncos desfiladeros:
en aquel mundo de fragancia fría
Rhodo fundó su reino.)

V

LAS
ESTATUAS

Sus setenta mujeres se habían convertido en sal,
y por los monasterios de la naturaleza,
fuego y rencor, Rhodo contempló las estatuas
diseminadas en la noche forestal.

Allí estaba la que parió sus hijos errantes:
Niobe, la roja, ya sin voz y sin ojos
erigida en su olvido de alabastro.

Y allí también prisionera, Rama, la delicada,
y Beatriz de tan interminable cabellera
que cuando se peinaba llovía en Rayaruca:
caía de su cabeza lluvia verde,
hebras oscuras descendían del cielo.
Y Rama, la que robaba frutas,
trepada a la incitante tormenta como a un árbol
poblado de manzanas y relámpagos.

Y Abigail, Teresara, Dafna, Leona,
Dulceluz, Lucía, Blancaflor, Loreto,
Cascabela, Cristina, Delgadina,
Encarnación, Remedios, Catalina, Granada,
Petronila, Doralisa, Dorada, Dorotea,
allí bajo las bóvedas de cuarzo, yacían
mudas, ferruginosas, quemadas por la nieve
o elevaban piernas y pechos cubiertos de musgo,
roídas por las raíces de árboles imperiosos.

VI

EL   Rhodo, en la soledad, entre las muertas,
SOLITARIO   cubría su corazón con lianas indomables:
no quería nada de aquel esplendor:
no tenía la culpa de aquellas estatuas rotas:
ellas acompañaron su pasado
y sus formas nacieron
como peñones de ágata o como cuerpos
de cascada en la selva: la insistencia
que con un rayo inmóvil destruye como el mar.

Pero él llegó a Araucaria con un mandato:
la salud de la selva: la virginal vigencia
del primer hombre y su primer deber
fue sólo una infinita soledad.

VII

LA TIERRA   Por sobre los follajes de Traihuán
vuela la lentitud de los flamencos
hacia las aguas de Pichivar y Longoleo.

La bandurria salpica con canto de cuchara
la dulzura fluvial de estas oceanías,
el ave carpintera reparte en los raulíes
una correspondencia con gotas de rocío,
el puma abre los ojos y desarrolla el miedo:
todo vive en la selva fría que se parece a la muerte:
dentro de cada sombra crece un vuelo,
las garras viven entre las raíces.

VIII

EL
AMOR

Rosía desnuda en la agricultura enmarañada,
Rosía blanca y azul, fina de pétalos,
clara de muslos, sombría de cabellos,
se abrió para que entrara Rhodo en ella
y un estertor o un trueno
manifestó la tierra:
el río torrencial saludaba a la luna:
dos estirpes contrarias se habían confundido.

Y de pronto el gigante de la gran cordillera
y la fragancia hija de la nieve
se sintieron desnudos y se destinaron:
eran de nuevo dos inocentes perdidos,
mordidos por la serpiente de fuego,
otra vez solos en el jardín original.

La escarcha del nuevo día se complicó en la hierba,
la nupcial platería que congeló el rocío
cubrió el inmenso lecho de Rosía terrestre,
y ella entreabrió entre sueños otra vez su delicia
para que Rhodo penetrara en ella.

Así fue procreado en la luz fría
un nuevo mundo interno

como un panal salvaje
y otra vez el origen del hombre remontó
todo el secreto río de las edades muertas
a regar y cantar y temblar y fundar
bajo la poderosa sombra blanca
de los volcanes y sus piedras magnéticas.

IX

EL   El fundador detuvo el paso: Rosía Verde
HALLAZGO parecía un pedazo desprendido a la luna:
un cuerpo horizontal caído de la noche:
un silencio desnudo entre las hojas.

Amó de nuevo Rhodo con tormento,
con furia sigilosa, con dolor:
cada sombra en sus ojos le parecía un desdén,
y la inmovilidad de su novia campestre
hizo dudar a Rhodo de la dicha:
a quién reservó la suave su suavidad de musgo?
para quién destinó sus anteriores manos?
en qué estaba pensando con los ojos cerrados?
Pedía posesión de su cuerpo y su miel,
de su cada minuto y cada pelo,
posesión de su sueño y de sus párpados,
de su sexo hasta el fondo, de sus pies labradores,
de su pasado entero, de su día siguiente,
de sus sutiles huellas en la nieve
y mientras más la tuvo, devorándola
en el abrazo cuerpo a cuerpo que los aniquilaba,
él parecía consumirla menos,
como si la galana de los bosques, la huérfana,
la muchacha casual con aroma de leña
hubiera abierto una herida como un pozo sus pies
y por allí cayera el trueno que él trajo al mundo.

Rhodo reconoció su derrota besando
en la boca de Rosía su propio amor salvaje
y ella se estremeció como si la quemara
un rayo de oro que encendió su sexo
y paseó el incendio sobre su alma.

X

LAS   Se deseaban, se lograban, se destruían,
FIERAS   se ardían, se rompían, se caían de bruces
el uno dentro del otro, en una lucha a muerte,
se enmarañaban, se perseguían, se odiaban,
se buscaban, se destrozaban de amor,
volvían a temerse y a maldecirse y a amarse,
se negaban cerrando los ojos. Y los puños
de Rosía golpeaban el muro de la noche,
sin dormir, mientras Rhodo desde su almena cruel
vigilaba el peligro de las fieras despiertas
sabiendo que él llevaba el puma en su sangre,
y aullaba un león agónico en la noche sin sueño
de Rhodo, y la mañana le traía
a su novia desnuda, cubierta de rocío,
fresca de nieve como una paloma,
incierta aún entre el amor y el odio,
y allí los dos inciertos resplandecían de nuevo
mordiéndose y besándose y arrastrándose al lecho
en donde se quedaba desmayada la furia.

XI

EL   Ciento treinta años tenía Rhodo, el viejo.
HOMBRE   Rosía sin edad era una piedrecita

que el mismo viento de Nahuelbuta amarga
hubiera suavizado como una intacta almendra:
bella y serena era como una piedra blanca
en los brazos de Rhodo, el milenario.

XII

EL
CONO-
CIMIENTO

Varona, dijo el señor silvestre,
por qué sabemos que estamos desnudos?
Todos los frutos nos pertenecían
y los siete volcanes iracundos supieron
que sin tus ojos yo no podía vivir,
que sin tu cuerpo entraba en la agonía
y sin tu ser me sentía perdido.

Ahora la ciudadela sin murallas,
las cascadas de sal, la luna en los cipreses,
la selva de rabiosas raíces, el silencio,
los muermos estrellados, la soledad vacía,
acuática, volcánica, la que busqué a pesar
y en contra de mí mismo, el reino amargo,
tempestuoso, fundado a sol y a lluvia,
con las estatuas muertas del pasado
y el rumor de la primavera en las abejas del ulmo,
la espesura que el canto del chucao taladra
como risa o sollozo o exhalación o fuga
y los nevados de Ralún, donde comienza
el terrible archipiélago con sus campanas de frío,
Varona mía, Evarosa, Rosaflor,
se despiden de mí, porque sabemos.

Es la selva del árbol de la vida. El racimo
de cada planta, el peso de la fruta salvaje,
nos nutrió de repente, y estuvimos desnudos
hasta morir de amor y de dolor.

XIII

LA El sufrimiento fue como una sangre negra
CULPA que por las venas subió sin descanso
cuando el goce bajaba del árbol de vida:
allí estaban los dos hijos terribles del amor desdichado
en una selva
que de pronto se unió, piedra y enredaderas,
para ahogarlos sin ruido de agua entre las hojas,
para darles tormento en cada beso,
para empujarlos hacia la salida glacial.
Comenzaron por huirse y llamarse,
por agredirse en pie y amarse de rodillas,
morder cada rincón de los cuerpos amados,
herirse sin tregua hasta morir cada día
sin comprender, rodeados por los bosques hostiles
que compartieron algo y no sobrevivieron,
algo probaron que les quemó la sangre
y la naturaleza, nieve y noche,
los persiguió de nieve en nieve y noche en noche,
de volcán en volcán, de río a río,
para darles la vida o aniquilarlos juntos.

XIV

EL Ahora, el que cuenta esta historia te pregunta, viajero,
POETA si Dios no visitó sus patagonias,
INTERROGA si allí, en el último Edén, el de los dolores,
nadie apareció sentado en el cielo,
quién o qué cosa, trueno o árbol o falso dios,
dictó de nuevo el castigo para los amorosos?

XV

SOBREVIVIENTES Qué había pasado en la tierra?
Es este último hombre o primer hombre?
En tierras desdichadas o felices?
Por qué fundar la humanidad de nuevo?
Por qué saltaba el sol de rama en rama
hasta cantar con garganta de pájaro?
Qué debo hacer, decía el viento,
y por qué debo convertirme en oro,
decía el trigo, no vale la pena
llegar al pan sin manos y sin bocas:
el vacío terrestre
está esperando fuera
o dentro del hombre:
todas las guerras nos mataron a todos,
nunca quedó sobreviviente alguno.

De la primera guerra
a piedra y luego
a cuchillo y a fuego
no quedó vivo nadie:
la muerte quiso repetir su alimento
e inventó nuevos hombres mentirosos
y éstos ahora con su maquinaria
volvieron a morirse y a morirnos.

Caín y Abel cayeron muchas veces
(asesinados un millón de veces)
(un millón de quijadas
y quebrantos)
murieron a revólver y a puñal,
a veneno y a bomba,
fueron envueltos en el mismo crimen
y derramaron toda su sangre cada vez.

Ninguno de ellos podía vivir
porque el asesinado era culpable
de que su hermano fuera el asesino
y el asesino estaba muerto:
aquel primer guerrero
murió también cuando mató a su hermano.

XVI

LA
SOLEDAD

Rhodo al dejar atrás lo que se llama el pasado
dejó de ser el cómplice del crimen, de un crimen,
de lo que había sido y no sido, de los demás, de todos,
y cuando se vio manchado por sangre
remota o anterior o presente o futura
rompió el tiempo y llegó a su destino,
volvió a ser primer hombre sin alma ensangrentada,
no huyó: era más simple que eso:
estaba otra vez solo el primer hombre
porque esta vez no lo quería nadie:
lo rechazaron las calles oscuras,
los palacios desiertos,
ya no podía entrar en las ciudades
porque se había ido todo el mundo.

Ya nadie, nadie lo necesitaba.

Y no sabía bien si era harina o ceniza
lo que quedaba en las panaderías,
si peces o serpientes
en el mercado después del incendio,
y si los esqueletos olvidados en las zanjas
eran sólo carbón o soldados que ardieron.
El redivivo se comió territorios,
primaveras heridas, provincias calcinadas:
no tuvo miedo, había

salido de sí mismo:
era una criatura
recién creada por la muerte,
era el sonido de una campana rota
que azota el aire como el fuego,
estaba condenado a vivir
fuera del aire oscuro:
y como este hombre no tenía cielo
buscó la enmarañada rosa verde
del territorio secreto:
nadie allí había matado una paloma,
ni una abeja, ni un nardo,
los zorros color de humo bebían con los pájaros
bajo la magnitud virgen del avellano:
el albatros reinaba sobre las aguas duras,
el ave carpintera trabajaba en el frío
y una gran lengua clara que lamía el planeta
bajaba del volcán hacia los ventisqueros.

XVII

EL
REINO
DESOLADO

Ved el recinto huraño
de Rhodo, el fundador,
la acción, el desvarío
entre follaje y bestias,
el paraíso de agua y soledad
y las estatuas del amor pasado
abandonadas hasta por sus sueños:
hasta que el hombre solo necesitó mujer
y como sombra agazapó su ciencia
de cazador maldito y olvidado.
Ya no podía nacer de su cuerpo
porque en su cielo no mandaba nadie.
Él era su propio cielo verde.
El rey de la espesura

se convirtió en mendigo.
Buscó el amor a tientas en el bosque.

Así pasaron las cosas.

XVIII

ALGUIEN Se movía, era un hombre,
el primer hombre.
Se hizo los ojos para defenderse.
Se hizo las manos para defenderse.
Se hizo el cráneo para defenderse.
Luego se hizo las tripas
para conservarse.

Tembló de miedo, solo
entre el sol y la sombra.

Algo cayó como una fruta muerta,
algo corrió en la luz como un reptil.
Le nacieron los pies para escapar,
pero crecieron nuevas amenazas.

Y tuvo tanto miedo que encontró a una mujer
parecida a un erizo, a una castaña.
Era un ser comestible
pero aquel hombre la necesitaba
porque eran los dos únicos,
eran los renacidos de la tierra
y tenían que amarse o destruirse.

XIX

ROSÍA
LIBERADA
Cuando se desplomó la ciudad de oro
ignorada en la selva, los Césares murieron
bajo el peso metálico de sus propios castillos.

El terremoto destrozó el orgullo,
volvió la selva a devorar
con lianas y raíces el esplendor amarillo,
y como el mar levanta la amargura en la ola
así la tierra alzó su paroxismo
recobrando de nuevo espacio puro.

Allí quedó vacía como un anillo de oro
que cae y rueda desde un dedo muerto
la secreta ciudad que los conquistadores
no alcanzaron: derrotó la codicia
pero cayó tragada por la tierra.

De los escombros áureos salió una luz dorada,
sola sobreviviente, Rosía montesina,
hija imperial de los dinastas muertos,
entendida en los frutos de la selva,
de manos transparentes y de pezones de oro.

Huyó de la ciudad aniquilada,
atravesó las aguas bruscas, quebrantó
la espesa hostilidad de las espinas:
árboles que dormían, peñascos como dientes,
animales hirsutos, fuego blanco de lava,
y anduvo hasta volver a la pureza,
al animal perdido entre las hojas.

XX

DOS Los resurrectos, el antiguo varón
y la joven varona centelleante
fueron dos enemigos en la selva,
eran los dos dragones que se acosaban,
en la noche los cuatro ojos fosforescentes
que se temían, y el rencor y el amor
los devoraban sin dejarlos dormir.
Se llamaban a través de millones de hojas,
a través del silencio general de los bosques.
Se llamaban como se llaman las raíces
creciendo en la oscuridad uno hacia otro.

Todo estaba ferviente de espinas que surgían.
El mundo era una copa de terror
y los pies que avanzaban hacia los otros pies
o la boca que abría la noche con un beso
hallaban la dureza compacta de la sombra
y los amantes iban extraviados
sin conocer que se pertenecían:
sin probarse o morderse ni quemarse en
el éxtasis.

Oh pobres dos, oh varón y varona
destinados a ser uno solo, otra vez,
y sin saberlo, bajo la arboleda
y no saberlo, con la Cruz del Sur
recién lavada sobre sus cabezas,
y no saberse hiriéndose en la zarza
del amor enemigo que los encendería.

XXI

Aquel invierno de color de hierro
cayó sin tregua sobre el sol antártico
apagando hasta el último latido de la luz:
piedra y follaje se vistieron de nieve,
bestias hurañas taladraban
la oscuridad con golpes subterráneos
y caía la lluvia de alas negras
sobre el techo de Rhodo y de Rosía.

Los ríos se vistieron de vestigios, maderas,
raíces calcinadas, caballos derramados,
nidos de inmensos pájaros que transportaba el río
como si los llevara a otro planeta.

La tempestad no tenía medallas:
era un cielo sin fin y sin relámpagos,
no transcurría, parecía un muro
sosegado en la furia, desplegado
como el metal de un abanico atroz
sobre un tambor golpeado por el viento.

El Edén recobrado se estremecía de llanto,
se adelgazaba como delirio de violín,
amenazaba como los dientes de la selva,
con los ojos salvajes del agua regional,
y los dos destinados a repoblar el reino
se abrazaron, inmóviles bajo el terror del mundo.

XXII

EL AMOR Nadie conoce como los dos solos,
los destinados, los penúltimos, los que se hallaron
sin otro parecido que ellos mismos,
nadie puede pensar, lejos de los orígenes,
que una mujer y un hombre reconstruyan la tierra.

Y la pareja en plena soledad, agredida
por odio y tempestades de la naturaleza
sufrió y siguió bajo el follaje negro
buscando la infinita claridad exterior
hasta que sólo en sí mismos y en su fuego,
cuerpo a cuerpo, y a golpes de brazos y de besos
fueron hallando un túnel largo como la vida
que los unió, sellándolos, en un solo camino,
alarmados, heridos, espiados por el bosque
que con ojos malignos acechaba
hasta seguir cayendo en la alegría
con el peso total de la tierra en sus huesos.

El temor, el amor, el dolor los golpeaban
y de un incendio a otro despertaron
para andar sin saber hasta perderse.

XXIII

LOS Rhodo, el refundador, sobreviviente,
CONSTRUCTORES y Rosía, la rosa de la tierra perdida,
no imaginaron sus deberes sobrehumanos:
persistir y crear el reino limpio,
paso a paso, cavando, sin pasado,

construyendo de nuevo el esplendor
sin sangre ni ceniza.
Pero el Edén amargo
de las montañas, la loca latitud de los ríos,
la amenaza nevada de los siete volcanes,
el espacio que abría la boca una vez más,
tragándolos, llevándolos entre espina y espina
como en una oceánica guerra sin regimientos,
sin más tambor que el trueno, y adelante
y atrás, arriba, abajo,
aquel reino erizado que continuaba hacia el Polo,
y ellos solos, los dos, palpitando, perdidos
sobre la inmensidad de su soberanía.

XXIV

LA
VIRGEN
Ella le dijo: Fui piedra de oro
de la ciudad de oro, fui madera
de la virginidad y fui rocío.
Fui la más escondida de la ciudad secreta,
fui la zorra selvática o la liebre relámpago.

Aquí estoy más inmóvil que el muro de metal
sostenida por una enredadera o amor,
levantada, arrastrada, combatida
por la ola que crece desde tus manos de hombre.

Cuando hacías el mundo me llamaste
a ser mujer, y acudí
con los nuevos sentidos que entonces me nacieron.

Yo no sabía que tenía sangre.

Y fui mujer desde que me tocaste
y me hiciste crecer como si tú me hubieras

hecho nacer, porque de dónde
sino de ti salieron mis pestañas,
nacidas de tus ojos, y mis senos
de tus manos hambrientas, y mi cuerpo
que por primera vez se encendió hasta incendiarme?
Y mi voz no venía de tu boca?

No era yo el agua de tu propio silencio
que se iba llenando de hojas muertas del bosque?

No era yo ese fragmento de corteza que cae
del árbol y que pierde, condenado
a una unidad perdida, su solitario aroma?

O Rhodo, abrázame hasta consumirme,
bajo el follaje de los bosques oscuros!

Es tu amor como un trueno subterráneo
y ya no sé si comenzamos el mundo
o si vivimos el final del tiempo.

Bésame hasta el dolor y hasta morirme.

XXV

EL GRAN   Es la época de la nieve sola en la estepa,
INVIERNO   del silbido corpóreo contra el volcán austral
           cuando el viento abocina su garganta
           y hoja por hoja llora la lluvia en los raulíes.

           Cercado está el amor sin puertas ni paredes,
           la noche hostil, la soledad fragante,
           las ramas enemigas de la selva,
           la pradera de sueño blanco y cruel
           y más arriba como el dios de la dureza
           el volcán comenzó a mostrar su sangre.

Nieve, sangre sombría, fuego descabellado
rodearon el recinto de los últimos
y la que huyó de un reino destruido
y el que salió a fundar un dominio orgulloso
de pronto se quedaron solos con el amor.

Y fueron oprimidos por su dicha terrible.

XXVI

LOS
DESTRUCTORES
Porque el espacio los atropelló
hasta enterrarlos en un solo ser,
en la unidad del fuego perseguido,
y nunca tuvo tanta soledad el amor
como si en vez de hacer de nuevo el mundo
hombre y mujer allí se destinaron
a devorarse como dos águilas hambrientas.

Porque de tanta amarga geografía,
reino, extensión, descubrimiento, fatiga,
como una maldición de la naturaleza
se convirtieron en dioses desamparados,
vencidos por la furia del relámpago,
aniquilados por el amor hostil.

XXVII

LA CADENA
No hablaban sino para desearse en un grito,
no andaban sino para acercarse y caer,
no tocaban sino la piel de cada uno,
no mordían sino sus mutuas bocas,
no miraban sino sus propios ojos,

no quemaban carbón sino sus venas,
y mientras tanto el reino despiadado temblaba,
crecía la crueldad del viento patagónico,
rodaban las manzanas crueles del ventisquero.

No había nada para los amantes.
Estaban presos de su paroxismo
y estaban presos en su propio Edén.

De cada paso hacia la soledad
habían regresado con cadenas.

Todos los frutos eran prohibidos
y ellos lo habían devorado todo,
hasta las flores de su propia sangre.

XXVIII

RHODO
HABLA
Él le dijo: He caído
en tu insondable transparencia. Veo
alrededor de mí, como en el agua,
debajo de un cristal, otro cristal.

Y me ahogo en un pozo cristalino.

Por qué has venido y de dónde has venido?
No puedes ahora volver a la ceniza
de la ciudad de oro? Adónde voy sin ti
y adónde voy si se termina el mundo?

Si tu reposo no me da reposo
qué haré yo con el fuego de Dios?

Si no saldrán mis hijos de tu cintura clara
qué dicha otorgaremos a la tierra?

Yo, Rhodo, destruí el camino
para no regresar. Busqué y amé
la paz deshabitada y la llené
de castillos, de amor imaginario,
hasta que tú, Eva de carne y hueso,
Rosía terrenal, rosa nutricia,
desnuda, incierta, sola, apareciste
y sin llamarte, entró tu escondida hermosura
en mi cama salvaje.
                              Yo reniego
de ti, vuelve a tu ciudad muerta,
regresa a tu quemado poderío!

Y continuó Rhodo: No separes
tu cuerpo del mío, ni un minuto.
Vive entre mis dos ojos, cabalga
mi nariz, deja que duerma
tu pelo entre mis piernas, deja enredados
tus dedos para siempre en mi deseo,
y que tu vientre ondule bajo el mío
hasta que el fuego de la sangre baje
hasta tus pies, encadenada mía.

XXIX

HABLA   Ella, Rosía, suave y salvaje, dice
ROSÍA   dirigiéndose a Rhodo, sin palabras:

Nací de tu estallido.
De un relámpago tuyo vine al mundo.
Mi cabellera era la noche,
la confusión, la soledad, la selva
que no me pertenece. Oh varón mío,
ancha es tu sombra y es tu sol penetrante
el que me reveló desde los pies

hasta mi frente, la pequeña luna
que te aguardaba, amor, descubridor de mi alma.

No eres tú gran espejo, Rhodo, en que yo me miro
y por primera vez yo sé quién soy?
No una rama de espinas peligrosas
ni una gota de sangre levantada en la espina,
sino un árbol entero con frutos descubiertos.

Cuando tú, primer hombre, descansaste una mano
sobre mi vientre, y cuando
tus labios conocieron mis pezones
dejé de ser la gota de sangre abandonada,
o la rama espinosa caída en el camino:
se levantó el follaje de mi cuerpo
y recorrió la música mi sangre.

XXX

SIGUE
HABLANDO
ROSÍA

Y continuó Rosía: Me vi clara,
me vi verde, en el agua del espejo
y supe que era ancha como la tierra para
recibirte, varón, terrestre mío.
Como un espejo tú reflejabas la tierra
con la extensión de tantos terrenos y dolores
que no me fatigué de mirarme en tus ojos
y viajé por tus grandes venas navegatorias.

Oh extenso amor, te traje la fragancia
de una ciudad quemada, y la dulzura
de la sobreviviente, de la que no encontró
a nadie en la espesura de un mundo clausurado
y errante anduvo, sola con mi herencia
de pesada pureza, de sagrada ceniza.

Quién me diría que se terminaba
el mundo y comenzaba con nosotros
otra vez el castigo del amor, el racimo
de la ira derribado por el conocimiento?

XXXI

HABLA   Dice Rhodo: «Tal vez somos dos árboles
RHODO   encastillados a golpes de viento,
fortificados por la soledad.
Tal vez aquí debimos
crecer hacia la tierra,
sumergir el amor en el agua escondida,
buscar la última profundidad
hasta enterrarnos en mi beso oscuro.
Y que nos condujeran las raíces».

Pero esto fue para comienzo o fin?

Yo sé, amor mío, que tu eternidad
es mía, que hasta aquí alcanzamos
medidos, perseguidos y triunfantes,
pero se trata de nacer o morir?

Dónde puede llevarnos el amor
si esta gran soledad nos acechaba
para escondernos y para revelarnos?

Cuando ya nos fundimos y pasamos
a través del espejo
a lo más ancho del placer pasmoso,
cuando tú y yo debimos renunciar
a los reinos perdidos que nos amamantaron,
cuando ya descubrimos
que nos pertenecía esta aspereza

y que ya nos tenía destinados
la tierra, el agua, el cielo, el fuego,
y tú, la sola, la maldita mía,
la hija del oro muerto de la selva,
y yo, tu fundador desengañado,
yo el pobre diablo que imitaba a Dios,
cuando nos encontramos encendidos
por la centella amarga que nos quema,
fue para consumirnos,
para inventar de nuevo la muerte?

O somos inmortales
seres equivocados, dioses nuevos
que sobrevivirán desde la miel?

Nadie nos puede oír desde la tierra.

Todos se fueron, y esto era la dicha.

Ahora, qué haremos para reunir
la colmena, el ganado, la humanidad perdida,
y desde nuestra pobre pureza compartir
otro pan, otro fuego sin llanto,
con otros seres parecidos a nosotros,
los acosados, los desiertos, los fugitivos?

A quién desde hoy daremos nuestro sueño?
A dónde iremos a encontrarnos en otros?
Vinimos a vivir o a perecer?

De nuestro amor herido
debe soltar la vida un fulgor de fruto
o bajar a la muerte desde nuestras raíces?

XXXII

EL
ENLUTADO

Rosía, cierra tus ojos pasajeros:
fatigada, resuelve la luz y enciende el vino:
duérmete y deja caer las hojas de tus sueños,
cierra tu boca y déjame que bese tu silencio.

Nunca amé sino sombras que transformé en estatuas
y no sabía yo que no vivía.
Mi orgullo me iba transformando en piedra,
hasta que tú, Rosía, despertando
desnuda, despertaste mi sangre y mis deberes.

Dejé la monarquía de luto en las montañas
y comprendí que volvía a sufrir.
Si bien tu amor me volvió al sufrimiento
abrió la puerta de la dicha pura
para que nos halláramos caídos
en el jardín más áspero y salvaje.

XXXIII

LA ESPADA
SE PREPARA

Cuando nació el volcán no sabía
que se llamaba Muerte.
Iba creciendo con algunos truenos
y volaba la nieve
en su cabeza
como muchas palomas que murieran.

Allí creció y creció
más alto, más, más alto,
y tuvo un cuerpo azul

como un embudo
y ahora, soberano,
una corona,
diadema o rosa de agua.

Adentro tierra ciega,
tiempo ferruginoso
trabajaron
preparando la sílice,
el azufre, la furia:
todo era pedernal, vísceras vivas,
latido celular, garras de fuego,
todo dormía en la amenaza
de la pavorosa herrería.

Se establecieron las olas de lava,
los estatutos de clavos ardientes:
de piedra a piedra se hizo la milicia
del volcán negro que subía al cielo,
del volcán blanco que descendería,
del volcán rojo, señor de la Tierra.

XXXIV

EL   Por qué los ojos de Rosía se mojaron
LLANTO entonces, como si vieran a través de la lluvia?

Por qué como dos piedras en el agua
velaron el fulgor de su alegría?

De dónde aparecía aquel tormento?

Era opresión el peso de la tristeza invisible?

Era ronco el lamento que escuchaba Rosía.

Adentro de su propio ser secreto
escuchó un crecimiento de campanas:
sonaba el agua en su profundidad.

Palpitaban los ojos de Rosía
como dos graves aves prisioneras,
como dos gotas de enlutada luz.

XXXV

EL DOLOR Hacia el mar, hacia el mar! dijo el creciente.
Hacia la ola! dijo la que no conocía
el mar, la desterrada de los Césares.

Ella creía en una catarata de sal,
en un árbol extenso, de hojas horizontales,
en un abismo de viviente azul.
Rhodo, el errante, conoció su cita.
La hora de la tierra terminada.
Se había desprendido el fruto negro
del árbol de la sed, de la agonía:
ya no podía construir cantando.

Por qué llegó la destinada a él?

Por qué su fuerza que destinó al dolor
se encontró en el amor con la desdicha?

Él no quería comenzar el mundo.

Llevaba sólo siglos a la espalda
y si evadió el desastre de las razas
caídas y quemadas, si resistió la noche
y la errante dureza del desierto,
cuando recibió el cuerpo de Rosía

volvió a encontrar la soledad.
                                    El hombre
había dispuesto su destino
y un Dios intruso repetía el dolor.

Había predispuesto su linaje
de sol sombrío y luna hereditaria:
él solo para no volver al hombre:
él, el pobre inmortal con todo el mundo a cuestas.

Pero de la ciudadela perdida,
del acontecimiento abandonado
en medio de la selva, áurea virtud,
Rosía, claridad sobreviviente,
llegó al reducto y despertó al dormido.

XXXVI

EL ESPACIO   Pero la selva antártica dormía
con la fría pereza de los pies de la tierra:
las cabezas coníferas no se decían nada
en lo alto del follaje reunido
y enredado en un nudo de puñales
que cortaban el vasto cielo inmóvil
hecho de azul, de acero, de volcanes hostiles.
Aquel invierno edénico
caía gota a gota,
frío a frío.

Caía el trueno sobre los amantes
como un castigo celeste.
Quién es? se preguntaban
y entraba entre las piedras un relámpago.

Oscura era la mano de Dios,
duros eran sus dedos,

y no había crepúsculo
sino el parto perdido
de aquella aurora que no llegaba nunca,
del puma que nacía,
del terror envuelto en la niebla
entre las agujas del cielo.

XXXVII

VOLCÁN   El volcán perforaba el peso
de la montaña, acumulaba
su cólera ferruginosa,
hería, hería las paredes,
hacía un río vertical.
Abajo, más abajo, el fuego
trabajaba como una abeja
hasta encenderse y elevarse:

piedra y azufre, estrella y barro,
antracita y pólvora, cobre
se desentrañaban y ardían,
pero hacia más abajo aún
buscaba el mortero metales,
cavaba sombras y lingotes,
acumulaba la dureza.

Nadie podía oír aún
el estertor del subterráneo:
ni una burbuja de la nieve
traicionaba aquella amenaza
y sin embargo aún, aún
abajo, abajo se amasaban
el incendio con la agonía:
la panadería del fuego.

XXXVIII

LA Rosía era nacarada y dorada
SILVESTRE a la luz del ramaje
y así se vio de pronto
disminuida, hierba o rana,
insecta verde, rosa fea
en las manos de Rhodo.
                    Quién soy,
se dijo, y por qué me perdí,
y en este laberinto de raíz y ramaje
yo no soy ni la fruta del esplendor, ni el canto
del tembloroso río cuando amanece el viento!

Oh dolor, que la última en la tierra
sea yo con mi rostro de primavera inmóvil
y no la torrencial fosforescente,
la belleza que Rhodo debía recibir
en su reino, en el Edén final.

Yo viví cosechando manzanas amarillas,
montando los caballos patagónicos
y no hay jazmín ni aurora en mis mejillas:
el viento Sur me separó con su espada,
la nieve quebrantó mi cabellera,
la lluvia era mi mejor vestido
y si crecí desnuda en la intemperie
fue mi raza secreta la que educó mi piel,
la que formó mis manos metálicas y agrestes.

Oh amor, no pude ser tierna como la leche,
sino erizada como la castaña polar.

Pero cuando tú llegas sube en mí una fragancia
de bosque verde, y me convierto en rosa.

XXXIX

VOLCÁN Mientras tanto el volcán buscaba hierro:
desmantelaba el fondo de la tierra, agredía
el granito, liquidaba la sal:
se hundía, hundía en el subsuelo abierto
hasta caer y llegar y recoger
el ígneo pez o el tigre del incendio.

XL

LA FLOR Rhodo cortó una flor y la dejó en su lecho.
AZUL   Era una flor de linaje violeta,
semiazul, entreabierta como un ojo
de la profundidad, del mar distante.

Dejó Rhodo esa flor bajo Rosía
y ella durmió sobre la flor azul.

Toda esa noche soñó con el mar.

Una ola redonda se la llevó en el sueño
hasta una roca de color azul.

Allí esperaba ella por años y por siglos
entre la espuma repetida y el
cabeceo de los cachalotes.
                                      Sola
está Rosía hasta que luego
el cielo descendió de su estatura
y la cubrió con una nube azul.

Al despertar del sueño bajo sus ancas claras
y entre sus piernas una flor caliente:
todo su cuerpo era una luz azul.

XLI

LA Oh amada, oh claridad bajo mi cuerpo,
CLARIDAD oh suave tú, de la aspereza desprendida,
eres toda la noche con su acción constelada
y el peso de la luz que la atraviesa.

Eres la paz del trigo que se prepara a ser.

Oh amada mía, acógeme y recógeme ahora
en esta última isla nupcial que se estremece
como nosotros con el latido de la tierra.

Oh amada de cintura parecida a la música,
de pechos agrandados en el Edén glacial,
de pies que caminaron sobre las cordilleras,
oh Eva Rosía, el reino no esperaba
sino el frío estallido de la tormenta, el vuelo
de tórtolas salvajes, y eras tú que venías,
soberana perdida, fugitiva del cielo.

XLII

VOLCÁN Las montañas ignívomas
callan allí, allá lejos.

Excavan,
crujen,

parten. Desde el cráter
levantan
hacia el cielo
una copa terrible
de azufre y cicatrices,
de selenio y sienita:
hendiduras por donde
caerá lava negra
y feldespato,
arterias
granulares
de la escoria,
trabajando
en el barro
hasta ser trueno,
columna de ceniza,
larga cola de cielo.

Ardiendo allí como en la jaula
el tigre negro
que yo vi en Birmania,
allí junto a la cama de Rosía y de Rhodo
junto al sueño mojado
por la infinita tempestad, el humo
quería nacimiento,
se unía la caliza con el vapor naciente,
respiraba el volcán,
rondaba con sus garras
bajo tierra,
con ojos amarillos.

XLIII

LA CULPA   Algo había en el fruto
o en el conocimiento,

un síntoma, un gusano
que roía.

Rhodo y Rosía se cubrieron
de pardas pieles, buscaron el río,
y trabajaron una barca fresca,
dura como él y curva como ella:
la madera era suave
bajo los dedos: pura
fue la nave,
alerce y ulmo, con hacha de piedra
elevada y tendida.

Era la proa como nueva luna,
el cuerpo como un pez del Río Roto,
y los dos últimos novios del mundo,
Adán antiguo y Eva errante,
Rhodo y Rosía, durmieron en ella
el casto sueño después del amor.

Ella sobre el oscuro brazo derecho suyo,
él con su mano izquierda entre sus senos,
y el sueño aquél fue el viaje
de aquella nueva nave sobre el agua,
sobre las aguas que se repetían
desde los ventisqueros abundantes
hasta el océano que no espera a nadie.

Pero ellos no sabían
porque ellos acababan de nacer.

XLIV

LA ESPERANZA Rhodo olvidó el pasado,
las abejas, las ruedas

de la guerra, la miel,
la sangre, el luto
de las uvas.

El hombre rompió el tiempo.

Había muerto el mundo.

Estaba solo.

Solo con el fulgor
de un nuevo día hirviente y espacioso:

huyó de todos los muertos
y supo que no sólo la sola soledad
era el destino:

tenía que defender dos cuerpos suyos
y continuar la vida de la tierra.

XLV

VOLCÁN Era siempre de noche
y madriguera:
llovía
con las gotas del diluvio,
con las campanas del cielo:
los setecientos lagos
se encrespaban
silbando, y tomó el mundo
olor a humo mojado,
a pubis verde,
a leña.

Dónde se habían ido
el sol con su marea,

la luna con su sueño,
el mar con su herrería?

Iba creciendo un número
adentro de la tierra:
como un germen terrible
se iba agregando la piedra al silencio,
la amenaza al follaje.

Crecía cien a mil,
sulfuro, cieno,
cien mil multiplicaba
la fogata secreta,
algo se machacaba
multiplicando el fuego.

XLVI

LA SELVA Rosía despertó sola: un rumor
mineral, devorante,
la cercaba. Agua y música
caían con las hojas
del día sacudido:
la hija selvática corrió con pies rosados
desde el amanecer ferruginoso.

Qué aroma, qué rumor,
qué número cantaba,
qué puerta iba a nacer
o a crepitar?

Como una llama
Rosía,
era la única claridad corriendo.

Daba luz como un pájaro encendido.

XLVII

LA NAVE Rhodo alisaba el mástil,
afilaba la proa.

Tocarás el océano, Rosía,
el único camino que palpita,
la libertad marina del peligro.

Sí,
hacia el mar
rodaría el destino,
el mar desnudo,
sin bien, sin ojos, sin pecado,
sin juez, sin mal, sin fin,
el mar.

XLVIII

VOLCÁN El volcán recogía
cada estrella
de abajo,
la golpeaba hasta darle
corazón de puñal, puño de muerte.
Amasaba los ríos
de la lava,
escudriñaba incendios,
acechaba sulfatos,
temblaba:
la hoguera arrolladora
era sólo semilla,
la semilla enlutada

del sol, del sol sangriento.
Cavaba,
recavaba,
aun sin fuego ardía
y sin boca tronaba:
era una olla que hervía
sin agua, sin vapor:
era el rayo enterrado
en el útero amargo
de la tierra.

XLIX

HABLA
EL
ADÁNICO
Rhodo dijo: Quiero tu cabellera para sembrarla en el mar.
Tu cabellera es la proa de mi nave.

Quiero tu boca para soltarla en el viento.
Quiero que me abracen tus brazos:
son dos enredaderas.

Quiero tus senos blancos en el cielo
como dos lunas llenas de rocío.

Quiero tu vientre recostado en Dios.

Quiero tu sexo, tu raíz marina.

Quiero tus piernas para dos nubes nuevas
y tus caderas para dos guitarras.

Y quiero los diez dedos de tus pies
para comerme uno cada día.

L

VOLCÁN　Era un agudo monte
y en la punta
se detenía una constelación,
una diadema de impalpable harina,
nube tal vez, coronación del orbe,
pasión, paloma, luna.

Encima del volcán
una presencia
siempre.

Temblaba allá una estrella,
la más alta del cielo,
o un fantasma caído
de la sombra polar, la vestidura
del corazón antártico,
la rama congelada de la aurora,
la noche que cambiaba de vestido,
o simplemente una rueda,
una raya, una línea,
un asterisco,
un diamante,
o de pronto un combate
de relámpagos negros,
de profecías,
de confusión azul y acero.

Oh montañas de América
sin nombre,
pobladas de rencor,
de minerales,
de lava subterránea!

Oh silencio que espera
derramarse,
extenderse
hacia la destrucción
y el nacimiento!

LI

EL MAR Dice Rosía sin mover los labios
desde su inmóvil desconocimiento:

El mar que no conozco soy yo misma,
tal vez, mi ser remoto
revelado en los brazos de mi amado,
bajo su cuerpo, cuando
siento que desde mi profundidad
suben de mí las olas poderosas
como si yo fuera dueña del mar,
del mar que no conozco y soy yo misma.

Esta frecuencia ciega,
esta repetición del paroxismo
que va a matarme y que me da la vida,
la ondulación que estalla
y vuelve y surge y crece
hasta que se derriba la luz
y caigo en el vacío,
en el océano:

soy dueña de las olas que reparto
y empujo desde mi pequeño abismo.

LII

ANIMALES Los saurios verdes escondidos
en la verdura, los leones
de dos cabezas, las tribelias
nacidas en los lodazales
cruzaban silbando la víspera
o remontaban al origen:
a la cueva de las estirpes.

Ahí llegan los polytálamos
congregados desde la arcilla
a la edificación coral,
pero el salamandro enlutado
del ventisquero, hijo del frío,
palpitó con su terciopelo
desapareciendo en el bosque.

El astrolante alzó su vuelo
de plumas que tintineaban
y se divisó el resplandor
de una tijera anaranjada
junto a su vuelo de metal.
Las esporas desenroscaban
leñosos y tiernos anillos
que abrían los dedos gigantes
de los helechos de Volcania.

Se fragua el pórfido, el insecto
trepa y extiende alas recientes,
la larva rompe una estructura,
se desarrolla el animal.
Las plantas se tragan la luz,
la humedad se aproxima al fuego,
se amalgaman los minerales,

aparece el sol escarlata,
saca el ciervo su monarquía
a relucir entre las hojas
y un susurro de crecimiento
llena de música la tierra.

LIII

LA
FUGITIVA

Rhodo y Rosía: he aquí los dos hallados,
los dos perdidos, los presentes.

Por qué? Ya no era el vencedor o el vencido,
sino el descubridor que en la aspereza,
en la extensión, en el final del límite,
en el Polo inclinado por el viento,
halló otra vez una mano minúscula,
un cuerpo breve arañado de espinas,
una mujer externa que salía
tal vez y una vez más de su cuerpo o su sueño.

Venía o no venía de la ciudad cesárea
entrelazada por el origen del mundo
o por la tierna fábula o la historia?

Quién era, oruga o flor, mariposa o camelia?

Y él mismo, el solitario fundador,
debía renunciar al territorio,
debía matar él su soledad,
su construcción final, su reino amargo?

LIV

DOS Y ella, la leñadora,
llama insurgente del incendio, lámpara
apenas encendida en las tinieblas,
ella, la transitoria, la mujer,
debía persistir o perecer?

Rosía, la que nunca vio el mar,
la virgen escapada de la ciudadela,
nació o sobrevivió para este hombre enlutado
cubierto de raíces y recuerdos?
                                    Adán
de las desdichadas guerras del hombre,
de las naciones convertidas en polvo,
de las ciudades hechas cicatrices,
Rhodo, el héroe de la última fuga
que encontró otro planeta en su planeta,
era el comienzo de su estirpe o el fin?

Por qué sobrevivían? Dónde estaba
la libertad? Era esta soledad
de témpanos poblados de campanas que crujen
rompiendo el infinito pecho del ventisquero,
era el espacio abierto, enmarañado, hostil,
su Edén, la eternidad de su recinto?
O bien hacia el océano,
hacia la luz extensa, labradora,
ella, Rosía, la recién llegada,
debía dirigir sus pies silvestres?

LV

LA
MUERTE
Y LA
VIDA

Rhodo en el bosque, donde estaba
él, el bosque era la ausencia.
Ella tal vez detrás de los helechos,
ella tal vez encerrada en sí misma,
ella dentro de él, sellada en él,
cortada en piedra pura!

Por qué llegaron y de dónde llegaron
a vivir el amor agonizante?

Y quién era ella y para qué venía
si el hombre sin destino la esperaba?

Si aquella hija de la tempestad
pertenecía a un mundo destruido?

Y cuál era la culpa del dolor
y por qué unidos los dos desterrados
eran llevados de nuevo al deseo
y eran precipitados al castigo?

Se esperaba de ellos el racimo
de hijos que continuaran al hombre y a sus guerras?
Los herederos de las uvas amargas?

LVI

EL EXTRAVÍO

Oh amada mía, acércate y aléjate.
Ven a besarme, ven a separarme.

Ven a quemarme y dividirme.
Ven a no continuarme, a mi extravío.

Ven, oh amor, a no amarme, a destruirme,
para que encadenemos la desdicha
con la felicidad exterminada.

LVII

VOLCÁN   Las grandes bestias del bosque,
los pumas, los guanacos,
los pájaros reunidos,
las culebras,
las ranas, las cantáridas,
las lombrices, las avispas
amaranto,
las hormigas, los zorros,
los lagartos,
sintieron
que crecía
el humo
bajo la tierra,
supieron
antes que el hombre o la mujer,
supieron
antes que el viento lo supiera:
algo
crecía
bajo
sus alas y sus pies, sus cuerpos lisos,
sus vientres, sus plumajes, sus escamas:
aroma,
olor magnético,
rosa explosiva,
magnitud enterrada:

algo
vibraba, renacía
en la espesura,
en la paciencia silvestre.

Carbón, sílice roja,
minería,
azufre o luz calcárea,
trabajaban
y la miel
se lo dijo a la abeja,
lo repitió la abeja
en el follaje
del ulmo, y el follaje
lo contó a las raíces,
y éstas al agua,
el agua, al vaporoso
nimbo del ventisquero,
el ventisquero al hielo,
éste al rocío,
el rocío a la hierba
y la hierba, la voz breve del mundo,
se lo dijo a los pies de la mujer Rosía
y los pies de Rosía levantaron
la campanada oscura que subió
al corazón de la mujer Rosía
llenándolo de miedo:
era el tañido de la oscuridad,
del subterráneo que quería arder,
de las tinieblas que la perseguían.

LVIII

EL MIEDO Dijo al hallar a Rhodo: Tengo miedo.
Te amo con todo el miedo subterráneo,

con la maldad del castigo.
Tengo miedo
de la amapola
que quiere morder,
del rayo que prepara su serpiente
en el árbol secreto del volcán:
tengo miedo de su luz espantosa,
del día puro convertido en ceniza.

Dónde vamos?
Y para qué vinimos?

Anoche, Rhodo, me dejaste sola.
No me bastaba el recuerdo,
no sólo era la ausencia
de tu abrazo:
necesitaba el beso de tu cuerpo
sobre mi cuerpo. En las tinieblas
todo se despedía
de mi sueño.

Era la selva que lloraba,
eran los animales del presagio,
y tú, mi amor, mi amante,
dónde
dormías
bajo la amenaza,
bajo la luna sangrienta?

LIX

LA NAVE   Rhodo levanta una mano invisible.

«La nave me llamó,
la nave tiene miedo:

me dijo: al agua pura,
a la sal repetida,
a la tormenta,
vamos!

Pero si cae sobre mí la mano
del volcán vengativo,
el viaje será un rito de pavesas,
de chispas que arderán y caerán
en las manos del fuego.»

Eso me dijo la nave.

Dormí toda la noche
entre la nave y las estrellas frías,
esperando,
hasta que un gran silencio me devolvió a tu vida,
a la morada,
y sin partir aguardo
la decisión del fuego.

LX

VOLCÁN   No hay día, luz, no hay nada. Sólo
       el silencio existe,
       la espera verde.

       La selva retiró su lenguaje y huyeron
       los sonidos a la espesura.
       No hay asombro como éste.
       La desesperación de la esperanza.

       Quién?
       Llegará quién?
       El humo?

Por qué se esconde el negro escarabajo
en una gota de luna?

Por qué hasta el cuarzo tiembla
sin agregar la luz en que trabaja
a su mirada transparente?

Por qué se aleja el paso
del roedor, y las bandadas
de las bandurrias con sus pies metálicos
golpean la puerta del cielo?

LXI

LA FUGA Los dos amantes interrogaban la tierra:
ella con ojos que heredó del ciervo:
él con los pies que gastó en los caminos.

Iban de un lado a otro de los bosques,
buscaban la frontera del peligro,
acechaban de noche cada estrella
para leer las letras del latido
y al viento preguntaban por el humo.

Fue musgosa y errante aquella vida
de los desnudos y rápido
era el encuentro del amor:
recorrían distancias como países o nubes
sólo para yacer, enlazarse, partir,
y quedarse enredados en la nueva distancia,
en el peligro de aquella boca blanca
que con toda la nieve de la altura
quería hablar con la lengua del fuego.

LXII

ÁGUILA
AZUL

El vuelo del águila azul es transparente.

Hombres! Os congregaré sólo para el milagro.

Vive sobre la luz esta presencia:
dos alas como dos balas, dos espolones, dos flechas
que ascendieron llevando sangre y polen
es el águila lineal de aquella latitud.
Sube su torbellino, rompe el alma celeste,
devora el hilo insigne de la altura
y lo que fuera mancha o meteoro
o resplandor directo de la velocidad
se queda fijo, rígido en el aire,
y sus plumas azules se integraron
y se restituyeron al azul.

Así desaparece en plena luz
el ave pura, centro del anillo,
ojo del universo, pez del cielo,
que continúa desde las raíces
la exhalación, la dirección, la vida.

Vertical es su acción, su alma es violenta
hasta ser equilibrio transparente.

LXIII

VOLCÁN

El volcán es un árbol hacia abajo.
Encima están sus raíces de nieve.

Pero abajo construye su follaje,
hoja por hoja, azufre por azufre:
mineral machacado hasta ser flor,
pétalo a pétalo de profundo fuego,
y cada rama hundida
en la dureza
excava para que florezca el fuego.

Crece y crece hacia abajo
el árbol vivo que arde,
derritiendo, agregando,
amalgamando
la espada del castigo.

LXIV

SONATA   Rosía, te amo, enmarañada mía,
araña forestal, luna del bosque,
solitaria nacida del desastre,
durazna blanca entre los aguijones.

Te amo desde el origen del amor
hasta el final del mundo, hasta morir,
te amo en la ocupación de mis deberes,
te amo en la soledad que deja el día
cuando abandona su vestido de oro,
y no sé si encontrarte fue la vida
cuando yo estaba solo con el viento,
con los peñascos, solo en las montañas
y en las praderas, o si tú llegabas
para la certidumbre de la muerte.

Porque el amor original, tus manos
venían de un incendio a conmoverme,
de una ciudad perdida y para siempre

deshabitada ahora, sin tus besos.
Oh flor amada de la Patagonia,
doncella de la sombra, llave clara
de la oscura región, rosa del agua,
claridad de la rosa, novia mía.

Pregunto, si mi reino ha terminado
en ti, qué haremos para renunciar
y para comenzar, para existir,
si el plazo de los días se acercara
a nuestro amor dejándonos desnudos,
sin nadie más, eternamente solos
en la felicidad o en la desdicha?

Pero me bastas tú, como una copa
de agua del bosque destinada a mí:
acércate a mi boca, transparente,
quiero beber la luz que te ilumina,
detenerme en tus ojos, y quedarme
muerto en el luto de tu cabellera.

LXV

VOLCÁN   Lágrimas de hierro tuvieron
los negros ojos del volcán,
garras rojas se le soltaban,
largos latidos arteriales,
dientes de máquina malvada:
era ardiente su alevosía.

Se preparaba en el dolor
la ira del parto planetario,
en los ovarios de la furia
el trueno quería estallar:
la lava hervía en su sopera,

rugían los tigres de piedra,
ardía el subterráneo azul,
y por una grieta invisible
salió un alambre de humo duro
como si quisiera amarrar
la incertidumbre con el miedo:
entonces trepidó la tierra
anticipando el estertor
de la oscuridad que revienta
en forma de fuego y de luz.

LXVI

LOS UNOS Al mar! dice Rosía,
al mar que no conozco,
a sumergir la llave de mi amor,
a buscarla otra vez bajo las olas!

Hoy no te acerques, hombre,
a mi costado!
Hoy déjame en la oscuridad
buscándome a mí misma.

Por qué me amaste, Rhodo?

Porque era yo la única,
la que salía de mi soledad
hacia tu soledad?

Quién designó el designio?
Quién me salvó de la ciudad destruida?

Quién me ordenó en las tinieblas
andar, andar, romperme ojos y pies,
atravesar el callado latido

de la naturaleza,
piedra y espina, dientes y sigilo,
hasta llegar a ti, mi desterrado?

Yo fui la última mujer: cayeron
los muros sobre mis muertos
y así formamos la última pareja
hasta que entré en tu abrazo,
en tu medida desmedida,
y tal vez somos los primeros,
los dos primeros seres,
los dos primeros dioses.

LXVII

VOLCÁN Los desnudos del frío,
la nieta de los Césares,
campesina,
el aterrado
que huía de la tierra y de la guerra,
el fundador de un imposible reino,
vieron la sacudida
del planeta.
Como sólo una hoja
tembló el mundo:
un trueno
sepultado:
un clamor
sordo:
un tambor
de la tierra:
un ancho ruido
que llega desde abajo,
desde dónde?
Un sonido

circular, un anuncio
de inmensa boca amarga
o de campana muerta,
entonces
se iluminó la copa
del volcán
con llama, resplandor
o vino férreo,
y primero una lágrima
de lava
cayó como sufriendo
desde la torre del volcán desnudo.

LXVIII

LA SOMBRA   Es el ancho camino de la luz,
de la blancura, de la nueva nieve,
o se trata del síntoma
del odio?

Tal vez era la hora del expulso?

La vida, un jardín perdido,
la muerte, al fin, entre los otros muertos,
la hora llegada para ser mortales?

Era la hora
anaranjada
de la calcinación y del castigo?

Era la hora sin jardín,
sin selva,
sin regreso?

LXIX

LA
HISTORIA

Oh amor, pensó el acongojado
que por primera vez sobre la lengua
sintió el sabor de la muerte,
oh amor, manzana del conocimiento,
miel desdichada, flor de la agonía,
por qué debo morir si ahora nací,
si recién confundíanse las venas,
si sueño y sangre se determinaron,
si volví a ser injusto como el amontonado,
el pobre hombre, el hermano, el todavía,
y cuando ya me despojé de Dios,
cuando la claridad de la pobre mujer,
Rosía, predilecta de los árboles,
Rosía, rosa de la mordedura,
Rosía, araña de las cordilleras,
cuando me sorprendió la sencillez
y desde fundador de un triste reino
llegué a los puros brazos de una hija de oro,
de una exiliada, huyendo del desastre
y llegó la corteza, la enredadera roja
a cubrirme hasta darme silencio y magnitud,
entonces, en el saco de la derrota, agobiado
por mi destino, libertador al fin
de mi propia prisión, cuando salí a la luz
de tus besos, oh amor, llega el anuncio,
la campana, el reloj, la amenaza, la tierra
que crepita, la sombra
que arde.

Oh amor, abrázate a mi cuerpo
frente al fulgor de la espada encendida!

LXX

ADVENIMIENTO Ella sintió crecer adentro de ella
no la razón, sino una rosa dura,
una pasión como una cruz de piedra,
un grito vegetal de sus raíces.
De la tierra erizada brota el humo,
incierta torre, lista
para caer, bocina de los truenos,
río de los dolores.

LXXI

LA ESPADA Subió la sangre del volcán al cielo,
ENCENDIDA se desplomó la grieta,
ígnea ceniza, lava roedora,
lengua escondida, ahora derramada,
luna caliente transformada en río.

Salió la espada ardiendo encima
de la boca nevada
y un estertor del fuego
quebró la oscuridad,
luego el silencio
duró un segundo
como una mano helada
y estalló la montaña
su parto de planeta:
lodo y peñascos bajaron, de dónde?
En dónde se juntaron?
Qué querían rodando?

A qué venían?
A qué venía el fuego?

Todo ardía,
el viento repartió
la noticia incendiada
y un trueno ahogado habló toda la noche
como una gran garganta estrangulada.

Oh pavor encendido
de la naturaleza!
Oh muerte de la tierra!
El volcán hambriento
salía a devorar por los caminos.
El volcán roto
desgranó sus racimos,
su cargamento amargo,
su saco de desdicha.
El volcán muerto
revivía rugiendo,
nacía agonizando
en la gran alegría
que destruye.

Saltó la levadura
de las panaderías del subsuelo.
Gemía Dios
como un encarcelado
que fue quemado vivo.
Se derretía Dios
en sus derrotas
y desde su pasión, tortura y muerte,
Dios, muerto para siempre,
amenazó a los hombres con su espada encendida.

LXXII

LA NAVE La nave ya estaba llena de pájaros,
Y SUS llena de zorros, llena de serpientes.
VIAJEROS La leona quemada trajo sus cachorros,
el águila se sentó en la proa,
los pequeños venados de ojos verdes
duermen junto al jaguar devorador,
los colibríes bailan en la nube
de ceniza mortal que va cayendo,
las ratas de los montes atormentan
las costillas del barco,
las mariposas tejen sus mortajas,
las avispas de corazón azul,
los hormigueros de milicia negra,
los lagartos vestidos de dragones,
los últimos caballos,
los gatos y los perros del bosque,
las liebres y los cisnes,
los chucaos de grito envuelto en lluvia,
las torcazas calzadas de carmín,
los jabalíes con sus dentaduras,
los chingues con relámpago a la espalda,
los patos parecidos al ámbar,
las gallinas del frío,
las enlutadas aves del estiércol,
el ánade amarillo,
la culebra,
la lagartija ensortijada,
la mantis rezadora, rezando,
la abeja de los ulmos,
la pulga del conejo,
el cóndor con su caja de sepulcro,
el murciélago pálido,
allí estaban colmando

la embarcación. Y aquella
nave
parecía un racimo
de cabezas, de plumas asustadas,
de garras procelarias.

No había sitio para los humanos:
para Rhodo y Rosía que llegaban
quemantes y sangrantes a su nave,
a la nave que hicieron con sus manos,
que hicieron con sus sueños
de las duras maderas
que nadie conocía,
sin clavos ni martillos:
con manos y con dientes:
con ternura y pureza.

LXXIII

EL VIAJE La nave!
La nave hacia el destino!
Qué destino?
Hacia el mar!
Qué es el mar?

El sueño fue la nave
cortada en la fragancia,
amor, agua, madera,
allí los fugitivos
se abrazaron
antes, después, entonces.

De qué huían?
Del bosque?
De la tierra o del cielo,
de estar juntos o de la soledad?

Trabajaron, amándose, enlazándose
a hurtadillas, caídos en la arena,
entre los árboles como en casas cerradas
de ausentes, casas de hojas:
todo había sido lecho para los dos errantes,
todo era beso, boca rumorosa,
selva, latido, cópula, silencio,
hasta que se decidió la aurora
a detener la noche, y entró el trueno
a rugir y quemar: surgió del tiempo
la espada del castigo
que nadie conocía,
caminaron los condenados.

LXXIV

VOLCÁN   Corría el hombre, corría la lava,
corría el agua, corría la lava.

Volaba el viento quemador, el fuego
bajaba royendo roca,
sobresaltando ríos
se despeñaba el fuego,
el volcán palpitaba
y diente a diente remordía,
seguía a los que huyeron,
a los pájaros,
al aire para enfurecerlo,
al agua para aniquilarla.

El volcán vivo,
vivía, resurrecto,
mordía con los pétalos
del humo,
mataba con integridad terrible.

LXXV

EL VIAJE Se soltó el barco, el barco
de animales oscuros,
de palomas y perros fugitivos.
Y allí, entre gatos y aves,
los desnudos del frío,
Rhodo y ella, los solos
que salían
del gran desierto verde,
de la lluvia,
del reino negro de la soledad.
Y ahora
los alcanzaba el fuego,
los mordía la muerte,
los seguía el silencio
calcinado.

LXXVI

LA NAVE Nave, arranca, atraviesa
la rosa de ceniza!
Nave del Sur, redonda como luna o manzana,
poblada por el miedo,
avanza! Arden los lagos,
chisporrotea el rostro del invierno,
galopan los caballos del volcán.

Avanza, nave de los delicados,
de los resurrectos,
de los que quieren ser,
nave de Rhodo,

rosa de Rosía,
avanza hacia la espuma litoral,
hacia la azul milicia de la ola,
hacia los siete océanos y sus valientes islas,
nave del Sur, fragancia
de la pura frescura
de los bosques,
hacia todos los números del mar,
oh nave, naveguemos!

LXXVII

VOLCÁN Allí viene el quemante,
el río del azufre,
la lengua que devora,
se arrastra,
cruje y sigue
calcinando:
los árboles sintieron
la mordedura
de un hocico de fuego,
los brotes, las raíces
estallaban,
los dulces animales
eran sobrepasados
por la arteria candente:
baja la muerte ígnea,
la brasa abrasadora
extirpa toda vida
con su cauce sulfúrico,
con sus guadañas rojas:
arde la escoria
sobre la copa de las araucarias,
la lava rompe rocas,
el lento incendio corre

y sigue al barco.
Te quema el paraíso,
te persigue el infierno.

Aléjate, varón,
se quema el reino!

Eres el expulsado de la selva.

El gran amor se paga
con la carne y el alma,
con el fuego.

LXXVIII

LA NAVE   La embarcación salta de las lagunas
y navega
entre los ventisqueros, los cuchillos
de nieve y poderío.

Un ojo de la tierra es agua azul,
otra laguna es verde como alfalfa,
otra es de color de puma,
y la nave resalta,
cruje y corre y escapa.

El volcán la persigue
con su implacable ola,
con sus garras ardientes,
y la nave
cruza nieve y pantanos,
cae por los barrancos,
sube los montes en un hilo de agua,
sigue
desvencijándose:

ya la queman las llamas,
ya se la traga la ceniza:
rugen las fieras, mueren las abejas,
se agitan los pesados animales,
tiemblan las mariposas
en la incineración de la belleza.

LXXIX

LOS DIOSES El hombre se llama Rhodo
y la mujer Rosía.

Conducían la nave,
dirigían el mundo de la nave:
de pronto allí, cerca de la cascada
y cerca de morir, con las pestañas
quemadas y los cuerpos desollados,
y los ojos amargos de dolor,
sólo allí comprendieron
que eran dioses,
que cuando el viejo Dios levantó la
columna
de fuego y maldición, la espada ígnea,
allí murió el antiguo,
el maldiciente,
el que había cumplido y maldecía su obra,
el Dios sin nuevos frutos
había muerto y ahora
pasó el hombre a ser Dios.

Puede morir, pero debe nacer
interminablemente:
no puede huir: debe poblar la tierra,
debe poblar el mar: sólo los nuevos dioses
mordieron la manzana del amor.

LXXX

VOLCÁN La espada derretida
baja entre los peñascos
ofendiendo.
El aluvión de brasa,
la lenta estrella que consume y quema,
desciende carcomiendo.
Arde la vida,
se rompe el mineral,
caen los vegetales abrumados
por la ceniza ardiente
y sigue el sol de lava
destruyendo.
Las colmenas se parten y reparten
chispas de miel y fuego.
Entra la racha por las madrigueras
calcinando las garras que dormían:
a la nave, a la nave
se dirige
el castigo.

La embarcación desciende
entre el amanecer y el ventisquero
con su cargamento asustado:
las bestias mudas
bajo el mando del hombre,
del hombre y la mujer autorizados
para salvar el mundo:
gobernadores de la nueva nave,
progenitores de la salvación.

LXXXI

LA
CATARATA

El río abre las aguas de repente
y un sonido de trueno, llanto, océano,
llega a Rosía y la despierta y corre
ella hacia Rhodo y se desploman
nave, bestias, amor, en el abismo:
la catarata los levanta en vilo
y los hace caer desde su cielo,
los inunda y los pierde y los naufraga,
los recobra y los hunde,
los precipita al vértigo, en la espuma,
al rayo de agua, al golpe,
los recoge en sus manos de vapor,
los enlaza en el arco iris.

La nave cae y cruza:
ha muerto y redivive.

Como piedra que cae se sumerge,
vuela después como pluma de pájaro,
se hace trizas tal vez y un dedo de agua
sostuvo su estructura procelaria.

Las cabezas bestiales se dispersan,

Rhodo y Rosía mueren y no mueren
hasta que un nuevo río como un brazo
los lleva destrozados hacia el mar.

La venganza del fuego quedó atrás.

El volcán abdicó su profecía.

LXXXII

LA LUZ   La boca de él en su boca.

La mano de ella sobre la piel del hombre.

Durmieron cuarenta horas de luz

y cuarenta de sombra.

El mar los sostenía.

El aire azul, sin mancha,

sin lluvia, sin ceniza.

El sol central con su fuego redondo.

La extensión del océano,

su estímulo profundo,

y la espaciosa libertad del día.

LXXXIII

LOS   Como el mundo había muerto
NUEVOS   los maltratados dos,
DIOSES   los expulsados,
escapados del último castigo,
sin Dios, sin nadie, sin Edén, caídos
con un racimo de animales locos

en medio del océano,
Rhodo y Rosía, humanos y divinos,
muertos de amor y de conocimiento,
golpeados, desollados, hijos de la catástrofe,
eran de nuevo el destino.

La libertad del mar los levantaba
en su espacioso vientre:
ondulaban sin rumbo y sin dolor
en una nave sola,
de nuevo solos, pero ahora dueños
de sus arterias, dueños
de sus palabras, dioses
comunes, libres en el mar.

LXXXIV

EL PASADO   Oh estatuas en la selva, oh soledad,
oh ciudad destruida en el follaje,
atrás, atrás bendición, maldición,
Edén prestado por un Dios ausente,
envuelto en su codicia, amenazante!

Porque cuando fundaron el amor
y se extendieron como vegetales
sobre la tierra natural, llegó
la ley del fuego con su espada
para vencerlos, para incinerarlos.

Pero ya habían aprendido el oficio
de metal y madera, eran divinos:
el primer hombre era el primer divino,
la primera mujer su rosa diosa:
ya no tenían por deber morir,
sino multiplicarse sobre el mar.

LXXXV

AMANECER Rhodo puso su cuerpo en Rosía,
Rosía recibió su caricia ondulando
y ambos una vez más se estrellaron, distantes,
cercanos, infinitamente puros,
se recorrieron con la boca y la médula,
se hundieron en la ola que tocaba un abismo,
se abrieron para sembrarse y revivir,
se cayeron de bruces, se apagaron, murieron.

LXXXVI

AQUÍ Dice Rhodo: Yo me consumí
TERMINA Y en aquel reino que quise fundar
COMIENZA y no sabía ya que estaba solo.
ESTE LIBRO Fue mi noción quebrantar esa herencia
de sangre y sociedad: deshabitarme.
Y cuando dominé la paz terrible
de las praderas, de los ventisqueros,
me hallé más solitario que la nieve.

Fue entonces: tú llegaste del incendio
y con la autoridad de tu ternura
comencé a continuarme y a extenderme.

Tú eres el infinito que comienza.

Tan simple tú, hierba desamparada
de matorral, me hiciste despertar
y yo te desperté, cuando los truenos
del volcán decidieron avisarnos

que el plazo se cumplía
yo no quise extinguirte ni extinguirme.

LXXXVII

DICEN Y
VIVIRÁN

Dice Rosía: Rompimos la cadena.
Dice Rhodo: Me darás cien hijos.
Dice Rosía: Poblaré la luz.
Dice Rhodo: Te amo. Viviremos.
Dice Rosía: Sobre aquellas arenas
diviso sombras.
Dice Rhodo: Somos nosotros mismos.
Dice Rosía: Sí, nosotros, al fin.
Dice Rhodo: Al principio: nosotros.
Dice Rosía: Quiero vivir.
Dice Rhodo: Yo quiero comer.
Dice Rosía: Tú me diste la vida.
Dice Rhodo: Vamos a hacer el pan.
Dice Rosía: Desde toda la muerte
llegamos al comienzo de la vida.
Dice Rhodo: No te has visto?
Dice Rosía: Estoy desnuda. Tengo frío.
Dice Rhodo: Déjame el hacha.
Traeré la leña.
Dice Rosía: Sobre esta piedra
esperaré para encender el fuego.

NOTA

La ciudad de los Césares

En el Sur de Chile, en un lugar de la Cordillera de los Andes que nadie puede precisar, existe una ciudad encantada de extraordinaria magnificencia. Todo en ella es oro, plata y piedras preciosas. Nada puede igualar a la felicidad de sus habitantes, que no tienen que trabajar para subvenir a las necesidades de la vida, ni están sujetos a las miserias y dolores que afligen al común de los mortales. Los que ahí llegan, pierden la memoria de lo que fueron mientras permanecen en ella, y si un día la dejan se olvidan de que la han visto.

La ciudad de los Césares está encantada en la Cordillera de los Andes, a la orilla de un gran lago.

El pavimento de la ciudad es de plata y oro macizos.

Para asegurar mejor el secreto de la ciudad, no se construyen allí lanchas ni buques, ni ninguna clase de embarcación. El que una vez ha entrado en la ciudad pierde el recuerdo del camino que a ella le condujo.

Sebastián Caboto, marino veneciano al servicio de España, antes de partir al descubrimiento de «las minas comarcanas al río del Paraguay», dio licencia al capitán Francisco César para que, en unión de catorce individuos que le seguían, fuese a descubrir las minas de oro y plata que existían «en la tierra adentro». César partió del fuerte de Sancti Spiritus (edificado por Caboto a la orilla del río Carcarañá) en noviembre de 1528, y dividió su gente en tres grupos, que tomaron otros tantos caminos distintos. Dos meses y medio después, regresó César acompañado de siete de sus compañeros, y de lo que él y los suyos contaron de la expedición sólo se sabe que dijeron «que habían visto grandes riquezas de oro e plata e piedras preciosas». «Siendo el hecho exacto, dice Medina, es necesario suponer que alcanzaron hasta los límites del imperio de los Incas, atravesando así toda la pampa.» (*El veneciano Sebastián Caboto al servicio de España*, I, 194.)

Muchas fueron las expediciones que en los siglos dieciséis, diecisiete y dieciocho se organizaron para descubrir la ciudad de los Césares, o «los Césares», como más comúnmente se decía, y aun «hace pocos años salió una nueva expedición capitaneada por respetables vecinos del Archipiélago», escribe don F. J. Cavada en su interesante libro *Chiloé y los chilotes*, 87-88. Huelga decir que todas fracasaron. Pero es curioso leer las relaciones de los expedicionarios, ninguno de los cuales insinúa siquiera la sospecha de que pueda tratarse de una fábula: tanta era la fe de aquellos maravillosos aventureros en la absurda tradición. Alguno hubo –el P. Menéndez, franciscano– que en las postrimerías del siglo xviii realizó nada menos que cuatro viajes en busca de los famosos Césares.

Tomado del libro de Julio Vicuña Cifuentes,
Mitos y supersticiones de Chile, Santiago, 1919.

Las piedras del cielo

[1970]

I

De endurecer la tierra
se encargaron las piedras:
pronto
tuvieron alas:
las piedras
que volaron:
las que sobrevivieron
subieron
el relámpago,
dieron un grito en la noche,
un signo de agua,
una espada violeta,
un meteoro.

El cielo
suculento
no sólo tuvo nubes,
no sólo espacio con olor a oxígeno,
sino una piedra terrestre
aquí y allá, brillando,
convertida en paloma,
convertida en campana,
en magnitud, en viento
penetrante:
en fosfórica flecha, en sal del cielo.

II

El cuarzo abre los ojos en la nieve
y se cubre de espinas,
resbala en la blancura,
en su blancura:
fabrica los espejos,
se retrata en estratas y facetas:
es el erizo blanco
de las profundidades,
el hijo de la sal que sube al cielo,
el azahar helado
del silencio,
el canon de la espuma:
la transparencia que me destinaron
por virtud del orgullo de la tierra.

III

Turquesa, te amo como si fueras mi novia,
como si fueras mía:
en todas partes eres:
eres recién lavada,
recién azul celeste:
recién caes del cielo:
eres los ojos del cielo:
rompes la superficie
de la tienda y del aire:
almendra azul:
uña celeste:
novia.

IV

Cuando todo era altura,
altura,
altura,
allí esperaba la esmeralda fría,
la mirada esmeralda:
era un ojo:
miraba
y era centro del cielo,
el centro del vacío:
la esmeralda
miraba:
única, dura, inmensamente verde,
como si fuera un ojo
del océano,
ojo inmóvil del agua,
gota de Dios, victoria
del frío, torre verde.

V

(Es difícil decir lo que me pasó en Colombia, patria reconocida de las supremas esmeraldas. Sucede que allí buscaron una para mí, la descubrieron y la tallaron, la levantaban en los dedos todos los poetas para ofrecérmela, y, ya en lo alto de las manos de todos los poetas reunidos, mi esmeralda ascendió, piedra celestial, hasta evadirse en el aire, en medio de una tormenta que nos sacudió de miedo. En aquel país las mariposas, especialmente las de la provincia de Muzo, brillan con fulgor indescriptible y en aquella ocasión, después de la ascensión de la esmeralda y desaparecida la tormenta, el espacio se pobló de mariposas temblorosamente azules que oscurecieron el sol envolviéndolo en un gran ramaje, como si hubiera crecido de pronto en medio de nosotros, atónitos poetas, un gran árbol azul.

Este acontecimiento sucedió en Colombia, departamento de Charaquira, en octubre de 194... Nunca recuperé la esmeralda.)

VI

Busqué una gota de agua,
de miel, de sangre: todo
se ha convertido en piedra,
en piedra pura:
lágrima o lluvia, el agua
sigue andando en la piedra:
sangre o miel caminaron
hasta el ágata.
El río despedaza
su luz líquida,
cae
el vino a la copa,
arde su suave fuego
en la copa de piedra:
el tiempo corre
como un río roto
que lleva graves muertos,
árboles despojados
de susurro, todo
corre hacia la dureza:
se irán el polvo, el otoño,
los libros y las hojas,
el agua: entonces
brillará el sol de piedra
sobre todas las piedras.

VII

Oh actitud sumergida
en la materia,
opaco muro que resguarda
la torre de zafiro,
cáscaras de las piedras
inherentes
a la firmeza y la docilidad,
al ardiente secreto
y a la piel permanente de la noche,
ojos adentro,
adentro
del escondido resplandor,
callados
como una profecía
que un golpe claro desenterraría.
Oh claridad radiante,
naranja de la luz petrificada,
íntegra fortaleza de la luz
clausurada en lentísimo silencio
hasta que un estallido
desentierre el fulgor de sus espadas.

VIII

Largos labios del ágata marina,
bocas lineales, besos
transmigrados,
ríos que detuvieron sus azules
aguas de canto inmóvil.

Yo conozco
el camino
que transcurrió de una edad a una edad
hasta que fuego o vegetal o líquido
se transformaron en profunda rosa,
en manantial de gotas encerradas,
en patrimonio de la geología.

Yo duermo a veces, voy
hacia el origen, retrocedo en vilo
llevado por mi condición intrínseca
de dormilón de la naturaleza,
y en sueños extravago
despertando en el fondo de las piedras.

IX

Un largo día se cubrió de agua,
de fuego, de humo, de silencio, de oro,
de plata, de ceniza, de transcurso,
y allí quedó esparcido el largo día:
cayó el árbol intacto y calcinado,
un siglo y otro siglo lo cubrieron
hasta que convertido en ancha piedra
cambió de eternidad y de follaje.

X

Yo te invito al topacio,
a la colmena
de la piedra amarilla,
a sus abejas,

a la miel congelada
del topacio,
a su día de oro,
a la familia
de la tranquilidad reverberante:
se trata de una iglesia
mínima, establecida en una flor,
como abeja, como
la estructura del sol, hoja de otoño
de la profundidad más amarilla,
del árbol incendiado
rayo a rayo, relámpago a corola,
insecto y miel y otoño
se transformaron en la sal del sol:
aquella miel, aquel temblor del mundo,
aquel trigo del cielo
se trabajaron hasta convertirse
en sol tranquilo, en pálido topacio.

XI

Del estallido a la ruptura férrea,
de la grieta al camino,
del sismo al fuego, al rodamiento, al río,
se quedó inmóvil aquel corazón
de agua celeste, de oro,
y cada veta de jaspe o sulfuro
fue un movimiento, un ala,
una gota de fuego o de rocío.

Sin mover o crecer vive la piedra?

Tiene labios el ágata marina?

No contestaré yo porque no puedo:
así fue el turbulento génesis

de las piedras ardientes y crecientes
que viven desde entonces en el frío.

XII

Yo quiero que despierte
la luz encarcelada:
flor mineral, acude
a mi conducta:
los párpados levantan la cortina
del largo tiempo espeso
hasta que aquellos ojos enterrados
vuelvan a ser y ver su transparencia.

XIII

El liquen en la piedra, enredadera
de goma verde, enreda
el más antiguo jeroglífico,
extiende la escritura
del océano
en la roca redonda.
La lee el sol, la muerden los moluscos,
y los peces resbalan
de piedra en piedra como escalofríos.
En el silencio sigue el alfabeto
completando los signos sumergidos
en la cadera clara de la costa.

El liquen tejedor con su madeja
va y viene sube y sube
alfombrando la gruta de aire y agua

para que nadie baile sino la ola
y no suceda nada sino el viento.

XIV

Piedra rodante, de agua o cordillera,
hija redonda del volcán, paloma
de la nieve,
descendiendo hacia el mar dejó la forma
su cólera perdida en los caminos,
el peñasco perdió su puntiaguda
señal mortal, entonces
como un huevo del cielo entró en el río,
siguió rodando entre las otras piedras
olvidado de su progenitura,
lejos del infernal desprendimiento.

Así, suave de cielo, llega al mar
perfecta, derrotada,
reconcentrada, insigne,
la pureza.

XV

Hay que recorrer la ribera
del lago Tragosoldo en Antiñana,
temprano, cuando el rocío
tiembla en las hojas duras del canelo,
y recoger mojadas piedras, uvas
de la orilla, guijarros
encendidos, de jaspe,
piedrecitas moradas o panales

de roca, perforados
por los volcanes o las intemperies,
por el hocico del viento.

Sí, el crisolito oblongo
o el basalto etiopista
o la ciclópea carta
del granito
allí te esperan, pero nadie acude
sino el ignoto pescador hundido
en su mercadería palpitante.

Sólo yo acudo, a veces,
de mañana,
a esta cita con piedras resbaladas,
mojadas, cristalinas,
cenicientas,
y con las manos llenas
de incendios apagados,
de estructuras transparentes
regreso a mi familia,
a mis deberes,
más ignorante que cuando nací,
más simple cada día,
cada piedra.

XVI

Aquí está el árbol en la pura piedra,
en la evidencia, en la dura hermosura
por cien millones de años construida.
Ágata y cornalina y luminaria
substituyeron savias y madera
hasta que el tronco del gigante
rechazó la mojada podredumbre

y amalgamó una estatua paralela:
el follaje viviente
se deshizo
y cuando el vertical fue derribado,
quemado el bosque, la ígnea polvareda,
la celestial ceniza lo envolvió
hasta que tiempo y lava le otorgaron
un galardón de piedra transparente.

XVII

Pero no alcanza la lección al hombre:
la lección de la piedra:
se desploma y deshace su materia,
su palabra y su voz se desmenuzan.
El fuego, el agua, el árbol
se endurecen,
buscan muriendo un cuerpo mineral,
hallaron el camino del fulgor:
arde la piedra en su inmovilidad
como una nueva rosa endurecida.

Cae el alma del hombre al pudridero
con su envoltura frágil y circulan
en sus venas yacentes
los besos blandos y devoradores
que consumen y habitan
el triste torreón del destruido.

No lo preserva el tiempo que lo borra:
la tierra de unos años lo aniquila:
lo disemina su espacial colegio.
La piedra limpia ignora
el pasajero paso del gusano.

XVIII

Ilustre calcedonia,
honor del cielo,
delicada,
oval, tersa, indivisa,
resurrecta,
celebro la dulzura de tu fuego,
la dureza sincera
del homenaje en el anillo fresco
de la muchacha, no eres
el carísimo infierno del rubí,
ni la personalidad de la esmeralda.
Eres más piedra de los caminos,
sencilla como un perro,
opaca en la infinita
transmigración del agua,
cerca de la madera
de la selva olorosa,
hija de las raíces
de la tierra.

XIX

Se concentra el silencio
en una piedra,
los círculos se cierran,
el mundo tembloroso,
guerras, pájaros, casas,
ciudades, trenes, bosques,
la ola que repite las preguntas del mar,
el sucesivo viaje de la aurora,

llega a la piedra, nuez del cielo,
testigo prodigioso.

La piedra polvorienta en un camino
conoce a Pedro y sus antecedentes,
conoce el agua desde que nació:
es la palabra muda de la tierra:
no dice nada porque es la heredera
del silencio anterior, del mar inmóvil,
de la tierra vacía.

Allí estaba la piedra antes del viento,
antes del hombre y antes de la aurora:
su primer movimiento
fue la primera música del río.

XX

Ronca es la americana cordillera,
nevada, hirsuta y dura,
planetaria:
allí yace el azul de los azules,
el azul soledad, azul secreto,
el nido del azul, el lapislázuli,
el azul esqueleto de mi patria.

Arde la mecha, crece el estallido
y se desgrana el pecho de la piedra:
sobre la dinamita es tierno el humo
y bajo el humo la osamenta azul,
los terrones de piedra ultramarina.

Oh catedral de azules enterrados,
sacudimiento de cristal azul,
ojo del mar cubierto por la nieve

otra vez a la luz vuelves del agua,
al día, a la piel clara
del espacio,
al cielo azul vuelve el terrestre azul.

XXI

Las pétreas nubes, las amargas nubes
sobre los edificios del invierno
dejan caer los negros filamentos:
lluvia de piedra, lluvia.

La sociedad espesa
de la ciudad no sabe
que los hilos de piedra descendieron
al corazón de la ciudad de piedra.

Las nubes desembarcan saco a saco
las piedras del invierno
y cae desde arriba el agua negra,
el agua negra sobre la ciudad.

XXII

Entré en la gruta de las amatistas:
dejé mi sangre entre espinas moradas:
cambié de piel, de vino, de criterio:
desde entonces me duelen las violetas.

XXIII

Yo soy este desnudo
mineral:
eco del subterráneo:
estoy alegre
de venir de tan lejos,
de tan tierra:
último soy, apenas
vísceras, cuerpo, manos,
que se apartaron sin saber por qué
de la roca materna,
sin esperanza de permanecer,
decidido al humano transitorio,
destinado a vivir y deshojarse.

Ah ese destino
de la perpetuidad oscurecida,
del propio ser –granito sin estatua,
materia pura, irreductible, fría:
piedra fui: piedra oscura
y fue violenta la separación,
una herida en mi ajeno nacimiento:
quiero volver
a aquella certidumbre,
al descanso central, a la matriz
de la piedra materna
de donde no sé cómo ni sé cuándo
me desprendieron para disgregarme.

XXIV

Cuando regresé de mi séptimo viaje, antes de abrir la puerta de mi casa, se me ocurrió extraviarme en el laberinto rocoso de Trasmañán, entre el peñón de Tralca y las primeras casas del Quisco Sur. En busca de una anémona de color violentísimo que muchas veces, años antes, contemplé adherida a los muros de granito que la rompiente lava con sus estallidos salados. De pronto me quedé inmovilizado frente a una antigua puerta de hierro. Creí que se trataba de un despojo del mar: no era así: empujando con fuerza cedieron los goznes y entré en una gruta de piedra amarilla que se alumbraba sola, tanta luz irradiaban grietas, estalactitas y promontorios. Sin duda alguien o algo habitó alguna vez esta morada, a juzgar por los restos de latas oxidadas que sonaron a mi paso. Llamé en voz alta por si alguien estuviera oculto entre las agujas amarillas. Extrañamente, fui respondido: era mi propia voz, pero al eco ronco se agregaba al final un lamento penetrante y agudo. Repetí la experiencia, preguntando en voz más alta aún: Hay alguien detrás de estas piedras? El eco me respondió de nuevo con mi propia voz enronquecida y luego extendió la palabra piedras con un aullido delirante, como venido de otro planeta. Un largo escalofrío me recorrió clavándome a la arena de la gruta. Apenas pude zafar los pies, lentamente, como si caminara bajo el mar, regresé hacia la puerta de hierro de la entrada. Pensaba durante el esforzado retorno que si miraba hacia atrás me convertiría en arena, en piedra dorada, en sal de estalactita. Fue toda una victoria aquella evasión silenciosa. Llegado al umbral volví la cabeza entrecerrando el ala oxidada del portón y de pronto oí de nuevo, desde el fondo de aquella oscuridad amarilla, el lamento agudo y redoblado, como si un violín enloquecido me despidiera llorando.

Nunca me atreví a contar a nadie este suceso y desde entonces evito aquel lugar salvaje de grandes rocas marinas que castiga el océano implacable de Chile.

XXV

Cuando se toca el topacio
el topacio te toca:
despierta el fuego suave
como si el vino en la uva
despertara.
Aún antes de nacer, el vino claro
adentro de una piedra
busca circulación, pide palabras,
entrega su alimento misterioso,
comparte el beso de la piel humana:
el contacto sereno
de piedra y ser humano
encienden una rápida corola
que vuelve luego a ser lo que antes era:
carne y piedra: entidades enemigas.

XXVI

Déjame un subterráneo, un laberinto
donde acudir después, cuando sin ojos,
sin tacto, en el vacío
quiera volver a ser o piedra muda
o mano de la sombra.

Yo sé, no puedes tú, nadie, ni nada,
otorgarme este sitio, este camino,
pero, qué haré de mis pobres pasiones
si no sirvieron en la superficie
de la vida evidente
y si no busco, yo, sobrevivir,

sino sobremorir, participar
de una estación metálica y dormida,
de orígenes ardientes.

XXVII

Repártase en la crisis,
en otro génesis, en el cataclismo,
el cuerpo de la que amo,
en obsidiana, en ágata, en zafiro,
en granito azotado
por el viento de sal de Antofagasta.
Que su mínimo cuerpo,
sus pestañas,
sus pies, sus senos, sus piernas de pan,
sus anchos labios, su palabra roja
continúen la piel del alabastro:
que su corazón muerto
cante rodando y baje
con las piedras del río
hacia el océano.

XXVIII

El cuadrado al cristal llega cayendo
desde su simetría:
aquel que abre las puertas de la tierra
halla en la oscuridad, claro y completo,
la luz de este sistema transparente.

El cubo de la sal, los triangulares
dedos del cuarzo: el agua lineal

de los diamantes: el laberinto
del azufre y su gótico esplendor:
adentro de la nuez de la amatista
la multiplicación de los rectángulos:
todo esto hallé debajo de la tierra:
geometría enterrada:
escuela de la sal: orden del fuego.

XXIX

Hay que hablar claro de las piedras claras,
de las piedras oscuras,
de la roca ancestral, del rayo azul
que quedó prisionero en el zafiro,
del peñasco estatuario en su grandeza
irregular, del vuelo submarino,
de la esmeralda con su incendio verde.

Ahora bien, el guijarro
o la mercadería fulgurante,
el relámpago virgen del rubí
o la ola congelada de la costa
o el secreto azabache que escogió
el brillo negativo de la sombra,
pregunto yo, mortal, perecedero,
de qué madre llegaron, de qué esperma
volcánica, oceánica, fluvial,
de qué flora anterior, de cuál aroma,
interrumpido por la luz glacial?
Yo soy de aquellos hombres transitorios
que huyendo del amor en el amor
se quedaron quemados, repartidos
en carne y besos, en palabras negras
que se comió la sombra:
no soy capaz para tantos misterios:

abro los ojos y no veo nada:
toco la tierra y continúo el viaje
mientras fogata o flor, aroma o agua,
se transforman en razas de cristal,
se eternizan en obras de la luz.

XXX

Allá voy, allá voy, piedras, esperen!

Alguna vez o voz o tiempo
podemos estar juntos o ser juntos,
vivir, morir en ese gran silencio
de la dureza, madre del fulgor.

Alguna vez corriendo
por fuego de volcán o uva del río
o propaganda fiel de la frescura
o caminata inmóvil en la nieve
o polvo derribado en las provincias
de los desiertos, polvareda
de metales,
o aún más lejos, polar, patria de piedra,
zafiro helado,
antártica,
en este punto o puerto o parto o muerte
piedra seremos, noche sin banderas,
amor inmóvil, fulgor infinito,
luz de la eternidad, fuego enterrado,
orgullo condenado a su energía,
única estrella que nos pertenece.

Geografía infructuosa

[1969-1972]

El sol

A plena luz de sol sucede el día,
el día sol, el silencioso sello
extendido en los campos del camino.

Yo soy un hombre luz, con tanta rosa,
con tanta claridad destinada
que llegaré a morirme de fulgor.

Y no divido el mundo en dos mitades,
en dos esferas negras o amarillas
sino que lo mantengo a plena luz
como una sola uva de topacio.

Hace tiempo, allá lejos,
puse los pies en un país tan claro
que hasta la noche era fosforescente:
sigo oyendo el rumor de aquella luz,
ámbar redondo es todo el cielo:
el azúcar azul sube del mar.

Otra vez, ya se sabe, y para siempre
sumo y agrego luz al patriotismo:
mis deberes son duramente diurnos:
debo entregar y abrir nuevas ventanas,
establecer la claridad invicta
y aunque no me comprendan, continuar
mi propaganda de cristalería.

No sé por qué le toca a un enlutado
de origen, a un producto del invierno,
a un provinciano con olor a lluvia
esta reverberante profesión.

A veces pienso imitar la humildad
y pedir que perdonen mi alegría
pero no tengo tiempo: es necesario
llegar temprano y correr a otra parte
sin más motivo que la luz de hoy,
mi propia luz o la luz de la noche:
y cuando ya extendí la claridad
en ese punto o en otro cualquiera
me dicen que está oscuro en el Perú,
que no salió la luz en Patagonia.

Y sin poder dormir debo partir:
para qué aprendería a transparente!

Hoy, este abierto mediodía vuela
con todas las abejas de la luz:
es una sola copa la distancia,
el territorio claro de mi vida.

Y brilla el sol hacia Valparaíso.

Ser

Soy de anteayer como todo rumiante
que mastica el pasado todo el día.
Y qué pasado? Nadie
sino uno mismo, nada
sino un sabor
de asado y vino negro callado
para unos,
para otros de sangre
o de jazmines.

Yo eres el resumen
de lo que viviré, garganta o rosa,

coral gregario o toro,
pulsante ir y venir por las afueras
y por los adentros:
nadie invariable, eterno
solo porque la muchedumbre de los muertos,
de los que vivirán, de los que viven,
tienen atribuciones en ti mismo,
se continúan como un hilo roto
que sigue entrecortándose y siguiendo
de una vida a la otra, sin que nadie
asuma tanta esperma derramada:
polen ardiente, sexo, quemadura,
paternidad de todo lo que canta.

Ay yo no traje un signo
como corona sobre mi cabeza:
fui un pobre ser: soy un orgullo inútil,
un seré victorioso y derrotado.

Sucesivo

Así pues enseñémonos,
mostremos cada uno su recodo,
su canasto con peces:
aún palpita la plata
que recoges del agua,
aún vive el fuego
encendido en los otros (que es el tuyo):
examinemos sin tristeza el robo
que nos hicimos paulatinamente
y el regalo de todos que nos dimos.

Lo sucesivo que tiene la vida
es este ir y venir de los iguales:
Muerte a la identidad, dice la vida:

cada uno es el otro, y despedimos
un cuerpo para entrar en otro cuerpo.

Hombres: nos habitamos mutuamente
y nos gastamos unos a los otros,
desconocidos e irreconciliables
como colores que se contradicen
y se reúnen en la oscuridad.

Oh amamantadora sobresombra,
arcilla, patria negra
que reproduce el infinito humano,
el corazón innumerable, el río
de individuos con nombre y con corbata,
con número y congoja,
latitudes pobladas de caderas,
compañeros cobrizos, hembras verdes,
razas hostiles, labios migratorios:
seres sabrosos para todo el orbe.

Todos sentados

El hombre caminando hacia la silla:
desde aquel horizonte hasta esta noche,
desde más lejos, desde más cerca:
un paso más hasta llegar a ella,
a la silla, a sentarse en desconsuelo
o en la dicha, a sentarse a plena luz
o a comer entre todos los sentados.

No hay elección como ésta: vive el aire
sentado en esta silla de la tierra,
y cada amanecer conduce a todos
a la postura que te da una silla,
una sencilla silla de madera.

De tanto ir y romper, de tanta furia
y de cuanto se vio de amaneceres
o cazadores despuntando el día
a plena pólvora y con selva oscura,
todo termina en silla y ceremonia:
la parábola se abre para irse
hasta que se cerró sobre una silla.

No hay nadie más andando en este mundo.

A numerarse

Hoy es el veintisiete, un veintisiete.

Quién numeró los días?

De qué se trata?

Yo
pregunto
en este mundo, en esta tierra, en este
siglo, en este tiempo,
en esta vida numeral, por qué,
por qué nos ordenaron, nos sumieron
en cantidades, y nos dividieron
la luz de cada día,
la lluvia del invierno,
el pan del sol de todos los veranos,
las semillas, los trenes,
el silencio,
la muerte con sus casas numeradas
en los inmensos cementerios blancos,
las calles con hileras.
Cada uno a su número
gritan no sólo aquellos infernales

de campamento y horno,
sino las deliciosas,
impostergables brunas
o azucaradas rubias:
nos enrollan en números que pronto
se caen de sus listas al olvido.
Yo me llamo trescientos,
cuarenta y seis, o siete,
con humildad voy arreglando cuentas
hasta llegar a cero, y despedirme.

Posesiones

El brillo
del cristal desprendido y sorprendido
sería un pez moviéndose en el cielo
si no llegara al establecimiento:
es bueno el pan o el sol sobre tu mesa:
hay que tener el mar en una copa:
la rosa en libertad es mi enemiga.
Tener palabra y libro, boca y ojos,
tener razón y luna, hallar
la silla fresca cuando tienes sombra,
el agua tuya para tu propia sed.

Yo busqué por los montes y las calles
las evidencias de mi propiedad,
muchas veces más claras que el rocío,
otras veces amargamente hostiles:
con arañas y espigas,
piedra, fulgor, caderas,
prodigios forestales o industriales,
vinos de honor, palomas, bicicletas:
agrupé los menajes
de mi sabiduría,

fui siempre fugitivo y posesivo,
amé y amé y amé lo que era mío
y así fui descubriendo la existencia,
uva por uva me fui haciendo dueño
de todas las ventanas de este mundo.

Sonata con dolores

Cada vez resurrecto
entrando en agonía y alegría,
muriendo de una vez
y no muriendo,
así es, es así y es otra vez así.

El golpe que te dieron
lo repartiste alrededor de tu alma,
lo dejaste caer de ropa en ropa
manchando los vestuarios
con huellas digitales
de los dolores que te destinaron
y que a ti sólo te pertenecían.

Ay, mientras tú caías
en la grieta terrible,
la boca que buscabas
para vivir y compartir tus besos
allí cayó contigo, con tu sombra
en la abertura destinada a ti.

Porque, por qué, por qué te destinaste
corona y compañía en el suplicio,
por qué se atribuyó la flor azul
la participación de tu quebranto?

Y un día de dolores como espadas
se repartió desde tu propia herida?
Sí, sobrevives. Sí, sobrevivimos
en lo imborrable, haciendo
de muchas vidas una cicatriz,
de tanta hoguera una ceniza amarga,
y de tantas campanas
un latido, un sonido bajo el mar.

Soliloquio inconcluso

Al azar de la luz
de la distancia,
me envuelvo en esto mismo, en mi razón,
en la sinceridad de mi albedrío
y cuando salgo ya a decirme adiós
me encuentro con el mismo,
con yo, con este soy que me esperaba
y que no quiere despedirse nunca.

Adiós, adiós, le digo
y toma el mismo paso que yo dejo
y recomienza con las manos mías
a buscar en la arena o en la sombra
mis propios materiales inconclusos.

Me seguí por las mesas y los mares
de jardín en jardín, de vino en vino,
sin sorprenderme de mi identidad:
envidiándome a veces, despreciándome,
sin justificativo ni evidencia:
empeñado en la más oscura sal,
teñido por amargas circunstancias
y tan lleno y tan harto de mí mismo
que entré en los otros transitoriamente

como en una estación de tantos trenes
que uno toma el de ayer, el que no existe.

No es raro que ante el hombre, el uno solo,
multiplicado, longitudinal,
el que acumula sol en su granero,
luna extendida, espadas torrenciales,
el viajero hacia donde y hacia adentro,
siempre en su ser, resplandeciente y duro,
el hombre que seré, que fui, que soy,
ante el perecedero imperecible
se pare el más reciente
con un hueso sarnoso en el hocico
y teleladre algún chacal precario,
encadenado a su amargura amarga.

De mar a mediodía hay un transcurso
que no por ser destello es inasible
sino por ser fragancia:
olor del tiempo, estrella enardecida
por las repeticiones de la espuma
y en ese cascabel descabellado
sigo siendo mi próximo testigo.

No sólo son los ojos
los que integran
la infinita limpieza, el sano cielo,
los matorrales, la salud silvestre,
sino el ir y venir de tus trabajos:
y este recomenzarte cada día,
alcanzarte cansado y renacerte,
vivirte una vez más y continuarte
volcando sombra y sangre, tierra y tierra
en lo que te tocó para sembrar,
para cavar y para cosechar,
para parir y para continuar
tu ayer y tu seguir en este mundo.

Cerezas

Sucedió en ese mes y en esa patria.

Aquello que pasó fue inesperado,
pero así fue: de un día al otro día
aquel país se llenó de cerezas.

Era recalcitrante
el tiempo masculino desollado
por el beso polar: nadie supone
lo que yo recogía en las tinieblas
(metales muertos, huesos de volcanes)
(silencios tan oscuros
que vendaban los ojos de las islas)
y ya entre los peñascos
se dio por descontado el laberinto
sin más salida que la nieve
cuando llegó sin advertencia previa
un viento de panales que traía
el color que buscaban las banderas.

De cereza en cereza cambia el mundo.

Y si alguien duda
pido a quien corresponda que examinen
mi voluntad, mi pecho transparente,
porque aunque el viento se llevó el verano
dispongo de cerezas escondidas.

A José Caballero, desde entonces

Dejé de ver a tantas gentes,
por qué?

Se disolvieron en el tiempo.
Se fueron haciendo invisibles.

Tantas cosas que ya no veo,
que no me ven. Y por qué?

Aquellos barrios con barricas
y cuerdas y quesos flotantes
en los suburbios del aceite.

Dejé la calle de la Luna
y la taberna de Pascual.

Dejé de ver a Federico.
Por qué?

Y Miguel Hernández cayó
como piedra dura en el agua,
en el agua dura.

También Miguel es invisible.

De cuanto amé, qué pocas cosas
me van quedando para ver,
para tocar,
para vivir.

Por qué dejé de ver el frío
del mes de enero, como un lobo
que venía de Guadarrama

a lamerme con una lengua,
a cortarme con su cuchillo?
Por qué?

Por qué no veo a Caballero,
pintor terrestre y celestial,
con una mano en la tristeza
y la otra mano en la luz?

A ése lo veo.

Tal vez más entrado en la tierra,
en el color, en el silencio,
enamorado, anaranjado,
viviendo un sol sobreviviente.

Así es.

A través de él veo la vida
que dejé de ver para nunca.
La dicha que yo no perdí
(porque aprendí después las cosas
luchando).

A través de su tinta ardiente
y de su arcilla delirante,
a través del puro fulgor
que lo delata,

veo lo que amé y no perdí,
y sigo amando:
calles, tierras, dulzura, frío,
la sepulcral Plaza Mayor,
el tiempo con su larga copa.

Y en el suelo una rosa blanca,
ensangrentada.

Troncos cortados sobre un camión
en un camino de Chile

Ocho troncos cortados
en un camión, de viaje:
de la montaña vienen,
vienen del verde duro
de Lonquimay, tierras de cielo y nieve,
mis recintos de luz, mis soledades.

Oh moribundos bosques,
follajes fríos, vértebras penúltimas
del ayer iracundo:
de la guerra española y araucana:
espadas y caballos
bajo la sorda lluvia rencorosa!

Ocho troncos tendidos
a lomo de camión, en línea recta
por los caminos de Santiago al Polo,
al Polo Sur, a la distancia blanca.
Ocho mis compañeros
de raíces cortadas
en mi propio linaje.

Hay sol, es una feria
florida, al sol, la agricultura
de un verano violento:
violeta y amarillo es el camino,
azul el obelisco
del digitalis,
el estampido
de la amapola, y por todas partes
una persecución de zarzamoras.

Es el verano de las cordilleras.

El mediodía es un reloj azul
estático, redondo, atravesado
por el lento
vuelo de un ave negra que parece
acompañar los troncos en su viaje,
seguir los árboles destituidos.

Siempre por los caminos

Amanecí nublado
entre Metrenco y Villarrica, andando,
con campo adentro, robles, animales,
y el corazón nublado,
metido bajo extensas nubes verdes,
nubes lluviosas, negra geografía.

Hay que morder silencio
en las mañanas, por estos caminos
con caballos echados, transparentes
bajo la luz oblicua
mientras el sol de ayer, el de mañana
viven en otra parte,
por otras tierras adonde no estoy,
en la otra mitad del mismo día.

Y escogí esta ceniza,
esta mañana de ojos plateados
adentro de mí mismo:
yo continué los ríos pedregosos
y las vacilaciones de la luz:
amaneciendo
entre el sol y mis ojos que se abrían,

entre este territorio y mi destino
se dispuso la llave de la lluvia.

Y abrió sus cerraduras el invierno.

Sigue lo mismo

Es tarde y es temprano a cada hora:
a cada resplandor, a cada sombra
nos amanece cada atardecer:
el tiempo inmóvil
enmascara
su rostro inevitable
y muda sin cambiar su vestidura:
noche o delgada aurora,
largo silencio de los ventisqueros,
manzana arrebolada del estío:
todo es tan pasajero como el viento:
el tiempo aguarda, inmóvil,
sin color ni calor, sin sol ni estrella:
y es este absolutismo el que nos reina:

adiós! adiós! Y no se altera nada.

Pero tal vez

Sí, no se altera nada pero tal vez se altera
algo, una brizna, el aire, la vida, o en fin, todo,
y cuando ya cambió todo ha cambiado,
se ha ido uno también, con nombre y huesos.

Bien, bien, un día más: qué grande es esto:
como saltar en un nuevo vacío
o en otros unos más, en otro
reino de pasajeros: el asunto
nunca termina cuando ha terminado
y cuando comenzó no estás presente.

Y por qué tanta flor, tanto linaje
vegetal extendido, levantando
pistilos, polen, luz, insectos, luna
y nuestros pies y nuestras bocas llenas
de palabras, de polvo
perecedero,
aquí embarcados, aquí desarrollados
a plena deliciosa luz de cielo?

Y por qué? Para qué? Pero por qué?

Hacia tan lejos

A la Isla de Pascua y sus presencias
salgo, saciado de puertas y calles
a buscar algo que allí no perdí.

El mes de enero, seco
se parece a una espiga:
cuelga de Chile su luz amarilla
hasta que el mar lo borre
y yo salga otra vez a regresar.

(Estatuas que la noche construyó
y desgranó en un círculo cerrado
para que no las viera sino el mar.)

Viajé a recuperarlas, a erigirlas
en mi domicilio desaparecido,
y aquí rodeado de presencias grises,
de blancura espacial, de movimiento
azul, agua marina, nubes, piedra,
recomienzo las vidas de mi vida.

De viajes

El aparente mar, el mar redondo
del navío, sin alas,
liso, extendido en el final del día,
y yo, yo que soy tú, yo que no soy,
ensimismado pasajero, raza
de honor gastado en piedras y arenales,
aquí esperando a la misma hora siempre
la tiniebla de cada día.

Porque, después de todo o antes de eso
qué hay entre luz y luz sino el transcurso?

Y cada día con su copa abierta
nos entrega y nos roba claridad
hasta que naufragamos en la sombra
con el navío y con los pasajeros,
con el pequeño mundo de aquel día.

Hasta mañana, rayo.

Hasta la luz, noche sombría.

Hasta verte otra vez alrededor,
cielo del día, cinturón del mar,
hasta ser otra vez y transcurrir
de nuevo dirigidos
por voluntad del sol o de la sombra.

Sonata de Montevideo

Cuando brotaba sangre
de la ciudad, por grietas
se deslizaba, inmóvil
como un lagarto lento,
y en cada casa de Montevideo
algún tipo de duelo, de odio, de error, de duda,
de recelo, de honor o de terror
cundía sin que nadie pareciera
cerca del fin, de algún final, y todos
callaban o iban ciegos mirándose,
iban ciegos callándose
o con ojos abiertos sin saber dónde iban,
los secuestrados, los secuestradores,
con madres en pena por un lado y otro,
con asesinos, con asesinados,
en casas rotas que se desangraban
de irse quedando tantas veces heridas
o colas de pescado y revoltijo
de papeles y barro, arena, cáscaras
de cebolla, sombreros perdidos, fruta muerta
como si a la orgullosa, a la ciudad de largos peces
plateados como espadas, le hubiera caído una nube
que no se abría, que no dejaba lluvia
sino una sombra seca, de cartón que cruje,
una nube opresora que tal vez
no bajó de arriba sino que subió de abajo,
del amor polvoriento, de la tierra pelada,
de las habitaciones que nunca tuvieron tiempo
para la dicha: aquella nube en verdad
la toqué viniendo de mi país, al pasar,
y pensé que el martirio del hombre es la transición,
la tierra de nadie en que cuatro pies avanzan,
dos de cada lado, dos pies, seguidos de dos manos,
seguidos de dos ojos ciegos que se quieren matar.

Oh tiempo que me ha tocado compartir con mi enemigo
y con mi amigo, hora amarga
entre todas las horas que se me destinaron:
te repites aquí, en un viaje, entre las cordilleras y el dolor
como si mi destino, para llegar al mar,
fuera absorber el luto
de los remotos y de los cercanos,
como el pan mojado por las lágrimas.

Por eso, atlántico mar, cerca de Santos,
agradezco tu día sosegado:
un ancho huevo azul es el espacio, una copa
volcada, transparente: y el mar parece duro
en la verdad de su infinito rostro.

(Sí, gracias, intranquila permanencia,
naturaleza al fin, rosa insalvable
otra vez pura, imperecedera tal vez,
inalcanzada por el conflicto terrestre,
humana o inhumana, sin manchas de odio o amor,
sin lucha justa, sin esperanza y sin sangre.)

Paisaje en el mar

El rey azul es un día elevado
sobre el mar, sobre todos los navíos,
un rey inaccesible
duro en su molde,
impersonal, remoto
como una nube, como una mirada
y todo lo demás es cuerpo y ojos,
cuerpo celeste, párpado del cielo,
copa intachable de su vino azul.

A plena ola

Es muy serio el viento del mes de marzo en el océano:
sin miedo: es día claro, sol ilustre,
yo con mil otros encima del mar
en la nave italiana que retorna a Nápoli.

Tal vez trajeron todos sus infidelidades,
enfermedades, tristes papeles, deudas, lágrimas,
dineros y derrotas en los números:
pero aquí arriba es difícil jugar con la razón
o complacerse con las desdichas ajenas
o mantenerse heridos por angas o por mangas:
hay tal ventolera que no se puede sufrir:
y como no veníamos preparados
aún para ser felices, aún y sin embargo
y subimos puentes y escalas para reflexionar,
el viento nos borró la cabeza, es extraño:
de inmediato sentimos que estábamos mejor:
sin cabeza se puede discutir con el viento.

A todos, melancólicos de mi especialidad,
los que inútilmente cargamos con pesadumbre propia
y ajena, los que pensamos tanto en las pequeñas cosas
hasta que crecen y son más grandes que nosotros,
a todos recomiendo mi claro tratamiento:
la higiene azul del viento en un día de sol,
un golpe de aire furioso y repetido
en el espacio atlántico sobre un barco en el mar,
dejando sí constancia de que la salud física
no es mi tema: es el alma mi cuidado:
quiero que las pequeñas cosas que nos desgarran
sigan siendo pequeñas, impares y solubles
para que cuando nos abandone el viento
veamos frente a frente lo invisible.

Invierno en Europa

Hacia el mes de noviembre me dirigí, con sombrero,
enguantado.
Era invierno, en el país de Francia.

No fui a buscar razones, ni la verdad ni la sombra.

Lo primero que hallé fue una señora frágil
que volvía de Chile, fatigada:
en un camino cerca de Isla Negra
un tal Montiel (que lo parta un rayo)
casi la sucumbió con su automóvil.

Ahora con su bello rostro levantino, afilado
por el dolor, sus ojos
aún viajaban conmigo como dos lámparas negras:
siguieron encendidos a través del invierno.

Nadie ha viajado como yo por la bruma
entre las últimas hojas doradas
y al cielo frío y blanco, conducido
por dos ojos de dama moribunda.

Sólo la hiedra pertinaz
conservaba su triste grito verde
subiendo desde el suelo por los árboles:
los bosques eran sólo líneas secas
que se desvanecían en la bruma.

Yo buscaba las letras del nombre de noviembre.

Nace un día

Era de ventana cerrada el día,
era de noche aún, era de piedra
cuando fui despertando,
cuando fue despertando
el sonido de aquél, del cada día,
el sonido del sol,
y me di cuenta, casi aún dormido,
que yo era la campana de color,
el despertar amarillo.

El campanario de Authenay

Contra la claridad de la pradera
un campanario negro.

Salta desde la iglesia triangular:
pizarra y simetría.

Mínima iglesia en la suave extensión
como para que rece una paloma.

La pura voluntad de un campanario
contra el cielo de invierno.

La rectitud divina de la flecha
dura como una espada

con el metal de un gallo tempestuoso
volando en la veleta.

(No la nostalgia, es el orgullo
nuestro vestido pasajero

y el follaje que nos cubría
cae a los pies del campanario.

Este orden puro que se eleva
sostiene su sistema gris

en el desnudo poderío
de la estación color de lluvia.

Aquí el hombre estuvo y se fue:
dejó su deber en la altura,

y regresó a los elementos,
al agua de la geografía.

Así pude ser y no pude,
así no aprendí mis deberes:

me quedé donde todo el mundo
mirara mis manos vacías:

las construcciones que no hice:
mi corazón deshabitado:

mientras oscuras herramientas,
brazos grises, manos oscuras

levantaban la rectitud
de un campanario y de una flecha.

Ay lo que traje yo a la tierra
lo dispersé sin fundamento,

no levanté sino las nubes
y sólo anduve con el humo

sin saber que de piedra oscura
se levantaba la pureza

en anteriores territorios,
en el invierno indiferente.)

Oh asombro vertical en la pradera
húmeda y extendida:

una delgada dirección de aguja
exacta, sobre el cielo.

Cuántas veces de todo aquel paisaje,
árboles y terrones

en la infinita estrella horizontal
de la terrestre Normandía,

por nieve o lluvia o corazón cansado,
de tanto ir y venir por el mundo,

se quedaron mis ojos amarrados
al campanario de Authenay,

a la estructura de la voluntad
sobre los dominios dispersos

de la tierra que no tiene palabras
y de mi propia vida.

En la interrogación de la pradera
y mis atónitos dolores

una presencia inmóvil rodeada
por la pradera y el silencio:

la flecha de una pobre torre oscura
sosteniendo un gallo en el cielo.

País

Yo vivo ahora en un país tan suave
como la piel otoñal de las uvas:
verde blanco y violeta es este tiempo:
el sol se fue hace rato y no regresa:
los árboles desnudos se dibujan
levantando el fulgor penúltimo en sus copas:
la voz de los poetas corre por las alfombras:
nada se clava en tus ojos para herirte:
nadie desobedece a la dulzura.

Yo habito ahora la delicadeza
de grandes ríos inmóviles, de riberas
pintadas por los años más claros y tenaces:
todos los dramas se terminaron antes:
las guerras se enterraron por un pacto
entre el honor y el olvido:
nadie tiene derecho al martirio ni al hambre:
hay que entrar a la casa dorada del otoño.

La morada siguiente

Volviendo a la madera, por el mes del frío,
en diciembre, en Europa, con el sol
escondido, enfundado en su ropaje
de nube y nieve, me esperaba
la morada siguiente:
grandes ventanas hacia el agua inmóvil
y grandes vigas amigas del humo.

Tal vez me destinó o me destinaron
entre tantos quiénsabes
a esta penúltima vez, a esta enramada
de árboles milenarios que murieron
y otra vez verticales
levantaron con piedras y con pájaros
y árboles despojados por el frío
esta casa, este espacio
para que el viejo errante se durmiera
sabiendo que temprano la mañana
blanca, de nieve, es verdadera,
sin ciudad, en un pobre caserío:
la mañana desnuda está entreabierta
como una fruta fría y verdadera.

La verdad tiene rostro:
de agua y madera son sus ojos,
de nieve son sus dientes:
sonríe al sol celeste y a la lluvia:
hay que buscarla:
el cuerpo de la vida se desliza
entre un amanecer de infancia, lejos,
camas y cines, trenes,
salas de clase, fábricas, hoteles,
oficinas, cuarteles,
y entre ir y volver se va la vida
escondiendo los pies y la mirada.

Por eso hay que pararse, de repente,
oler la piedra, tocar la madera,
atravesar la escarcha:
establecer por fin nuestra evidencia:
existir sin razones ni sentido
en esta desnudez de la mañana
que ya la tarde vestirá de negro.

(Aquí entre la madera y la madera
rodeado de silenciosa pureza

siento el espacio una vez más seguirme
y circundarme, abierto
hasta tal vez el mar, tal vez el cielo,
en el centro de un círculo habitado
por troncos sin follaje, por las líneas
que el invierno dibuja, por el vuelo
rápido y seco de unas aves grises,
yo vuelvo a ser, vuelvo a reconocerme,
estático tal vez, no sin fatiga,
pero fresco y metálico,
seguro de ser árbol y campana.)

Fuga de sol

Hacia países donde crece la mostaza,
regiones rubias, vegetales, ácidas,
debemos ir, nosotros, los dormidos,
a contagiarnos: es hora, Antonieto,
de cambiar el papel ferruginoso
que nos impuso el día en que nacimos,
aquel día de hierro,
aquella estrella de carbón quemado
que nos dio nacimientos y dolores:
ay hacia el sol picante, hacia la dicha
llevemos nuestros corazones negros:
ya es hora de ir descalzos
a pisar las cebollas,
los berros, los nenúfares:
alguna vez hay que dejar de ver
el mundo con mirada mineral
y prosternarse ante la sencillez
de la vida más verde que alcancemos.

Primer invierno

Yo observo el día como si lo criara,
como si yo lo hubiera dado a luz
desde que llega, oscuro, a mi ventana
como un pájaro negro
hasta que convertido en nieve y luz
palpita apenas: vive.

Vive el sol indeciso: es su destino
aclarar estos árboles desnudos,
tocar el agua inmóvil,
gravitar sin medida, sin lenguaje,
sin peso, hasta que la boca
del cielo se lo traga
sin que destellen a la luz del frío
las plumas que volaron desde ayer
hasta volver mañana a mi ventana.

El mismo siempre

De las melancolías que consumí hasta llegar a joven
me dejé para mí, como un coleccionista, las mejores tristezas,
aquellas sin ton ni son, las inseparables del alma,
las que se parecen al vapor de la mañana de abril en los árboles.

No son exactamente residuos de la edad
aquellas nubes desgarradoras, aquellas amapolas amargas
sino más bien el complemento terrenal de la vida:
el corazón deshabitado que siente un ruido oscuro
como si entrara el viejo viento después de la lluvia
por una ventana que sin explicación alguna, se quedó sin cerrar.

Porque si separamos los verdaderos maleficios, los golpes
que destrozaron vísceras o vértebras, si pudimos
apartar la desdicha, la aflicción, el tormento,
así como la envidia, los celos, la agresión,
guardamos las raíces del llanto pasajero,
esta niebla mojada por la melancolía
como una duradera sustancia inseparable,
rechazo, condición de la energía.

Así pues yo me envuelvo en mi destino
sin extraviar aquella capa recalcitrante,
honor de la desnuda primavera,
y seguro de ser, firme en mi duración,
inextinguible, vivo mis besos más antiguos,
tengo aún en los labios un sabor
a luna llena errante, la más lejana, aquella
que viajaba en el cielo como una novia muerta
en la noche salvaje de Temuco.

No sé cómo me llamo

Hasta cuándo este yo, me preguntaba a todos,
qué cansado está uno
de ser el mismo ser, con nombre y número,
con un silencio nuevo
de olvidado reloj o de herramienta
de empuñadura usada por la mano.

La muerte cae
sobre la identidad y al fin descansan
no sólo las rodillas y las venas
sino este nombre nuestro
tan traído y llevado y escupido
como un pobre soldado
medio muerto entre el barro y la batalla.

Yo recuerdo aquel día
en que perdí mis tres primeros nombres
y las palabras que pertenecían
a quién? a mí? o a los antepasados?

Lo cierto es que no quise cuenta ajena
y creí inaugurarme:
darme apellido, nombrarme a mí mismo
y crecer en mi propia levadura.

Pero así entre dulzura y ajetreo
el cuerpo largo, el rayo intermitente
de la vida
se deslizó gastando mi cintura
y encontré que ya todos me llamaban,
todos le arremetían a mi nombre:
algunos lo arañaban
en el senado con escarbadientes,
otros agujereaban mi estatura
como si yo fuera hecho de queso:
no me sirvió mi máscara nocturna,
mi vocación silvestre.
Y me sentí desnudo
después de tantas condecoraciones,
listo para volver de donde vine,
a la humedad del subsuelo.

No hay piedad para el hombre entre los hombres,
y aunque escondas los ojos serás visto,
oído aunque no hables,
no serás invisible,
no seguirás intacto:
tus nombres te delatan
y te muerden los dientes del camino.

Felicidad

Sin duda, sí, contesto
sin que nadie pregunte y me pregunte:
lo bueno es ya sin interrogaciones,
sin compromiso, responder
a nuestra sombra lenta y sucesiva.

Sí, en este tiempo mío, en esta historia
de puerta personal, acumulé
no el desvarío sino la nostalgia
y la enterré en la casa de cemento:
duelo o dolor de ayer no me acompañan
porque no sólo se mueren los huesos,
la piel, los ojos, la palabra, el humo,
sino también el llanto devorado
por las sesenta bocas de la vida.

Así de lo que de uno en otro sitio
guardé –tristeza o súbita amargura–
la devolví cual pesca temblorosa
al mar, al mar, y me acosté desnudo.

Ésta es la explicación de mi ventura:
yo tengo el sueño duro de la piedra.

El cobarde

Y ahora, a dolerme el alma y todo el cuerpo,
a gritar, a escondernos en el pozo
de la infancia, con miedo y ventarrón:
hoy nos trajo el sol joven del invierno

una gota de sangre, un signo amargo
y ya se acabó todo: no hay remedio,
no hay mundo, ni bandera prometida:
basta una herida para derribarte:
con una sola letra
te mata el alfabeto de la muerte,
un solo pétalo del gran dolor humano
cae en tu orina y crees
que el mundo se desangra.

Así, con sol frío de Francia, en mes de marzo,
a fines del invierno dibujado
por negros árboles de la Normandía
con el cielo entreabierto ya al destello
de dulces días, flores venideras,
yo encogido, sin calles ni vitrinas,
callada mi campana de cristal,
con mi pequeña espina lastimosa
voy sin vivir, ya mineralizado,
inmóvil esperando la agonía,
mientras florece el territorio azul
predestinado de la primavera.

Mi verdad o mi fábula revelan
que es más tenaz que el hombre
el ejercicio de la cobardía.

Al frío

Frío en la cara entre árboles sin hojas
por caminos brillantes
de hora blanca y escarcha matutina!

Frío de manos puras, corazón salvaje
gritándome en los ojos

un grito que no ahoga
la inmóvil ecuación
que el cielo y la pradera establecieron:
la doctrina infinita del invierno:
luz reprimida en la extensión del día
blanco como un pez muerto:
sólo el frío es acción: el frío vive.

Ay, acaricia aún la tierra
antes que la visita del verano
imponga su letárgica amapola!
Saca el cuchillo y que restalle
tu escalofrío eléctrico
sobre cuerpos cobardes
y almas acurrucadas en el sueño!

Oh frío, ala de piedra,
recóbrame,
devuélveme
tu copa de energía y amenaza,
lo que el placer o la ternura roban:
tu frente a frente dándome en los ojos,
vital, mortal, indómito enemigo!

Donde se escoge el pasado

Es hacia atrás este hoy, hacia el recuerdo,
hacia un tal vez, hacia un no fue tal vez
con todo lo que en el pasado se pierde:
aquel anillo, aquel aroma, aquella
dulzura sin palabras que perdimos.

Porque si yo me pongo a recordar
voy sin saber por una casa oscura
sin mirada, perdido en antesalas,

corredores, paredes, dormitorios
y ya no hay nadie, todo sigue oscuro,
alguien se fue de mis recuerdos
y no salgo de aquella oscuridad:
no tengo arte ninguno
que me devuelva con exactitud
un corazón, un cuerpo que me amó.

Por eso, de lo que así recojo,
si se trata de ayer,
mis manos buscan bosques o guitarras
o tambores de tristes fiestas que se olvidaron
o serenatas largas de la lluvia
en un puerto, en el desembarcadero
sin que tampoco yo esperara a nadie
ni me fuera a embarcar a parte alguna.

Lo que me pasa o pasa es que este ayer,
este anteayer hacia el que salgo
como a entrar a un mercado que no existe
no tiene personajes ni manzanas,
se fueron todas, todos los que entraban:
los que salían no volvieron más
como si hubiera un agujero, un pozo
al que saliendo de anteayer a hoy
fueron cayendo todos uno a uno.

Así pues ya no acostumbro, ahora,
entrar en calles desaparecidas
alcoba por alcoba, a buscar muertos
o mujeres borradas por la lluvia:
no hay pasado en aquellos edificios:
vuelven las redes desde el mar vacío:
las ciudades trituran sus recuerdos
en el hacinadero del olvido
y nadie deja un beso en el desván:
los ascensores lo molieron todo
machacando con golpes de molino
el tiempo tristemente derramado.

En cambio en aquel sitio
sin nadie, con océano y arena,
perdido, con mi traje
de soledad, mirando
sin ver, lo más lejano
en la distancia que borra las flores,
allí soy, continuo,
como si el tiempo hubiera detenido
en lo remoto mi fotografía
apasionada en su inmovilidad.

El sobreviviente saluda a los pájaros

Fundé con pájaros y gritos de sol la morada:
temprano a la hora del manantial, salí al frío
a ver los materiales del crecimiento: olores
de lodo y sombra, medallas que la noche dejó
sobre los temblorosos follajes y la hierba.

Salí vestido de agua, me extendí como un río
hacia el horizonte que los más antiguos geógrafos
tomaron como final del presupuesto terrestre:
yo fui entre las raíces, bañando con palabras
las piedras, resonando como un metal del mar.

Hablé con el escarabajo y aprendí
su idioma tricolor, de la tortuga
examiné paciencia convexa y albedrío, encontré
un animal recién invitado al silencio:
era un vertebrado que venía de entonces,
de la profundidad, del tiempo sumergido.

Tuve que reunir los pájaros, cercar
territorios a fuerza de plumajes, de voces
hasta que pude establecerme en la tierra.

Si bien mi profesión de campana
se probó a la intemperie, desde mi nacimiento
esta experiencia fue decisiva en mi vida:
dejé la tierra inmóvil: me repartí en fragmentos
que entraban y salían de otras vidas,
formé parte del pan y la madera,
del agua subterránea, del fuego mineral:
tanto aprendí que puse mi morada
a la disposición de cuanto crece:
no hay edificación como la mía en la selva,
no hay territorio con tantas ventanas,
no hay torre como la que tuve bajo la tierra.

Por eso, si me encuentras ignominiosamente
vestido como todos los demás, en la calle,
si me llamas desde una mesa en un café
y observas que soy torpe, que no te reconozco,
no pienses, no, que soy tu mortal enemigo:
respeta mi remota soberanía, déjame
titubeante, inseguro, salir de las regiones
perdidas, de la tierra que me enseñó a llover,
déjame sacudir el carbón, las arañas,
el silencio: y verás que soy tu hermano.

NOTA DECLARATORIA

El año 1971 fue muy cambiante para mis costumbres. Por eso y por no aparecer enigmático sin razón esencial dejo constancia de desplazamientos, enfermedades, alegrías y melancolías, climas y regiones diferentes que alternan en este libro. Algo fue escrito entre Isla Negra y Valparaíso, y en otros caminos de Chile, casi siempre en automóvil, atrapando el paisaje sucesivo.

También en automóvil muchos otros poemas fueron escritos en otoño e invierno por los caminos de la Normandía francesa.

La rosa separada

[1971-1972]

Introducción en mi tema

A la Isla de Pascua y sus presencias
salgo, saciado de puertas y calles,
a buscar algo que allí no perdí.

El mes de enero, seco,
se parece a una espiga:
cuelga de Chile su luz amarilla
hasta que el mar lo borra
y yo salgo otra vez, a regresar.

Estatuas que la noche construyó
y desgranó en un círculo cerrado
para que no las viera sino el mar.

(Viajé a recuperarlas, a erigirlas
en mi domicilio desaparecido.)

Y aquí rodeado de presencias grises,
de blancura espacial, de movimiento
azul, agua marina, nubes, piedra,
recomienzo las vidas de mi vida.

I
Los hombres

Yo soy el peregrino
de Isla de Pascua, el caballero
extraño, vengo a golpear las puertas del silencio:
uno más de los que trae el aire
saltándose en un vuelo todo el mar:
aquí estoy, como los otros pesados peregrinos
que en inglés amamantan y levantan las ruinas:
egregios comensales del turismo, iguales a Simbad
y a Cristóbal, sin más descubrimiento
que la cuenta del bar.
                        Me confieso: matamos
los veleros de cinco palos y carne agusanada,
matamos los libros pálidos de marinos menguantes,
nos trasladamos en gansos inmensos de aluminio,
correctamente sentados, bebiendo copas ácidas,
descendiendo en hileras de estómagos amables.

II
Los hombres

Es la verdad del prólogo. Muerte al romanticón,
al experto en las incomunicaciones:
soy igual a la profesora de Colombia,
al rotario de Filadelfia, al comerciante
de Paysandú que juntó plata
para llegar aquí. Llegamos de calles diferentes,
de idiomas desiguales, al Silencio.

III
La isla

Antigua Rapa Nui, patria sin voz,
perdónanos a nosotros los parlanchines del mundo:
hemos venido de todas partes a escupir en tu lava,
llegamos llenos de conflictos, de divergencias, de sangre,
de llanto y digestiones, de guerras y duraznos,
en pequeñas hileras de inamistad, de sonrisas
hipócritas, reunidos por los dados del cielo
sobre la mesa de tu silencio.

Una vez más llegamos a mancillarte.

Saludo primero al cráter, a Ranu Raraku, a sus párpados
de légamo, a sus viejos labios verdes:
es ancho, y altos muros lo circulan, lo encierran,
pero el agua allá abajo, mezquina, sucia, negra,
vive, se comunica con la muerte
como una iguana inmóvil, soñolienta, escondida.

Yo, aprendiz de volcanes, conocí,
infante aún, las lenguas de Aconcagua,
el vómito encendido del volcán Tronador,
en la noche espantosa vi caer
la luz del Villarrica fulminando las vacas,
torrencial, abrasando plantas y campamentos,
crepitar derribando peñascos en la hoguera.

Pero si aquí me hubiera dejado mi infancia,
en este volcán muerto hace mil años,
en este Ranu Raraku, ombligo de la muerte,
habría aullado de terror y habría obedecido:
habría deslizado mi vida al silencio,
hubiera caído al miedo verde, a la boca del cráter desdentado,
transformándome en légamo, en lenguas de la iguana.

Silencio depositado en la cuenca, terror
de la boca lunaria, hay un minuto, una hora
pesada como si el tiempo detenido
se fuera a convertir en piedra inmensa:
es un momento, pronto
también disuelve el tiempo su nueva estatua imposible
y queda el día inmóvil, como un encarcelado
dentro del cráter, dentro de la cárcel del cráter,
adentro de los ojos de la iguana del cráter.

IV
Los hombres

Somos torpes los transeúntes, nos atropellamos de codos,
de pies, de pantalones, de maletas,
bajamos del tren, del *jet*, de la nave, bajamos
con arrugados trajes y sombreros funestos.
Somos culpables, somos pecadores,
llegamos de hoteles estancados o de la paz industrial,
ésta es tal vez la última camisa limpia,
perdimos la corbata,
pero aun así, desquiciados, solemnes,
hijos de puta considerados en los mejores ambientes,
o simples taciturnos que no debemos nada a nadie,
somos los mismos y lo mismo frente al tiempo,
frente a la soledad: los pobres hombres
que se ganaron la vida y la muerte trabajando
de manera normal o burotrágica,
sentados o hacinados en las estaciones del metro,
en los barcos, las minas, los centros de estudio, las cárceles,
las universidades, las fábricas de cerveza
(debajo de la ropa la misma piel sedienta)
(el pelo, el mismo pelo, repartido en colores).

V
La isla

Todas las islas del mar las hizo el viento.

Pero aquí, el coronado, el viento vivo, el primero,
fundó su casa, cerró las alas, vivió:
desde la mínima Rapa Nui repartió sus dominios,
sopló, inundó, manifestó sus dones
hacia el oeste, hacia el este, hacia el espacio unido
hasta que estableció gérmenes puros,
hasta que comenzaron las raíces.

VI
La isla

Oh Melanesia, espiga poderosa,
islas del viento genital, creadas,
luego multiplicadas por el viento.

De arcilla, bosques, barro, de semen que volaba
nació el collar salvaje de los mitos:
Polinesia: pimienta verde, esparcida
en el área del mar por los dedos errantes
del dueño de Rapa Nui, el Señor Viento.
La primera estatua fue de arena mojada,
él la formó y la deshizo alegremente.
La segunda estatua la construyó de sal
y el mar hostil la derribó cantando.
Pero la tercera estatua que hizo el Señor Viento
fue un moai de granito, y éste sobrevivió.

Esta obra que labraron las manos del aire,
los guantes del cielo, la turbulencia azul,
este trabajo hicieron los dedos transparentes:
un torso, la erección del Silencio desnudo,
la mirada secreta de la piedra,
la nariz triangular del ave o de la proa
y en la estatua el prodigio de un retrato:
porque la soledad tiene este rostro,
porque el espacio es esta rectitud sin rincones,
y la distancia es esta claridad del rectángulo.

VII
La isla

Cuando prolificaron los colosos
y erguidos caminaron
hasta poblar la isla de narices de piedra
y, activos, destinaron descendencia: hijos
del viento y de la lava, nietos
del aire y la ceniza, recorrieron
con grandes pies la isla:
nunca trabajó tanto
la brisa con sus manos,
el ciclón con su crimen,
la persistencia de la Oceanía.

Grandes cabezas puras,
altas de cuello, graves de mirada,
gigantescas mandíbulas erguidas
en el orgullo de su soledad,
presencias,
presencias arrogantes,
preocupadas.

Oh graves dignidades solitarias
quién se atrevió, se atreve

a preguntar, a interrogar
a las estatuas interrogadoras?

Son la interrogación diseminada
que sobrepasa la angostura exacta,
la pequeña cintura de la isla
y se dirige al grande mar, al fondo
del hombre y de su ausencia.

Algunos cuerpos no alcanzaron a erguirse:
sus brazos se quedaron sin forma aún, sellados
en el cráter, durmientes,
acostados aún en la rosa calcárea,
sin levantar los ojos hacia el mar
y las grandes criaturas de sueño horizontal
son las larvas de piedra del misterio:
aquí las dejó el viento cuando huyó de la tierra:
cuando dejó de procrear hijos de lava.

VIII
La isla

Los rostros derrotados en el centro,
quebrados y caídos, con sus grandes narices
hundidas en la costra calcárea de la isla,
los gigantes indican a quién? a nadie?
un camino, un extraño camino de gigantes:
allí quedaron rotos cuando avanzaron, cayeron
y allí quedó su peso prodigioso caído,
besando la ceniza sagrada, regresando
al magma natalicio, malheridos, cubiertos
por la luz oceánica, la corta lluvia, el polvo
volcánico, y más tarde
por esta soledad del ombligo del mundo:
la soledad redonda de todo el mar reunido.

Parece extraño ver vivir aquí, dentro
del círculo, contemplar las langostas
róseas, hostiles caer a los cajones
desde las manos de los pescadores,
y éstos, hundir los cuerpos otra vez en el agua
agrediendo las cuevas de su mercadería,
ver las viejas zurcir pantalones gastados
por la pobreza, ver entre follajes

la flor de una doncella sonriendo a sí misma,
al sol, al mediodía tintineante,
a la iglesia del padre Englert, allí enterrado,
sí, sonriendo, llena de esta dicha remota
como un pequeño cántaro que canta.

IX
Los hombres

A nosotros nos enseñaron a respetar la iglesia,
a no toser, a no escupir en el atrio,
a no lavar la ropa en el altar
y no es así: la vida rompe las religiones
y es esta isla en que habitó el Dios Viento
la única iglesia viva y verdadera:
van y vienen las vidas, muriendo y fornicando:
aquí en la isla de Pascua donde todo es altar,
donde todo es taller de lo desconocido,
la mujer amamanta su nueva criatura
sobre las mismas gradas que pisaron sus dioses.

Aquí, a vivir! Pero también nosotros?
Nosotros, los transeúntes, los equivocados de estrella,
naufragaríamos en la isla como en una laguna,
en un lago en que todas las distancias concluyen,
en la aventura inmóvil más difícil del hombre.

X
Los hombres

Sí, próximos desengañados, antes de regresar
al redil, a la colmena de las tristes abejas,
turistas convencidos de volver, compañeros
de calle negra con casas de antigüedades
y latas de basura, hermanastros
del número treinta y tres mil cuatrocientos veintisiete,
piso sexto, departamento a, be o jota
frente al almacén «Astorquiza, Williams y Compañía»,
sí, pobre hermano mío que eres yo,
ahora que sabemos que no nos quedaremos
aquí, ni condenados, que sabemos
desde hoy, que este esplendor nos queda grande,
la soledad nos aprieta como el traje de un niño
que crece demasiado o como cuando
la oscuridad se apodera del día.

XI
Los hombres

Se ve que hemos nacido para oírnos y vernos,
para medirnos (cuánto saltamos, cuánto ganamos, etcétera),
para ignorarnos (sonriendo), para mentirnos,
para el acuerdo, para la indiferencia o para comer juntos.
Pero que no nos muestre nadie la tierra, adquirimos
olvido, olvido hacia los sueños de aire,
y nos quedó sólo un regusto de sangre y polvo
en la lengua: nos tragamos el recuerdo
entre vino y cerveza, lejos, lejos de aquello,
lejos de aquello, de la madre, de la tierra, de la vida.

XII
La isla

Austeros perfiles de cráter labrado, narices
en el triángulo, rostros de dura miel,
silenciosas campanas cuyo sonido
se fue hacia el mar para no regresar, mandíbulas, miradas
de sol inmóvil, reino
de la gran soledad, vestigios
verticales:
yo soy el nuevo, el oscuro,
soy de nuevo el radiante:

he venido tal vez a relucir,
quiero el espacio ígneo
sin pasado, el destello,
la Oceanía, la piedra y el viento
para tocar y ver, para construir de nuevo,
para solicitar de rodillas la castidad del sol,
para cavar con mis pobres manos sangrientas el destino.

XIII
Los hombres

Llegamos hasta lejos, hasta lejos
para entender las órbitas de piedra,
los ojos apagados que aún siguen mirando,
los grandes rostros dispuestos para la eternidad.

XIV
Los hombres

Qué lejos, lejos, lejos continuamos,
nos alejamos de las duras máscaras
erigidas en pleno silencio y nos iremos
envueltos en su orgullo, en su distancia.

Y para qué vinimos a la isla?
No será la sonrisa de los hombres floridos,
ni las crepitantes caderas de Ataroa la bella,
ni los muchachos a caballo, de ojos impertinentes,
lo que nos llevaremos regresando:
sino un vacío oceánico, una pobre pregunta
con mil contestaciones de labios desdeñosos.

XV
Los hombres

El transeúnte, viajero, el satisfecho,
vuelve a sus ruedas a rodar, a sus aviones,
y se acabó el silencio solemne, es necesario
dejar atrás aquella soledad transparente
de aire lúcido, de agua, de pasto duro y puro,
huir, huir, huir de la sal, del peligro,
del solitario círculo en el agua
desde donde los ojos huecos del mar,
las vértebras, los párpados de las estatuas negras
mordieron al espantado burgués de las ciudades:
Oh Isla de Pascua, no me atrapes,
hay demasiada luz, estás muy lejos,
y cuánta piedra y agua:
too much for me! Nos vamos!

XVI
Los hombres

El fatigado, el huérfano
de las multitudes, el yo,
el triturado, el del cemento,
el apátrida de los restauranes repletos,
el que quería irse más lejos, siempre,
no sabía qué hacer en la isla, quería
y no quería quedarse o volver,
el vacilante, el híbrido, el enredado en sí mismo
aquí no tuvo sitio: la rectitud de piedra,
la mirada infinita del prisma de granito,
la soledad redonda lo expulsaron:
se fue con sus tristezas a otra parte,
regresó a sus natales agonías,
a las indecisiones del frío y del verano.

XVII
La isla

Oh torre de la luz, triste hermosura
que dilató en el mar estatuas y collares,
ojo calcáreo, insignia del agua extensa, grito
de petrel enlutado, diente del mar, esposa
del viento de Oceanía, oh rosa separada
del tronco del rosal despedazado
que la profundidad convirtió en archipiélago,
oh estrella natural, diadema verde,
sola en tu solitaria dinastía,
inalcanzable aún, evasiva, desierta
como una gota, como una uva, como el mar.

XVIII
Los hombres

Como algo que sale del agua, algo desnudo, invicto,
párpado de platino, crepitación de sal,
alga, pez tembloroso, espada viva,
yo, fuera de los otros, me separo
de la isla separada, me voy
envuelto en luz
y si bien pertenezco a los rebaños,
a los que entran y salen en manadas,
al turismo igualitario, a la prole,
confieso mi tenaz adherencia al terreno
solicitado por la aurora de Oceanía.

XIX
Los hombres

Volvemos apresurados a esperar nombramientos,
exasperantes publicaciones, discusiones amargas,
fermentos, guerras, enfermedades, música
que nos ataca y nos golpea sin tregua,
entramos a nuestros batallones de nuevo,
aunque todos se unían para declararnos muertos:
aquí estamos otra vez con nuestra falsa sonrisa,
dijimos, exasperados ante el posible olvido,
mientras allá en la isla sin palmeras,
allá donde se recortan las narices de piedra
como triángulos trazados a pleno cielo y sal,
allí, en el minúsculo ombligo de los mares,
dejamos olvidada la última pureza,
el espacio, el asombro de aquellas compañías

que levantan su piedra desnuda, su verdad,
sin que nadie se atreva a amarlas, a convivir con ellas,
y ésa es mi cobardía, aquí doy testimonio:
no me sentí capaz sino de transitorios
edificios, y en esta capital sin paredes
hecha de luz, de sal, de piedra y pensamiento,
como todos miré y abandoné asustado
la limpia claridad de la mitología,
las estatuas rodeadas por el silencio azul.

XX
La isla

De otros lugares (Ceilán, Orinoco, Valdivia)
salí con lianas, con esponjas, con hilos
de la fecundidad, con las enredaderas
y las negras raíces de la humedad terrestre:
de ti, rosa del mar, piedra absoluta,
salgo limpio, vertiendo la claridad del viento:
revivo azul, metálico, evidente.

XXI
Los hombres

Yo, de los bosques, de los ferrocarriles en invierno,
yo, conservador de aquel invierno,
del barro
en una calle agobiada, miserable,
yo, poeta oscuro, recibí el beso de piedra en mi frente
y se purificaron mis congojas.

XXII
La isla

Amor, amor, oh separada mía
por tantas veces mar como nieve y distancia,
mínima y misteriosa, rodeada
de eternidad, agradezco
no sólo tu mirada de doncella,
tu blancura escondida, rosa secreta, sino
el resplandor moral de tus estatuas,
la paz abandonada que impusiste en mis manos:
el día detenido en tu garganta.

XXIII
Los hombres

Porque si coincidiéramos allí
como los elefantes moribundos
dispuestos al oxígeno total,
si armados los satisfechos y los hambrientos,
los árabes y los bretones, los de Tehuantepec
y los de Hamburgo, los duros de Chicago y los senegaleses,
todos, si comprendiéramos que allí guardan las llaves
de la respiración, del equilibrio
basados en la verdad de la piedra y del viento,
si así fuera y corrieran las razas despoblándose
las naciones,
si navegáramos en tropel hacia la Isla,
si todos fueran sabios de golpe y acudiéramos
a Rapa Nui, la mataríamos,
la mataríamos con inmensas pisadas, con dialectos,
escupos, batallas, religiones,

y allí también se acabaría el aire,
caerían al suelo las estatuas,
se harían palos sucios las narices de piedra
y todo moriría amargamente.

XXIV
La isla

Adiós, adiós, isla secreta, rosa
de purificación, ombligo de oro:
volvemos unos y otros a las obligaciones
de nuestras enlutadas profesiones y oficios.

Adiós, que el gran océano te guarde
lejos de nuestra estéril aspereza!
Ha llegado la hora de odiar la soledad:
esconde, isla, las llaves antiguas
bajo los esqueletos
que nos reprocharán hasta que sean polvo
en sus cuevas de piedra
nuestra invasión inútil.

Regresamos. Y este adiós, prodigado y perdido
es uno más, un adiós
sin más solemnidad que la que allí se queda:
la indiferencia inmóvil en el centro del mar:
cien miradas de piedra que miran hacia adentro
y hacia la eternidad del horizonte.

Incitación al nixonicidio y alabanza de la revolución chilena

[1972-1973]

Explicación perentoria

Ésta es una incitación a un acto nunca visto: un libro destinado a que los poetas antiguos y modernos, extinguidos o
presentes, pongamos frente al paredón de la Historia a un
frío y delirante genocida.

En el libro se suceden: su llamamiento, su juicio y su posible desaparición final, causada por la numerosa artillería
poética aquí por primera vez puesta en acción.

Ha probado la Historia la capacidad demoledora de la
Poesía, y a ella me acojo sin más ni más.

Nixon acumula los pecados de cuantos le precedieron en la
alevosía. Llegó a su punto cenital cuando, después de acor-
dados los términos de un cese de fuego, ordenó los bombar-
deos más cruentos, más destructores y más cobardes en la historia del mundo.

Sólo los poetas son capaces de ponerlo contra la pared y
agujerearlo por entero con los más mortíferos tercetos. El deber de la poesía es convertirlo, a fuerza de descargas rítmicas
y rimadas, en un impresentable estropajo.

También ha intervenido en un cerco económico que pretende aislar y aniquilar la revolución chilena. En esta actividad
usa diferentes ejecutores, algunos desenmascarados, como la
venenosa red de espías de la I.T.T., y otros, solapados, encu-
biertos y ramificados entre los fascistas de la oposición chilena contra Chile.

Así, pues, el largo título de este libro corresponde al estado
actual del mundo, al próximo pasado, y a lo que ojalá dejemos atrás como espectáculo de amenaza y dolor.

Yo soy adversario cerrado del terrorismo. No sólo porque casi siempre se ejerce con irresponsable cobardía y anónima crueldad, sino porque sus consecuencias, como puñales voladores, vuelven a herir al pueblo que no sabía nada
de ello.

Sin embargo, las circunstancias de mi país, los actos terribles que enlutaron a veces nuestra paz política, me llegaron al alma. Los asesinos del general Schneider andan por ahí vivitos en cómodos departamentos carcelarios o en suntuosos hoteles extranjeros.

Algunos prevaricadores les rebajaron la pena a menos de lo que en mi país se condena el robo de una gallina. Así pueden ser de sinvergüenzas algunos hombres que se llaman jueces. Esta frase será motivo también de alharaca, se dirá que yo insulto a la Magistratura. No, señor, cada disciplina humana y entre ellas la delicadísima de juzgar, me merece un misterioso respeto. Pero tengo para mí que la Injusticia venida desde los Tribunales de los que deben ser Justos, es el desequilibrio más incalculable de la razón.

Hay otras entidades y personas que aquí salen al aire y a la tinta. Con algunos de ellos me unieron los lazos del conocimiento y del respeto. Pero al volver a Chile me di cuenta de que estos fulanos habían trasgredido las leyes del juego. Su fría ambición les llevó a marchar con los feudales y avorazados enemigos del pueblo. Y ahí mi conocimiento de ellos se clausuró: si ellos se faltaron el respeto a sí mismos quemando sus ideas que pintaban de demócratas y de cristianas, no veo ninguna necesidad de que un poeta se lo restituya.

También debo explicar que este libro, así como Canción de gesta, primer libro poético en castellano dedicado a la Revolución cubana, no tiene la preocupación ni la ambición de la delicadeza expresiva, ni el hermetismo nupcial de algunos de mis libros metafísicos.

Conservo como un mecánico experimentado mis oficios experimentales: debo ser de cuando en cuando un bardo de utilidad pública, es decir, hacer de palanquero, de rabadán, de alarife, de labrador, de gásfiter o de simple cachafaz de regimiento, capaz de trenzarse a puñete limpio o de echar fuego hasta por las orejas.

Y que los exquisitos estéticos, que los hay todavía, se lleven una indigestión: estos alimentos son explosivos y vinagres para el consumo de algunos. Y buenos tal vez para la salud popular.

No tengo remedio: contra los enemigos de mi pueblo mi canción es ofensiva y dura como piedra araucana.

Ésta puede ser una función efímera. Pero la cumplo. Y recurro a las armas más antiguas de la poesía, al canto y al panfleto usados por clásicos y románticos y destinados a la destrucción del enemigo.

Ahora, firmes, que voy a disparar!

NERUDA
Isla Negra, enero de 1973

I
Comienzo por invocar a Walt Whitman

Es por acción de amor a mi país
que te reclamo, hermano necesario,
viejo Walt Whitman de la mano gris,

para que con tu apoyo extraordinario
verso a verso matemos de raíz
a Nixon, presidente sanguinario.

Sobre la tierra no hay hombre feliz,
nadie trabaja bien en el planeta
si en Washington respira su nariz.

Pidiendo al viejo Bardo que me invista,
asumo mis deberes de poeta
armado del soneto terrorista,

porque debo dictar sin pena alguna
la sentencia hasta ahora nunca vista
de fusilar a un criminal ardiente

que a pesar de sus viajes a la luna
ha matado en la tierra tanta gente,
que huye el papel y la pluma se arranca

al escribir el nombre del malvado,
del genocida de la Casa Blanca.

II
Me despido de otros temas

Amor, adiós, hasta mañana besos!
Corazón mío agárrate al deber
porque declaro abierto este proceso.

Se trata aquí de ser o de no ser:
si dejamos vivir al delincuente
los pueblos seguirán su padecer

y el crimen seguirá de Presidente
robando a Chile el cobre en las Aduanas,
destripando en Vietnam los inocentes.

No se puede esperar una semana
ni un solo día más porque, carajo,
es por atrocidades inhumanas

que atraparemos este escarabajo
y es un orgullo para el hombre entero
que soportó el puñal de la noticia,

como instrumento duro y duradero
anunciar en la tierra la justicia:
por eso te buscaba, compañero,

el tribunal de sangre que se inicia
y, aunque sea un poeta el justiciero,
los pueblos me entregaron una rosa

para que con mi verso verdadero,
yo castigue la saña poderosa
del inmenso verdugo comandado

por el concubinato del dinero
para quemar jardín y jardinero
en países remotos y dorados.

III
La canción del castigo

No hay que contar con su arrepentimiento,
ni hay que esperar del cielo este trabajo:

el que trajo a la tierra este tormento
debe encontrar sus jueces aquí abajo,
por la justicia y por el escarmiento.

No lo aniquilaremos por venganza
sino por lo que canto y lo que infundo:
mi razón es la paz y la esperanza.

Nuestros amores son de todo el mundo.

Y el insecto voraz no se suicida
sino que enrosca y clava su veneno

hasta que con canción insecticida,
levantando en el alba mi tintero,

llame a todos los hombres a borrar
al Jefe ensangrentado y embustero,
que mandó por el cielo y por el mar

que no vivieran más pueblos enteros,
pueblos de amor y de sabiduría
que en aquel otro extremo del planeta,

en Vietnam, en lejanas alquerías,
junto al arroz, en blancas bicicletas
fundaban el amor y la alegría:

pueblos que Nixon, el analfabeto,
ni siquiera de nombre conocía
y que mandó matar con un decreto

el lejano chacal indiferente.

IV
Él

Al criminal emplazo y lo someto
a ser juzgado por la pobre gente,

por los muertos de ayer, por los quemados,
por los que ya sin habla y sin secreto,
ciegos, desnudos, heridos, mutilados,

quieren juzgarte, Nixon, sin decreto.

V
El juicio

Convocada por mí la tierra entera
que cabe, lo verás, en mi soneto,

dará el dictamen de la primavera,

frente a frente, mirando tu esqueleto,
para que nunca más madre ninguna

se desangre en las tierras arrasadas
cargando al sol, bajo la triste luna,
un niño que levanto como espada

frente al cuello de Nixon, camarada.

VI
El cobre

Al cobre lo llamábamos chileno
porque nacía de chilenas manos
y nuestro territorio estaba lleno

del subterráneo sol cordillerano,
del cobre que no estaba destinado
a los piratas norteamericanos.

Hasta que yankizado hasta el ombligo
el presidente Frei, momiocristiano,
regaló nuestro cobre al enemigo.

Pero mi pobre Patria intransigente
esperó entre el saqueo y las escorias,
entre Chuquicamata y El Teniente,

la hora de despertar, y se comprende
que, con el pabellón de la victoria,
de un solo golpe Salvador Allende

de los colmillos norteamericanos
rescató el cobre, para siempre ahora,
devolviéndolo a Chile soberano.

VII
Victoria

Honor a la victoria apetecida,
honor al pueblo que llegó a la hora
a establecer su derecho a la vida!

Pero el ratón acostumbrado al queso,
Nixon, entristecido de perder,
se despidió de Eduardo con un beso.

Cambió de embajador, cambió de espías
y decidió cercarnos con alambre:
no nos vendieron más mercaderías

para que Chile se muriera de hambre.

Cuando la Braden les movió la cola
los momios ayudaron la tarea

gritando «Libertad y cacerolas»,
mientras que los patrones victimarios
pintaban de bondad sus caras feas

y disfrazándose de proletarios
decretaban la huelga de señores
recibiendo de Nixon los dineros:

treinta monedas para los traidores.

VIII
La herencia

Así Nixon comanda con napalm:
así destruye razas y naciones:
así gobierna el triste Tío Sam:

con asesinos desde sus aviones,
o con dólares verdes que reparte
entre politijarpas y ladrones.

Chile, te colocó la geografía
entre el océano y la primavera,
entre la nieve y la soberanía

y ha costado la sangre de la gente
luchar por el decoro. Y la alegría
era delito en tiempo precedente.

Recuerdan las masacres miserables?
Nos dejaron la patria malherida
a golpes de prisiones y de sables!

IX
A ti te llamo

Esto heredamos de los anteriores
y hoy que el rostro de Chile se agiganta,
cuando echamos atrás tantos dolores,

te necesito, mi joven hermano,
joven hermana, escucha lo que digo:
yo no creo en los odios inhumanos,

y no creo que el hombre es enemigo:
creo que con tu mano y con mi mano,
frente al malvado y contra sus castigos,

llenaremos la Patria de regalos
sabrosos y dorados como el trigo.

X
Regresa el trovador

Por eso estoy aquí en tu compañía.

De vuelta estoy como un enamorado
tocando el sol, el aire, el mar chileno
sufriendo de partir y haber llegado.

Siempre mi corazón estuvo lleno
como una copa de fulgor dorado
de Chile, de su cántico sereno.

Nunca mi Patria de dulzura y nieve
fue para mí substancia pasajera.
O fue terrible herida en mis entrañas

o luna derramada en la pradera.
Yo puse mi raíz en tus montañas
y florecí sobre las cordilleras.

(Yo nunca estoy afuera en tierra extraña
porque mi poesía es tricolor
y vivo todo el año en tu bandera.)

Por eso Patria blanca y estrellada,
Patria roja y azul, Patria primor,
Patria chilena, Patria delicada,

yo escuché desde lejos tu tambor.

Y me acerqué intranquilo a tu morada.

Quedé sobrecogido de dolor!

XI
Son los de ayer

Miré que lo que el pueblo construía
después de tantos años de tormento:
la bandera de tu soberanía

por fin con sus colores en el viento,
era atacada por la turbulencia
del anacrónico establecimiento

y que te amenazaba la demencia
de los feudales y de los violentos:
el pasado con negra consecuencia

quiere otra vez tu sangre derramada.
Y la guerra civil es sacerdocio
para los que no hicieron nunca nada

sino vivir de incógnitos negocios.

Amo la paz por variadas razones:
una es porque el canto del trabajo
se une al color solar de los limones.

Y porque los programas populares
producirán tractores y cerezos:

todo lo hace el amor y los amores
del pueblo en su batalla y su proceso.

XII
Aquí me quedo

Yo no quiero la Patria dividida

ni por siete cuchillos desangrada:
quiero la luz de Chile enarbolada
sobre la nueva casa construida:

cabemos todos en la tierra mía.

Y que los que se creen prisioneros
se vayan lejos con su melodía:

siempre los ricos fueron extranjeros.

Que se vayan a Miami con sus tías!

Yo me quedo a cantar con los obreros
en esta nueva historia y geografía.

XIII
Ven conmigo

Por esto estoy aquí en tu compañía:
por Chile, por su azul soberanía,

por el océano de los pescadores,

por el pan de los niños ruiseñores,
por el cobre y la lucha en la oficina,

por nuestra agricultura y por la harina,
por el buen compañero y por la amiga,

por el mar, por la rosa y por la espiga,
por nuestros compatriotas olvidados,

estudiantes, marinos o soldados,
por los pueblos de todos los países,

por las campanas y por las raíces,
por los caminos y por los senderos
que llevan a la luz al mundo entero

y por la voluntad liberadora
de las banderas rojas en la aurora.

Con esta unión están mis alegrías.

Lucha conmigo y yo te entregaré
todas las armas de mi poesía.

XIV
Una historia vulgar

Doña Cacerolina Lagañín,
encumbrada en el trono de su plata,
estuvo a punto de llorar por fin,

y casi a punto de estirar la pata,
al saber que es posible gobernar
a Chile por el pueblo popular.

Para Cacerolina un maremoto
no le daría tanto descontento.
Esto de ver por todas partes rotos

le causaba un horrible sufrimiento:
«Aquel siútico es más que suficiente».
«Después de todo es él nuestro sirviente

y al prócer Viaux salvó con su dulzura.»
«Él servirá de cepillo de dientes,
lo echaremos después a la basura.»

Ahora lo importante es lo que pasa,
dijo Cacerolina Lagañín
y armada de una sartén salió de casa,

dispuesta a convertirlo en un violín
para pelear «contra rotos groseros
que son en Chile rotos extranjeros».

Doña Cacerolina, bien nutrida,
tuvo un pequeño asomo de desmayo
cuando encontró en la calle sólo viejas

que como ella sonaban sus sartenes.
Luego entre mil suspiros y sostenes
volvió a su poderío y su jardín,

doña Cacerolina Lagañín

dejó a cursis democratacrististas
peleando contra rotos comunistas
luego bailando el Vals Sobre las Olas

volvió a Las Condes con placer sincero

porque a la vuelta de las cacerolas,
pasó a los brazos de su jardinero
gastando bien su tiempo y su dinero.

XV
Leyendo a Quevedo junto al mar

Viviendo entre el océano y Quevedo,
es decir entre graves desmesuras,
leyendo el mar y recorriendo el miedo

del poeta mortal en su lamento
comprendo la razón de mi amargura.

Porque mi corazón no está contento.

Chile es golpeado por la misma gente
que nos destinan al sometimiento
y amenazan con uñas y con dientes.

Los intereses son como ciclones,
rompen la tierra y todo lo que vive:
estallan en Vietnam las invasiones,

fracasan en la espuma del Caribe.

XVI
Una lección

Volviendo a Nixon vuelvo a ser dichoso:
porque juzgar delitos incesantes,
ordenados por un ignominioso,

es deber de un poeta caminante.

Hoy, desde Chile revolucionario,
volvamos a los dueños del erario,
retornemos al Jefe del dinero.

XVII
A verso limpio

Horademos a Nixon, el furioso,
a verso limpio y corazón certero.

Así pues, decidí que falleciera
Nixon, con un disparo justiciero:
puse tercetos en mi cartuchera.

Y por los tribunales venideros,
abriendo puertas, cruzando fronteras,
recluté hombres callados y severos,

caídos en sangrientas primaveras.

XVIII
Retrato al hombre

Hay que juzgar las manos maculadas
por muertos que mató con su terror

y que bajo las tierras desolladas
surgen como semillas de dolor.

Porque ésta es una edad nunca soñada.

Y Nixon, el ratón acorralado,
con los ojos abiertos de temor

ve renacer banderas fusiladas.

Fue en Vietnam cada día derrotado.
En Cuba es derrotado su furor
y ahora en el crepúsculo aterrado,

quiere roer en Chile el roedor,
sin saber que minúsculos chilenos
le van a dar una lección de honor.

XIX
Paz, pero no la suya

Paz en Vietnam! Mira lo que has dejado
adentro de esa paz de sepultura
llena de muertos por ti calcinados!

Con un rayo de eterna quemadura
preguntarán por ti los enterrados.
Nixon, te encontrarán las manos duras

de la revolución sobre la tierra
para humillar tu pálida figura:

será Vietnam que te ganó la guerra.

Nixon no creo en tu vencida paz!
Tu invasión fue diezmada y fue vencida
cuando ya no podías perder más.

Y cuando tus aviones homicidas
caían como moscas abatidas
por los disparos de la libertad!

Ésta no fue tu paz, Nixon sangriento!
Nixon, sanguinolento presidente:
es tu medalla de remordimiento!

Es la paz de los pueblos inocentes
que tú entregaste al fuego y al tormento!
Es de Vietnam la paz desfigurada

por tus embajadores y papeles.
Es la paz de una tierra desangrada
y que ha llenado al mundo de laureles

brotados de la sangre derramada:

Es la victoria de Ho Chi Minh ausente
la que obligó a tu mano ensangrentada

a confirmar la paz de esos valientes.

XX
Cuba, siempre

Pienso también en Cuba venerada,
la que alzó su cabeza independiente
con el Che, con mi insigne camarada,
que con Fidel, el capitán valiente

y contra retamares y gusanos
levantaron la estrella del Caribe
en nuestro firmamento americano.

Notifico que son los adversarios
de Vietnam, esos mismos «caballeros»
seguidos de cubanos mercenarios,

armados de metrallas y dinero,
los que contra tu viento libertario
invadieron la nueva claridad.

Y allí quedaron muertos o atrapados
los que iban a matar tu libertad.

Ay Nixon donde vas y te presentes
Cuba no da cuartel ni caridad!

Cuba y Vietnam son nuestros precedentes
contra las agresiones de esta edad!

(Chile defenderá con sus valientes
como aquellos dos pueblos insurgentes
su revolucionaria dignidad.)

XXI
Sobre conspiraciones

Entre la Kennecott y las batallas
que dentro de mi Patria van urdiendo
contra el pueblo anacrónicos canallas,

Chile va, traspasado y sacudido,
sobre la turbulencia, construyendo
lo que nunca le fuera permitido:

trabajar y vivir sin desaliento
para que en Chile manden los humanos
y se cubra de frutos populares

el territorio antártico y lejano

y den las viñas de su geografía
el vino del amor y la alegría!

XXII
Duelo de Chile

Hora terrible! Aquel mejor soldado
cayó en la arena de la Capital
y sabe el mundo que fue asesinado:

su asesino se dice «nacional».
Un traidor, ahora encarcelado
director del asalto criminal,

dijo que un presidente despechado
dio la *luz verde* al crimen espantoso.
El Mandatario aquel está callado

como si no escuchara en su reposo
el clamor que recuerda a los malvados,
el acontecimiento vergonzoso.

(Ahora el Mandatario destronado
es el aliado de los poderosos
y su oscuro silencio ha continuado.)

Schneider sigue siendo traicionado

y la conspiración que continúa
cuenta con los injustos magistrados
por cuyas manos la injusticia actúa.

XXIII
Que no, que nunca

No entrará en esta casa con puñal
el sobrino del tío senador
a asesinarnos otro general.

Ningún demente mate tu esplendor
y nos lleve a la guerra despiadada:
a la noche del duelo y del terror.

No me muestres la sangre en tu morada.
Dame tu resplandor de catarata,
luz longitudinal, patria nevada.

El incendiario no te hará ceniza,
y no se matarán entre chilenos,
Patria mía celeste y movediza.

Fuera de aquí la hiena y el escualo!

Que no maten los malos a los buenos,
ni tampoco los buenos a los malos.

Soy un poeta sin ningún precepto
pero digo, sin lástima y sin pena:

no hay asesino bueno en mi concepto.

XXIV
L.E.R.

El furioso que agache su estatura
bajo la luna, en la pampa de plata,
Patria que Recabarren transfigura

enseñando verdades y caminos
que ayer se abrieron en la tierra oscura
y hoy son la condición de su destino.

XXV
Contra la muerte

A la guerra civil como condena
nos conduce el amargo forajido.
El desplazado de la boca llena

quiere quitar a otros la comida,
y otro que con su herida se envenena
reparte los venenos de su herida.

A la guerra civil de los contrarios
quieren llevarnos garras fratricidas,
sin saber que chilenos adversarios

siempre amaron las leyes de la vida.
Y no triunfa el más noble ni el más fuerte
desangrando la tierra preferida

y cambiando la vida por la muerte.

La tierra que nos dio las alegrías,
la que nos enseñó el padecimiento
florecerá con todos algún día:

no neguemos la luz al descontento.
Que cada hombre lleva en su porfía
lo mejor de su ciencia y su momento.

XXVI
Nunca

Sólo el que mata es la categoría
que dejo fuera de mi sentimiento.
No llevemos la Patria a la agonía

condenada a la sangre y al lamento.

Y contra eso está mi poesía
que va por todas partes, como el viento.

XXVII
El gran silencio

Es tarde ya. Se han ido los malvados.
Schneider, desangrado y malherido,
ha muerto, el crimen está consumado.

Un gran silencio cubre nuestras vidas:
El estupor de un pueblo deshonrado,
el clamor de la Patria estremecida.

Cien hombres contra un solo soldado:
fueron cien los cobardes forajidos
contra mi general asesinado.

El espionaje norteamericano
ordenó a un renegado y sus hampones.
Y Caín otra vez mató a su hermano.

Sangre, dolor, coronas y crespones!

En el alma de Chile sepultado,
despedido por nuestros corazones,
quedó mi general asesinado.

XXVIII
Es triste

Desde entonces un río nos divide:
agua sangrienta, barro de marismas!
No hay nadie en esta tierra que lo olvide.

Desde entonces la Patria no es la misma.

XXIX
Mi general, adiós

Desde entonces tu sangre ha separado
dos zonas hasta ahora divididas:
el rencor que amenaza por un lado

y el pueblo que acompaña tus heridas.

Y hasta ahora tu estirpe de soldado
cerca de Allende, claro presidente,

defiende al pueblo y a su nuevo Estado

(como si aún tu mano militante,
aún después de ser martirizado,
cumpliera su deber de comandante).

Adiós, mi general asesinado!

Vivirá tu recuerdo de diamante
en lo más alto de la cordillera.

La Patria va contigo en cada instante
por el camino de la primavera.

XXX
Mar y amor de Quevedo

Aquí en mi casa de Isla Negra leo
en el mar y en el verso favorito,
en la palpitación y el centelleo

del mar amargo y del amor maldito,
la misma espuma de la poesía:
el mar que se ilumina en la ruptura

y yo leyendo con melancolía,
a Quevedo, su amor y desventura.

Tal vez es mi destino diferente:
mi pecho militar de combatiente
me inclinó a las guerrillas del Estado:

a conseguir con la paciencia ardiente

de la verdad y del proletariado

el Estatuto de la pobre gente.

XXXI
La victoria

Y así llegué con Allende a la arena:
al enigma de un orden insurgente,
a la legal revolución chilena

que es una roja rosa pluralista.

Y fue con mi Partido Comunista
(bello como un desfile proletario)
cuando en el mundo un día sobrevino

este camino revolucionario.

Hacia los pueblos alzo nuestro vino
con la copa a la altura del destino.

XXXII
4 de septiembre de 1970

Un recuerdo: por fin hay unidad!
Viva Chile, Aleluya y Alegría.
Viva el cobre y el vino y el nitrato.

Que vivan la unidad y la porfía!
Sí, señor. Tiene Chile candidato.
Costó trabajo, era una fantasía,

hasta que hoy la lucha se comprende.

Marchar, marchar como la luz del día.

El presidente *es Salvador Allende.*

Toda victoria es un escalofrío,
porque si gana el pueblo hay una racha
que entra por el testuz del envidioso.

(Uno sube y el otro a su covacha
baja huyendo del tiempo y de la historia.)

Mientras que Allende sube a la victoria
se van los Baltras como cucarachas.

XXXIII
Desde aquel día

Desde aquel día el mundo, al despertar,
encontró a Chile y su fisonomía
alzando la victoria popular

y en el coro mundial de la alegría
cantaron nuestra tierra y nuestro mar.

Fue por aquellos días que un poeta
provinciano, salido de Parral,
en Estocolmo recibió un cometa

de las manos de un rey profesional.
Y así el nombre de Chile saludado
fue por ciudades, minas, sementeras,

como un laurel del pueblo conquistado
durante lucha larga y vida entera.

(Yo agregué a Chile y a su geografía
el canto de mi vida pasajera
con el torrente de mi poesía.)

XXXIV
Reviven los gusanos

Luego llegó la dura condición
y los gusanos en su rebelión
en el estiércol de la oposición

rodearon a sus turbios candidatos
de mentidores y de mentecatos,
de lenguaraces y de asesinatos,

descubriendo una táctica «imprevista»:
«*En Chile hay un peligro comunista!*».

E intercambiando besos espantosos
momiocristianos y momios furiosos:

con la publicidad y la pistola,
contra Allende y el pueblo congregado,

llevan la sedición ola por ola
momios tibios y momios congelados.

XXXV
Diario de loros

Y desde Nueva York el dirigente
es el Gerente de la Pepsicola

(que ése sí se portó como un valiente:
se arrancó con su plata y con su cola).

Instruye desde allá sus carcamales.
Pontifica *El Mercurio* cada día:
Nixon le dicta los editoriales.

Es un diario «chileno» Mama mía!
Ay qué cinismo, qué melancolía
la de estos loros de pajarería!

XXXVI
Paro pasional

Detrás de la I.T.T. con sus puñales
y los enredos de su felonía
brotan los Pillarines criminales

y otros mondongos de la oligarquía:
falsos adelantados sindicales,
médicos de curiosos delantales,

camioneros de pronto enriquecidos,
Colegios de Abogados Presumidos
querían aprender los viejos vicios

de nuestros elegantes meretricios.

(Los oligarcas por sus propios fines
quieren usar para sus pies patricios
o clase media o clase calcetines.)

Y con Nixon de fondo principal
se lanzaron al Paro Patronal

bien cebados dispuestos a que ayune
el que no es del Partido Nacional.

El hambre de los otros los reúne
y Fuentealba les vende su puñal.

Así por la I.T.T. desenfrenados
sembraron el terror organizado:
padres y tíos de un Negro Mercado

oscuro como todos sus pecados.

Contra la Patria se lanzaron todos
huelga de burros, huelga de rollizos,
huelga de playboys advenedizos,

huelga de banquerizos principales,
enchufados en los Bancos Centrales,
y pálidos idiotas de rehenes

con dueños de los grandes almacenes:
escondieron sardinas y cebollas,
aceite, harina, cigarrillos, ollas

para dejar sin pan sin luz sin nada
al pueblo y a la patria apuñalada.

XXXVII
Locos y locuelos

Pec y *Punto Final*, que marchan juntos
como va el explosivo con la mecha
y se confunden en un mismo punto

ultras de izquierda y ultras de derecha,
duros de la derecha y de la izquierda,

trabajan juntos en la misma brecha
para que la victoria conseguida
por un pueblo que lucha y que recuerda
(el cobre, el pueblo, la paz y la vida),

todo lo manden ellos a la mierda.

Y así están juntos en el mismo cielo
los locos de derecha y los locuelos.

XXXVIII
Yo no me callo

Perdone el ciudadano esperanzado
mi recuento de acciones miserables
que levantan los hombres del pasado.

Yo predico un amor inexorable.

Y no me importa perro ni persona:
sólo el pueblo es en mí considerable:
sólo la Patria a mí me condiciona.

Pueblo y Patria manejan mi cuidado:
Patria y pueblo destinan mis deberes
y si logran matar lo levantado

por el pueblo, es mi Patria la que muere.

Es ése mi temor y mi agonía.

Por eso en el combate nadie espere
que se quede sin voz mi poesía.

XXXIX
Siempre advirtiendo

Pueblo, en el intranquilo vendaval
cierra los puños y rechaza el mal.

Todas las noches aullarán las hienas
manchando la revolución chilena.

Todos los días quiere el adversario
borrar el fuego revolucionario

y dividir las armas unitarias
de la victoria revolucionaria.

Y quieren los amargos desplazados
enterrar los laureles conquistados.

XL
Otra vez advirtiendo

Traigo aquí la señal de una emergencia,
toco a rebato al pueblo vencedor.

Hay que juntar la fuerza y la conciencia:

Chile es una batalla de existencia:
batalla del honor y del amor.

XLI
Con la centella

Pueblos, mirad el horizonte claro
y con nosotros al joven Lautaro.

Pueblos, el mundo nuestra llama sigue
y con nosotros va Manuel Rodríguez.

Pueblo, no volveremos al pasado
porque va Balmaceda a nuestro lado.

Venceremos! El pueblo es soberano
y su mano decide la centella
en la defensa del género humano:

En la noche del mundo nuestra estrella,
la veneran los pueblos más lejanos!

XLII
Mi compañero Ercilla

Comencé con Walt Whitman, viejo hermano
del antiguo esplendor americano.

Vino Walt Whitman y me dio la mano.

Ahora llamo a un noble compañero:
entre todos y todo fue el primero
don Alonso de Ercilla, el duradero.

Lo llamo a la batalla y la esperanza,
a la Revolución y a mi Alabanza
y termino con él en compañía,

cantando a coro y a plena alegría:
la misma antigua lucha esplendorosa

viene del fondo de la Araucanía

y nuestra poesía no reposa.

XLIII
Habla don Alonso

«CHILE, FÉRTIL PROVINCIA Y SEÑALADA
EN LA REGIÓN ANTÁRTICA FAMOSA,
DE REMOTAS NACIONES RESPETADA
POR FUERTE, PRINCIPAL Y PODEROSA.
LA GENTE QUE PRODUCE ES TAN GRANADA,
TAN SOBERBIA, GALLARDA Y BELICOSA,
QUE NO HA SIDO POR REY JAMÁS REGIDA,
NI A EXTRANJERO DOMINIO SOMETIDA.»

XLIV
Juntos hablamos

Junto a los Andes una llamarada
y desde el mar una encendida rosa
CHILE, FÉRTIL PROVINCIA Y SEÑALADA.

Hoy fulgura en la noche luminosa
de América, tu estrella colorada
EN LA REGIÓN ANTÁRTICA FAMOSA.

Y así, por fin, tu estrella liberada
emergió de la sombra silenciosa,
DE REMOTAS NACIONES RESPETADA.

El mundo divisó la llamarada
y en tu honor repitió la voz gloriosa:
LA GENTE QUE PRODUCE ES TAN GRANADA:

tan unida, tan clara y valerosa,
la Unidad Popular es tan florida,
TAN SOBERBIA, GALLARDA Y BELICOSA,

que en esta lucha jugará su vida
contra las turbias bandas sediciosas.

La estirpe popular esclarecida
es como ayer fecunda y orgullosa
Y NO HA SIDO POR REY JAMÁS REGIDA.

Y aunque sea atacada y agredida

Chile, mi Patria no será vencida

NI A EXTRANJERO DOMINIO SOMETIDA.

FIN

Isla Negra, enero 1973

2000

[1971]

I
Las máscaras

Piedad para estos siglos y sus sobrevivientes
alegres o maltrechos, lo que no hicimos
fue por culpa de nadie, faltó acero:
lo gastamos en tanta inútil destrucción,
no importa en el balance nada de esto:
los años padecieron de pústulas y guerras,
años desfallecientes cuando tembló la esperanza
en el fondo de las botellas enemigas.
Muy bien, hablaremos alguna vez, algunas veces,
con una golondrina para que nadie escuche:
tengo vergüenza, tenemos el pudor de los viudos:
se murió la verdad y se pudrió en tantas fosas:
es mejor recordar lo que va a suceder:
en este año nupcial no hay derrotados:
pongámonos cada uno máscaras victoriosas.

II
Las invenciones

Ves este pequeño objeto trisilábico?
Es un cilindro subalterno de la felicidad
y manejado, ahora, por organismos coherentes
desde control remoto, estoy, estad seguros,
de una eficacia tan resplandeciente
que maduran las uvas a su presión ignota
y el trigo a pleno campo se convierte en pan,
las yeguas dan a luz caballos bermellones
que galopan el aire sin previo aviso,

grandes industrias se mueven como escolopendras
dejando ruedas y relojes en los sitios inhabitados.

Señores, adquirid mi producto terciario
sin mezcla de algodón ni de sustancias lácteas:
os concedo un botón para cambiar el mundo:
adquirid el trifásico antes de arrepentirme!

III
Las espigas

El sin cesar ha terminado en flores,
en largo tiempo que extiende su camino
en cinta, en la novedad del aire,
y si por fin hallamos bajo el polvo
el mecanismo del próximo futuro
simplemente reconozcamos la alegría
así como se presenta! Como una espiga más,
de tal manera que el olvido contribuya
a la claridad verdadera que sin duda no existe.

IV
La tierra

Amarillo, amarillo sigue siendo
el perro que detrás del otoño circula
haciendo entre las hojas circunferencias de oro,
ladrando hacia los días desconocidos.

Así veréis lo imprevisto de ciertas situaciones:
junto al explorador de las terribles fronteras
que abren el infinito, he aquí el predilecto,

el animal perdido del otoño.
Qué puede cambiar de tierra a tiempo, de sabor a estribor,
de luz velocidad a circunstancia terrestre?
Quién adivinará la semilla en la sombra
si como cabelleras las mismas arboledas
dejan caer rocío sobre las mismas herraduras,
sobre las cabezas que reúne el amor,
sobre las cenizas de corazones muertos?

Este mismo planeta, la alfombra de mil años,
puede florecer pero no acepta la muerte ni el reposo:
las cíclicas cerraduras de la fertilidad
se abren en cada primavera para las llaves del sol
y resuenan los frutos haciéndose cascada,
sube y baja el fulgor de la tierra a la boca
y el humano agradece la bondad de su reino.

Alabada sea la vieja tierra color de excremento,
sus cavidades, sus ovarios sacrosantos,
las bodegas de la sabiduría que encerraron
cobre, petróleo, imanes, ferreterías, pureza,
el relámpago que parecía bajar desde el infierno
fue atesorado por la antigua madre de las raíces
y cada día salió el pan a saludarnos
sin importarle la sangre y la muerte que vestimos los hombres,
la maldita progenie que hace la luz del mundo.

V
Los invitados

Y nosotros los muertos, los escalonados en el tiempo,
sembrados en cementerios utilitarios y arrogantes
o caídos en hueseras de pobres bolivianos,
nosotros, los muertos de 1925, 26,
33, 1940, 1918, mil novecientos cinco,

mil novecientos mil, en fin, nosotros,
los fallecidos antes de esta estúpida cifra
en que ya no vivimos, qué pasa con nosotros?

Yo, Pedro Páramo, Pedro Semilla, Pedro Nadie,
es que no tuve derecho a cuatro números y a la resurrección?
Yo quiero ver a los resurrectos para escupirles la cara,
a los adelantados que están a punto de caer
en aviones, ferrocarriles, en las guerras del odio,
los que apenas tuvieron tiempo de nacer y presentar
armas al nuevo siglo y quedarán tronchados,
pudriéndose en la mitad de los festejos y del vino!

Quiero salir de mi tumba, yo muerto, por qué no?

Por qué los prematuros van a ser olvidados?
Todos son invitados al convite!

Es un año más, es un siglo más, con muertos y vivos,
y hay que cuidar el protocolo, poner no sólo la vida,
sino las flores secas, las coronas podridas, el silencio,
porque el silencio tiene derecho a la hermosura
y nosotros, diputados de la muerte,
queremos existir un solo minuto florido
cuando se abran las puertas del honor venidero!

VI
Los hombres

Yo soy Ramón González Barbagelata, de cualquier parte,
de Cucuy, de Paraná, de Río Turbio, de Oruro,
de Maracaibo, de Parral, de Ovalle, de Loncomilla,
tanto da, soy el pobre diablo del pobre Tercer Mundo,
el pasajero de tercera instalado, Jesús!,
en la lujosa blancura de las cordilleras nevadas,
disimulado entre las orquídeas de fina idiosincracia.

He llegado a este mentado año 2000, y qué saco,
con qué me rasco, qué tengo yo que ver
con los tres ceros que se ostentan gloriosos
sobre mi propio cero, sobre mi inexistencia?
Ay de aquel corazón que esperó su bandera
o del hombre enramado por el amor más tierno,
hoy no queda sino mi vago esqueleto,
mis ojos desquiciados frente al tiempo inicial.

Tiempo inicial: son estos barracones perdidos,
estas pobres escuelas, éstos aún harapos,
esta inseguridad terrosa de mis pobres familias,
esto es el día, el siglo inicial, la puerta de oro?

Yo, por lo menos, sin hablar de más, vamos, callado
como fui en la oficina, remendado y absorto,
proclamo lo superfluo de la inauguración:
aquí llegué con todo lo que anduvo conmigo,
la mala suerte y los peores empleos,
la miseria esperando siempre de par en par,
la movilización de la gente hacinada
y la geografía numerosa del hambre.

VII
Los otros hombres

En cambio yo, pecador pescador,
ex vanguardero ya pasado de moda,
de aquellos años muertos y remotos
hoy estoy a la entrada del milenio,
anarcopitalista furibundo,
dispuesto a dos carrillos a morder
la manzana del mundo.
Edad más floreciente ni Florencia
conoció, más florida que Florida,

más Paraíso que Valparaíso.
Yo respiro a mis anchas
en el jardín bancario de este siglo
que es por fin una gran cuenta corriente
en que por suerte soy acreedor.
Gracias a la inversión y subversión
haremos más higiénica esta edad,
ninguna guerra colonial tendrá este nombre
tan desacreditado y repetido,
la democracia pulverizadora
se hará cargo del nuevo diccionario:
es bello este 2000 igual al 1000:
los tres ceros iguales nos resguardan
de toda insurrección innecesaria.

VIII
Los materiales

El mundo se llenó de sinembargos,
de infundados temores y dolor,
pero hay que reconocer que sobre el pan salobre
o junto a tal o cual iniquidad
los vegetales, cuando no fueron quemados,
siguieron floreciendo y repartiendo
y continuaron su trabajo verde.

No hay duda que la tierra
entregó a duras penas otras cosas
de su baúl que parecía eterno:
muere el cobre, solloza el manganeso,
el petróleo es un último estertor,
el hierro se despide del carbón,
el carbón ya cerró sus cavidades.

Ahora este siglo debe asesinar
con otras máquinas de guerra, vamos
a inaugurar la muerte de otro modo,
movilizar la sangre en otras naves.

IX
Celebración

Pongámonos los zapatos, la camisa listada,
el traje azul aunque ya brillen los codos,
pongámonos los fuegos de bengala y de artificio,
pongámonos vino y cerveza entre el cuello y los pies,
porque debidamente debemos celebrar
este número inmenso que costó tanto tiempo,
tantos años y días en paquetes,
tantas horas, tantos millones de minutos,
vamos a celebrar esta inauguración.

Desembotellemos todas las alegrías resguardadas
y busquemos alguna novia perdida
que acepte una festiva dentellada.
Hoy es. Hoy ha llegado. Pisamos el tapiz
del interrogativo milenio. El corazón, la almendra
de la época creciente, la uva definitiva
irá depositándose en nosotros,
y será la verdad tan esperada.

Mientras tanto una hoja del follaje
acrecienta el comienzo de la edad:
rama por rama se cruzará el ramaje,
hoja por hoja subirán los días
y fruto a fruto llegará la paz:
el árbol de la dicha se prepara
desde la encarnizada raíz que sobrevive
buscando el agua, la verdad, la vida.

Hoy es hoy. Ha llegado este mañana
preparado por mucha oscuridad:
no sabemos si es claro todavía
este mundo recién inaugurado:
lo aclararemos, lo oscureceremos
hasta que sea dorado y quemado
como los granos duros del maíz:
a cada uno, a los recién nacidos,
a los sobrevivientes, a los ciegos,
a los mudos, a los mancos y cojos,
para que vean y para que hablen,
para que sobrevivan y recorran,
para que agarren la futura fruta
del reino actual que dejamos abierto
tanto al explorador como a la reina,
tanto al interrogante cosmonauta
como al agricultor tradicional,
a las abejas que llegan ahora
para participar en la colmena
y sobre todo a los pueblos recientes,
a los pueblos crecientes desde ahora
con las nuevas banderas que nacieron
en cada gota de sangre o sudor.

Hoy es hoy y ayer se fue, no hay duda.

Hoy es también mañana, y yo me fui
con algún año frío que se fue,
se fue conmigo y me llevó aquel año.

De esto no cabe duda. Mi osamenta
consistió, a veces, en palabras duras
como huesos al aire y a la lluvia,
y pude celebrar lo que sucede
dejando en vez de canto o testimonio
un porfiado esqueleto de palabras.

Elegía

[1971-1972]

I

Qué se llevó Lacasa?
Benéfica ironía, rectitud
de nacimiento y de conocimiento:
su anterior compañía de Madrid,
el secreto heroísmo
de un corazón cansado!
Ay compañero muerto!

Caminando de nuevo,
despuntando el invierno y la aspereza
del campo, espinas, zarzas, cordilleras,
en mi patria espinosa,
recuerdo a Alberto y su cara de cóndor,
el escultor de manos de metal
que hizo de las substancias despreciadas,
esparto, hierros rotos, palos muertos,
un poderoso Reino.

Allí en Moscú, bajo la nieve,
yace el duro esqueleto toledano
de mi buen compañero. Compañero!

II

Qué perdí, qué perdimos
cuando Nazim cayó como una torre,
como una torre azul que se desploma?

Si me parece a veces
que el sol se fue con él porque era el día,

era Nazim un gran día dorado
y cumplió su deber de amanecer
a pesar de cadenas y castigos:
Adiós, resplandeciente compañero!

Savich suavísimo entre San Basilio
y las viviendas del Aeroport,
o en el barrio de Arbat, aún misterioso,
trasvasijando mi chileno vino
al cuero de tambor de su lenguaje.
Savich, contigo se perdió la abeja
de oro,
que fundó allí la miel de mi colmena!
Mi suave amigo, camarada puro!

III

Ahora, mientras voy
pisando una vez más mi propia arena,
Ilyá Grigórievich, el arrugado,
el hirsuto Ehremburg, ha vuelto a verme
para burlarse un poco de mi vida
y dándome la luz a su manera,
entre desilusión, severidad,
firmeza, desaliento, valentía,
y además, tanto más, su generosa
dacha, su corazón inexorable
como una vieja espada
en cuya empuñadura cinceló
una rosa de Francia
como un amor sacrílego y secreto.
Ay incómodo amigo,
ay hermano mayor, voy caminando
sin tu áspera ternura,
sin la lección de tu sabiduría!

IV

Una lágrima ahora
por otro más, por otro, campanero
éste, de cascabel y campanario,
loco de carcajada,
inventor soberano
de circo mágico y de poesía,
Kirsánov, Sioma, hermano
cuya muerte recién, hace diez horas
supe, diez horas sin creer,
sin aceptar, tan lejos, aquí, ahora,
esta noticia fría,
esta muerte de uñas heladas
que apretó hasta callar su claro canto.

Él era mi alegría,
mi pan alegre, la felicidad
del vino compartido
y del descubrimiento
que iba marcando con su minutero:
la gracia fabulosa
de mi buen compañero cascabel.

Ay, sí, ya sin sonido,
enterrado, robándose al silencio
para siempre con su chisporroteo
y su reverberante poesía,
algo que era mi parte de la fiesta,
mi copa, la que no levantaré
hoy en la sombra de mi compañero,
en el silencio de mi compañero,
en la luna quebrada que derrama
llanto, llanto de nieve
sobre la tumba de mi compañero.

V

Moscú, ciudad de grandes alas,
albatros de la estepa,
con el nido del Kremlin corruscante
y San Basilio y su juguetería,
ciudad también de alma rectangular,
de barrios infinitamente grises,
cubos recién salidos de la usina
y serpenteando como un brazo armado
el río
en la cintura de la fortaleza.

Ciudad más silenciosa y poderosa
tal vez, en su vejez de estrella gótica,
tal vez en el recóndito dominio
de catedrales encaracoladas
de mediopuntos que se rebajaron
hasta agachar las duras estaturas
del zar Iván y Stalin el terrible,
centro del tiempo a veces sumergido
y otras veces tan alto y cenital
que se divisa por toda la tierra:
antiguas piedras, santos verticales,
templos oscuros como cárceles,
cúpulas de pezones dorados,
salas de baile blancas donde flotan
nombres condecorados que cayeron
como claveles rojos en la guerra:
y una energía ardiente y silenciosa
como una hoguera debajo del mar.

VI

Si bien más de un dolor, congoja, duelo,
terror, noche, silencio, recogieron
en esta amarga calle la sustancia
de la época maldita,
la calle no recuerda,
ni tampoco la sangre
de la desenfrenada guerra
guarda sus manchas, no.
La calle de Moscú está siempre nueva,
recién abierta,
y vive la frescura
en el arsenal de la aurora.

VII

Viven rocío, nieve, luna, lluvia
sobre calles y techos y trabajos,
sobre el sueño del hombre:
viva lo que nació y su crecimiento!

Salve, ciudad de la marea humana
que tiembla y desarrolla
sus básicas banderas,
sus flores de metal, su espacio vivo!

Salve Moscú entre las ciudades,
ola del universo,
canal de este planeta!

VIII

Con la primera nieve
de la Revolución, la nieve roja,
la pintura se fue con sus naranjas.
Vivió desenredando
sus cubos prodigiosos
en Berlín, en París, en Londres negro,
maduró en todas partes en su exilio,
iluminó con su contacto eléctrico
los muros extranjeros,
todo fue anaranjado
por la imaginería
de judíos y rusos transmigrados
que hicieron relucir otras estrellas.

Mientras tanto Moscú guardó en su caja,
en el Manège de las caballerizas,
una pintura muerta, los desvanes
de la pequeña burguesía, los
retratos de héroes y caballos
tan delicadamente bien pintados,
tan heroicos, tan justos, tan sagrados
como estampas de libros religiosos
en antesalas de hospital, gastados
por la rutina de pintores muertos
que continuaron vivos todavía.

Ay, pero la pintura
transmigrante, irreal, imaginaria,
la naranja central, la poesía,
volverá a su morada maternal,
a su casa de nieve.

IX

Alberto, el toledano,
entre árbol y escultor, cara de hueso,
llegó de aquel exilio
procesional de España y de sus guerras,
y aquí otra vez viví con sus quimeras:
su monumento a la Bandera Roja,
aguja heroica, obelisco futuro,
creyó ver en la Plaza de Moscú
clavando hasta la altura de la gloria
el triunfo gigantesco.

Pero el falso realismo
condenó sus estatuas al silencio,
mientras abominables, bigotudas
estatuas plateadas o doradas,
se implantaban en plantas y jardines.

Volví a hablar como ayer, como en España
con él, con sus fantasmas toledanos.

Mi grande Alberto, hambriento
de su dura Castilla natalicia,
fabulador, mitólogo, magnético,
inventor de las formas, panadero,
por qué tú te tenías que morir,
tú también con tu cara de martillo
y tu gran corazón de pan silvestre?

X

Y también tú, ciudad rectangular,
inaceptable y lógica, nacida
del apresuramiento y de la guerra,
brotada del cemento renacido
y de tanta ceniza ensangrentada,
ciudad excelsa de la gloria pura
y de ridículas edificaciones,
altas como pasteles para el cielo,
y sin embargo existes,
oh pululante, oh palpitante vida,
oh ciudad del milagro
que agrega vidas a todas las vidas
y crece como selva rápida,
como aparición colectiva,
porque es verdad que son más bellos
el techo, la pared, la cerradura,
que el arco iris de siete colores
donde no puede vivir nadie.

XI

Yo llegué cuántas veces
a la amistad
y a los fríos hoteles
siempre desinfectados
hasta que me quedé por muchas veces
en el antiguo *Nacional* mullido
como poltrona suave:
el siglo diecinueve
iluminó con velas sus espejos,

sus mármoles, sus ángeles dorados,
sus techados con ninfas pudorosas
hasta aquel día en que un pequeño barbudo,
empapelado por las nuevas leyes,
dictó desde esta misma habitación
decretos para que sol y luna,
acero, trigo, escuelas,
se vieran nuevas en el mundo:

Lenin limpió la vida
del planeta,
verificó el desorden existente
y contó cada cosa para no perder nada:
sólo lo muerto fue a la tumba
y sólo el mal se escondió en el pasado:

Moscú a través de sus padecimientos
instauró la limpieza de la historia
mientras como una baraja de colores
el Kremlin esparció sus viejas cartas,
sus antiguos secretos,
y la revolucionaria primavera
entró a sentarse en sus habitaciones.

XII

Las palomas visitaron a Pushkin
y picotearon su melancolía:
la estatua de bronce gris habla con las palomas
con paciencia de bronce:
los pájaros modernos
no le entienden,
es otro ahora el idioma
de los pájaros
y con briznas de Pushkin

vuelan a Mayakovski.
Parece de plomo su estatua,
parece que estuviera
hecha de balas:
no hicieron su ternura
sino su bella arrogancia:
si es un demoledor
de cosas tiernas,
cómo pudo vivir
entre violetas,
a la luz de la luna,
en el amor?

Algo les falta siempre a estas estatuas
fijas en la dirección del tiempo
o ensartan puntualmente
el aire con cuchillo militar
o lo dejan sentado (como a Gogol)
transformado en turista de jardín,
y otros hombres, cansados del caballo,
ya no pudieron bajar a comer.
En verdad son amargas las estatuas
porque el tiempo se queda
depositado en ellas, oxidado,
y aunque las flores llegan a cubrir
sus fríos pies, las flores no son besos,
llegan allí también para morir.

Palomas blancas, diurnas,
y poetas nocturnos
giran alrededor de los zapatos
de Mayakovski férreo,
de su espantoso chaquetón de bronce
y de su férrea boca sin sonrisa.

Yo alguna vez ya tarde, ya dormido,
en ciudad, desde el río a las colinas,
oí subir los versos, la salmodia

de los recitativos recitantes.
Vladimir escuchaba?
Escuchan las estatuas?
Parecía furioso,
su gesto no admitía verso alguno:
tal vez la estatua es concha, caracola
de mármol, bronce o piedra
de un animal herido que se fue
y dejó este vestigio congelado,
un ademán, un movimiento inmóvil,
el despojo del alma.

XIII

Hay una hora cuando cae el día,
la primera advertencia de ceniza,
la luz sacude su cola de pez,
el agua seca del atardecer
baja desde las torres:
pienso que es hoy
cuando debo pasear
solo por estas calles,
dejar la arteria Gorki, disiparme
como un aparecido transparente
en el viejo Moscú de las callejas
que aún se sostienen, isbas
con ventanas de marcos de madera
cortadas por tijeras celestiales,
por manos campesinas,
casas de color rosa y amarillo,
verde inocente, azul de ojos de ángel,
casas angelicales
salidas como brota la legumbre
de las tierras honradas:
viejo Moscú de iglesias minúsculas,

cúpulas con caderas de oro,
humo antiguo que vuela
desde las chimeneas
y las antenas de televisión.

XIV

Evtuchenko es un loco,
es un *clown*,
así dicen con boca cerrada.
Ven, Evtuchenko,
vamos a no conversar,
ya lo hemos hablado todo
antes de llegar a este mundo,
y hay en tu poesía
rayos de luna nueva,
pétalos electrónicos,
locomotoras,
lágrimas,
y de cuando en cuando, hola!
arriba! abajo!
tus piruetas, tus altas acrobacias.
Y por qué no un payaso?

Nos faltan en el mundo
Napoleón, un *clown* de las batallas
(perdido más tarde en la nieve),
Picasso, *clown* del cosmos,
bailando en el altar
de los milagros,
y Colón, aquel payaso triste
que humillado en todas las pistas
nos descubrió hace siglos.

Sólo al poeta no quieren dejarlo,
quieren robarle su pirueta,
quieren quitarle su salto mortal.

Yo lo defiendo
contra los nuevos filisteos.
Adelante Evtuchenko,
mostremos en el circo
nuestra destreza y nuestra tristeza,
nuestro placer de jugar con la luz
para que la verdad relampaguee
entre sombra y sombra.
Hurrah!
ahora entremos,
que se apague la sala y con un reflector
alúmbrennos las caras
para que así puedan ver
dos alegres pájaros
dispuestos a llorar con todo el mundo.

XV

Los vivos, aún vivientes,
el amor del poeta de bronce,
una mujer más frágil que un huevo de perdiz,
delgada como el silbido del canario salvaje,
una llamada Lily Brik es mi amiga,
mi vieja amiga mía. No conocí su hoguera:
y sólo su retrato en las cubiertas
de Mayakovski me advirtieron
que fueron estos ojos apagados
los que encendieron púrpura soviética
en la dimensión descubierta.

Aquí Lily, aún fosforescente
desde su puñadito de cenizas
con una mano en todo lo que nace,
con una rosa de recibimiento
a todo golpe de ala que aparece,
herida por alguna tardía pedrada
destinada hoy aún a Mayakovski:
dulce y bravía Lily, buenas noches,
dame otra vez tu copa transparente
para beber de un trago y en tu honor
el pasado que canta y que crepita
como un ave de fuego.

XVI

Detengámonos, debo dejar un beso
a Akmadúlina: éste es el café, está oscuro,
no hay que tropezar con las sillas:
allí, allí en aquel rincón brilla su pelo,
su bella boca está encendida
como un clavel de Granada
y no es de lámparas aquella luz azul
sino los ojos de la irracional,
de la pantera que sale del bosque
mordiendo un ruiseñor,
es ella que, a la vez
rosa del destino, cigarra de la luna,
canta lo incomprensible y lo más claro,
se hace un collar de mágicas espinas
y no está cómoda en ninguna parte
como una sirena recién salida del mar
invitada a nadar en el desierto.

XVII

La nieve sobre el techo bajo mi ventana
y sobre el árbol de follaje negro
dividiéndolo en dos, sobre las calles
un resplandor: se han llevado la nieve.

Más lejos, por sembrados y caminos,
por estepas, por cauces, cementerios,
sobre tantos dormidos o afiebrados
o fatigados, sobre regimientos,
hospitales, escuelas, la blancura,
la fría rosa blanca deshojada,
tan infinitamente silenciosa,
jugando apenas seriamente pura
o revoloteando un dulce baile
o rápidas, mortales, deslizándose
como puntas de estrellas asesinas
caen a tierra a hundirse y a morir:
pluma a pluma acumulan el silencio
hasta que sobre sábana nevada
yace la noche que cayó a la estepa,
la torre desgranada de la altura.

XVIII

Lo sé, lo sé, con muertos no se hicieron
muros, ni máquinas, ni panaderías:
tal vez así es, sin duda, pero
mi alma no se alimenta de edificios,
no recibo salud de las usinas,
ni tampoco tristeza.

Mi quebranto es de aquellos
que me anduvieron, que me dieron sol,
que me comunicaron existencias,
y ahora qué hago con el heroísmo
de los soldados y los ingenieros?
Dónde está la sonrisa
o la pintura comunicativa,
o la palabra enseñante,
o la risa, la risa,
la clara carcajada
de aquellos que perdí por esas calles,
por estos tiempos, por estas regiones
en donde me detuve y continuaron
ellos, hasta terminar sus viajes?

XIX

En ciertas aguas, en un territorio,
puerto, ciudad, campiña,
allí cierta ternura
nos esperaba o se reconstruyó.
Y la pregunta para todo humano
es saber si se agota el mineral,
esa condición del alma,
si persiste después como raíz,
como bloque enterrado
o si se fue con los que ya se fueron.

Si lo que queda aún en los rincones
de los sobrevivientes
está ya preparado para irse,
así sin despedirnos,
y entonces, cómo llegar y estrellarse
con las máscaras nuevas,
con palabras veloces

que vuelan resbalando en nuevas calles,
en nuevos laberintos?
El tiempo nos había acostumbrado
a este rostro, a estos ojos amarillos,
a esta razón, a este padecimiento,
y si ahora no están, cómo aprender
de nuevo el alfabeto de la vida?

XX

Tal vez no nos despiertan
y seguimos
durmiendo en la hora dormida,
y rechazamos
lo que continúa,
la planta irrevocable
que persiste y que crece:
bien, es verdad, y qué hay con ello?

Por qué aceptar lo que no sustituye
al agua pura, al vino de la viña,
al pan profundo que era nuestro pan,
a las presencias insignes o impuras
que eran nosotros mismos y no están,
y no es porque están muertas,
sino porque no están, y no hay remedio.

XXI

Porque una cosa es que en libro y losa
graben los nombres, brillen o se apaguen.
No es eso, no, no se trataba de eso,

de la inmortalidad descascarada,
se trata de personas personales
con lo que amaban y lo que comían,
cada uno diverso, replegado
en su silencio o en su intensidad.

Y no echaré de menos ni de más,
no la importancia, sí la circunstancia,
el debe y el haber es cosa de otros,
de los encarnizados pertinaces,
yo quiero de ellos lo que no fue nada,
un llegar a la casa en que respiras
y no es sólo aquel hombre y su mujer
sino aquel aire, y no decirse nada
para entenderse sobre lo imposible.

XXII

La noche queda fuera del Aragby
como un mujik a quien no dejaron entrar
y ronda fascinado por risas y *shashlik*.

Que se diga de mí que fui un poeta
de la generación del Restaurant Aragby:
pertenezco al aroma del corderillo asado,
mi poesía a veces es como coles rojas
o como el vino en taza georgiana.

XXIII

Yo, pecador en todo régimen,
con comedores de regiones remotas,

turcomanos, kirghises, caucásicos pastores,
me determino cantor y carnívoro:
me alborozan los cuerpos y la música,
la alegría profunda del estómago,
la voz de los sonámbulos violines.

XXIV

Aquí el cristal es agua dura
de los montes soviéticos, este leño,
este acero nupcial de los cuchillos,
esta parábola de las cucharas,
este pan que florece como rosa,
estas frutas moradas, el arroz
que se multiplicó como la luz,
todo lo crea y lo reparte un pueblo,
un octubre difícil y desnudo
que asumió una verdad desconocida
que creció tan fragante y numerosa
que se extendió hasta todos los hambrientos
llenando el mundo de panaderías.

Muchas veces nevada
la Plaza Roja, o limpia
al sol, abierta, bajo los ladrillos
anaranjados de los viejos muros.

El sepulcro
de oscura piedra roja
tiene como una almendra el cuerpo frágil
de un hombre, y hace bien la piedra dura
resguardando la frente de marfil,
las delicadas piernas y los pies
que cambiaron los pasos de la historia,
y allí vienen de lejos a mirarlo

como si alguna estrella de la noche
aquí recién caída sostuviera
al frágil constructor de la grandeza.

XXV

Ay, aquí tanta sangre, tanta guerra,
y cuánta seriedad, cuánta alegría!
Qué llevaban los ríos? Nieve y sangre.
Y qué eran las ciudades?
Sólo ceniza y humo.
Y aun así, desde sus destrucciones,
surgía la metralla,
relampagueaban los héroes.

XXVI

Luego, adentro de Stalin,
entraron a vivir Dios y el Demonio,
se instalaron en su alma.
Aquel sagaz, tranquilo georgiano,
conocedor del vino y muchas cosas,
aquel capitán claro de su pueblo
aceptó la mudanza:
llegó Dios con un oscuro espejo
y él retocó su imagen cada día
hasta que aquel cristal se adelgazó
y se llenaron de miedo sus ojos.
Luego llegó el Demonio y una soga
le dio, látigo y cuerda.
La tierra se llenó con sus castigos,
cada jardín tenía un ahorcado.

XXVII

Cómo a la rectitud de tu doctrina
subieron estas curvas de serpiente
hasta que miedo y crimen se anudaron
y toda claridad fue exterminada?
Aún quedan semillas del dolor!
Tiempo maldito, entiérrate en su tumba!
Que nunca más la tierra deje entrar
la materia de dioses o demonios
al corazón de los gobernadores:
que no se muestre el cielo individual
o el caprichoso infierno solitario:
pégale con la piedra del Partido,
pícalo con la abeja colectiva,
rompe el espejo, córtale la soga,
para que en el jardín triunfe la rosa.

XXVIII

Aire de Europa y aire de Asia
se encuentran, se rechazan,
se casan, se confunden
en la ciudad del límite:
llega el polvo carbónico de Silesia,
la fragancia vinícola de Francia,
olor a Italia con cebollas fritas,
humo, sangre, claveles españoles,
todo lo trae el aire, la ventisca
de tundra y taiga bailan en la estepa,
el aire siberiano, fuerza pura,
viento de astro silvestre,

el ancho viento que hasta los Urales
con manos verdes como malaquita
plancha los caseríos, las praderas,
guarda en su centro un corazón de lluvia,
se desploma en arcángeles de nieve.

XXIX

Oh línea de dos mundos que palpitan
desgarradoramente, ostentatorios
de lo mejor y de lo venenoso,
línea
de muerte y nacimiento, de Afrodita
fragante a jazmineros entreabiertos
prolongando su esencial divinidad
y el trigo justiciero de este lado,
la cosecha de todos, la certeza
de haber cumplido con el sueño humano:
oh ciudad lineal que como un hacha
nos rompe el alma en dos mitades tristes,
insatisfechas ambas, esperando
la cicatrización de los dolores,
la paz, el tiempo del amor completo.

XXX

Porque yo, clásico de mi araucanía,
castellano de sílabas, testigo
del Greco y su familia lacerada,
yo, hijo de Apollinaire o de Petrarca,
y también yo, pájaro de San Basilio,
viviendo entre las cúpulas burlescas,

elaborados rábanos, cebollas
del huerto bizantino, apariciones
de los íconos en su geometría,
yo que soy tú me abrazo a las herencias
y a las adquisiciones celestiales:
yo y tú, los que vivimos en el límite
del mundo antiguo y de los nuevos mundos
participamos con melancolía
en la fusión de los vientos contrarios,
en la unidad del tiempo que camina.

La vida es el espacio en movimiento.

El corazón amarillo

[1971-1972]

Uno

Por incompleto y fusiforme
yo me entendí con las agujas
y luego me fueron hilando
sin haber nunca terminado.

Por eso el amor que te doy,
mi mujer, mi mujer aguja,
se enrolla en tu oreja mojada
por el vendaval de Chillán
y se desenrolla en tus ojos
desatando melancolías.

No hallo explicación halagüeña
a mi destino intermitente,
mi vanidad me conducía
hacia inauditos heroísmos:
pescar debajo de la arena,
hacer agujeros en el aire,
comerme todas las campanas.
Y sin embargo hice poco
o no hice nada sin embargo,
sino entrar por una guitarra
y salir cantando con ella.

Otro

De tanto andar una región
que no figuraba en los libros
me acostumbré a las tierras tercas

en que nadie me preguntaba
si me gustaban las lechugas
o si prefería la menta
que devoran los elefantes.
Y de tanto no responder
tengo el corazón amarillo.

Otro más

Yo volví del fondo del mar
odiando las cosas mojadas:
me sacudí como los perros
de las olas que me querían
y de repente me sentí
contento de mi desembarco
y únicamente terrestre.

Los periodistas dirigieron
su maquinaria extravagante
contra mis ojos y mi ombligo
para que les contara cosas
como si yo me hubiera muerto,
como si yo fuera un vulgar
cadáver especializado,
sin tomar en cuenta mi ser
que me exigía caminar
antes de que yo regresara
a mis costumbres espantosas:
estuve a punto de volver
a sumergirme en la marea.

Porque mi historia se duplica
cuando en mi infancia descubrí
mi depravado corazón
que me hizo caer en el mar
y acostumbrarme a submarino.

Allí estudié para pintor,
allí tuve casa y pescado,
bajo las olas me casé,
no me acuerdo ni cuáles fueron
mis novias de profundidad
y lo cierto es que todo aquello
era una incólume rutina:
yo me aburría con los peces
sin incidencias ni batallas
y ellos pensaron que tal vez
yo era un monótono cetáceo.

Cuando por imaginación
pisé la arena de Isla Negra
y viví como todo el mundo,
me tocan tanto la campana
y preguntan cosas idiotas
sobre los aspectos remotos
de una vida tan ordinaria
no sé qué hacer para espantar
a estos extraños preguntones.

Le pido a un sabio que me diga
dónde puedo vivir tranquilo.

El héroe

En una calle de Santiago
ha vivido un hombre desnudo
por tantos largos años, sí,
sin calzarse, no, sin vestirse
y con sombrero, sin embargo.

Sin más ropaje que sus pelos
este varón filosofante

se mostró en el balcón a veces
y lo vio la ciudadanía
como a un nudista solitario
enemigo de las camisas,
del pantalón y la casaca.

Así pasaban las modas,
se marchitaban los chalecos
y volvían ciertas solapas,
ciertos bastones caídos:
todo era resurrección
y enterramientos en la ropa,
todo, menos aquel mortal
en cueros como vino al mundo,
desdeñoso como los dioses
dedicados a la gimnasia.

(Los testigos y las testigas
del habitante singular
dan detalles que me estremecen
al mostrar la transformación
del hombre y su fisiología.)

Después de aquella desnudez
con cuarenta años de desnudo
desde la cabeza a los pies
se cubrió con escamas negras
y los cabellos le cubrieron
de tal manera los ojos
que nunca pudo leer más,
ni los periódicos del día.

Así quedó su pensamiento
fijo en un punto del pasado
como el antiguo editorial
de un diario desaparecido.

(Curioso caso aquel varón
que murió cuando perseguía
a su canario en la terraza.)

Queda probado en esta historia
que la buena fe no resiste
las embestidas del invierno.

Una situación insostenible

Tanto se habló de los difuntos
en la familia de Ostrogodo
que pasó una cosa curiosa,
digna de ser establecida.

Hablaban tanto de los muertos
cerca del fuego todo el día,
del primo Carlos, de Felipe,
de Carlota, monja difunta,
de Candelario sepultado,
en fin, no terminaban nunca
de recordar lo que no vivía.

Entonces en aquella casa
de oscuros patios y naranjos,
en el salón de piano negro,
en los pasillos sepulcrales,
se instalaron muchos difuntos
que se sintieron en su casa.

Lentamente, como ahogados
en los jardines cenicientos
pululaban como murciélagos,
se plegaban como paraguas
para dormir o meditar
y dejaban en los sillones
un olor acre de tumba,
un aura que invadió la casa,
un abanico insoportable
de seda color de naufragio.

La familia Ostrogodo apenas
si se atrevía a respirar:
era tan puro su respeto
a los aspectos de la muerte.

Y si aminorados sufrían
nadie les escuchó un susurro.

(Porque hablando de economía
aquella invasión silenciosa
no les gastaba los bolsillos:
los muertos no comen ni fuman,
sin duda esto es satisfactorio:
pero en verdad ocupaban
más y más sitios en la casa.)

Colgaban de los cortinajes,
se sentaban en los floreros,
se disputaban el sillón
de don Filiberto Ostrogodo,
y ocupaban por largo tiempo
el baño, puliendo tal vez
los dientes de sus calaveras:
lo cierto es que aquella familia
fue retirándose del fuego,
del comedor, del dormitorio.

Y conservando su decoro
se fueron todos al jardín
sin protestar de los difuntos,
mostrando una triste alegría.

Bajo la sombra de un naranjo
comían como refugiados
de la frontera peligrosa
de una batalla perdida.
Pero hasta allí llegaron ellos
a colgarse de los ramajes,

serios difuntos circunspectos
que se creían superiores
y no se dignaban hablar
con los benignos Ostrogodos.

Hasta que de tanto morir
ellos se unieron a los otros
enmudeciendo y falleciendo
en aquella casa mortal
que se quedó sin nadie un día,
sin puertas, sin casa, sin luz,
sin naranjos y sin difuntos.

Filosofía

Queda probada la certeza
del árbol verde en primavera
y de la corteza terrestre:
nos alimentan los planetas
a pesar de las erupciones
y el mar nos ofrece pescados
a pesar de sus maremotos:
somos esclavos de la tierra
que también es dueña del aire.

Paseando por una naranja
me pasé más de una vida
repitiendo el globo terrestre:
la geografía y la ambrosía:
los jugos color de jacinto
y un olor blanco de mujer
como las flores de la harina.

No se saca nada volando
para escaparse de este globo

que te atrapó desde nacer.
Y hay que confesar esperando
que el amor y el entendimiento
vienen de abajo, se levantan
y crecen dentro de nosotros
como cebollas, como encinas,
como galápagos o flores,
como países, como razas,
como caminos y destinos.

Sin embargo me muevo

De cuando en cuando soy feliz!
opiné delante de un sabio
que me examinó sin pasión
y me demostró mis errores.

Tal vez no había salvación
para mis dientes averiados,
uno por uno se extraviaron
los pelos de mi cabellera:
mejor era no discutir
sobre mi tráquea cavernosa:
en cuanto al cauce coronario
estaba lleno de advertencias
como el hígado tenebroso
que no me servía de escudo
o este riñón conspirativo.
Y con mi próstata melancólica
y los caprichos de mi uretra
me conducían sin apuro
a un analítico final.

Mirando frente a frente al sabio
sin decidirme a sucumbir

le mostré que podía ver,
palpar, oír y padecer
en otra ocasión favorable.
Y que me dejara el placer
de ser amado y de querer:
me buscaría algún amor
por un mes o por una semana
o por un penúltimo día.

El hombre sabio y desdeñoso
me miró con la indiferencia
de los camellos por la luna
y decidió orgullosamente
olvidarse de mi organismo.

Desde entonces no estoy seguro
de si yo debo obedecer
a su decreto de morirme
o si debo sentirme bien
como mi cuerpo me aconseja.

Y en esta duda yo no sé
si dedicarme a meditar
o alimentarme de claveles.

Piedrafina

Debes medirte, caballero,
compañero debes medirte,
me aconsejaron uno a uno,
me aconsejaron poco a poco,
me aconsejaron mucho a mucho,
hasta que me fui desmidiendo
y cada vez me desmedí,
me desmedí cada día

hasta llegar a ser sin duda
horripilante y desmedido,
desmedido a pesar de todo,
inaceptable y desmedido,
desmedidamente dichoso
en mi insurgente desmesura.

Cuando en el río navegable
navegaba como los cisnes
puse en peligro la barcaza
y produje tan grandes olas
con mis estrofas vendavales
que caímos todos al agua.
Allí los peces me miraron
con ojos fríos y reproches
mientras sardónicos cangrejos
amenazaban nuestros culos.

Otra vez asistiendo a un largo,
a un funeral interminable,
entre los discursos funestos
me quedé dormido en la tumba
y allí con grave negligencia
me echaron tierra, me enterraron:
durante los días oscuros
me alimenté de las coronas,
de crisantemos putrefactos.
Y cuando resucité
nadie se había dado cuenta.

Con una hermosa me pasó
una aventura desmedida.
Piedrafina, así se llamaba,
se parecía a una cereza,
a un corazón dibujado,
a una cajita de cristal.
Cuando me vio naturalmente
se enamoró de mi nariz,

le prodigó tiernos cuidados
y pequeños besos celestes.

Entonces desencadené
mis inaceptables instintos
y la insaciable vanidad
que me lleva a tantos errores:
con esfuerzo desenrollé
mi nariz hasta convertirla
en una trompa de elefante.
Y con mortales malabarismos
llevé a tal grado la destreza
que a Piedrafina levanté
hasta las ramas de un cerezo.

Aquella mujer rechazó
mis homenajes desmedidos
y nunca bajó de las ramas:
me abandonó. Supe después
que poco a poco, con el tiempo,
se convirtió en una cereza.

No hay remedio para estos males
que me hacen feliz tristemente
y amargamente satisfecho:
el orgullo no lleva a nada,
pero la verdad sea dicha:
no se puede vivir sin él.

Canción del amor

Te amo, te amo, es mi canción
y aquí comienza el desatino.

Te amo, te amo mi pulmón,
te amo, te amo mi parrón,
y si el amor es como el vino
eres tú mi predilección
desde las manos a los pies:
eres la copa del después
y la botella del destino.

Te amo al derecho y al revés
y no tengo tono ni tino
para cantarte mi canción,
mi canción que no tiene fin.

En mi violín que desentona
te lo declara mi violín
que te amo, te amo mi violona,
mi mujercita oscura y clara,
mi corazón, mi dentadura,
mi claridad y mi cuchara,
mi sal de la semana oscura,
mi luna de ventana clara.

Una estatua en el silencio

Tanto pasa en el vocerío,
tantas campanas se escucharon
cuando amaban o descubrían
o cuando se condecoraban
que desconfié de la algazara
y me vine a vivir a pie
en esta zona de silencio.

Cuando se cae una ciruela,
cuando una ola se desmaya,

cuando ruedan niñas doradas
en la molicie de la arena,
o cuando una sucesión
de aves inmensas me precede,
en mi callada exploración
no suena ni aúlla ni truena,
no se susurra ni murmulla:
por eso me quedé a vivir
en la música del silencio.

El aire es mudo todavía,
los automóviles resbalan
sobre algodones invisibles
y las muchedumbres políticas
con ademanes enguantados
transcurren en un hemisferio
en donde no vuela una mosca.

Las mujeres más parlanchinas
se ahogaron en los estanques
o navegan como los cisnes,
como las nubes en el cielo,
y van los trenes del verano
repletos de frutas y bocas
sin un pitazo ni una rueda
que rechine, como ciclones
encadenados al silencio.

Los meses son como cortinas,
como taciturnas alfombras:
bailan aquí las estaciones
hasta que duerme en el salón
la estatua inmóvil del invierno.

Integraciones

Después de todo te amaré
como si fuera siempre antes
como si de tanto esperar
sin que te viera ni llegaras
estuvieras eternamente
respirando cerca de mí.

Cerca de mí con tus costumbres
con tu color y tu guitarra
como están juntos los países
en las lecciones escolares
y dos comarcas se confunden
y hay un río cerca de un río
y dos volcanes crecen juntos.

Cerca de ti es cerca de mí
y lejos de todo es tu ausencia
y es color de arcilla la luna
en la noche del terremoto
cuando en el terror de la tierra
se juntan todas las raíces
y se oye sonar el silencio
con la música del espanto.
El miedo es también un camino.
Y entre sus piedras pavorosas
puede marchar con cuatro pies
y cuatro labios, la ternura.

Porque sin salir del presente
que es un anillo delicado
tocamos la arena de ayer
y en el mar enseña el amor
un arrebato repetido.

Gatos nocturnos

Cuántas estrellas tiene un gato
me preguntaron en París
y comencé tigre por tigre
a acechar las constelaciones:
porque dos ojos acechantes
son palpitaciones de Dios
en los ojos fríos del gato
y dos centellas en el tigre.

Pero es una estrella la cola
de un gato erizado en el cielo
y es un tigre de piedra azul
la noche azul de Antofagasta.

La noche gris de Antofagasta
se eleva sobre las esquinas
como una derrota elevada
sobre la fatiga terrestre
y se sabe que es el desierto
el otro rostro de la noche
tan infinita, inexplorada
como el no ser de las estrellas.

Y entre las dos copas del alma
los minerales centellean.

Nunca vi un gato en el desierto:
la verdad es que nunca tuve
para dormir más compañía
que las arenas de la noche,
las circunstancias del desierto
o las estrellas del espacio.

Porque así no son y así son
mis pobres averiguaciones.

Rechaza los relámpagos

Centella, tú me dedicaste
la lentitud de mis trabajos:
con la advertencia equinoccial
de tu fosfórica amenaza
yo recogí mis preferencias,
renuncié a lo que no tenía
y encontré a mis pies y a mis ojos
las abundancias del otoño.

Me enseñó el rayo a ser tranquilo,
a no perder luz en el cielo,
a buscar adentro de mí
las galerías de la tierra,
a cavar en el suelo duro
hasta encontrar en la dureza
el mismo sitio que buscaba,
agonizando, el meteoro.

Aprendí la velocidad
para dejarla en el espacio
y de mi lento movimiento
hice una escuela innecesaria
como una tertulia de peces
cuyo paseo cotidiano
se desarrolla entre amenazas.
Éste es el estilo de abajo,
del manifiesto submarino.

Y no lo pienso desdeñar
por una ley de la centella:

cada uno con su señal,
con lo que tuvo en este mundo,
y me remito a mi verdad
porque me falta una mentira.

Desastres

Cuando llegué a Curacautín
estaba lloviendo ceniza
por voluntad de los volcanes.

Me tuve que mudar a Talca
donde habían crecido tanto
los ríos tranquilos de Maule
que me dormí en una embarcación
y me fui a Valparaíso.

En Valparaíso caían
alrededor de mí las casas
y desayuné en los escombros
de mi perdida biblioteca
entre un Baudelaire sobrevivo
y un Cervantes desmantelado.

En Santiago las elecciones
me expulsaron de la ciudad:
todos se escupían la cara
y a juzgar por los periodistas
en el cielo estaban los justos
y en la calle los asesinos.

Hice mi cama junto a un río
que llevaba más piedras que agua,
junto a unas encinas serenas,

lejos de todas las ciudades,
junto a las piedras que cantaban
y al fin pude dormir en paz
con cierto temor de una estrella
que me miraba y parpadeaba
con cierta insistencia maligna.

Pero la mañana gentil
pintó de azul la noche negra
y las estrellas enemigas
fueron tragadas por la luz
mientras yo cantaba tranquilo
sin catástrofe y sin guitarra.

Recuerdos de la amistad

Era una tal obstinación
la de mi amigo Rupertino
que empeñó su desinterés
en siempre inútiles empresas:
exploró reinos explorados,
fabricó millones de ojales,
abrió un club de viudas heroicas
y vendía el humo en botellas.

Yo desde niño hice de Sancho
contra mi socio quijotesco:
alegué con fuerza y cordura
como una tía protectora
cuando quiso plantar naranjos
en los techos de Notre-Dame.
Luego, cansado de sufrirlo,
lo dejé en una nueva industria:
«Bote Ataúd», «Lancha Sarcófago»
para presuntos suicidas:

mi paciencia no pudo más
y le corté mi vecindad.

Cuando mi amigo fue elegido
Presidente de Costaragua
me designó Generalísimo,
a cargo de su territorio:
era su orden invadir
las monarquías cafeteras
regidas por reyes rabiosos
que amenazaban su existencia.

Por debilidad de carácter
y amistad antigua y pueril
acepté aquellas charreteras
y con cuarenta involuntarios
avancé sobre las fronteras.

Nadie sabe lo que es morder
el polvo de la derrota:
entre Marfil y Costaragua
se derritieron de calor
mis aguerridos combatientes
y me quedé solo, cercado
por cincuenta reyes rabiosos.

Volví contrito de las guerras:
sin título de general.
Busqué a mi amigo quijotero:
nadie sabía dónde estaba.

Lo encontré luego en Canadá
vendiendo plumas de pingüino
(ave implume por excelencia)
(lo que no tenía importancia
para mi compadre obstinado).

El día menos pensado
puede aparecer en su casa:
créale todo lo que cuenta
porque después de todo es él
el que siempre tuvo razón.

Enigma para intranquilos

Por los días del año que vendrá
encontraré una hora diferente:
una hora de pelo catarata,
una hora ya nunca transcurrida:
como si el tiempo se rompiera allí
y abriera una ventana: un agujero
por donde deslizarnos hacia el fondo.

Bueno, aquel día con la hora aquella
llegará y dejará todo cambiado:
no se sabrá ya más si ayer se fue
o lo que vuelve es lo que no pasó.

Cuando de aquel reloj caiga una hora
al suelo, sin que nadie la recoja,
y al fin tengamos amarrado el tiempo,
ay! sabremos por fin dónde comienzan
o dónde se terminan los destinos,
porque en el trozo muerto o apagado
veremos la materia de las horas
como se ve la pata de un insecto.

Y dispondremos de un poder satánico:
volver atrás o acelerar las horas:
llegar al nacimiento o a la muerte
con un motor robado al infinito.

El pollo jeroglífico

Tan defectuoso era mi amigo
que no soportaba el crepúsculo.
Era una injuria personal
la aproximación de la sombra,
la duda crítica del día.

Mi pobre amigo aunque heredero
de posesiones terrenales
podía cambiar de estación
buscando el país de la nieve
o las palmeras de Sumatra:
pero, cómo evitarle al día
el crepúsculo inevitable?

Intentó somníferos verdes
y alcoholes extravagantes,
nadó en espuma de cerveza,
acudió a médicos, leyó
farmacopeas y almanaques:
escogió el amor a esa hora,
pero todo resultó inútil:
casi dejaba de latir
o palpitaba demasiado
su corazón que rechazaba
el advenimiento fatal
del crepúsculo de cada día.
Penosa vida que arrastró
mi amigo desinteresado.

Con C.B. íbamos con él
a un restaurante de París
a esa hora para que se viera
la aproximación de la noche.

Nuestro amigo creyó encontrar
un jeroglífico inquietante
en un manjar que le ofrecían.
Y acto seguido, iracundo,
arrojó el pollo jeroglífico
a la cabeza del benigno
maître d'hôtel del restaurante.
Mientras se cerraba el crepúsculo
como un abanico celeste
sobre las torres de París,
la salsa bajaba a los ojos
del servidor desorientado.

Llegó la noche y otro día
y sobre nuestro atormentado,
qué hacer? Cayó el olvido oscuro
como un crepúsculo de plomo.

C. B. me recuerda esta historia
en una carta que conservo.

Mañana con aire

Del aire libre prisionero
va un hombre a media mañana
como un globo de cristal.
Qué puede saber y conocer
si está encerrado como un pez
entre el espacio y el silencio,
si los follajes inocentes
le esconden las moscas del mal?

Es mi deber de sacerdote,
de geógrafo arrepentido,

de naturalista engañado,
abrir los ojos del viajero:

me paro en medio del camino
y detengo su bicicleta:

Olvidas, le digo, villano,
ignorante lleno de oxígeno,
el tugurio de las desdichas
y los rincones humillados?

Ignoras que allí con puñal,
acá con garrote y pedrada,
más allá con revólver negro
y en Chicago con tenedor
se asesinan las alimañas,
se despedazan las palomas
y se degüellan las sandías?

Arrepiéntete del oxígeno,
dije al viajero sorprendido,
no hay derecho a entregar la vida
a la exclusiva transparencia.

Hay que entrar en la casa oscura,
en el callejón de la muerte,
tocar la sangre y el terror,
compartir el mal espantoso.

El transeúnte me clavó
sus dos ojos incomprensivos
y se alejó en la luz del sol
sin responder ni comprender.

Y me dejó –triste de mí–
hablando solo en el camino.

El tiempo que no se perdió

No se cuentan las ilusiones
ni las comprensiones amargas,
no hay medida para contar
lo que no podría pasarnos,
lo que rondó como abejorro
sin que no nos diéramos cuenta
de lo que estábamos perdiendo.

Perder hasta perder la vida
es vivir la vida y la muerte
y no son cosas pasajeras
sino constantes evidentes
la continuidad del vacío,
el silencio en que cae todo
y por fin nosotros caemos.

Ay! lo que estuvo tan cerca
sin que pudiéramos saber.
Ay! lo que no podía ser
cuando tal vez podía ser.

Tantas alas circunvolaron
las montañas de la tristeza
y tantas ruedas sacudieron
la carretera del destino
que ya no hay nada que perder.

Se terminaron los lamentos.

Otra cosa

Me suceden tan pocas cosas
que debo contar y contarlas.
Nadie me regala asfodelos
y nadie me hace suspirar.
Porque llegué a la encrucijada
de un enrevesado destino
cuando se apagan los relojes
y cae el cielo sobre el cielo
hasta que el día moribundo
saca a la luna de paseo.

Hasta cuándo se desenreda
esta belleza equinoccial
que de verde pasa a redonda,
de ola marina a catarata,
de sol soberbio a luna blanca,
de soledad a capitolio,
sin que se altere la ecuación
del mundo en que no pasa nada?

No pasa nada sino un día
que como ejemplar estudiante
se sienta con sus galardones
detrás de otro día premiado,
hasta que el coro semanal
se ha convertido en un anillo
que ni la noche transfigura
porque llega tan alhajada,
tan portentosa como siempre.

A ver si pescan peces locos
que trepen como ornitorrincos
por las paredes de mi casa

y rompan el nuevo equilibrio
que me persigue y me atormenta.

Suburbios

Celebro las virtudes y los vicios
de pequeños burgueses suburbanos
que sobrepasan el refrigerador
y colocan sombrillas de color
junto al jardín que anhela una piscina:
este ideal del lujo soberano
para mi hermano pequeño burgués
que eres tú y que soy yo, vamos diciendo
la verdad verdadera en este mundo.

La verdad de aquel sueño a corto plazo
sin oficina el sábado, por fin,
los despiadados jefes que produce
el hombre en los graneros insolubles
donde siempre nacieron los verdugos
que crecen y se multiplican siempre.

Nosotros, héroes y pobres diablos,
débiles, fanfarrones, inconclusos,
y capaces de todo lo imposible
siempre que no se vea ni se oiga,
donjuanes y donjuanas pasajeros
en la fugacidad de un corredor
o de un tímido hotel de pasajeros.
Nosotros con pequeñas vanidades
y resistidas ganas de subir,
de llegar donde todos han llegado
porque así nos parece que es el mundo:
una pista infinita de campeones
y en un rincón nosotros, olvidados

por culpa de tal vez todos los otros
porque eran tan parecidos a nosotros
hasta que se robaron sus laureles,
sus medallas, sus títulos, sus nombres.

Jardín de invierno

[1971-1973]

El egoísta

No falta nadie en el jardín. No hay nadie:
sólo el invierno verde y negro, el día
desvelado como una aparición,
fantasma blanco, fría vestidura,
por las escalas de un castillo. Es hora
de que no llegue nadie, apenas caen
las gotas que cuajaban el rocío
en las ramas desnudas del invierno
y yo y tú en esta zona solitaria,
invencibles y solos, esperando
que nadie llegue, no, que nadie venga
con sonrisa o medalla o presupuesto
a proponernos nada.

Ésta es la hora
de las hojas caídas, trituradas
sobre la tierra, cuando
de ser y de no ser vuelven al fondo
despojándose de oro y de verdura
hasta que son raíces otra vez
y otra vez, demoliéndose y naciendo,
suben a conocer la primavera.

Oh corazón perdido
en mí mismo, en mi propia investidura,
qué generosa transición te puebla!
Yo no soy el culpable
de haber huido ni de haber acudido:
no me pudo gastar la desventura!
La propia dicha puede ser amarga
a fuerza de besarla cada día
y no hay camino para liberarse
del sol sino la muerte.

Qué puedo hacer si me escogió la estrella
para relampaguear, y si la espina
me condujo al dolor de algunos muchos?
Qué puedo hacer si cada movimiento
de mi mano me acercó a la rosa?
Debo pedir perdón por este invierno,
el más lejano, el más inalcanzable
para aquel hombre que buscaba el frío
sin que sufriera nadie por su dicha?

Y si entre estos caminos
–Francia distante, números de niebla–
vuelvo al recinto de mi propia vida
–un jardín solo, una comuna pobre–
y de pronto este día igual a todos
baja por las escalas que no existen
vestido de pureza irresistible,
y hay un olor de soledad aguda,
de humedad, de agua, de nacer de nuevo:
qué puedo hacer si respiro sin nadie,
por qué voy a sentirme malherido?

Gautama Cristo

Los nombres de Dios y en particular de su representante
llamado Jesús o Cristo, según textos y bocas,
han sido usados, gastados y dejados
a la orilla del río de las vidas
como las conchas vacías de un molusco.

Sin embargo, al tocar estos nombres sagrados
y desangrados, pétalos heridos,
saldos de los océanos del amor y del miedo,
algo aún permanece: un labio de ágata,
una huella irisada que aún tiembla en la luz.

Mientras se usaban los nombres de Dios
por los mejores y por los peores, por los limpios y por los
    sucios,
por los blancos y los negros, por ensangrentados asesinos
y por las víctimas doradas que ardieron en napalm,
mientras Nixon con las manos
de Caín bendecía a sus condenados a muerte,
mientras menos y menores huellas divinas se hallaron en la
    playa,
los hombres comenzaron a estudiar los colores,
el porvenir de la miel, el signo del uranio,
buscaron con desconfianza y esperanza las posibilidades
de matarse y de no matarse, de organizarse en hileras,
de ir más allá, de ilimitarse sin reposo.

Los que cruzamos estas edades con gusto a sangre,
a humo de escombros, a ceniza muerta,
y no fuimos capaces de perder la mirada,
a menudo nos detuvimos en los nombres de Dios,
los levantamos con ternura porque nos recordaban
a los antecesores, a los primeros, a los que interrogaron,
a los que encontraron el himno que los unió en la desdicha
y ahora viendo los fragmentos vacíos donde habitó aquel
    nombre
sentimos estas suaves sustancias
gastadas, malgastadas por la bondad y por la maldad.

La piel del abedul

Como la piel del abedul
eres plateada y olorosa:
tengo que contar con tus ojos
al describir la primavera.

Y aunque no sé cómo te llamas
no hay primer tomo sin mujer:
los libros se escriben con besos
(y yo les ruego que se callen
para que se acerque la lluvia).

Quiero decir que entre dos mares
está colgando mi estatura
como una bandera abatida.
Y por mi amada sin mirada
estoy dispuesto hasta a morir
aunque mi muerte se atribuya
a mi deficiente organismo
o a la tristeza innecesaria
depositada en los roperos.
Lo cierto es que el tiempo se escapa
y con voz de viuda me llama
desde los bosques olvidados.

Antes de ver el mundo, entonces,
cuando mis ojos no se abrían
yo disponía de cuatro ojos:
los míos y los de mi amor:
no me pregunten si he cambiado
(es sólo el tiempo el que envejece)
(vive cambiando de camisa
mientras yo sigo caminando).

Todos los labios del amor
fueron haciendo mi ropaje
desde que me sentí desnudo:
ella se llamaba María
(tal vez Teresa se llamaba),
y me acostumbré a caminar
consumido por mis pasiones.

Eres tú la que tú serás
mujer innata de mi amor,

la que de greda fue formada
o la de plumas que voló
o la mujer territorial
de cabellera en el follaje
o la concéntrica caída
como una moneda desnuda
en el estanque de un topacio
o la presente cuidadora
de mi incorrecta indisciplina
o bien la que nunca nació
y que yo espero todavía.

Porque la luz del abedul
es la piel de la primavera.

Modestamente

Hay que conocer ciertas virtudes
normales, vestimentas de cada día
que de tanto ser vistas parecen invisibles
y no entregarnos al excepcional,
al tragafuego o a la mujer araña.

Sin duda que preconizó la excelencia silvestre,
el respeto anticuado, la sede natural,
la economía de los hechos sublimes que se pegan
de roca en roca a las generaciones sucesivas,
como ciertos moluscos vencedores del mar.

Toda la gente, somos nosotros, los eslabones grises
de las vidas que se repiten hasta la muerte,
y no llevamos uniformes desmesurados, ni rupturas precisas:
nos convienen las comunicaciones, el limpio amor, el pan
     puro,
el fútbol, las calles atravesadas con basuras a la puerta,

los perros de condescendientes colas, el jugo de un limón
en el advenimiento del pescado pacífico.

Pido autorización para ser como todos,
como todo el mundo y, también, como cualquiera:
le ruego a usted, encarecidamente,
si se trata de mí, ya que de eso se trata,
que se elimine el cornetazo durante mi visita
y se resignen ustedes a mi tranquila ausencia.

Con Quevedo, en primavera

Todo ha florecido en
estos campos, manzanos,
azules titubeantes, malezas amarillas,
y entre la hierba verde viven las amapolas,
El cielo inextinguible, el aire nuevo
de cada día, el tácito fulgor,
regalo de una extensa primavera.
Sólo no hay primavera en mi recinto.
Enfermedades, besos desquiciados,
como yedras de iglesia se pegaron
a las ventanas negras de mi vida
y el solo amor no basta, ni el salvaje
y extenso aroma de la primavera.

Y para ti qué son en este ahora
la luz desenfrenada, el desarrollo
floral de la evidencia, el canto verde
de las verdes hojas, la presencia
del cielo con su copa de frescura?
Primavera exterior, no me atormentes,
desatando en mis brazos vino y nieve,
corola y ramo roto de pesares,
dame por hoy el sueño de las hojas

nocturnas, la noche en que se encuentran
los muertos, los metales, las raíces,
y tantas primaveras extinguidas
que despiertan en cada primavera.

Todos saber

Alguien preguntará más tarde, alguna vez
buscando un nombre, el suyo o cualquier otro nombre,
por qué desestimé su amistad o su amor
o su razón o su delirio o sus trabajos:
tendrá razón: fue mi deber nombrarte,
a ti, al de más allá y al de más cerca,
a alguno por la heroica cicatriz,
a la mujer aquella por su pétalo,
al arrogante por su inocencia agresiva,
al olvidado por su oscuridad insigne.

Pero no tuve tiempo ni tinta para todos.

O bien el menoscabo de la ciudad, del tiempo,
el frío corazón de los relojes
que latieron cortando mi medida,
algo pasó, no descifré,
no alcancé todos los significados:
pido perdón al que no está presente:
mi obligación fue comprender a todos, delirante,
débil, tenaz, manchado, heroico, vil,
amante hasta las lágrimas, ingrato,
redentor atrapado en su cadena,
enlutado campeón de la alegría.

Ay, para qué contamos tus verdades
si yo viví con ellas,
si yo soy cada uno y cada vez,
si yo me llamo siempre con tu nombre.

Imagen

De una mujer que apenas conocí
guardo el nombre cerrado: es una caja,
alzo de tarde en tarde las sílabas que tienen
herrumbre y crujen como pianos desvencijados:
salen luego los árboles aquellos, de la lluvia,
los jazmines, las trenzas victoriosas
de una mujer sin cuerpo ya, perdida,
ahogada en el tiempo como en un lento lago:
sus ojos se apagaron allí como carbones.

Sin embargo, hay en la disolución
fragancia muerta, arterias enterradas,
o simplemente vida entre otras vidas.

Es aromático volver el rostro
sin otra dirección que la pureza:
tomar el pulso al cielo torrencial
de nuestra juventud menoscabada:
girar un anillo al vacío,
poner el grito en el cielo.

Siento no tener tiempo para mis existencias,
la mínima, el souvenir dejado en un vagón
de tren, en una alcoba o en la cervecería,
como un paraguas que allí se quedó en la lluvia:
tal vez son estos labios imperceptibles
los que se escuchan como resonancia marina
de pronto, en un descuido del camino.

Por eso, Irene o Rosa, María o Leonor,
cajas vacías, flores secas dentro de un libro,
llaman en circunstancias solitarias
y hay que abrir, hay que oír lo que no tiene voz,
hay que ver estas cosas que no existen.

Llama el océano

No voy al mar en este ancho verano
cubierto de calor, no voy más lejos
de los muros, las puertas y las grietas
que circundan las vidas y mi vida.

En qué distancia, frente a cuál ventana,
en qué estación de trenes
dejé olvidado el mar? Y allí quedamos,
yo dando las espaldas a lo que amo
mientras allá seguía la batalla
de blanco y verde y piedra y centelleo.

Así fue, así parece que así fue:
cambian las vidas, y el que va muriendo
no sabe que esa parte de la vida,
esa nota mayor, esa abundancia
de cólera y fulgor quedaron lejos,
te fueron ciegamente cercenadas.

No, yo me niego al mar desconocido,
muerto, rodeado de ciudades tristes,
mar cuyas olas no saben matar,
ni cargarse de sal y de sonido.
Yo quiero el mío mar, la artillería
del océano golpeando las orillas,
aquel derrumbe insigne de turquesas,
la espuma donde muere el poderío.

No salgo al mar este verano: estoy
encerrado, enterrado, y a lo largo
del túnel que me lleva prisionero
oigo remotamente un trueno verde,
un cataclismo de botellas rotas,
un susurro de sal y de agonía.

Es el libertador. Es el océano,
lejos, allá, en mi patria, que me espera.

Pájaro

Un pájaro elegante,
patas delgadas, cola interminable,
viene
cerca de mí, a saber qué animal soy.

Sucede en Primavera,
en Condé-sur-Iton, en Normandía.
Tiene una estrella o gota
de cuarzo, harina o nieve
en la frente minúscula
y dos rayas azules lo recorren
desde el cuello a la cola,
dos líneas estelares de turquesa.

Da minúsculos saltos
mirándome rodeado
de pasto verde y cielo
y son dos signos interrogativos
esos nerviosos ojos acechantes
como dos alfileres,
dos puntas negras, rayos diminutos
que me atraviesan para preguntarme
si vuelo y hacia dónde.
Intrépido, vestido
como una flor por sus ardientes plumas,
directo, decidido
frente a la hostilidad de mi estatura,
de pronto encuentra un grano o un gusano
y a saltos de delgados pies de alambre
abandona el enigma

de este gigante que se queda solo,
sin su pequeña vida pasajera.

Jardín de invierno

Llega el invierno. Espléndido dictado
me dan las lentas hojas
vestidas de silencio y amarillo.

Soy un libro de nieve,
una espaciosa mano, una pradera,
un círculo que espera,
pertenezco a la tierra y a su invierno.

Creció el rumor del mundo en el follaje,
ardió después el trigo constelado
por flores rojas como quemaduras,
luego llegó el otoño a establecer
la escritura del vino:
todo pasó, fue cielo pasajero
la copa del estío,
y se apagó la nube navegante.

Yo esperé en el balcón, tan enlutado
como ayer con las yedras de mi infancia,
que la tierra extendiera
sus alas en mi amor deshabitado.

Yo supe que la rosa caería
y el hueso del durazno transitorio
volvería a dormir y a germinar:
y me embriagué con la copa del aire
hasta que todo el mar se hizo nocturno
y el arrebol se convirtió en ceniza.

La tierra vive ahora
tranquilizando su interrogatorio,
extendida la piel de su silencio.
Yo vuelvo a ser ahora
el taciturno que llegó de lejos
envuelto en lluvia fría y en campanas:
debo a la muerte pura de la tierra
la voluntad de mis germinaciones.

Muchas gracias

Hay que andar tanto por el mundo
para constatar ciertas cosas,
ciertas leyes de sol azul,
el rumor central del dolor,
la exactitud primaveral.

Yo soy tardío de problemas:
llego tarde al anfiteatro
donde se espera la llegada
de la sopa de los centauros!
Allí brillan los vencedores
y se multiplica el otoño.

Por qué yo vivo desterrado
del esplendor de las naranjas?

Me he dado cuenta poco a poco
que en estos días sofocantes
se me va la vida en sentarme,
gasto la luz en las alfombras.

Si no me dejaron entrar
en la casa de los urgentes,
de los que llegaron a tiempo,

quiero saber lo que pasó
cuando se cerraron las puertas.

Cuando se cerraron las puertas
y el mundo desapareció
en un murmullo de sombreros
que repetían como el mar
un prestigioso movimiento.

Con estas razones de ausencia
pido perdón por mi conducta.

Regresos

Dos regresos se unieron a mi vida
y al mar de cada día:
de una vez afronté la luz, la tierra,
cierta paz provisoria. Una cebolla
era la luna, globo
nutricio de la noche, el sol naranja
sumergido en el mar:
una llegada
que soporté, que reprimí hasta ahora,
que yo determiné, y aquí me quedo:
ahora la verdad es el regreso.
Lo sentí como quebrantadura,
como una nuez de vidrio
que se rompe en la roca
y por allí, en un trueno, entró la luz,
la luz del litoral, del mar perdido,
del mar ganado ahora y para siempre.

Yo soy el hombre de tantos regresos
que forman un racimo traicionado,
de nuevo, adiós, por un temible viaje

en que voy sin llegar a parte alguna:
mi única travesía es un regreso.

Y esta vez entre las incitaciones
temí tocar la arena, el resplandor
de este mar malherido y derramado,
pero dispuesto ya a mis injusticias
la decisión cayó con el sonido
de un fruto de cristal que se destroza
y en el golpe sonoro vi la vida,
la tierra envuelta en sombras y destellos
y la copa del mar bajo mis labios.

Los perdidos del bosque

Yo soy uno de aquellos que no alcanzó a llegar al bosque,
de los retrocedidos por el invierno en la tierra,
atajados por escarabajos de irisación y picadura
o por tremendos ríos que se oponían al destino.

Éste es el bosque, el follaje es cómodo, son altísimos muebles
los árboles, ensimismadas cítaras las hojas,
se borraron senderos, cercados, patrimonios,
el aire es patriarcal y tiene olor a tristeza.

Todo es ceremonioso en el jardín salvaje
de la infancia: hay manzanas cerca del agua
que llega de la nieve negra escondida en los Andes:
manzanas cuyo áspero rubor no conoce los dientes
del hombre, sino el picoteo de pájaros voraces,
manzanas que inventaron la simetría silvestre
y que caminan con lentísimo paso hacia el azúcar.

Todo es nuevo y antiguo en el esplendor circundante,
los que hasta aquí vinieron son los menoscabados,

y los que se quedaron atrás en la distancia
son los náufragos que pueden o no sobrevivir:
sólo entonces conocerán las leyes del bosque.

In memoriam
Manuel y Benjamín

Al mismo tiempo, dos de mi carrera,
de mi cantera, dos de mis trabajos,
se murieron con horas de intervalo:
uno envuelto en Santiago, el otro en Tacna:
dos singulares, sólo parecidos
ahora, única vez, porque se han muerto.

El primero fue taimado y soberano,
áspero, de rugosa investidura,
más bien dado al silencio:
de obrero trabajado conservó
la mano de tarea predispuesta
a la piedra, al metal de la herrería.
El otro, inquieto del conocimiento,
ave de rama en rama de la vida,
fuegocentrista como un bello faro
de intermitentes rayos.
                              Dos secuaces
de dos sabidurías diferentes:
dos nobles solitarios que hoy se unieron
para mí en la noticia de la muerte.

Amé a mis dos opuestos compañeros
que, enmudeciendo, me han dejado mudo
sin saber qué decir ni qué pensar.

Tanto buscar debajo de la piel
y tanto andar entre almas y raíces,
tanto picar papel hora tras hora!

Ahora quietos están, acostumbrándose
a un nuevo espacio de la oscuridad,
el uno con su rectitud de roble
y el otro con su espejo y espejismo:
los dos que se pasaron nuestras vidas
cortando el tiempo, escarmenando, abriendo
surcos, rastreando la palabra justa,
el pan de la palabra cada día.

(Si no tuvieron tiempo de cansarse
ahora quietos y por fin solemnes
entran compactos a este gran silencio
que desmenuzará sus estaturas.)

No se hicieron las lágrimas jamás
para estos hombres.
        Y nuestras palabras
suenan a hueco como tumbas nuevas
donde nuestras pisadas desentonan,
mientras ellos allí se quedan solos,
con naturalidad, como existieron.

El tiempo

De muchos días se hace el día, una hora
tiene minutos atrasados que llegaron y el día
se forma con extravagantes olvidos, con metales,
cristales, ropa que siguió en los rincones,
predicciones, mensajes que no llegaron nunca.

El día es un estanque en el bosque futuro,
esperando, poblándose de hojas, de advertencias,
de sonidos opacos que entraron en el agua
como piedras celestes.
        A la orilla

quedan las huellas doradas del zorro vespertino
que como un pequeño rey rápido quiere la guerra:
el día acumula en su luz briznas, murmullos:
todo surge de pronto como una vestidura
que es nuestra, es el fulgor acumulado
que aguardaba y que muere por orden de la noche
volcándose en la sombra.

Animal de luz

Soy en este sin fin sin soledad
un animal de luz acorralado
por sus errores y por su follaje:
ancha es la selva: aquí mis semejantes
pululan, retroceden o trafican,
mientras yo me retiro acompañado
por la escolta que el tiempo determina:
olas del mar, estrellas de la noche.

Es poco, es ancho, es escaso y es todo.
De tanto ver mis ojos otros ojos
y mi boca de tanto ser besada,
de haber tragado el humo
de aquellos trenes desaparecidos,
las viejas estaciones despiadadas
y el polvo de incesantes librerías,
el hombre yo, el mortal, se fatigó
de ojos, de besos, de humo, de caminos,
de libros más espesos que la tierra.

Y hoy en el fondo del bosque perdido
oye el rumor del enemigo y huye
no de los otros sino de sí mismo,
de la conversación interminable,
del coro que cantaba con nosotros
y del significado de la vida.

Porque una vez, porque una voz, porque una
sílaba o el transcurso de un silencio
o el sonido insepulto de la ola
me dejan frente a la verdad,
y no hay nada más que descifrar,
ni nada más que hablar: eso era todo:
se cerraron las puertas de la selva,
circula el sol abriendo los follajes,
sube la luna como fruta blanca
y el hombre se acomoda a su destino.

Los triángulos

Tres triángulos de pájaros cruzaron
sobre el enorme océano extendido
en el invierno como una bestia verde.
Todo yace, el silencio,
el desarrollo gris, la luz pesada
del espacio, la tierra intermitente.

Por encima de todo fue pasando
un vuelo
y otro vuelo
de aves oscuras, cuerpos invernales,
triángulos temblorosos
cuyas alas
agitándose apenas
llevan de un sitio a otro
de las costas de Chile
el frío gris, los desolados días.

Yo estoy aquí mientras de cielo en cielo
el temblor de las aves migratorias
me deja hundido en mí y en mi materia
como en un pozo de perpetuidad
cavado por una espiral inmóvil.

Ya desaparecieron:
plumas negras del mar,
pájaros férreos
de acantilados y de roqueríos,
ahora, a medio día
frente al vacío estoy: es el espacio
del invierno extendido
y el mar se ha puesto
sobre el rostro azul
una máscara amarga.

Un perro ha muerto

Mi perro ha muerto.

Lo enterré en el jardín
junto a una vieja máquina oxidada.

Allí, no más abajo,
ni más arriba,
se juntará conmigo alguna vez.
Ahora él ya se fue con su pelaje,
su mala educación, su nariz fría.
Y yo, materialista que no cree
en el celeste cielo prometido
para ningún humano,
para este perro o para todo perro
creo en el cielo, sí, creo en un cielo
donde yo no entraré, pero él me espera
ondulando su cola de abanico
para que yo al llegar tenga amistades.

Ay no diré la tristeza en la tierra
de no tenerlo más por compañero,
que para mí jamás fue un servidor.

Tuvo hacia mí la amistad de un erizo
que conservaba su soberanía,
la amistad de una estrella independiente
sin más intimidad que la precisa,
sin exageraciones:
no se trepaba sobre mi vestuario
llenándome de pelos o de sarna,
no se frotaba contra mi rodilla
como otros perros obsesos sexuales.
No, mi perro me miraba
dándome la atención que necesito,
la atención necesaria
para hacer comprender a un vanidoso
que siendo perro él,
con esos ojos, más puros que los míos,
perdía el tiempo, pero me miraba
con la mirada que me reservó
toda su dulce, su peluda vida,
su silenciosa vida,
cerca de mí, sin molestarme nunca,
y sin pedirme nada.

Ay cuántas veces quise tener cola
andando junto a él por las orillas
del mar, en el invierno de Isla Negra,
en la gran soledad: arriba el aire
traspasado de pájaros glaciales
y mi perro brincando, hirsuto, lleno
de voltaje marino en movimiento:
mi perro vagabundo y olfatorio
enarbolando su cola dorada
frente a frente al Océano y su espuma.

Alegre, alegre, alegre
como los perros saben ser felices,
sin nada más, con el absolutismo
de la naturaleza descarada.

No hay adiós a mi perro que se ha muerto.
Y no hay ni hubo mentira entre nosotros.

Ya se fue y lo enterré, y eso era todo.

Otoño

Estos meses arrastran la estridencia
de una guerra civil no declarada.
Hombres, mujeres, gritos, desafíos,
mientras se instala en la ciudad hostil,
en las arenas ahora desoladas
del mar y sus espumas verdaderas,
el otoño, vestido de soldado,
gris de cabeza, lento de actitud:
el otoño invasor cubre la tierra.

Chile despierta o duerme. Sale el sol
meditativo entre hojas amarillas
que vuelan como párpados políticos
desprendidos del cielo atormentado.

Si antes no había sitio por las calles,
ahora sí, la sustancia solitaria
de ti y de mí, tal vez de todo el mundo,
quiere salir de compras o de sueños,
busca el rectángulo de soledad
con el árbol aún verde que vacila
antes de deshojarse y desplomarse
vestido de oro y luego de mendigo.

Yo vuelvo al mar envuelto por el cielo:
el silencio entre una y otra ola
establece un suspenso peligroso:
muere la vida, se aquieta la sangre

hasta que rompe el nuevo movimiento
y resuena la voz del infinito.

La estrella

Bueno, ya no volví, ya no padezco
de no volver, se decidió la arena
y como parte de ola y de pasaje,
sílaba de la sal, piojo del agua,
yo, soberano, esclavo de la costa
me sometí, me encadené a mi roca.

No hay albedrío para los que somos
fragmento del asombro,
no hay salida para este volver
a uno mismo, a la piedra de uno mismo,
ya no hay más estrella que el mar.

Libro de las preguntas

[1971-1973]

I

Por qué los inmensos aviones
no se pasean con sus hijos?

Cuál es el pájaro amarillo
que llena el nido de limones?

Por qué no enseñan a sacar
miel del sol a los helicópteros?

Dónde dejó la luna llena
su saco nocturno de harina?

II

Si he muerto y no me he dado cuenta
a quién le pregunto la hora?

De dónde saca tantas hojas
la primavera de Francia?

Dónde puede vivir un ciego
a quien persiguen las abejas?

Si se termina el amarillo
con qué vamos a hacer el pan?

III

Dime, la rosa está desnuda,
o sólo tiene ese vestido?

Por qué los árboles esconden
el esplendor de sus raíces?

Quién oye los remordimientos
del automóvil criminal?

Hay algo más triste en el mundo
que un tren inmóvil en la lluvia?

IV

Cuántas iglesias tiene el cielo?

Por qué no ataca el tiburón
a las impávidas sirenas?

Conversa el humo con las nubes?

Es verdad que las esperanzas
deben regarse con rocío?

V

Qué guardas bajo tu joroba?
dijo un camello a una tortuga.

Y la tortuga preguntó:
Qué conversas con las naranjas?

Tiene más hojas un peral
que Buscando el Tiempo Perdido?

Por qué se suicidan las hojas
cuando se sienten amarillas?

VI

Por qué el sombrero de la noche
vuela con tantos agujeros?

Qué dice la vieja ceniza
cuando camina junto al fuego?

Por qué lloran tanto las nubes
y cada vez son más alegres?

Para quién arden los pistilos
del sol en sombra del eclipse?

Cuántas abejas tiene el día?

VII

Es paz la paz de la paloma?
El leopardo hace la guerra?

Por qué enseña el profesor
la geografía de la muerte?

Qué pasa con las golondrinas
que llegan tarde al colegio?

Es verdad que reparten cartas
transparentes, por todo el cielo?

VIII

Qué cosa irrita a los volcanes
que escupen fuego, frío y furia?

Por qué Cristóbal Colón
no pudo descubrir a España?

Cuántas preguntas tiene un gato?

Las lágrimas que no se lloran
esperan en pequeños lagos?

O serán ríos invisibles
que corren hacia la tristeza?

IX

Es este mismo el sol de ayer
o es otro el fuego de su fuego?

Cómo agradecer a las nubes
esa abundancia fugitiva?

De dónde viene el nubarrón
con sus sacos negros de llanto?

Dónde están los nombres aquellos
dulces como tortas de antaño?

Dónde se fueron las Donaldas,
las Clorindas, las Eduvigis?

X

Qué pensarán de mi sombrero,
en cien años más, los polacos?

Qué dirán de mi poesía
los que no tocaron mi sangre?

Cómo se mide la espuma
que resbala de la cerveza?

Qué hace una mosca encarcelada
en un soneto de Petrarca?

XI

Hasta cuándo hablan los demás
si ya hemos hablado nosotros?

Qué diría José Martí
del pedagogo Marinello?

Cuántos años tiene Noviembre?

Qué sigue pagando el Otoño
con tanto dinero amarillo?

Cómo se llama ese *cocktail*
que mezcla vodka con relámpagos?

XII

Y a quién le sonríe el arroz
con infinitos dientes blancos?

Por qué en las épocas oscuras
se escribe con tinta invisible?

Sabe la bella de Caracas
cuántas faldas tiene la rosa?

Por qué me pican las pulgas
y los sargentos literarios?

XIII

Es verdad que sólo en Australia
hay cocodrilos voluptuosos?

Cómo se reparten el sol
en el naranjo las naranjas?

Venía de una boca amarga
la dentadura de la sal?

Es verdad que vuela de noche
sobre mi patria un cóndor negro?

XIV

Y qué dijeron los rubíes
ante el jugo de las granadas?

Pero por qué no se convence
el Jueves de ir después del Viernes?

Quiénes gritaron de alegría
cuando nació el color azul?

Por qué se entristece la tierra
cuando aparecen las violetas?

XV

Pero es verdad que se prepara
la insurrección de los chalecos?

Por qué otra vez la Primavera
ofrece sus vestidos verdes?

Por qué ríe la agricultura
del llanto pálido del cielo?

Cómo logró su libertad
la bicicleta abandonada?

XVI

Trabajan la sal y el azúcar
construyendo una torre blanca?

Es verdad que en el hormiguero
los sueños son obligatorios?

Sabes qué meditaciones
rumia la tierra en el otoño?

(Por qué no dar una medalla
a la primera hoja de oro?)

XVII

Te has dado cuenta que el Otoño
es como una vaca amarilla?

Y cómo la bestia otoñal
es luego un oscuro esqueleto?

Y cómo el Invierno acumula
tantos azules lineales?

Y quién pidió a la Primavera
su monarquía transparente?

XVIII

Cómo conocieron las uvas
la propaganda del racimo?

Y sabes lo que es más difícil
entre granar y desgranar?

Es malo vivir sin infierno:
no podemos reconstruirlo?

Y colocar al triste Nixon
con el traste sobre el brasero?

Quemándolo a fuego pausado
con napalm norteamericano?

XIX

Han contado el oro que tiene
el territorio del maíz?

Sabes que es verde la neblina
a mediodía, en Patagonia?

Quién canta en el fondo del agua
en la laguna abandonada?

De qué ríe la sandía
cuando la están asesinando?

XX

Es verdad que el ámbar contiene
las lágrimas de las sirenas?

Cómo se llama una flor
que vuela de pájaro en pájaro?

No es mejor nunca que tarde?

Y por qué el queso se dispuso
a ejercer proezas en Francia?

XXI

Y cuando se fundó la luz
esto sucedió en Venezuela?

Dónde está el centro del mar?
Por qué no van allí las olas?

Es cierto que aquel meteoro
fue una paloma de amatista?

Puedo preguntar a mi libro
si es verdad que yo lo escribí?

XXII

Amor, amor aquél y aquélla
si ya no son, dónde se fueron?

Ayer, ayer dije a mis ojos
cuándo volveremos a vernos?

Y cuando se muda el paisaje
son tus manos o son tus guantes?

Cuando canta el azul del agua
cómo huele el rumor del cielo?

XXIII

Se convierte en pez volador
si transmigra la mariposa?

Entonces no era verdad
que vivía Dios en la luna?

De qué color es el olor
del llanto azul de las violetas?

Cuántas semanas tiene un día
y cuántos años tiene un mes?

XXIV

El 4 es 4 para todos?
Son todos los sietes iguales?

Cuando el preso piensa en la luz
es la misma que te ilumina?

Has pensado de qué color
es el Abril de los enfermos?

Qué monarquía occidental
se embandera con amapolas?

XXV

Por qué para esperar la nieve
se ha desvestido la arboleda?

Y cómo saber cuál es Dios
entre los Dioses de Calcuta?

Por qué viven tan harapientos
todos los gusanos de seda?

Por qué es tan dura la dulzura
del corazón de la cereza?

Es porque tiene que morir
o porque tiene que seguir?

XXVI

Aquel solemne Senador
que me atribuía un castillo

devoró ya con su sobrino
la torta del asesinato?

A quién engaña la magnolia
con su fragancia de limones?

Dónde deja el puñal el águila
cuando se acuesta en una nube?

XXVII

Murieron tal vez de vergüenza
estos trenes que se extraviaron?

Quién ha visto nunca el acíbar?

Dónde se plantaron los ojos
del camarada Paul Éluard?

Hay sitio para unas espinas?
le preguntaron al rosal.

XXVIII

Por qué no recuerdan los viejos
las deudas ni las quemaduras?

Era verdad aquel aroma
de la doncella sorprendida?

Por qué los pobres no comprenden
apenas dejan de ser pobres?

Dónde encontrar una campana
que suene adentro de tus sueños?

XXIX

Qué distancia en metros redondos
hay entre el sol y las naranjas?

Quién despierta al sol cuando duerme
sobre su cama abrasadora?

Canta la tierra como un grillo
entre la música celeste?

Verdad que es ancha la tristeza,
delgada la melancolía?

XXX

Cuando escribió su libro azul
Rubén Darío no era verde?

No era escarlata Rimbaud,
Góngora de color violeta?

Y Victor Hugo tricolor?
Y yo a listones amarillos?

Se juntan todos los recuerdos
de los pobres de las aldeas?

Y en una caja mineral
guardaron sus sueños los ricos?

XXXI

A quién le puedo preguntar
qué vine a hacer en este mundo?

Por qué me muevo sin querer,
por qué no puedo estar inmóvil?

Por qué voy rodando sin ruedas,
volando sin alas ni plumas,

y qué me dio por transmigrar
si viven en Chile mis huesos?

XXXII

Hay algo más tonto en la vida
que llamarse Pablo Neruda?

Hay en el cielo de Colombia
un coleccionista de nubes?

Por qué siempre se hacen en Londres
los congresos de los paraguas?

Sangre color de amaranto
tenía la reina de Saba?

Cuando lloraba Baudelaire
lloraba con lágrimas negras?

XXXIII

Y por qué el sol es tan mal amigo
del caminante en el desierto?

Y por qué el sol es tan simpático
en el jardín del hospital?

Son pájaros o son peces
en estas redes de la luna?

Fue adonde a mí me perdieron
que logré por fin encontrarme?

XXXIV

Con las virtudes que olvidé
me puedo hacer un traje nuevo?

Por qué los ríos mejores
se fueron a correr en Francia?

Por qué no amanece en Bolivia
desde la noche de Guevara?

Y busca allí a los asesinos
su corazón asesinado?

Tienen primero gusto a lágrimas
las uvas negras del destierro?

XXXV

No será nuestra vida un túnel
entre dos vagas claridades?

O no será una claridad
entre dos triángulos oscuros?

O no será la vida un pez
preparado para ser pájaro?

La muerte será de no ser
o de sustancias peligrosas?

XXXVI

No será la muerte por fin
una cocina interminable?

Qué harán tus huesos disgregados,
buscarán otra vez tu forma?

Se fundirá tu destrucción
en otra voz y en otra luz?

Formarán parte tus gusanos
de perros o de mariposas?

XXXVII

De tus cenizas nacerán
checoeslovacos o tortugas?

Tu boca besará claveles
con otros labios venideros?

Pero sabes de dónde viene
la muerte, de arriba o de abajo?

De los microbios o los muros,
de las guerras o del invierno?

XXXVIII

No crees que vive la muerte
dentro del sol de una cereza?

No puede matarte también
un beso de la primavera?

Crees que el luto te adelanta
la bandera de tu destino?

Y encuentras en la calavera
tu estirpe a hueso condenada?

XXXIX

No sientes también el peligro
en la carcajada del mar?

No ves en la seda sangrienta
de la amapola una amenaza?

No ves que florece el manzano
para morir en la manzana?

No lloras rodeado de risa
con las botellas del olvido?

XL

A quién el cóndor andrajoso
da cuenta de su cometido?

Cómo se llama la tristeza
en una oveja solitaria?

Y qué pasa en el palomar
si aprenden canto las palomas?

Si las moscas fabrican miel
ofenderán a las abejas?

XLI

Cuánto dura un rinoceronte
después de ser enternecido?

Qué cuentan de nuevo las hojas
de la reciente primavera?

Las hojas viven en invierno
en secreto, con las raíces?

Qué aprendió el árbol de la tierra
para conversar con el cielo?

XLII

Sufre más el que espera siempre
que aquel que nunca esperó a nadie?

Dónde termina el arco iris,
en tu alma o en el horizonte?

Tal vez una estrella invisible
será el cielo de los suicidas?

Dónde están las viñas de hierro
de donde cae el meteoro?

XLIII

Quién era aquella que te amó
en el sueño, cuando dormías?

Dónde van las cosas del sueño?
Se van al sueño de los otros?

Y el padre que vive en los sueños
vuelve a morir cuando despiertas?

Florecen las plantas del sueño
y maduran sus graves frutos?

XLIV

Dónde está el niño que yo fui,
sigue adentro de mí o se fue?

Sabe que no lo quise nunca
y que tampoco me quería?

Por qué anduvimos tanto tiempo
creciendo para separarnos?

Por qué no morimos los dos
cuando mi infancia se murió?

Y si el alma se me cayó
por qué me sigue el esqueleto?

XLV

El amarillo de los bosques
es el mismo del año ayer?

Y se repite el vuelo negro
de la tenaz ave marina?

Y donde termina el espacio
se llama muerte o infinito?

Qué pesan más en la cintura,
los dolores o los recuerdos?

XLVI

Y cómo se llama ese mes
que está entre Diciembre y Enero?

Con qué derecho numeraron
las doce uvas del racimo?

Por qué no nos dieron extensos
meses que duren todo el año?

No te engañó la primavera
con besos que no florecieron?

XLVII

Oyes en medio del otoño
detonaciones amarillas?

Por qué razón o sinrazón
llora la lluvia su alegría?

Qué pájaros dictan el orden
de la bandada cuando vuela?

De qué suspende el picaflor
su simetría deslumbrante?

XLVIII

Son los senos de las sirenas
las redondescas caracolas?

O son olas petrificadas
o juego inmóvil de la espuma?

No se ha incendiado la pradera
con las luciérnagas salvajes?

Los peluqueros del otoño
despeinaron los crisantemos?

XLIX

Cuando veo de nuevo el mar
el mar me ha visto o no me ha visto?

Por qué me preguntan las olas
lo mismo que yo les pregunto?

Y por qué golpean la roca
con tanto entusiasmo perdido?

No se cansan de repetir
su declaración a la arena?

L

Quién puede convencer al mar
para que sea razonable?

De qué le sirve demoler
ámbar azul, granito verde?

Y para qué tantas arrugas
y tanto agujero en la roca?

Yo llegué de detrás del mar
y dónde voy cuando me ataja?

Por qué me he cerrado el camino
cayendo en la trampa del mar?

LI

Por qué detesto las ciudades
con olor a mujer y orina?

No es la ciudad el gran océano
de los colchones que palpitan?

La oceanía de los aires
no tiene islas y palmeras?

Por qué volví a la indiferencia
del océano desmedido?

LII

Cuánto medía el pulpo negro
que oscureció la paz del día?

Eran de hierro sus ramales
y de fuego muerto sus ojos?

Y la ballena tricolor
por qué me atajó en el camino?

LIII

Quién devoró frente a mis ojos
un tiburón lleno de pústulas?

Tenía la culpa el escualo
o los peces ensangrentados?

Es el orden o la batalla
este quebranto sucesivo?

LIV

Es verdad que las golondrinas
van a establecerse en la luna?

Se llevarán la primavera
sacándola de las cornisas?

Se alejarán en el otoño
las golondrinas de la luna?

Buscarán muestras de bismuto
a picotazos en el cielo?

Y a los balcones volverán
espolvoreadas de ceniza?

LV

Por qué no mandan a los topos
y a las tortugas a la luna?

Los animales ingenieros
de cavidades y ranuras

no podrían hacerse cargo
de estas lejanas inspecciones?

LVI

No crees que los dromedarios
preservan luna en sus jorobas?

No la siembran en los desiertos
con persistencia clandestina?

Y no estará prestado el mar
por un corto tiempo a la tierra?

No tendremos que devolverlo
con sus mareas a la luna?

LVII

No será bueno prohibir
los besos interplanetarios?

Por qué no analizar las cosas
antes de habilitar planetas?

Y por qué no el ornitorrinco
con su espacial indumentaria?

Las herraduras no se hicieron
para caballos de la luna?

LVIII

Y qué palpitaba en la noche?
Eran planetas o herraduras?

Debo escoger esta mañana
entre el mar desnudo y el cielo?

Y por qué el cielo está vestido
tan temprano con sus neblinas?

Qué me esperaba en Isla Negra?
La verdad verde o el decoro?

LIX

Por qué no nací misterioso?
Por qué crecí sin compañía?

Quién me mandó desvencijar
las puertas de mi propio orgullo?

Y quién salió a vivir por mí
cuando dormía o enfermaba?

Qué bandera se desplegó
allí donde no me olvidaron?

LX

Y qué importancia tengo yo
en el tribunal del olvido?

Cuál es la representación
del resultado venidero?

Es la semilla cereal
con su multitud amarilla?

O es el corazón huesudo
el delegado del durazno?

LXI

La gota viva del azogue
corre hacia abajo o hacia siempre?

Mi poesía desdichada
mirará con los ojos míos?

Tendré mi olor y mis dolores
cuando yo duerma destruido?

LXII

Qué significa persistir
en el callejón de la muerte?

En el desierto de la sal
cómo se puede florecer?

En el mar del no pasa nada
hay vestido para morir?

Cuando ya se fueron los huesos
quién vive en el polvo final?

LXIII

Cómo se acuerda con los pájaros
la traducción de sus idiomas?

Cómo le digo a la tortuga
que yo le gano en lentitud?

Cómo le pregunto a la pulga
las cifras de su campeonato?

Y a los claveles qué les digo
agradeciendo su fragancia?

LXIV

Por qué mi ropa desteñida
se agita como una bandera?

Soy un malvado alguna vez
o todas las veces soy bueno?

Es que se aprende la bondad
o la máscara de la bondad?

No es blanco el rosal del malvado
y negras las flores del bien?

Quién da los nombres y los números
al inocente innumerable?

LXV

Brilla la gota de metal
como una sílaba en mi canto?

Y no se arrastra una palabra
a veces como una serpiente?

No crepitó en tu corazón
un nombre como una naranja?

De qué río salen los peces?
De la palabra *platería*?

Y no naufragan los veleros
por un exceso de vocales?

LXVI

Echan humo, fuego y vapor
las o de las locomotoras?

En qué idioma cae la lluvia
sobre ciudades dolorosas?

Qué suaves sílabas repite
el aire del alba marina?

Hay una estrella más abierta
que la palabra *amapola*?

Hay dos colmillos más agudos
que las sílabas de *chacal*?

LXVII

Puedes amarme, silabaria,
y darme un beso sustantivo?

Un diccionario es un sepulcro
o es un panal de miel cerrado?

En qué ventana me quedé
mirando el tiempo sepultado?

O lo que miro desde lejos
es lo que no he vivido aún?

LXVIII

Cuándo lee la mariposa
lo que vuela escrito en sus alas?

Qué letras conoce la abeja
para saber su itinerario?

Y con qué cifras va restando
la hormiga sus soldados muertos?

Cómo se llaman los ciclones
cuando no tienen movimiento?

LXIX

Caen pensamientos de amor
en los volcanes extinguidos?

Es un cráter una venganza
o es un castigo de la tierra?

Con qué estrellas siguen hablando
los ríos que no desembocan?

LXX

Cuál es el trabajo forzado
de Hitler en el infierno?

Pinta paredes o cadáveres?
Olfatea el gas de sus muertos?

Le dan a comer las cenizas
de tantos niños calcinados?

O le han dado desde su muerte
de beber sangre en un embudo?

O le martillan en la boca
los arrancados dientes de oro?

LXXI

O le acuestan para dormir
sobre sus alambres de púas?

O le están tatuando la piel
para lámparas del infierno?

O lo muerden sin compasión
los negros mastines del fuego?

O debe de noche y de día
viajar sin tregua con sus presos?

O debe morir sin morir
eternamente bajo el gas?

LXXII

Si todos los ríos son dulces
de dónde saca sal el mar?

Cómo saben las estaciones
que deben cambiar de camisa?

Por qué tan lentas en invierno
y tan palpitantes después?

Y cómo saben las raíces
que deben subir a la luz?

Y luego saludar al aire
con tantas flores y colores?

Siempre es la misma primavera
la que repite su papel?

LXXIII

Quién trabaja más en la tierra
el hombre o el sol cereal?

Entre el abeto y la amapola
a quién la tierra quiere más?

Entre las orquídeas y el trigo
para cuál es la preferencia?

Por qué tanto lujo a una flor
y un oro sucio para el trigo?

Entra el Otoño legalmente
o es una estación clandestina?

LXXIV

Por qué se queda en los ramajes
hasta que las hojas se caen?

Y dónde se quedan colgados
sus pantalones amarillos?

Verdad que parece esperar
el Otoño que pase algo?

Tal vez el temblor de una hoja
o el tránsito del universo?

Hay un imán bajo la tierra,
imán hermano del Otoño?

Cuándo se dicta bajo tierra
la designación de la rosa?

Defectos escogidos

[1971-1973]

Repertorio

Aquí hay gente con nombres y con pies
con calle y apellido:
también yo voy en la hilera
con el hilo.
Hay los ya desgranados
en
el
pozo
que hicieron y en el que cayeron:
hay los buenos y malos a la vez,
los sacrificadores y la piedra
donde les cercenaron la cabeza
a cuantos se acercaron a su abismo.

Hay de todo en la cesta: sólo son
cascabeles aquí, ruidos de mesa,
de tiros, de cucharas, de bigotes:
no sé qué me pasó ni qué pasaba
conmigo mismo ni con ellos,
lo cierto es que los vi,
los toqué y como anda la vida
sin detener sus ruedas
yo los viví cuando ellos me vivieron,
amigos o enemigos o paredes,
o inaceptables santos que sufrían,
o caballeros de sombrero triste,
o villanos que el viento se comió,
o todo más: el grano del granero
las culpas mías sin cesar desnudas
que al entrar en el baño cada día
salieron más manchadas a la luz.

Ay sálvese quien pueda!

Yo el archivista soy de los defectos
de un solo día de mi colección
y no tengo crueldad sino paciencia:
ya nadie llora, se pasó de moda
la bella lágrima como una azucena,
y hasta el remordimiento falleció.

Por eso yo presento mi corona
de inicuo juez que no contenta a nadie,
ni a los ladrones, ni a su digna esposa:
ya lo saben ustedes:
yo que hablo por hablar hablo de menos:
de cuanto he visto, de cuanto veré
me voy quedando ciego.

Antoine Courage

Aquel alguien después de haber nacido
dedicó a socavarse su existencia
con ese material fue fabricando
su torre desdichada:
y para mí lo extraño de aquel hombre
tan claro y evidente como fue
era que se asomaba a la ventana
para que las mujeres y los hombres
lo vieran a través de los cristales
lo vieran pobre o rico, lo aplaudieran
con dos mujeres a la vez, desnudo,
lo vieran militante o desquiciado,
impuro, cristalino,
en su miseria, en su Jaguar ahíto
de drogas o enseñando la verdad,
o despeñado en su triste alegría.

Cuando esta llama se apagó parece
fácil, al resplandor de nuestra vida,
herir al que murió, cavar sus huesos,
desmoronar la torre de su orgullo:
golpear la grieta del contradictorio
comiendo el mismo pan de su amargura:
y medir al soberbio destronado
con nuestra secretísima soberbia:
ay no es eso! no es eso! lo que quiero
es saber si aquél era el verdadero:
el que se consumía y se incendiaba
o el que clamaba para que lo vieran:
si fue aquel artesano del desprecio
esperando el amor del despreciado
como tantos mendigos iracundos.

Aquí dejo esta historia:
yo no la terminé sino la muerte
pero se ve que todos somos jueces
y es nuestra voluntad encarnizada
participar en la injusticia ajena.

El otro

Ayer mi camarada
nervioso, insigne, entero,
me volvió a dar la vieja envidia, el peso
de mi propia substancia intransferible.

Te asalté a mí, me asalta
a ti, este frío de cuchillo
cuando te cambiaría por los otros,
cuando tu insuficiencia se desangra
dentro de ti como una vena abierta
y quieres construirte una vez más
con aquello que quieres y no eres.

Mi camarada, antiguo
de rostro como huella de volcán,
cenizas, cicatrices
junto a los viejos ojos encendidos
(lámparas de su propio subterráneo):
arrugadas las manos
que acariciaron el fulgor del mundo
y una seguridad independiente,
la espada del orgullo
en esas viejas manos de guerrero.
Eso tal vez es lo que yo quería
como destino, aquello
que no soy yo, porque
constantemente cambiamos de sol,
de casa, de país, de lluvia, de aire,
de libro y traje,
y lo mío peor sigue habitándome,
sigo con lo que soy hasta la muerte?

Mi camarada, entonces,
bebió en mi mesa, habló tal vez, o tuvo
alguna de sus interrogaciones
duras como relámpagos
y se fue a sus deberes, a su casa,
llevándose lo que yo quise ser
y tal vez melancólico
de no ser yo, de no tener mis ojos,
mis ojos miserables.

Deuda externa

Entre *graissage*, *lavage* y el día *dimanche*
transcurre el traje verde de este viaje:
atravesando cervecerías se va al mar:
derribando palabras se llega al silencio:
a la tercera soledad, la escogida.

(Montenegro, el caballero sin espejo,
sale, asustado de las conversaciones,
y estima con gravedad que ha llegado la hora
de interrumpir con su presencia la naturaleza.)

Comprendemos a esta nueva estirpe de prisioneros:
él se quedó adentro de una reunión interminable
donde sin saber cuándo ni cómo,
inmóvil como una estalactita polar,
se dedicó, indefenso entre los capitalistas,
a mirar los rostros fríos de cada uno:
estaban congregados para juzgar a Chile
que les debía mil millones de dólares por cabeza.

Montenegro no supo jamás cómo llegó a esa jaula:
su vida sin embargo no había estado exenta
de aventuras con panteras delicadamente sangrientas,
o con serpientes pitones de respetable poderío:
había recorrido la selva de Ceilán al amanecer
disfrazado de cocodrilo para asustar a los elefantes:
pero nunca se creyó tan perdido como esta vez,
en este ministerio de labios delgados y mirada abstracta
en que se lanzaban números con frío furor.

Ninguno de los banqueros miró a Montenegro. La verdad
es que no se miraban el uno al otro (en el fondo
se conocían) (opacos y a la vez transparentes),
estaban todos de acuerdo en no aceptar a los intrusos,
a las moscas que caían sin cesar en el frío.

Ahora le parecía nadar en agua celeste,
volar en la respiración de los bosques, nacer,
no tenía rumbo el precitado, ni alegría,
era el fugitivo de las bocas de París,
el inexacto, el partidario de gregarias costumbres
que había sido acribillado por miradas de revólver
y a punto de desangrarse se había embanderado
para pasar un agradable día campestre.

Dejemos al señor Montenegro reintegrarse a sus bares,
a sus estrepitosos amigos de colegio
y olvidemos en esta carretera de Francia
este automóvil que se dirige a Rouen
con un mortal cualquiera llamado Montenegro.
Cuando la Deuda Externa lo iba a matar de miedo
él se escapó por los campos de Francia.

Pido respeto por su escapatoria!

Un tal Montero

Lo conocí (y aquel hombre se llamaba
Montero) en el tumulto
de una guerra en que anduve.

Él estaba adherido a la política
como una concha a la geología,
y parecía ser la coralífera
expresión, uno más del organismo,
vital y vitalicio, jactancioso
de una pureza como la del pueblo.

Ahora bien, aquel hombre se rompió
y su autenticidad era mentira.
No era tal, descubrimos,
no era una uva del racimo oscuro,
no era el gregario de la voluntad,
ni el capitán unánime:
todo lo que llevaba se cayó
como un viejo vestido. Y se quedó desnudo:
sólo un vociferante individual
surgido de una ciénaga silvestre.

Mas lo que importa o lo que no soporto
es que la falsedad de éste o de aquél
hallen máscara y guantes y vestidos
tan suntuosos y tan aderezados
que nosotros, los verdaderos,
convencidos del todo y boquiabiertos
colaboramos en su carnaval
sin saber bien en dónde está la vida.

Ay y que no se llame traidores
a tantos que enseñaron la verdad
viviéndola tal vez con entereza
para llegar a ser sus enemigos
y odiaron desde entonces
lo que ellos fueron y lo que siempre somos.

El pobre renegado
de chamudés en chamudeces vive,
sobrevive en hoteles presuntuosos
deslenguándose más y más amargo
hasta dilucidarse en el vacío
ya sin más compañía que su ombligo.

Por qué imprecarlos cuando se gastaron
vertiendo el frío que llevaban dentro?

Cabeza a pájaros

El caballero Marcenac
vino a verme al final del día
con más blancura en la cabeza
llena de pájaros aún.

Tiene palomas amarillas
adentro de su noble cráneo,

estas palomas le circulan
durmiendo en el anfiteatro
de su palomar cerebelo,
y luego el ibis escarlata
pasea sobre su frente
una ballesta ensangrentada.

Ay qué opulento privilegio!

Llevar perdices, codornices,
proteger faisanes vistosos
plumajes de oro que rehúyen
la terrenal cohetería,
pero además gorriones, aves
azules, alondras, canarios,
y carpinteros, pechirrojos,
bulbules, diucas, ruiseñores.

Adentro de su clara cabeza
que el tiempo ha cubierto de luz
el caballero Marcenac
con su celeste pajarera
va por las calles. Y de pronto
la gente cree haber oído
súbitos cánticos salvajes
o trinos del amanecer,
pero como él no lo sabe
sigue su paso transeúnte
y por donde pasa lo siguen
pálidos ojos asustados.

El caballero Marcenac
ya se ha dormido en Saint-Denis:
hay un gran silencio en su casa
porque reposa su cabeza.

Charming

La encantadora familia
con hijas exquisitamente excéntricas
se va reuniendo en la tumba:
unos del brazo de la coca,
otros debilitados por las deudas:
con muchos grandes ojos pálidos
se dirigen en fila al mausoleo.

Alguno tardó más de lo previsto
(extraviado en safari o sauna o cama),
tardío se incorporó al crepúsculo,
al té final de la final familia.

La generala austera
dirigía
y cada uno contaba su cuento
de matrimonios muy malavenidos
que simultáneamente se pegaban
golpes de mano, plato o cafetera,
en Bombay, Acapulco, Niza o Río.

La menor, de ojos dulces y amarillos,
alcanzó a desvestirse en todas partes,
precipitadamente tempestuosa,
y uno de ellos salía de una cárcel
condenado por robos elegantes.

El mundo iba cambiando
porque el tiempo inmutable caminaba
del bracete de la Reforma Agraria
y era difícil encontrar dinero
colgado en las paredes: el reloj
ya no marcaba la hora sonriendo:
era otro rostro de la tarde inmóvil.

No sé cuándo se fueron:
no es mi papel anotar las salidas:
se fue aquella familia encantadora
y nadie ya recuerda su existencia:
la oscura casa es un colegio claro
y en la cripta se unieron los dispersos.

Cómo se llaman, cómo se llamaron?

Nadie pregunta ya, ya no hay memoria,
ya no hay piedad, y sólo yo contesto
para mí mismo, con cierta ternura:
porque seres humanos y follajes
cumplen con sus colores, se deshojan:
siguen así las vidas y la tierra.

Llegó Homero

H. Arce y desde Chile. Señor mío,
qué distancia y qué parco caballero:
parecía que no, que no podía
salir de Chile, mi patria espinosa,
mi patria rocallosa y movediza.
De allí hasta acá, formalmente ataviado
de corbata y planchado pantalón,
atlántico llegó, después de todo,
sin comentar la heroica travesía
en un avión repleto,
el pasajero de primera vez.

Hay que tomar en cuenta
su identidad estática y poética,
de cada día el quieto numeral
que mantuvo en reposo
el noble fuego de su poesía.

Hay que saber las cosas de estos hombres
que de grandes que son se disimulan
menospreciando las hegemonías,
tan integrales como la madera
de las antiguas vigas suavizadas
por el tacto del tiempo y del decoro.

Ahora está aquí otra vez, mi compañero.
Y como lo conozco no le digo
nada, sino «Buenos días».

Peña brava

Hay una peña brava
aquí, en la costa:
el viento furibundo,
la sal del mar, la ira,
desde hace siempre, ahora
y ayer, y cada siglo
la atacaron:
tiene arrugas,
cavernas,
grietas, figuras, gradas,
mejillas de granito
y estalla el mar en la roca
amándola,
rompe el beso maligno
relámpagos de espuma,
brillo de luna rabiosa.
Es una peña gris,
color de edad, austera,
infinita, cansada, poderosa.

Paso por aquí

Qué compañero salutífero!
Da vueltas por el redondel
de mi república, y me parece
que ya se le caía la sonrisa
desde su tinglado, de su bicicleta,
o en la plaza taurina, planetaria,
más grande aún bajo la luz política,
y nada, nunca, siempre el impertérrito,
el integérrimo y su dentadura.

Este otro con su verdad y la mía,
la verdad verdadera,
amarrada a un madero, a una amenaza,
buscando a quien pegarle en la cabeza
con la frágil nariz de la justicia.

Y así, a través de siglos, qué salud
éste mi amigo en la verdad, y el otro
en otro redondel, y en la mentira.

Así aplaudo en el bien, con reticencia,
cierto pudor de pobre que va al circo
y tiene que volver de noche al pueblo
por los malos caminos de mi tierra.

Y al otro, saludable y adversario,
frenético malvado, con su ruedo
sí, sí, de estupefactos roedores,
yo, sectario, condeno y destituyo.

Con quién, hermano de mañana,
con quién me quedarás, te quedaré?
Cuál de las dos mitades energúmenas
tendrá su monumento en el camino?

Hagámoslas juntarse a fuego y lágrimas,
que se reúnan de una vez por todas
y no molesten con tanta bondad
ni con tanta maldad: ya comprendimos
que nunca lograremos ser tan buenos,
ni alcanzaremos a ser tan perversos:
mucho cuidado con cambiar la vida
y quedarnos viviendo a un solo lado!

Triste canción
para aburrir a cualquiera

Toda la noche me pasé la vida
sacando cuentas,
pero no de vacas,
pero no de libras,
pero no de francos,
pero no de dólares,
no, nada de eso.

Toda la vida me pasé la noche
sacando cuentas,
pero no de coches,
pero no de gatos,
pero no de amores,
no.

Toda la vida me pasé la luz
sacando cuentas,
pero no de libros,
pero no de perros,
pero no de cifras,
no.

Toda la luna me pasé la noche
sacando cuentas,
pero no de besos,
pero no de novias,
pero no de camas,
no.

Toda la noche me pasé las olas
sacando cuentas,
pero no de botellas,
pero no de dientes,
pero no de copas,
no.

Toda la guerra me pasé la paz
sacando cuentas,
pero no de muertos,
pero no de flores,
no.

Toda la lluvia me pasé la tierra
haciendo cuentas,
pero no de caminos,
pero no de canciones,
no.

Toda la tierra me pasé la sombra
sacando cuentas,
pero no de cabellos,
no de arrugas,
no de cosas perdidas,
no.

Toda la muerte me pasé la vida
sacando cuentas:
pero de qué se trata
no me acuerdo,
no.

Toda la vida me pasé la muerte
sacando cuentas
y si salí perdiendo
o si salí ganando
yo no lo sé, la tierra
no lo sabe.

Etcétera.

El incompetente

Nací tan malo para competir
que Pedro y Juan se lo llevaban todo:
las pelotas,
las chicas,
las aspirinas y los cigarrillos.

Es difícil la infancia para un tonto
y como yo fui
siempre más tonto que los otros tontos
me birlaron los lápices, las gomas
y los primeros besos de Temuco.

Ay, aquellas muchachas!
Nunca vi unas princesas como ellas,
eran todas azules o enlutadas,
claras como cebollas, como el nácar,
manos de precisión, narices puras,
ojos insoportables de caballo,
pies como peces o como azucenas.

Lo cierto es que yo anduve
esmirriado y cubriendo con orgullo
mi condición de enamorado idiota,
sin atreverme a mirar una pierna

ni aquel pelo detrás de la cabeza
que caía como una catarata
de aguas oscuras sobre mis deseos.

Después, señores, me pasó lo mismo
por todos los caminos donde anduve,
de un codazo o con dos ojos fríos
me eliminaban de la competencia,
no me dejaban ir al comedor,
todos se iban de largo con sus rubias.

Y yo no sirvo para rebelarme.

Esto de andar luciendo
méritos o medallas escondidas,
nobles acciones, títulos secretos,
no va con mi pasmada idiosincrasia:
yo me hundo en mi agujero
y de cada empujón que me propinan
retrocediendo en la zoología
me fui como los topos, tierra abajo,
buscando un subterráneo confortable
donde no me visiten ni las moscas.

Ésa es mi triste historia
aunque posiblemente menos triste
que la suya, señor,
ya que también posiblemente pienso,
pienso que usted es aun más tonto todavía.

Orégano

Cuando aprendí con lentitud
a hablar
creo que ya aprendí la incoherencia:

no me entendía nadie, ni yo mismo,
y odié aquellas palabras
que me volvían siempre
al mismo pozo,
al pozo de mi ser aún oscuro,
aún traspasado de mi nacimiento,
hasta que me encontré sobre un andén
o en un campo recién estrenado
una palabra: *orégano*,
palabra que me desenredó
como sacándome de un laberinto.

No quise aprender más palabra alguna.

Quemé los diccionarios,
me encerré en esas sílabas cantoras,
retrospectivas, mágicas, silvestres,
y a todo grito por la orilla
de los ríos,
entre las afiladas espadañas
o en el cemento de la ciudadela,
en minas, oficinas y velorios,
yo masticaba mi palabra *orégano*
y era como si fuera una paloma
la que soltaba entre los ignorantes.

Qué olor a corazón temible,
qué olor a violetario verdadero,
y qué forma de párpado
para dormir cerrando los ojos:
la noche tiene *orégano*
y otras veces haciéndose revólver
me acompañó a pasear entre las fieras:
esa palabra defendió mis versos.

Un tarascón, unos colmillos (iban
sin duda a destrozarme
los jabalíes y los cocodrilos):

entonces
saqué de mi bolsillo
mi estimable palabra:
orégano, grité con alegría,
blandiéndola en mi mano temblorosa.

Oh milagro, las fieras asustadas
me pidieron perdón y me pidieron
humildemente *orégano*.

Oh lepidóptero entre las palabras,
oh palabra helicóptero,
purísima y preñada
como una aparición sacerdotal
y cargada de aroma,
territorial como un leopardo negro,
fosforescente orégano
que me sirvió para no hablar con nadie,
y para aclarar mi destino
renunciando al alarde del discurso
con un secreto idioma, el del orégano.

Los que me esperan en Milán

Los que me esperan en Milán
están muy lejos de la niebla
no son los que están y son ellos
además de otros que me esperan.
Seguramente no llegaron
porque tienen piernas de piedra
y están en círculo esperando
a la entrada de las iglesias,
alas gastadas que no vuelan
narices rotas hace tiempo.

No saben estos que me esperan
que yo hacia ellos voy bajando
desde las nubes y las dudas.

Los santos ensimismados
las venus de narices rotas
los atrabiliarios reptiles
que se enroscan y se engargolan.
Las serpientes del Paraíso
y los profetas aburridos
llegan temprano a sus pórticos
para esperarme con decoro.

Parodia del guerrero

Y qué hacen allá abajo?
Parece que andan todos ocupados,
hirviendo en sus negocios.

Allá abajo, allá abajo,
allá lejos,
andan tal vez estrepitosamente,
de aquí no se ve mucho,
no les veo las bocas,
no les veo
detalles, sonrisas
o zapatos derrotados.
Pero, por qué no vienen?
Dónde van a meterse?

Aquí estoy, aquí estoy,
soy el campeón mental de ski, de box,
de carrera pesada,
de alas negras,
soy el verdugo,

soy el sacerdote,
soy el más general de las batallas,
no me dejen,
no, por ningún motivo,
no se vayan,
aquí tengo un reloj,
tengo una bala,
tengo un proyecto de guerrilla bancaria,
soy capaz de todo,
soy padre de todos ustedes,
hijos malditos:
qué pasa,
me olvidaron?

Desde aquí arriba los veo:
qué torpes son sin mis pies,
sin mis consejos,
qué mal se mueven en el pavimento,
no saben nada del sol,
no conocen la pólvora,
tienen que aprender a ser niños,
a comer, a invadir,
a subir las montañas,
a organizar los cuadernos,
a matarse las pulgas,
a descifrar el territorio,
a descubrir las islas.

Ha terminado todo.

Se han ido por sus calles a sus guerras,
a sus indiferencias, a sus camas.
Yo me quedé pegado
entre los dientes de la soledad
como un pedazo de carne mascada,
como el hueso anterior
de una bestia extinguida.

No hay derecho! Reclamo
mi dirección zonal, mis oficinas,
el rango que alcancé en el regimiento,
en la cancha de los peloteros,
y no me resigno a la sombra.

Tengo sed, apetito de la luz,
y sólo trago sombra.

Otro castillo

No soy, no soy el ígneo,
estoy hecho de ropa, reumatismo,
papeles rotos, citas olvidadas,
pobres signos rupestres
en lo que fueron piedras orgullosas.

En qué quedó el castillo de la lluvia,
la adolescencia con sus tristes sueños
y aquel propósito entreabierto
de ave extendida, de águila en el cielo,
de fuego heráldico?

No soy, no soy el rayo
de fuego azul, clavado como lanza
en cualquier corazón sin amargura.

La vida no es la punta de un cuchillo,
no es un golpe de estrella,
sino un gastarse adentro de un vestuario,
un zapato mil veces repetido,
una medalla que se va oxidando
adentro de una caja oscura, oscura.

No pido nueva rosa ni dolores,
ni indiferencia es lo que me consume,

sino que cada signo se escribió,
la sal y el viento borran la escritura
y el alma ahora es un tambor callado
a la orilla de un río, de aquel río
que estaba allí y allí seguirá siendo.

El gran orinador

El gran orinador era amarillo
y el chorro que cayó
era una lluvia color de bronce
sobre las cúpulas de las iglesias,
sobre los techos de los automóviles,
sobre las fábricas y los cementerios,
sobre la multitud y sus jardines.

Quién era, dónde estaba?

Era una densidad, líquido espeso
lo que caía
como desde un caballo
y asustados transeúntes
sin paraguas
buscaban hacia el cielo,
mientras las avenidas se anegaban
y por debajo de las puertas
entraban los orines incansables
que iban llenando acequias, corrompiendo
pisos de mármol, alfombras,
escaleras.

Nada se divisaba. Dónde
estaba el peligro?

Qué iba a pasar en el mundo?

El gran orinador desde su altura
callaba y orinaba.

Qué quiere decir esto?

Soy un simple poeta,
no tengo empeño en descifrar enigmas,
ni en proponer paraguas especiales.

Hasta luego! Saludo y me retiro
a un país donde no me hagan preguntas.

Muerte y persecución de los gorriones

Yo estaba en China
por aquellos días
cuando Mao Tse-tung, sin entusiasmo,
decretó el inmediato
fallecimiento de todos los gorriones.

Con la misma admirable
disciplina
con que se construyó la gran muralla
la multichina se multiplicó
y cada chino buscó al enemigo.

Los niños, los soldados, los astrónomos,
las niñas, las soldadas, las astrónomas,
los aviadores, los sepultureros,
los cocineros chinos, los poetas,
los inventores de la pólvora, los
campesinos del arroz sagrado,
los inventores de juguetes, los
políticos de sonrisa china,
todos se dirigieron

al gorrión
y éste cayó con millonaria muerte
hasta que el último, un gorrión supremo,
fue fusilado por Mao Tse-tung.

Con admirable disciplina entonces
cada chino partió con un gorrión,
con un triste, pequeño cadáver de gorrión
en el bolsillo,
cada uno
de setecientos treinta
millones de
ciudadanos chinos
con un gorrión en
cada uno
de setecientos treinta
millones de bolsillos,
todos marcharon entonando antiguos
himnos de gloria y guerra
a enterrar allá lejos,
en las montañas de la Luna Verde
uno por uno los gorriones muertos.

Durante diecisiete años seguidos
cada uno en pequeño mausoleo,
osario individual, tumba florida
o rápida huesera colectiva
uno por uno sucesivamente
quedaron sepultados
enteramente los gorriones chinos.

Pero pasó algo extraño.
Cuando se fueron los enterradores
cantaron los pequeños enterrados:
un trueno de gorriones
pasó tronando por la tierra china:
la voz de una trompeta planetaria.

Y aquella voz despertó a los mortales,
a los antiguos muertos,
a los siglos de chinos enterrados.

Volvieron a sus vidas
a sus arados, a su economía.

No hago reproches. Déjenme tranquilo.

Pero así queda en claro
por qué hay más chinos y menos gorriones
cada día en el mundo.

Paseando con Laforgue

Diré de esta manera, yo, nosotros,
superficiales, mal vestidos de profundos,
por qué nunca quisimos ir del brazo
con este tierno Julio, muerto sin compañía?
Con un purísimo superficial
que tal vez pudo enseñarnos la vida a su manera,
la luna a su manera,
sin la aspereza hostil del derrotado?

Por qué no acompañamos su violín
que deshojó el otoño de papel de su tiempo
para uso exclusivo de cualquiera,
de todo el mundo, como debe ser?

Adolescentes éramos, tontos enamorados
del áspero tenor de Sils-María,
ése sí nos gustaba,
la irreductible soledad a contrapelo,
la cima de los pájaros águilas
que sólo sirven para las monedas,

emperadores, pájaros destinados
al embalsamamiento y los blasones.

Adolescentes de pensiones sórdidas,
nutridos de incesantes spaghettis,
migas de pan en los bolsillos rotos,
migas de Nietzsche en las pobres cabezas:
sin nosotros se resolvía todo,
las calles y las casas y el amor:
fingíamos amar la soledad
como los presidiarios su condena.

Hoy ya demasiado tarde volví a verte,
Jules Laforgue,
gentil amigo, caballero triste,
burlándote de todo cuanto eras,
solo en el parque de la Emperatriz
con tu luna portátil
–la condecoración que te imponías–
tan correcto con el atardecer,
tan compañero con la melancolía,
tan generoso con el vasto mundo
que apenas alcanzaste a digerir.

Porque con tu sonrisa agonizante
llegaste tarde, suave joven bien vestido,
a consolarnos de nuestras pobres vidas
cuando ya te casabas con la muerte.

Ay cuánto uno perdió con el desdén
en nuestra juventud menospreciante
que sólo amó la tempestad, la furia,
cuando el *frufrú* que tú nos descubriste
o el solo de astro que nos enseñaste
fueron una verdad que no aprendimos:
la belleza del mundo que perdías
para que la heredáramos nosotros:
la noble cifra que no desciframos:

tu juventud mortal que quería enseñarnos
golpeando la ventana con una hoja amarilla:
tu lección de adorable profesor,
de compañero puro
tan reticente como agonizante.

El mar y las campanas

[1971-1973]

Inicial

Hora por hora no es el día,
es dolor por dolor:
el tiempo no se arruga,
no se gasta:
mar, dice el mar,
sin tregua,
tierra, dice la tierra:
el hombre espera.
Y sólo
su campana
allí está entre las otras
guardando en su vacío
un silencio implacable
que se repartirá cuando levante
su lengua de metal ola tras ola.

De tantas cosas que tuve,
andando de rodillas por el mundo,
aquí, desnudo,
no tengo más que el duro mediodía
del mar, y una campana.

Me dan ellos su voz para sufrir
y su advertencia para detenerme.

Esto sucede para todo el mundo:

continúa el espacio.

Y vive el mar.

Existen las campanas.

Buscar

Del ditirambo a la raíz del mar
se extiende un nuevo tipo de vacío:
no quiero más, dice la ola,
que no sigan hablando,
que no siga creciendo
la barba del cemento
en la ciudad:
estamos solos,
queremos gritar por fin,
orinar frente al mar,
ver siete pájaros del mismo color,
tres mil gaviotas verdes,
buscar el amor en la arena,
ensuciar los zapatos,
los libros, el sombrero, el pensamiento
hasta encontrarte, nada,
hasta besarte, nada,
hasta cantarte, nada,
nada sin nada, sin hacer
nada, sin terminar
lo verdadero.

Regresando

Yo tengo tantas muertes de perfil
que por eso no muero,
soy incapaz de hacerlo,
me buscan y no me hallan
y salgo con la mía,
con mi pobre destino

de caballo perdido
en los potreros solos
del sur del Sur de América:
sopla un viento de fierro,
los árboles se agachan
desde su nacimiento:
deben besar la tierra,
la llanura:
llega después la nieve
hecha de mil espadas
que no terminan nunca.
Yo he regresado
desde donde estaré,
desde mañana viernes,
yo regresé
con todas mis campanas
y me quedé plantado
buscando la pradera,
besando tierra amarga
como el arbusto agachado.
Porque es obligatorio
obedecer al invierno,
dejar crecer el viento
también dentro de ti,
hasta que cae la nieve,
se unen el hoy y el día,
el viento y el pasado,
cae el frío,
al fin estamos solos,
por fin nos callaremos.
Gracias.

[Gracias, violines, por este día]

Gracias, violines, por este día
de cuatro cuerdas. Puro
es el sonido del cielo,
la voz azul del aire.

[Parece que un navío diferente]

Parece que un navío diferente
pasará por el mar, a cierta hora.
No es de hierro ni son anaranjadas
sus banderas:
nadie sabe de dónde
ni la hora:
todo está preparado
y no hay mejor salón, todo dispuesto
al acontecimiento pasajero.
Está la espuma dispuesta
como una alfombra fina,
tejida con estrellas,
más lejos el azul,
el verde, el movimiento ultramarino,
todo espera.
Y abierto el roquerío,
lavado, limpio, eterno,
se dispuso en la arena
como un cordón de castillos,
como un cordón de torres.
Todo
está dispuesto,
está invitado el silencio,

y hasta los hombres, siempre distraídos,
esperan no perder esta presencia:
se vistieron como en día domingo,
se lustraron las botas,
se peinaron.
Se están haciendo viejos
y no pasa el navío.

[Cuando yo decidí quedarme claro]

Cuando yo decidí quedarme claro
y buscar mano a mano la desdicha
para jugar a los dados,
encontré la mujer que me acompaña
a troche y moche y noche,
a nube y a silencio.

Matilde es ésta,
ésta se llama así
desde Chillán,
y llueva
o truene o salga
el día con su pelo azul
o la noche delgada,
ella,
déle que déle,
lista para mi piel,
para mi espacio,
abriendo todas las ventanas del mar
para que vuele la palabra escrita,
para que se llenen los muebles
de signos silenciosos,
de fuego verde.

[Declaro cuatro perros]

Declaro cuatro perros:
uno ya está enterrado en el jardín,
otros dos me sorprenden,
minúsculos salvajes
destructores,
de patas gruesas y colmillos duros
como agujas de roca.
Y una perra greñuda,
distante,
rubia en su cortesía.
No se sienten sus pasos de oro suave,
ni su distante presencia.
Sólo ladra muy tarde por la noche
para ciertos fantasmas,
para que sólo ciertos ausentes escogidos
la oigan en los caminos
o en otros sitios oscuros.

[Vinieron unos argentinos]

Vinieron unos argentinos,
eran de Jujuy y Mendoza,
un ingeniero, un médico,
tres hijas como tres uvas.
Yo no tenía nada que decir.
Tampoco mis desconocidos.
Entonces no nos dijimos nada,
sólo respiramos juntos
el aire brusco del Pacífico sur,
el aire verde

de la pampa líquida.
Tal vez se lo llevaron de vuelta a sus ciudades
como quien se lleva un perro de otro país,
o unas alas extrañas,
un ave palpitante.

[Yo me llamaba Reyes, Catrileo]

Yo me llamaba Reyes, Catrileo,
Arellano, Rodríguez, he olvidado
mis nombres verdaderos.
Nací con apellido
de robles viejos, de árboles recientes,
de madera silbante.
Yo fui depositado
en la hojarasca:
se hundió el recién nacido
en la derrota y en el nacimiento
de selvas que caían
y casas pobres que recién lloraban.
Yo no nací sino que me fundaron:
me pusieron todos los nombres a la vez,
todos los apellidos:
me llamé matorral, luego ciruelo,
alerce y luego trigo,
por eso soy tanto y tan poco,
tan multitud y tan desamparado,
porque vengo de abajo,
de la tierra.

[Salud, decimos cada día]

Salud, decimos cada día,
a cada uno,
es la tarjeta de visita
de la falsa bondad
y de la verdadera.
Es la campana para reconocernos:
aquí estamos, salud!
Se oye bien, existimos.
Salud, salud, salud,
a éste y al otro, a quién,
y al cuchillo, al veneno
y al malvado.
Salud, reconocedme,
somos iguales y no nos queremos,
nos amamos y somos desiguales,
cada uno con cuchara,
con un lamento especial,
encantado de ser o de no ser:
hay que disponer de tantas manos,
de tantos labios para sonreír,
salud!
que ya no queda tiempo
salud!
de enterarse de nada
salud!
de dedicarnos a nosotros mismos
si es que nos queda algo de nosotros,
de nosotros mismos.
Salud!

[Hoy cuántas horas van cayendo]

Hoy cuántas horas van cayendo
en el pozo, en la red, en el tiempo:
son lentas pero no se dieron tregua,
siguen cayendo, uniéndose
primero como peces,
luego como pedradas o botellas.
Allá abajo se entienden
las horas con los días,
con los meses,
con borrosos recuerdos,
noches deshabitadas,
ropas, mujeres, trenes y provincias,
el tiempo se acumula
y cada hora
se disuelve en silencio,
se desmenuza y cae
al ácido de todos los vestigios,
al agua negra
de la noche inversa.

[Conocí al mexicano Tihuatín]

Conocí al mexicano Tihuatín
hace ya algunos siglos, en Jalapa,
y luego de encontrarlo cada vez
en Colombia, en Iquique, en Arequipa,
comencé a sospechar de su existencia.
Extraño su sombrero
me había parecido cuando
el hombre aquel, alfarero de oficio,

vivía de la arcilla mexicana
y luego fue arquitecto, mayordomo
de una ferretería en Venezuela,
minero y alguacil en Guatemala.
Yo pensé cómo, con la misma edad,
sólo trescientos años,
yo, con el mismo oficio, ensimismado
en mi campanería,
con golpear siempre piedras o metales
para que alguien oiga mis campanas
y conozca mi voz, mi única voz,
este hombre, desde muertos años
por ríos que no existen,
cambiaba de ejercicio?

Entonces comprendí que él era yo,
que éramos un sobreviviente más
entre otros de por acá o aquí,
otros de iguales linajes enterrados
con las manos sucias de arena,
naciendo siempre y en cualquiera parte
dispuestos a un trabajo interminable.

[A ver, llamé a mi tribu y dije: a ver]

A ver, llamé a mi tribu y dije: a ver,
quiénes somos, qué hacemos, qué pensamos.
El más pálido de ellos, de nosotros,
me respondió con otros ojos,
con otra sinrazón, con su bandera.
Ése era el pabellón del enemigo.
Aquel hombre, tal vez, tenía derecho
a matar mi verdad, así pasó
conmigo y con mi padre, y así pasa.
Pero sufrí como si me mordieran.

[Hoy a ti: larga eres]

Hoy a ti: larga eres
como el cuerpo de Chile, y delicada
como una flor de anís,
y en cada rama guardas testimonio
de nuestras indelebles primaveras.
Qué día es hoy? Tu día.
Y mañana es ayer, no ha sucedido,
no se fue ningún día de tus manos:
guardas el sol, la tierra, las violetas
en tu pequeña sombra cuando duermes.
Y así cada mañana
me regalas la vida.

[Les contaré que en la ciudad viví]

Les contaré que en la ciudad viví
en cierta calle con nombre de capitán,
y esa calle tenía muchedumbre,
zapaterías, ventas de licores,
almacenes repletos de rubíes.
No se podía ir o venir,
había tantas gentes
comiendo o escupiendo o respirando,
comprando y vendiendo trajes.
Todo me pareció brillante,
todo estaba encendido
y era todo sonoro
como para cegar o ensordecer.
Hace ya tiempo de esta calle,
hace ya tiempo que no escucho nada,

cambié de estilo, vivo entre las piedras
y el movimiento del agua.
Aquella calle tal vez se murió
de muertes naturales.

[De un viaje vuelvo al mismo punto]

De un viaje vuelvo al mismo punto,
por qué?
Por qué no vuelvo donde antes viví,
calles, países, continentes, islas,
donde tuve y estuve?
Por qué será este sitio la frontera
que me eligió, qué tiene este recinto
sino un látigo de aire vertical
sobre mi rostro, y unas flores negras
que el largo invierno muerde y despedaza?
Ay, que me señalan: éste es
el perezoso, el señor oxidado,
de aquí no se movió,
de este duro recinto:
se fue quedando inmóvil
hasta que ya se endurecieron sus ojos
y le creció una yedra en la mirada.

[Se vuelve a yo como a una casa vieja]

Se vuelve a yo como a una casa vieja
con clavos y ranuras, es así
que uno mismo cansado de uno mismo,
como de un traje lleno de agujeros,
trata de andar desnudo porque llueve,

quiere el hombre mojarse en agua pura,
en viento elemental, y no consigue
sino volver al pozo de sí mismo,
a la minúscula preocupación
de si existió, de si supo expresar
o pagar o deber o descubrir,
como si yo fuera tan importante
que tenga que aceptarme o no aceptarme
la tierra con su nombre vegetal,
en su teatro de paredes negras.

[Hace tiempo, en un viaje]

Hace tiempo, en un viaje
descubrí un río:
era apenas un niño, un perro, un pájaro,
aquel río naciente.
Susurraba y gemía
entre las piedras
de la ferruginosa cordillera:
imploraba existencia
entre la soledad de cielo y nieve,
allá lejos, arriba.

Yo me sentí cansado
como un caballo viejo
junto a la criatura natural
que comenzaba a correr,
a saltar y crecer,
a cantar con voz clara,
a conocer la tierra,
las piedras, el transcurso,
a caminar noche y día,
a convertirse en trueno,
hasta llegar a ser vertiginoso,

hasta llegar a la tranquilidad,
hasta ser ancho y regalar el agua,
hasta ser patriarcal y navegado,
este pequeño río,
pequeño y torpe como un pez metálico
aquí dejando escamas al pasar,
gotas de plata agredida,
un río
que lloraba al nacer,
que iba creciendo
ante mis ojos.

Allí en las cordilleras de mi patria
alguna vez y hace tiempo
yo vi, toqué y oí
lo que nacía:
un latido, un sonido entre las piedras
era lo que nacía.

[Pedro es el cuándo y el cómo]

Pedro es el cuándo y el cómo,
Clara es tal vez el sin duda,
Roberto, el sin embargo:
todos caminan con preposiciones,
adverbios, sustantivos
que se anticipan en los almacenes,
en las corporaciones, en la calle,
y me pesa cada hombre con su peso,
con su palabra relacionadora
como un sombrero viejo:
adónde van? me pregunto.
Adónde vamos
con la mercadería
precautoria,

envolviéndonos en palabritas,
vistiéndonos con redes?

A través de nosotros cae como la lluvia
la verdad, la esperada solución:
vienen y van las calles
llenas de pormenores:
ya podemos colgar como tapices
del salón, del balcón, por las paredes,
los discursos caídos
al camino sin que nadie se quedara con nada,
oro o azúcar, seres verdaderos,
la dicha,
todo esto no se habla,
no se toca,
no existe, así parece, nada claro,
piedra, madera dura,
base o elevación de la materia,
de la materia feliz,
nada, no hay sino seres sin objeto,
palabras sin destino
que no van más allá de tú y yo,
ni más acá de la oficina:
estamos demasiado ocupados:
nos llaman por teléfono
con urgencia
para notificarnos que queda prohibido
ser felices.

[Un animal pequeño]

Un animal pequeño,
cerdo, pájaro o perro
desvalido,
hirsuto entre plumas o pelo,

oí toda la noche,
afiebrado, gimiendo.

Era una noche extensa
y en Isla Negra, el mar,
todos sus truenos, su ferretería,
sus toneles de sal, sus vidrios rotos
contra la roca inmóvil, sacudía.

El silencio era abierto y agresivo
después de cada golpe o catarata.

Mi sueño se cosía
como hilando la noche interrumpida
y entonces el pequeño ser peludo,
oso pequeño o niño enfermo,
sufría asfixia o fiebre,
pequeña hoguera de dolor, gemido
contra la noche inmensa del océano,
contra la torre negra del silencio,
un animal herido,
pequeñito,
apenas susurrante
bajo el vacío de la noche,
solo.

[No hay mucho que contar]

No hay mucho que contar
para mañana
cuando ya baje
al Buenosdías
es necesario para mí
este pan
de los cuentos,

de los cantos.
Antes del alba, después de la cortina
también, abierta al sol del frío,
la eficacia de un día turbulento.

Debo decir: aquí estoy,
esto no me pasó y esto sucede:
mientras tanto las algas del océano
se mecen predispuestas

a la ola,
y cada cosa tiene su razón:
sobre cada razón un movimiento
como de ave marina que despega
de piedra o agua o alga flotadora.

Yo con mis manos debo
llamar: Venga cualquiera.

Aquí está lo que tengo, lo que debo,
oigan la cuenta, el cuento y el sonido.

Así cada mañana de mi vida
traigo del sueño otro sueño.

[Llueve]

Llueve
sobre la arena, sobre el techo
el tema
de la lluvia:
las largas eles de la lluvia lenta
caen sobre las páginas
de mi amor sempiterno,
la sal de cada día:
regresa lluvia a tu nido anterior,

vuelve con tus agujas al pasado:
hoy quiero el espacio blanco,
el tiempo de papel para una rama
de rosal verde y de rosas doradas:
algo de la infinita primavera
que hoy esperaba, con el cielo abierto
y el papel esperaba,
cuando volvió la lluvia
a tocar tristemente
la ventana,
luego a bailar con furia desmedida
sobre mi corazón y sobre el techo,
reclamando
su sitio,
pidiéndome una copa
para llenarla una vez más de agujas,
de tiempo transparente,
de lágrimas.

[En pleno mes de junio]

En pleno mes de junio
me sucedió una mujer,
más bien una naranja.
Está confuso el panorama:
tocaron a la puerta:
era una ráfaga,
un látigo de luz,
una tortuga ultravioleta,
la vi
con lentitud de telescopio,
como si lejos fuera o habitara
esta vestidura de estrella,
y por error del astrónomo
hubiera entrado en mi casa.

[Esta campana rota]

Esta campana rota
quiere sin embargo cantar:
el metal ahora es verde,
color de selva tiene la campana,
color de agua de estanques en el bosque,
color del día en las hojas.

El bronce roto y verde,
la campana de bruces
y dormida
fue enredada por las enredaderas,
y del color oro duro del bronce
pasó a color de rana:
fueron las manos del agua,
la humedad de la costa,
que dio verdura al metal,
ternura a la campana.

Esta campana rota
arrastrada en el brusco matorral
de mi jardín salvaje,
campana verde, herida,
hunde sus cicatrices en la hierba:
no llama a nadie más, no se congrega
junto a su copa verde
más que una mariposa que palpita
sobre el metal caído y vuela huyendo
con alas amarillas.

[Quiero saber si usted viene conmigo]

Quiero saber si usted viene conmigo
a no andar y no hablar, quiero
saber si al fin alcanzaremos
la incomunicación: por fin
ir con alguien a ver el aire puro,
la luz listada del mar de cada día
o un objeto terrestre
y no tener nada que intercambiar
por fin, no introducir mercaderías
como lo hacían los colonizadores
cambiando baratijas por silencio.

Pago yo aquí por tu silencio.

De acuerdo: yo te doy el mío
con una condición: no comprendernos.

(H. V.)

Me sucedió con el fulano aquél
recomendado, apenas conocido,
pasajero en el barco, el mismo barco
en que viajé fatigado de rostros.
Quise no verlo, fue imposible.
Me impuse otro deber contra mi vida:
ser amistoso en vez de indiferente
a causa de su rápida mujer,
alta y bella, con frutos y con ojos.

Ahora veo mi equivocación
en su triste relato de viajero.

Fui generoso provincianamente.

No creció su mezquina condición
por mi mano de amigo, en aquel barco,
su desconfianza en sí siguió más fuerte
como si alguien pudiera convencer
a los que no creyeron en sí mismos
que no se menoscaben en su guerra
contra la propia sombra. Así nacieron.

[No un enfermizo caso, ni la ausencia]

No un enfermizo caso, ni la ausencia
de la grandeza, no,
nada puede matar nuestro mejor,
la bondad, sí señor, que padecemos:
bella es la flor del hombre, su conducta
y cada puerta es la bella verdad
y no la susurrante alevosía.

Siempre saqué de haber sido mejor,
mejor que yo, mejor de lo que fui,
la condecoración más taciturna:
recobrar aquel pétalo perdido
de mi melancolía hereditaria:
buscar una vez más la luz que canta
dentro de mí, la luz inapelable.

[Sí, camarada, es hora de jardín]

Sí, camarada, es hora de jardín
y es hora de batalla, cada día
es sucesión de flor o sangre:
nuestro tiempo nos entregó amarrados
a regar los jazmines
o a desangrarnos en una calle oscura:
la virtud o el dolor se repartieron
en zonas frías, en mordientes brasas,
y no había otra cosa que elegir:
los caminos del cielo,
antes tan transitados por los santos,
están poblados por especialistas.

Ya desaparecieron los caballos.

Los héroes van vestidos de batracios,
los espejos viven vacíos
porque la fiesta es siempre en otra parte,
en donde ya no estamos invitados
y hay pelea en las puertas.

Por eso es éste el llamado penúltimo,
el décimo sincero
toque de mi campana:
al jardín, camarada, a la azucena,
al manzano, al clavel intransigente,
a la fragancia de los azahares,
y luego a los deberes de la guerra.

Delgada es nuestra patria
y en su desnudo filo de cuchillo
arde nuestra bandera delicada.

[Desde que amaneció con cuántos hoy]

Desde que amaneció con cuántos hoy
se alimentó este día?
Luces letales, movimientos de oro,
centrífugas luciérnagas,
gotas de luna, pústulas, axiomas,
todos los materiales superpuestos
del transcurso: dolores, existencias,
derechos y deberes:
nada es igual cuando desgasta el día
su claridad y crece
y luego debilita su poder.

Hora por hora con una cuchara
cae del cielo el ácido
y así es el hoy del día,
el día de hoy.

[El puerto puerto de Valparaíso]

El puerto puerto de Valparaíso
mal vestido de tierra
me ha contado: no sabe navegar:
soporta la embestida,
vendaval, terremoto,
ola marina,
todas las fuerzas le pegan
en sus narices rotas.

Valparaíso, perro pobre
ladrando por los cerros,

le pegan los pies
de la tierra
y las manos del mar.
Puerto puerto que no puede salir
a su destino abierto en la distancia
y aúlla
solo
como un tren de invierno
hacia la soledad,
hacia el mar implacable.

[Todos me preguntaban cuándo parto]

Todos me preguntaban cuándo parto,
cuándo me voy. Así parece
que uno hubiera sellado en silencio
un contrato terrible:
irse de cualquier modo a alguna parte
aunque no quiera irme a ningún lado.

Señores, no me voy,
yo soy de Iquique,
soy de las viñas negras de Parral,
del agua de Temuco,
de la tierra delgada,
soy y estoy.

Lento

Don Rápido Rodríguez
no me conviene:
doña Luciérnaga Aguda

no es mi amor:
para andar con mis pasos amarillos
hay que vivir adentro
de las cosas espesas:
barro, madera, cuarzo,
metales,
construcciones de ladrillo:
hay que saber cerrar los ojos
en la luz,
abrirlos en la sombra,
esperar.

Sucede

Golpearon a mi puerta el 6 de agosto:
ahí no había nadie
y nadie entró, se sentó en una silla
y transcurrió conmigo, nadie.

Nunca me olvidaré de aquella ausencia
que entraba como Pedro por su casa
y me satisfacía con no ser:
con un vacío abierto a todo.

Nadie me interrogó sin decir nada
y contesté sin ver y sin hablar.

Qué entrevista espaciosa y especial!

Rama

Una rama de aromo, de mimosa,
fragante sol del entumido invierno,

compré en la feria de Valparaíso
y seguí con aromo y con aroma
hasta Isla Negra.

Cruzábamos la niebla,
campos pelados, espinares duros,
tierras frías de Chile
(bajo el cielo morado
la carretera muerta).

Sería amargo el mundo
en el viaje invernal, en el sinfín,
en el crepúsculo deshabitado,
si no me acompañara cada vez,
cada siempre,
la sencillez central
de una rama amarilla.

El embajador

Viví en un callejón donde llegaban
a orinar todo gato y todo perro
de Santiago de Chile.
Era en 1925.
Yo me encerraba con la poesía
transportado al Jardín de Albert Samain,
al suntuoso Henri de Régnier,
al abanico azul de Mallarmé.

Nada mejor contra la orina
de millares de perros suburbiales
que un cristal redomado
con pureza esencial, con luz y cielo:
la ventana de Francia, parques fríos
por donde las estatuas impecables

–era en 1925–
se intercambiaban camisas de mármol,
patinadas, suavísimas al tacto
de numerosos siglos elegantes.

En aquel callejón yo fui feliz.

Más tarde, años después,
llegué de Embajador a los Jardines.

Ya los poetas se habían ido.

Y las estatuas no me conocían.

Aquí

Me vine aquí a contar las campanas
que viven en el mar,
que suenan en el mar,
dentro del mar.

Por eso vivo aquí.

[Si cada día cae]

Si cada día cae
dentro de cada noche
hay un pozo
donde la claridad está encerrada.

Hay que sentarse a la orilla
del pozo de la sombra

y pescar luz caída
con paciencia.

Todos

Yo tal vez yo no seré, tal vez no pude,
no fui, no vi, no estoy:
qué es esto? Y en qué junio, en qué madera
crecí hasta ahora, continué naciendo?

No crecí, no crecí, seguí muriendo?

Yo repetí en las puertas
el sonido del mar,
de las campanas.
Yo pregunté por mí, con embeleso
(con ansiedad más tarde),
con cascabel, con agua,
con dulzura:
siempre llegaba tarde.
Ya estaba lejos mi anterioridad,
ya no me respondía yo a mí mismo,
me había ido muchas veces yo.

Y fui a la próxima casa,
a la próxima mujer,
a todas partes
a preguntar por mí, por ti, por todos:
y donde yo no estaba ya no estaban,
todo estaba vacío
porque sencillamente no era hoy,
era mañana.

Por qué buscar en vano
en cada puerta en que no existiremos
porque no hemos llegado todavía?

Así fue como supe
que yo era exactamente como tú
y como todo el mundo.

Pereza

No trabajé en domingo,
aunque nunca fui Dios.
Ni del lunes al sábado
porque soy criatura perezosa:
me contenté con mirar las calles
donde trabajaban llorando
picapedreros, magistrados, hombres
con herramientas o con ministerios.

Cerré todos mis ojos de una vez
para no cumplir con mis deberes:
ésa es la cosa
me susurraba a mí mismo
con todas mis gargantas,
y con todas mis manos
acaricié soñando
las piernas femeninas que pasaban volando.

Luego bebí vino tinto de Chile
durante veinte días y diez noches.
Bebí ese vino color amaranto
que nos palpita y que desaparece
en tu garganta como un pez fluvial.

Debo agregar a este testimonio
que más tarde dormí, dormí, dormí,
sin renegar de mi mala conducta
y sin remordimientos:
dormí tan bien como si lloviera

interminablemente
sobre todas las islas
de este mundo
agujereando con agua celeste
la caja de los sueños.

Nombres

Ay, Eduvigis, qué nombre tan bello
tienes, mujer de corazón azul:
es un nombre de reina
que poco a poco llegó a las cocinas
y no regresó a los palacios.

Eduvigis
está hecho de sílabas trenzadas
como racimos de ajos
que cuelgan de las vigas.

Si miramos tu nombre en la noche,
cuidado! resplandece
como una tiara desde la ceniza,
como una brasa verde
escondida en el tiempo.

Esperemos

Hay otros días que no han llegado aún,
que están haciéndose
como el pan o las sillas o el producto
de las farmacias o de los talleres:
hay fábricas de días que vendrán:

existen artesanos del alma
que levantan y pesan y preparan
ciertos días amargos o preciosos
que de repente llegan a la puerta
para premiarnos con una naranja
o para asesinarnos de inmediato.

Las estrellas

De allí, de allí, señaló el campanero:
y hacia ese lado vio la muchedumbre
lo de siempre, el nocturno azul de Chile,
una palpitación de estrellas pálidas.

Vinieron más, los que no habían visto
nunca, hasta ahora, lo que sostenía
el cielo cada día y cada noche,
y otros más, otros más, más sorprendidos,
y todos preguntaban, dónde, adónde?

Y el campanero, con grave paciencia,
indicaba la noche con estrellas,
la misma noche de todas las noches.

Ciudad

Suburbios de ciudad con dientes negros
y paredes hambrientas
saciadas con harapos de papel:
la basura esparcida,
un hombre muerto
entre las moscas de invierno

y la inmundicia:
Santiago,
cabeza de mi patria
pegada a la gran cordillera,
a las naves de nieve,
triste herencia
de un siglo de señoras colifinas
y caballeros de barbita blanca,
suaves bastones, sombreros de plata,
guantes que protegían uñas de águila.

Santiago, la heredada,
sucia, sangrienta, escupida,
triste y asesinada
la heredamos
de los señores y su señorío.

Cómo lavar tu rostro,
ciudad, corazón nuestro,
hija maldita,
cómo
devolverte la piel, la primavera,
la fragancia,
vivir contigo viva,
encenderte encendida,
cerrar los ojos y barrer tu muerte
hasta resucitarte y florecerte
y darte nuevas manos y ojos nuevos,
casas humanas, flores en la luz!

[Se llama a una puerta de piedra]

Se llama a una puerta de piedra
en la costa, en la arena,

con muchas manos de agua.
La roca no responde.

Nadie abrirá. Llamar es perder agua,
perder tiempo.
Se llama, sin embargo,
se golpea
todo el día y el año,
todo el siglo, los siglos.

Por fin algo pasó.
La piedra es otra.

Hay una curva suave como un seno,
hay un canal por donde pasa el agua,
la roca no es la misma y es la misma.
Allí donde era duro el arrecife
suave sube la ola por la puerta
terrestre.

[Perdón si por mis ojos no llegó]

Perdón si por mis ojos no llegó
más claridad que la espuma marina,
perdón porque mi espacio
se extiende sin amparo
y no termina:
monótono es mi canto,
mi palabra es un pájaro sombrío,
fauna de piedra y mar, el desconsuelo
de un planeta invernal, incorruptible.
Perdón por esta sucesión del agua,
de la roca, la espuma, el desvarío
de la marea: así es mi soledad:
bruscos saltos de sal contra los muros

de mi secreto ser, de tal manera
que yo soy una parte
del invierno,
de la misma extensión que se repite
de campana en campana en tantas olas
y de un silencio como cabellera,
silencio de alga, canto sumergido.

[Sangrienta fue toda tierra del hombre]

Sangrienta fue toda tierra del hombre.
Tiempo, edificaciones, rutas, lluvia,
borran las constelaciones del crimen,
lo cierto es que un planeta tan pequeño
fue mil veces cubierto por la sangre,
guerra o venganza, asechanza o batalla,
cayeron hombres, fueron devorados,
luego el olvido fue limpiando
cada metro cuadrado: alguna vez
un vago monumento mentiroso,
a veces una cláusula de bronce,
luego conversaciones, nacimientos,
municipalidades, y el olvido.
Qué artes tenemos para el exterminio
y qué ciencia para extirpar recuerdos!
Está florido lo que fue sangriento.
Prepararse, muchachos,
para otra vez matar, morir de nuevo,
y cubrir con flores la sangre.

[Trinó el zorzal, pájaro puro]

Trinó el zorzal, pájaro puro
de los campos de Chile:
llamaba, celebraba,
escribía en el viento.
Era temprano,
aquí, en invierno, en la costa.
Quedaba un arrebol celeste
como un delgado trozo de bandera
flotando sobre el mar.
Luego el color azul invadió el cielo
hasta que todo se llenó de azul,
porque ése es el deber de cada día,
el pan azul de cada día.

[Ahí está el mar? Muy bien, que pase]

Ahí está el mar? Muy bien, que pase.
Dadme
la gran campana, la de raza verde.
No, ésa no es, la otra, la que tiene
en la boca de bronce una ruptura,
y ahora, nada más, quiero estar solo
con el mar principal y la campana.
Quiero no hablar por una larga vez,
silencio, quiero aprender aún,
quiero saber si existo.

Final

Matilde, años o días
dormidos, afiebrados,
aquí o allá,
clavando,
rompiendo el espinazo,
sangrando sangre verdadera,
despertando tal vez
o perdido, dormido:
camas clínicas, ventanas extranjeras,
vestidos blancos de las sigilosas,
la torpeza en los pies.

Luego estos viajes
y el mío mar de nuevo:
tu cabeza en la cabecera,

tus manos voladoras
en la luz, en mi luz,
sobre mi tierra.

Fue tan bello vivir
cuando vivías!

El mundo es más azul y más terrestre
de noche, cuando duermo
enorme, adentro de tus breves manos.

Notas

HERNÁN LOYOLA

Abreviaturas

APJ   Neruda, *Arte de pájaros*, 1966.

AUCh Revista *Anales de la Universidad de Chile*, Santiago.

AÚN   Neruda, *Aún*, 1969.

BB   Biblioteca de Bolsillo, colección de Editorial Seix Barral.

BCC   Biblioteca Clásica y Contemporánea, colección de Editorial Losada.

BCL   Neruda, *La barcarola*, 1967.

CAR   Neruda, *Una casa en la arena*, 1966.

CCM Neruda, *Cantos ceremoniales*, 1961.

CDG Neruda, *Canción de gesta*, 1960.

CGN Neruda, *Canto general*, 1950.

CHV Neruda, *Confieso que he vivido*, 1974.

COA Neruda, *El corazón amarillo*, 1974.

CSA   Neruda, *Cien sonetos de amor*, 1959.

DFS   Neruda, *Defectos escogidos*, 1974.

ELG   Neruda, *Elegía*, 1974.

ESP   Neruda, *La espada encendida*, 1970.

ETV   Neruda, *Estravagario*, 1958.

FDM Neruda, *Fin de mundo*, 1969.

GIF   Neruda, *Geografía infructuosa*, 1972.

HOE Neruda, *El hondero entusiasta*, 1933.

HYE   Neruda, *El habitante y su esperanza*, 1926.

JDI   Neruda, *Jardín de invierno*, 1974.

LDP   Neruda, *Libro de las preguntas*, 1974.

MDD Neruda, *Las manos del día*, 1968.

MIN   Neruda, *Memorial de Isla Negra*, 1964.

MRT Neruda, *Maremoto*, 1970.

MYC Neruda, *El mar y las campanas*, 1973.

NIX   Neruda, *Incitación al nixonicidio*, 1973.

NYR   Neruda, *Navegaciones y regresos*, 1959.

OC   Neruda, *Obras completas*, Editorial Losada, 1957, 1962, 1968, 1973.

OCGC Neruda, *Obras completas*, Galaxia Gutenberg/Círculo de Lectores, 1999-2000.

PCH   Neruda, *Las piedras de Chile*, 1961.

PDC   Neruda, *Las piedras del cielo*, 1970.

PNN   Neruda, *Para nacer he nacido*, 1978.

PPS   Neruda, *Plenos poderes*, 1962.

RIV   Neruda, *El río invisible*, 1980.

ROS   Neruda, *La rosa separada*, 1972.

RST   Neruda, *Residencia en la tierra*, 1935.

SAAC   Sociedad de Amigos del Arte Contemporáneo, Chile.

SAC   Sociedad de Arte Contemporáneo, Chile, la misma que la anterior.

TER   Neruda, *Tercera residencia*, 1947.

TLO   Neruda, *Tercer libro de las odas*, 1957.

UVT   Neruda, *Las uvas y el viento*, 1954.

VCP   Neruda, *Los versos del Capitán*, 1952.

VPA   Neruda, *Veinte poemas de amor y una canción desesperada*, 1924.

ZZ   Neruda, *Fulgor y muerte de Joaquín Murieta. Bandido chileno injusticiado en California el 23 de julio de 1853*, Santiago de Chile, Empresa Editora Zig-Zag, 1967.

Referencias bibliográficas

Alegría   Fernando Alegría, «*La barcarola*: barca de la vida», en *Revista Iberoamericana*, núm. 82-83, Pittsburgh, enero-junio 1973, pp. 73-98.

Alone   Alone [Hernán Díaz Arrieta], *Los cuatro grandes de la literatura chilena durante el siglo XX. Augusto D'Halmar, Pedro Prado, Gabriela Mistral, Pablo Neruda*, Santiago, Zig-Zag, 1962.

Alonso   Amado Alonso, *Poesía y estilo de Pablo Neruda*, Buenos Aires, Sudamericana, 1951.

Collier y Sater Simon Collier y William F. Sater, *Historia de Chile 1808-1994*, Cambridge-New York, Cambridge University Press, 1998.

Edwards   Jorge Edwards, *Adiós, poeta...* Barcelona, Tusquets, 1990.

Escámez   Julio Escámez, «Testimonio», en *Aurora*, núm. 3-4, Santiago, 1964, pp. 225-229.

Kähler   Evelyn Kähler, «El poeta, una casa y un campanario», en *Nerudiana*, núm. 1, Sássari, 1996, pp. 306-313.

Loyola 1993   Hernán Loyola, «Primera aproximación al uso del eneasílabo en Pablo Neruda», en G.B. De Cesare y S. Serafin, eds., *El Girador*, Roma, Bulzoni, 1993, vol. II, pp. 581-590; y en *Revista Chilena de Literatura*, núm. 49, Santiago, noviembre 1996, pp. 103-112.

Loyola 1994   Hernán Loyola, «Neruda entre modernidad y posmodernidad», en Luis Íñigo Madrigal, ed., *Los premios Nobel de Literatura hispanoamericanos*, Ginebra, Éditions Patiño, 1994, pp. 39-56.

Loyola 1995   Hernán Loyola, voz «Neruda, Pablo», en *Diccionario Enciclopédico de las Letras de América Latina*, Caracas, Fundación Biblioteca Ayacucho, 1995, pp. 3360-3373.

Loyola 1998   Hernán Loyola, «Neruda 1956-1973: la modulación posmoderna del compromiso político», en C. Poupeney Hart y M. Sarfati-Arnaud, eds., *Pa-*

blo Neruda. Mitos y personaje, Ottawa, Girol Books, 1998, pp. 30-59.

Loyola 1999   Hernán Loyola, «Neruda moderno / Neruda posmoderno», en *América Sin Nombre*, núm. 1, Alicante, diciembre 1999, pp. 21-32.

Mayorga   Elena Mayorga, *Las casas de Neruda*, tesis de graduación en Arquitectura, Concepción, Chile, Universidad del Bío Bío, 1996.

Neruda 1964   Pablo Neruda, «Algunas reflexiones improvisadas sobre mis trabajos», *Mapocho*, núm. 3, Santiago, 1964.

Pring-Mill 1970   Robert Pring-Mill, «The Poet and his Roots», *Times Literary Supplement*, London, 16.4.1970.

Reyes   Bernardo Reyes, *Retrato de familia. Neruda (1904- 1920)*, San Juan, Editorial de la Universidad de Puerto Rico, 1996.

Sicard   Alain Sicard, *El pensamiento poético de Pablo Neruda*, Madrid, Gredos, 1981.

Suárez   Eulogio Suárez, *Neruda total*, Santiago, Ediciones Systhema, 1991.

Teitelboim   Volodia Teitelboim, *Neruda*, edición actualizada, Santiago, Sudamericana [de Chile], 1996.

Urrutia   Matilde Urrutia, *Mi vida junto a Pablo Neruda. Memorias*, Barcelona, Seix Barral, 1986.

Varas   José Miguel Varas, *Nerudario*, Santiago, Planeta Chilena, 1999.

Vial   Sara Vial, *Neruda en Valparaíso*, Valparaíso, Ediciones Universitarias, 1983.

Arte de pájaros

Composición

En sus memorias Neruda recuerda que el proyecto de este libro singular –concebido desde el comienzo como un híbrido de poemas y dibujos, en línea con el precedente *Las piedras de Chile*– se le ocurrió en la Plaza Roja de Moscú durante la multitudinaria celebración de los vuelos simultáneos de las cápsulas Vostok III y Vostok IV que, respectivamente pilotadas por Adrián Nikoláiev y Pável Popóvich, habían partido con un día de diferencia, habían dado vueltas en torno a la Tierra durante setenta horas y habían aterrizado sin novedad con una diferencia de sólo seis minutos. Esta doble proeza de los cosmonautas y de la ingeniería espacial soviética tuvo lugar en agosto de 1962. Estando en la URSS por aquellos días, Neruda siguió con millones de soviéticos las noticias sobre el desarrollo de los vuelos y presenció la ceremonia pública de homenaje a los dos héroes del espacio (incluso despachó a Santiago una nota en prosa «escrita en el avión entre Sotchi y Moscú» que el diario *El Siglo* publicó en su edición del 18.8.1962 bajo el título «Neruda escribe sobre la hazaña soviética»). Así escribió en sus memorias:

> Aquel día condecoraban a los dos rusos que volvían del cielo. Yo me sentía muy cerca de sus alas. El oficio de poeta es, en gran parte, pajarear. Precisamente por las calles de Moscú, por las costas del Mar Negro, entre los montañosos desfiladeros del Cáucaso soviético, me vino la tentación de escribir un libro sobre los pájaros de Chile. El poeta de Temuco estaba conscientemente dedicado a pajarear, a escribir sobre los pájaros de su tierra tan lejana, sobre chincoles y chercanes, tencas y diucas, cóndores y queltehues, en tanto dos pájaros humanos, dos cosmonautas soviéticos, se alzaban en el espacio y pasmaban de admiración al mundo entero. Todos contuvimos la respiración sintiendo sobre nuestras cabezas, mirando con nuestros ojos el doble vuelo cósmico.

> (*CHV**, p. 348.)

En realidad el proyecto había nacido antes, si damos fe al minúsculo *Catálogo*. *Ediciones Isla Negra* que –según declaraba su colofón– «se terminó de imprimir el 27 de abril de 1962». El cuadernillo era el elenco de los sueños editoriales de Neruda, el anuncio de una serie de publicaciones que el poeta venía planeando con Germán Marín Sessa (hoy afirmado narrador y periodista chileno): una colección de libros curiosos u olvidados en conexión con Chile, con América o con la poesía. La serie incluía *J. M. C. El húsar desdichado*, memoria de Manuel A. Pueyrredón y otros textos sobre José Miguel Carrera (único volumen de la serie anunciada que fue efectivamente publicado por Ediciones Isla Negra, 1962); *Poemas* de Mao Tse-tung; *La muerte en el Sur*, del Capitán Brown; *Solnei*, de Alberto Rojas Giménez; *Rapa Nui*, de Pierre Loti; *Los poetas perdidos*, antología de poetas de los años veinte en Chile; *Benito Cereno y otras páginas*, de Melville; y *Arte de pájaros*, de Pablo Neruda, obra que el catálogo daba por ya publicada en edición (obviamente ficticia) que describía así: «Queda para siempre en este libro toda la pajarería de Chile, sus rutas, su filosofía, sus plumas, en una hermosa edición que el mismo poeta ha cuidado. Contiene fuera de texto un juego completo de grabados, numerados y firmados por Nemesio Antúnez, que contribuyen a hacer de este título una aventura de poesía y singularidad».

Pero en rigor la tentación venía de más lejos todavía. No era ciertamente improvisa. Ya en el primero de los *Veinte poemas* las aves fueron el signo axiológico con que el poeta adolescente marcó su conflicto con el mundo: «Fui solo como un túnel. De mí huían los pájaros» (*OCGC*, vol. I, p. 179). Diez años más tarde Neruda recurrirá al mismo signo y en clave similar: «los pájaros del mar lo desestiman y huyen» (*RST* II, «Barcarola», en *OCGC*, vol. I, p. 305). Aves de tierra y de océano que desde *Canto general* no se limitaron a formar parte de un repertorio de imágenes y símbolos sino que con propia identidad, y con sus nombres específicos, hicieron ingreso en el mundo poético de Neruda: el tucán, el colibrí, los loros, el águila y el cóndor, el atajacaminos, la loica en «Vienen los pájaros» (*CGN*, I, III, en *OCGC*, vol. I, pp. 421-423); «Chercanes / Loica / Chucao» (VII, XI, en *OCGC*, vol. I, pp. 651-652); «Las aves maltratadas», «Phalacrocorax» y «No sólo el albatros» (XIV, XX, XXII, XXIII, en *OCGC*, vol. I, pp. 798-803).

Al parecer los textos de *Arte de pájaros* fueron escritos en su mayoría –si no todos– en 1962-1963. Pero las ilustraciones tuvieron una historia más compleja que se prolongó hasta 1966. El citado *Catálogo* de las Ediciones Isla Negra nos informa que inicialmente

Neruda pensó en Nemesio Antúnez. Desechado Antúnez por no se sabe qué motivos, las ilustraciones fueron encargadas al pintor chileno Julio Escámez, que entrevistado por mí a comienzos de 1964 consignó esta experiencia:

Recientemente, en 1963, pasé un largo período en Isla Negra [...]. Fue entonces, mientras trabajábamos juntos en *Arte de pájaros*, cuando mejor pude apreciar la exacta dimensión del poeta, la responsabilidad con que realiza su labor. Para escribir ese libro Neruda reunió una enorme cantidad de información científica, consultando acuciosamente los textos especializados, como los ya clásicos de Philippi y de Gay que el poeta conoce al revés y al derecho desde hace muchos años. Pero además estuvo recopilando durante un buen tiempo los datos de su observación directa.

Es sencillamente fabuloso el conocimiento práctico que tiene Pablo acerca de los lugares donde es posible encontrar pidenes, queltehues, cisnes de cuello negro, picaflores, loicas. Cierto es también que Isla Negra ocupa una situación privilegiada en cuanto a aves se refiere. En sus alrededores circula buena parte de la pajarería chilena.

Se trataba, por ejemplo, de diseñar la ilustración para el poema del queltehue. «Yo sé dónde hay queltehues» me decía Pablo sin vacilar. Y allá salíamos de caminata, acompañados por la infatigable Matilde. Yo con mis prismáticos, mis cuadernillos y mis lápices; Pablo, con su gorra y con un antiguo catalejo de marinero. Infaliblemente el poeta nos guiaba hasta algún lugar recóndito donde los queltehues pululaban. Nos instalábamos por largas horas a observarlos desde lejos. Yo me ponía a diseñar bocetos sin pérdida de tiempo. De pronto Pablo se acercaba a mí y me decía: «Mira, Julio, qué maravillosos se ven esos queltehues con este catalejo». La verdad era que él quería mirarlos a través de mis excelentes prismáticos alemanes. Después revisaba mis bocetos y hacía algunas discretas observaciones que yo cogía al vuelo. Las mejores ilustraciones que logré hacer para *Arte de pájaros* surgieron de sus estupendas sugerencias plásticas.

Para un pintor trabajar con Pablo Neruda significa trabar contacto con un mundo de estímulos. [...] Yo viví esa experiencia. Además, su casa de Isla Negra constituye en sí misma una atmósfera propicia para el trabajo del pintor.

(Escámez 1964*, pp. 225-226.)

Viajes y dificultades varias impidieron que Escámez pudiera completar las ilustraciones para *Arte de pájaros* antes del invierno

---

* Véase «Referencias bibliográficas», pp. 945-946.

de 1965. Pero ellas serán utilizadas sólo en la segunda edición del libro (1973). La primera edición (1966) incluyó en cambio los dibujos de otros cuatro pintores: Nemesio Antúnez, Mario Carreño, Héctor Herrera y Mario Toral.

No tengo información segura –pero sí una pequeña hipótesis– sobre por qué los dibujos de Escámez no aparecieron en la edición SAAC 1966. Recuérdese que en aquel 1962 del minúsculo *Catálogo* y del doble vuelo soviético Neruda escribió el primer volumen de un proyecto poético cuyo título inicial fue *Sumario* (con ese título se publicó en Italia dicho volumen) y que más tarde devino *Memorial de Isla Negra*. Es altamente probable que fue en el clima de tal proyecto –conectado a (y estimulado por) la celebración del ya próximo 60 cumpleaños– que a Neruda le vino, primero en Isla Negra y después en la Plaza Roja de Moscú, «la tentación de escribir un libro sobre los pájaros de Chile». El poeta lo habría pensado inicialmente como un «pequeño libro» para sus Ediciones Isla Negra con dibujos de Nemesio Antúnez; o bien, más adelante, como un «pequeño libro» (digamos, en línea con el formato y espesor de uno cualquiera de los cinco volúmenes del *Memorial* de 1964) que editaría Losada y que incluiría los dibujos de Julio Escámez.

La fórmula «pequeño libro» la tomo del texto «Pájaros, pajarines...», que Matilde rescató en el volumen póstumo *Para nacer he nacido* (Barcelona, Seix Barral, 1978, pp. 148-149) y al que ella misma pospuso la siguiente nota: «(Prólogo para su libro *Pájaros*, enero 1963)». Era sin duda el prólogo que Neruda había destinado a la edición primigenia. Hélo aquí:

Pájaros, pajarines...

Desde lo nevado hasta lo arenoso, pasando por volcanes, playas, potreros, ríos, rocas, techos, trigales, carreteras, olas, por todas partes pájaros. Pájaros, pajarines, pajarracos, pajarintos, pajarantes! Inmóviles y acechantes, cantantes y silbantes, reluciendo al rayo de oro, confundiéndose con ceniza o crepúsculo. Y volando! Volando en la libertad del aire, rápidos como flechas o lentos como naves. Volando con estilo diferente, apartando el cielo o atravesándolo con cuchillos, o a veces en la plenaria multitud de la migración llenando el universo con el inmenso fluir de la pajarería. Me detuve de niño en las márgenes del río araucano: el agua y los trinos me enramaban. Mi sangre recogió como esponja cantos y raíces. Más tarde ardían los bosques: hoja por hoja, la madera quemada latía por última vez, haciéndose ceniza sin doblegarse, y el calor y el olor del incendio entraban en olas de furia en mi sistema. Pero pronto a la luz vegetal nacía y picoteaba de nuevo el ave carpintera, las pesadas bandurrias tronaban entre los canelos. Todo se reintegraba al profundo aroma original.

A la salida del Estrecho de Magallanes, embarcado entre archipiélagos de piedra y hielo, me siguió el gran albatros que casi cubría con sus alas el cuerpo estrecho de Chile y danzaba suspendiéndose en el aire. La masa del océano parecía petróleo, la llovizna picaba la espumante sal, se llenaban los montes de muerte cenicienta: lo único vivo eran las mayores alas del planeta practicando el rito y el orden en mitad de aquellas agonías. ¡Sálvanos, albatros, con tu ferocidad nutricia, con tu voluntad de vuelo! ¡Sálvanos del páramo desesperado, del crepúsculo invasor, del atropello cósmico!

Por fin, hombre derecho pero sin hacer, como se debe ser y continuar, recibí la visita de mínimos cantores, diucas y jilgueros, fringilos, tencas, chincoles. Su profesión era dejarse caer al grano, al gusanillo, al agua desencadenándose en trino, en alegría, en desvarío. Los tomé muchas veces en mi mano, me picaron, arañaron, me consideraron extraña carne humana, hueso desconocido y los dejé partir, exhalarse, irse violentos con sus ojos intrépidos, dejándome en la mano un susurro de aleteo y olor a greda y polen.

Las loicas me mostraron su mancha militar, enseñándome por los caminos su condecoración de sangre.

Todo me lo profesaron los pájaros, pajariles, pajarucos, pajacielos, pero no aprendí ni a volar ni a cantar. Pero aprendí a amarlos vagamente, sin respeto en la familiaridad de la ignorancia, mirándolos de abajo a arriba, orgulloso de mi estúpida estabilidad, mientras ellos reían volando sobre mi cabeza. Entonces para humillarlos inventé algunos pájaros para que volaran entre las aves verdaderas y me representaran entre ellas.

Así cumplí la misión que me trajo a nacer en las tierras de Chile, mi patria. Este pequeño libro es parte de mi testimonio. Y si me faltaron, como es natural, más alas y mejores cantos, los pájaros me defenderán.

El penúltimo párrafo de este prólogo desechado nos informa que en enero de 1963 la estructura del libro contemplaba ya la división en pájaros *verdaderos* y pájaros *inventados*: o sea los *pajarintos* y *pajarantes* de la edición definitiva.

Pero la «tentación» de la Plaza Roja habría asumido una forma diversa, y una ambición editorial harto mayor, cuando el proyecto de libro interesó a la muy facultosa Sociedad de Amigos del Arte Contemporáneo que presidía Flavián Levine, amigo de Neruda. En su prólogo a la edición SAAC de 1966 Levine evocó circunstancias y pormenores:

La idea de esta obra, simbólica en muchos sentidos, surgió una tarde de otoño en Cañaveral. Neruda sacó de sus bolsillos manuscritos verdes con olor a pluma y se escucharon versos preciosos. La publicación de estos versos con la colaboración de artistas chilenos nos pareció el mejor homenaje al poeta en sus 60 años. No se podía ignorar esta fecha. Además, en otros países celebraban a Neruda con solemnidad. Un grupo de sus amigos, unos pocos, porque son demasiados para juntarlos, tomamos esta responsabilidad, con el patrocinio de la Sociedad de Amigos del Museo de Arte Contemporáneo de la Universidad de Chile. En cierto momento casi todo estuvo listo para editar esta obra en fecha más oportuna, pero los pájaros se volaron con Thiago [de Mello]... Ya antes, en septiembre de 1964, Neruda me escribe entristecido. Me pide que nos olvidemos de los pájaros. Él cree, equivocadamente, que la idea ha traído pocos vuelos y muchos conflictos. El proyecto, sin embargo, siguió adelante. Con Mario Toral se encierran los pájaros en definitiva, y la nueva prisión resulta bellísima. En estos versos, sencillos y magníficos, Neruda expresa su amor por la naturaleza chilena. En los pájaros imaginarios luce su inteligencia socarrona.

Junio 1966

Levine deja entrever conflictos seguramente relacionados con la propensión del poeta a abandonar el primer proyecto concreto (Losada-Escámez) en favor del segundo (Levine-Toral). Presumo que al fiel editor Losada agradó muy poco la idea de una primera edición chilena, de ahí la desazón de Neruda. Pero evidentemente don Gonzalo terminó por aceptar y fue así que la «normal» edición originaria (con los dibujos de Escámez) fue postergada en favor de una fina edición de lujo con las nuevas ilustraciones que Levine (o la SAAC) encargó a Antúnez, Carreño, Herrera y Toral (probablemente por indicación de este último pintor, que había asumido la total dirección artística del nuevo proyecto: a ello alude el prólogo al nombrarlo). En cuanto al título: la nota de Matilde en *PNN* sugiere un hipotético *Pájaros* inicial, desmentido por el pequeño *Catálogo* que fue impreso antes de enero 1963. Yo creo que Matilde tomó por título del libro alguna rápida indicación manuscrita de Neruda, abreviada y familiar (*Pájaros* por *Arte de pájaros*), sobre el destino del texto contenido en esa hoja.

Ediciones

(1) *Arte de pájaros*, Santiago, edición de la Sociedad de Amigos del Arte Contemporáneo, 1966 (noviembre 1), 105 pp. Formato 39×34 cm. Ilustraciones a color de Nemesio Antúnez, Mario Carreño, Héctor Herrera y Mario Toral. Prólogo de Flavián Levine.

Colofón

[...] El texto impreso en caracteres Eusebius e Itálico Ornamentado, sobre papel Vergé. Láminas en offset sobre papel Couché. Encuadernación de Abraham Contreras. Disposición tipográfica de Mauricio Amster. Realizado e impreso en Editorial Lord Cochrane S.A. Dirección artística de Mario Toral.

Justificación de la tirada especial

Un ejemplar numerado I, que contiene cuatro poemas manuscritos por Pablo Neruda sobre papel Ingres y las cuatro ilustraciones originales, correspondientes al título del poema, realizadas por Nemesio Antúnez, Mario Carreño, Héctor Herrera y Mario Toral. Encuadernado en cuero y estampado en oro. Trece ejemplares, numerados II - III - IV - V - VI - VII - VIII - IX - X - XI - XII - XIII - XIV, conteniendo cada uno un poema manuscrito por Pablo Neruda, sobre papel Ingres y la ilustración original correspondiente. Encuadernados en cuero. Doscientos ejemplares numerados de 1 a 200, firmados por el poeta y los ilustradores. Terminóse de imprimir el primero de noviembre de mil novecientos sesenta y seis en Santiago de Chile.

El diario *El Siglo* del miércoles 14.12.1966 anunciaba que 14 + 200 ejemplares de *Arte de pájaros*, firmados por el autor y por los ilustradores, serían rematados ese día a las 19 horas por el martillero público Ramón Eyzaguirre, y que el producto del remate sería destinado a incrementar los fondos de la Sociedad de Amigos del Arte Contemporáneo.

(2) *Arte de pájaros*, en Pablo Neruda, *Obras completas*, Buenos Aires, Losada, 1968 y 1973. Sin ilustraciones.

(3) *Arte de pájaros*, Buenos Aires, Losada, 1973 (octubre 18), 230 pp. Formato 32 x 23 cm. Ilustraciones de Julio Escámez y Héctor Herrera.

Los textos: algunas observaciones

Desde sus comienzos la escritura poética de Neruda resultó de una tensión entre dos tentativas: la autorrepresentación dinámica del Sujeto y el inventario del mundo. Las tentativas inventariales, que por ejemplo en *Residencia* se habían manifestado bajo formas de «enumeración caótica» o *disjecta membra*, a partir de las *Odas elementales* asumieron con alguna frecuencia, y decididamente, la forma del *repertorio*.

Pero hasta el *Tercer libro de las odas* el recurso a la forma *repertorio* fue también función de la ideología *moderna* del Sujeto, esto es, de una visión del mundo como contradictorio dinamismo del progreso personal y social, como persecución de la Utopía individual y colectiva. Desde *Estravagario* (ver el poema «Bestiario») el repertorio devino celebración, rito, liturgia, elegía, juego, fiesta: epifanía de los seres y objetos que pueblan el mundo, elogiados en sí mismos, enfocados sólo por existir, independientes de otra teleología que no fuese la vida misma. En este nuevo registro, *posmoderno*, escribió Neruda *Las piedras de Chile* (1961), *Arte de pájaros* (1966) y demás repertorios sucesivos cuales *Una casa en la arena* (1966), *Maremoto* y *Las piedras del cielo* (ambos de 1970). Otra modulación del repertorio nerudiano posmoderno me parece reconocible en dos de los libros póstumos: *Elegía* y *Libro de las preguntas*, ambos de 1974. (Sobre *moderno/posmoderno* en Neruda, cfr. Loyola 1994, 1995, 1998 y 1999.)

La distinción entre *pajarintos* y *pajarantes* manifiesta las dos ánimas del poeta: una seria, enraizada en el pasado de su propia escritura, la otra lúdica. Los «nombres científicos» de los *pajarantes* cifran personajes del mundo personal del poeta, como «El pájaro corolario» (*Minus Cothapa*, Acario Cotapos) y «El tintitrán» (*Jorgesius Saniversus*, Jorge Sanhueza), o bien figuras de la esfera pública como «El tontivuelo» (*Autoritarius Miliformis*, premonición de cierto militar autoritario).

MIGRACIÓN. (Páginas 55-58.) El pasaje desde la prosa del prólogo «Pájaros, pajarines» a los versos de este texto marca un cambio en la actitud del poeta frente a su propio libro.

ALBATROS ERRANTE. (Página 59.) *OC* 1973, errata en el título: «Albatros errantes».

CHUCAO. (Páginas 70-71.) *OC* 1973, último verso, traía «Roloncaví» en vez de «Reloncaví».

ZORZAL. (Páginas 91-92.) *OC* 1973, v. 10, traía: «viaja por tierra y por hierba,» –probable asimilación a la fórmula *por tierra y por mar*– en vez del «... por la hierba» que el verso eneasílabo exige (y además sin coma al final del verso).

EL PÁJARO COROLARIO. (Páginas 96-97.) El «nombre científico» *Minus Cothapa* y varias alusiones del texto remiten a la figura del amigo Acario Cotapos. Cfr. texto y notas a la «Oda a Acario Cotapos» en *Plenos poderes* (*OCGC*, vol. II, páginas 1113-1116). SAAC 1966: la estrofa 2 terminaba: «el nombre del Corolario / y las circunstancias del canto». Sigo en este caso la corrección de *OC* 1973: coma tras «corolario», eliminación de la «y» (por exigencia del verso octosílabo).

EL TINTITRÁN. (Página 98.) El «nombre científico» *Jorgesius Sani-versus* remitiría afectuosamente a Jorge Sanhueza, amigo del poeta y estudioso de su obra. Fallecido en 1967, Neruda le dedicó la mini-elegía «J.S.» en *Las manos del día* (en este volumen, página 373).

EL TONTIVUELO. (Páginas 99-100.) *OC 1973*, v. 15: «las sumas de ir y venir». Corrijo según SAAC 1966 y Losada 1973: «... *del* ir y venir».

EL PÁJARO ELLA. (Páginas 100-101.) *OC 1973*, última estrofa, v. 2: «preparemos la mesa»; errata evidente, por «*prepararemos*» de SAAC 1966 (exigencia del verso octosílabo).

EL PÁJARO YO. (Página 101.) SAAC 1966, último verso: «de la tranquila tempestad» (eneasílabo); corrijo según Losada 1973 y *OC 1973*: «de la tempestad tranquila» (octosílabo, que es el metro del texto).

Una casa en la arena

Composición

Textos y fotografías, como en *Las piedras de Chile*, pero ahora los textos van en prosa. La casa de Isla Negra fue un personaje importante en la vida de Neruda, pero sólo tardíamente lo fue también en su escritura. Tal vez porque la *casa en la arena* por muchos años fue parte de la vida en común con Delia del Carril, quien sólo ocupó un espacio de trasfondo –privado, no visible– en su poesía. No hubo para Delia una escritura de amor en sentido nerudiano (algún texto cifrado en *Residencia*, un poema algo convencional en *Canto general*, y nada más). Tampoco la hubo –no podía haberla– para la casa, entonces. Porque desde *Veinte poemas* en adelante la escritura del amor (del amor que contaba para la poesía de Neruda) tuvo siempre su geografía, su base territorial, su espacio mítico, y dentro de ese espacio tuvo siempre algún domicilio, residencia, *casa*.

Ya entrados los años sesenta Neruda se cansó de Santiago y gradualmente comenzó a trasladarse hacia la costa y a preferir la casa de Isla Negra a La Chascona como residencia principal. No por simple casualidad apareció La Sebastiana. La compra y reedificación de la casa de Valparaíso respondió inicialmente a la urgencia nerudiana de un espacio *mítico* junto al mar para Matilde. Isla Negra, con sus fantasmas, no podía entonces cumplir esa función. Pero La Sebastiana no bastó a la muy aguerrida Matilde, quien se las arregló para tomar posesión también de ese gran domicilio mítico nerudiano que, a diferencia de La Chascona y de La Sebastiana, no había nacido suyo sino en conexión con otra mujer. En relación a Matilde, La Sebastiana fue el puente entre La Chascona y la casa de Isla Negra. Al escribir y componer *Una casa en la arena* Neruda manifestó a modo suyo –como siempre– la percepción de ese pasaje (al respecto, véase *infra* mi nota al poema «Amor para este libro»). Antes, durante los años exaltados por la pasión, el poeta habría intentado quizás un libro en verso y más ambicioso (al menos como los *Cien sonetos de amor* de 1959, cuyo territorio fue La Chascona). La conexión entre Matilde y la casa de Isla Negra será finalmente sancionada por *La barcarola* de 1967, el libro de la pareja bien asentada que conversa y recuerda y cuenta historias al calor de la chimenea de piedra y al rumor de fondo del océano Pacífico arremetiendo contra el roquerío, allá afuera.

Aunque el libro –en la forma que Neruda quiso darle– incluye un texto de 1956 y otro de 1963, su vertebración definidora y caracterizante está constituida por un cuerpo de textos más tardíos, probablemente de 1965-1966.

Ediciones

(1) *Una casa en la arena*, textos de Pablo Neruda y fotografías de Sergio Larraín, Barcelona, Lumen, 1966, 56 pp. + 36 fotos. Formato 22 × 22 cm. Reimpresiones: 1969, 1984.

(2) *Una casa en la arena*, textos sin fotografías, en Pablo Neruda, *Obras completas*, Buenos Aires, Losada, 1968 y 1973.

Anticipación

EL PREMIO NOBEL EN ISLA NEGRA, en *El Siglo*, Santiago, 24.11.1963.

Los textos: algunas observaciones

Dos series de textos en prosa, una relativa a la casa en sí misma y a su contexto espacial (el marco exterior), la otra relativa a los objetos y figuras que la habitan (el *dentro* de la casa). En la primera serie se inserta un texto que le es ajeno: la irónica crónica «El premio Nobel en Isla Negra» (1963). La segunda serie aparece introducida por el poema «Diente de cachalote», escrito diez años antes (1956) y ya publicado en el *Tercer libro de las odas* (1957). La primera serie reaparece al final del libro para (en)cerrarlo.

LA ARENA. (Páginas 109-110.) OC 1973*, párrafo 3: «[...] sacudida aún en la arena por la ola reticente, por el océano que la persigue»: elimina el *aún* final que traía la editorial Lumen 1966 (probablemente por ultracorreción del editor, para evitar la repetición de *aún*, ¿o por descuido?) y que aquí repongo.

LA CASA. DON ELADIO. (Página 115.) Sobre el origen y fundación de la casa de Isla Negra:

El lugar pertenecía a un marino mercante, español de Castilla, llamado Eladio Sobrino.

El 8 de marzo de 1996 sostuve una entrevista con su hija, la arquitecta doña Luz Sobrino, radicada en Concepción, quien entre otras cosas me rectifica que su padre no era andaluz, como se dice en algunos libros, sino de Castilla.

Me cuenta que la primera en llegar al lugar de Isla Negra fue su hermana. Su padre, al ir frecuentemente a visitarla, se enamoró del lugar y cuando supo de un terreno en venta lo adquirió. «Fue por el año '35», me dice. Luego le ofrecieron terrenos aledaños, a un precio no muy alto debido a que eran tierras más bien áridas, por lo cual no eran aptas para cultivo, así su padre llegó a poseer una vasta extensión de terrenos que bordeaban la costa de Isla Negra. Él los adquirió con la intención de edificar una vivienda de veraneo para su familia y realizar un loteo con el resto de los terrenos, en los cuales comenzó a edificar algunas viviendas para su posterior venta.

Se comenzaron a edificar casi paralelamente tres viviendas, una de las cuales quedaría para la familia Sobrino y hoy pertenece a otra hija de don Eladio, doña Leonor Sobrino. Las dos restantes, puestas en venta, fueron adquiridas: una por el doctor Bulnes, la otra por Neruda. En ese tiempo también se vendió, al doctor Uribe, el terreno que colindaba con el de Neruda. [...]

Con respecto al origen del nombre *Isla Negra*, doña Luz Sobrino afirma que cuando su familia frecuentaba el sector, antes de que Neruda adquiriera allí la vivienda, éste ya era denominado Isla Negra o Córdoba. Isla Negra debido a la existencia de un pequeño islote de roca negra que se encontraba frente a esas playas, y Córdoba debido a que en el sector se denominaba oficialmente a un estero y a una quebrada con este nombre.

(Mayorga**, pp. 77-78.)

* Véase «Abreviaturas», pp. 943-944.
** Véase «Referencias bibliográficas», pp. 945-946.

EL PUEBLO. (Página 116.) Sobre el arquitecto Germán Rodríguez Arias, importante figura del universo nerudiano:

Nace en España en 1902. Se gradúa en la Escuela Técnica Superior de Arquitectura de Barcelona. En 1929 es co-fundador del GATCPAC (Grupo de Arquitectos y Técnicos Catalanes para la Arquitectura Contemporánea). Construye en Barcelona e Ibiza desde 1926 a 1939, año en que se exilia a Chile por la guerra civil española.

[Muy bien acogido por Neruda, más tarde frecuenta las reuniones que el poeta y Delia del Carril organizan en Michoacán, la casa de avenida Lynch en el barrio Los Guindos, Santiago.] En estas citas, que albergaban la intelectualidad de la época, muchas veces se realizaban representaciones teatrales, para lo cual Neruda pide a su amigo Rodríguez Arias, en el año 1943, proyectar una especie de teatrillo exterior en el patio de la casa [...].

En el invierno de ese mismo 1943 Rodríguez Arias proyecta la primera ampliación de la casa de Isla Negra, y una segunda propuesta en 1945.

En marzo de 1953 realiza el proyecto de La Chascona y en 1957 los proyectos del estudio y del bar abierto para esa misma casa.

Durante su permanencia en Chile, además de trabajar con Neruda realiza, especialmente para los catalanes exiliados en Chile, numerosos proyectos de arquitectura, pero también de diseño de muebles, en particular para la fábrica Muebles Sur (Santiago).

Germán Rodríguez Arias retorna a Ibiza en 1957, donde vive y trabaja hasta su fallecimiento en 1989.

(Mayorga, p. 81.)

DIENTE DE CACHALOTE. (Páginas 118-124.) Poema escrito en 1956. Bajo el título «Oda al diente de cachalote» había sido publicado en el *Tercer libro de las odas* (1957), del que sigue formando parte (en nuestras OCGC, vol. II, pp. 521-527). El desplazamiento –y duplicación– de este poema desde el pasado hacia el presente, así como el simétrico desplazamiento del poema «Artigas» desde el presente de *La barcarola* (1967) al pasado de *Canto general* (1950), son indicios de un nuevo comportamiento (*posmoderno*) del poeta frente a sus propios textos. Comportamiento más desenvuelto que en el pasado (*moderno*) respecto a la sacralidad de la propia escritura.

LA MEDUSA I. (Páginas 124-125.) Primer párrafo, «Tal cosa molestó al Siniestro»: alusión a Gabriel González Videla que, siendo presidente de Chile (1946-1952), traicionó sus propios juramentos y a los comunistas que habían contribuido a elegirlo. Más en particular: al poeta que había sido el muy activo y eficientísimo Jefe de Propaganda con que el candidato González Videla contó para su triunfante campaña electoral y al que el presidente González Videla ordenó (infructuosamente) perseguir y arrestar en 1948 por razones de Guerra Fría.

CEREMONIA. (Páginas 127-128.) Párrafo 4, «La *garuga*, lenta lluvia nortina»: Neruda usa aquí la forma popular para nombrar la particular garúa que cae sobre el desierto en el extremo norte de Chile (también llamada *camanchaca*).

AMOR PARA ESTE LIBRO. (Páginas 134-135.) Intervalo en verso que confirma y sanciona lo dicho más arriba: este poema es el Acta solemne de la consigna (ceremonia secreta, íntima, simbólica) que Neruda hizo a Matilde de su casa de Isla Negra. Con las prosas inmediatamente precedentes –«La bandera», «El ancla» y «El locomóvil»– Neruda ha salido desde el interior de la casa (tras haber cerrado la serie de prosas relativas a los objetos y a los mascarones de proa) y se está dirigiendo otra vez hacia el Mar, hacia el Señor del espacio exterior a la Casa (en esta clave, una nueva serie de prosas con título común «El mar» cerrará el libro). El texto en verso «Amor para este libro» aparece situado, así, justo en la frontera simbólica que separa (o mejor: que une) entre sí la Casa y el Océano. Al colocar en este punto del libro un *poema de amor*, Neruda otorgó a Matilde no sólo la investidura de reina de la Casa sino también el máximo estatuto que, al conectarla a su Océano, su poesía concedió a una figura femenina. Estatuto superior, incluso, al de la figura femenina que *Residencia* conectara al Océano del Sur en el poema «Barcarola» de 1933 (en *OCGC*, vol. I, pp. 303-305). Estatuto superior porque aquí y ahora la figura femenina aparece *nombrada*. Y, se sabe, *nombrar* en su escritura poética (y para colmos en circunstancia oceánica) fue para Neruda un rarísimo gesto de extrema Individuación del Otro/a. Por todo lo cual, no es casual ni extraño que el poema «Amor para este libro» admita o deba ser leído como un preludio al libro *La barcarola* (¡la nueva *barcarola*!) que por esos mismos días Neruda estaba escribiendo (o comenzaba a escribir). — *OC* 1973: por descuido el último verso de la primera estrofa fue impreso fuera de su lugar (como verso 2 de la segunda estrofa).

La barcarola

Composición

La primera edición de *Memorial de Isla Negra* (1964) cerraba su quinto y último volumen con el poema inconcluso «Amores: Matilde», constituido por veintiún fragmentos o secuencias. Ese poema era el último *capítulo* y la natural conclusión de la serie «Amores: ...» que había tenido su inicio en el volumen II con «Amores: Terusa» (I y II). El itinerario amoroso del Sujeto reconocía en una figura llamada Matilde su coronación final. Seguramente Neruda se planteó como necesidad y desafío que ese texto de arriba debía tener una forma diversa y una cierta solemnidad adicional. Los primeros signos internacionales de preparación al ya próximo centenario del nacimiento de Rubén Darío (1967) sugirieron probablemente la solución: el poema a Matilde sería a la vez un retorno y un homenaje al primer Maestro, al Padre, y a sus hipnóticos versos de arte mayor (y super-mayor), desde el alejandrino hacia arriba. Fue evidente que ya en los primeros versos de «Amores: Matilde»:

> son cortos los días, los meses, la lluvia, los trenes:
> son altas las casas, los árboles, y somos más altos:
> se acerca en la arena la espuma que quiere besarte

resonaba la cadencia rítmica asimilada por Neruda y por varias generaciones de escolares chilenos al memorizar largos versos de graduada musicalidad, como estos de «La marcha triunfal» de Rubén Darío:

> ¡Ya viene el cortejo! Ya se oyen los claros clarines
> [...]
> los arcos triunfales en donde las Famas erigen sus largas trompetas
> [...]
> soldados que muerte encontraron por mano extranjera
> [...]
> las viejas espadas de los granaderos, más fuertes que osos
> [...]
> saludan con voces de bronce las trompas de guerra que tocan la marcha
>   triunfal...

No era la primera vez que el virtuosismo técnico de Neruda recurría a metros darianos que iban más allá del alejandrino o del octonario (14 o 16 sílabas métricas). Casi veinte años antes la solemne «Antistrofa» del poema de *Canto general* dedicado al prócer chileno José Miguel Carrera (cfr. OCGC*, vol. I, pp. 519-520) había sido elaborada como un *crescendo* que desde el heptadecasílabo inicial («Guarde el laurel doloroso su extrema substancia de invierno») subía hacia versos de 20 y 21 sílabas («salte el paisano al caballo de negra montura y hocico de espuma») para alcanzar cimas de 24 sílabas («hasta que la tierra fragante decrete copihues mojados y libros abiertos, / al niño invencible, a la ráfaga insigne, al tierno temible y acerbo soldado») y desde allí descendía en un anticlímax métrico y rítmico hasta los octonarios finales («porque así fue su libre y delgada y ardiente materia»).

De una cosa nace otra. Al escribir «Amores: Matilde» en largos versos de resonancia dariana y al recordar –por inevitable asociación– su ya antigua «Antistrofa», Neruda advirtió posibilidades y exigencias de ramificación temática que quedaban estrechas al modelo «Amores: ...» y que en cambio su viejo poema abría, sugiriéndole –por nueva asociación– el *canto general* de su propia historia de pareja con Matilde. Un *canto general* posmoderno, doméstico y casual, reticente y hasta crítico respecto a teleologías históricas y a utopías colectivas. Algo que no se podía llamar *canto* ni *cantar (de gesta)*, pero que sí podía asumir el nombre de una canción de ritmo lento y cadencioso como el de los remos de las góndolas venecianas (o como el de los ultraoctonarios de Darío), de una canción capaz de evocar la crónica (más que la historia) menuda de una pareja. En suma, una *barcarola general*. O simplemente: *La barcarola*. Presumo además que la estructura misma del poema a José Miguel Carrera (que incluía fases diversas: «Episodio», «Coro», «Éxodo», «Antistrofa») sugirió a Neruda la inserción de *episodios* que escandieran y agilizaran el cadencioso cuanto calmo discurso de la *barcarola* propiamente tal.

Fue así que el poema-cierre de un libro pasó a ser el poema-inicio de otro libro. Y fue así que el eslabón final de una cadena erótica devino el punto de arranque de una tranquila y pausada conversación del Poeta con su Amada junto a la chimenea en la casa de Isla Negra, al cabo de varios años de convivencia. Evocación de la historia de la Pareja, interrumpida por historias ajenas.

---

* Véase «Abreviaturas», pp. 943-944.

Ediciones

(1) *La barcarola*, Buenos Aires, Losada, 1967 (diciembre 4), 163 pp. Dos series o líneas de textos componen *La barcarola*. Una es la serie *barcarola* propiamente tal (evocación y celebración del itinerario de la pareja Poeta-Amada), constituida por dos textos que abren y cierran el libro («Comienza la barcarola» y «La barcarola termina») más otros once textos con un mismo título común: «Sigue la barcarola». La otra serie alterna con la primera sus textos, elencados como «Primer episodio», «Segundo episodio», «Tercer episodio», y así hasta el «Doceno episodio» (el octavo es «Artigas», desplazado en 1968 a *Canto general*). En esta edición los *episodios* van impresos en papel coloreado (un color diverso para cada uno de los episodios), mientras la serie *barcarola* va impresa en papel blanco normal. Se reproduce la partitura de la canción («La barcarola») en apertura del volumen.

(2) *La barcarola*, en Pablo Neruda, *Obras completas*, Buenos Aires, Losada, 1968. Reproduce el texto de la edición 1967.

(3) *La barcarola*, Buenos Aires, Losada, 1972, 149 pp., BCC, núm. 372. Reproduce el texto de la edición 1967. Reediciones sucesivas: 1977, 1991, 1997.

(4) *La barcarola*, en Pablo Neruda, *Obras completas*, Buenos Aires, Losada, 1973. Trae el nuevo texto, sin el episodio «Artigas». La estructura de BCL había cambiado en 1968 cuando Neruda, para complacer a sus amigos uruguayos y en especial a Alberto Mántaras, retiró del libro el episodio «Artigas», octavo en la edición 1967, para inserirlo en una edición especial de *Canto general* (Buenos Aires, Losada, 1968, colección Cumbre) y en las sucesivas ediciones (así en nuestras *OCGC*, vol. I, pp. 522-524). De este modo la serie de *episodios* se redujo de doce a once, y la serie *barcarola* de once a diez fragmentos. Ésta es la primera edición de BCL con el texto así reestructurado.

(5) *La barcarola*, Barcelona, Seix Barral, 1977, 175 pp. Reimpresión: 1980.

(6) *La barcarola*, Barcelona, Planeta, 1990, 175 pp.

Ediciones parciales

(1) *Fragmentos de «La barcarola»*, cuadernillo, Lima, Ediciones de La Rama Florida, 1966, 12 pp. Formato 19 × 13 cm. Edición

de 300 ejemplares en rústica, numerados. Los fragmentos anticipados irán en pp. 54-56 de la edición 1967 («Un día», «Los días», «Resurrección», «Campanas»).

(2) *Canciones cerca de Osorno*, cuadernillo, Osorno (Chile), Imprenta Cervantes, 1967, 20 pp. Formato 13 × 10 cm.

El cuadernillo contiene dos poemas: 1, «Para Delia de Pucatrihue»; 2, «El lago» (bajo los títulos «Pucatrihue» y «El lago» en *BCL* 1967, pp. 117-121).

Colofón

Estas canciones fueron escritas por Pablo Neruda a su paso por la provincia de Osorno, en febrero de 1967. La primera nació en la mesa del restaurante La Playa, una noche de emoción humana, de poderoso sur y de estrellas mojadas. La segunda vio el sol de amanecida desde un peñón de la isla Altuehuapi en el lago Rupanco, donde una manada de ciervos vigila la rumorosa dirección del viento. D.D. [Las iniciales son de la escritora chilena Delia Domínguez, *por entonces* amiga de los Neruda. Al respecto, véase *infra* mi nota al poema «Pucatrihue».]

Nota poscolofón, sin firma

Esta edición consta de 20 ejemplares de lujo en papel azulado firmados por el autor, foliados del 1 al 20, y de 200 ejemplares en papel de diario de color.

Nuestra edición

La presente edición de *La barcarola* sigue (pero revisándolo y corrigiéndolo donde fue necesario) el texto reestructurado que propuso la cuarta edición Losada de *Obras completas* en 1973.

La primera edición de la obra (Losada 1967) estableció una neta distinción formal entre los textos de la serie *barcarola* y los de la serie *episodios* al imprimir estos últimos en papel coloreado. Nuestra edición repropone esa misma distinción por vía tipográfica: los textos de la serie *barcarola* impresos en redonda, los de la serie *episodios* en cursiva.

Anticipaciones

COMIENZA LA BARCAROLA, excluyendo el fragmento final «Viajeros», en *Memorial de Isla Negra*, Buenos Aires, Losada, 1964, vol. 5, bajo el título: «Amores: Matilde».

CORONA DEL ARCHIPIÉLAGO PARA RUBÉN AZÓCAR, en *Cultura Universitaria*, núm. XC, Caracas, enero-marzo 1966. Poema fechado «En el Mar Atlántico, 1966».

CORONA DEL ARCHIPIÉLAGO PARA RUBÉN AZÓCAR, en *Portal*, núm. 2, Santiago, junio 1966.

LA BARCAROLA. FRAGMENTOS, en *Mundo Nuevo*, núm. 4, París, octubre 1966. Los fragmentos anticipados irán, en otro orden y con leves variantes, entre las pp. 27-36 de *BCL* 1967.

R. D., en *El Siglo*, Santiago, 22.I.1967. Poema de homenaje a Rubén Darío en el centenario de su nacimiento, leído por el autor en el Salón de Honor de la Universidad de Chile, Santiago, el martes 17.I.1967.

[R. D.] TRICANTO DE MOVIMIENTOS PAUSADOS EN SU HONOR, en *Atenea*, núm. 415-416, edición de homenaje a Rubén Darío en el centenario de su nacimiento, Concepción, Chile, enero-junio 1967. Poema fechado «Isla Negra, 1966, noviembre 9».

FRAGMENTO DE «LA BARCAROLA», en *El Siglo*, Santiago, 12.7.1967. Fragmento del poema elegíaco a Rubén Azócar.

[R. D.] en Margarita Aguirre, *Las vidas de Pablo Neruda*, Santiago, Editorial Zig-Zag, 1967 (noviembre), pp. 318-320.

Los textos: algunas observaciones

En este libro de versos larguísimos y de frases complicadas, la puntuación de Neruda fue más bien vacilante e irregular. El poeta tendía a no puntuar. En general no he corregido la puntuación original del texto sino en casos de evidente necesidad.

El modelo dariano estimuló a lo largo de *BCL* el despliegue de juegos retóricos –no siempre excelsos– de variado tipo: a) discordancias efectistas entre persona y verbo: *la nave que tú construimos... que tú recorrieras que yo atravesamos...* ; b) paronomasias, aliteraciones, resonancias: *se cimbra tu sombra...*, *la costra del astro...* con la barba *fresca de fresa de Francia fragante...*, a esta hora de *sol* las humitas de *sal...*, cambiaron *hostiles estilos...*, la *tierra terrestre* con el *rastro* extirpado...*, por sus *penetrantes diamantes* de *menta...*, con la *risa* y la *rosa* en la mano...*, en donde una *espada* de piedra *delgada colgada* de las cordilleras...*, no hallé cómo *alabar* el *alabastro* que corría...*, la abeja cargada de *oro oloroso...*, en la *húmeda suma* la luna...*, y el sol de la *aurora aurorea...*, salió de la *caja* de luz de la *caja* de *jacarandá...*, pagaron *dolores* con *dólares...*, y así fue la *barca barquera* deslizándose en mi *barcarola...* ; c) ecos intertextuales: por ejemplo, en «el follaje entendido en desdichas», de «Sigue la barcarola [II]», resuena «y el fraile Luque, canónigo entendido / en tinieblas», de *CGN*, III, XIII (en nuestras *OCGC*, vol. I, p. 460). Estos juegos retóricos, o similares, tornarán en los sucesivos libros de Neruda.

COMIENZA LA BARCAROLA. TE AMO. (Página 141.) Estrofa 3: en ed. 1967 y en *OC* 1973 las líneas 1-3 iniciaban «*Porque* los quebrantos... *porque* la cantata... *por qué* se encerraron...?» Repongo la evidente serie anafórica («*Por qué... por qué... por qué...?*») legible en la primera versión del texto, al cierre de *MIN*, vol. 5 (1964).

— *los quebrantos de amor a la orilla del río*: Matilde restituyó al poeta ese universo emotivo del Sur de su adolescencia, esos veranos en Puerto Saavedra junto a la desembocadura del río Imperial.

COMIENZA LA BARCAROLA. RESURRECCIONES. (Página 147.) El título del fragmento y la alusión a una «catedral sumergida por cuyas ventanas / entraban los peces sin ojos» supondrían una referencia intertextual (y extratextual) a la íntima «catástrofe» de 1932-1933 (al regreso de Neruda desde Oriente) proyectada al poema «El Sur del océano», de *RST* 2, que incluía ese tipo de imágenes. Matilde rescata ahora aquella letal experiencia del pasado del Sujeto.

COMIENZA LA BARCAROLA. DATITLA. (Páginas 149-150.) *Datitla* es el anagrama imperfecto de Atlántida, Uruguay, balneario donde estaba el chalet veraniego que Alberto y Olga Mántaras pusieron a disposición de Pablo y Matilde desde 1952. Sobre la amistad Neruda-Mántaras léase la crónica «Aquellos anchos días», en Varas*, pp. 131-176 (y en particular la p. 152 sobre el herbario del último verso).

COMIENZA LA BARCAROLA. LA AMISTAD. (Página 150.) Verso 5: ed. 1967, «elevaron estacas»; *OC* 1973, «llevaron estacas»; repongo la lección original de *MIN*, vol. 5: «clavaron estacas».

COMIENZA LA BARCAROLA. LA CHASCONA. (Páginas 150-153.) Estrofa 3, «en la nave que *tú construimos*»: discordancia frecuente en el lenguaje nerudiano de este período. — *y se sepultaron en el humillado individuo, ahítos de orgullo prestado*: este verso final del fragmento, que fue también el último verso de *MIN* 1964, dejó inconcluso el «razonamiento» sobre Dinero y Propiedad suscitado por la evocación de la compra de La Sebastiana y comenzado por el Sujeto en la antepenúltima estrofa («Cada hombre contó con sus manos los bienes funestos... »): interrumpido en 1964 por la prisa de imprimir el volumen 5 de *MIN*, y dejado así por un tiempo, al parecer Neruda olvidó o no quiso (o no se sintió capaz de) completarlo cuando retomó el texto para iniciar *La barcarola*.

---

* Véase «Referencias bibliográficas», pp. 945-946.

COMIENZA LA BARCAROLA. VIAJEROS. (Páginas 153-155.) Verso 4, *Samarkanda*: la alusión remite al viaje de Pablo y Matilde en 1957.

PRIMER EPISODIO: TERREMOTO EN CHILE. (Páginas 156-159.) Estrofa 4, *Por los muros caídos...* : expresionismo del dolor y del espanto que recuerda el lenguaje de *Residencia*. — Estrofa 10, *Recuerdo que la hoja quebrada del peumo...* : resonancia intertextual del verso «Quebré una hoja enlosada de matorral... », poema «Peumo» en *CGN*, VII, IX (en nuestras *OCGC*, vol. I, p. 649).

TERCER EPISODIO: CORONA DEL ARCHIPIÉLAGO PARA RUBÉN AZÓCAR. (Páginas 174-178.) Título: *OC* 1973, «*de* archipiélago», errata porque Neruda alude a un determinado archipiélago, el de Chiloé en el Sur de Chile. En Ancud –pequeña ciudad en el norte de la isla de Chiloé– los dos amigos compartieron algunos meses entre fines de 1925 y comienzos de 1926. Azócar restó allí otros años más y de esa experiencia surgió su novela *Gente en la isla*, publicada en 1938. Cfr. (1) «Rubén Azócar», *CGN*, VII, XIV (en nuestras *OCGC*, vol. I, pp. 656-657); (2) Azócar 1964. — Estrofa 5, *un charlatán sinalefo*: alusión a Pablo de Rokha y a un episodio realmente acaecido. — Estrofas finales, *Tengo el As! Tengo el Dos! Tengo el Tres!* Brioso estribillo de una tonada, popularísima en Chile, que Azócar solía cantar y animar en fiestas y parrandas con su amigo Pablo.

SIGUE LA BARCAROLA. PAÍS [II]. (Página 188.) Verso 4: tras «suplicio» Losada 1967, 1973 y 1977 traían dos puntos (:) que elimino según *OC* 1973.

CUARTO EPISODIO: FULGOR Y MUERTE DE JOAQUÍN MURIETA. (Páginas 189-202.) Sobre el personaje, ver prefacio y notas que preceden al texto teatral homónimo. Y también mis notas aquí, *infra*.

SIGUE LA BARCAROLA. (Páginas 203-207.) En *OC* 1973 las páginas 143 y 144 invirtieron por error el orden del texto original.

SIGUE LA BARCAROLA. (Páginas 211-214.) *entre tantos... que cayeron, Desnos, Federico, Miguel...* Bastante se ha escrito sobre la amistad de Neruda con Federico García Lorca y con Miguel Hernández. Casi nada sobre su amistad con Robert Desnos. Neruda mismo lo menciona sólo de pasada –como aquí– en sus memorias: «cuando vinieron Desnos y Crevel a Madrid» (*CHV*, p. 164). Desafortunado incluso en esto el autor de «quel fouillis!», texto incluido en el primer número de *Caballo Verde para la Poesía* (octubre 1935). Poeta de inspiración surrealista, en 1928 viajó a Cuba con Miguel Ángel Asturias y en La Habana trabó amistad con Alejo Carpentier. Devino revolucionario y organizó campañas de solidaridad con la República durante la guerra civil española. Desde 1940 miembro activo de la Resistencia en la Francia ocupada, fue delatado en 1944 y recluido en el campo de Compiègne, donde inició el calvario que lo hizo atravesar Auschwitz, Buchenwald y otros campos de concentración hasta rematar en Terezin en abril de 1945. Pocas semanas después se consumó la derrota del nazismo. Demasiado tarde para Desnos, que no logró volver a París: murió en Terezin (ya libre, menos mal) el 8.6.1945. Había nacido en Alençon el 4.7.1900. Remito a la reciente edición Gallimard de sus *Œuvres complètes* (París, 1999) y a una biografía también reciente: Dominique Desanti, *Desnos*, París, Mercure de France, 1999.

SEXTO EPISODIO: R. D. (Páginas 215-218.) Desde aquel «V.» de *Estravagario*, el uso de iniciales en los títulos («C.O.S.C.» y «A E.S.S.» en *Plenos poderes*, «J.S.» y «(H.V.)» en libros futuros) parece una reacción del poeta contra la abundancia de nombres explícitos (no siempre felizmente explícitos) durante la última fase de su propia poesía *moderna* (1946-1956). Esta contribución de Neruda a la celebración del primer centenario del nacimiento de Rubén Darío (1867-1967) se publicó en *Atenea* (Chile) con el subtítulo *Tricanto de movimientos pausados en su honor*.

SÉPTIMO EPISODIO: LORD COCHRANE DE CHILE. (Páginas 221-227.) Lord Thomas Cochrane (1775-1860). Décimo conde de Dundonald. Fue el primer almirante de la marina chilena. Sus proezas de guerra –las capturas de los puertos de El Callao y Valdivia– permitieron el tráfico y comercio de todas las naciones del Pacífico sur. Había sido perseguido y encarcelado en Inglaterra antes de entrar al servicio del gobierno chileno. El «Prólogo» (en cursiva) de este *séptimo episodio* es la traducción casi literal de uno de sus discursos en la Cámara de los Comunes, tomado de *The Autobiography of a Seaman*, London, Richard Dentley, 1860. (De las «Referencias» a *BCL*, ed. Losada 1967.)

«Después de Maipo [más exactamente Maipú: lugar muy próximo a Santiago donde el ejército patriota derrotó definitivamente a los españoles el 5.4.1818], O'Higgins y San Martín volcaron sus esfuerzos en la prometida liberación del Perú. Se organizó una pequeña escuadra naval chilena, cuya comandancia fue confiada a lord Thomas Cochrane, uno de los más famosos y audaces capitanes navales británicos de la época –alejado de su querida Armada Real por un gobierno reaccionario–; Cochrane rápidamente trabó una cordial amistad con O'Higgins y una aversión igualmente cordial hacia San Martín. En 1819 estuvo al frente de la escuadra en dos incursiones que dieron a Chile el control sobre el mar; y su sorprendente captura de la ciudad de Valdivia, entonces en manos de los realistas (enero de 1820), llenó de alegría los corazones patriotas. Ahora sólo la isla de Chiloé permanecía bajo dominio español.» (Collier y Sater, p. 45.)

SIGUE LA BARCAROLA. (Páginas 228-234.) *Ay, Delia, mis raíces / están en Pucatrihue*, en «Pucatrihue». Los textos de esta sección fueron escritos en febrero de 1967 «cerca de Osorno» (en la isla Altuehuapi, o Altúe-Huapi, del lago Rupanco; en la aldea de Pucatrihue), durante unas vacaciones de Pablo y Matilde en el fundo de la escritora Delia Domínguez (ver fotos y datos en *Cuadernos* de la Fundación Pablo Neruda, núm. 33, Santiago, 1998). Sólo Delia Domínguez puede ser la «poetisa osornina» aludida por Matilde Urrutia en sus *memorias* al recordar los momentos de mayor aflicción y soledad que vivió en Chile tras la muerte de Neruda y en el clima de terror que siguió al golpe de Estado de 1973:

Ir a Santiago [desde Isla Negra]. Esa idea me trastorna en forma casi demencial. ¿Cómo iré? ¿Adónde iré? [...] Mi chofer sigue desaparecido, alguien debería llevarme a Santiago. Me sentía incapacitada para valerme por mí misma [...]. ¿Quién me ayudaría?

Después de barajar muchos nombres, me vino con fuerza el nombre de nuestra gran amiga, una poetisa osornina que ahora vivía en Santiago. Nos quería tanto. Cuando llegaba a nuestra casa era como una fiesta. Había en ella tanta ternura, tanto amor. Recuerdo cuando entraba con un canasto y, dentro de él, unas papas inmensas con cogollos de laurel y de boldo, y cómo convencía a Pablo de que eran las papas más maravillosas que el ser humano podía comer. Pablo, entonces, gritaba: «¡Que nadie me coma estas papas, son mías!».

Le hablé por teléfono y, al pedirle que me fuera a buscar para trasladarme a Santiago, me contestó muy cariñosa que no podía hacerlo, que tomara un ómnibus y ella estaría esperándome a la bajada. Convinimos en eso, e ingenuamente creí que me ayudaría. [...] Me llevó a su casa, almorzamos, me sentía tan perdida, tan angustiada. Durante el almuerzo mi amiga del alma me dijo:

–Terminando de almorzar, tengo que ir a una reunión de vecinos de este edificio. ¿Adónde te llevo? ¿Dónde vas a quedarte?

Debo haber tardado en contestarle:

–Llévame al Hotel Crillón.

Y allí, en la puerta del hotel, me dejó con mi pequeño maletín y mi gran bagaje de problemas. Ella estaba muy ocupada, tenía que cantarle a la vida, al amor, a la naturaleza. Nunca más me llamó. Esto no tuvo ninguna importancia, me enseñó que mis problemas eran míos y que tenía que resolverlos solita.

(Urrutia, pp. 166-167: «Primeras desilusiones. El miedo».)

En la edición Losada 1967 el fragmento «Solo de sol» constituía la octava secuencia de la serie «Sigue la barcarola», tras el poema «Artigas» que era el octavo episodio. Al ser desplazado éste a *Canto general* en 1968, «Solo de sol» fue agregado a la séptima secuencia por *OC* 1973. Curiosamente este cambio no pasó a las ediciones Losada de 1973 y 1977, que conservaron la estructura de la edición Losada 1967.

OCTAVO EPISODIO: SANTOS REVISITADO 1927-1967. (Páginas 235-237.) Sobre Santos visitado en 1927, véase la crónica «Imagen viajera» en *PNN*, pp. 29-30. La recogeremos en nuestro volumen IV.

DÉCIMO EPISODIO: EL ASTRONAUTA. (Páginas 244-246.) Estrofa IV: las ediciones Losada 1967, 1973 y 1977 traían al final de esta estrofa dos versos que *OC* 1973 eliminó:

Aquí el Chamudar cambiará de camiseta pagadiza
como el Retamúdez Gordillo de la intervención «oportuna»?

Las alusiones remitían a Marcos Chamudes o Chamúdez, excomunista y después director de la revista chilena *PEC*, profesionalmente anticomunista y de derechas, y al cubano Roberto Fernández Retamar.

ONCENO EPISODIO: LA MÁSCARA MARINA. (Páginas 248-249.) Texto sin puntuación, como la vanguardista *Tentativa del hombre infinito* escrita en 1925.

LA BARCAROLA TERMINA. SOLO DE SAL. (Páginas 250-253.) Contrapunto al «Solo de sol» que cerró «Sigue la barcarola [VII]».

Fulgor y muerte de Joaquín Murieta

Composición

Hace algunos años el gran escritor y director francés Jean-Louis Barrault me pidió que le escribiera algo para [re]presentar. Le contesté que no, que yo no era un autor teatral: «Sólo soy un poeta y no me interesa sino escribir mis versos y, además, no sabría cómo escribir para el teatro», le dije. «Ésa es tu equivocación», me contestó Barrault. «Tú escribes tu poema y yo te lo hago teatro.» Me quedé desconcertado. Como soy persona de meditaciones muy lentas –no olviden ustedes que soy sureño– esta conversación me quedó dando vueltas en la cabeza por varios años, hasta que un día pensé ¿por qué no?

> (Neruda, de una charla en Radio Magallanes,
> transcrita en *El Siglo*, Santiago, 6.11.1966.)

La tentación de la escritura teatral devino irresistible para Neruda cuando en 1964 emprendió una serie de actividades relacionadas con «el año de Shakespeare» que incluyeron la publicación (Losada) y la representación del *Romeo y Julieta* que había traducido para el ITUCH (Instituto del Teatro de la Universidad de Chile). En 1965 Neruda escribió el episodio de *La barcarola* sobre la figura del bandido Joaquín Murieta. Sobre la elección del tema, recuérdese que desde comienzos de los años sesenta se estaba desarrollando en Neruda un renovado interés hacia curiosos u olvidados personajes, episodios y libros del pasado chileno y americano, como lo documentó el *Catálogo* de las Ediciones Isla Negra en 1962 (ver *supra* mis notas a *Arte de pájaros*). Fernando Alegría añadió interesante información al respecto:

Recuerdo muy bien el período de gestación de este poema [el Murieta de *BCL*]. En 1964 conversé con Neruda acerca de una novela mía sobre los chilenos del oro en la California de 1849. Estábamos en Concepción haciendo la campaña de Allende. Di a entender que en California había ocurrido una saga que nos comprometía a todos y que yo no dejaría el Oeste norteamericano sin descargar mi conciencia y pagar mi propia deuda. En 1964 [corrijo: en 1966. H.L.] nos encontramos en Berkeley. Neruda me contó que había escrito un poema sobre Joaquín Murieta y que Matilde, al escucharlo, opinó que siendo una cantata era evidentemente teatro. Neruda operó el *rifacimento* y nos leyó su obra a un grupo de amigos en Berkeley. Terminada la lectura, Neruda pidió opiniones. Algunas damas entusiastas se apresuraron a exclamar que se trataba de una pieza maestra. No era lo que deseaba oír Neruda. Me pareció más honesto decirle que no había aún una obra teatral, sino un libreto para que un audaz e imaginativo director lo convirtiera en *espectáculo* [...]. Neruda le entregó el manuscrito a Pedro Orthous quien, como se sabe, lo convirtió en una brillante epopeya con elementos de ópera, comedia, zarzuela, pantomima y hasta ballet.

(Alegría* 1973, p. 88.)

Pero nadie mejor que el propio Neruda ha contado y explicado –en *Sucesos*, núm. 5, octubre 1967, y en el folleto-programa de la representación del ITUCH– las motivaciones que lo llevaron a escribir esta obra de teatro:

Por qué Joaquín Murieta?

* Véase «Referencias bibliográficas», pp. 945-946.

Yo escribí un libro grande con versos, lo llamé *La barcarola*, y era como una cantilena, yo picaba aquí y acá en los materiales de que dispongo y éstos son a veces aguas o trigos, sencillas arenas a veces, canteras o acantilados duros y precisos, y siempre el mar con sus silencios y sus truenos, eternidades de que dispongo aquí cerca de mi ventana y alrededor de mi papel, y en este libro hay episodios que no sólo cantan, sino cuentan, porque antaño era así, la poesía cantaba y contaba, y yo soy así, de antaño, y no tengo remedio, bueno, aquel día piqué el pasado, salió polvo como de terremoto, voló la pólvora y apareció un episodio con un caballo con su caballero y éste se puso a galopar por mis versos que son anchos ahora como rutas, como pistas, y yo corrí detrás de mis versos y encontré el oro, el oro de California, los chilenos que lavan la arena, los buques repletos desde Valparaíso, la codicia, la turbulencia, las fundaciones y ese chileno vengativo y vengador, descabellado y sonoro, y entonces me dijo mi mujer, Matilde Urrutia: pero si esto es teatro. Teatro? le respondí, y yo no lo sabía, pero ahí lo tienen ustedes, con libro y con escenario vuelve Murieta, se cuentan sus rebeliones, y las hazañas de chilenos agrestes que con patas de perro se soltaron hacia el oro, se apretaron los cinturones trabajando en cuanta cosa y cosita pudieron, para recibir después el pago de los gringos: la soga, la bala y cuando menos el puntapié en la cabeza, pero no sufran porque además hay el amor, con versos que tienen rima como en mis mejores tiempos y de un cuanto hay, hasta cuecas, con música de Sergio Ortega, y además Pedro Orthous, famoso director de escena, metió su cuchara y aquí cortaba y acá me pedía un cambiazo, y si protestaba, aprendí que así hacía con Lope de Vega y con Shakespeare, les meten tijera, los modifican para ustedes, y yo soy apenas aprendiz de teatrero y acepté para que volviera Murieta, para que volara Murieta, como en los sueños, a caballo y con banderita chilena, viva Chile mi-hermosura! y que vuele con caballo y todo como un meteoro que regresa a su tierra porque yo lo llamé, lo busqué entre los materiales, cavando en mis trabajos día a día, frente al mar océano, y de repente saltó el bandolero y echaba chispas de fuego su cabalgadura en la noche de California, le dije, asómate, acércate, y lo hice pasar por la carretera de mi libro para que galopara con su vida y su drama, su fulgor y su muerte, como en un sueño cruel, y esto es todo, éste es mi cuento y mi canto.

Septiembre 1967

El 14.12.1998 se estrenó en el Teatro Municipal de Santiago la ópera en dos actos *Fulgor y muerte de Joaquín Murieta*, de Sergio Ortega, con libreto basado en la homónima obra teatral de Pablo Neruda.

Ediciones

(1) *Fulgor y muerte de Joaquín Murieta. Bandido chileno injusticiado en California el 23 de julio de 1853*, Santiago de Chile, Empresa Editora Zig-Zag, 1967, 97 pp. Formato: 26 × 18 cm. Reedición: 1998.

La edición incluyó un apéndice (pp. 81-97) con material gráfico
y documental sobre la historia y la leyenda de Joaquín Murieta. El
colofón, que no reporta la fecha del cierre de la impresión, declara
sólo: «De esta primera edición se imprimieron 10.000 ejemplares,
numerados del 1 al 10.000».

(2) *Fulgor y muerte de Joaquín Murieta*, en Pablo Neruda, *Obras
completas*, Buenos Aires, Losada, 1973.

(3) *Fulgor y muerte de Joaquín Murieta*, Buenos Aires, Losada,
1974, 111 pp. Formato 23 × 16 cm.

Nuestra edición

La primera edición apareció antes del estreno que hizo el ITUCH de
la obra el 14.10.1967 en el Teatro Antonio Varas, Santiago. El texto incluido en la cuarta edición Losada de *Obras completas*, 1973,
fue una versión revisada (en el sentido de simplificada y aligerada)
por el autor sobre sugerencias de Pedro Orthous con vistas a la
representación. Nuestra edición reproduce entonces el dicho texto
definitivo de *OC* 1973, con algunas correcciones de detalle. A continuación doy cuenta de las modificaciones más significativas respecto a la primera de 1967.

El texto

CUADRO PRIMERO. (Páginas 267-275.) En la primera edición (ZZ
1967*) el Coro de Canillitas venía colocado inmediatamente después del Coro inicial.

CUADRO SEGUNDO. (Páginas 276-283.) El Cuarteto inicial era en
ZZ 1967 un Coro unísono. La breve intervención de La Voz del
Poeta, sucesiva al «Diálogo entre Tresdedos y Reyes», es nueva, no
venía en ZZ 1967.

CUADRO TERCERO. (Páginas 284-297.) *Performance* del Caballe-

* Véase «Abreviaturas», pp. 943-944.

ro Tramposo: OC 1973 incurrió en una clamorosa *gaffe* al reproducir la quintilla o cuartina del Sombrero que dice:

CABALLERO TRAMPOSO. Aquí no hay nada:

(*Mostrando el sombrero.*)

ni una mirada,
ni una moneda,
ni una monada
ni una *mireda*:
todo está bien,
nada está mal,
y ahora vean
este animal.

Es muy posible que OC no captara el juego de ritmo y rimas del
Caballero Tramposo y el término *mireda* le pareciera abstracto además de inexistente en castellano. No podía ser sino el muy concreto
y muy castizo «ni una *mierda*» (OC 1973, III, p. 226).

CUADRO CUARTO. (Páginas 298-306.) Coro de los Galgos:
OC 1973 traía: «LOS GALGOS. Indios y mestizos! / UNO. Quiénes
son los mexicanos?», con evidente inversión del orden de los parla-
mentos. — El Coro Femenino que sigue a la Canción Femenina
(«Ya parte el galgo terrible»), en ZZ 1967 venía colocado *antes* de
dicha Canción y además traía esta forma *en pretérito* (que OC 1973
cambió al *presente*):

Los duros chilenos dormían cuidando el tesoro cansados del oro y la lucha,
dormían y en sueños volvían a ser labradores marinos mineros,
dormían los descubridores y envueltos en sombra los encapuchados vinieron,
llegaron de noche los lobos armados buscando el dinero
y en los campamentos murió la picota porque en desamparo
se oía un disparo y caía un chileno muriendo en el sueño,
ladraban los perros, la muerte cambiaba el destierro.

CUADRO QUINTO. (Páginas 307-315.) OC 1973 resolvió como
Trío de Voces Femeninas el texto que en ZZ 1967 era un Coro unísono. — El discurso del indio Rosendo Juárez es transcripción tex-
tual de un documento incluido en Jill L. Cossley-Batt, *The Last of
the California Rangers*, New York and London, Funk & Wagnalls
Company, 1928. — OC 1973 eliminó el contenido de las pp. 60-61
de ZZ 1967, que traían un Coro y un desarrollo de la escena
del atraco a la diligencia por parte de los Asaltantes. El texto del

Coro eliminado («Se apretaron en sus cinturones [...] / [...] y pisotearon banderas de pueblos errantes») se puede leer en el Cuarto
episodio de *La barcarola* (en este volumen, p. 197). — La danza
ritual y el ensalmo de los Galgos para revivir al Caballero Tramposo (p. 313) no aparecían en ZZ 1967. — Entre el Coro Femenino
que sigue a la Sentencia de los Galgos («Murieta debe morir!») y la
intervención de La Voz del Poeta, ZZ 1967 traía un Coro Cantado
y un Coro Hablado (por la Madre y otras mujeres) que OC 1973 eliminó. El texto del Coro Hablado («Y dice la madre: "Yo soy una espiga..." / [...] la tierra que pisa el caballo de Joaquín Murieta») se
encuentra también en el Cuarto episodio de *La barcarola* (en este
volumen, pp. 197-198), donde en cambio no encontré el texto del
Coro Cantado, que por ello aquí reproduzco:

> Oscura es la noche y el alma del hombre es oscura,
> hasta que la luz ilumina la noche de la desventura.
> Así de la impura venganza nació la segura esperanza
> y si nuestra desdicha fue inmensa, ahora tenemos defensa.
>
> No tendremos temor ni terror. No será derrotado el honor.
> Serán respetados por fin el color de la piel y el idioma español.
> Por fin la justicia amenaza a los galgos en su propia casa.
>
> Murieta: te dio la justicia su espada secreta,
> para que defiendas con ella, Joaquín, nuestra raza.
>
> Oh tú, justiciero que nos interpretas, recibe las gracias de tus compañeros!
>
> Alabado sea, que sea alabado tu nombre, Murieta!

CUADRO SEXTO. (Páginas 316-329.) Tras el «Casi soneto» inicial: OC 1973 resolvió como Cuarteto de Solistas el Dúo de ZZ
1967, donde también el Coro Femenino (sucesivo a El Barraquero)
traía una forma diversa y menos articulada. — ZZ 1967: «Habla la
cabeza de Murieta», penúltima estrofa, verso 4, «no la doy por
guardada ni perdida», con evidente errata que OC 1973 corrigió:
ganada. — OC 1973 dispuso en modo diverso a ZZ 1967 algunos
materiales (y agregó otros) del cuarto episodio de *BCL* para construir el desenlace de la obra. El Coro Cantado final termina con una
variante de los versos conclusivos del texto que ZZ 1967 traía en el
Cuadro quinto y que cité más arriba:

Oh tú, Justiciero que nos amparaste, recibe las gracias de tus compañeros!

Alabado sea, que sea alabado tu nombre, Murieta!

Las manos del día

Composición

Tras *La barcarola*, que sin duda representó un nuevo esfuerzo hacia el siempre perseguido *poema cíclico*, una vez más Neruda volvió con *Las manos del día* a la operación alternativa, o sea al libro resultante de la reunión de materiales fragmentarios, al cual se podían aplicar términos de una muy citada conferencia de algunos años antes: «Es, en parte, un diario de cuanto acontecía dentro y fuera de mí mismo, de cuanto llegaba a mi sensibilidad. [...] En esta obra he vuelto también [...] a los comienzos sensoriales de mi poesía, a *Crepusculario*, es decir, a una poesía de la sensación de cada día [...] la expresión venturosa o sombría de cada día» (Neruda 1964).

Más sombrío que venturoso, el tono general de *Las manos del día* fue de una tristeza y desamparo que remitía a *Residencia en la tierra* más que a *Crepusculario*. El discurrir poético del libro se organizó en torno al sentimiento de la muerte personal aproximándose. Las acechanzas de una grave enfermedad y los nuevos golpes sufridos en el terreno político de su adhesión al movimiento comunista internacional (en particular la Carta de los Intelectuales Cubanos en 1966 y la ocupación de Praga en 1968) obligaron a Neruda a reexaminar en su poesía el sentido y las limitaciones de su existencia. El libro comienza en efecto con los signos de una íntima crisis literaria. Los primeros textos (y, con intermitencia, también otros más adelante) proponen una insistente crítica del Sujeto respecto a la real eficacia productiva de su propia escritura. Otra crisis, de signo diverso pero afín tratándose de Neruda, parece haber contribuido desde el extratexto al clima sombrío de *Las manos del día*: una crisis conyugal que ¿por ironía? se habría manifestado poco después de la celebración del matrimonio legal de Pablo y Matilde (28.10.1966) y de la publicación de *La barcarola*, el libro de la pareja.

Según Alberto Mántaras, los siguientes poemas de *Las manos del día* fueron escritos por Neruda en Uruguay, a comienzos de 1968:

«Pájaro», «Esto es sencillo», «Un escarabajo», «J. S.», «Construcción a mediodía», «Al puente curvo de la Barra de Maldonado, en Uruguay», «Casa de Mántaras en Punta del Este», «La lluvia». El resto del libro fue escrito en Isla Negra.

Ediciones

(1) *Las manos del día*, Buenos Aires, Losada, 1968 (noviembre 8), 117 pp. Reimpresión: 1970.

(2) *Las manos del día*, Buenos Aires, Losada, 1971, 117 pp., BCC*, núm. 374. Reedición en BCC: 1980.

Anticipaciones

J. S. [Jorge Sanhueza], en *Árbol de Letras*, núm. 3, Santiago, febrero 1968.

CERCA DE LOS CUCHILLOS, en (a) *Marcha*, Montevideo, 8.3.1968; (b) *El Siglo*, Santiago, 3.4.1968.

UN ESCARABAJO, bajo el título A UN ESCARABAJO, fechado «Punta del Este, 1968», en (a) *El Día*, Montevideo, 8.3.1968; (b) *Ercilla*, núm. 1.714, Santiago, 24.4.1968.

EN VIETNAM, bajo el título VIETNAM, fechado «Punta del Este, febrero de 1968», en *El Siglo*, Santiago, 10.3.1968.

Nuestra edición

Nuestra edición sigue, en términos generales, el texto propuesto en 1973 por la cuarta edición Losada de *Obras completas*, que visiblemente contiene revisiones y correcciones de Neruda a la edición príncipe de 1968. De las diferencias más significativas entre ambas versiones doy cuenta en las notas que siguen.

Los textos: algunas observaciones

11. EL VACÍO. (Páginas 336-337.) En la primera edición (*MDD* 1968) los dos últimos versos de la estrofa 2 eran: «como un molusco roto /

---

* Véase «Abreviaturas», pp. 943-944.

por sus dientes. El mar.» (?). *OC* 1973: «por los dientes del mar».

III. A SENTARSE. (Páginas 337-338.) En *MDD* 1968 los cinco versos finales de la estrofa 2 venían encerrados por un paréntesis – («La silla que no pude, que no hice, / [...] / el rito de los árboles sombríos») – que *OC* 1973 eliminó.

IV. LAS MANOS NEGATIVAS. (Página 339.) Verso 4: en *MDD* 1968, «Cualquier hijo de Juan». La lección de *OC* 1973 («Cualquiera, hijo de Juan») es también la del manuscrito original.

VI. UNA CASA. (Página 341.) Los versos 4-6, «es la tarea / de los jóvenes dioses expulsados / del jardín solitario», parecen anunciar el tema de *La espada encendida* (1970).

IX. DESTINOS. (Páginas 343-344.) Verso 5: *OC* 1973, «*yo* te lo pido por cuanto no hice nada». Esta vez sigo la lección de *MDD* 1968, que no traía el «yo» inicial: eliminando este «yo» superfluo el verso resta endecasílabo (metro dominante en este poema). — Versos 13-14: la disposición métrica más coherente con el resto del poema habría sido

> y yo responderé: esto es lo que hice,
> es esto lo que hicimos.

(un endecasílabo y un heptasílabo, como los dos primeros versos de la estrofa siguiente). Cabría imaginar una transcripción errada, o una distracción del poeta. Pero no hay apoyo documental para mi hipótesis.

XIII. EL HIJO DE LA LUNA. (Páginas 347-348.) Estrofa 3, v. 7: *MDD* 1968, «sino energía que gasté *en la página*».

XXII. EL QUE CANTÓ CANTARÁ. (Páginas 356-357.) Estrofa 2, v. 6: *MDD* 1968, «de la materia y de la luz» (*OC* 1973, «... de la luz naciente»). — Los dos últimos versos sustituyeron en *OC* 1973 estos tres de *MDD* 1968:

> cuando todos los días me mataban
> me acostumbré a nacer, y por supuesto,
> éste es mi oficio, y no tiene importancia.

XXVII. EL CORO. (Páginas 360-361.) En *MDD* 1968 los versos 8 y 15 terminaban en punto y por ello los versos 9 y 16 comenzaban con mayúscula: «Hay que hablar, / [...] / No hay nadie».

XXVIII. EL CUERPO DE LA MANO. (Páginas 361-362.) Verso 4: *OC* 1973 traía «cuerpo a cuerpo» (probable confusión con el v. 12).

XXXIII. TEMPRANO. (Página 365.) Verso 5: «y cuando Pavín Cerdo o sus parientes». Alusión al escritor y periodista chileno Hernán

Lavín Cerda, de *Punto Final*, revista –ligada al MIR– que no ocultaba su antipatía hacia Neruda en cuanto figura-símbolo del PC chileno y que no perdía ocasión de criticarlo desde posiciones de «ultraizquierda».

XXXVII. SEMEN. (Página 367.) En *MDD* 1968 el último verso decía: «que abre y cierra las *puertas* genitales». *OC* 1973, «[...] las *olas* genitales».

XLIII. J. S. (Página 373.) Jorge Sanhueza (1924-1967), investigador, desde 1954 hasta 1967 fue conservador de la Colección Neruda, Biblioteca Central de la Universidad de Chile. Dejó inconclusa una biografía de Neruda.

XLIV. ESCRIBIDORES. (Páginas 373-374.) Verso 1, *El Mapús*, *el Mapís*... Alusión a Mahfud Massís, poeta chileno, yerno de Pablo de Rokha y fiel secuaz del suegro en su odio feroz contra Neruda.

LVIII. EL PASADO. (Página 384.) Pocos textos de Neruda lograron, como este magistral breve poema, una tan feliz condensación verbal de la nostalgia del tiempo ido.

LXIV. EL ENFERMO TOMA EL SOL. (Páginas 388-389.) Verso 5: *MDD* 1968 traía «Tú ibas saliendo de *tu enfermedad*»; *OC* 1973, «Tú ibas saliendo de *tus intestinos*».

LXV. YA NO SÉ NADA. (Páginas 389-390.) Verso 7: *MDD* 1968 traía «*hundir* el avestruz en la cabeza»; *OC* 1973, «*enterrar* el avestruz en la cabeza».

LXVI. ARRABALES. (Páginas 390-391.) En *MDD* 1968 el título de este poema traía un subtítulo que *OC* 1973 eliminó: *Arrabales (Canción triste)*.

Fin de mundo

Composición

En los años que siguieron a la publicación de *Canción de gesta* (1960), hasta 1967/1968, los eventos políticos contingentes que interesaron a Chile o al resto del mundo sólo de soslayo o incidentalmente interesaron a la poesía de Neruda. La tercera campaña presidencial de Salvador Allende (1964) o la intervención de los *marines* en Santo Domingo (1966), así como los actos públicos del Partido Comunista Chileno, fueron acogidos por la escritura de Neruda sólo a través de textos de circunstancia (registrados en la sección «Nerudiana dispersa» de mi bibliografía activa de *OC** 1968 y 1973). Los poemas políticos que durante ese período entraron en los libros de Neruda (como «El pueblo» de *PPS* o «El episodio» de *MIN*) suponían reflexiones de un cierto calado y categoría. Pero textos de circunstancia como «Dicho en Pacaembú» (1945) o «Crónica de 1948», que con tanta naturalidad tuvieron acceso a *Canto general*, difícilmente habrían encontrado lugar en los libros de los años sesenta.

A partir de 1967, sin embargo, los grandes temas contemporáneos y la política mundial retornaron al nivel canónico. El poema «El astronauta» de *BCL* introdujo uno de los signos máximos de la posmodernidad nerudiana: la pérdida de confianza en el progreso y en el proyecto del llamado socialismo real, esto es, la definitiva toma de distancia respecto a esa modernidad que había sido la dominante histórico-cultural de los primeros dos tercios del siglo XX y de la cual la poesía de Neruda había extraído nutrición y sentido hasta 1956. Este derrumbe se proyectó a la percepción apocalíptica de la historia presente (y del entero siglo XX) y a la consiguiente perspectiva catastrófica que impregnaron en varia medida los libros de la última fase de Neruda, desde *Fin de mundo* (1969) y *La espada encendida* (1970) hasta los póstumos *Elegía* y *2000*.

El título *Fin de mundo* utilizó una fórmula apocalíptica para significar el fin de la representación *moderna* del mundo dentro de la poesía de Neruda. *Fin de mundo* fue la contraversión posmoderna de *Las uvas y el viento* de 1954, en cuanto el Sujeto de 1969 renegó de hecho su antigua visión de un mundo dividido, por una parte en espacios en los que la más radical y progresista Utopía moderna se estaba ya realizando (el socialismo real), por otra en espacios de régimen capitalista en los que fuerzas revolucionarias positivas, interpretando los anhelos mayoritarios de la población, luchaban todavía contra las fuerzas regresivas (en retirada general) para instalar a su vez la soñada Utopía.

No los fermentos de futuro: en el siglo XX fueron visibles sólo la violencia, la mentira, la degradación generalizada. La intervención del Ejército Rojo en la Checoslovaquia de Dubcek (1968) radicalizó el discurso crítico del Sujeto nerudiano, quien nuevamente devino testigo de cargo como en *España en el corazón* pero asumiendo también, esta vez, la figura incómoda del culpable por complicidad: «hasta que todos compartimos / la batalla de la mentira / [...] / me costó aprender a morir / con cada muerte incomprensible / y llevar los remordimientos / del criminal innecesario».

---

* Véase «Abreviaturas», pp. 943-944.

El vehemente discurso crítico en *Fin de mundo* –a diferencia del discurso de los intelectuales que se alejaron declarándose «engañados» o «traicionados»– fue el modo con que Neruda reafirmó un *engagement* libremente asumido en el pasado, con íntimas implicaciones personales de las que sólo él era responsable: un *engagement* ahora lacerado pero no renunciable. De ahí que ese mismo 1969 de *Fin de mundo* fue el año en que Neruda recorrió Chile en todas direcciones como candidato de los comunistas a la presidencia de la república chilena.

Fin de mundo dio forma poética a esta aparente contradicción al proponer centralmente la *negación de la historia* (en sentido *moderno*) pero prospectando al mismo tiempo la *negación de la negación de la historia*, lo cual no suponía ninguna imposible rectificación de la historia pasada sino la esperanza de una historia alternativa, *posmoderna*. El reconocimiento de la *deshabitación* (en acto) de la historia era la base necesaria para fundar la esperanza en la *rehabitación* de la historia. Que será el tema de *La espada encendida* en 1970.

Los textos de *Fin de mundo* fueron escritos durante 1968 y 1969 con insistente voluntad unitaria que la unidad métrica subrayó. Todo el libro en efecto, salvo el prólogo «La puerta», fue compuesto en el verso nerudiano por excelencia, el eneasílabo, que retornaba en gloria y majestad tras haber desaparecido –o casi– desde *Estravagario* (al respecto, cfr. Loyola* 1993). Neruda confió a la temperada solemnidad del eneasílabo la tarea de precisar el reajuste que su visión del mundo y de la historia contemporánea había madurado. Y, simultáneamente, de precisar el reajuste de su poética. Cualquier otro metro habría supuesto riesgos de exceso o de déficit en el tono deseado para tan importante mensaje.

Por un tiempo Neruda estuvo indeciso sobre el título del libro. La alternativa era *Juicio final* (me lo dijo el poeta mismo). Puesto que «Juicio final» era ya el título del poema al que Neruda asignó en 1968 la misión de cerrar la edición definitiva de *Canción de gesta*, cabe imaginar ahora que buena parte de la vehemencia crítica de *Fin de mundo* se explicaría como parcial desahogo del furor acumulado (y bloqueado por la «razón política») a raíz de la muy injusta y ofensiva Carta Abierta de los Intelectuales Cubanos (1966).

* Véase «Referencias bibliográficas», pp. 945-946.

Ediciones

(1) *Fin de mundo*, Santiago, edición de la Sociedad de Arte Contemporáneo, 1969, 246 pp. Formato 39 × 23 cm. Ilustraciones de Mario Carreño, Nemesio Antúnez, Pedro Millar, María Martner, Julio Escámez y Osvaldo Guayasamín.

Colofón

La edición consta de novecientos treinta y siete ejemplares: de ellos trece signados con las letras *a* a *m* impreso en papel similis Japón que contienen un boceto original firmado por el artista y una página manuscrita por el poeta; treinta y ocho ejemplares numerados de I a XXXVIII impresos en papel Vergé especial, cada uno de ellos lleva la firma de los artistas y un verso manuscrito y firmado por el poeta; y ochocientos ochenta y seis ejemplares en papel estucado, numerados de 1 a 886.

(2) *Fin de mundo*, Buenos Aires, Losada, 1969, 182 pp. Formato 22,5 × 15,5 cm. Reedición: 1970.

Colofón

FIN DE MUNDO, no fin, sino continuación de una poesía siempre renovada, se terminó de imprimir el día doce de julio de mil novecientos sesenta y nueve, en la Imprenta de los Buenos Ayres, calle Rondeau 3274, Buenos Aires, República Argentina, cuando el poeta cumple sesenta y cinco años. El libro fue compuesto en Garamond negra 14:16. Con esta edición la Editorial Losada rinde una vez más homenaje de admiración y cariño a PABLO NERUDA.

De esta edición hay una primera tirada defectuosa, con versos fuera de lugar y entreverados, particularmente en páginas 65 y 162. Fui testigo del furor de Neruda al recibir los primeros ejemplares. Sus protestas obligaron a Losada a hornear sobre la marcha una segunda tirada corregida. Los ejemplares de la tirada defectuosa son hoy una rareza bibliográfica.

(3) *Fin de mundo*, Buenos Aires, Losada, 1972, 182 pp., BCC, núm. 382. Reedición: 1976.

Apartados

OLIVERIO, apartado de revista *Sur*, núm. 313, Buenos Aires, 1968, 4 pp. Formato 20 × 14 cm. Texto: «Oliverio Girondo». A propósito de esta publicación escribió Neruda:

> Aunque casi vi nacer la revista *Sur* hace treinta y ocho años, en Buenos Aires, ahora, por primera vez, se publican versos míos en este número 313 recién aparecido.
>
> («Revistero, también», *Ercilla*, núm. 1.766, Santiago, 23.4.1969.)

LA ROSA DEL HERBOLARIO, Caracas, Editorial Arte, 1969, 106 pp. Formato 34 × 26 cm. 111 ejemplares impresos en papel Arche: cuadernillos sueltos en caja, cada uno contiene 10 estampas originales de Luisa Pacheco y la firma autógrafa de Neruda.

Textos: «La rosa del herbolario», «Agua», «Otoño», «Alianza», «Razón», «Árbol», «Silencio», «Unidad», «La rosa», «El malherido», «Cae la flor».

Anticipaciones

MAREJADA EN 1968. OCÉANO PACÍFICO, bajo el título «Datos para la marejada del 25 de julio» en *Ercilla*, núm. 1.730, Santiago, 14.8.1968.

LA PUERTA, en *Ercilla*, núm. 1.780, Santiago, 30.7.1969.

Los textos: algunas observaciones

PRÓLOGO. LA PUERTA. (Páginas 395-397.) Estrofa 3, verso 3: OC 1973, «amanecía con *la* luz», SAC y Losada 1969, «amanecía con luz»; Losada 1969 y OC 1973, «y en la *tarde* era sangre», SAC 1969 «y en la *noche* era sangre». — Estrofa 6, verso 6: OC 1973 traía «Aún no llegan... », errata por «llegaban».

I. LA PASIÓN. (Páginas 398-399.) Último verso: Losada 1969 y OC 1973, «vende lo tuyo y lo suyo»; SAC 1969, «vende lo tuyo *con* lo suyo».

I. EL OCIOSO. (Páginas 401-402.) Título: OC 1973, «El ocio», errata.

I. 1968. (Páginas 402-403.) Título: OC 1973, «1967», errata.

II. MAREJADA EN 1968. OCÉANO PACÍFICO. (Páginas 407-408.) El verso 8 de la estrofa 2, «agárrate a Dios, alma mía», falta en todas las ediciones, probablemente omitido por inadvertencia en la transcripción dactiloscrita del original. Lo he recuperado gracias a la versión del poema publicada en *Ercilla*, núm. 1.730, Santiago, 14.8.1968, que tal vez fue revisada por Neruda mismo.

II. LOS DESAPARECIDOS. (Páginas 412-414.) Verso 1: Losada 1969 y OC 1973, «Lumumba va con su razón», anticipando por error el v. 8; SAC 1969, «Lumumba desaparecido».

III. DIABLITOS. (Página 418.) Título: OC 1973 traía «Diablos».

III. EN CUBA. (Páginas 423-424.) Estrofa 4, verso 2: SAC 1969, «yo canté la *cúbica* hazaña», que suena burlesco; Losada 1969 y OC 1973, «cúbita».

III. TRISTEZA EN LA MUERTE DE UN HÉROE. (Páginas 424-426.) En una de las entregas de la serie *Reflexiones desde Isla Negra* (que Neruda escribió regularmente para el semanario *Ercilla* de Santiago durante dos años, desde abril 1968 hasta abril 1970) leemos:

Amargo acontecimiento del recién pasado '68 [*del '67 en realidad*] fue el asesinato oficial del Che Guevara en la tristísima Bolivia. El telegrama de su muerte recorrió el mundo como un escalofrío sagrado. Millones de elegías trataron de hacer coro a su existencia heroica y trágica. En su memoria se derrocharon por todas las latitudes versos no siempre dignos de tan alto dolor. Recibí un telegrama de Cuba, de un coronel literario [¿Roberto Fernández Retamar? ¿Lisandro Otero?], pidiéndome los míos. Hasta ahora no los he escrito. Pienso que tal elegía debe contener no sólo la inmediata protesta, sino también profundizar la dolorosa historia. Y si la voy a escribir la meditaré hasta que madure. Tal vez por eso estoy pasando por ingrato ante los muchos ojos de nadie.

(De «Cuento y recuento», *Ercilla*, núm. 1.750, Santiago, 1.1.1969.)

IV. OLIVERIO GIRONDO. (Páginas 426-430.) «incluyendo aquel abanico / que fue trizado por un búcaro»: irónica alusión a versos de Sully Prud'homme que en traducción de Eduardo de la Barra fueron recitados y memorizados por varias generaciones de escolares chilenos («Ese vaso en que mueren las verbenas / a un golpe de abanico se trizó») y que por ello acuden aquí como emblemas del academicismo poético. La inversión de causa y efecto –el abanico trizado por el búcaro– ejemplifica un comportamiento lúdico que no fue infrecuente en esta fase del lenguaje nerudiano. (Otros ejemplos en poemas sucesivos: «o porque ocultas el orgullo / como un *dragón de siete suelas*», donde Neruda hizo un híbrido con el dragón de siete cabezas y con el bribón de siete suelas; también «o sus estrellas de Jacob», con alusión deliberadamente desenfocada.) — Verso 3 de la antepenúltima estrofa: OC 1973, por errata «celebraré, *celebraré*, celebro» en lugar de «celebraré, *celebré*, celebro» que traían las ediciones de 1969.

IV. METAMORFOSIS. (Páginas 432-435.) Curiosa variación sobre el tema del *viaje a la semilla*. Tema, como se sabe, ya célebre en nuestra lengua por el cuento de Alejo Carpentier. Digno de notar que el tema haya interesado a dos escritores exactamente (o casi) coetáneos.

V. ARTES POÉTICAS (I). (Páginas 438-440.) Estrofa 3, verso 6: OC 1973, «el agua verde del *idiota*»; SAC 1969 y Losada 1969, «... del *idioma*».

V. ABEJAS (I). (Páginas 441-442.) Estrofa 5, verso 5: SAC 1969, «y fue de tan poco saber»; Losada 1969 y OC 1973, «y fue tan poco mi saber».

V. LA ROSA. (Páginas 445-446.) Verso 4: Losada 1969 y OC 1973, «sin decidirme *el* arrebato»; SAC 1969, «sin decidirme *al* arrebato».

V. ANIMAL. (Página 448.) Verso 8: Losada 1969 y OC 1973, «Su *corazón* derivó»; SAC 1969, «Su *caparazón* derivó», así es eneasílabo.

V. PERRO. OTRO PERRO. (Páginas 448-450.) Sobre el origen humorístico de estos melancólicos textos (y, de paso, sobre el humor en Neruda), remito a deliciosas páginas de «El huevo de Damocles»: Varas, pp. 13-14. — PERRO, estrofa 2, verso 2: SAC 1969, «pequeño dios de patas *grises*»; Losada 1969 y OC 1973, «... de patas *tristes*».

VI. MUERTE DE UN PERIODISTA. (Páginas 456-458.) Estrofa 4, verso 1: Losada 1969 y OC 1973, «*En* nuestra época pesada», errata; SAC 1969, «*Es* nuestra época pesada».

VII. SIEMPRE YO. (Páginas 466-467.) Estrofa 2, verso 2: OC 1973, «de mi persona *aceptable*», errata; SAC y Losada 1969, «de mi persona *inaceptable*».

VIII. RETRATO DE UNA MUJER. (Páginas 477-478.) Verso 1: Losada 1969 y OC 1973, «Se llamaba *Caramelaira*», errata; SAC 1969, «... *Caramelaria*».

VIII. NACIMIENTOS. (Páginas 478-479.) Estrofa 1, verso 5: OC 1973, «las tribus no saben de *ceros*», errata evidente; SAC y Losada 1969, «... *cercos*».

VIII. CANCIÓN CON PAISAJE Y RÍO. (Páginas 479-480.) Estrofa 2, verso 1: Losada 1969 y OC 1973, «A mí me dio a luz el *golpe*», errata; SAC 1969, «A mí me dio a luz el *galope*», así eneasílabo. — Último verso: *OC* 1973, «Tolén Tolén Tolén Tolén», errata; SAC y Losada 1969, «Toltén Toltén Toltén Toltén», que es el nombre del río.

IX. REGRESANDO. (Páginas 481-483.) Estrofa 7, verso 4: *OC* 1973, «lo que llevabas *incluso*», errata; SAC y Losada 1969, «... *inconcluso*», así es eneasílabo.

IX. COLONIANDO. (Páginas 486-489.) Estrofa 8, verso 5: SAC 1969, «que todavía no lo mate»; *OC* 1973, «que no lo *maté* todavía», errata; Losada 1969, «que no lo mate todavía».

X. VIENEN DE LEJOS. (Páginas 495-496.) Estrofa 4, verso 6: Losada 1969 y *OC* 1973, «de la *guerrillera* verdadera», errata: tanto el sentido como la métrica del verso exigen *guerrilla* (así SAC 1969).

XI. CONTRA-AZUL. (Páginas 496-497.) En *OC* 1973 falta el verso 7, «ya tengo bolsillos azules».

XI. PROVERBIOS. (Páginas 497-498.) Verso 1: *OC* 1973, «*Es* estímulo de la sombra», errata; SAC y Losada 1969, «*El* estímulo...».

XI. TRISTÍSIMO SIGLO. (Páginas 501-502.) Estrofa 3, verso 1: *OC* 1973, «Luego busqué *en* el mundo»; SAC y Losada 1969, «... *por* el mundo».

XI. LIBRO. (Páginas 503-505.) Estrofa 3, verso 9: *OC* 1973, «*si* desventaja...», errata; SAC y Losada 1969, «*sin* desventaja...». — Estrofa 6, verso 4: Losada 1969 y *OC* 1973, «*los* avestruces de mi edad», corrigiendo SAC 1969, «*las* avestruces...».

XI. CANTO. (Páginas 507-508.) Estrofa 3, verso 2: *OC* 1973, «de partidos y *de* participios», ultracorrección del eneasílabo «de partidos y participios» (SAC y Losada 1969).

Maremoto

Composición

«Estos 17 poemas se inscriben dentro de la poderosa tendencia nerudiana a hacer el inventario poético de la naturaleza patria, a la manera de las *Odas elementales* y de *Arte de pájaros* [...]. El título, *Maremoto*, si bien sugiere lo más violento de nuestra naturaleza, es aquí sólo un pretexto para englobar los objetos mínimos que la retirada de las aguas deja al descubierto sobre la arena» (Ignacio Valente, «Poemas casi póstumos de Neruda», en *Revista de Libros* [de *El Mercurio*], Santiago, 8.12.1991). En realidad el título aludió desde otra perspectiva al mismo fenómeno del poema «Datos para la marejada del 25 de julio» (*Ercilla*, núm. 1.730, Santiago, 14.8.1968) que después pasó a *Fin de mundo* con nuevo título: «Marejada en 1968. Océano Pacífico».

Los poemas, entonces, habrían sido escritos en 1968 como el de la «Marejada» y, en cuanto prolongación de ese texto, probablemente estaban también destinados a formar parte de *Fin de mundo*. Neruda los habría desgajado de ese libro cuando entrevió la posibilidad de un volumen híbrido, de esos que mucho le gustaban, en colaboración con la artista sueca Carin Oldfelt Hjertonsson. A la prospección de tal posibilidad seguramente no fueron ajenos Flavián Levine y sus amigos de la Sociedad de Arte Contemporáneo.

Ediciones

(1) *Maremoto*, Santiago, Sociedad de Arte Contemporáneo, 1970, 82 pp. Formato 35 × 37 cm. Xilografías a color de Carin Oldfelt Hjertonsson.

Colofón

Esta primera edición de *Maremoto*, poemas de Pablo Neruda, consta de 110 ejemplares sobre papel Ingres impresos en serigrafía por Estudios Norte. El libro está ilustrado con 15 xilografías de Carin Oldfelt Hjertonsson estampadas sobre papel Japonés, siendo la totalidad de la edición firmada por el poeta y la artista grabadora. El ejemplar número 1 incluye además los manuscritos originales del libro.

(2) *Maremoto*, Santiago, Pehuén Editores, 1991, 88 pp. Reproduce la edición de 1970 con las 15 xilografías de Carin Oldfelt. Prólogo de Raúl Zurita. Formato 35 × 26 cm. Hay tirada en rústica, formato 20 × 15 cm. Reedición: 1996.

Aún

Composición

Robert Pring-Mill precisó oportunamente a los lectores del *Times Literary Supplement* (16.4.1970) que este libro –«the shortest of all Neruda's titles»– fue escrito durante el 5 y el 6 de julio de 1969, a pocos días del 65 cumpleaños del poeta, e impreso a toda velocidad por quien fuera su primer editor: Nascimento. De los 500 ejemplares tirados, 250 los regaló el poeta a diestra y siniestra. Al cabo de un año difícil e intenso, marcado por las acechanzas de la enfermedad pero también por una relación amorosa clandestina, el texto tiene todas las trazas de un mensaje de autoafirmación y de desafío al tiempo venidero. Como quien ha escapado a un grave peligro o emerge de un túnel interminable.

Ediciones

(1) *Aún*, Santiago, Nascimento, 1969, 68 pp. Formato 27 × 18 cm. Tirada de 500 ejemplares, de los cuales sólo 250 fueron puestos a la venta.

(2) *Aún*, Barcelona, Lumen, 1971, 77 pp. Colección Palabra Menor. Formato 18 × 12 cm.

El texto

Los 28 fragmentos del libro, escritos prácticamente de un envión en sólo dos días, se nos ofrecen con evidente unidad de tono y de respiración rítmica. «This is a single poem of 433 lines –escribió Pring-Mill (1970)– and it is perhaps the finest *long poem* he [Neruda] has written in the past twenty years.»

La espada encendida

Composición

Este libro singular fue escrito en 1969-1970. El tratamiento postapocalíptico del tema de la Expulsión de la Pareja Primordial (y de la conexa Rehabitación de la Historia) remite menos al Génesis, explícitamente invocado, que a otra bien precisa –aunque no declarada– fuente literaria: «El incendio terrestre», texto en prosa de Marcel Schwob que Neruda tradujo en juventud (*Zig-Zag*, núm. 974, Santiago, 26.5.1923; fue recogido en *OC* 1973*, vol. III, pp. 759-762, y será incluido en el volumen IV de nuestras *OCGC*). En segundo lugar, remite al extratexto biográfico, a una situación vincu-

* Véase «Abreviaturas», pp. 943-944.

lada a la última pasión amorosa del poeta y al sordo conflicto conyugal que esa pasión clandestina generó. Tal conexión aparece con detalles y con aclaración de los personajes –los reales y los ficticios Rhodo, Rosía y el Volcán– en la biografía escrita por Teitelboim* (pp. 449-453) cuyo autor, siendo íntimo amigo de Neruda, tuvo acceso a información de primera mano.

> Como es habitual en su poesía, pero acentuando a fondo dicha tendencia, la vivencia autobiográfica prefiere refugiarse en un sistema de lenguaje cifrado. Pero a la vez el hombre acosado, desdeñando toda insignificancia y distanciándose de la historia picante, transfigura su problema personal en duelo contra el cataclismo máximo, equiparándolo al diluvio de los cuarenta días y las cuarenta noches y a la hora de la catástrofe nuclear. Por la fuerza del sentimiento sobrevivirá a todo. Su respuesta anuncia un elemento más: el poder de la poesía y del amor volverán a poblar el mundo. Gracias a la pareja condenada se salvará el Hombre, continuará el tiempo, se garantizará el futuro [...].
>
> (Teitelboim, p. 452.)

El corte postapocalíptico de *ESP* remite en tercer lugar a la perspectiva ideológica que gobernó la última fase de la escritura de Neruda. En *Los versos del Capitán* de 1952 la pareja de amantes realizaba el Amor a través de la común inserción en la Historia. Era la óptica *moderna* del poeta. En *ESP* de 1970 los amantes realizan el Amor huyendo de la Historia, huyendo del Apocalipsis planetario y del propio pasado para refugiarse y renacer en la primordial soledad del Sur del mundo (Patagonia). La nueva Vida emerge otra vez desde la muerte colectiva, desde la catástrofe total, desde la gran Muerte, tal como 25 años antes en «Alturas de Macchu Picchu», pero ahora con *opuesta* modulación. En *ESP* los amantes no renacen a partir de la transformación revolucionaria de la historia, como el Capitán y su Rosario, sino a partir del rechazo total de la historia contemporánea. *ESP* fue la contraversión *posmoderna* de *VCP*. La referencia bíblica del título –la flamígera espada del ángel– parece postular precisamente el bloqueo de toda tentación de retorno al paraíso incumplido de la modernidad.

A quien interese una lectura en profundidad de *ESP*, lo remito a las abundantes y excelentes páginas que a esta obra ha dedicado Alain Sicard, especialmente a lo largo de su libro *El pensamiento poético de Pablo Neruda* (Madrid, Gredos, 1981).

---

* Véase «Referencias bibliográficas», pp. 945-946.

Ediciones

(1) *La espada encendida*, Buenos Aires, Losada, 1970 (septiembre 24), 152 pp. Formato 23×16 cm. Reedición: 1972.

(2) *La espada encendida*, Buenos Aires, Losada, 1972, 156 pp., BCC, núm. 379. Reedición: 1976.

(3) *La espada encendida*, Barcelona, Seix Barral, 1977. Reediciones: 1981, 1983.

El texto: algunas observaciones

De nuevo, como en 1926, Neruda se enfrentó en 1969-1970 con su personal dificultad para elaborar textos dominantemente narrativos. Enfrentamiento a contrapelo en el caso de *HYE* («No me interesa relatar cosa alguna»), a voluntad en el caso de *ESP*, pero en ambos textos la propensión lírica obstaculizó la definición narrativa y la necesaria estructuración de las tensiones dinámicas que habrían debido gobernar la andadura del relato. Sólo que las pocas páginas de *HYE* disimularon mejor el problema que los 87 ambiciosos fragmentos de *ESP*.

X. LAS FIERAS. (Página 555.) «Hay en *La espada encendida* notas que nos recuerdan poemas eróticos de *Residencia en la tierra* («Oda con un lamento», «Material nupcial», «Agua sexual»). La imagen de los amantes *interminablemente exterminados* de "Las furias y las penas" (*TER*) resurge aquí y allá» (Sicard, p. 538, a propósito de este fragmento).

XIV. EL POETA INTERROGA. (Página 557.) «quién /[...]/ dictó de nuevo el castigo para los amorosos?» Notar que *HYE* y *ESP* aparecen acomunados no sólo por ser dominantemente narraciones, sino también por ser variaciones del tema del triángulo amoroso. En ambos textos hay un vengador que impone un castigo y un castigado que intenta superar o contrastar las consecuencias de la punición a través de la fuga y/o de una contra-venganza (que en *ESP* sería el triunfo final de la pareja transgresora).

XV. SOBREVIVIENTES. (Páginas 558-559.) «porque el asesinado era culpable»: este fragmento repropone el tema de la culpa compartida por Caín y Abel, característico en *FDM*.

XXV. EL GRAN INVIERNO. (Páginas 567-568.) Verso 7: Losada 1970, «las *armas* enemigas de la selva»; *OC* 1973, «las *ramas* enemigas de la selva».

LXXIII. EL VIAJE. (Páginas 609-610.) OC 1973 modificó los siguientes versos finales que traía Losada 1970:

> [...] surgió del tiempo
> la espada del castigo
> y otra vez, hombre y mujer, caminaron:
> caminaron los condenados.

Las piedras del cielo

Composición

Aquí encontrará una crónica que he escrito para Zig-Zag con el propósito único de comprar un anillo a mi amiga. Perdone que la entregue a usted: no quiero andar con C. Acuña. Ojalá la recomendara. Le estaría agradecido por el anillo que tendrá una piedra azul y triangular.

(De una carta de Neruda, 1923; en Alone*, p. 225.)

Aún no cumplía 20 años este Neruda ya atento a la forma y al color (y seguramente también a otras dimensiones o aspectos) de las *piedras del cielo*. «Cuando viaja a Oriente en 1927 –nos recuerda Suárez (p. 279)–, las piedras o joyas no pasan inadvertidas para él. En sus crónicas de viaje escritas para el diario *La Nación* de Santiago [serán incluidas en el volumen IV de nuestras OCGC**] habla de los brazaletes de ámbar de las danzarinas de Djibouti, pinta a los ricos señores de Colombo que pasean con un rubí o un diamante incrustado en el entrecejo, describe las tiendas donde venden elefantes de ébano con colmillos de marfil, pedrerías de todas dimensiones, etc.»

No sólo las piedras preciosas atrajeron la particular atención de Neruda, como lo atestiguan el poema «Las piedras de la orilla» (*CGN*, XIV, XVIII) y sobre todo el libro *Las piedras de Chile* (1961), cuyos textos convocaron el roquerío de Isla Negra en un momento de crisis de refundación del Sujeto (ver mi nota al poema «Historia» en *OCGC*, vol. II, p. 1389). Diez años después (1970) las piedras preciosas –y también las de inferior linaje– atrajeron de nuevo a Neru-

---

* Véase «Referencias bibliográficas», pp. 945-946.
** Véase «Abreviaturas», pp. 943-944.

da, pero esta vez no sólo por razones de esplendor sino ante todo por la invulnerabilidad de las piedras –preciosas y no– frente a esa Muerte que el poeta sentía cada vez más próxima y amenazante. Al centro del libro el poema XVII resume la clave: la lección de la piedra no sirve al hombre, porque «Cae el alma del hombre al pudridero / con su envoltura frágil» y porque «No lo preserva el tiempo que lo borra», mientras en cambio «La piedra limpia ignora / el pasajero paso del gusano». Cuando escribió *Arte de pájaros* Neruda buscaba energía para volar, para liberarse de ataduras. Ahora canta y desencadena su rito de alabanza a las piedras como quien, sin confesarlo, busca energía para durar, briznas de permanencia y prórroga.

Quizás por azar o coincidencia (con Neruda nunca se sabía), en septiembre de 1970, pasó por Isla Negra la orfebre boliviana Nilda Núñez del Prado, reconocida artista del cincelado y de la joyería. Neruda regaló a Matilde una de las gemas de Nilda y para ésta escribió unas líneas de admiración:

> en las alturas de Bolivia, más cerca del cielo
> que nosotros y más terrenal, allí
> el paisaje es sólo fulgor, dureza,
> extensión del silencio.
> Allí comenzó Nilda a construir estrellas.
> Gracias a ella podemos tocarlas, minúsculas
> y misteriosas, para que se enciendan en mi mano,
> en tu mano,
> robadas a la sombra soberana,
> engastadas en la luz de Nilda.

Ediciones

(1) *Las piedras del cielo*, Buenos Aires, Losada, 1970, 91 pp. Formato 23×16 cm. Reedición: 1971.

(2) *Las piedras del cielo*, Buenos Aires, Losada, 1971, 91 pp. Formato 18×12 cm. BCC, núm. 376. Reedición: 1979.

Los textos: algunas observaciones

[POEMA] V. (Páginas 627-628.) «en octubre de 194...»: Neruda alude probablemente a su paso por Colombia en 1943, durante su viaje de regreso a Chile desde México.

[POEMA] XXIV. (Página 640.) Trasmañán, Punta de Tralca y El Quisco: lugares de la costa chilena, situados inmediatamente al norte de Isla Negra.

[POEMA] XXX. (Página 644.) «Alguna vez o voz o tiempo / [...] / en este punto o puerto o parto o muerte»: Las paronomasias y aliteraciones, recursos lúdicos característicos del lenguaje del último Neruda, fueron a veces signos de pudoroso orgullo, máscaras de la angustia.

Geografía infructuosa

Composición

Geografía infructuosa, como *Las manos del día* (y como *Residencia* en otros tiempos), fue uno de esos libros que en definitiva Neruda escribió sin otro plan que el azar de los eventos y jornadas. Para mi gusto, fueron siempre los mejores libros del poeta.

La *nota declaratoria* sitúa en 1971 el tiempo de la escritura de GIF*, en Chile y en Francia los lugares. En realidad algunos de los primeros textos, en particular los que mencionan pueblos del sur de Chile como Lonquimay, Metrenco y Villarrica, podrían ser de 1969 en correspondencia con los desplazamientos que la propia campaña presidencial exigió al poeta hasta enero de 1970. Otros serían de ese mismo año 1970 (hasta septiembre) en correspondencia con la triunfal campaña de Salvador Allende, exceptuando los que fueron escritos en ocasión del viaje a Italia (marzo-junio), entre otros motivos para asistir al estreno de *Fulgor y muerte de Joaquín Murieta* en Milán (mayo).

Del regreso a Chile por vía marítima conozco dos testimonios. El primero es de García Márquez, que en una de sus ficciones introdujo la jornada del 24.6.1970 vivida por su amigo chileno en Barcelona: «Fue el día en que Pablo Neruda pisó tierra española por primera vez desde la Guerra Civil, en la escala de un lento viaje por mar hacia Valparaíso» (de «Me alquilo para soñar», en *Doce cuentos peregrinos*, Madrid, Mondadori, 1992: leer especialmente pp. 97-101). El segundo es de Hernán Valdés, novelista chileno que por coincidencia regresaba también a Chile en la misma nave: «Navegación con Neruda y conflictos de la admiración»,

---

* Véase «Abreviaturas», pp. 943-944.

en *AUCh*, núms. 157-160, 1971, pp. 297-301. (El testimonio de Valdés no fue del agrado de Neruda: léase en este volumen, páginas 924-925, el poema «(H.V.)» de *El mar y las campanas*.) Fue durante este viaje por mar que Neruda escribió los melancólicos poemas «De viajes», «Sonata de Montevideo», «Paisaje en el mar» y «A plena ola», incluidos en *GIF*.

Los poemas chilenos del libro no evidenciaron huellas de los ajetreos políticos de 1969 (segunda mitad) y 1970 (primera mitad). Tampoco de los ajetreos eróticos del mismo período, que en cambio se proyectaron centralmente a la paralela escritura de *La espada encendida*. (Es probabilísimo que muchos textos eróticos *clandestinos* resten inéditos todavía hoy en manos de la *Rosía* real, así como los manuscritos originales de *ESP*, que significativamente faltan en los archivos de la Fundación Neruda.) Hay huellas sin embargo de la angustiosa desazón generada por los síntomas progresivos de una grave –aunque no bien definida todavía– amenaza a la salud del poeta.

El tono del libro será dado por los poemas del segundo período de la escritura de *GIF*, posteriores a la efectiva y terrible erupción del *Volcán*, tan temida por los amantes de *ESP*. El «reventón» de Matilde se produjo algunas semanas después de la publicación de *ESP* (fecha de colofón: 24.9.1970), hacia fines de octubre o a comienzos de noviembre. Teitelboim* (pp. 448-449) recuerda que fue en La Sebastiana, el domingo siguiente a la difícil proclamación oficial de Salvador Allende como presidente de Chile (3.11.1970), cuando Matilde le declaró haber recién descubierto la verdad sobre la pareja *Rhodo-Rosía* y cuando Neruda lo llamó aparte para decirle:

> –Yo tengo que poner distancia. Salir por un tiempo, pero al servicio del gobierno. Creo que debo ser embajador en Francia. Convérsalo con los compañeros. Y si están de acuerdo, que se lo propongan a Salvador.
>
> Así se hizo. Y a Allende le pareció que Chile no podría tener mejor embajador en Francia que Pablo Neruda. El nombramiento fue extendido de inmediato. El Ministro de Relaciones Exteriores, Clodomiro Almeyda, envió el mensaje al senado, que esta vez se aprobó sin dificultad.

Con dificultad, en cambio, prosiguió la vida tras el reventón de Matilde. Menos mal que a Neruda no le faltaban solicitaciones. A comienzos de 1971 viajó (por primera vez) a la Isla de Pascua con un equipo de camarógrafos y técnicos del Canal 13 de la TV chilena

---

* Véase «Referencias bibliográficas», pp. 945-946.

para filmar allí algunas escenas del documental *Historia y geografía de Pablo Neruda*, con libreto de María Maluenda. Regresó con el poema «Hacia tan lejos», recogido en *GIF*, y con un libro que publicará en Francia: *La rosa separada*. Por ese mismo tiempo (enero 21) el senado aprobó la designación de Neruda como embajador de Chile en Francia. Algunas semanas después, en marzo, el poeta salió del país a cumplir la tarea que en cierto modo, como queda dicho, él mismo se impuso. Asumió el cargo en abril. A poco de haber llegado a París el nuevo embajador de Chile fue recibido (con excepcionalísima rapidez) por el presidente Pompidou.

Los meses siguientes fueron de intensa actividad. A pesar de su siempre peor estado de salud, Neruda enfrentó con diligencia y eficacia el previsible ajetreo diplomático derivado del interés extraordinario que tanto la experiencia de la Unidad Popular como el propio embajador suscitaron en Europa. Para los detalles de ese período hay que leer al testigo privilegiado: Jorge Edwards, *Adiós, poeta...* (Barcelona, Tusquets, 1990).

El 21.10.1971 el embajador de Suecia en París concurrió a la sede diplomática de Chile para comunicar oficialmente que la célebre Academia de su país había otorgado el premio Nobel de Literatura de ese año al embajador Pablo Neruda. Hubo júbilo en todo el mundo. Una ola de emoción y de orgullo sacudió a Chile. Por un día al menos las tensiones políticas cedieron al común regocijo. A comienzos de diciembre el poeta viajó a Estocolmo para la ceremonia oficial en que el rey de Suecia le hizo entrega del premio. Premio que Neruda ya había gastado antes de recibirlo.

Cuando Arthur Lundqvist, su amigo en la Academia sueca, lo visitó en París y le dijo que la decisión de darle el premio Nobel ya había sido tomada y que la Academia había entrado en receso por vacaciones, Pablo me pidió que lo acompañara a buscarse un refugio en Normandía. Al final de esa mañana de sábado encontramos el caserón de Condé-sur-Iton, antiguo aserradero perteneciente a la propiedad señorial de ese lugar, propiedad presidida por un castillo renacentista que no se veía desde el pueblo, porque había sido construido en unos terrenos bajos, pero cuyos portones enrejados daban sobre la calle principal. Como ocurría en estos casos, Pablo tomó su decisión de inmediato y empezó a pensar en la casa, a vivir en función de ella, como si la casa creciera dentro de él, desde ese mismo instante. Firmó unos papeles en una pequeña oficina de corretaje, dio un cheque en garantía, y el asunto, antes de las dos de la tarde, había quedado oleado y sacramentado. Tuvo tiempo, incluso, de encontrar unos muebles rústicos y amables, de sólido cuero y madera, que también reservó y que servirían de punto de partida para el amoblado. [...] En esa casa celebramos el Año Nuevo de 1972, su único Año Nuevo como embajador, ya que por noviembre del 72 regresaría a Chile en forma definitiva. Fue una celebración extravagante y, en cierto modo, divertida. Pablo y Matilde acababan de llegar de Moscú, donde el Poeta había sido agasajado por su Premio y además examinado por los médicos [El diagnóstico de esos médicos soviéticos... había sido malo], y habían traído en el avión carne de oso y generosas cantidades de caviar fresco. [...] En la casa de Condé-sur-Iton, que los parlamentarios conservadores denunciaron en el Congreso chileno con indignación por tratarse, según ellos, de un castillo, Neruda escribió parte de *Geografía infructuosa*, uno de sus mejores libros del final.

(Edwards, pp. 288-290.)

Ediciones

(1) *Geografía infructuosa*, Buenos Aires, Losada, 1972 (mayo), 152 pp. Reedición: 1977.

(2) *Geografía infructuosa / Geografia infruttuosa*, edición bilingüe, traducción y posfacio de Maria Rosaria Alfani, Génova, Marietti, 1992, 122 pp.

Los textos: algunas observaciones

TÍTULO. La «Nota declaratoria» (página 683) indica los polos del desplazamiento *geográfico*, desde Chile hacia Francia (donde el poeta reside a comienzos de 1972, al cerrar la escritura del libro para enviar los originales a Losada). Lo que el poeta quiso significar con el título, a mi entender, es que esos desplazamientos, esa *geografía* cambiante, en realidad no habían cambiado nada, no habían corregido la situación. Deterioro de la salud, luto de amor: todo *sigue lo mismo*, dice el título de un poema que concluye: «adiós! adiós! Y no se altera nada». De ahí que al poeta esta *geografía* en movimiento aparezca, a la hora del balance, *infructuosa*.

A JOSÉ CABALLERO, DESDE ENTONCES. (Páginas 657-658.) El poeta chileno y el pintor español se conocieron en 1934 (en casa de Sara Tornú, la Rubia, Buenos Aires, según me escribió Juan Loveluck alguna vez; en Madrid, dice el diario *ABC* del 27.5.1991 al reproducir este poema). La escritura del texto tuvo que ver con la publicación separada de *Oceana*, poema de *Cantos ceremoniales*, en Madrid 1971, ilustraciones de José Caballero (ver datos en *OCGC*, vol. II, p. 1392).

SIEMPRE POR LOS CAMINOS. (Páginas 660-661.) Estrofa 2, verso 6: *OC* 1973, «*ven* en otra parte»; Losada 1972, «*viven* en otra parte».

SIGUE LO MISMO. (Página 661.) Verso 1: Losada 1972 traía «*Esta* tarde y es temprano...»; corrijo según *OC* 1973, «*Es* tarde y es temprano...».

HACIA TAN LEJOS. (Páginas 662-663.) Verso 4: «El mes de enero, seco», con referencia a 1971 (viaje a Isla de Pascua para filmar un documental producido por el Canal 13 de la TV chilena). Cfr. *ROS*, «Introducción en mi tema».

EL CAMPANARIO DE AUTHENAY. (Páginas 668-671.) Uno de los dos o tres mejores poemas del último Neruda. Texto dividido en tres partes. La primera es una serie de seis estrofas de dos versos (un endecasílabo y un heptasílabo cada una, salvo la tercera que trae dos endecasílabos blancos). La segunda parte va entre paréntesis, como en el lejano «Farewell» de *Crepusculario*, y como entonces se trata de una digresión reflexiva dispuesta, aquí, en 15 dísticos eneasílabos blancos. La tercera (11 estrofas) vuelve a la combinación inicial de endecasílabos y heptasílabos, pero a partir de la cuarta estrofa (desde «en la infinita estrella horizontal / de la terrestre Normandía») los heptasílabos vienen sustituidos por eneasílabos, menos en la octava estrofa (verso 58).

El Poeta contemplaba ese campanario en el paisaje de las cercanías de su casa, bajo el cielo de ese otoño a fines de 1971 y de ese invierno a comienzos del 72. Alguna vez me lo dijo vagamente, y yo, después, ponía atención en el campanario en medio de la planicie. En el poema, el Poeta observa el contraste entre la construcción humana, la simetría gris, expresión de una «voluntad pura», y la dispersión de la geografía, de la naturaleza, de las nubes invernales. Él siente que viene esa naturaleza –la Normandía suya es, en efecto, como yo le había comentado, equivalente al Temuco de su infancia–, y que lleva dentro su desorden, su dispersión, su belleza en el fondo estéril, infructuosa. Se siente culpable una vez más, sentimiento recurrente en su poesía última, de no haber construido nada, de no haber engendrado un orden, una organización como es la torre, la flecha, la veleta en forma de gallo que veía en Authenay, a partir de la voluntad.

(Edwards, pp. 290-291.)

La Manquel, «voz araucana que designa al águila» (Edwards, p. 288): con este nombre bautizó Neruda su casa en Normandía. Sobre la casa y la zona, véase Kähler 1996.

Con una diversa disposición de los versos, el poema «El campanario de Authenay» fue recogido en Pablo Neruda, *Cuatro poemas escritos en Francia*, Santiago, Nascimento, 1972 (diciembre), pp. 19-26.

La rosa separada

Composición

El viejo *Rhodo* acababa de perder (o de renunciar) a su *Rosía* tras el estallido del *Volcán*, y recién quedaban atrás los melancólicos (para *Rhodo*) festejos del Año Nuevo, cuando en enero de 1971 Neruda viajó a Isla de Pascua (Rapa Nui) con un equipo del Canal 13 de la televisión chilena. Los poemas resultantes del viaje rezuman la tristeza de la íntima derrota. Pero además ofrecen una definitiva verificación de la ideología posmoderna del último Neruda. No sólo 27 años separaban Machu Picchu de Rapa Nui: la figura misma del Sujeto explorador y contemplador de vestigios de piedra había sufrido una radical metamorfosis que *La rosa separada* puso particularmente en evidencia.

Los textos del volumen seguramente fueron escritos, en su mayoría, durante el viaje mismo o poco después – al menos en una redacción inicial que con toda probabilidad fue retocada o perfeccionada en París, 1972, cuando se trató de preparar los originales para la imprenta.

Ediciones

(1) *La rosa separada*, París, Éditions du Dragon, 1972, 48 pp. Grabados de Enrique Zañartu. Formato 34 × 26 cm. Edición de lujo en cuadernillos sueltos: 99 ejemplares numerados y firmados por los autores.

Del colofón

El poema en veinticuatro cantos de Pablo Neruda titulado *La rosa separada* ha sido editado bajo la dirección de Max Clarac-Sérou, por las Éditions du Dragon. La composición fue hecha a mano en bastardilla cuerpo 24 y en cuerpo romano 20 de tipo Caslon.

La presente edición se compone de 99 ejemplares sobre papel *vélin d'Arches* con seis grabados en colores de Enrique Zañartu. [...]

Los 99 ejemplares están firmados por los autores.

Las planchas de cobre han sido rayadas después del tiraje.

Terminóse de imprimir el 16 octubre 1972, en París, en los talleres de Fequet et Boudier para la tipografía, para los grabados en las prensas del taller La Main d'Or.

(2) *La rosa separada*, Buenos Aires, Losada, 1973, 116 pp. Formato 23×16 cm. Reedición: 1974.

(3) *La rosa separada*, Buenos Aires, Torres Agüero Editor, 1975, 124 pp. Ilustraciones de Gabriel di Toto. Colección Miniaturas del Andarín, núm. 6, formato 11×7 cm. Reedición: 1981.

(4) *La rosa separada*, Barcelona, Seix Barral, 1977, 110 pp., BB*, núm. 415. Reediciones: 1980, 1981, 1990.

(5) *La rosa separada*, Buenos Aires, Losada, 1997, 110 pp., BCC, núm. 520.

Los textos: algunas observaciones

TÍTULO. El término *rosa* tuvo en todo el itinerario poético de Neruda un importante y frecuente uso genérico: cualquier objeto o realidad o situación (de límites o perfil definidos) que llegase a la sensibilidad del poeta con un aura de belleza conmovedora podía venir aludido con el símbolo *rosa* y derivados (un par de ejemplos entre muchísimos posibles: «por unos dedos que el *rosal* quisiera», escribió el poeta en *Residencia* pensando en su hija Malva Marina; «todo el rocío, / luna, diamante... / que fue mi antiguo hermano / agregando a la *rosa*», en el pórtico de *Odas elementales* aludiendo a la tradición poética universal). *Rosa* –con sus variantes– es nombre recurrente en las mujeres amadas por el Sujeto, desde Albertina *Rosa* (*Rosaura* en *MIN*) a *Rosario* = Matilde, hasta llegar a *Rosía*. La elección del símbolo *rosa* –que no peca por exceso de originalidad– remite quizás al nombre de una ausente entresoñada: *Rosa*, la madre muerta a poco de haber dado a luz al poeta. — *La rosa separada* alude claramente a la isla chilena, tan lejana del territorio patrio. Pero en el clima emotivo de ese período, no excluyo que con ese título el poeta aludió también –secretamente– a la *Rosía* que le habían alejado.

* Véase «Abreviaturas», pp. 943-944.

INTRODUCCIÓN EN MI TEMA. (Página 687.) Este poema, con diferente disposición de los versos (y del paréntesis), ya en *GIF* bajo el título «Hacia tan lejos». Las fórmulas «mi domicilio desaparecido» y «aquí... recomienzo las vidas de mi vida» parecen tener origen extratextual en la crisis conyugal del poeta y en la disposición a superar la pérdida del amor.

I. II. LOS HOMBRES. (Página 688.) El título «Los hombres», reiterado en *ROS* y en *2000*, parece provenir de unos versos de *GIF*: «Hombres: nos habitamos mutuamente / y nos gastamos unos a los otros» («Sucesivo»). A partir de aquí la fórmula «Los hombres» adquirió un persistente valor autoalusivo. — El Sujeto comienza por autodefinirse, irónicamente, peregrino de la Isla de Pascua: irónicamente, porque no se trata ya del mismo peregrino privilegiado que 27 años antes había subido hasta Machu Picchu como un nuevo Moisés a recibir el mensaje de la América (y de la humanidad) enterrada(s). Ahora es sólo «uno más» entre «los otros pesados peregrinos». Es sólo un turista más, «igual a la profesora de Colombia, / al rotario de Filadelfia, al comerciante / de Paysandú que juntó plata / para llegar aquí». Parámetro de comparación deliberadamente inusual en Neruda, que aquí no se declara igual al «hombre sencillo» como vía hacia la exaltación de sí y del Otro, según hizo en su tiempo el poeta *moderno* de las *Odas elementales*. No se declara ni siquiera igual al héroe degradado de la modernidad, sino al héroe inútil de nuestro tiempo: el turista masivo internacional. Este Yo turista, enfrentado a los vestigios y al silencio de Rapa Nui, se confiesa tan incapaz como los otros turistas de aprehender el misterio: se reconoce sólo como uno más entre los invasores inútiles del espacio sagrado de las estatuas y del «oxígeno total».

III. LA ISLA. (Páginas 689-690.) Estrofa 5, verso 5: la ed. Losada 1973 trae «habría deslizado mi vida *en* silencio»; prefiero la lección de la ed. príncipe de 1972: «... *al* silencio», más en armonía con el contexto.

XXIII. LOS HOMBRES. (Páginas 701-702.) Junto con la exaltación de «la última pureza» representada por la Isla, el Sujeto declara –como el posmoderno García Márquez a través del personaje Remedios la Bella– que el retorno a la Naturaleza sin Historia (por cuanto bellísima sea) no es proponible porque equivale a la Muerte.

Incitación al nixonicidio
y alabanza de la revolución chilena

Composición

En abril 1972, pocos días después de una serie de reuniones en París destinadas a renegociar la deuda externa de Chile, Neruda viajó a Nueva York para asistir a un congreso del PEN Club norteamericano. Allí pronunció un discurso (su texto irá en nuestro volumen IV) intencionadamente irónico sobre el propio interés en «renegociar» su deuda personal con Walt Whitman y con la literatura en lengua inglesa.

En octubre, mes en que el gobierno Allende libró duras batallas contra dificultades internas y externas, Neruda colaboró en París con el equipo de economistas, diplomáticos y políticos chilenos que hacía frente al intento de la Kennecott Corp. para apoderarse del cobre nacionalizado y/o del producto de las ventas del metal. A mediados de noviembre el embajador pudo finalmente hacer uso del permiso que el gobierno le concedió para retornar al país por algunos meses. El martes 21 aterrizó en Pudahuel el avión LAN que trajo al poeta desde Buenos Aires. A partir de entonces Neruda pudo medir en el terreno mismo cuánto la situación política en Chile era extremadamente peligrosa. La organizadísima conspiración nacional e internacional contra el gobierno de Salvador Allende (el presidente Clinton acaba de quitar el secreto a documentos de archivo que, si podía caber alguna duda, confirman la existencia de esa conspiración) había logrado crear en el país un clima social y económico irrespirable. Como en Madrid 1936, a través de la *Incitación* el poeta quiso dar su aporte a la desigual batalla contra las fuerzas reaccionarias que algunos meses después impondrían al país –por más de quince años– la dictadura militar del general Pinochet. Puesto que la edición Quimantú se terminó de imprimir en febrero 1973, cabe deducir que el libro fue escrito a toda velocidad entre diciembre 1972 y enero 1973.

Ediciones

(1) *Incitación al nixonicidio y alabanza de la revolución chilena*, Santiago, editora Quimantú, 1973 (febrero), 211 pp. Formato 18 × 12 cm. Edición popular de 60.000 ejemplares. Tirada especial de 1.000 ejemplares numerados.

(2) *Incitación al nixonicidio y alabanza de la revolución chilena*, Lima, Grijalbo, 1973 (marzo). Edición de 10.000 ejemplares.

(3) *Incitación al nixonicidio y alabanza de la revolución chilena*, México, Grijalbo, 1973 (noviembre), 100 pp. Formato 20 × 14 cm. Edición de 10.000 ejemplares.

Los textos: algunas observaciones

Los tercetos endecasílabos son la forma métrica dominante, encadenados en vario modo y en combinación con dísticos y versos sueltos.

EXPLICACIÓN PERENTORIA. (Páginas 705-707.) «Ha probado la Historia la capacidad demoledora de la Poesía»: sin duda al poeta interesa más fundamentar y/o justificar su intervención de emergencia, perentoria, que la verdad de esta afirmación. — «los feudales y avorazados enemigos del pueblo»: el término *avorazados* parece ser un neologismo nerudiano = *que devinieron voraces.*

XXII. DUELO DE CHILE. (Página 726.) El 22.10.1970 el general René Schneider, Comandante en Jefe del Ejército, fue objeto de un atentado (que le costó la vida dos días después) sólo porque manifestó por anticipado –y haciendo honor a la tradición de las fuerzas armadas– que respetaría la eventual confirmación del presidente electo, Salvador Allende, por parte del senado el próximo 3.11.1970.

XXIV. L.E.R. (Página 728.) Las iniciales son de Luis Emilio Recabarren, líder histórico de los trabajadores chilenos, fundador del Partido Comunista y su primer diputado.

XLIV. JUNTOS HABLAMOS. (Páginas 740-741.) En *NIX** (como en el manuscrito) falta la estrofa que correspondería al verso de Ercilla: «por fuerte, principal y poderosa».

LOS LIBROS PÓSTUMOS

Composición

El 12 de julio de 1974 Pablo Neruda habría cumplido 70 años. Los cumpleaños de los 50 y 60 años habían sido celebrados por el poeta mismo –aparte la parafernalia institucional de los festejos públi-

---

* Véase «Abreviaturas», pp. 943-944.

cos siempre en aumento– con ritos personales de productividad poética, en crecimiento proporcional a los años. 1954 fue el año en que
Neruda publicó los dos voluminosos manifiestos del Hombre Invisible: *Odas elementales* (Losada) y *Las uvas y el viento* (Nascimento). Los libros del 60 cumpleaños de 1964 comenzó a prepararlos
dos años antes: el *Sumario* impreso en Italia por Tallone fue el primero de los cinco volúmenes de *Memorial de Isla Negra*. Por razones ya señaladas faltó a la cita *Arte de pájaros*, también comenzado
en 1962 y que en 1964 habría debido completar la cuota de seis libros, uno por cada decenio. Los volúmenes *Una casa en la arena*
(1966) y *La barcarola* (1967) fueron secuelas del 60 cumpleaños.

   Ni vanagloria ni vacua ostentación había tras estas sucesivas apoteosis sino tozuda voluntad de autoafirmación, búsqueda de una
fuerte identidad propia y, sobre todo, persecución irrenunciable del
triunfo reivindicativo que hubiera obligado a don José del Carmen
Reyes a reconocer su error y a aprobar la vocación literaria del hijo.
Porque tal tozudez tuvo tempranos orígenes. Solo en medio de la
rudeza de los aserraderos del Sur –«Fui el más abandonado de los
poetas y mi poesía fue regional, dolorosa y lluviosa», confesó en
1971 al recibir el premio Nobel–, el adolescente Neftalí Reyes estuvo obligado a autonutrirse de energía y de estímulos para no ren-
dirse, se inventó el Sujeto del poema «Estos quince años míos»
(12.7.1919) y del soneto «Sensación autobiográfica» fechado en el
16 cumpleaños, poco antes de inventarse el nombre Pablo Neruda
en octubre 1920. Y de un sucesivo y decisivo pozo de crisis reemer-
gerá mediante los *VEINTE poemas de amor* con que afirmó y feste-
jó su propio 20 cumpleaños en 1924. (A este propósito remito al
texto «Exégesis y soledad» en nuestras *OCGC*,* vol. I, p. 1147.)

   Por lo demás, nadie puede acusar a Neruda de no haber sudado
las apoteosis que alcanzó a vivir. Se esforzó siempre por merecer incluso los títulos y dignidades que él mismo se concedió, como el grado de Capitán en 1952. No nos debe sorprender entonces que desde 1972 había comenzado a escribir los libros que su fiel editor
Losada le publicaría en ocasión de su 70 cumpleaños el 12.7.1974.
Preveía siete, más las Memorias, y lo vi trabajar algunos de ellos
simultáneamente –y casi heroicamente dadas sus condiciones de salud– durante la primera mitad de 1973. El presidente Allende le había advertido que el gobierno estaba preparando espectaculares festejos de todo tipo –con prestigiosos invitados de todo el mundo– en
honor de los setenta por cumplir.

* Véase «Abreviaturas», pp. 943-944.

De modo que precisar los datos cronológicos y topológicos de la escritura de cada uno de los libros póstumos –o sea, establecer un *orden de composición*– resulta tarea muy difícil, si no imposible. Del total de los poemas una buena cantidad fue escrita en Francia entre abril de 1971 y noviembre de 1972. Posteriormente esos poemas franceses fueron distribuidos en los diversos libros por publicar en 1974, mezclándose a los poemas escritos en Isla Negra entre diciembre de 1972 y julio-agosto de 1973. Algunos de los textos escritos en Francia fueron desgajados del proyecto «70 años» para formar parte del libro *Geografía infructuosa*.

Caben, sin embargo, algunas hipótesis fundadas en indicios que detallaré más adelante. Presumo por ejemplo que los nueve poemas del libro titulado *2000* fueron escritos a comienzos de 1971, durante el mismo período en que Neruda escribió los veinticuatro textos de *La rosa separada* (y que, como éstos, habrían sido retocados o pulidos después). Presumo también que el libro *Elegía* fue concebido y probablemente escrito (al menos en parte) en diciembre de 1971, durante las semanas del viaje que Pablo y Matilde hicieron a Moscú (desde París) invitados a la celebración del premio Nobel del poeta chileno en el mundo socialista... y al examen de su próstata por parte de los mejores especialistas soviéticos. Los demás libros póstumos –incluyendo *Libro de las preguntas*– tuvieron tiempos de escritura más diluidos, entre 1971 y 1973.

Edición conjunta

(1) OPERE POSTUME. I. *La rosa separada. La rosa separata.* / *Jardín de invierno. Giardino d'inverno.* / *2000. 2000.* / *El corazón amarillo. Il cuore giallo.* (Edición bilingüe, encuadernada. Introducción y trad. it. de Giuseppe Bellini.) Milano, Edizioni Accademia, 1974, 301 pp. Formato 21 × 12 cm.

(2) OPERE POSTUME. II. *Libro de las preguntas. Libro delle domande.* / *Elegía. Elegia.* / *El mar y las campanas. Il mare e le campane.* / *Defectos escogidos. Difetti scelti.* (Edición bilingüe, encuadernada. Introducción y trad. it. de Giuseppe Bellini.) Milano, Edizioni Accademia, 1976, 439 pp. Formato 21 × 12 cm.

Merece una mención especial esta fina edición debida a los cuidados de Giuseppe Bellini, hispanoamericanista de la Universidad de Milán, amigo personal de Neruda y diligente editor/traductor/estudioso de su obra en Italia. La inclusión de *La rosa separada* entre los libros póstumos sigue el error de Losada, que tal vez no sabía –y no era el único en América– de la edición francesa de 1972.

2000

Ediciones

(1) *2000*, Buenos Aires, Losada, 1974 (enero 8), 50 pp. Formato 23 × 16 cm. Reedición: 1976.

(2) *2000*, Buenos Aires, Torres Agüero editor, 1975, 53 pp. Colección Miniaturas del Andarín, núm. 8. Formato 11 × 7 cm.

(3) *2000*, *Defectos escogidos*, Barcelona, Lumen, 1977, 68 pp. Prólogo de Emir Rodríguez Monegal. Colección El Bardo, núm. 122. Formato 21 × 15 cm.

Los textos: algunas observaciones

La rosa separada (1972) y *2000* (1974): dos libros que aparecen acomunados por la métrica (que en ambos mezcló heptasílabos y endecasílabos con versos de 15, 17 y 18 sílabas) y por la similar disposición de los textos (en series alternadas o en serie secuencial abierta). No excluyo que *2000* haya sido escrito –antes que *ROS**– en torno al triste Año Nuevo de 1971. La presión de la fecha habría convocado otro Año Nuevo, deseable cuanto improbable para el Sujeto enfermo y viejo: el del año 2000. Esta tristeza y la otra tristeza –aquella recién generada por el estallido del *Volcán* y por la pérdida de *Rosía*– se habrían potenciado recíprocamente y ello explicaría el bajísimo temple moral o anímico de los textos. La disposición y el tono de la escritura de *2000*, por lo tanto, habrían condicionado la escritura casi inmediatamente sucesiva de *ROS*. Pero no puedo excluir la opción contraria: los nueve poemas de *2000* habrían sido escritos tras el regreso desde Isla de Pascua, vale decir después de *ROS* (que habría condicionado su escritura) y antes de partir hacia Europa. Ni puedo excluir, por último, que en origen *ROS* y *2000* eran un solo libro después dividido, o bien que ambos fueron originariamente el embrión de un proyecto de libro que en Francia habría perdido interés para el poeta (ya embarcado en una escritura diferente, aquella destinada a dominar en *GIF* y en cuatro de los libros póstumos).

I. LAS MÁSCARAS. (Página 745.) «tengo vergüenza [...] se murió

* Véase «Abreviaturas», pp. 943-944.

la verdad»: *2000* prolonga y radicaliza todavía la crítica de *FDM* a la modernidad por incapaz de realizar la Utopía.

V. LOS INVITADOS. VI. LOS HOMBRES. (Páginas 747-749.) El portavoz privilegiado y profético de la fase moderna ha devenido modesto portavoz de la común condición humana, de un nosotros que se fragmenta en variantes del tipo «los invitados», «los escalonados en el tiempo», «nosotros, diputados de la muerte», «los hombres». — «Yo, Pedro Páramo, Pedro Semilla, Pedro Nadie»: Negación de aquel antiguo Yo que en «Alturas de Macchu Picchu» instaba a Juan Cortapiedras, a Juan Comefrío y a Juan Piesdescalzos a renacer, desde la profundidad de su *verdadera muerte*, a través de la *nueva vida* del héroe. Ahora el poeta es sólo uno más entre los muertos de Machu Picchu, de Almería, de Stalingrado, de la plaza Bulnes, de Hiroshima, del Vietnam, sólo un número más.

Elegía

Ediciones

(1) *Elegía*, Buenos Aires, Losada, 1974 (febrero 20), 130 pp. Reedición: 1976.

(2) *Elegía*, Buenos Aires, Torres Agüero editor, 1976, 131 pp. Colección Miniaturas del Andarín, núm. 11. Formato 11×7 cm.

(3) *Elegía*, Barcelona, Seix Barral, 1976, 130 pp., BB*, núm. 418. 2.ª edición: 1981.

Anticipación

Elegia dell'assenza, Roma, Editori Riuniti, 1973 (diciembre), 61 pp. (Edición bilingüe incompleta: faltan los tres poemas finales de la edición Losada 1974. «Nota introduttiva» y trad. it. de Ignazio Delogu.)

Los originales sobre los cuales se basó esta edición salieron de Chile por vía clandestina y llegaron a la dirección del Partido Comunista Italiano a fines de septiembre o a comienzos de octubre 1973, en una de las semanas que siguieron al golpe de Pinochet y a la muerte de Neruda.

* Véase «Abreviaturas», pp. 943-944.

Nuestra edición

Es evidente a simple lectura que en la edición Losada 1974 los tres últimos poemas (numerados XXVIII, XXIX y XXX) están fuera de lugar. Los originales dactiloscritos que inmediatamente después del golpe de Estado de 1973 salieron de Chile por vía clandestina y que llegaron a Italia (donde fueron impresos en diciembre de 1973, anticipando a Losada), esos originales no incluían los tres poemas mencionados, por lo cual la edición italiana, si bien incompleta, termina en cambio con el poema XXVII que es la conclusión natural del libro.

¿Cómo explicar estos dos hechos? Mi hipótesis es que los tres textos se habían traspapelado en algún momento de confusión debida a que Neruda estaba trabajando en varios libros a la vez. El poeta los reencontró *cuando ya había establecido un primer orden de los textos*, e incluso Homero Arce habría ya dactiloscrito el libro según aquel orden antes de que Neruda reencontrara los poemas traspapelados (y fue una copia de esa versión la que llegó a Italia).

Ahora bien: por falta de tiempo o de ganas para establecer el nuevo orden (definitivo) de los poemas del libro, Neruda se habría limitado a poner los tres textos reencontrados a la cola de los originales manuscritos, los habría dejado allí al final aparcados, pero sólo para indicar que esos poemas pertenecían a *Elegía de Moscú* (que era el título original) y no a otro de los varios libros que por entonces estaba escribiendo. Sin duda el poeta pensó que más adelante no le faltaría el momento bueno para recolocar los poemas traspapelados en su justo lugar dentro de la estructura del libro. Pero ese momento no alcanzó a llegar.

No he logrado resignarme a que *Elegía* aparezca en nuestras *Obras completas* bajo una forma o estructura que evidentemente no es la suya. Por lo cual, tras una atenta lectura del libro, he situado los poemas XXVIII, XXIX y XXX de la edición Losada 1974 entre los poemas V y VI de esa misma edición, que me parece su colocación natural, por lo cual en nuestra edición los tres textos en cuestión traen los números VI, VII y VIII. Los textos sucesivos han sido numerados de nuevo, en correspondencia.

Los textos: algunas observaciones

A fines de 1971 Neruda y Matilde viajaron a Moscú desde París. El poeta esperaba que los médicos soviéticos le resolvieran sus crecientes problemas de salud. Aunque el pretexto fueron los aplazados festejos de la Internacional comunista por el premio Nobel del compañero Neruda, aquellas semanas en Moscú fueron en realidad una despedida no declarada. Con dramática ambigüedad –poéticamente eficaz– los textos de *Elegía* proyectaron a la desaparición de amigos moscovitas la secreta angustia por la proximidad del propio final. Una *elegía a sí mismo* en aquellos que se fueron, porque con ellos se fue también algo más de la ya precaria vida del poeta. Por eso las fórmulas de evocación, lejos de toda retórica funeraria, usaron verbos que subrayaban la pérdida personal: «Qué se *llevó* Lacasa?», «Qué *perdí*, qué *perdimos* / cuando Nazim cayó... / como una torre azul que se desploma?».

Pero *Elegía* fue también una *elegía de Moscú* (era el título que Neruda había pensado inicialmente para el libro): el poeta se despedía de la *ciudad del límite*, del espacio simbólico soñado como frontera no sólo entre Europa y Asia sino entre los dos mundos que en esa ciudad se unían y se rechazaban, como punto de encuentro para lo mejor de ese tiempo y del pasado y de los tiempos que vendrían (poemas XXV y XXVI). Esta imagen de Moscú retorna como imagen final del propio Sujeto en el poema XXVII (que por ello es el verdadero texto-cierre de *Elegía*): autorretrato de un hombre en el que coexistían/combatían mundos y culturas diversos. El libro es de una complejidad merecedora de mucha atención porque abrazó unitariamente niveles profundos de *lo personal-privado* y de *lo público-colectivo* en el último Neruda.

Elegía incluyó los momentos tradicionales de la composición elegíaca –*meditación*, *lamentación*, *consolación*– pero dispuestos a lo largo del libro con libertad y distaxia.

I. II. III. IV. (Páginas 755-757.) Lamentación: ¿tópico del *ubi sunt*? respecto a amigos fallecidos en Moscú: el arquitecto Luis Lacasa y el escultor Alberto Sánchez, españoles; el poeta turco Nazim Hikmet; los escritores soviéticos Ilyá Ehremburg, Semión Kirsánov y Ovadi Sávich. El tópico del *ubi sunt*, que asume aquí la forma de una interrogación por la pérdida de los amigos, expresa al mismo tiempo una final conciencia de pérdida y desintegración personal, de deshilachamiento de la propia vida del Sujeto.

XVIII. XIX. (Páginas 769-771.) «Mi quebranto es de aquellos / que me anduvieron, que me dieron sol, / que me comunicaron existencias.» A diferencia de la elegía tradicional, en esta *Elegía* no es la importancia ni la fama de los amigos idos lo que cuenta, lo que el Sujeto echará de menos, sino la cotidianidad elemental de la convivencia o del contacto, aquella *nada* sustantiva de que están hechas las relaciones humanas. El poema XIX alude a las dificultades del sobreviviente para asumir la nueva vida que emerge a su alrededor con un paisaje de rostros y palabras que ya no le son familiares, con otros códigos y otros ritmos de existencia.

El corazón amarillo

Ediciones

(1) *El corazón amarillo*, Buenos Aires, Losada, 1974, 110 pp. Formato 23 × 16 cm. Reedición: 1975.

(2) *El corazón amarillo*, Buenos Aires, Torres Agüero editor, 1975, 119 pp. Colección Miniaturas del Andarín, núm. 9. Formato 11 × 7 cm.

(3) *El corazón amarillo*, Barcelona, Lumen, 1977, 58 pp. Colección El Bardo, núm. 118. Prólogo de Pedro Vergés.

Los textos: algunas observaciones

El corazón amarillo se asemeja a *Estravagario* por el dominio del eneasílabo y de un cierto sobretono sarcástico. Exceptuando los endecasilábicos «Enigma para intranquilos» y «Suburbios», los demás poemas del libro fueron escritos en eneasílabos (blancos, salvo en «Canción del amor»). Pero lo que más aproxima este libro al de 1958 es la elección de temas que alternan la pseudorreflexión más o menos irónica («Filosofía», «Otra cosa», «El tiempo que no se perdió», «Enigma para intranquilos»), el autorretrato en solfa («Uno», «Sin embargo me muevo», «Piedrafina»), historietas grotescas o esperpénticas («El héroe», «Una situación insostenible», «El pollo jeroglífico»), sátiras sociales «antipoéticas» («Suburbios»), historias y confesiones personales más o menos seriocómicas («Gatos nocturnos», «Desastres», «Recuerdos de la amistad») y canciones de amor juguetonas («Canción del amor»).

El texto «Integraciones» (página 794) podría ser la clave de lectura del libro. Leo en este poema la proyección literaria de una tentativa del poeta hacia una reconciliación con Matilde en Francia. Si tal hipótesis es justa, como creo, el aire *estravagárico* del libro sería intencional, deliberadamente enderezado a reproponer el clima y el aspecto del libro de Neruda que entre todos Matilde consideraba el más suyo, el que ella y Pablo habían escrito juntos de verdad, entre risas y caricias, durante el largo viaje de 1957 a Oriente.

Jardín de invierno

Ediciones

(1) *Jardín de invierno*, Buenos Aires, Losada, 1974 (enero 8), 104 pp. Reedición: 1975.

(2) *Jardín de invierno*, Buenos Aires, Torres Agüero editor, 1975, 106 pp. Colección Miniaturas del Andarín, núm. 7. Formato 11×7 cm. Dibujos de Gabriel di Toto.

(3) *Jardín de invierno*, Barcelona, Seix Barral, 1977, 95 pp., BB*, núm. 416. Formato 20×13 cm. Reediciones: 1980, 1981, 1983.

Anticipación

Cuatro poemas escritos en Francia, Santiago, Nascimento, 1972 (diciembre), 33 pp. De *JDI* incluye «Llama el océano» y «La piel del abedul». Los otros dos son «El campanario de Authenay» (*GIF*) y «Llegó Homero» (*DFS*).

Nota declaratoria [*del autor*]

En el curso del año 1972 escribí éstos y otros poemas durante mis viajes en automóvil entre el edificio de la Embajada de Chile, en París, y mi casa de Condé-sur-Iton, en la Normandía francesa. Una de las aldeas del camino es Authenay.

Colofón

Esta edición consta de 300 ejemplares numerados, los 100 primeros de I a C, impresos en papel pluma especial con cubierta papel Fantasía, más 200 numerados del 101 al 300 en papel pluma especial con tapa en cartulina impresa. Todos los ejemplares llevan la firma del autor. La impresión fue hecha en los talleres de la Editorial Nascimento y terminada el 31 de diciembre de 1972.

* Véase «Abreviaturas», pp. 943-944.

Los textos: algunas observaciones

A diferencia de *El corazón amarillo*, en este libro predominan los versos largos y los eneasílabos son excepción. El tono general es aquí decididamente crepuscular y melancólico. En su mayoría los textos parecen escritos en Francia, lo que está documentado respecto a «La piel del abedul» y «Llama el océano», pero los últimos suponen el regreso a Isla Negra.

TÍTULO. En la fase posmoderna de la escritura de Neruda (desde 1956) los nombres de las estaciones del año, y en particular *otoño* e *invierno*, tuvieron que ver preferentemente con la edad del poeta (antes habían sido cifras de experiencias dentro de su itinerario íntimo, así por ejemplo en *RST*). En la «Oda al doble otoño» (*TLO*) el tema de primer plano fue la oposición entre el otoño de tierra adentro y el otoño del mar, pero el verdadero tema era la homología actual del Sujeto con la caducidad del primero y la correspondiente «envidia» hacia el segundo. Es lo que agradecerá a la Amada que le ha restituido juventud: «Te debo el otoño marino» (*ETV*, «Testamento de otoño»). El Sujeto enfrentará de modo no menos oblicuo el arribo de una edad más avanzada en «Cita de invierno» (*MIN*, IV). El título *Jardín de invierno* juega entonces con dos niveles de expresión para aludir, melancólicamente, a las flores poéticas de su producción tardía.

EL EGOÍSTA. (Páginas 811-812.) «Neruda conservó hasta el final esa capacidad magnífica de revelar el rostro de la naturaleza, una determinada calidad de luz, el misterio fugaz de un instante, una hora del día, una estación, un significado vegetal; y todo esto en ese lenguaje suntuoso y fluido, que hace correr el verso con tanta naturalidad como si no lo fuera, y en su transcurso engendra las hábiles aliteraciones —obsérvense en este caso (primera estrofa) todas las que giran en torno a la letra *r*— con ese sentido musical espontáneo que nunca falló a Neruda» (Ignacio Valente, «Neruda: *Jardín de invierno*», reseña en *El Mercurio*, Santiago, 30.11.1980). Texto escrito en La Manquel.

JARDÍN DE INVIERNO (Páginas 821-822.) Estrofa 4, verso 1: Losada 1974 trae la coma al final del verso.

IN MEMORIAM MANUEL Y BENJAMÍN (Páginas 825-826.) Los escritores chilenos Manuel Rojas y Benjamín Subercaseaux murieron a comienzos de 1973, poco después del regreso de Neruda a Chile.

OTOÑO. (Páginas 831-832.) El título —usado aquí con sentido literal, apto a la intención inquietante del texto— alude al otoño chileno de 1973 (abril o mayo), cuando la tensión política era extrema cuanto sorda: *un suspenso peligroso*. Por eso los versos finales admitirían ser leídos como una imagen premonitoria de la catástrofe que estallará en septiembre cual siniestra primavera.

LA ESTRELLA. (Página 832.) Uno de los extraordinarios textos con que el poeta, de modo intenso y a la vez pudoroso, enfrentó su situación terminal. Las fórmulas «ya no volví, ya no padezco / de no volver» explicitan, creo, la definitiva toma de conciencia sobre el carácter irreversible de la enfermedad y la correspondiente necesidad de aceptar los sufrimientos inevitables (*ya no volví* = ya no me recuperé, ya no torné a la vida plena, perdí ya la esperanza). Los versos 5-6 expresan con extrema eficacia y dignidad la íntima rendición a su destino de un Sujeto que sobrepone dos autorrepresentaciones: la vivificante conexión personal con la costa chilena en general y con la costa de Isla Negra en particular –que más atrás el poema «Llama el océano» presentó desde Francia como mítico espacio de salvación– ha devenido por primera vez ligamen de sufrimiento: el activo y orgulloso Soberano del castillo es ahora un viejo, inmóvil pero siempre orgulloso Prometeo encadenado a su roca (la ambigüedad del término *roca* –que aquí remite simultáneamente a la *naturaleza* y a la *cultura*– es la clave de la eficacia poética de estos versos).

Libro de las preguntas

Ediciones

(1) *Libro de las preguntas*, Buenos Aires, Losada, 1974 (enero 29), 99 pp. Formato 23 × 16 cm. Reediciones: 1975, 1991.

(2) *Libro de las preguntas*, Buenos Aires, Torres Agüero editor, 1975, 131 pp. Colección Miniaturas del Andarín, núm. 10. Formato 11×7 cm.

(3) *Libro de las preguntas*, Barcelona, Seix Barral, 1977, 154 pp., BB*, núm. 417. Formato 20 × 13 cm. Reediciones: 1980, 1981.

(4) *Libro de las preguntas*, Barcelona, Planeta, 1990, 154 pp. Formato 20 × 13 cm.

(5) *Libro de las preguntas*, Buenos Aires, Planeta, 1992, 154 pp. Reedición: 1994.

* Véase «Abreviaturas», pp. 943-944.

El texto: algunas observaciones

El libro ofrece una estructura fragmentada y abierta, por lo cual es probable que haya sido escrito en momentos diversos, intermitentes, tal vez ocasionales, entre 1971 (Francia) y 1973 (Chile). El modelo último y lejano de los *dísticos eneasílabos* en que estas *preguntas* se disponen sería el poema «El canto errante», que en 1907 abrió el homónimo libro de Rubén Darío. Sólo que en Neruda se trata de eneasílabos blancos (no rimados). La fórmula *preguntas en dísticos eneasílabos* había sido ensayada por Neruda unos quince años antes en el poema «Por boca cerrada entran las moscas», de *Estravagario* (en *OCGC*, vol. II, pp. 715-717). La coda conclusiva de aquel poema pareció anticipar, irónicamente, las razones y el dramático significado de la futura acumulación de preguntas en un entero *Libro*. Tal condición de nostalgia *estravagárica*, a su vez, establecería una secreta conexión adicional entre *este Libro de las preguntas* y sus paralelos *El corazón amarillo* y *Defectos escogidos*. — Sobre el uso del eneasílabo en Neruda, cfr. Loyola 1993*.

III. (Página 836.) «un tren inmóvil en la lluvia?» Cfr. el poema «Sueños de trenes», *ETV* (en *OCGC*, vol. II, pp. 693-694).

XII. (Página 840.) «y los sargentos literarios?» Alusión al escritor cubano Roberto Fernández Retamar.

Defectos escogidos

Ediciones

(1) *Defectos escogidos*, Buenos Aires, Losada, 1974 (julio 28), 105 pp. Formato 23 × 16 cm.

(2) *Defectos escogidos*, Buenos Aires, Torres Agüero editor, 1976, 106 pp. Colección Miniaturas del Andarín, núm. 13. Formato 11 × 7 cm.

(3) 2000. *Defectos escogidos*, Barcelona, Lumen, 1977, 68 pp. Prólogo de Emir Rodríguez Monegal. Colección El Bardo, núm. 122. Formato 21 × 15 cm.

* Véase «Referencias bibliográficas», pp. 945-946.

Los textos: algunas observaciones

Desde su título mismo este libro se sitúa en un campo de motivos afines a los que caracterizan a *El corazón amarillo* (ver *supra* mis observaciones) y por lo tanto al modelo original representado por *Estravagario*. Sólo que en DFS* la versificación dominante son los endecasílabos y otros versos de arte mayor, no los eneasílabos que el libro utiliza en cambio con parsimonia (sólo en algunos poemas como «Cabeza a pájaros» y «Los que me esperan en Milán»).

EL OTRO. (Páginas 877-878.) En la edición Losada 1974 este poema –seguramente por prisas en el proceso de impresión– traía un fragmento desplazado desde otro poema del libro, omitiendo la propia secuencia correspondiente a ese lugar del texto (faltaba todo lo que sigue al verso «arrugadas las manos»).

UN TAL MONTERO. (Páginas 880-881.) El personaje evocado se llamaba Eudocio Ravines, peruano, dirigente comunista exiliado en Chile durante los años treinta y primeros de los cuarenta. Ocupó cargos de importancia en el Partido Comunista Chileno, después fue expulsado. Renegó de sus ideales revolucionarios y devino anticomunista de profesión como Marcos Chamudes, quien fuera diputado comunista en el mismo período y al que también se alude (burlescamente) en el texto. Ravines usaba el apellido Montero como *chapa* (nombre de batalla) dentro del partido. Volodia Teitelboim ha dedicado al personaje y a su circunstancia un entero capítulo –titulado igual que el poema– en el segundo tomo de sus memorias (*Antes del olvido II. Un hombre de edad media*, Santiago, Sudamericana, 1999, capítulo VII, «Un tal Montero», pp. 71-77).

CABEZA A PÁJAROS. (Páginas 881-882.) Jean Marcenac, poeta francés, amigo y traductor de Neruda (*La Centaine d'amour*, 1970), autor del volumen *Pablo Neruda*, París, Seghers, 1954, col. Poètes d'Aujourd'hui.

CHARMING. (Páginas 883-884.) Historieta excéntrica, de tipo afín a «Una situación insostenible» de COA.

LLEGÓ HOMERO. (Páginas 884-885.) En 1972 Neruda hizo viajar a Francia a su amigo y secretario Homero Arce, poeta él mismo, autor de los elegantes sonetos de *El árbol y otras hojas* (Santiago, Zig-Zag, 1967). Nacido el año 1900 en Iquique, en febrero 1977 murió en Santiago víctima de extrañas circunstancias de violencia que parecían llevar la marca del régimen militar. — Estrofa 3, verso 3: la

---

* Véase «Abreviaturas», pp. 943-944.

versión de *Cuatro poemas escritos en Francia* (Santiago, Nascimento, 1972) traía inexplicablemente «de cada día el quieto numeral», lección no sostenida por el original manuscrito.

El mar y las campanas

Ediciones

(1) *El mar y las campanas*, Buenos Aires, Losada, 1973 (noviembre 28), 108 pp. Formato 23 × 16 cm. Reediciones: 1974, 1991.

(2) *El mar y las campanas*, Barcelona, Lumen, 1976, 74 pp. Colección El Bardo, núm. 114. Prólogo de Cristina Peri Rossi.

(3) *El mar y las campanas*, Buenos Aires, Torres Agüero editor, 1976, 107 pp. Colección Miniaturas del Andarín, núm. 12. Formato 11 × 7 cm.

Los textos: algunas observaciones

La nota que la edición Losada 1973 de este libro traía en contracubierta sugiere que Neruda habría alcanzado a indicar al editor un orden de publicación para los ocho libros (siete inéditos más *La rosa separada* ya publicada en Francia) destinados a aparecer en julio de 1974, en coincidencia con los 70 años del poeta. Ese orden era: *La rosa separada, Jardín de invierno, 2000, El corazón amarillo, Libro de las preguntas, Elegía, El mar y las campanas, Defectos escogidos.* Es claro que tal orden de publicación –si aceptamos su existencia– lo decidió Neruda suponiendo un 70 cumpleaños relativamente normal, al menos con Chile en democracia, y que cerrarlo con *Defectos escogidos* fue un gesto irónico de autocrítica, ya habitual en Neruda desde *Estravagario* y entonces acentuado en correspondencia con la efeméride por celebrar en 1974. En breve, ese orden suponía un Neruda vivo y activo.

Desde la perspectiva de una producción póstuma, *El mar y las campanas* me parece el libro más indicado no sólo para cerrar la serie de los ocho libros sino también –por su extraordinaria calidad de conjunto– para cerrar dignamente la entera obra canónica de Pablo Neruda. Además, la falta de títulos de autor para muchos de los poemas de la compilación –títulos ausentes que Matilde suplió con los primeros versos entre corchetes– sugeriría que esos poemas fueron objetivamente los últimos que Neruda escribió y que por ello no alcanzó a titularlos.

El libro resultó abigarrado en la línea de *Geografía infructuosa*, *Jardín de invierno...* y *Residencia en la tierra*. Incluyó textos conmovedores dedicados a un río naciente y a un pequeño animal moribundo, a la Utopía que no vino a la cita (en la imagen de un navío que todos esperan y que nunca pasa por el horizonte), a un escritor de «mezquina condición» («H.V.» = Hernán Valdés), al puerto de Valparaíso... y a sí mismo en lucha con la muerte (léase el extraordinario poema «[Esta campana rota...]»).

Por último, *El mar y las campanas* merece coronar la obra orgánica de Neruda porque fue el libro de su reconciliación final con Matilde (ver «Cada día Matilde», texto seguramente escrito para el cumpleaños de su Patoja el 3.5.1973). Considero que el comportamiento valeroso de Matilde Urrutia tras el golpe de Estado de 1973 en Chile –comportamiento no sólo de defensa de la integridad y conservación de la obra sino, y sobre todo, de prolongación activa del espíritu de la vida y de la poesía de su marido– bien justifica, por si hiciera falta, que el poema *FINAL* de toda la obra de Neruda esté a ella dedicado.

Índice de primeros versos

Índice general

Arte de pájaros
[1962-1965]

Una casa en la arena
[1956-1966]

La barcarola
[1964-1967]

Fulgor y muerte de Joaquín Murieta. Bandido chileno injusticiado en California el 23 de julio de 1853
[1965-1967]

Las manos del día
[1967-1968]

Fin de mundo
[1968-1969]

Maremoto
[1968]

Aún
[1969]

La espada encendida
[1969-1970]

Las piedras del cielo
[1970]

Geografía infructuosa
[1969-1972]

La rosa separada
[1971-1972]

Incitación al nixonicidio y alabanza
de la revolución chilena
[1972-1973]

2000
[1971]

Elegía
[1971-1972]

El corazón amarillo
[1971-1972]

Jardín de invierno
[1971-1973]

Libro de las preguntas
[1971-1973]

Defectos escogidos
[1971-1973]

El mar y las campanas
[1971-1973]

Edición al cuidado de Nicanor Vélez. Diseño de Norbert
Denkel. Producción: Susanne Werthwein. © Herederos
de Pablo Neruda y Fundación Pablo Neruda, 2000.
© Joaquín Marco, por el prólogo, 2000. © Hernán
Loyola, por las notas, 2000. © Círculo de Lectores, S. A.
(Sociedad Unipersonal) y Galaxia Gutenberg, S. A., por la
presente edición, 2000. Fotografía del estuche: Hans
Ehrman, D. R. Fotografía de fondo de la cubierta (deta-
lle) y fotografía de la cubierta y el lomo: © Sara Facio.
Fotografías del interior de *Una casa en la arena*: © Sergio
Larrain/Magnum Photos. Logo de la contracubierta:
Fundación Pablo Neruda. Fotocomposición: Víctor
Igual, S. L. Impresión y encuadernación: Printer industria
gráfica, s.a. N II, Cuatro Caminos s/n, 08620 Sant Vicenç
dels Horts. Barcelona, 2000.

CÍRCULO DE LECTORES, S.A.
(Sociedad Unipersonal)
Travessera de Gràcia 47-49, 08021 Barcelona
www.circulolectores.com
GALAXIA GUTENBERG, S.A.
Passeig de Picasso 16, 08003 Barcelona
www.galaxiagutenberg.com
1 3 5 7 9 0 0 1 0 8 6 4 2

Depósito legal: B. 30804-1999
ISBN Círculo de Lectores 84-226-7973-6 (tomo III)
ISBN Círculo de Lectores 84-226-7970-1
(obra completa)
ISBN Galaxia Gutenberg 84-8109-272-X (tomo III)
ISBN Galaxia Gutenberg 84-8109-269-X
(obra completa)
N.º 35659
Impreso en España